I0214388

EDWIGE THIBAUT

EL ORDEN SS
ÉTICA E IDEOLOGÍA

EDWIGE THIBAUT

EL ORDEN SS

Ética e ideología

L'ORDRE SS

Éthique & idéologie

Primera edición - Avalon - París - 1991

Traducido del francés

y publicado por

Omnia Veritas Ltd

www.omnia-veritas.com

ISBN 978-1-80540-092-9

Heinrich Himmler en 1937, impulsado por la idea de una nueva aristocracia.

PREFACIO DE LÉON DEGRELLE

Volksführer
Comandante de la Legión Valona
Caballero de la Cruz de Hierro

A decir verdad, cuando recibí la enorme masa de páginas que componen este libro sobre la Orden SS, me quedé bastante atónito: ¡ochocientas páginas de texto apretado! Mi vida normal es muy completa. ¡Pero leer esta especie de enciclopedia me llevaría decenas de horas! Para hacerme una idea del interés o no de esta insólita recopilación, hojeé primero los primeros párrafos. Tres días después, llegué a la última página.

Encontré allí una extraordinaria cantidad de conocimientos presentados en una introducción de cien páginas que constituye un libro en sí misma, apoyada después, con un perfecto conocimiento del tema, por centenares de citas, a la vez simples e impactantes, formando una enorme antología de textos, escritos en la época sin pretender asombrar al lector sino informarle y convencerle. Políticamente, era todo el panorama de las SS reconstruido por testigos directos que ni siquiera habían pensado en ser historiadores pero que, según los años escalonados, habían expuesto la doctrina, los objetivos, los métodos, la mística del movimiento que fue sin duda, junto con el leninismo, el fenómeno político más importante del siglo XX.

* * *

¿Quién había reunido el dinero? ¿Un famoso cronista? No. Una mujer joven y casi desconocida, Edwige Thibaut, una trabajadora fantástica que, durante años, había leído miles de páginas escritas sobre las SS por cientos de analistas, filósofos y técnicos. Pertenecían a los círculos más diversos: jóvenes, ancianos, intelectuales, observadores de base. Edwige Thibaut había ordenado pacientemente esas obras multitudinarias y luego las había clasificado en un orden inteligente. Quería, en primer lugar, satisfacer su alegría de descubrir, pero luego, si se presentaba la ocasión, comunicar esta alegría a las mentes curiosas que intentan, aquí y allá, alcanzar la Verdad.

Pues tal es la característica de esta obra: esta joven no inventa nada, no imagina nada; comenta, por supuesto, pero aporta cien textos escritos por otros, publicados en el momento mismo de su creación, escritos por numerosos observadores que se expresaron en publicaciones dispersas. Esta recapitulación y unificación, que ni siquiera se había imaginado en su momento, fue llevada a cabo por la propia Edwige Thibaut en el transcurso de una obra que le habría valido, de haber vestido hábito de monje en lugar de falda, ¡el calificativo de "benedictina" multiplicado por diez!

* * *

La multitud de hoy lee deprisa. ¡Pero aquí se trata de dedicar decenas de horas de lectura asidua y ardua al escrutinio de textos que exigen una poderosa aplicación! Pero el tema es crucial. ¿Quiénes eran las SS y, más concretamente, las Waffen-SS? ¿Qué sabemos de ella? ¿Qué podemos saber de ella? Tal es la misión que Edwige Thibaut, desafiando la ligereza del siglo, tuvo la energía de afrontar. Esta verdadera enciclopedia de las SS podría haber permanecido para siempre en un cajón. Ahora, un editor audaz se arriesga a publicarla, a pesar de la enormidad de su contenido.

En realidad, hasta ahora, a pesar de haber sido objeto de miles de libros, la SS es poco conocida, mal conocida, y a menudo ha sido desfigurada por acusaciones sumarias, rayanas en lo ridículo u odioso. Las Waffen-SS, su emanación más famosa, fueron la formación político-militar más extraordinaria que ha conocido la humanidad. Durante la Segunda Guerra Mundial, las Waffen-SS contaron con un millón de voluntarios procedentes de veintiocho países diferentes. Todos ellos habían acudido por voluntad propia a ofrecer sus vidas (402.000 murieron en combate) por una causa que les había arrebatado hasta el último gramo de vida física y de voluntad.

Todo esto no ocurrió por sí solo. Las SS eran sólo un puñado al comienzo del hitlerismo. Se necesitó una enorme cantidad de fe para apoderarse de ellas y luego consumirlas para que pudiera florecer este don absoluto, esta disciplina libre y total, y la convicción soberana de que estaban trayendo un *nuevo tipo de hombre al mundo.*

¿Quién era este *hombre nuevo?* ¿Cuál era su mensaje? ¿Dónde encontrar los testimonios, transcritos en el momento mismo, de esta voluntad de crear un universo (la Weltanschauung), donde todo sería recreado, regenerado? Este libro ofrece la respuesta. Gracias a él, sabremos por fin lo que fueron las SS y lo que habrían podido aportar al hombre y al mundo si sus runas victoriosas hubieran marcado definitivamente el universo.

* * *

En la catedral que es esta obra de Edwige Thibaut, hay de todo. Después de estudiar esta enciclopedia, uno sabe lo que los guías espirituales de las SS -mentes brillantes y también cerebros modestos- tenían que decir cada día durante años. Edwige Thibaut ha recogido, página a página, la esencia de su obra, concebida al calor y a la luz de los acontecimientos.

Ciertamente, algunos de los problemas que hay que resolver han cambiado de alcance. Ciertas concepciones se han modificado a lo largo del camino. En particular, la noción, a veces demasiado sumaria, de la vida espiritual del hombre. El impulso religioso tiene mil desvíos secretos. Hitler, el primero, sabía que todos -y el universo- estábamos dominados por el *Todopoderoso.* La intransigencia, a veces provocadora, de algunos hombres de las SS pronto se vería superada. Yo mismo era un ferviente cristiano, lo que no impidió a Hitler decir que si hubiera tenido un hijo, ¡habría querido que fuera como yo! En la división *valona* de las Waffen-SS, teníamos a nuestros capellanes, que compartían todas nuestras pruebas en el frente oriental. En la división SS *Charlemagne,* un magnífico prelado, Monseñor Mayol de Luppé, condujo a miles de jóvenes héroes franceses a la batalla y al sacrificio. También aquí se encontraría el equilibrio entre un paganismo histórico que algunos querían resucitar y la vida mística, esa vibración secreta de la conciencia.

La tremenda influencia de las SS no era una dictadura de la mente, sino una adhesión de todo el ser, libre y flexiblemente puesta en juego. Esta inmensa riqueza, que las SS llevaban ante sí como los antiguos dioses llevaban el rayo, podría haberse perdido, desentrañado en la noche de los tiempos. Gracias a Edwige Thibaut, se ha reconstruido, honesta y completamente.

Ha pasado medio siglo. Los que vivieron esta epopeya sentirán su ardor juvenil al redescubrir los hitos. Yo mismo soy el último comandante vivo de una división de las Waffen-SS y el último *Volksführer*: a mis ojos, esta reconstrucción es una resurrección. Pero es sobre todo en los jóvenes en quienes pienso, los jóvenes a quienes tan odiosamente se ocultó la riqueza de la verdad. Aquí está. Van a saber, por fin, en toda su abundancia y complejidad, lo que fueron las SS. Y, más concretamente, su brazo derecho, las Waffen-SS.

¿Quién sabe? No sólo el conocimiento, sino la voz, tal vez, un día, reencarnada por ellos, reconstruya el nuevo mundo que nuestros cerebros y nuestras armas habían querido crear.

Léon Degrelle, Málaga, 1 de junio de 1990

INTRODUCCIÓN

En la antigüedad, las personas que luchaban constantemente por sobrevivir en un mundo hostil tenían derecho de vida y muerte sobre los vencidos. Prevalecía el derecho natural del más fuerte; sin embargo, el adversario enfrentado podía conservar el respeto de la otra parte, lo que ponía de relieve la grandeza de los combatientes implicados. Los hombres iban a la guerra por razones existenciales, no ideológicas. La conquista de un territorio justificaba las expediciones bélicas y la noción de honor o vergüenza determinaba el valor de cada individuo. ¿Qué significaba un derecho moral desconocido frente al sentido del honor que guiaba cada acción, la fuerza y la agilidad físicas, el ingenio intelectual y, sobre todo, la necesidad de sobrevivir?

Si examinamos críticamente el curso y la conclusión de la guerra en 1945, veremos la culminación de un largo proceso que comenzó con la aparición de las religiones bíblicas, a saber, que la moral y la noción de pecado han sustituido al sentido del honor y la política. El adversario digno se transformó en enemigo absoluto, portador de todos los vicios que se oponen a la "civilización" y que hay que convertir o eliminar a toda costa. Tras las guerras de religión, la caza de herejes y brujas, vinieron las guerras imperialistas de colonización por parte de misioneros religiosos. Ahora se libraba una guerra *planetaria* no sólo entre pueblos, sino entre diferentes concepciones del mundo, unas basadas en los derechos y la igualdad de todos los hombres, el individualismo universalista y nómada, y otras en la mística de la raza, la valorización de la actitud heroica que supera las divisiones del tiempo y el valor comunitario. Considerando que existen leyes superiores a las de los Estados, la noción de crimen, antes exclusivamente individual, se amplió a "crímenes contra la humanidad" y se aplicó a un sistema, a una ideología e incluso a toda una nación. La legalidad y especificidad de las acciones estatales específicas de un sistema fueron suplantadas por la legalidad de un derecho humanista universal. Por primera vez en la historia, este derecho moral particular, directamente derivado del espíritu de la Revolución Francesa, permitió a los hombres que representaban a las naciones que habían cometido los crímenes de Hiroshima, Dresde y Katyn juzgar a un sistema político que rechazaba el molde nivelador de un orden globalista. El principio de retribución alcanzó así su punto culminante. El estadounidense Nathan Kaufmann, en su panfleto *Germany Must Perish* publicado en 1941, expresaba cínicamente este estado de cosas: "La guerra actual no es una guerra contra Adolf Hitler. Tampoco es una guerra contra los nazis. Es una guerra de pueblos contra otros pueblos, de pueblos civilizados portadores de luz, contra bárbaros incivilizados amantes de la oscuridad". Esta planetarización de la moral sólo podría anunciar otras guerras contra posibles infracciones del "derecho internacional" que, bajo la apariencia de la justicia, imponen un modelo moral unilateral a los pueblos y a los Estados.

El resultado del juicio no dejó lugar a dudas. El totalitarismo de esta guerra sólo podía aplastar sin piedad a los vencidos. Se reconoció la culpabilidad de una ideología, el nacionalsocialismo, y de sus defensores, demonios modernos. Un "pueblo elegido" se enfrentaba, naturalmente, a un "pueblo caído", eternamente maldito.4 También en este contexto, las SS estuvieron en primera línea de los ataques. Las SS estaban en primera línea de los ataques, representadas por una serie de generales y oficiales superiores, ya que sus líderes, Hitler y Himmler, habían preferido seguir siendo dueños de su propio destino suicidándose. ¿De qué se les acusaba? De haber sido el implacable instrumento político del nacionalsocialismo en la consecución de sus objetivos.

Desde 1947, los medios de comunicación y la prensa sensacionalista han tomado el relevo del tribunal internacional, pero a un nivel más amplio. Se han publicado innumerables libros sobre el tema del nacionalsocialismo, las SS y los campos de concentración, lo que demuestra que "lo prohibido y lo innombrable" siguen ejerciendo fascinación sobre un público bien formado. La producción de películas "fascistoides" como *Rambo, Conan el Bárbaro* o *Mad Max* son ejemplos llamativos. Sin embargo, los estudios y trabajos científicos de historiadores "reputados" guardan silencio ante las numerosas preguntas que se plantean las mentes críticas.

A la literatura francesa le gusta presentar a las SS como un hombre con un látigo tan mordaz como sus palabras, que escucha piadosamente a Beethoven y extermina a millones de personas sin una lágrima. Una imagen tan estereotipada y uniforme del cruel y estúpido guardia de campo parece profundamente restrictiva frente a la realidad de los investigadores científicos, artistas, escritores o soldados que encarnaron cada uno una de las múltiples caras de las SS. ¿Son siquiera comparables, cuando se conocen las oposiciones que pudieron surgir en el seno de la Orden, a pesar de la voluntad de centralización ideológica? Es cierto que ninguna sociedad se libra de la presencia de individuos dudosos o criminales en su seno. El carácter humano tiene siempre debilidades difíciles de superar y que a veces se manifiestan. Pero, ¿podemos concebir que sea justo sistematizar un fenómeno semejante por el mero hecho de que se trate de enemigos, o de supuestos enemigos, ya sean literarios, científicos o artísticos? ¿Cómo es posible que millones de hombres, entre ellos un gran número de europeos, hayan comprometido su vida con un sistema que supuestamente negaba toda dignidad humana? Un examen atento de los hechos puede proporcionar la respuesta.

Todos aquellos que estudien los trágicos acontecimientos de la Segunda Guerra Mundial se preguntarán por las motivaciones de estos hombres, tan poco mencionados en los libros de historia. Los franceses podremos preguntárnoslo tanto más cuanto que 40.000 franceses participaron en los combates bajo un uniforme que se había convertido en europeo, y al menos 10.000 de ellos se convirtieron en "soldados políticos" de las SS. El nacionalsocialismo pertenece a la historia. Nació y murió con Adolf Hitler. Muchas personas que no vivieron aquella época se preguntan ahora quiénes eran aquellos hombres que fueron tan lejos para encontrar la muerte en tierra extranjera. Dejemos a un lado la pasión partidista que sólo puede distorsionar su historia en una u otra dirección. Una vez curadas las heridas evidentes, es hora de desdramatizar las pasiones, de analizar los acontecimientos históricos y políticos con la misma serenidad con la que se abordan las guerras de religión, las cruzadas o el pensamiento de Platón. Sería una cruel ironía del destino parecerse a los condenados por el uso de la censura y la represión intelectual. El propósito de este libro es, por tanto, permitir al lector comprender qué pudo llevar a individuos que aparentemente no tenían ninguna predisposición a unirse al bando nacionalsocialista.

Abordar las ideas políticas de las SS es una empresa vasta, difícil, sorprendente y confusa. Hablar de las SS es ante todo estudiar sus "ideas políticas", lo que sin duda sorprenderá a quienes concebían a las SS únicamente como un cuerpo policial represivo. Es, pues, hablar más exactamente de su "visión del mundo", de su historia, de sus objetivos, de sus aspiraciones, pero también de sus errores y divergencias internas. Se descifrará la dialéctica nacionalsocialista, lo que permitirá comprender mejor el significado de términos a menudo mal utilizados hoy en día.

Como se explica en el primer capítulo de *La orden, la historia y los principios de las* SS, éstas tuvieron su origen en la guardia de seguridad personal de Adolf Hitler. Compuesta por hombres elegidos a dedo, totalmente convencidos ideológicamente, iba a adquirir una nueva dimensión con la llegada de Heinrich Himmler a su cabeza. En efecto, hasta 1929, fecha de su nombramiento, la SS no era más que una super SA, obediente, libre de toda iniciativa ideológica, un puro órgano ejecutivo, pero ya apuntalado por la idea elitista. Trabajando pacientemente en la sombra, Himmler se había ganado la confianza de Hitler y conquistado su visión de unas nuevas SS como orden ideológico de lucha, fundamento de una sociedad futura. Ya no era una mera organización de seguridad; se convirtió en el instrumento activo y principal del nacionalsocialismo, que debía asumir la protección del Reich pero, sobre todo, formar a la futura élite de Europa e instruir al pueblo en el espíritu nacionalsocialista. Fue también un extraordinario campo de experimentación, un "laboratorio de ideas" que permitió el florecimiento de los talentos más diversos, fomentando la innovación permanente sin desvincularse nunca de un sistema de valores tradicional. Desde la guardia de Hitler, la SS había experimentado un nuevo nacimiento como guardia y punta de lanza del movimiento nacionalsocialista.

Ahora estaba totalmente comprometida con una idea, hasta el punto de ser un movimiento de vanguardia.

La notable rapidez de su desarrollo a partir de cierto periodo demuestra el nuevo destino asumido por las SS. De un mínimo de 200-300 hombres repartidos por toda Alemania desde su creación en 1923, pasó rápidamente a 1000 en 1929, 14.964 en 1931, se estabilizó entre 209.000 en 1933 y 238.159 en 1938, y alcanzó casi el millón de hombres en 1945. Pero este rápido crecimiento no debe inducir a error. Las SS eran una organización selectiva basada, a diferencia de las SA y el Partido, en un compromiso *estrictamente voluntario. Como* no obligaba a nadie a alistarse, la selección era siempre muy estricta, como explicó Himmler en un discurso en 1937, cuando excluyó a 60.000 hombres de las SS entre 1933 y 1935 que no eran "absolutamente entusiastas o idealistas", mientras que las otras organizaciones del Partido se abrían ampliamente a su base.

Esta expansión repentina pero controlada de las SS respondía a la ampliación de sus tareas debido a su nueva dirección y también a las nuevas perspectivas que ofrecía la toma del poder por los nacionalsocialistas en Alemania. Debía dividirse en tres ramas principales: las Allgemeine SS (SS generales, o civiles, de las que surgieron las otras dos ramas), las SS-Totenkopfverbände (unidades de la calavera y la cruz que se ocupaban de la administración externa de los campos de concentración y de ciertas tareas policiales) y las SS-Verfügungstruppe (tropas SS a disposición de las SS, o tropas paramilitares, que más tarde dieron origen a las Waffen-SS). Mientras que la Wehrmacht era responsable de la seguridad exterior del país, las SS se encargaban de la seguridad interior de la nación, vigilando a los "enemigos interiores", como los llamaban, y sobre todo de difundir la visión nacionalsocialista del mundo.

Los SS recibían así una educación que les otorgaba el estatus de cuadros y les animaba a obtener los mejores resultados en todos los campos, ya fueran civiles o militares, intelectuales o deportivos. Debían encarnar y enseñar una fe, una visión del mundo y una vida revolucionarias y tradicionales. Sin embargo, desde el punto de vista de las SS, los caracteres revolucionario y tradicional no son contradictorios. El primero representa un ataque directo al sistema social y moral judeocristiano existente, mientras que el segundo aboga por un compromiso con los valores tradicionales inmutables derivados de la esencia racial del pueblo. Mediante el compromiso voluntario en sus filas, apelaba al espíritu militante y al sentido de la responsabilidad y la lealtad que son inseparables del estado de ser un hombre libre. La SS también adquirió el carácter de una sociedad dentro de una sociedad a través de las normas internas especiales y la ética que había establecido para sí misma. Ya estaba realizando en sí misma lo que iba a convertirse en el futuro de Europa, y más tarde del mundo, a los ojos de los nacionalsocialistas.

Es comprensible que la consecución de tales objetivos exigiera la creación de departamentos adecuados. En 1929 se creó la primera oficina de las SS, la Oficina Central de Dirección, seguida en 1931 por la Rasse-und Siedlungsamt (Oficina de Raza y Asentamiento) dirigida por Walther Darré, y la Sicherheitsamt (Oficina de Seguridad) para la policía interna y la vigilancia política dirigida por Reinhard Heydrich, que se convirtieron en oficinas superiores (Hauptamt) en enero de 1935 como parte de una reorganización general. En el libro de 1938 sobre la organización del NSDAP, las tareas de la RuSHA se definían de la siguiente manera: "Proporciona a las SS, una comunidad de clanes seleccionados según los puntos de vista raciales nórdicos, los instrumentos que la hacen capaz de realizar la idea de Sangre y Suelo mediante un liderazgo característico". Constaba de diferentes oficinas:

I. Ordnungs-und Verwaltungsamt (Oficina Administrativa y de Organización): Crea las bases de organización, personal y material para facilitar el trabajo de las demás oficinas.

II. Rasseamt (Oficina de Raza): La tarea de esta oficina es demostrar y explotar la idea de que sólo la sangre determina la historia, la civilización, el derecho y la economía.

III. Schulungsamt (Oficina Educativa): El objetivo de la oficina educativa es instruir ideológicamente a los SS. El objetivo es llevar a cada hombre de las SS a una visión absoluta de la cosmovisión nacionalsocialista y crear así un sólido bloque ideológico entre el pueblo.

IV. Sippenamt (Oficina de Clanes): Esta oficina se encarga de examinar la herencia y el origen de los oficiales y suboficiales de las SS que ya forman parte de la organización, así como de los miembros recién admitidos.

V. Siedlungsamt (Oficina de Colonización): Realiza la idea de Sangre y Suelo mediante la sedentarización de las familias de la SS como parte de la política de recreación del campesinado alemán y de desarraigo de los hogares.

La SS-Hauptamt, como centro superior de toma de decisiones del Reichsführer SS, tenía la tarea de entrenar, instruir y comprometer a las tres partes de la Tropa de Protección en sus respectivas tareas: las Allgemeine SS, las SS-Verfügungstruppen y las SS-Totenkopfverbartde. A partir de 1940 fue dirigida por Gottlob Berger, el arquitecto de las Waffen-SS europeas.

Incluía las siguientes oficinas:

I. Führungsamt (Comité de Dirección): El comité directivo es responsable de todos los asuntos relacionados con la formación y la organización de las tres ramas de las SS.

II. Personalamt (Oficina de Personal): parte de la "Cancillería de Personal", autorizada para tratar todos los asuntos de personal, especialmente los de los oficiales y suboficiales de las SS a cargo de puestos de oficiales.

Además, esta área incluye la convocatoria de cadetes oficiales y la supervisión de los cadetes oficiales de las escuelas SS Junker.

III. Verwaltungsamt (Oficina Administrativa): se ocupa de todos los asuntos administrativos y presupuestarios de las tres oficinas superiores.

Como única persona con mandato del Reichsführer SS, también dirigió las relaciones en estos ámbitos con otros servicios ajenos a las SS.

El jefe de la oficina administrativa es el único apoderado ante el Tesorero del Reich de todas las SS.

Se creó una institución para reforzar los medios para la construcción y el funcionamiento del servicio SS en la oficina administrativa. Los arios que no pertenecían a la SS se convertían en *"miembros de apoyo"* si se comprometían a pagar una suma de dinero mensual, que ellos mismos fijaban, de forma regular y voluntaria.

IV. Sanitätsamt (Oficina Sanitaria): El jefe de la Oficina Sanitaria es responsable de todas las cuestiones relativas al carácter sanitario de las SS. También es responsable ante el Reichsführer SS de las tareas sanitarias de las SS en virtud de su cualificación como "médico de las SS".

V. Ergartzungsamt (Oficina de Reclutamiento): se ocupa de todas las nuevas admisiones de suboficiales y soldados rasos, así como de las readmisiones, suspensiones, bajas, traslados y renuncias. Además, se ocupa del fichaje y registro de todos los miembros de las SS, del cálculo y evaluación de todas las fuerzas de las SS.

VI. Amt für Sicherungsaufgaben (Oficina de Tareas de Seguridad): se ocupa de todas las medidas relativas a la actividad de las SS en los actos del NSDAP. También colaboraba con el Ministerio del Interior en todo lo relativo al servicio militar de los miembros de las SS.

VII. Beschaffungsamt (Oficina de suministros): El área de la oficina de suministros incluye la provisión de equipamiento para toda la SS.

VIII. Amt für Leibesübungen (Oficina de Ejercicios Deportivos): prepara y aplica todas las medidas de la actividad deportiva de la SS en todos los deportes y supervisa el entrenamiento deportivo de la SS.

IX. Amt für Nachrichtenverbindungen (Oficina de Comunicaciones Informativas): se ocupa de todos los asuntos relacionados con las noticias de la SS.

X. Versorgungs-und Fürsorgeamt SS (Oficina de Abastecimiento y Bienestar de la SS): se ocupa de todos los asuntos relacionados con el bienestar de la SS, en estrecha colaboración con las oficinas nacionales y comunales competentes (oficinas de trabajo, etc.), así como de todos los asuntos relativos a donaciones especiales.

(Enumeramos aquí sólo los cargos de las dos oficinas más importantes, las que se ocupan de la instrucción y de la selección racial. Las demás oficinas se tratarán más adelante en otro libro que trate más específicamente de la historia y el desarrollo de las SS).

La Schulungsamt era, por tanto, responsable de la labor educativa de las tropas llevada a cabo por los instructores jefes. Se encargaban de dirigir la instrucción en forma de conferencias ocasionales para el cuerpo de oficiales y en forma de enseñanza regular de los principios básicos para la tropa. A partir de 1934 empezaron a realizar su trabajo, que incluía también todo lo que podía servir para ejercer una influencia ideológica indirecta, como la organización de librerías de tropa, el suministro de periódicos y revistas a las unidades, el diseño de celebraciones y ceremonias internas de la tropa, así como otras formas de entretenimiento cultural y de apoyo a los soldados. También participaban en el examen para decidir la admisión definitiva del candidato SS a la Orden. Antes de 1937, la formación no tenía carácter militar, sino que era responsabilidad de los comandantes y los oficiales de unidad, etc. La dirección de las unidades se dividía, por tanto, entre los comandantes y los oficiales de unidad. Por tanto, la dirección de las unidades estaba dividida de dos maneras: militarmente era responsabilidad de los comandantes e ideológicamente era responsabilidad de los jefes de formación.

Este dualismo contradecía naturalmente los principios tradicionales de la autoridad militar, ya que los jefes de tropa eran responsables de las mentes y actitudes de los soldados, así como de sus cualificaciones militares. El contraste es tanto más llamativo cuanto que los instructores jefe consideraban su tarea sin restricciones como una labor de formación ideológica. Por ejemplo, el instructor jefe del Leibstandarte Adolf Hitler estipuló en un memorando de 1937 que las tareas y aptitudes de su gremio debían basarse en el ejemplo del comisario político del Ejército Rojo. El carácter sintomático de tal actitud demuestra la divergencia que puede existir entre la ideología de las SS y el espíritu conservador de los militares de la Wehrmacht. Sin embargo, este aparente dualismo en la educación no era en absoluto consecuencia de los principios de la ideología de las SS. Más bien, lo que se fomentaba era la fusión del poder militar y el político, lo que fue resentido por los oficiales superiores de las Waffen SS. Por lo tanto, cabe suponer que fue el resultado de una necesidad ideológica inmediata. Los miembros de las unidades militares de las SS ya habían recibido en su mayor parte la antigua formación militar que omitía o descuidaba la instrucción política. Por lo tanto, la dirección de las SS deseaba confiar el papel de la instrucción ideológica a un círculo de hombres especialmente seleccionados que garantizaran la fiel orientación de las jóvenes unidades de las SS.

A partir de finales de 1937, este principio de distribución de las responsabilidades educativas fue desapareciendo progresivamente sin hacer, no obstante, la menor concesión en el plano ideológico ni adaptarse a las costumbres vigentes en la Wehrmacht. La instrucción ideológica se delegó progresivamente en los comandantes de compañía y también -con reservas- en los comandantes de batallón. Los instructores jefes, ahora rebautizados como "Weltanschauliche Erziehung" (WE), continuaron su trabajo a un alto nivel regimental, pero ahora se limitaban a relevar a los comandantes de compañía de parte de la educación ideológica. Esta redistribución de funciones se mantuvo así hasta el final de la guerra. También hay que señalar que a estos jefes de la WE se les asignaron nuevas funciones, como la asistencia a las familias, el mantenimiento de las tumbas y, sobre todo, el apoyo a los voluntarios alemanes de las SS. Las razones de la desaparición gradual de la separación de competencias militares e ideológicas fueron dictadas por consideraciones prácticas. El creciente número de tareas que las SS sustraían a las necesidades estatales e ideológicas amenazaba en última instancia la propia unidad de la orden. La dirección de las SS tenía que salvar a toda costa las diferencias cada vez mayores entre las Allgemeine SS, la policía, las Totenkopfverblinde (TV) y los Verfügungstruppen (VT). Himmler también señaló que "el peligro evidente reside en el hecho de que el comandante y el jefe de tropa entreguen a otra persona la parte más importante de su función, es decir, educar ellos mismos a sus hombres, porque no tienen ningún interés en ello. Esto puede llevar a un cierto conflicto en el mando". La militarización de las unidades de la calavera y la Allgemeine, así como la politización de la rama militar de las SS, evitaron este peligro. El principio rector del "soldado político" contenía en sí mismo esta fusión. En este sentido, un verdadero oficial de las SS sólo podía ser oficial de tropa si era también el instructor ideológico de sus hombres. Más adelante veremos lo difícil que era aplicar este principio.

El estudio del trabajo ideológico realizado mucho antes de la guerra revela que siguió diferentes etapas en su concepción y organización. Según las conferencias pronunciadas por el primer jefe del Schulungsamt Cäsar (cuyos artículos se encontrarán en este libro, y que fue sustituido en 1942 por Ludwig Eckstein, que también está representado por sus artículos) en una reunión del Gruppenführer de las SS en 1939, la primera fase educativa trató las cuestiones esenciales de la política racial de las SS. Sin embargo, los hombres se cansaron de la "política natalista", las "cuestiones de salud hereditaria", la "racología" y la "elección matrimonial". En una segunda etapa, por tanto, la educación se amplió para incluir el estudio de los "fundamentos de la cosmovisión nacionalsocialista". En la tercera etapa, cuando "este programa... ya no cumplía los requisitos", se estudiaron cada vez más "los temas históricos de los que se deriva la posición nacionalsocialista en todas las cuestiones de la vida política". El Standartenführer Julius Cäsar resumió perfectamente el desarrollo de la educación en las SS. La reorganización de la educación muestra incluso que las tareas de las SS se ampliaron y modificaron en mayor medida de lo que se desprende de estas declaraciones. Ya en marzo de 1938, el Reichsführer de las SS le había encargado la elaboración de "un plan pluritemático, válido para todos los tiempos y también para los siglos futuros, que incluiría en una secuencia lógica el nacimiento del mundo y, por tanto, los campos de la ciencia y la astronomía, la biología y la doctrina de Hörbiger sobre el "hielo mundial". También incluiría el nacimiento de nuestros planetas, la Tierra y también los campos de la geología, la mineralogía, la botánica, la zoología y todas las demás ciencias relacionadas. También se estudiará el origen del hombre, el maravilloso arte con que Dios lo organizó y creó, así como todas las ramas del saber relacionadas con el hombre, ya sea el milagro del nacimiento de una nueva vida o la lingüística, la anatomía o el conocimiento de la complejidad del cerebro, así como la raciología..... Al final de cada año, se hará un resumen general en una presentación global. Los SS de hoy, en 1938, así como los del año 2000 y mucho más tarde -espero-... se familiarizarán con la historia de nuestro pueblo, de todos los arios, de la Tierra -su grandeza y belleza- así como la del mundo entero y tomarán conciencia de la grandeza y omnipotencia de Dios". Estas consideraciones de Himmler no son inocentes. Ilustran perfectamente la evolución gradual y organizada de la instrucción llevada a cabo en las SS, así como la ampliación del papel asignado a las SS.

Por orden de Himmler, el Schulungsamt desarrolló toda una serie de medios y herramientas para esta tarea. El instrumento educativo más importante fueron sin duda las "SS-Leithefte" publicadas a partir de 1935. Estas "guías" transmitían el paquete ideológico de las SS en forma de artículos breves (de 2 a 4 páginas de media), aforismos y poemas extraídos de las obras de grandes hombres. También se hacía hincapié en el aspecto ilustrativo, considerando que una foto habla más que mil palabras y tiene un sello de autenticidad que no se puede cambiar arbitrariamente. Estas revistas de formación buscaban la calidad tanto en términos ideológicos como iconográficos e, incluso durante la guerra, nunca dejaron el menor espacio a la caricatura o a las fotografías pin-up, que se consideraba que presentaban una imagen degradante del ser humano. Inicialmente se dividían en dos partes: "La primera contiene el tema enseñado según la orden del Reichsführer SS y está destinada a la instrucción mensual (cuatro pasajes de *Mein Kampf,* cuatro historias, cuatro ejemplos del trabajo de la oficina genealógica. Además, contiene los principios para la convocatoria de unidades. El editorial de esta parte, en el que se explica por qué y cómo debe llevarse a cabo la instrucción sobre el tema del mes, está destinado únicamente a los oficiales de las SS, a los instructores jefes y, en general, no debe enseñarse a la tropa.

"La segunda parte ("para la formación personal de los oficiales e instructores jefes de las SS") no está destinada a la enseñanza. Su objetivo es permitir a los oficiales e instructores jefe de las SS ampliar sus conocimientos. Pueden explotar el tema como consideren oportuno. Sería *un error fundamental estudiar los diversos artículos uno tras otro delante de las tropas.* Esto llevaría a la fatiga y a una sobrecarga intelectual que sería perjudicial para los hombres. La segunda parte debe servir también como material complementario para la instrucción de los SS-VT, etc." (Extracto de una guía de marzo de 1936).

En un número de octubre de 1937, la siguiente declaración es indicativa de los cambios realizados: "Las palabras "¡Prohibida su distribución y reproducción! Sólo para el servicio" se suprime en lo sucesivo: en su lugar figura la mención "¡Sólo se permite el préstamo a terceros! La reproducción sólo está permitida con la autorización del editor".

"El objetivo del nuevo reglamento es, ante todo, que las directrices sean accesibles a todos los SS y sus familiares.

Los funcionarios de las unidades reciben así un apoyo esencial en su labor educativa.

"También se amplía el marco de la guía. Hasta ahora pretendía servir de instrucción ideológica. Este objetivo se mantendrá en el futuro. Pero la tarea de las guías se amplía por el hecho de que también deben ocuparse de *la formación general* de las SS.

" Así, en una nueva sección "Nosotros y el servicio", se ofrecen instrucciones prácticas y sugerencias para el entrenamiento militar (interno y externo), el entrenamiento deportivo, ecuestre y técnico, y para la conducta de las SS en la vida cotidiana.

"Otra parte mostrará el efecto de nuestra visión del mundo en todos los ámbitos de la vida (familia, moral, educación, cultura, economía, política, deportes, etc.). Mediante presentaciones constantes, se indicará el objetivo último de nuestra revolución: la creación de un Hombre Nuevo que volverá a encarnar una unidad de mente-cuerpo-alma, sangre-espíritu-voluntad-acción.

"Otra sección debe mantener constantemente vivo y desarrollar el carácter del combatiente nacionalsocialista.

"Para despertar los instintos políticos de los SS y llamar su atención sobre acontecimientos políticos importantes, en el futuro se tratará continuamente la "situación política".

A partir de ahora se suprimirán los "Principios rectores de las llamadas a filas". Por lo demás, se mantienen los principios que rigen las dos partes principales, es decir, los cuatro artículos que siguen los distintos temas."

Diversas portadas de revistas de las SS.

Otras portadas de revistas SS.
La pureza de las líneas y la sencillez de las imágenes son el secreto de la estética de las publicaciones SS.

Los cuadernos de las SS fueron una preocupación constante del Schulungsamt. Más aún cuando el Schulungsamt fue transferido del RuSHA al SS-Hauptamt en 1938, lo que también reflejaba la reorganización de las estructuras de las SS. ¿Fue debido a los conflictos entre Heinrich Himmler y Walther Darré, por la falta de realismo y sentido práctico de este último? En cualquier caso, la oficina de educación estaba ahora bajo la jurisdicción de la SS-Hauptamt, un servicio que pertenecía a la dirección directa de Himmler. Por lo tanto, las pruebas de los cuadernos le eran presentadas regularmente, y él las corregía con sumo cuidado. Hasta los últimos momentos de la guerra, Himmler siempre concedió gran importancia a la formación ideológica. Ya en 1937 había enviado una circular a todos los comandantes y oficiales de las SS, diciéndoles que debían "atenerse estrictamente a las fuentes indicadas en el Leithefte". En su discurso a los jefes de propaganda del 28 de enero de 1944, definió aún más el propósito de su SS Leithefte: "Cada capítulo debe enfatizar los conceptos de la lucha perpetua en esta tierra, de la tenacidad, de que sólo los fuertes sobreviven al final en la lucha, ya sea en plantas, animales, pequeños seres vivos o humanos. Nunca hay paz, sólo lucha. En junio de 1944, en otro discurso, dijo que los cuadernos de las SS aún no correspondían plenamente a sus deseos, pero que mejorarían con el tiempo.

También se invitaba a participar en la redacción de los cuadernos del director a cualquier hombre de las SS que supiera escribir y tuviera sólidos conocimientos en diversos campos, como se indicaba en el artículo de 1938 "¿Quién de vosotros tiene una buena pluma? El Reichsführer SS concede la mayor importancia a la cooperación de los camaradas de tropa con el SS-Leithefte, especialmente de aquellos que sepan escribir de tal manera que puedan ser entendidos por cualquier hombre de las SS.

"La tropa que asiste a cursos ideológicos por las tardes después de su trabajo no está preparada para leer complicados artículos de fondo y tratados difíciles de entender. Quiere historias y descripciones típicas que toquen su sensibilidad. Artículos, narraciones, cuentos y discusiones de este tipo sobre los diversos aspectos de la vida se conservan en los cuadernos de las SS. Pero lo más importante es que el contenido y la forma de estos artículos aporten a los SS conocimientos y enseñanzas importantes para el presente.

"Por ejemplo, en los relatos de la historia alemana no se trata de describir cualquier acontecimiento. La gente debe *aprender la historia alemana* y aprender de ella para la lucha actual mediante descripciones que les muestren personajes típicos alemanes que se manifiesten a través de virtudes y debilidades. Es esencial repetir constantemente a la gente: "¡Mirad el pasado de nuestro pueblo! Los alemanes siempre han cometido muchos errores y han tenido que pagarlos muy caros. Por tanto, debemos evitarlos en el futuro. Y también: Los alemanes han sofocado las cualidades y fortalezas presentes en nuestro pueblo. Hay que cultivarlas para estar preparados para la lucha por preservar el carácter alemán y su derecho a la vida, que cada generación tendrá que retomar. Asimismo, es necesario despertar el orgullo nacional en la gente a través de ejemplos heroicos de la historia alemana.

"Los estudios y debates de carácter científico deben redactarse de forma sencilla para que todos los entiendan. Su propósito es dar a los SS un sentido del orden divino del mundo:

"Las historias que describen las perniciosas acciones de los opositores a nuestra visión del mundo deben mostrar y dejar claras sus tácticas tal y como se ven en acción, precisamente porque deben ser enseñables.

"Los relatos característicos que tratan cuestiones de sangre deben mostrar al SS los peligros del mestizaje y educarle para unirse con una pareja de igual valor. También deberían despertar en él el gusto y el amor por la genealogía...".

En la práctica, los cuadernos de las SS se enviaban a los oficiales y jefes de formación, que los utilizaban durante las "Sturmabende" o "veladas de tropa" educativas que se celebraban dos veces por semana por la tarde después del trabajo. Estos cursos se celebraban durante diez meses, un mes libre y dos semanas dedicadas a diversos festivales. Durante estas veladas se llevaba a cabo la educación ideológica de los SS, que debía cumplir dos propósitos esenciales: permitir a los SS *dominar el conocimiento de* ciertos hechos básicos y enseñarles a adquirir un *proceso de reflexión independiente de* los acontecimientos externos y arraigado en la visión del mundo. Esta educación revestía dos formas: 1. una *educación básica que* proporcionaba al hombre de las SS nociones conocidas por su largo servicio y que no figuraban en los libros de las SS; 2. una *educación complementaria* que servía para ampliar la visión ideológica en profundidad a los campos cósmico, biológico y político que hemos visto, y que los libros de las SS presentaban en forma de relatos, dirigiéndose no sólo a la inteligencia de los hombres, sino también a su facultad emocional. Los dos tipos de educación debían entrelazarse para obtener mejores resultados. La educación básica tenía una función extremadamente pedagógica, que servía sobre todo para la formación previa del postulante de las SS, llevada a cabo de forma estricta, incluso militar. La educación complementaria se llevaba a cabo en forma de conferencia del instructor que garantizaba la participación mutua de los hombres, en la forma más flexible de un juego de preguntas y respuestas. Las tropas y los oficiales se reunían por la noche en el comedor de tropa para estudiar y debatir los diversos temas presentados la noche anterior. Cada velada se regía por una idea rectora llamada "llamada de tropa" y resumida en una frase, por ejemplo: "¡Sé enemigo de los cotilleos! No hables, actúa", "La muerte por la patria merece veneración eterna", "La fama de los hechos de los muertos vive eternamente". La asistencia a las fiestas de la tropa se basaba en la participación voluntaria. Así, cada unidad estaba representada casi en su totalidad y sólo se excusaban casos graves, como enfermedad o fallecimiento en la familia. Se hacía especial hincapié en virtudes como el sentido del honor, la valentía y el coraje viril. También se enseñaba a los jóvenes de las SS a cultivar la camaradería, a evitar las peleas y a esforzarse siempre por convencer a los conciudadanos con opiniones diferentes pero de valor como arios mediante una discusión franca. Las luchas y oposiciones habían causado constantemente la desgracia de Europa, terminando la mayoría de las veces en verdaderas guerras fratricidas. La instrucción de las SS intentó poner fin a esto.

A modo de ejemplo, se pueden facilitar planes para una velada de comparsa y educación básica para los meses de noviembre/diciembre, enero, febrero y marzo de 1938.

Curso regular de educación nocturna:

1. Cantando.
2. Educación básica: lecciones y ejercicios (media hora).
3. Pausa (diez minutos).
4. Palabras de Adolf Hitler.
5. Educación complementaria según los folletos de la SS (tres cuartos de hora - una hora).
6. Nuevas canciones.

Plan de trabajo para 1938/39:

A. Noviembre: El programa del NSDAP y su aplicación (ciudadanía, trabajo, moralidad, economía, juventud, autoridad).
B. Diciembre: Costumbres durante el año (fiestas de la SS: nombramiento, matrimonio, nacimiento, entierro; la fiesta de

Navidad y su realización; el significado de: los juegos de verano, los solsticios, el fuego, el candelabro de Jul).

C. Enero: La idea de la sangre (las razas en Alemania, la Ley de Protección de la Sangre, los alemanes en el extranjero).

D. Febrero: Enemigos internacionales (judaísmo, prensa, masonería, bolchevismo, cristianismo e iglesias políticas).

E. Marcha: leyes de la SS y principios de selección de la SS (principios de selección de la SS, leyes de la SS sobre la comunidad de clanes de la SS, ley matrimonial, Lebensbom, viudas y huérfanos, leyes sobre reglas de combate, ley del honor, inviolabilidad de la propiedad, ahorros).

Dado que los cursos por sí solos no podían ser absolutamente eficaces, encontraron su continuación lógica en las "veladas de camaradería" en las que podían participar las esposas de los SS, familiares, amigos y jóvenes de las Hitlerjugend o de la BDM. La formación amplió su alcance para incluir a la familia y los círculos de amigos y parientes. Estas veladas se celebraban una vez al mes. De este modo, la formación ideológica podía llevarse a cabo a través de debates, conversaciones distendidas que fomentaban la reflexión. Cada momento del servicio, ya fueran los permisos, las pausas durante las marchas o los ejercicios, las guardias o los acuartelamientos libres, era propicio para esta educación. Poco a poco fue perdiendo su carácter formal, fomentado por los comandantes de tropa, que animaban a sus oficiales a buscar el diálogo personal y, por tanto, una relación humana gratificante en lugar de sermones y lecciones. También podían elegir aspectos del servicio o de la vida privada de sus subordinados como punto de partida de la acción educativa. De este modo, la influencia ideológica adquiría una dimensión global, afectando a las SS no sólo políticamente, sino también en términos de carácter y actitudes emocionales y espirituales.

Sin embargo, la llegada de la guerra trajo consigo cambios significativos. Las condiciones asociadas a la guerra pronto hicieron imposible organizar estos partidos de tropas. Los comandantes de las unidades tuvieron vía libre para instruir ideológicamente a sus hombres. La ideología pronto pasó a un segundo plano frente a los asuntos militares. Por otra parte, la extensión de la participación en la lucha a grupos extranjeros, especialmente germánicos, permitió la creación de nuevos cuadernos de las SS, los "Germanische Leithefte" que, al final de la guerra, tenían ediciones en siete idiomas diferentes, domiciliados en particular en: La Haya (Holanda), Amberes (Flandes), Bruselas (Valonia), Copenhague (Dinamarca), Berlín (Alemania), Oslo (Noruega), Reval (Estonia), París (Francia). También había ediciones especiales, como la revista "Vormingsbladen" para los holandeses, y diversos semanarios como "De SS Man", "Storm SS", "L'assaut", "SS Germaneren", "Avanguardia", etc. El principio educativo se enriqueció considerablemente: superando la dimensión puramente alemana, se llamó la atención del voluntario sobre el significado de la lucha por una nueva Europa unida, sobre la cultura europea y sobre su carácter de "soldado político" que debía difundir su visión del mundo entre su pueblo.

La evolución del número de folletos SS publicados también muestra la nueva dirección tomada por la dirección: Abril de 1937: SS-VT = 51, SS-TV= 165. Enero de 1939: SS-VT = 1452, SS-TV= 719. Abril de 1943: Waffen-SS = más de 400.000. Desde el comienzo de la guerra, los cuadernos se distribuyeron ampliamente entre las tropas y se adoptó un nuevo formato para ellos. A partir de entonces, una idea rectora mensual dirigió su contenido, como por ejemplo: lealtad, orden, camaradería, respeto, riesgo y responsabilidad, etc. Se suprimió la división en dos partes, los artículos del trabajo de la Sippenamt, los estudios de *Mein Kampf. Se dio* prioridad a artículos de historia general, testimonios de soldados en el frente, relatos informativos escritos de forma amena, estudios sobre la vida en la naturaleza, etc. Ahora el cuaderno adquiría la dimensión de compañero de guerra del soldado, que le llevaba el consuelo de la patria y le apoyaba en su lucha política. Es notable que, a pesar de la terrible situación bélica, los dirigentes de las SS se tomaran a pecho abrir la mente de los combatientes de las SS a la belleza natural, agudizar su sentido de la reflexión y elevar sus almas mediante poemas o aforismos de grandes hombres. Los debates sobre el amor o la belleza de las flores y los paisajes parecerían tener poca cabida en una guerra mundial. Pero el nacionalsocialismo consideraba que la guerra es también una cuestión de cultura. Había que enseñar todos los ámbitos de la vida. El uso de la estética y la mística en la política fue su obra más importante, que tuvo un profundo efecto en la mente de la gente y ganó así muchos adeptos. También se esperaba que el conocimiento de la belleza, el valor y la importancia de aquello por lo que luchaban las SS le inspirara las mayores hazañas militares.

Naturalmente, la instrucción ideológica ocupaba un lugar destacado en las escuelas de formación militar (Junkerschulen) para cadetes oficiales, como las de Bad Tölz o Brunswick, creadas en 1934 y 1935, o las diversas escuelas de oficiales para la policía, la SD, la Leibstandarte, etc. Se le otorgaba el coeficiente más alto, igual al de los cursos tácticos. Se le atribuyó el coeficiente más elevado, a la altura de los cursos tácticos. El programa impartido se mantuvo en la línea del espíritu general que hemos visto más arriba. Según un curso cuidadosamente planificado, los voluntarios se sometían a un entrenamiento deportivo intensivo durante los tres primeros meses, que luego disminuía, con el objetivo no de crear campeones olímpicos, sino hombres de voluntad y de carácter. Mediante la educación militar, los cadetes oficiales no sólo adquirían los conocimientos necesarios para dirigir unidades, sino también un sentido casi instintivo de la toma de decisiones en diversas situaciones. La formación no pretendía impartir conocimientos académicos, sino crear la actitud ideológica y el comportamiento precisos que se esperaban de un oficial. Los objetivos de las escuelas militares de las SS eran desarrollar la fuerza física, el espíritu de ataque y la fuerza de voluntad, reforzar el espíritu de cuerpo y la disciplina, proporcionar confianza instintiva en uno mismo y sentido de la responsabilidad, y crear una actitud ideológica. En cuanto se crearon las primeras unidades extranjeras, los candidatos a oficiales seleccionados recibieron allí la misma formación que sus camaradas alemanes.

Como resultado lógico de la idea de la orden de clanes de las SS, en 1942 se creó un servicio especial que rara vez se menciona en los libros de historia: el Cuerpo de Inteligencia Femenino de las SS, una "célula de una orden de mujeres y niñas alemanas" al principio, y germánica al final de la guerra, esta rama específicamente femenina de las SS seguía las mismas leyes y se basaba en la misma ideología que la rama masculina. El objetivo no era, por supuesto, formar soldados, sino una élite de mujeres conscientes de sus responsabilidades políticas y morales y de su papel en la sociedad. Las chicas recibían formación para la vida profesional, pero también para la vida en la Orden de las SS. Su principal tarea era convertirse en operadoras de radio, teleprompter y telefonistas, para relevar a los soldados en el frente. La formación adoptaba diferentes formas: entrenamiento físico, instrucción en asuntos militares y de inteligencia, instrucción ideológica y formación en la vida doméstica. Las cualidades requeridas para la admisión eran: agudeza intelectual, fiabilidad y discreción.

La formación ideológica, asistida por los cuadernos de trabajo de las SS, para las mujeres que alcanzaban el rango de suboficial u oficial incluía los siguientes temas:

1. Datos históricos básicos

Estudiamos los periodos importantes y sus repercusiones, la geografía, la geopolítica.

2. Raciología

Entre los temas tratados figuraban los conocimientos generales, los procedimientos matrimoniales, los rasgos de carácter de la raza nórdica, las SS, la mujer en los países germánicos. A las voluntarias se les enseñaba la naturaleza de la autoridad, es decir, la formación mediante el ejemplo, la diferencia entre educar y criticar, los fenómenos de simpatía y antipatía, las nociones de maternidad, hijos, lactancia, los deberes de líder y esposa, como madre y como miembro de una comunidad, los principios del trabajo doméstico y también nociones de jardinería, cuidado de animales domésticos, etc.

3. Arte y ciencia al servicio del pueblo

se refiere al estudio de la lectura, cómo leer, la influencia de la lectura en la opinión, el estudio de los diferentes tipos de prensa, la música y la canción, su uso juicioso y su valor para el hogar.

4. La organización de la fiesta

Se estudió la influencia de los festivales para aumentar la vitalidad, la vida consciente, el sentimiento artístico, la alegría controlada, el impulso espiritual y el humor.

5. Educación política

trató la historia del NSDAP, la elección de profesión, las cuestiones jurídicas relativas a la mujer, su papel como fuerza conservadora, guardiana de la lealtad y la fe, y las tradiciones.

6. Las SS como núcleo del Imperio

Se estudiaron las tareas europeas de las SS, su naturaleza como comunidad de clanes, sus leyes y tipo de liderazgo, el lugar y el papel de la mujer oficial y suboficial dentro del cuerpo femenino de voluntarias de las SS.

Así, la fuerza creativa masculina se combinó armoniosamente con la fuerza conservadora femenina para formar la comunidad del clan SS.

La SS como orden

La idea de la Orden no es nueva. Recorre la historia alemana y resultaba familiar a los alemanes impregnados del espíritu de las asociaciones estudiantiles de duelos, antigua supervivencia de las justas caballerescas. En su principio elitista, la SS no era por tanto un fenómeno nuevo. Formaba parte de una antigua tradición que seguía viva. Sin embargo, su concepción de la Orden adquirió una forma y una dimensión completamente originales. Las SS fueron sin duda la primera organización de la historia europea que cuestionó la validez de un sistema de valores de 2000 años de antigüedad y propuso una redefinición de la ética y el destino humano. Este cuestionamiento no implicaba en absoluto un rechazo de una serie de tradiciones y valores que han hecho grande a la civilización europea, sino más bien una distinción entre lo que es particularmente propio del alma y la raza indoeuropeas, y lo que procede de una aportación extranjera. Estudiando la historia alemana y europea, pudo identificar los errores y equivocaciones que se habían cometido por falta de una visión global del mundo y sintetizar ideas hasta entonces separadas. La idea de la Orden de las SS hundía sus raíces en los ejemplos de las órdenes caballerescas medievales, así como en los de los húsares de Federico II. Sin embargo, difería de algunos de sus principios judeocristianos y fijaba como objetivo preservar y potenciar las mejores características hereditarias de las familias y los clanes (véase el artículo “La Orden de los Clanes”). Las SS se definían a sí mismas como una “orden de clan”, rechazando la regla de castidad seguida por las órdenes religiosas, innovando en comparación con el ejército tradicionalmente individualista y clasista. De este modo pretendía lograr una continuidad biológica y espiritual inmutable negada hasta entonces a las organizaciones temporales. Pues crear una élite puramente intelectual sin tener en cuenta las realidades biológicas y raciales, como se había practicado en el pasado, habría significado la extinción a más o menos largo plazo. Las mujeres y los niños tenían naturalmente un lugar en esta

Orden y estaban sujetos a las mismas reglas de selección que los hombres. Habría sido inútil seleccionar hombres racialmente valiosos si se les podía unir con mujeres inferiores. En esto, las SS seguían el viejo dicho filosófico "si quieres crear un mundo mejor, tienes que empezar por los seres humanos". La idea de orden también implicaba la idea de ética y moral, siguiendo la antigua concepción germánica del derecho y la ley (véanse los artículos "La autoridad germano-alemana" y "El honor de la mujer germánica"). Las tres virtudes cultivadas prioritariamente eran la fidelidad, reviviendo así la antigua práctica germánica, la obediencia, sin la cual nadie puede ser dueño de sí mismo, y la camaradería, natural entre hombres de una misma comunidad.

Las SS se diferenciaban de las organizaciones anteriores por su carácter trifuncional. Por primera vez en la historia, una organización intentó sintetizar en sí misma las tres funciones de la civilización indoeuropea: espiritual, bélica y productiva. El cuerpo ya no estaba disociado del espíritu y del alma, formando esa unidad armoniosa definida por Rosenberg: "La raza es el alma vista desde fuera y el alma es la raza vista desde dentro". El El profesaba un reconocimiento absoluto del vínculo fundamental e indisoluble entre los diferentes aspectos de la vida y pretendía dar una realidad tangible y homogénea a un conjunto de conceptos filosóficos, científicos o religiosos. Combinó el carácter militar con la fe, el arte con la ciencia, la industria con el campesinado en una alquimia suprema del "hombre nuevo". Este término "hombre nuevo" se opone a la idea preconcebida y generalmente difundida de "pueblo de señores" o "superhombres". Nunca en ningún texto se han encontrado estas expresiones falsas y sin sentido, fruto de mentalidades americanizadas y acomplejadas. El "superhombre" o "superhéroe", producto de las fantasías americanas, es totalmente ajeno a su entorno y está dotado de facultades sobrehumanas negadas al común de los mortales que le envidian. Su superioridad no es en absoluto obra de sus propias manos y, por tanto, no merece admiración. En lugar del término "señor", que implicaba clasismo y arbitrariedad, los nacionalsocialistas preferían el término "héroe", es decir, el hombre arraigado en su comunidad, responsable, ejemplar por su capacidad de superación y capaz de recrear el tipo humano primordial a partir de sus propios valores.

Este énfasis en la formación ideológica, incluso en los peores momentos de la guerra, provenía del deseo de lograr una identificación total de las SS con la Orden, sus principios, sus valores, lo que se traducía en una actitud absoluta ante la vida. Las victorias de las SS eran, en última instancia, las de la Orden, al igual que sus fracasos. Tal concepción, basada en un sentido del honor que era a la vez individual y comunitario, condujo a la elevación del concepto del deber. Cumplir con el deber significaba ser fiel a uno mismo, a la palabra dada, al clan y a la raza. Esta identificación transformó al SS en un elemento activo y orientado hacia un objetivo, animándole a superar el egoísmo individualista burgués. Redescubrió el significado y el valor de "servir", ya fuera al ideal o a la Orden. Se convirtió en el elemento indispensable de una comunidad orgánica en el sentido más noble del término. Esto se expresó en el uso sintomático del uniforme (véase el artículo "Por qué llevamos uniforme"), que se convirtió en el símbolo no sólo de una Orden, sino de una visión del mundo.

Las SS como organización racial

El concepto de orden de las SS adquirió su dimensión totalmente única a través de lo que constituyó el eje del pensamiento nacionalsocialista, es decir, la "idea racial". Este concepto se convirtió en un instrumento revolucionario y fue la base de la mayoría de las leyes más importantes de las SS.

El examen de la historia europea y mundial había llevado a los nacionalsocialistas a la idea de que existían razas, arias o no, que poseían aptitudes civilizatorias fruto de miles de años de evolución y especialización. Estas civilizaciones se reflejaban en el desarrollo de incentivos intelectuales, artísticos y materiales, el cultivo del sentido de la belleza y la capacidad de modelar su entorno. Dado que estos factores están íntimamente ligados a la homogeneidad de cada raza, la destrucción de estos factores mediante el mestizaje conduce a largo plazo a la desaparición de la supremacía civilizadora de esa raza. La unidad racial de un pueblo forma parte de su unidad espiritual, indicando así el vínculo indisoluble entre lo mental y lo físico, siendo este último la representación externa (véase el artículo "Del cuerpo racial al alma racial"). De estos estudios surgió una ciencia que alcanzó un alto grado de desarrollo, principalmente en Alemania, conocida como "raciología" y defendida por investigadores como Hans F. K. Günther o Ferdinand Clauß. Francia estuvo sin duda en el origen de este fenómeno, con precursores como el Conde de Gobineau o Vacher de Lapouge.

La creciente globalización del comercio, los viajes y las relaciones había dado lugar a una conciencia exacerbada de la identidad, temiendo un futuro caos étnico. Este sentimiento, que hasta entonces había sido difuso e instintivo, y que a menudo se confundía con el nacionalismo por desconocimiento de la genética aún no desarrollada, se convirtió en el arma más revolucionaria del nacionalsocialismo. En un momento en que, como nunca antes, los pueblos europeos en su conjunto se enfrentaban al peligro de perder su identidad, el nacionalsocialismo les ofreció soluciones radicalmente nuevas.

Dentro de Europa, la raciología distingue entre varias "razas" que componen la gran rama indoeuropea: las razas nórdica, westfaliana, dinárica, báltico-oriental, oriental y mediterránea, que se distribuyen de forma diferente en los distintos países (véase el artículo "¿Qué es la raza?"). Los criterios de distinción se basan principalmente en el índice cefálico, la fisonomía general y el carácter. Estas razas están presentes en mayor o menor grado en todos los pueblos europeos, pero los nacionalsocialistas destacaron la importancia de la raza nórdica como vínculo unificador de todos los europeos, marcando con su impronta la historia europea. También se prestó especial atención a la raza nórdica debido a su tasa de natalidad en constante descenso, que la amenazaba con la extinción. Por ello, se hizo todo lo posible por fomentar su crecimiento por todos los medios. Pero el tipo "nórdico" no debe equipararse a un hecho geográfico o a un arquetipo. Se llamó nórdico porque los individuos con estas características se encuentran con más frecuencia en los países nórdicos. Sin embargo, se encuentran en todo el mundo. El vikingo alto y rubio es una caricatura del nórdico, ya que el nórdico es más bien un tipo sintético de hombre, de estatura media a alta, con pelo castaño claro a rubio, ojos grises, verdes y azules. El color del pelo y de los ojos no puede ser el único factor determinante; algunos eslavos y judíos tienen el pelo y los ojos claros sin pertenecer a la raza nórdica. El ideal nórdico fue sin duda mejor definido por el arte griego, del que las magníficas estatuas son un ejemplo perfecto.

Las SS daban prioridad a la selección de una élite que sólo podía lógicamente llegar a ser europea según este ideal físico y espiritual nórdico que iba mucho más allá del marco nacional. Así pues, los candidatos eran seleccionados en función de sus características raciales que más se asemejaban a este ideal, teniendo en cuenta, no obstante, que la mayoría de los europeos ya no poseían las características puras de una u otra raza; todas estas cualidades se combinaban para formar el genio europeo. Además del tipo nórdico, también se aceptaron los tipos westfaliano y dinárico. De hecho, la mayoría de los SS, especialmente los líderes, se distanciaron de esta imagen caricaturesca de posguerra.

La selección racial no excluía a las mujeres, como ya hemos dicho. La formación concedía especial importancia a orientar los "gustos matrimoniales" de las SS según el modelo nórdico. También se procuraba evitar los matrimonios con individuos que presentaran defectos hereditarios para lograr un aumento gradual del valor general de la Orden, ya que la SS también se presentaba como una organización con fines eugenésicos encaminados a la desaparición gradual de las enfermedades hereditarias.

Muchos mitos contribuyen a la idea de esta selección. Uno de los principales es, sin duda, el "mito ario" que equipara la arianidad con la septentrionalidad. Como hemos visto, la gran familia aria se divide en diferentes subespecies y sería un error fundamental confundir el todo con lo particular. El término ario se utilizaba raramente, a menudo en el contexto de los estudios sobre la civilización india, contrariamente a lo que se afirma en muchos libros de historia. Se prefería el término nórdico, más explícito.

La noción de "pangermanismo" también ha sido muy confusa. El pangermanismo se equiparó a un término que podría traducirse al francés como "allemanismo" (Deutschtum), es decir, un nacionalismo alemán radical, polvoriento y conservador. Es cierto que en sus inicios, el nacionalsocialismo, como partido político dentro del sistema democrático, se dirigía principalmente a los alemanes. Más de un funcionario miope del partido lo vio sólo bajo este prisma. Sin embargo, el aspecto supranacional y suprahistórico de su visión del mundo pronto se vería acentuado por el estallido de la guerra y la posibilidad de una participación europea en la lucha. Los alemanes no habrían entendido que Hitler hablaba primero de Europa, antes de resolver los problemas políticos internos. Por ello, dejó la iniciativa en este terreno a las SS, una organización de vanguardia, frente al NSDAP, una organización estrictamente política. En un discurso pronunciado en 1944, Himmler lamentó el hecho de que en 1935 muy pocas personas fueran capaces de comprender la dimensión europea y germánica del nacionalsocialismo, lo que había dificultado considerablemente la labor futura.

Como respuesta alentadora, en muchos países europeos también había partidos que afirmaban abiertamente basarse en la filosofía nacionalsocialista, como el Partido Nacionalsocialista francés, el Partido Rex de Leon Degrelle o el movimiento de Vidkund Quisling en Noruega.

Como extensión de la idea racial nació un concepto revolucionario para la unificación europea: la germanidad. Todavía estaba en pañales antes de la guerra, confundida por los propios nacionalsocialistas con los términos sinónimos "sangre alemana", "germano-alemán", "germano-nórdico", "germano-nórdico", en una aparente imprecisión terminológica. Era necesario encontrar un factor común representativo a nivel ideológico y biológico que uniera a todos los pueblos europeos, y fue la germanidad, poseedora de la sangre nórdica, la que prevaleció. En la terminología de las SS, el alemán era algo más que un miembro de una tribu histórica. Como hombre del Norte, hiperbóreo original, era el "germen" (del latín "germen") del que habían surgido los principales pueblos europeos. Es revelador el uso del término "indoalemán" en los textos, que fue sustituido tras la guerra por "indoeuropeo", mucho más "adecuado" para los oídos democráticos. Léon Degrelle también hablaba de "alemanes occidentales" cuando se dirigía a belgas o franceses.

La idea del germanismo, incluso de la germanidad (Germanentum), sirvió sobre todo para derribar las viejas barreras del nacionalismo estrecho, para poner fin por fin a las estúpidas disputas que habían desgarrado Europa en beneficio de intereses que le eran ajenos. Hizo posible la unidad de Europa, es más, del mundo ario en su conjunto, con el núcleo germánico como centro. No fue un intento de uniformidad comparable al "mito americano", que intentó fusionar en un bloque comunidades de orígenes muy diferentes, a menudo sin nada en común. El americanismo y el cosmopolitismo fueron ampliamente denunciados como corruptores y anticulturales, y como enemigos del genio ario (véase el artículo "América en Europa"). La ideología de las SS también puso fin a las divisiones entre hermanos celtas y germánicos, creadas artificialmente por los romanos con fines políticos. Los celtas, latinos, escandinavos y eslavos indoeuropeos, como múltiples ramas de un mismo árbol, tendrían su lugar en la futura Europa como grupos federados que conservarían sus particularidades. Este proyecto encontró su marco adecuado en el concepto de "Imperio" (Reich), que perdió su denominación de "Tercer" Reich en 1939 por orden de Hitler. El excesivamente alemán "Tercer" Reich fue sustituido por el Imperio Europeo, demostrando una vez más el compromiso europeo de los líderes nacionalsocialistas mucho antes de la guerra. El gran Imperio alemán europeo, un mito que había sido una constante en la historia europea pero que nunca se había hecho realidad, debía crearse por fin a través del nacionalsocialismo y servir de estructura para la unidad europea. Sin embargo, este Imperio se habría limitado al espacio vital histórico de los europeos (véase el artículo "Heinrich I"), reconquistando antiguos territorios perdidos en el Este sin cometer el error histórico de ir más allá. La mentalidad "colonialista" de los siglos pasados ha sido duramente criticada.

Significativamente, incluso mucho antes de la guerra, las SS nombraron para puestos de responsabilidad a partidarios convencidos de la idea europea, como el suizo Franz Riedweg, jefe de la "sección alemana" de las SS ya en 1937, y Gottlob Berger, jefe de la oficina de reclutamiento de la SS-Hauptamt ya en 1938 y promotor de las Waffen SS europeas. Las SS habían admitido en sus filas a grupos europeos, suizos, flamencos, holandeses, noruegos, finlandeses y, más tarde, valones, franceses, cosacos, italianos, bosnios, en total unas treinta nacionalidades, dando así testimonio de esta toma de conciencia. Cada unidad europea de las SS conservaba su lengua (el alemán sólo se utilizaba como lengua de mando para evitar la anarquía general, ya que los cuadros militares eran alemanes), y cada costumbre o particularidad religiosa era respetada. En un discurso pronunciado en abril de 1942 ante el Círculo de Apoyo al Cuaderno Germánico de las SS, Gottlob Berger dijo: "...no queremos 'germanizar' ni germanizar en el mal sentido de la palabra. Debemos fortalecer a nuestros hermanos germanos en el amor por su identidad, por la conservación de su lengua, de sus costumbres. Sin amor a la patria, no puede haber amor al Gran Imperio Alemán. Incluso se alababan los méritos de antiguos adversarios cuando habían demostrado ser paladines de una filosofía elitista (véase el artículo "Máximas sobre la guerra"). Incluso a los voluntarios musulmanes europeos, admitidos no como musulmanes sino como europeos, ¡se les permitió seguir absteniéndose del cerdo y del alcohol! La conciencia de la idea racial trascendió el marco europeo, ya que, desde 1939, se invitó a los estadounidenses arios a encontrar sus raíces y a participar en la gran lucha por la preservación de la identidad blanca (véase el artículo "Cuestiones raciales en Estados Unidos").

LAS SS COMO ORGANIZACIÓN RELIGIOSA Y CULTURAL

Esta afirmación, que a primera vista resulta desconcertante, apenas sorprende después de todo lo que se acaba de decir. Si bien el NSDAP era una organización política que no se inmiscuía demasiado en cuestiones religiosas, principalmente por razones diplomáticas, las SS, como orden ideológica, también planteaban exigencias en este ámbito. El retorno a un universo mental propiamente ario no podía dejar de lado aquello que conecta al hombre con el principio superior absoluto, es decir, la religión. La denuncia de la alogeneidad inherente al judeocristianismo, que había impregnado la mentalidad europea durante siglos, fue quizá más virulenta que la del judaísmo. Al cristianismo, que derivaba de la filosofía judía, no se le perdonaba haber transmitido una ideología globalista y haber borrado y denigrado sistemáticamente todo lo que pudiera recordar a la antigua cultura germánica. Como prueba de ello, tomemos el sermón del cardenal Faulhaber en la Nochevieja de 1933: "No se puede hablar de una cultura germánica propiamente dicha que date de la época precristiana basándose en Tácito. Los alemanes sólo se convirtieron en un pueblo con una civilización en el pleno sentido de la palabra gracias al cristianismo. La tarea más difícil para los misioneros cristianos fue conseguir que los alemanes convirtieran sus espadas en arados. El cristianismo, protector de los débiles y los enfermos, que enseña el pecado y la vergüenza del cuerpo, el desprecio por los animales y las mujeres, que estigmatiza la alegría y el orgullo, que denigra las realidades raciales, era considerado por los nacionalsocialistas como una "enfermedad del alma".

Fue sin duda el primer cuestionamiento en la historia de la validez de la filosofía judeocristiana en su conjunto. Sin embargo, los juicios seguían siendo matizados en función de sus diferentes aspectos. Sólo hubo una relativa simpatía por el protestantismo en la medida en que expresaba una revuelta contra el espíritu papista romano (véase el artículo "La Universidad alemana en la Contrarreforma"), pero fue rechazado por su vertiente bíblica dogmática (véase el artículo "La brujería"). En 1937, Himmler incluso envió una carta a todos los jefes de instrucción prohibiéndoles atacar la persona de Cristo, sin duda creyendo que tal actitud habría ofendido las convicciones de la mayoría de los SS todavía apegados a la vieja religión y que un estudio de las costumbres en sentido positivo sólo podía ejercer la acción más persuasiva.

Así pues, la desaparición progresiva del cristianismo debía ser sustituida por un retorno al espíritu fundador de Europa que había animado la religión pagana de los antepasados. Las SS se proponían redescubrir el principio de una actitud religiosa propiamente aria ante la vida y el mundo, que había sido sofocada y disimulada bajo coberturas cristianas pero que seguía estando presente, sobre todo en el campesinado (véanse los artículos "Costumbres de la cosecha" y "El pan sagrado"). La religión recuperó su sentido primordial al situarse en el marco natural visible, reflejo del orden superior invisible. El hombre tomó conciencia de que sólo era una parte del orden natural, sometido a su ley como cualquier otro ser vivo. Por tanto, sólo podía desarrollar todo su potencial en este mundo llevando una existencia que desarrollara y alimentara las cualidades del cuerpo, el carácter y la mente. Despreciar el aspecto físico y material, así como el mundo viviente en general, era despreciar el modo sensible de expresión de lo divino. En su respeto por las diferencias y su oposición a la mezcla unificadora, el hombre seguía así los grandes mandamientos de la naturaleza soberana. Esta piedad, profundamente fiel al mundo de las leyes naturales eternas, se distanció tanto del ateísmo, considerado como un producto de la decadencia, como de las prácticas anticuadas de los grupos pseudopaganos (véase el artículo "La crisis espiritual"). También se alejó de esa forma de idolatría que consistía en dar una apariencia material (Cristo "hijo" de Dios y la Virgen María inmaculada) a un principio divino supramaterial.

A través de esta fidelidad a las leyes naturales, las SS llegaron a adoptar una actitud que hoy en día se describiría como "ecológica", abogando por el retorno a una vida campesina sana, el uso de productos naturales (véase el artículo "Por qué una primavera de los Sudetes") y el respeto por la naturaleza (véanse los artículos "Las leyes eternas de la vida", "El camarada SS a mi lado", "El bosque como comunidad de vida", "El ciclo eterno"). Esta forma de entender la vida contrastaba fuertemente con la tradición cristiana, hostil a toda expresión natural y que enseñaba el temor a Dios. Así pues, la vanidad del hombre bíblico, creyéndose superior a la naturaleza, sólo puede desencadenar las peores catástrofes, como las que se vislumbran en el horizonte del tercer milenio (desaparición de numerosas especies animales, deforestación, contaminación, destrucción de la capa de ozono, etc.).

Las SS siempre evitaron criticar las opiniones religiosas de los individuos como una cuestión estrictamente personal. Atacó principalmente la filosofía y las instituciones eclesiásticas en el contexto del estudio de la cosmovisión nacionalsocialista, lo que puede parecer paradójico. El sentido de lo sagrado y la piedad en cada individuo, cristiano o no, seguía siendo absoluto. Se respetaba la libertad de creencia. En los formularios de solicitud se preguntaba si el solicitante era "católico, protestante o... creyente" (gottglaubig), es decir, "pagano". La "revolución religiosa" se llevó a cabo gradualmente para conseguir un poder decisivo. Se intentó convertir a los cristianos en paganos impresionándoles con la pompa y profundidad de las ceremonias religiosas y estudiando y enfatizando el mundo espiritual original, verdaderamente ario. Sólo la aceptación voluntaria, no la coacción, hizo efectiva la limpieza del sentido religioso.

Esta "nueva" religión, aunque inmemorial, tenía sus propios ritos y ceremonias. También era tarea del Schulungsamt restaurar el significado pagano original de las fiestas y ceremonias relacionadas con los acontecimientos más importantes de la vida de una persona, como el bautismo (reformulado como nombramiento), el compromiso, el matrimonio (véase el artículo "La admisión de las mujeres en la comunidad del clan SS"), los funerales, etc. Sólo los jefes de formación estaban autorizados a diseñar el espíritu y la forma de las celebraciones, a excepción de las aplicaciones prácticas, que se dejaban en manos de los jefes de unidad. Las SS no querían crear un nuevo clero dogmático concediendo prerrogativas a los jefes de instrucción. Los jefes de unidad sólo celebraban ciertas ceremonias cuando afectaban directamente a sus hombres, excluyendo así el riesgo de una transmisión sectaria del poder religioso. Sólo se mantenía el marco religioso en el que se expresaba libremente la sensibilidad personal de cada individuo.

Las fiestas se concibieron con la intención de restaurar la relación privilegiada del hombre con la naturaleza como expresión de la creación divina. También se trataba de eliminar la reorientación judeocristiana impuesta a fiestas tradicionales como Jul (Navidad), Ostara (Pascua), Solsticio de Verano (o fiesta de San Juan). En este sentido, el mundo campesino era un ejemplo perfecto de sociedad que había conservado el sentido de sus antiguas tradiciones gracias a su apego y lealtad a la naturaleza. ¿Acaso el término "pagano" no procede de "paganus", el campesino, al que los cristianos nunca pudieron convertir del todo? Así, el hombre volvió a sentirse el eslabón indispensable y responsable de la larga cadena del clan, transmitiendo la vida y las tradiciones de forma inmutable. El orgullo de los cuerpos y los rostros de ojos centelleantes vueltos hacia el Sol atestiguan la alegría de la creación que Dios ha dado al hombre, que se lo agradece a través de las fiestas.

Esta revolución espiritual también tuvo lugar en el contexto de la escritura de la historia en sentido germánico. Los alemanes estaban descubriendo realmente una parte de la historia que hasta entonces había sido ignorada o despreciada, la de sus antepasados germánicos. La Ilustración había tomado como modelo la civilización griega, buscando en ella raíces estéticas y filosóficas. Alemania se vio especialmente afectada por este fenómeno, y algunos incluso consideraron al nacionalsocialismo como su heredero. La plasticidad de las estatuas y la arquitectura neoclásicas alemanas podría delatar esta filiación. Sin embargo, una tendencia paralela y ya antigua (el Romanticismo alemán) iba a imponerse cada vez más, la del retorno a la germanidad. La filosofía de los "germanistas", especialmente los promovidos por las SS, pretendía sacar del olvido y el desprecio la cultura de los antepasados directos de Alemania, demostrando así que la moral, la poesía y el arte alemanes no eran inferiores a los demás. La labor ya emprendida por otros investigadores como los hermanos Grimm o Gustav Kossinna se continuó a mayor escala. El propósito de tal interés histórico, además de restablecer la verdad, era también dotar de legitimidad a la Orden de las SS, que tomaba referencias del magisterio de grandes figuras históricas de la guerra, la política o el arte. Federico II de Prusia, Durero, Nietzsche, Wagner, Bismarck o René Quinton atestiguaban la permanencia de cierta actitud propia de la raza aria. ¿Acaso no eran ejemplos del genio creador que superaba el tiempo y las modas y que las SS trataban de sintetizar? ¿No tenían siempre un mensaje que transmitir, siendo precursores a su manera? Mencionemos sólo algunas de las ideas en las que se inspiraron las SS: la idea carolingia del imperio, la creación de valores en un sentido nietzscheano, la espiritualidad wagneriana, la virtud militar prusiana y el misticismo caballeresco medieval.

La admiración suscitada por René Quinton, a pesar de ser enemigo de Alemania en su época (1914), revela también la superación de las divisiones políticas o nacionalistas. Confirma que cualquier filosofía heroica no podía sino resonar en el nacionalsocialismo (véase el artículo "Máximas sobre la guerra"). A veces incluso se alababan las cualidades de pueblos extranjeros (véanse los artículos "Yamato" y "El Imperio de Ataturk"). La personalidad de Carlomagno tampoco dejó indiferente a las SS. Algunos historiadores difundieron complacidos el rumor después de la guerra de que se le llamaba el "verdugo de los sajones". Sin ignorar su problemático papel en la masacre de Verden, las SS lo consideraban el primer artífice de la unidad europea y el creador del principio de un Imperio germánico (véanse los artículos "Carlomagno, fundador de un Estado" y "El nacimiento de la Europa germánica en torno al 500 d.C."). Carlomagno era una figura histórica tanto para los alemanes como para los franceses y encarnaba así el vínculo entre estos dos pueblos de origen común.

PREGUNTAS LEGÍTIMAS

Teniendo en cuenta esta ideología y estos objetivos, cabe preguntarse hasta qué punto las SS fueron capaces de alcanzarlos y qué obstáculos encontraron. Como hemos visto, la SS se dividió en tres ramas diferentes que, con el tiempo, se fueron diferenciando cada vez más entre sí en cuanto al espíritu. A pesar de los numerosos esfuerzos de la dirección central por mantener la cohesión y la unidad de la Orden, surgieron diversas tendencias que obstaculizaron la labor de edificación general. La rama militar de las Waffen SS estaba vinculada a la gran tradición del ejército prusiano de Federico II a través de líderes como Paul Hausser o Sepp Dietrich, que le dieron este impulso. Para los hombres formados en la vieja escuela, profundamente marcados por su educación tradicional, la instrucción ideológica y las cuestiones religiosas seguían siendo abstracciones "difusas" que dejaban en manos de ideólogos como Himmler o Darré, que utilizaban los cuadernos de las SS para difundir estas ideas, a menudo consideradas utópicas. Oficiales superiores como Felix Steiner incluso descuidaron deliberadamente los cursos de política, al considerar que las prioridades de la guerra eran formar combatientes y no soldados políticos. En cambio, los soldados rasos recién acuñados eran mucho más receptivos y a menudo comprendían la magnitud de las cuestiones políticas mejor que sus generales.

Las Allgemeine SS y las Totenkopfverbande, las ramas "políticas" más antiguas, veían su papel como el de unidades revolucionarias portadoras de la ideología nacionalsocialista por derecho propio. Algunos de sus líderes, como Theodor Eicke, incluso sentían un relativo desprecio por las Waffen SS, consideradas demasiado tradicionalistas y "militaristas". El hecho de que las designaciones de rango fueran similares entre todas las ramas no hizo sino empeorar las cosas, ya que a las Waffen SS les resultaba difícil aceptar que los "civiles" pudieran ser generales o coroneles sin haber servido en el frente. Es justo señalar, a este respecto, que los rangos de las SS sólo eran relativamente equivalentes a los militares y, a diferencia de ellos, no iban precedidos de "señor" (terminología alemana), sino que correspondían al valor de un individuo per se. Los civiles, al igual que los soldados, eran considerados combatientes en la causa del nacionalsocialismo. Como resultado, hombres de treinta y tantos años fueron ascendidos al rango de general y "civiles" de talento como Werner von Braun y el profesor Porsche se convirtieron en "oficiales" de las SS.

Además, durante la guerra las Waffen SS recibieron sus directrices militares de la Wehrmacht, no de la dirección central de las SS, que proporcionaba suministros, creaba unidades y supervisaba el entrenamiento. Surgió así un cierto sentimiento de autonomía respecto a las SS de Berlín, pero no hasta el punto de una oposición abierta, ya que reflejaba una divergencia de experiencias más que una oposición ideológica, sobre todo porque las Waffen SS nunca tuvieron que ocuparse de las tareas policiales encomendadas a unidades particulares de las SS.

A la vista de estos hechos, un observador atento podría decir que reducir la historia y los conceptos de las SS al estudio de las guías no se ajustaría a la realidad histórica. Las guías de las SS presentaban ideas, personajes o situaciones tomados de la realidad y considerados como ejemplares o instructivos. De este modo, reflejaban lo que la ideología nacionalsocialista consideraba virtudes y cualidades esenciales, que eran puntos de referencia para todo miembro de las SS, aunque la realidad y las necesidades de la vida no siempre permitieran aplicarlas. Pero las publicaciones de las SS nos permiten juzgar esta visión del mundo precisamente en su abstracción, que es más representativa de un estado de ánimo que de acciones limitadas en el espacio y el tiempo. En este sentido, los Cuadernos de las SS nos muestran la visión ideal de la vida y la sociedad que tenía la Orden de las SS y a lo que aspiraba.

Sin embargo, el fenómeno de las SS debe considerarse en el contexto del nacionalsocialismo, que era una ideología polifacética. El movimiento de las SS, pese a ser el más significativo, no siempre fue unitario y chocó con otras tendencias. Los conflictos con el partido por las personas y las ideas dificultaron aún más la consecución de un programa homogéneo. La tendencia "allemanista" del partido tuvo dificultades con la creación de una Europa federada bajo la supervisión de las SS, y los doce años de nacionalsocialismo fueron insuficientes para lograr un cambio radical de mentalidad. Sólo sirvieron para sentar las bases. La generación de la Hitlerjugend y las clases más jóvenes de las SS sin duda habrían logrado este objetivo, pero la historia no se lo permitió. La historia no les dio tiempo. Un antiguo voluntario francés me dijo una vez: "Los nacionalsocialistas eran como jardineros. Plantaron semillas, pero no tuvieron tiempo de ver el resultado". La terrible agitación de la guerra puso fin a esta gran aventura.

Con su rigor, su disciplina y su espíritu, la SS pudo afirmar que había creado los inicios de un nuevo tipo de hombre que había pasado por la forja de las escuelas de liderazgo y por la prueba del fuego. A pesar de todos estos obstáculos, lo demostró una y otra vez en muchos frentes, tanto internos como externos. Independiente del ejército, creó una nueva "actitud combativa", distinta del Partido, una nueva "actitud ideológica" y distante de la Iglesia, una nueva "actitud espiritual" fundamental. Si para Goethe la acción era la "celebración del hombre auténtico", también lo era la SS. A la revolución del cuerpo debía seguir una revolución del espíritu. Pero aún no había llegado el momento.

* * *

A modo de advertencia, el autor quiere dejar claro que este libro pretende ser una obra histórica y científica que no debe hacernos olvidar todo el sufrimiento que padecieron millones de hombres durante la última guerra. Por lo tanto, no puede considerarse apologético. Estudia ciertas ideas defendidas por un sistema político determinado y hechos brutos situados en un contexto histórico preciso. Se esfuerza por proporcionar un material que permita al lector formarse una opinión con total libertad, en relación con lo que ya se ha publicado sobre el tema. Esta debería ser la labor de todo auténtico historiador. Con este espíritu se deben leer los artículos relativos a los judíos o a las cuestiones religiosas. El lector es el único juez de las ideas expuestas en este libro.

París, 7 de octubre de 1990

CAPÍTULO I

I. LA ORDEN SS, HISTORIA Y PRINCIPIOS

REVISTA "CREER Y LUCHAR". PARA LA SS DE LOS GRUPOS POPULARES DEL SURESTE.

LAS SS, HISTORIA

En la hebilla de tu cinturón llevas las palabras: *"Mi honor se llama lealtad"*. En las lengüetas de tu cuello están las dos runas de la victoria de las SS. Por lo tanto, te has unido conscientemente a una comunidad a la que se le han encomendado deberes especiales entre el pueblo. ¿Eres claramente consciente de que tienes que asumir una parte específica de estos deberes?

¿Ha pensado alguna vez en la naturaleza de los deberes particulares de un SS? ¿Sabes lo que la ley de lealtad significa para ti como individuo? ¿Sabes lo que las SS han conseguido en el periodo de su conquista del poder y en la nueva Alemania?

Para poder responder a estas preguntas, es necesario conocer los rasgos esenciales de la historia de las SS, sus tareas y sus objetivos.

La historia del Cuerpo Negro comenzó en los *primeros días del Movimiento Nacionalsocialista*. En marzo de 1923 se formó la célula de las futuras SS *-la guardia de personal- con* camaradas del partido especialmente seleccionados y absolutamente fiables. Estos hombres ya llevaban la calavera y las tibias cruzadas en la gorra y el brazalete de borde negro.

En mayo de ese mismo año, la guardia del Estado Mayor se convirtió en la *tropa de choque de Hitler*, bajo el mando de Josef Berchtold. Esta pequeña unidad, decidida hasta el último hombre, reunía a los más leales compañeros de armas de Adolf Hitler. Encargada de tareas comparables a las que más tarde se encomendaron a las SS, la tropa de choque hizo historia y luchó sin tregua y sin concesiones, acabando bajo las balas de un sistema traicionero y reaccionario el 9 de noviembre de 1923.

Los ocho primeros...

Tras la reorganización del Partido en 1925, el Führer ordenó ese mismo año la creación de una nueva organización, pequeña y muy móvil, que debía seguir el modelo de la "tropa de choque de Hitler" y que, en primer lugar, debía garantizarle protección absoluta durante sus manifestaciones y viajes electorales, si era necesario a costa de la vida de hombres. En segundo lugar, debía garantizar *la seguridad* interna del partido del mismo modo que la policía lo hace para el propio Estado.

Al principio no se eligieron más de *ocho hombres* para esta gran misión que requería un compromiso total. Su líder era Julius Schreck. Fue él quien estableció los primeros principios para la construcción del Cuerpo Negro. El 16 de mayo de 1936, la muerte truncó la carrera de este leal y probado camarada de Adolf Hitler, pero por orden del Führer, la primera unidad de Múnich lleva el nombre de "Julius Schreck" hoy y en el futuro.

Los primeros ocho SS recibieron el uniforme de la antigua tropa de choque de Hitler, sólo que el anorak fue sustituido por la camisa marrón con el brazalete negro, y el gorro de esquí por el gorro negro de las SS.

El 16 de abril de 1925, esta Tropa de Protección hizo su primera aparición pública en Múnich. Era una ocasión triste: el funeral de Pohner, antiguo compañero de armas del Führer desde el 9 de noviembre. Cuatro hombres de las SS portando antorchas caminaron a ambos lados del féretro y acompañaron por última vez al combatiente muerto.

Estaba claro que, debido a la dificultad de la acción, sólo unos pocos hombres elegidos según puntos de vista especiales podían ser admitidos en la Tropa de Protección. Por tanto, debían ajustarse perfectamente a lo que se exigía de ellos. Lealtad incondicional, entrega total del individuo, disciplina férrea: ¿quién sino *los soldados del frente habrían* podido cumplir estas condiciones?

Los que arriesgaron su vida cientos de veces formaban el núcleo del joven grupo.

Pero los requisitos eran aún mayores: sólo los camaradas del Partido podían ser miembros de la Tropa de Protección, y cada uno de ellos tenía que poder presentar dos padrinos, uno de los cuales era un dirigente del grupo local en el que se introducía al joven aspirante a SS. Además, cada miembro debía tener entre 23 y 35 años, ser de constitución sana y estar absolutamente sano.

Naturalmente, los *débiles* y los *quejicas* con vicios fueron rechazados. Los mejores eran más que suficientes para la joven formación. Por lo tanto, era una distinción extrema para cualquier camarada del Partido poder servir en la Tropa de Protección. La camaradería absoluta debía contarse entre todas las virtudes y cualidades, que prescribían:

Todos para uno y uno para todos.

El principio de selección

Así, el número de seguidores creció hasta convertirse en una pequeña unidad, una tropa, que no era una organización militar ni de masas, sino que sólo quería ser ese instrumento perfecto en el que el Führer pudiera confiar absolutamente en cualquier momento

Esta primera fuerza de las SS sembró el terror entre todos los perturbadores y debiluchos de las reuniones, todos los rojos y todas las demás camarillas. Garantizaba el buen desarrollo de los actos nacionalsocialistas, ¡allí donde el Führer lo ordenara! Fue mérito *de los primeros combatientes de la muerte que estas manifestaciones tuvieran siempre éxito y que el Movimiento creciera cada día.*

Estaba claro que, a largo plazo, la joven unidad ya no podría reclutar únicamente a la generación de combatientes de primera línea. En consecuencia, las condiciones de admisión también cambiaron con el tiempo, pero sin perder su severidad. Pero desde el principio se estableció el siguiente principio: ¡limitación numérica y selección extrema!

Los dirigentes muniqueses nunca trataron de reunir el mayor número posible de hombres, sino que hicieron hincapié en la excelente calidad de los hombres que debían seleccionarse, lo único que garantizaba la ejecución incondicional de todas las órdenes.

Un líder para diez hombres

Por lo tanto, se prescribió que en cada localidad una tropa sólo podía tener un jefe y diez hombres; esto era la decena. Sus líderes (líderes de decenas) llevaban una estrella plateada en medio de la esvástica como único signo externo de su rango. De hecho, incluso una gran ciudad como Berlín tenía una SS con sólo dos líderes y veinte hombres.

Pronto se repitió la misma imagen en todas partes. En cada pueblo y ciudad, las SS, esa pequeña unidad de combate, se convirtieron en la cantera de todos los auténticos fanáticos políticos, de todos los revolucionarios que luchaban contra la impotencia y la esclavitud, de todos los que no tenían nada más que su fe en Alemania.

En 1925 y 1926, el joven Movimiento llevó a cabo todas las campañas de reclutamiento con estas pequeñas unidades y ¡los bajos fondos rojos de Sajonia y Turingia aprendieron lo que es el espíritu SS!

Grupos de Miembros Benefactores (M.B.)

Es cierto que incluso la mejor organización con el mayor espíritu de sacrificio no puede prescindir de una base financiera sólida, ¡y eso significa dinero! - Este requisito era tan imperativo para la creación de las SS como para el propio Partido. Pero como el Partido aún estaba en proceso de estructuración y no podía proporcionar apoyo financiero a la Tropa, el Führer concedió a las SS (la única asociación del Partido en este caso) el derecho a buscar *miembros benefactores* (M.B.). El propio *Adolf Hitler* fue *el primero en* unirse a este grupo de M.B.

De este modo, se había encontrado efectivamente una solución ideal para posibilitar la *base financiera de la* organización. Todavía había muchos camaradas del Partido (debido a su cargo público, situación económica u otras razones importantes) que no tenían la oportunidad de participar activamente en las filas del Movimiento. De hecho, como miembros benefactores, prestaron un servicio inolvidable a la Tropa...

La SS como activista

La Tropa de Protección se desarrolló y poco a poco, junto a la primera tarea de proteger al Führer, se añadió una segunda, ¡la de militante! Pero los hombres de las calaveras no cargaban con manuales sobre el "arte de la palabra". Se sabía que cada uno de ellos tenía la capacidad de convencer a los ciudadanos confundidos por falsos discursos.

En aquella época, cada SS era así constantemente *militante* allí donde se encontrara: en la calle, en casa, en cualquier momento que el servicio lo permitiera. ¡Cuántos hombres y mujeres desconcertados, excitados y traicionados fueron conquistados por estos predicadores de, desconocidos para el elemento combativo y creador del joven Movimiento! Se cuentan por centenares, por millares. Comenzaron comentando un *folleto del Partido*, desenmascararon las mentiras ante los escépticos a través de la *prensa del Partido,* y sacaron a relucir el arma absoluta, el "Mein Kampf" del Führer, barriendo así las últimas dudas.

Había nacido una nueva élite, de la que las Allgemeine SS *representaban el núcleo ideológico. Su líder, Heinrich Himmler (arriba), fue también el creador del "espíritu SS".*

De las SS "negras" surgieron las SS "verdes", o Waffen-SS, una tropa militar que se hizo famosa en toda Europa.

Bandera de sangre

En 1926 se levantó la prohibición de las SA, y la Tropa de Protección pasó a un segundo plano.

Pero ese mismo año también representó un clímax histórico para el Cuerpo Negro. En el Reichsparteitag de Weimar, el segundo del NSDAP, el Führer confió el símbolo más sagrado del Movimiento -la Bandera de Sangre del 9 de noviembre- a la custodia de las SS.

Reichsführer SS Heinrich Himmler

Con el nombramiento de Heinrich Himmler como Reichsführer SS por Adolf Hitler, comenzó un nuevo hito en la historia de las SS. Esto ocurrió el 6 de enero de 1929.

Doscientos setenta hombres de todo el Reich formaban el núcleo de la Tropa de Protección, de la que Heinrich Himmler se hizo cargo en ese momento, cuando recibió la orden del Führer de formar una tropa absolutamente segura a partir de esta organización, *la formación de élite del Partido.*

"Cada uno de nosotros es un hombre de las SS, ya sea un hombre sin rango o un Reichsführer", dijo Heinrich Himmler, y durante los largos años de lucha por el poder él y sus hombres se fundieron de hecho en un todo inseparable. Hizo del Cuerpo Negro lo que es hoy: la tropa que más lucha por el Führer, nuestra sangre y el Imperio.

Se dio la orden de ampliar la organización. Y para el Reichsführer, cuya personalidad marcaba esta gran misión, estaba claro que la nueva Tropa de Protección ampliada sólo podría llevar a cabo su trabajo si, como requisito supremo y base de su creación, las directrices dadas por el líder del Movimiento eran incuestionables.

LAS CUATRO VIRTUDES CARDINALES

Sólo la sangre noble, sólo una raza genuina, puede lograr grandes cosas a largo plazo. Heinrich Himmler comenzó su trabajo con esta importante profesión de fe cuando emitió su primera orden el 20 de enero de 1929 como Reichsführer SS:

"¡Por decisión superior de nuestro Führer, el 6 de enero de 1929, recibí el liderazgo de las SS del NSDAP!"

Así que el antiguo soldado y compañero de lucha comenzó su severa y metódica selección tras rodearse de los hombres que la nación tenía disponibles y de los que sabía que eran realmente los mejores en sangre y carácter. Cuatro directrices y virtudes cardinales determinaron su elección.

1. Raza y clan

"Como el *agricultor* que, partiendo de una semilla vieja de calidad variable que tiene que seleccionar, va primero al campo para seleccionar los brotes, nosotros rechazamos en primer lugar a aquellos hombres que creíamos que exteriormente no podían ser utilizados para la construcción de la Tropa de Protección.

"La naturaleza de la selección se centra en elegir a los que físicamente más se acercan al tipo de hombre nórdico ideal. Los rasgos distintivos, como la estatura o el aspecto racial, eran y son importantes.

Así se expresaba el Reichsführer, que tenía el mérito extremo de haber seguido este camino con valentía y persuasión, pues en aquella época, incluso en las filas del Movimiento, la cuestión racial era todavía un concepto totalmente oscuro y los conocimientos teóricos del joven Movimiento en plena reorganización encontraban su concreción.

Por primera vez, la cuestión racial se situó en el centro de las preocupaciones e incluso se convirtió en objeto de las mismas, diferenciándose en gran medida del odio natural pero negativo hacia el judío. La idea más revolucionaria del Führer estaba tomando forma.

Es evidente que, a medida que se acumulaba experiencia en este ámbito, las disposiciones selectivas se hacían más estrictas cada año, esforzándose siempre por alcanzar el ideal.

"Dentro de cien años o más, nuestros sucesores deberán establecer las condiciones para que se exija cada vez más al individuo, como ocurre ahora. Del mismo modo, sabemos que el primer principio de selección en la Tropa de Protección debe ser la apreciación de la apariencia externa, que un proceso de selección en la Tropa de Protección a lo largo de los años debe ser una continuación de esto, y que la selección hecha sobre la base del carácter, la voluntad, el corazón e incluso la sangre no debe tomar el segundo lugar a la capacidad!"

Estas fueron las palabras del Reichsführer, que luchó con la mayor energía contra la autosuficiencia y la vanidad. También dejó claro que lo logrado hasta ahora no es más que un esbozo, y que la creación de una élite humana debe ser constante y sin límites.

Porque no hay SS estándar.

Cada generación de SS tendrá que ser mejor que la anterior.

"Por las leyes que nos hemos dado, queremos asegurar en el futuro que no todos los hijos de una familia de las SS inscrita en el libro de antepasados de las SS puedan solicitar la afiliación o volver a tener derecho a ser SSman. Pero queremos asegurarnos de que sólo algunos de los hijos de estas familias sean admitidos entre nosotros y sean así considerados SS; ¡que a través de una selección permanente la corriente de la mejor sangre alemana presente en todo el pueblo pueda entrar en la Tropa de Protección!"

Pero la selección racial y la construcción de una unidad de hombres por sí solas no podían garantizar el éxito de esta gran obra. No, todas estas medidas seguirían siendo ineficaces si no se tuviera también en cuenta *a las esposas* de los hombres seleccionados, a sus familias y a sus futuros clanes.

Nuestra historia es suficientemente rica en errores cometidos por las ligas de soldados y las Männerbunde en el pasado, que olvidaron transmitir el mensaje de la sangre pura. Después de un tiempo desaparecieron en la nada, hace siglos.

Para el Reichsführer dijo:

"Sólo la generación que sabe situarse entre sus antepasados y sus descendientes, capta interiormente el grado exacto de la grandeza de sus tareas y obligaciones, y la pequeñez de su propia significación efímera.

"Quien sea consciente de esto seguirá siendo *sencillo* en el sentido más noble de la palabra. Los momentos de gran éxito no nublarán su visión y los momentos de gran desgracia no le llevarán a la desesperación. Aceptará el éxito y la desgracia sin complacencia, sin presunción, sin fatalismo, pero tampoco caerá víctima de un sentimiento de mediocridad y de locura desesperada. Seguirá siendo dueño de su propia felicidad y desgracia con la misma calma.

"Por eso enseñamos a las SS que toda nuestra lucha, la muerte de dos millones de hombres en la Gran Guerra, la lucha política de nuestros últimos quince años, la construcción de nuestra fuerza de defensa para proteger nuestras fronteras sería en vano e inútil si a la victoria del espíritu alemán no siguiera la victoria del niño alemán.

(El Reichsführer SS)

Por esta razón, el Reichsführer SS promulgó el 31 de diciembre de 1931 una de las leyes más radicales e importantes de las SS: "La Orden Matrimonial

En aquella época, fue una bomba en Alemania. En un sistema basado en principios liberales, parecía totalmente incomprensible para muchas personas que vivían en lo efímero y estaban intoxicadas por el placer.

Resultó ser una intrusión extremadamente brutal en *la llamada libertad personal.* Naturalmente, la prensa judía y demagógica subrayó esta opinión con el énfasis necesario. Pero el escarnio y la burla que se difundieron sobre esta orden en su momento no afectaron a la Tropa. El Reichsführer lo había previsto y dijo en el punto 10 de su orden:

"La SS es consciente de que ha dado un paso de gran importancia con esta orden; las burlas, la ironía y los malentendidos no nos afectan; ¡el futuro es nuestro!

2. Voluntad de libertad y espíritu de lucha

La segunda virtud y la segunda directriz es la voluntad de luchar y la indomable sed de libertad: para ello, según leyes no escritas, los SS debían ser en lo posible en todas partes los mejores - en la lucha, en la calle, en el gimnasio, más tarde en la mayor de todas las guerras de liberación. Cuanto mayor fuera el adversario, ¡mejor para la tropa! Porque sólo si la SS era realmente la mejor tropa podía justificarse el título de formación de élite.

Así, durante los años de fundación, el Reichsführer siempre consideró *los valores deportivos* como un principio y un deber. Cada año, las SS tenían que participar en pruebas deportivas muy difíciles. El cuerpo de oficiales era especialmente puesto a prueba. Cada ascenso dependía también de la obtención del distintivo deportivo de las SA o del Reich.

Así se evitaba a priori un gran peligro, el del debilitamiento. La causa de la desaparición de tantos *Mannerbünde*, que era la *opulencia social,* no amenazaba a priori las filas del Cuerpo Negro. La cómoda existencia de la burguesía, que puede ser bella y atractiva para algunos hombres, nunca podría ganarse a las SS.

3. Lealtad y honor

"Como enseñamos a los SS, muchas cosas pueden ser perdonadas en esta tierra, excepto una, la infidelidad. Quien viola la fidelidad se excluye a sí mismo de nuestra sociedad. Porque la fidelidad es un asunto del corazón, nunca de la mente. A veces es perjudicial, pero nunca irreversible. Pero el corazón siempre debe latir constantemente, y si se detiene, el hombre muere, al igual que un pueblo si se viola la fidelidad. Estamos pensando aquí en las diversas lealtades, lealtad al Führer así como al pueblo germánico, a su conciencia y a su esencia, lealtad a la sangre, a nuestros antepasados y descendientes, lealtad a nuestros clanes, lealtad a los camaradas y lealtad a las leyes inmutables del decoro, la dignidad y la caballerosidad. Un hombre no sólo peca contra la lealtad y el honor si permite que se violen los suyos y los de la Tropa de Protección, sino sobre todo si desprecia el honor de los demás, se burla de las cosas que son sagradas para ellos, o si no defiende de forma digna y valiente a los ausentes, a los débiles y a los desprotegidos.

Así definía el Reichsführer la lealtad, la tercera virtud que influye en la naturaleza de la Tropa de Protección.

Hombres de las SS acuden al primer gran mitin de las SS en agosto de 1933 en Berlín.

En la portada, un dibujo del famoso anillo con la calavera y las tibias cruzadas, que simboliza el vínculo con la comunidad juramentada de las SS.

4. Obediencia incondicional

La obediencia es la cuarta y última directiva.

Se trata de una obediencia particularmente difícil de observar, porque debe surgir de la *pura espontaneidad* y requiere todo lo que un hombre puede sacrificar en orgullo personal, honores externos y muchas otras cosas que le son queridas.

Exige un "compromiso incondicional" sin la menor vacilación y el cumplimiento de cada orden del Führer, aunque el individuo crea que no puede superarla internamente.

Pero esta obediencia requiere, en última instancia, un nivel extremo de *dominio* y *dominación,* un deseo ardiente de libertad y la impasibilidad ante el enemigo si se le ordena.

El viejo SS sabe perfectamente lo que significa este último punto. Nunca ha olvidado los años de lucha, de inmovilidad y de espera, cuando la voluntad de cada camarada sólo se apoyaba en un odio sin límites: ¡Abajo el maldito sistema!

Los hombres siempre preguntaban: "¿Por qué no arranca?

¿Por qué no hacemos huelga? ¡Ahora es nuestra oportunidad! ¿Por qué duda el Führer?" Pensaron: "Somos fuertes, hemos derrotado a la Comuna dondequiera que la hemos encontrado. Hemos tomado el Reichstag. ¡Abajo las marionetas de este sistema podrido! ¡Queremos enfrentarnos a ellos!" Pero la orden del Führer no llegó. En consecuencia, guardaron silencio y *esperaron*.

Durante todos estos años, la SS se enorgullece de haberle visto sólo a él, de haberle obedecido sólo a él y de haber creído incondicionalmente en su victoria. Ha sido tan absolutamente obediente como cualquier formación anterior.

LAS SS EN ACCIÓN EN EL MOMENTO DE LA TOMA DEL PODER

En los años que precedieron a la toma del poder, las SS fueron siempre las más activas en la protección de las ideas y reivindicaciones nacionalsocialistas, tanto *fuera* como *dentro* del país. Lucharon en innumerables reyertas en salas de reunión, quebraron el terror del enemigo en camaradería con las SA. Fueron el *núcleo* que el Movimiento siempre comprometió en el frente rojo y negro. Se plantaron delante de *todas las empresas y fábricas comunistas* con octavillas en la mano y recogieron las válidas. Utilizaron los mismos métodos en las *grandes urbanizaciones grises* y también llevaron la verdad a los *barrios más pobres*.

Protegieron miles de veces a los oradores del Movimiento. Con el barboquejo bajo la barbilla y las manos en el cinturón, permanecían de pie de un extremo a otro del año, a ambos lados del atril del orador, tanto en el Palacio de Deportes como en la sala comunal más pequeña. Permanecían callados e inmóviles, pero lo observaban todo en la sala con agudeza.

A menudo pasaban hambre, pues la mayoría no tenía trabajo. Pero siempre estaban ahí cuando se les necesitaba. Y morían por su fe.

Los asesinaron cobardemente, los apuñalaron, les dispararon por la espalda en las calles oscuras y los golpearon hasta dejarlos inconscientes. Pero lo soportaron todo a pesar de la superioridad del enemigo. Las SS tuvieron *muchas víctimas de* esta manera. Aún así se llevaron por delante a uno de sus mejores camaradas, pero salieron del cementerio aún más feroces, aún más fanáticos.

No debemos olvidar a los *héroes de Austria* que, como hombres de las SS, fueron las valientes víctimas colgadas de la *horca* de un sistema brutal y que, con su sacrificio, hicieron posible la gran reunificación de Austria con el Reich.

Pero tampoco se olvidó la *seguridad interna*. Más de una vez la Tropa luchó contra los enemigos del Movimiento, contra la ruptura y la traición del Führer. En esos momentos de crisis, tan peligrosos para la existencia del

Movimiento, el Führer podía hacer uso de este sólido instrumento que estaba constante e incondicionalmente a su lado.

Así, Adolf Hitler dio a sus hombres más leales la frase que, desde el 9 de noviembre de 1931, está escrita en cada hebilla de cinturón: "¡Hombre de las SS, tu honor se llama lealtad!

La carrera de las SS

El 9 de noviembre de 1935, por orden del Reichsführer, se promulgó lo siguiente:

"Todo miembro de las SS es SS en el sentido de la Orden SS, quien, después de un período de un año y medio como candidato, después de prestar el juramento SS al Führer, así como después del cumplimiento honorable de su deber en el Servicio de Trabajo y de sus obligaciones militares, recibe el arma, la daga SS, y es así admitido en la Orden SS como un auténtico hombre de las SS.

"Cada uno de nosotros es un hombre de las SS, ya sea un oficial ordinario o un Reichsführer.

El arte de montar a caballo...

... y el arte de la esgrima se practican en las SS, que perpetúan así la tradición caballeresca.

Tras un minucioso examen de sus aptitudes y su valía por parte de las comisiones de las SS, el joven de 18 años de las Hitlerjugend se convirtió primero en *postulante de* las SS. En el Parteitag del mismo año, se unió a las SS como *candidato* SS y el 9 de noviembre, tras un breve periodo de prueba, prestó juramento al Führer. Durante el primer año de servicio, el joven candidato tuvo que adquirir su *insignia deportiva* y *la insignia deportiva de bronce del Reich.* Inmediatamente después, pasó al *Servicio de Trabajo, a* la *Wehrmacht* y de nuevo a las SS. El 9 de noviembre siguiente, tras una exhaustiva y repetida educación ideológica, el candidato a las SS fue finalmente aceptado en las SS como *SSman. A* partir de ese día, se le concedió simultáneamente el derecho a portar el puñal de las SS y se le prometió que él y su clan seguirían siempre las leyes básicas de las SS.

Permaneció en las SS generales (Allgemeine SS) hasta los 35 años. Después, fue aceptado en las SS de reserva a petición propia y, tras más de 45 años, en la sección madre de las SS.

LA LEY DEL HONOR

La misma orden prescribe que todo SS tiene el derecho y el deber de defender su honor con *el arma en la mano.*

Esta ley tiene una importancia fundamental y compromete a todo hombre desde un doble punto de vista:

Sabe que puede ser considerado responsable de cada palabra y obra, independientemente de su rango y posición; por tanto, que la comunidad vigile si comete un acto o una palabra deshonrosos y peca así contra el espíritu del pueblo.

En segundo lugar, se le pide que respete su propio honor y el de los demás para servir a la vida de la comunidad como soldado político de forma intachable.

Cuando por fin llegó el día de la toma del poder, había 51.000 hombres de las SS en pleno apoyo de la mayor de todas las revoluciones, listos para llevar a cabo cualquier misión.

En los meses siguientes, el número de personas que se unían a nuestras formaciones llegó a ser tan grande que el 10 de julio de 1933 se impuso la *prohibición de unirse a las* SS, que sólo se levantó temporalmente en septiembre de 1934. Pues el Reichsführer siempre despreció una organización de masas y exigió el examen más severo de todos los recién llegados para incorporar a las filas de los Cuerpos Negros sólo a las fuerzas realmente más valiosas y sanas.

El que cumple con su deber está por encima de las críticas
a la que todos los hombres están sujetos.

Príncipe Eugenio

"El amigo del soldado". Almanaque de 1944. Edición D: las Waffen SS.

I. La SS como orden

Como se desprende de este breve resumen, a lo largo de los años las tareas de las SS se fueron diversificando y su cumplimiento sólo fue posible mediante la unificación de toda la Tropa de Protección.

Hasta 1929, las SS fueron una tropa probada para la protección de líderes y oradores. El Reichsführer la convirtió en *una Orden de Honor, Lealtad, Servicio y Combate por el Führer y el Reich.*

Las SS son una orden *nórdica.* Adolf Hitler basó su visión del mundo en la esencia inmutable de la especie nórdica. El pueblo y el Imperio deben ser el devenir estructural de esta naturaleza nórdica. Como líder de los pueblos germánicos, el pueblo alemán tiene la tarea predestinada de ser el primero en liderar la lucha por el renacimiento del germanismo. La raza nórdica es también la principal fuente de la herencia sanguínea nórdica. El primer objetivo del nacionalsocialismo debe ser, por tanto, llevar a cabo una política racial sólida. Esto requiere una purificación del pueblo alemán de todas las influencias extranjeras en la sangre y el carácter.

Por lo tanto, las SS seleccionan a sus miembros según el ideal de la raza nórdica para formar un tipo germánico libre. Como el valor del alma de un hombre no puede juzgarse a primera vista, la selección se hace según el ideal físico de la raza nórdica y según su estatura. La experiencia ha demostrado que el valor y la capacidad de un hombre están determinados principalmente por lo que sugiere su apariencia racial.

Así, los criterios de selección de las SS se hicieron cada vez más estrictos. La política racial del Reich fomentaba la nordización de toda la población. Cuanto más se acerca uno a este objetivo, más estrictos se vuelven los criterios raciales de las SS.

La SS no aspira a adquirir una posición privilegiada entre el pueblo. Es una orden que, a través de su acción de combate, sirve para llevar a cabo una selección racial de la comunidad y realiza los principios de la política racial como un objetivo lejano para la comunidad. De este modo, la SS aplica una ley fundamental de nuestra escala de valores socialista, según la cual cada persona recibe su lugar en función del valor del resultado alcanzado en el seno de la comunidad popular.

La SS tiene claro que debe ser *algo más que una Mannerbund.* Construye sus ideas de la Orden sobre *la comunidad de clanes.* Quiere ser *una Orden de clanes* que produzca hombres de la mejor clase nórdica para servir al Reich. Así, la selección juzgará cada vez más no al individuo, sino la valía de todo un clan.

Se necesita claridad y consenso absolutos en las cuestiones ideológicas relativas a este principio de una comunidad de clanes raciales nórdicos. Esta es la condición necesaria para la fuerza de la SS y le da su seguridad.

Con las *leyes básicas de las SS,* el Reichsführer daba a cada miembro de las SS unas directrices de actuación.

La primera de estas leyes fundamentales es *la Orden sobre noviazgo y matrimonio del* 31 de diciembre. Esta orden introduce una "licencia matrimonial" para todos los miembros solteros de las SS, considerando que el futuro de nuestro pueblo reside en la selección y preservación de la sangre racial hereditariamente sana. Por lo tanto, esta licencia matrimonial, que todo miembro de las SS debe obtener antes de contraer matrimonio, se concede única y exclusivamente sobre la base de consideraciones raciales y hereditarias.

Este orden era necesariamente el resultado del deseo de crear una comunidad de clanes. Porque una selección biológica sólo tendrá éxito si se controla la elección de los cónyuges y la descendencia de los individuos seleccionados. El SS debe casarse con una mujer de al menos igual valor. El hombre y la mujer deben ser racial y conyugalmente válidos. Tal ley no es una restricción, sino un vínculo con un orden dado por Dios. Es natural que los individuos de la especie nórdica valoren a los de su propia especie.

No es sólo el valor del patrimonio hereditario lo que determina la fuerza de un pueblo. En la lucha por un espacio vital y el derecho a la vida, la fertilidad de un pueblo, el número de hijos, es decisivo. Por ello, una orden como la SS debe crearse un amplio terreno de selección biológica. Siempre debe haber un gran número de descendientes. Según la mejor elección matrimonial, los más dignos deben proporcionar siempre a la Orden una rica progenie.

"La Edad de Oro es donde hay niños. Los niños son la mayor felicidad del SS. Él mismo, su voluntad y sus deseos, su sentimiento y su pensamiento viven en ellos. Lo que recibe de la cadena de generaciones se lo da a sus hijos y así confiere vida eterna al pueblo y al Reich de hombres combatientes y mujeres fieles, los guardianes de la especie y de la civilización.

La SS también se ocupa de la madre soltera. El amor y la procreación son las leyes eternas de la vida que siempre romperán las barreras de la costumbre y la ley. También aquí la SS está estrechamente ligada a la vida. No conoce la falsa moral y también se ocupa del hijo ilegítimo de buena sangre. Así, el hombre racial y hereditariamente sano puede seguir su destino en la comunidad y el pueblo se beneficia de la fuerza, del valor de toda una generación y, por tanto, de una futura descendencia hereditariamente sana.

Como Orden, la SS ha inscrito en su bandera la preservación, la perpetuación de la raza nórdica, y lidera también una lucha en primera línea por la victoria biológica. Sólo la victoria de las cunas confiere a la victoria del soldado un carácter históricamente duradero.

Después del estallido de la guerra actual, el Reichsführer SS resumió una vez más estos puntos de vista fundamentales de la política racial con una referencia particular al derramamiento de sangre que implica la guerra actual. Dijo en este orden: "La vieja sabiduría de que sólo quien tiene hijos e hijos puede morir en paz debe convertirse de nuevo en la consigna de la Tropa de Protección en esta guerra. Puede morir en paz quien sabe que su clan, que todo por lo que él y sus antepasados se han esforzado y han querido, encuentra su continuación en los hijos. El mayor regalo para la viuda de un combatiente muerto es siempre el hijo del hombre que amó.

En la Ley de *Asistencia a Viudas y Huérfanos* de 1937, el Reichsführer estipula que la comunidad de las SS debe responsabilizarse del cuidado de la viuda y el hijo en caso de que un miembro deba dar su vida en la lucha por el Führer y el pueblo. Los comandantes de unidad son personalmente responsables del apoyo de todos los clanes de su distrito.

El "Lebensborn" (fuente de vida) también garantiza la conservación y el aumento de sangre pura. La dedicación de toda la SS garantiza el cumplimiento de este requisito. Los niños de sangre pura eran traídos al mundo en maternidades y criados en las guarderías del Lebensborn.

La idea racial también determina la importancia que las SS daban al *ejercicio físico.* Todos los miembros de las SS debían ser capaces de rendir bien en el deporte. El Reichsführer ordenó que se practicara deporte en las SS, no para lograr hazañas individuales, sino para garantizar la forma física general.

La unidad interna de la Tropa de Protección se expresa también en una ley *de honor* determinada por el Reichsführer. Una *ley* especial sobre la *inviolabilidad de la propiedad* enseña a la tropa una concepción ejemplar de la propiedad, el honor y la probidad.

II. Las Waffen SS

Con el conocimiento práctico de la selección, el liderazgo y la educación nacionalsocialistas, las Waffen SS (SS en armas) se crearon sobre la base de las Allgemeine SS mediante la creación de las SS-Verfügungstruppen (tropas SS a disposición) y las SS-Totenkopfverbande (unidades de la calavera y los huesos cruzados) tras la toma del poder. Posteriormente evolucionó hasta su forma actual.

Ya se ha dicho que fue creada por el Führer para dar a las SS que actuaban en el interior del país la posibilidad de disponer de una fuerza de acción en el exterior, en caso de peligro.

Unidades de los regimientos de las Waffen SS, el Leibstandarte SS "Adolf Hitler", los Standarten "Deutschland" y "Germania", así como partes de la antigua Totenkopfverbande se enfrentaron al enemigo con el ejército alemán cuando se cruzaron las fronteras polacas en septiembre de 1939 en una rápida ofensiva.

Estos regimientos se convirtieron en *divisiones* organizadas, construidas y dirigidas bajo la propia responsabilidad de la Tropa de Protección, gracias a la confianza del Führer.

Incluso hoy en día, es imposible estimar el nivel de desarrollo de las Waffen SS alcanzado durante la guerra. Con todas sus divisiones juntas, está formada únicamente por voluntarios seleccionados según las leyes básicas de la Tropa de Protección. Fue sólo después de la guerra cuando el pueblo alemán se dio cuenta de la enorme cantidad de trabajo que había realizado la SS-Hauptamt (Oficina Superior de las SS) para permitir *el reclutamiento* constante de nuevas unidades. Es un resultado que ha ocupado un lugar especial en la historia de la guerra alemana. La tarea de la SS-Führungshauptamt (Oficina Superior de las SS) consistía en crear, equipar y entrenar a las unidades.

El duro invierno de 1941/42 demostró la importancia de las Waffen SS en la conducción de la guerra. Desde Karelia hasta el Mar de Azov, las divisiones de las Waffen SS estuvieron en el *meollo de los combates* en todas partes. Gracias a ellas, el Reichsführer SS puso a disposición del Führer unidades de acero que, incluso durante aquel invierno, no alcanzaron sus límites.

Este invierno, que puso a prueba el temple del pueblo alemán sin piedad, también puso a prueba a las Waffen SS. Estuvo a la altura.

Cuando, ante el Reichstag, el 26 de abril de 1942, el Führer aclaró al pueblo alemán lo que había significado realmente aquel invierno, elogió a las Waffen SS, conmoviendo a cada uno de nuestros valientes camaradas.

"Hablando de esta infantería, quiero destacar por primera vez la valentía y dureza constantes y ejemplares de mis valientes divisiones de las SS y unidades de policía de las SS. Desde el principio las he considerado una tropa inquebrantable, obediente, fiel y valerosa en la guerra, como han prometido serlo durante la paz.

La lucha de las Waffen SS formaba parte de la orgullosa tradición de las Tropas de Protección Nacionalsocialistas. También aquí demostraron su eficacia el principio de selección, el temperamento de un tipo de hombre y la conciencia de representar una idea.

III. Voluntarios alemanes y las SS alemanas

La orden del Führer de establecer las unidades "Nordland" y "Westland" dentro de las Waffen SS a principios de 1941 era fundamentalmente nueva por su naturaleza y alcance. Una clara comprensión de las implicaciones de esta orden es esencial para entender los principios del nuevo orden europeo planeado por Alemania y el desarrollo del Imperio en un espíritu nacionalsocialista. *La creación de las unidades de voluntarios* no fue la reparación de un olvido y una muestra de generosidad, sino *un acto político.* Los enemigos del nacionalsocialismo lo vieron inmediatamente. Era una decisión clara sobre la cuestión de la formación del futuro orden político y el principio de la organización alemana en el espacio vital conquistado por la dura lucha.

El hecho de que esta orden del Führer encontrara tanto eco entre la juventud alemana demuestra hasta qué punto el significado de nuestra lucha era comprendido en todos los círculos. También revela un fuerte deseo de participar en esta lucha. Al mismo tiempo, es una gran prueba de la estima en que se tiene a las Waffen SS, todavía tan jóvenes, después del primer enfrentamiento, y de la confianza depositada en las SS en general en cuanto a su posición de vanguardia. Innumerables jóvenes camaradas de los países de habla alemana encontraron su destino en sus filas.

Cuando los primeros voluntarios se alistaron en las Waffen SS, el frente era principalmente contra Inglaterra. Pero la situación cambió por completo *con la entrada en la guerra contra el bolchevismo. En los* últimos años, la hostilidad provocada por el sistema bolchevista en casi todos los países europeos hizo que Alemania se planteara participar en la lucha a una escala mucho mayor. Esta fue una oportunidad para crear *unidades homogéneas en cada país*. Naturalmente, la contribución a este movimiento en el mundo de habla alemana fue especialmente elevada. Surgieron las legiones noruega y holandesa, la legión de Flandes, el cuerpo libre "Dinamarca" y el batallón de voluntarios finlandés. Estas unidades también lucharon como parte de las Waffen SS. Su lucha significó algo más que una postura pragmática; también representó un compromiso legal de las fuerzas nacionales con el poder disponible para el combate.

Las condiciones de admisión en las Waffen SS eran *las mismas* para todos los países que *para el Reich. El ingreso en* la legión dependía del carácter y la aptitud para el servicio. La asistencia y el apoyo de acuerdo con las disposiciones vigentes estaban regulados en el sentido más amplio para los voluntarios alemanes, incluido el apoyo familiar. Podía ser necesario un apoyo especial para los jóvenes nacionalsocialistas cuyas familias estuvieran expuestas a medidas coercitivas económicas o políticas en su patria como consecuencia de este compromiso voluntario.

Se creó una sección especial *alemana* dentro de la SS-Hauptamt para ayudar a los voluntarios. Junto con sus sucursales se encargaba de planificar todo el trabajo político en la zona de habla alemana. En Flandes, los Países Bajos y Noruega se estaba creando una fuerte tropa de protección germanófona. Además, también estaban los comandos de reclutamiento de las Waffen SS, así como las nuevas unidades creadas y toda la dotación de las legiones, todo ello bajo el control de la Sección Alemana de Voluntarios.

Ya durante la guerra, las SS consideraron que su tarea consistía en reunir las fuerzas de cada uno de los países de habla alemana con sus propios recursos y sentar las bases para un trabajo conjunto y estrecho en el futuro.

IV. Las SS y la policía

Ya mucho antes de la guerra, el Reichsführer SS quería crear una nueva policía alemana cuyos oficiales y hombres respondieran a los criterios de las SS y fueran también miembros de la Tropa de Protección. La situación actual era, por tanto, una evolución de la organización. La naturaleza del trabajo policial también cambió bajo la influencia de la visión nacionalsocialista del mundo. Hoy, su función primordial es educativa: más que castigar los delitos, es más *importante prevenir* las fechorías, proteger al pueblo y al Estado de actos nocivos o peligrosos para la comunidad. Hoy en día, la SS no sólo garantiza la seguridad política, sino que también protege a la población de las acciones de elementos antisociales. Para ello ha creado una institución específica, los *campos de concentración.* Bajo el antiguo sistema, estos elementos se habían convertido en el foco de la criminalidad profesional y causaban grandes daños al pueblo. Con la máxima sobre la puerta de entrada "el trabajo os hace libres", se exhorta a estos hombres al trabajo productivo en estos grandes centros educativos porque aún no están perdidos para la comunidad. Pueden recuperar su libertad mediante una educación estricta y su recapacitación.

Había que crear *un aparato de inteligencia* para apoyar la labor preventiva de la policía. Ante la falta de ejemplos a nivel nacional, sólo cabía remitirse al servicio de seguridad del Reichsführer de las SS, que, bajo la dirección del SS-Obergruppenführer Heydrich, ya había sido creado por las SS como organización del partido. La unión de la policía de seguridad y el servicio de seguridad representó una fusión particular de las fuerzas del Estado y del movimiento en un área extremadamente importante.

A diferencia de la *policía secreta del Estado* (Gestapo), que representaba al ejecutivo político, *la policía criminal* (Kripo) se ocupaba generalmente del ejecutivo no político, y se la comparaba erróneamente con la antigua policía criminal, es decir, la anterior a 1933. Pero esto no es cierto. Una comunidad popular que exige que sus miembros sigan una determinada visión del mundo, un tipo de Estado que está penetrado hasta el extremo por esta ideología, debe, por supuesto, tener una policía criminal útil que vea sus tareas en términos de esta ideología. Exactamente igual que en el ámbito del ejecutivo político, el gobierno absoluto del ejecutivo penal exige: la *prevención y*, por tanto, la neutralización de todos los elementos que puedan perjudicar el bien público a través de sus acciones sobre la fuerza popular y económica.

Luchar contra la delincuencia significa, por tanto, reconocer y detener al delincuente, al elemento antisocial, antes de que se cometan nuevos delitos o se lleve una existencia antisocial. La acción preventiva contra los delincuentes es hoy en día una medida generalmente aceptada y aprobada.

El trabajo *del servicio de seguridad* proporciona la base espiritual para el trabajo de la policía de seguridad. El trabajo del servicio de seguridad no tiene que ver con la policía de seguridad ni con el Estado, sino con la simple información de una situación a partir de hallazgos materiales hasta el examen científico de sucesos y fenómenos concretos.

Del mismo modo, desde la toma del poder hasta el comienzo de la guerra, el trabajo global de la policía regular, de la policía de seguridad y del SD contribuyó considerablemente a crear en el pueblo alemán las condiciones favorables para el desarrollo de esta gran guerra. La guerra también dio lugar a nuevas tareas, más amplias e importantes. Unidades y comandos de la policía de orden, de la policía de seguridad y del SD entraron en todos los territorios conquistados con los ejércitos victoriosos de nuestra orgullosa Wehrmacht alemana para tomar medidas lo más rápidamente posible -siguiendo el ejemplo de los tiempos de paz-, en primer lugar, para crear condiciones que restablecieran la calma en la retaguardia de las tropas combatientes y, en segundo lugar, para establecer centros administrativos civiles o militares que facilitaran el trabajo administrativo de las tropas.

Los acontecimientos que siguieron a las batallas de los últimos meses en la mayor guerra de invierno de la historia obligaron a muchos regimientos y batallones de policía a intervenir en el frente. En esta batalla, los hombres de la policía regular demostraron su valor militar, su valentía y su tenacidad codo con codo con sus camaradas del ejército y de las Waffen SS. En esta batalla demostraron que la policía regular alemana cumple seriamente con su deber allí donde se encuentre. Los batallones de policía lucharon notablemente bien. Ni los incesantes ataques soviéticos ni el frío implacable y mortífero pudieron con su tenacidad y coraje.

Incluso hoy en día, las unidades de policía siguen participando en muchos puntos calientes del Frente Oriental. El éxito de sus pruebas en duras batallas es, en última instancia, el resultado de la formación básica de oficiales y hombres.

V. Construcción nacional

La nueva labor colonizadora de Alemania en el Este encontró su legítimo líder en la orden del Führer de 7 de octubre de 1939, por la que se nombraba al Reichsführer SS Comisario del Reich para la Consolidación de la Nación Alemana. A lo largo de los grandes periodos de su historia, el pueblo alemán siempre ha mirado hacia el Este para desplegar su talento creativo. Pero esta historia también nos enseña que la victoria militar por sí sola no basta para conquistar un país. El aspecto trágico de la política oriental alemana de los últimos siglos es que los movimientos del pueblo hacia el Este no tenían un objetivo homogéneo y, por tanto, no podían distribuir sus fuerzas de forma organizada y planificada.

Así pues, la *misión del Este* es ante todo una misión de política étnica. Los daños étnicos causados por la azarosa emigración individual de los siglos pasados se corrigieron con *la repatriación de los Volksdeutsche y Reichsdeutsche del extranjero al Reich. Al* mismo tiempo, se puso fin a *la nociva influencia de* ciertos grupos de población extranjera que suponían un peligro para la comunidad alemana. *La creación de nuevas zonas de asentamiento alemán,* sobre todo mediante la inmigración y el asentamiento de Volksdeutsche y Reichsdeutsche procedentes del extranjero, es la tercera y más importante tarea que el Führer ha encomendado por orden al SS Reichsführer. Incluye la reparación del error histórico cometido por los alemanes, que provocó el agotamiento de las fuerzas populares por falta de una gestión integral del destino nacional.

El Führer dispuso de un aparato adecuado y eficaz para llevar a cabo inmediatamente esta labor de política étnica. Como doctrinario que enseñaba incansablemente la idea del vínculo natural entre raza y colonización, el Reichsführer de las SS dio a su *Tropa de Protección* una concepción nacionalsocialista básica y la dotó así de un órgano ejecutivo para llevar a cabo una amplia labor constructiva. La idea del campesino-soldado a la que dio lugar esta labor educativa implicaba, a diferencia de las "colonias" de siglos pasados, que había que crear una zona de asentamiento acorde con el carácter racial de los hombres que allí se asentaran. Mediante una selección consciente, la SS forma una comunidad en la que pueden florecer creativamente las mejores fuerzas de nuestro pueblo. Para lograr su reinserción definitiva, el espacio oriental necesita hombres seleccionados según criterios de carácter y valía. Esta selección, que la propia naturaleza realiza en grupos de hombres que luchan por sobrevivir y que las generaciones futuras necesitan, está garantizada por la lucha de vanguardia de la SS.

VI. El soldado político

Aquí sólo hemos podido ocuparnos de las tareas prácticas más importantes de las SS. Pero el espíritu de las SS no se limita al cumplimiento de estas tareas, y -debe subrayarse de nuevo- ve su justificación última en la creación, educación y selección de un nuevo tipo de hombres y líderes capaces de dominar todas las grandes tareas del futuro. Para ellos se utilizó el concepto de "soldados políticos". Pero cuando las SS hablan de soldados políticos, no sólo se refieren a una revolución de lo político por lo militar, sino también a una revolución de lo militar por lo político. *No sólo hay que seleccionar y educar al "combatiente político", sino también* -en el sentido más estricto- ¡al "*combatiente político*"! En vista del período de guerra, esta tarea debe mencionarse de nuevo para concluir.

El desarrollo histórico ha seguido su curso desde que la Revolución Francesa y el levantamiento prusiano de 1813 convirtieron al pueblo en el principio del potencial militar en la guerra. Hoy más que nunca, la ideología marcha al lado y entre el pueblo en los campos de batalla. La idea racial clarifica los frentes.

La idea racial funde a las personas y la ideología en un todo sólido y combate las ideologías globalistas de todo tipo.

Pero *la guerra se convirtió también en una guerra ideológica.* La combinación de la idea política y la conducción de la guerra se logró mediante una revolución en el arte de la guerra.

El predominio de la cosmovisión sobre la política convierte cualquier guerra con una cosmovisión enemiga en una cuestión de supervivencia. La ley fundamental de la guerra ideológica es la victoria o la derrota.

La situación histórica de la guerra exige del *soldado la máxima firmeza y dedicación.* Cada individuo debe fortalecerse en la idea de triunfar o morir. Considerar que el carácter militar es independiente de la forma de vida política e ideológica del pueblo es ya una amenaza mortal y representa, de entrada, una debilidad frente al adversario.

Contrariamente a lo que muchos piensan, no existe un buen tipo militar como visión del mundo. El carácter militar incluye toda una serie de virtudes: valor, firmeza, audacia, obediencia, cumplimiento del deber, dignidad. La visión del mundo es el campo donde mejor se expresan todas estas virtudes.

Las armas, el equipamiento y la formación no son esencialmente diferentes en las fuerzas armadas modernas. La disciplina y el deber por sí solos tampoco ganan una guerra ideológica. Gana quien, más allá del cumplimiento del deber y la obediencia, supera al adversario por la dureza de la acción y la audacia del riesgo.

El fundamento del mejor espíritu militar no es sólo el cumplimiento del deber moral, sino sobre todo la constancia de la fe. Pues es la fe la que garantiza en primer lugar la estabilidad de la acción moral.

Desarrollar esta constancia de fe es la tarea suprema de las SS. Con esta fe podremos construir fielmente el futuro, en palabras del Reichsführer de las SS:

"Así nos acercamos y seguimos el camino hacia un futuro más lejano según leyes inmutables como orden nacionalsocialista y militar de hombres nórdicos y como comunidad juramentada a sus linajes. Deseamos y creemos que no sólo somos los descendientes que mejor lo han hecho, sino sobre todo los antepasados de las generaciones futuras indispensables para la vida eterna del pueblo germánico.

El poder sólo se justifica cuando implica la obligación de servir.

Darré

La casa de la tropa especial de las SS. 1942. Entre dos hitos

Informe de trabajo 1941-42

Lo que queremos ser:

1. Una orden militar de hombres de las SS formados política y científicamente, con instintos agudos y un físico duro.
2. Una orden de hombres de la Tropa de Protección y líderes que por su valía, dignidad, integridad, actitud exterior quieren ganar y mantener la confianza de los demás.
3. Una Orden que se afirma en la vida a través de su constante compromiso natural.

4. Una Orden ideológicamente franca, que no puede verse afectada por ninguna de las injusticias de la vida en su camino intransigente, que manifiesta instintivamente su franqueza ideológica en todas sus acciones.

5. Una Orden de soldados científicamente formados que ven claro que cada nuevo ascenso no es un ascenso de señores. Uno sólo puede juzgar por lo que sabe y desempeñar su profesión por vocación, dando lo mejor de sí mismo.

6. Una orden de soldados que *sólo se* expresan sobre lo que saben de forma rigurosa. Hay que expresarse poco, pero bien. Es una Orden de hombres que saben que tener un nombre implica un deber.

7. Una Orden de soldados cuya ambición es tener nombres que signifiquen algo y no ser portadores de títulos anónimos.

8. Una Orden de soldados que tienen el valor de reconocer el valor de los grandes hombres de su pueblo, el trabajo desinteresado de los demás y que son plenamente conscientes de lo que son capaces de hacer. La cualificación y los logros deben ser lo primero, no las condecoraciones y los títulos adquiridos.

9. Una orden de soldados que, por su actuación y actitud digna, no necesita consumirse por la ambición y los celos de otro por nada.

10. Una Orden de soldados que, por su sencillez personal, pueden adaptarse a cualquier situación. Es una Orden de hombres que sólo ven en el dinero una herramienta para los cultos, y que están decididos a mantener alejados a los advenedizos.

11. Una orden de soldados en la que el genotipo racial determina la pertenencia a la organización. La raza y la sangre son nuestra conciencia de clase, nuestro título de nobleza.

12. Una orden de soldados que consideran al Führer como la autoridad suprema, queriendo ser un modelo de lealtad, obediencia, acción, actitud digna y compromiso personal con el Führer y su idea. De acuerdo con la orden del Reichsführer SS, sirven al Reich alemán como hombres y oficiales de la Tropa de Protección siempre conscientes de su deber.

13. Una Orden de soldados entrenados científicamente en una comunidad de clanes de tipo nórdico formada por mujeres y niños racial y biológicamente sanos: los antepasados de las generaciones futuras.

Ax.

FOLLETO Nº 6 DE LAS SS. 1936.

PRECEPTOS PARA LA LLAMADA DE LA TROPA

1ère semana

a) "No se muere por el comercio, sino sólo por un ideal. Jamás se ha fundado un Estado por economía pacifista, sino siempre por el instinto de preservar la especie. Esta virtud heroica produce precisamente Estados civilizados y trabajadores, mientras que la astucia es el origen de colonias de parásitos judíos.
b) "No olvides nunca, hombre de las SS, que un nuevo orden económico construido sobre el conocimiento racial no puede crearse en unos meses, ni siquiera en unos años, sino sólo gradualmente, y que por lo tanto no pueden evitarse las dificultades durante ese tiempo.

2 semana

a) "Un hombre dispuesto a luchar por una causa nunca será ni puede ser un hipócrita y un adulador sin carácter.
b) "Hombre de las SS, que actúa como un nacionalsocialista que desea ser un ejemplo en el campo de la lealtad, la obediencia y la disciplina, pero que considera su deber luchar contra la injusticia y resolver los problemas".

3 semana

a) "Los partidos políticos son propensos al compromiso, una visión del mundo nunca".
b) "El hombre de las SS, cree constantemente que la visión nacionalsocialista del mundo requiere al hombre total, unido a nuestro pueblo, y no puede tolerar estar en contacto con ninguna otra visión del mundo en ningún ámbito.

4 semana

a) "Partidario de un Movimiento es quien está de acuerdo con sus objetivos, miembro de un Movimiento es quien lucha por ellos. Ser simpatizante implica reconocimiento, ser miembro implica el valor de representar uno mismo la idea y propagarla.
b) "Hombre de las SS, sé un luchador constante por nuestra idea nacionalsocialista, ten por encima de todo el objetivo de realizar nuestra visión del mundo.

FOLLETO SS Nº 10. 1937.

POR QUÉ LLEVAMOS UNIFORME

Los uniformes eran antaño un signo de reconocimiento. Antiguamente, los uniformes se daban a las personas, además de influir en su forma de pensar. Se les "embutía" en ellos, y esta expresión ya conlleva el sabor amargo de la coacción.

Hoy se lleva como signo de actitud espiritual. Lo único que cuenta es la voluntad y la acción de los hombres que llevan la casaca, no el aspecto ni la moda. Por esta razón, el sencillo uniforme feldgrau es más valioso que el dolman cargado de oro de un húsar.

La heroica lucha de nuestros soldados contra un mundo enemigo dio a la chaqueta feldgrau sus cartas de nobleza. Simboliza para siempre el recuerdo de la miseria y la muerte que sufrieron millones de los mejores combatientes alemanes bajo el fuego arrollador y en batallas de tanques, en los campos de limo de Flandes y en las heladas extensiones de Rusia, en la gris "tierra de nadie". Eran hombres dispuestos a aceptar la muerte, unidos en la victoria y la camaradería, heroicos solitarios junto a su última ametralladora.

Todo hombre que lleva la casaca tiene un deber con esta tradición. Se convirtió así en la expresión de los soldados en el frente, de la voluntad de defensa nacional. Adolf Hitler, cabo de la Gran Guerra, la convirtió en la prenda honorífica del nuevo ejército nacional.

Del mismo modo, la camisa marrón será siempre la prenda honorífica del combatiente nacionalsocialista, un recordatorio constante del espíritu de sacrificio de todos los hombres y mujeres anónimos que siguieron al Führer con sagrada lealtad, movidos por una idea constante: ¡Alemania! Alemania, debe vivir, aunque nosotros debamos morir. Este espíritu de sacrificio y lealtad, de camaradería y deseo de libertad, une firmemente a todo portador de la camisa marrón. Reconocemos que llevamos la camisa marrón y la chaqueta negra con el mismo espíritu que estos combatientes.

El uniforme implica una actitud disciplinada.

Hoy ya no es necesario decirle a un nacionalsocialista que no hacemos distinción entre el servicio y la vida privada. Estamos constantemente al servicio de nuestro pueblo. Por lo tanto, un nacionalsocialista nunca debe dejarse llevar. El SS también debe, en la vida civil, actuar como si estuviera de servicio, como si vistiera el uniforme negro, la prenda honorífica de su Führer.

El uniforme implica, pues, un deber. También debe llevarse con la más profunda convicción de que se convertirá en una honrosa distinción para su portador.

Pero el uniforme también implica cualidades físicas. Debe ser llevado por hombres sanos y no por débiles. Por eso, en todas las unidades que llevan uniforme se cultiva el ejercicio físico. Bajo el uniforme, el hombre sin actitud se convierte en la caricatura del soldado y así ridiculiza a la tropa.

Las nociones de soldado, defensa y actividad están vinculadas al uniforme. Ser soldado implica la noción del deber. El uniforme exige que su portador sea siempre consciente de que tiene grandes deberes que cumplir. Llevar uniforme exige la capacidad de luchar con convicción por la idea que nos hizo ponérnoslo. Es una expresión de camaradería, perseverancia y lealtad. Quien piensa así cuando se lo pone y cuelga su forma de pensar con la chaqueta en la percha no sólo pone en peligro su apariencia personal. Perjudica al grupo al que pertenece. Porque el individuo no es nada, tal vez un nombre que se olvida tres días después. El portador del uniforme, en cambio, simboliza una idea, aunque su nombre sea desconocido.

El uniforme exige de su portador un rechazo total al compromiso. No tolera ninguna vacilación. Exige acción".

El portador del uniforme es el centro de todas las miradas. Cuando surjan imprevistos, las masas se volverán hacia él, con la sensación de que sabe lo que hay que hacer. El civil puede permitirse fallar: nadie sacará conclusiones generales. El soldado que fracasa socava el respeto de todos los que llevan la misma chaqueta. El que lleva el uniforme se sitúa siempre en un nivel superior de responsabilidad, es en todo caso un dirigente, un elegido. Por lo tanto, nuestra educación debe aspirar a que un día nuestros jóvenes lleven el uniforme por convicción, y no estén simplemente "atrapados" en él. Los jóvenes deben ser conscientes de que el uniforme, en la Alemania nacionalsocialista, se ha convertido en la expresión de todos aquellos que se unen porque son de la misma especie. La chaqueta gris del Ejército Popular, la camisa marrón y el uniforme negro son las prendas honoríficas de los hombres dispuestos a luchar por el Reich nacionalsocialista y por una Alemania eterna.

Por eso llevamos el uniforme. Mucha gente probablemente respetaba la chaqueta negra al principio porque quedaba bien. Se sentían orgullosos y satisfechos. Pero poco a poco se dieron cuenta de que también imponía deberes, que aceptamos voluntariamente y por convicción. Uno puede tal vez seguir las reglas de una asociación, incluso dedicarse dos veces por semana a sus objetivos, pero desde luego no una visión del mundo. La chaqueta negra implica que su portador debe actuar cada día y cada hora como un soldado del nacionalsocialismo. Cada acción por nuestra parte será por tanto observada, comparada y juzgada. El valor de una idea representada por el portador del uniforme se juzga por su comportamiento

Debemos ganarnos la confianza de nuestros conciudadanos con nuestra reflexión, pues no queremos imponer a la gente nuestra visión del mundo, sino persuadirla de su justeza. Quien viste el uniforme experimenta de antemano el nacionalsocialismo. Y nuestra tarea consiste en difundir nuestra visión del mundo cada vez más ampliamente en la comunidad hasta que sea comprendida.

Queremos ser respetados y juzgar el valor del nacionalsocialismo por nuestra actitud.

Por eso llevamos uniforme.

V.J. Schuster

El peor camino que se puede elegir es no elegir ninguno.

Federico el Grande

CUADERNO SS N° 2. 1943.

LA ORDEN DE LOS CLANES

La palabra "orden" nos resulta familiar por las órdenes monásticas y las órdenes de caballería de la Edad Media cristiana. Cuando pensamos en estas órdenes, nos vienen a la mente los poderosos y rebeldes castillos feudales y las largas fachadas acristaladas de los edificios monásticos. En el pasado, los primeros estaban habitados por monjes-caballeros que lucían la cruz de la Orden en sus jubones y capas. En las segundas, imaginamos a hombres en sandalias y batas caminando en silencio por los pasillos y las celdas. En ambos casos, ya tenemos una impresión exterior del espíritu de la Orden.

Una orden es una comunidad que sigue una "ordina", es decir, un estatuto, una regla de vida libremente jurada. La característica de una orden es que sirve a un ideal elevado. Por ejemplo, nunca ha existido una "orden de mercaderes", sino, como mucho, asociaciones de mercaderes.

El espíritu de la orden desempeña un papel excepcional allí donde se trata de profesar la fe, los ideales y la defensa de estos valores. Así nacieron las órdenes religiosas monásticas más eminentes en una época en la que hombres extremadamente piadosos querían sacar a la Iglesia de una "secularización" cada vez mayor. Las órdenes de caballería alemanas surgieron cuando había que llevar la fe cristiana a "tierra santa" o a los países eslavos orientales. La Orden de los Jesuitas se desarrolló cuando la Iglesia romana tuvo que defenderse una vez más del popular movimiento protestante nórdico. Independientemente de que estas órdenes cristianas se basaran en una concepción ajena y una ideología errónea, de que degeneraran y desaparecieran en parte, hay que reconocer, no obstante, que en estas comunidades vivían hombres que querían dedicar su vida a un ideal elevado. Este ideal, esta voluntad, esta profesión de fe en la vida privada estaba tan cargada de consecuencias que sólo podía ser la suerte de unos pocos, no de todos. Además, para estos idealistas, era necesario construir una comunidad de vida con la certeza de que cada uno estaría dispuesto a exigirse el máximo al servicio de una idea. Esta certeza daba fuerza al individuo y al grupo. Así vemos que un orden es, dentro de una ideología, aquella comunidad restringida cuyos miembros dan prioridad absoluta en su existencia a esa ideología y se comprometen libremente a seguir sus leyes. Cuanto más estrictas sean estas leyes, más fuerte será la voluntad de respetarlas, mayor será la abnegación exigida, más limitado será el número de miembros de la orden y más poderosa será ésta en la persecución de sus objetivos.

Un orden se define por su objetivo o programa. Éste, a su vez, viene determinado por la ideología a la que se adscribe la orden.

Los monjes cristianos tenían como objetivo la elevación del alma a una vida en el más allá. Como esto, según la concepción cristiana, sólo puede lograrse retirándose de este mundo de pecado y mortificando el cuerpo pecador, el monje hacía voto de pobreza total (eliminación de todos los bienes mundanos), obediencia humilde (abandono de todas las voluntades y derechos personales) y castidad (rechazo de todos los "deseos" excepto el de "Dios", que es el más exigente físicamente). A esta actitud la llamamos "ascetismo". A pesar de la justificada indignación, nos inclinamos con respeto ante el alto grado de idealismo de estos alemanes, estos alemanes, aceptando este sacrificio personal en nombre de "Dios" y de una "idea de perfección". La minoría que asumió tales compromisos era, sin duda, en gran medida de carácter elitista.

Los caballeros-monjes de las órdenes de caballería representan una imagen más simpática para nosotros. La profesión de fe cristiana se combinaba con el modo de vida caballeresco. De ello se desprende un aspecto más viril, más temporal, más activo. Mientras que el monje creía que sólo podría alcanzar su objetivo mediante la autodestrucción, el caballero teutón se había impuesto la misión de expandir el reino con su cuerpo y su espada de guerrero.

La Orden del Clan SS, por otra parte, se funda dentro del Movimiento Nacional Socialista sobre una base completamente nueva. Las raíces de sus creencias son distintas, y cada una de sus leyes y valores específicos son diferentes. La característica más llamativa de las órdenes cristianas del pasado, ya fueran "contemplativas", "activas" o guerreras, era la obligación de renunciar a las mujeres, al matrimonio y a los hijos. El criterio esencial de nuestra Orden es la obligación de ¡prometerse y casarse! La idea rectora de las órdenes cristianas medievales era la elevación del alma, la "liberación del cuerpo" para unir el alma con un dios en la otra vida. Nuestro credo es que la realización, la "encarnación" y, por tanto, el destino propio del dios de la vida, pasa por las vías evolutivas de las especies y las razas; vemos la elección de pareja y la selección permanente como los medios para mejorar la vida (cuerpo y alma). Ya no necesitamos ser ascetas, pues no queremos un dios en el más allá. Nuestro dios nos pide que seamos "temporales", porque el mundo, como sabemos, es su campo de acción, su "cuerpo". Así pues, la SS, como orden pagana de la ideología nacionalsocialista del siglo XX, es una orden temporal en el sentido más elevado de la palabra. El tiempo de los errores ha pasado. Ahora estamos experimentando un poderoso avance en nuestro conocimiento, y los siglos venideros demostrarán que tendrá consecuencias de largo alcance. Reconocer la presencia de Dios en la naturaleza (tal como la conoce el estado actual de la ciencia) significa constatar su unidad, sí, ¡incluso su unicidad con nuestro destino, sometido a la ley hereditaria que él aplica!

La SS comenzó como una tropa, pero supo desde el principio que esta tropa no debía ser un fin en sí misma. No vivimos para perpetuar un

Menerbund, sino que somos hombres reunidos con nuestras familias, nuestros clanes, nuestro pueblo, nuestros hijos de sangre, todos los hijos de nuestro pueblo y un futuro vivo en mente. Para nosotros, la "organización" es sólo un medio al servicio del "organismo". El organismo es el pueblo.

Vemos hoy que todos los pueblos de Europa, incluido nuestro pueblo alemán, han sufrido una constante degradación racial, y por tanto psíquica y espiritual, en los últimos dos mil años, y ello como consecuencia de la mezcla de sangres (los microbios del judaísmo y del cristianismo, su sucesor). Sabemos que no es ni el hambre ni la furia destructora de los pueblos lo que ha causado las trágicas guerras y desórdenes de la historia europea, sino la corrupción de la sustancia popular, el desprecio de la voluntad divina del amor y del matrimonio entre iguales por nacimiento, de la selección, de la incitación a la selección, así como un vicio que la acompaña: la inversión de las relaciones de autoridad en los órganos populares. Afirmamos que cada uno de nosotros colabora en las grandes creaciones humanas políticas e históricas si, en el curso de su vida, no se desvía "ni un milímetro de los caminos de Dios", si es fiel y permanece fiel a los que han elegido la misma fe.

Los hombres de las SS reconocemos que las palabras "pueblo", "Reich", "honor" y "libertad" no significan nada si no se tiene la voluntad de dar vida al espíritu que rige estos conceptos. La importancia concedida a este espíritu debe situarse en el orden de las leyes de la naturaleza. El nacionalsocialismo es una ideología biológica que afirma que las exigencias de la naturaleza son exigencias políticas. La naturaleza ha definido la regla de vida que deben seguir las razas de los hombres de bien:

1. La aspiración individual al matrimonio entre parejas sanas e iguales por nacimiento.
2. Sobre esta base, el desarrollo de la familia como "la unidad más pequeña, pero más valiosa, dentro de toda la estructura organizada del Estado".
3. La vida se construye según las leyes naturales a partir de la rama fértil de la familia. El clan está enraizado en la familia, una entidad viva, una realidad del Orden que una voluntad tanto biológica como política ha soñado y deseado.

Sólo en el clan puede el individuo desarrollar su personalidad y sus cualidades.

El mejor orden es aquel cuyas leyes no son otras que las leyes divinas de la naturaleza. A partir de ese momento, la SS comenzó a transformarse de una asociación masculina en una asociación de clanes. Así, los clanes de la SS están animados por el espíritu de la Orden y tienden a unirse. La Orden, sin embargo, vive a través de cada clan y obtiene de él su propio valor.

El temor a que se desarrolle en el clan un particularismo anárquico con respecto a la totalidad de la Orden y su objetivo, el "Imperio", y el temor opuesto a que las exigencias de la Orden perjudiquen las libertades naturales del clan, son infundados y carecen de razón mientras el espíritu de la Orden y el espíritu del clan no se desvíen de las leyes naturales divinas de la vida.

La Orden impone así una obligación permanente a todos sus miembros. Por ello, cada miembro debe esforzarse por mantener intacto el espíritu del conjunto. El miembro de las SS sabe que es una cuestión de derecho natural que un individuo u otro falte a su deber, pero también sabe que esto no debe quitarle su fe y su lealtad. Mantener esta firmeza inquebrantable es ser un verdadero hombre de las SS, demostrar el valor de su sangre.

La historia nos enseña que las organizaciones perecen con el paso del tiempo por debilitamiento del espíritu, alienación o torpeza, cuando intrusos egoístas y materialistas se apoderan de ellas, apartando a personalidades audaces, vivaces y creativas que, por tanto, ya no se sienten atraídas por la organización. Por lo tanto, nuestra Orden debe evitar que se pervierta su idea espiritual básica. También debemos evitar que favorezca las apariencias y las formas materiales en detrimento de sus hombres de bien. Mantengamos también nuestra comunidad libre de aquellos que no nos dan fe desinteresada e idealismo puro, sino egoísmo, ansia de poder y disfrute burgués. Pues--una Orden es juzgada por la Historia imparcial según las mismas leyes que un pueblo: según las cualidades vivas de su carne y de su sangre.

Una vez por milenio, las personas tienen la oportunidad de volver la vista atrás para recordar sus errores y, enriquecidos por las dolorosas pruebas y dotados de nuevas fuerzas creativas, recuperar la conciencia del sentido divino de sus vidas.

La puerta de un gran futuro se abre de nuevo. Somos conscientes de la responsabilidad que, en la historia, siempre recae sobre la minoría decisiva. Así, nosotros, los miembros de las SS y del clan SS, nos presentamos ante el divino Creador con el lema que nos dio el Führer: "Mi honor se llama lealtad".

Mayerhofer

Cuaderno SS No. 5. 1944.

Es por eso que nuestros armarios no tienen cerraduras

Un joven camarada de las SS, un rubio alegre, había elegido un espléndido e insólito marcapáginas; un flamante billete de dos marcos. Sin duda era el resultado de un capricho. Quizás el papelito marrón con el orgulloso "Dos" le recordaba a Giselle, o quizás era el número rojo de ocho cifras lo que le había interesado especialmente. ¿Quién podría decir por qué este joven de las SS había sacado de la circulación estos dos marcos? Esta nueva nota había pasado muchas horas felices recorriendo las páginas de su libro. Ahora había desaparecido. Una broma de mal gusto lo había sustituido por dos viejos billetes de un marco. Al principio Hans Jürgen pronunció unas rudas palabras de resignación, pero una tarde un camarada mayor volvió sobre el asunto. Joven -dijo-, uno de nuestros poetas habló una vez de un alma engañosa. La encuentra en esas jovencitas que se pintan las uñas de rojo, se embadurnan los labios de aceite, en fin, parecen un cartel de cabaret. Pero los rostros imberbes de los chicos también pueden albergar la misma alma. Algunos de ellos, al sentirse señalados, sonrieron avergonzados. Un hamburgués pensó: "No nos dejemos llevar...". En ese momento, el anciano que estaba siendo apostrofado cogió la pelota y dijo: "¡A eso voy! En la vida, se trata de no dejarse llevar. Tanto para las cosas grandes como para las pequeñas. Consideramos que el intercambio de marcapáginas es una broma. Sin embargo, ya revela una actitud hacia la intangibilidad de la propiedad ajena que lleva a la conclusión de que se ha perdido el sentido de la justicia. En todos estos casos, les digo, nos comportamos como chatos judíos. Si queremos ser los mejores, una élite que cree una vida y una raza ejemplares, entonces también debemos ajustarnos al comportamiento de nuestros antepasados en nuestras normas de vida. Ellos consideraban sagrada e inviolable la propiedad ajena. Recordemos que en el derecho germánico más antiguo, la violación ilícita de la propiedad privada era desconocida y, cuando se producía, se castigaba como un delito indigno de un hombre libre.

- Vamos, vamos", dice Gert, "¡no vamos a hacer un escándalo de una broma!

- Ya no estoy hablando de todo eso -respondió el viejo camarada-, sino de la ley básica del Reichsführer SS, según la cual la propiedad es sagrada. Tal vez alguno de ustedes no sepa que el Reichsführer, en su orden del 25 de noviembre de 1937, considera el "hurto" como una infracción grave de la propiedad, que afecta al honor. Ni siquiera quiero hablar de violaciones graves de la propiedad privada. Cualquiera que robe, malverse o se apropie indebidamente sabe lo que le espera. Sólo quiero afirmar una vez más que el "hurto", es decir, la apropiación ilegal de equipos o prendas pertenecientes a las SS, lo que se denomina "grappling", no se considerará una fechoría inofensiva o una buena acción, sino que el culpable debe esperar que se le exijan responsabilidades. El superior toma las medidas necesarias en beneficio de las tropas combatientes, pero las acciones en su propio beneficio son un asunto censurable. Estás orgulloso de que tus armarios no tengan cerradura -concluyó el camarada-, así que mantén esa actitud.

Pero Gert no quiso dejarlo así después de esta llamada a la sensatez, y con una alusión a Hans Jürgen, cuyo perdido marcapáginas, pensó, le había valido este santurrón sermón, comentó: "¡Y todo por tu culpa, queridísima Gisèle!"

Hans Jürgen se subió a la cama, cogió los dos sucios billetes de un marco y anunció solemnemente que ofrecía a este chiste malo varios barriles de cerveza.

Sé justo
Y no temas a nadie.
Un hombre honesto es a mis ojos de la más alta nobleza y valor, porque su virtud brilla en todo lo que hace.

Federico el Grande

CUADERNO SS Nº 1. 1944.

DOS EJEMPLOS CON MORALEJA

¡Quien vive como un parásito durante la guerra es capturado!

No hay nada más vergonzoso que la infidelidad a uno mismo y a su pueblo. Cuanto más dure la guerra, cuanto más duras sean las exigencias y los sacrificios, más estricta y clara debe ser la actitud de todos aquellos que tienen que administrar bienes y que, por tanto, pueden perjudicar a la comunidad. Citemos el siguiente caso como ejemplo admonitorio de la experiencia jurídica: En 1940, el oficial de las SS X. recibió la orden de fundar y dirigir un centro económico exclusivo para las tropas de las SS. Se le otorgaron plenos poderes debido a la confianza depositada en él. Sin embargo, abusó de estos poderes de manera criminal y sin freno para enriquecerse. Se excedió en sus derechos requisando indebidamente pertenencias, alimentos y todas las existencias de telas, trajes y ropa para traficar con elementos criminales y oscuros con los que mantenía estrechas relaciones. Utilizó grandes sumas de dinero de la administración para fines especulativos en los que participaban, y otorgó a sus cómplices plenos poderes que luego utilizaron de la misma forma delictiva. El daño que sus acciones causaron al pueblo y al Reich es inexcusable. Fue condenado a muerte por perjudicar al pueblo. La sentencia fue confirmada por el propio Führer y ejecutada poco después.

Todo el mundo puede ver, por lo tanto, que cada fechoría, incluso la más insignificante, es juzgada y debe ser juzgada inflexible y despiadadamente. Cada soldado y cada oficial de las SS debe comprender que se expone a la pena de muerte si no respeta aquello por lo que lucha el camarada en el frente, y que debe proporcionar a sus compatriotas el mínimo vital. Nadie podrá aprovecharse de su posición ni de sus servicios, por muy viejo y estimado que sea.

Protección de la vida en el embrión

Uno de los principios más importantes de las SS es la convicción de que la victoria de las armas sólo puede completarse con la victoria de las cunas. Quien amenaza la vida en estado embrionario está dañando la vitalidad del pueblo. He aquí otro ejemplo de la práctica:

El oficial de las SS A., casado desde 1935 y sin hijos, mantuvo con la joven oficinista B. una relación no exenta de consecuencias. Como temía que el nacimiento ilegítimo de un hijo pudiera perjudicar su situación, animó a B. a que le practicara un aborto, que sin embargo no tuvo éxito. Cuando sus propios esfuerzos fracasaron, contactó a través de varios intermediarios con un hombre que había estado implicado en un caso de aborto y que ahora estaba dispuesto -tras negarse inicialmente- a realizar el procedimiento. El acusado incluso le recogió en un coche de empresa y le regaló varios pares de zapatos por valor de 75 RM como pago por sus esfuerzos, además del reembolso de los gastos. Sin embargo, las pruebas no prosperaron.

A diferencia de la sentencia habitual, que condenaba a la madre y al abortista profesional a penas de entre tres y ocho meses de prisión y a los demás participantes a penas de hasta seis semanas de prisión, el tribunal de la policía y las SS dictó una sentencia considerablemente más dura, de un año y medio de prisión. En particular, consideró que el acusado había mostrado una cobardía e irresponsabilidad incomprensibles para un oficial de las SS, había puesto en peligro sin escrúpulos la vida y la salud de la madre y había dañado la reputación de las SS. No se dictó una sentencia más severa porque el acusado era propenso a la debilidad cardíaca, era superficial en su comportamiento, se encontraba en un estado constante de depresión y estaba mareado. El propio Reichsführer confirmó la sentencia y rechazó una petición de indulto, ya que varias circunstancias hablaban a favor de su concesión, entre ellas la pertenencia del acusado al NSDAP antes de la toma del poder.

Este castigo extremadamente severo es el resultado del hecho de que los delitos cometidos contra los principios ideológicos de la comunidad de la Orden merecen un juicio especialmente estricto.

Extracto de los comunicados de la Oficina de Justicia de las SS

Quien no es dueño de sí mismo no es libre.

Claudio

CUADERNO SS Nº 11. 1944.

DIME CON QUIÉN SALES...

Extracto de la práctica de la Oficina Superior de Justicia SS

Karl y Hein eran viejos camaradas. A menudo se habían enfrentado juntos a la muerte y habían honrado las runas de la victoria en muchas batallas.

Con motivo de unas vacaciones conjuntas, Karl invitó a su camarada a visitarle en su casa. Como el viaje sólo duraría unas horas, Hein aceptó. Naturalmente, hubo mucha alegría y los padres de Karl tenían un hotel en la estación, así que el reencuentro fue muy divertido.

Pero toda alegría tiene su fin, y Hein, de 22 años, también tuvo que volver a su casa. Allí se le acercó una simpática criada de pelo rubio, él no le dio importancia y, mientras la criada ordenaba la habitación para pasar la noche, entabló una pequeña e inofensiva conversación. Ante esto, la chica se marchó riendo amistosamente.

Naturalmente, Hein le habló a Karl de la simpática chica. No podía ni imaginar que esa cabeza rubia era la amante de Karl. Sólo lo supo un año después. La chica había dado a luz a un niño y declaró a Karl como padre. En lugar de ponerse decentemente del lado de la joven madre y reconocer a su hijo, Karl pensó en cómo podía eludir su deber. Así que un día pidió a Hein que no le abandonara y le ayudara a salir de aquella embarazosa situación. Cuando lo atraparan, sólo tendría que declarar que la empleada le había ofrecido sus servicios la noche de la visita, o mejor dicho, que se había comprometido con él.

Entonces Karl le dijo al amigo que no le pasaría nada si se atenía a esta declaración. También prometió a Hein una suma de dinero y una nueva invitación. A pesar de que podría meterse en problemas con estas mentiras, Hein dio su testimonio y lo confirmó con su juramento.

K. fue encerrado en un reformatorio durante dos años por incitación al juramento falso y H. durante un año y medio por juramento falso. Además, ambos fueron expulsados de las SS.

El perjurio es uno de los crímenes más viles y vergonzosos. En este caso, es especialmente infame porque lo cometieron las SS, de las que el pueblo alemán tiene una opinión especialmente elevada del honor y la responsabilidad de proporcionar a un niño el sustento que le corresponde. Este caso demuestra hasta dónde puede llevar una camaradería mal entendida. Un "camarada" de este tipo, en sentido estricto, ya no es un camarada, sino un verdadero corruptor inconsciente.

Cuaderno SS nº 10. 1944.

¡Preserva el misterio del amor!

"Conozco a francesas, rusas e italianas, una chica alemana no tiene nada que ofrecerme", dice el Rottenführer Hinterhuber, mirando provocativamente a su alrededor. Su cara redonda de 19 años delata esta estrechez de miras, que es estupidez e inmadurez a partes iguales. Ciertamente, despierta cierta admiración entre los compañeros que le rodean. A sus ojos, es un tipo con mucha experiencia que "conoce a las mujeres" -sí, ¡es posible tener tanta suerte en el amor! Estas fanfarronadas inmaduras podrían pasarse por alto si no fueran tan típicas de la actitud de algunos de nuestros hombres.

¿Cómo adquirió su conocimiento y experiencia de las mujeres? Sin duda fue algo muy distante, sin exaltación ni romanticismo. Quería conocer el amor y encontró algunos especímenes dudosos del sexo femenino que ocasionalmente le acompañaban porque él estaba allí en el momento oportuno. Lo que él consideraba una conquista no era más que el resultado de una ciega casualidad. Porque si no hubiera sido él, al siguiente hombre le habría ido igual de bien. Así que no necesitó buscar durante mucho tiempo. Excitada o venal, le dejó. ¡Y él lo llamó amor! Durante su joven vida sólo fue un soldado. La guerra le llevó por toda Europa. Trajo en su equipaje el recuerdo de vulgares actrices francesas, así como el despreocupado primitivismo de la naturaleza femenina rusa. Pero sus amores eran mediocres, de segunda categoría: no descubrió la riqueza humana de esos pueblos. La conciencia nacionalista y un instinto agudo levantaron innumerables barreras en el otro campo.

¿Qué sabe este chico de la verdadera naturaleza de las mujeres? Probablemente no creció en una verdadera comunidad familiar, no sintió el orgullo inalcanzable de la madre o las hermanas ferozmente protegidas. Para él, durante los años en que se hizo hombre, las mujeres no representaban nada maravilloso. No tuvo tiempo para pensar en ello. No leyó los textos de Tácito sobre la veneración de la mujer germánica como dadora divina de vida, ni leyó Werther. Su literatura sobre el tema siguieron siendo las novelas de tres centavos. Y cuando sintió por primera vez una gran inquietud interior, atribulada, inconcebible y sin embargo apremiante, la guerra le llevó en volandas y endureció sus sentidos infantiles hasta el punto de transformar la exaltación apasionada en un realismo frío, casi áspero.

Es un hecho que algunos chicos no han experimentado la singularidad e incomparabilidad del primer amor. La vida les frustró uno de sus regalos más bellos y ardientes. Tuvieron que renunciar a lo que era una experiencia fundamental para las generaciones anteriores. Así que de repente se convierten en "hombres" y descubren un misterio que nunca entendieron como tal. Su primer amor no fue sagrado, apasionado y entusiasta, sino frío. Su relación con las mujeres no era de adoración; no veían nada divino en ellas, porque no conocían nada de eso en ellas, sólo trataban con el lado malvado del otro sexo, la prostituta corrompida, y así llegaron a considerar a todos los demás bajo la misma luz. Una risa despectiva saludó la posible excepción.

Este estado mental es peligroso. También esta guerra acabará algún día, dejando espacio para la vida normal. Tendremos que curar las graves heridas que se han infligido a nuestra reserva de hombres este año. En primer plano está la familia, la voluntad de tener un hijo, de lo contrario una guerra ganada no tiene sentido. Hoy y en el futuro debemos cumplir un programa racial y familiar según la voluntad del Führer. Somos una Orden de clanes y, como tal, encargada de la enorme tarea de crear una reserva de sangre extremadamente valiosa en el corazón de millones de nuestros pueblos. Esta tarea exige de nosotros una postura absolutamente irrestricta hacia la mujer. En el momento en que nos casamos con ella, siendo la futura madre de nuestros hijos, ¡se convierte en miembro de las SS como cualquier otro camarada varón!

La guerra es infinitamente dura. Sólo los fuertes sobrevivirán. Pero este carácter fuerte y valiente no tiene la crueldad desalmada que se observa precisamente en nuestros enemigos. Ellos, los representantes de las ideas judeobolchevistas, liberales y anarquistas, aprecian el amor sólo como una embriaguez desenfrenada, ignorando el menor rastro de ética. Lo único que les importa es el momento y lo que les aporta. Siempre violan el alma noble, sin superar el nivel del impulso más vulgar. Hace tiempo que conocemos al animal humano bolchevique. No ignoramos los horrores cometidos por los americanos con las mujeres de Sicilia. Entre nosotros y ellos no hay el menor rastro ideológico o político de compromiso, sino sólo el hecho desnudo y brutal: ¡Nosotros o ellos! ¿Queremos ponernos al mismo nivel que su liberalismo desenfrenado? Incluso en las cosas de la vida cotidiana, en nuestras relaciones más íntimas con el otro sexo, no queremos seguir su impuro ejemplo.

En el pasado, se decía que éramos el pueblo de los poetas y los pensadores. Estábamos orgullosos de ello; los demás, sin embargo, se reían en silencio, nos consideraban niños en política y nos despreciaban.

Mientras un Bach o un Goethe les revelaban, a los burlones, un cielo de belleza, ellos compartían las riquezas terrenales y nosotros permanecíamos pobres ante sus puertas doradas. Después de siglos de atraso, hemos madurado políticamente, hemos sido despertados por la gran enseñanza del Führer, dignos por fin del poder político. Tuvimos que enfrentarnos al odio del mundo entero y al mismo tiempo defender con las armas la nueva doctrina. Éramos los mejores soldados. Las puertas del Reich se abrieron, cientos de miles de soldados recorrieron Europa en una marcha triunfal sin parangón. Hicieron un guiño a los países extranjeros y a las particularidades de otros pueblos. Cayeron las últimas barreras del pensamiento pequeñoburgués y el horizonte delimitado se amplió a las dimensiones del mundo.

Pero ahora conocemos el peligro que sigue unido a este rápido desarrollo. Hemos visto que la mente de más de un muchacho se perturbó porque las penurias del combate, la grandeza del sentimiento de poder, eran demasiado fuertes para su carácter todavía inmaduro e incapaz de un sabio discernimiento. El peligro de la vida de soldado le impulsó a buscar apasionadamente el goce, la experiencia y la aventura. Y se volvieron rudos y superficiales. Ellos, los descendientes de aquellos ingenuos soñadores, cayeron en el otro extremo. Hoy ya no hay un Werther entre nosotros, y eso es bueno, pero un tirano despiadado es igual de reprobable. Debe desaparecer. Debemos educarlo siempre que sea posible. Las personas casadas entre nosotros tienen un gran ejemplo que dar. Habiendo conocido el verdadero amor, deben cooperar en esta obra de educación condenando la obscenidad y la ostentación sexual. No somos ángeles, todos conocemos la llamada violenta de la sangre y de los sentidos. Pero también aquí debemos ser soldados políticos. Saquémosles de esta pobre inconsciencia primitiva y sensual, abrámosles los ojos a la verdadera belleza que también está presente de mil formas en el paisaje y el arte del país enemigo que nos rodea. Incluso los más endurecidos saben todavía soñar, lejos de la guerra con su inflexibilidad y su dureza.

Los chicos atrapados en los remolinos de la despreocupación y la frivolidad deben poder experimentar el verdadero amor. Una mujer alemana pura y sana podrá dárselo, si la Providencia así lo desea, para que puedan transmitir su vida a los hijos. Los hijos que hayan deseado con una mujer amada serán el testimonio vivo de un amor que incluye tanto lo físico como lo espiritual.

> *En tiempos tan duros como los que se nos han impuesto a los alemanes, los hombres necesitan a su lado mujeres capaces de combinar la originalidad de su naturaleza y la calidez de su corazón con una amplitud de miras franca y reflexiva. Necesitamos mujeres que puedan formar la nueva generación sana que esperamos, que desde el principio enseñen a sus hijos a ser miembros de su pueblo y sepan que el futuro de este pueblo y su misión espiritual determinan su destino y su historia.*

Gertrud Scholtz-Klink

Cuaderno SS Nº 3.1942.

Lealtad

La guerra actual ofrece pruebas diarias de audacia y heroísmo singular. Pero ya no existen los pequeños heroísmos anónimos de los soldados alemanes. Es la prueba silenciosa y tenaz de la lealtad y la resistencia. Fue la lealtad de espíritu la que mantuvo en pie a cada unidad de nuestro ejército y de nuestras Waffen SS durante tres meses a pesar del cerco y del bloqueo de los suministros normales, y dio al Frente Oriental la firmeza y dureza que por sí solas impidieron una catástrofe en este frío y masivo asalto del enemigo. Sólo los conocedores de las formas de lucha en el Este saben lo que esto significa. Cuando el enemigo intenta imitar nuestra estrategia, siempre fracasa. El general Rommel lo dijo bien: "Las batallas de cerco como las que se libran en la presente guerra sólo pueden ser libradas por soldados alemanes".

Lo que se ha confirmado aquí también se demostrará en el futuro. La lealtad es una virtud alemana. No existe la lealtad sin contenido. No tiene nada que ver con esa terquedad que les gusta poseer a los adversarios. Tampoco es obstinación o firmeza por sí solas, aunque sean compañeras necesarias. La fidelidad, la fe y el honor son como tres cortezas alrededor de un mismo núcleo precioso. Pero es el alma de nuestro pueblo la que constituye el centro, ese singular ámbito interior del que surge la fuerza artística, sorprendiendo al mundo con nuevas manifestaciones creativas que representan nuestro mayor bien. Los individuos son más o menos conscientes de esta riqueza. No hay alemanes sin ideal. La lealtad no es otra cosa que el reconocimiento de la valía interior, la vocación personal y el destino. En esencia, los actos de lealtad que uno encuentra en momentos de angustia se consideran actos religiosos. Los hombres que conocen esos momentos -no son frecuentes en la vida- pueden hablar de ellos y se puede, por así decirlo, rastrear la vocación interior que les atenazó. Soldados políticos, pensadores e inventores lo han sentido. Camaradas de las SS también lo experimentaron, perseverando en su lealtad al Führer y a la Patria a pesar de las cartas visiblemente perdidas en el hielo y la nieve.

Para los alemanes, la fidelidad implica que uno considera su misión como una orden del cielo. Está siempre en estrecha conexión con Dios y sólo un individuo escéptico y superficial puede dudar de ello. La fidelidad a la Patria, al Movimiento y al Führer hunde sus raíces en la fuerza del alma. Quien es pobre interiormente tampoco puede ser completamente fiel. La lealtad es el lenguaje silencioso de la riqueza interior.

La lealtad se demuestra con hechos. En tiempos de angustia y desgracia, el pueblo alemán siempre ha demostrado ser el más leal, incluso su parte combatiente, es decir, la parte que sufrió y llevó la peor parte de esta miseria. Eran los soldados de las trincheras de la última guerra mundial. Fueron los primeros compañeros de armas del Führer. En esta guerra, el frente vuelve a llevar sobre sus hombros la carga principal; pero la patria también proporciona a diario pruebas de la más profunda lealtad a través de la privación y la abnegación.

La perseverancia es también un componente de la lealtad. Sería absurdo pensar que podemos cambiar de patria o de pueblo. Nuestra vida habrá encontrado su sentido cuando nos hayamos mantenido fieles a nosotros mismos. Todo está ligado. En realidad, la lealtad es indivisible. Permanecer fiel al Führer, a la patria, a la esposa y a los hijos, ése es el sentido de la lealtad.

La SS es una orden de lealtad. La lealtad al Führer, a los camaradas, a la patria y a la familia es el fuego que nos impulsa. Conocemos a nuestro pueblo. Sabemos por su fatal historia que su credulidad e ingenuidad han sido a menudo abusadas por los tentadores. Las SS deben ser un baluarte en torno a nuestra joya más sagrada, en torno a la riqueza interior del pueblo alemán. Una profunda fe en la misión divina de nuestro pueblo y de su líder nos llena. Nos enriquece. Nos hace fuertes e inquebrantables. Nos da la fuerza para ser fieles en los momentos de máximo esfuerzo.

Gd

Atravesar las líneas enemigas no es fácil.

CUADERNO SS Nº 6B.1941.

HOMBRES, CAMARADAS, EJEMPLOS

El hombre decide

SS-PK. Los soviéticos no tienen la excusa hasta ahora habitual de haber sido derrotados por la superioridad del material bélico alemán. ¡Realmente tenían suficiente! Sin embargo, estamos acostumbrados a enfrentarnos a multitud de pruebas y sólo sacudimos la cabeza cuando vimos las interminables hileras de tanques y cañones destruidos a lo largo de las rutas ofensivas...

¡No, en el Este, es el hombre quien decide! Es el soldado alemán, que tiene mejores nervios, mejor constitución, que tiene, sobre todo, una fe más fuerte. Y ahí radica la certeza de nuestra victoria, porque estos hombres están en nuestras compañías. No destacan mucho, cumplen con su deber. Son soldados con ese carácter evidente que tal vez sólo tiene el alemán. ¡Así que debemos hablar de ellos!

Pienso en el Rottenführer-SS H. Lo conocí en un puesto avanzado de una brigada de caballería de las SS. Lo vi por primera vez en un enfrentamiento cerca de L. Cavó su agujero antitanque bajo un intenso fuego enemigo, sin prisas, casi con calma, como si estuviera acostumbrado a hacer este trabajo desde hacía años. Más tarde -en aquella época estábamos aislados de todo contacto con nuestras tropas, con los soviéticos a nuestras espaldas- me habló de él con vacilación.

No me sorprendió que mencionara España. Durante dos años luchó allí contra los bolcheviques como voluntario. Realmente tenía muchas aventuras a sus espaldas, pero se alistó como soldado en las Waffen SS en cuanto regresó al Reich. Para él, esto era algo natural.

Pienso en silencio... este hombre lleva años viviendo en la guerra. Y no se ha convertido en un "lansquenet". Esa misma tarde me habla con fervor de su mujer. Durante una breve excedencia, se instaló como artesano en el Gobierno General. Y después de la guerra - pero paró con sus planes... primero había que liquidar a los bolcheviques. Se estaban debilitando. Ya lo había experimentado, una vez, cuando los perseguía en Cataluña.

Así es él, el Rottenführer-SS H. Nunca ha sido especialmente llamativo. Más de uno de sus camaradas y superiores no sabe nada de estas cosas. Cumplió con su deber. Es sólo un soldado.

Pero el poder del bolchevismo irrumpe sobre tales hombres, ¡la victoria es suya!

Corresponsal de guerra de las SS T. Kriegbaum

Falta el servicio de artillería - ¡no!

SS-PK. Nuestra avanzadilla ha detectado blindados enemigos, rápidos como el rayo, desmontamos y tomamos posiciones a ambos lados de la carretera. Mientras nosotros nos enterramos y enterramos los cañones en agujeros antitanque, nuestros cazacarros colocan sus cañones a quince metros delante de nosotros. Cuando, diez minutos más tarde, nuestros pioneros regresan después de colocar las minas, extienden la red de camuflaje sobre el escudo protector. Sólo el cañón estira su boca negra amenazadoramente hacia la carretera. Esperamos.

El jefe de pelotón con el cañón antitanque mira a su alrededor con los prismáticos y de repente ve el primer tanque. Trescientos metros por delante de nosotros, su cúpula se eleva sobre la cima del maizal. Su primer disparo retumba y un rayo de luz verde claro pasa a nuestro lado. Un pesado motor chilla al otro lado, el coloso empieza a moverse y se arrastra hacia nosotros. Ahora vemos dos más. Apenas los reconocemos, dos proyectiles surcan el aire silbando y explotan alrededor de nuestro cañón Pak. "Fuego a discreción". Esta orden devora los proyectiles. Se vacía una caja tras otra. Los artilleros trabajan sin inmutarse por las explosiones en los alrededores. Tras los primeros disparos, el tanque principal ya estaba en llamas. ¡Pero un cañón antitanque sigue enfrentándose a cuatro tanques fuertemente armados!

Preocupados, miramos a nuestros valientes cazadores de tanques. Sólo podemos verlos durante unos instantes mientras un proyectil tras otro cae a su lado. El humo y la pólvora los ocultan de nuestra vista. Pero siguen disparando. Saben que nuestro destino también depende del suyo. Ven, sienten aún más ahora lo que ordena el jefe de sección y leen el movimiento de sus labios ennegrecidos por la pólvora. ¿Cuándo cesará definitivamente el fuego enemigo...? Entonces llegó el disparo a la portería. Fue sólo un destello.

Nosotros, los artilleros, sólo vemos una pequeña llama en una nube de humo negro. El cañón está envuelto en una nube impenetrable de humo negro-marrón. Oímos: "Falta el servicio de artillería, el Pak no dispara". ¡Lo sabíamos! ¿Qué pasa ahora?

Pero no, de repente una voz grita: "¡No, el comandante de la compañía está vivo y sigue disparando...!! " ¿Cómo es posible? ¡Sí, un golpe de suerte! ¡Otro más! Mientras tanto, la nube de humo se ha disipado. Ahora vemos que el comandante de la compañía está cargando, apuntando y disparando... y otra vez cargando, apuntando, disparando, él solo.

Entonces, ¡el tanque líder cambia su trayectoria hacia la izquierda y se va por la carretera! Nos reímos a carcajadas porque sabemos lo que le espera allí: un final seguro. Unos metros más y comienza el tambaleo de nuestras minas... Otros diez metros... allí delante del pequeño vado debe estar el primero... ahora... una explosión y tres, cuatro chorros de llamas, el tanque soviético ha caído víctima de nuestros pioneros.

Mientras tanto, cuatro artilleros han saltado y se apresuran a reforzar al comandante de la compañía con el cañón Pak. El tercero de estos cinco tanques soviéticos también está neutralizado. Tres disparos en las orugas y nos muestra su flanco. El comandante de la compañía dispara bien. La cúpula del tanque se levanta, dos manos temblorosas se agarran a los bordes: el último superviviente se rinde. Los ocupantes de los dos tanques que siguen intactos abandonan la lucha. Manos en alto, se colocan junto a su coloso, dispuestos a seguir el camino del cautiverio.

A continuación, el comandante de la compañía de artillería planta las runas de la muerte en las tres tumbas recientes de sus camaradas. "Mi honor se llama fidelidad" está escrito encima. Luego los saluda por última vez.

Ernst Gugl, corresponsal de guerra de las SS

Esperando el primer contacto...

... ¡que se produce de forma explosiva!

La distancia se estima...

... ¡y la respuesta es inmediata!

FOLLETO SS Nº 10. 1939.

Los ancianos

Fue durante los días de gran agitación en los Sudetes. Las órdenes de reclutamiento de las SS resonaron en el comedor. La Wehrmacht tenía reservas más jóvenes: pero se ofrecía la oportunidad de enviar a hombres que no fueran físicamente inferiores a ellos y cuyo espíritu de sacrificio fuera igual al suyo. ¿Cuál es hoy la edad mínima de 45 años? Las SS llamaron y todos acudieron. Había hombres de unos 50 años que acogían de buen grado una misión de este tipo, aunque normalmente estaba relacionada con problemas comerciales. Todos los distritos enviaron a sus "mayores". Eran hombres de Hamburgo, Berlín, Mecklemburgo, Pomerania, Silesia que seguían su vocación en Oranienburg y estaban encantados de realizar una tarea en el campo comunitario de los 'viejos guerreros' en Sachsenhausen.

Se reúnen las centurias. El primer problema es que la ropa de feldgrau de los esbeltos hombres de la unidad Totenkopf, comprometida en las fronteras, no les queda bien. En la misma fila, sin insignias de rango, hay viejos oficiales del frente junto a suboficiales y viejos soldados. El tono del lenguaje se vuelve cálido, nostálgico, cuando uno de ellos habla de Verdún, otro de Munkacz o de Turquía. Se turnan para sacarse las hebillas con emoción y muchas cruces de hierro de la "clase" decoran los pechos. Todos conocen sus deberes en el campo de las SS, todos saben lo absolutamente esencial que es su acción para garantizar la paz interna del Reich.

Nunca en mi vida querría olvidar aquellas semanas en las que analicé con toda claridad un enorme problema educativo y que transcurrieron en cordial camaradería. Esto significa, pues, en el caso de un servicio difícil, de manera inflexible y perseverante; los deberes parecen hoy menores, medidos en el transcurso del tiempo.

¿Te acuerdas, camarada?", pregunta uno siempre que se encuentra, y recuerda las líneas de los puestos avanzados, la compañía, las luces en el bosque. Uno piensa en el sol, en la niebla gris y también en los días en que llovía tan fuerte que ni siquiera la lona de la tienda ofrecía protección.

Recorro las filas de los puestos avanzados de mi columna. En mi camino se encuentra uno de los más viejos, de más de 60 años. Un paso a la derecha, otro a la izquierda. La lluvia cae sin cesar sobre la lona y agranda los charcos en los que ni las mejores botas logran combatir la humedad... durante horas... un paso a la derecha... un paso a la izquierda. Y admiro al viejo camarada que no quiso transigir y se negó a tomar el camino fácil. Tiene la cabeza blanca como la nieve.

Pocas veces una comunidad ha estado tan unida como ésta. Se puede ver en sus ojos el mismo deseo por los demás. Todas las tareas se realizan "voluntariamente".

Entonces termina la batalla. Se da la última paga y el comandante pronuncia unas cordiales palabras de despedida.

Veo al camarada de pelo blanco en mi columna. Lleva de nuevo el traje negro de las SS. En su pecho brilla ahora la insignia dorada del Partido.

Mi respeto, que ya era muy grande, se hizo total. Destacar a esa edad con el pelo plateado y la insignia de honor dorada y, sin embargo, haber realizado un servicio difícil con toda sencillez, fue para mí un brillante ejemplo de verdadera camaradería nacionalsocialista.

Hoy, este eternamente joven luchador ideológico sostiene en su mano un retrato del Reichsführer de las SS en el que se lee:

"A mis viejos y valientes hombres de las SS, que ayudaron al Führer y a la Patria en tiempos difíciles cumpliendo con su deber.

SS-Ustuf. Max Hanig, O.A. Estado Mayor Norte.

La abnegación total es la fuente de la que manan todas las capacidades. Nos enseña a anteponer el buen nombre a las ventajas materiales, al sentido de la dignidad, y a preferir la equidad a la codicia y la avaricia desenfrenadas, a anteponer el beneficio del pueblo y del Estado al nuestro y al de nuestra familia; a considerar el bien y la supervivencia del país como superiores a nuestra propia seguridad, propiedad, salud y vida.

Casi nos convierte en ciudadanos de un mundo superior.

Federico el Grande

FOLLETO Nº 6 DE LAS SS. 1942.

LA VOLUNTAD DE UNA SS

Este es el testamento del SS Heinz H., que cayó en el Frente Oriental el 28 de marzo de 1942. Estaba recién casado y aún no sabía si tendría un hijo.

Mi voluntad:

"Si el destino quiere que no regrese de esta gran guerra, deseo:

1. Que este acontecimiento no se vea como otra cosa que lo que es: un sacrificio necesario que hago voluntariamente por la victoria de Alemania cumpliendo con mi vida de soldado.
2. Que mi querida esposa y mis amados padres superen su dolor, que ellos también ofrezcan de buen grado este sacrificio en el altar de la patria.
3. Que en la esquela no hay ni una palabra sobre decreto divino, Dios, gran dolor, profundo luto, etc. Como pie de foto me gustaría la siguiente frase: Por la victoria de Alemania estamos dispuestos a darlo todo. En el luto, en el orgullo...;
4. No deben llevarse brazaletes ni otros signos de luto.

5. Que no me lleven de vuelta a mi país, pero que descanse con mis camaradas.

6. Que si no tengo un hijo, mi hermano G. sepa que entonces llevará solo nuestro nombre.

7. Que mi esposa no se quede viuda; que, como mujer sana, no olvide el deber que debe cumplir por la eternidad de nuestro Reich.

8. Que si tuviera un hijo, llevara siempre mi nombre, que fuera educado para ser un hombre sano, honrado, digno, despreciativo y valiente, que creyera en Alemania con fe inquebrantable.

9. Si tuviera una hija, que sea educada para ser una orgullosa mujer alemana, consciente de sus deberes para con Alemania.

Al testamento se adjuntó una carta dirigida a su esposa. Extraemos de ella las siguientes frases:

"Has sido una buena camarada para mí, una esposa cariñosa que me ha cuidado y será, espero, la madre de mi hijo. Críalo con el mismo espíritu que yo lo habría hecho: dale a creer desde temprano en nuestro Reich, en nuestra Alemania eterna.

No te quedes viuda. Eres demasiado buena para pasarte la vida de luto, tan sana y tan joven. Lo importante no es nuestra vida, sino la de Alemania. Vamos a ganar porque debemos hacerlo. No tenemos otra opción.

Luego, en una carta a su hermano:

"Ahora estás aquí por los dos. No consideres esto una carga, sino una obligación natural. No vivimos para ir un día a una tierra de leche y miel llamada cielo, ni para amasar riquezas materiales, sino para tomar nuestra parte en la eternidad de Alemania. Sólo ésta es la razón de la vida de un alemán. No lo olvidéis nunca.

En la parte del testamento dedicada a las cosas materiales, se preveía, en caso de que su hogar no tuviera hijos, que la cuenta de ahorros se transfiriera a la institución política nacional de Köslin (Nápoles).

"¡Napola de Köslin! Durante tres años pasé los más hermosos de mi vida entre tus muros. Tú formaste claramente mi idealismo. Me enseñaste a creer en el eterno Reich alemán. Le diste sentido a mi vida. Fuisteis mi segundo hogar. Cualquiera que haya sido alumno tuyo nunca podrá olvidarte. Nos inspiraste a todos a trabajar incansablemente por Alemania. Nunca olvidaré tus palabras: "¡Creer, obedecer, luchar! Son para mí una fuente inagotable de fuerza. Mientras sigas inculcando estas significativas palabras en el corazón de tus alumnos, seguirás siendo lo que debes ser.

En caso de que no tenga hijos, me gustaría dejarle unos cientos de marcos en mi cuenta postal.

Los mejores alumnos de todas las clases deberían recibir un premio en forma de libro. Por favor, no mencione mi nombre. No es necesario. En la fe de la victoria y la existencia continuada del Reich, su antiguo alumno le saluda.

Diez mil hombres así han caído en un florecimiento de virtudes guerreras sin parangón, que no sería humanamente concebible si no fuera por una fuerza para mover montañas, en el campo de batalla y en sus almas.

Quienes tratan de expresar el significado de la muerte heroica alemana van por buen camino cuando vuelven siempre a las palabras: "Caídos por el Führer y el pueblo, en la fe en la permanencia del Reich".

CONVIRTIÉNDOSE EN EL Nº 2. MARZO DE 1944.

POR ENCIMA DE TU VENTAJA ESTÁ LA VICTORIA DEL EQUIPO

Las palabras anteriores están tomadas del reglamento de competiciones deportivas de las SS publicado por el Reichsführer de las SS en la primavera de 1937. Nada más llamativo puede caracterizar toda la educación deportiva de las SS.

Cuando se ampliaron y construyeron las SS tras la toma del poder en Alemania por los nacionalsocialistas, el Reichsführer situó la educación física a la cabeza de todos los estudios, junto con la educación intelectual general.

Deportistas de renombre en las filas de las SS empezaron a entrenar a sus camaradas.

Los jóvenes equipos de la SS se enfrentaron en muchas competiciones a excelentes adversarios y demostraron una y otra vez en los campos de deporte sus posibilidades y su energía.

De sus filas han salido muchos maestros en todos los campos del deporte que han dado a la SS una reputación especial también en este aspecto.

En los eventos deportivos, la SS nunca ha tenido en cuenta el esfuerzo individual; siempre ha exigido deportividad y compañerismo a la comunidad en el estadio. El esfuerzo de equipo lo domina todo.

Cuando el Reichsführer de las SS presentó recientemente la insignia deportiva que había creado a casi un centenar de líderes y hombres de las SS en Holanda por primera vez, volvió a hablar del esfuerzo deportivo común, diciendo:

- La Insignia SS debe ser una prueba de los esfuerzos realizados y de los medios de educación puestos en el camino común para ganar a los hombres, mediante una lucha común, para un ideal común.

Y un poco más adelante:

- Este distintivo debería ser testimonio de algún tipo de esfuerzo colectivo.

Se verifica así el significado de la educación deportiva en las SS. Esta runa deportiva no es sólo un acicate para la cultura física y la educación militar, sino también un símbolo del esfuerzo colectivo.

El portador de la insignia SS no sólo debe cumplir sus deberes y tareas en el campo deportivo, sino también remitirse siempre a las eternas palabras de nuestra nueva era: "Por encima de tu ventaja personal está la victoria del Equipo".

Esta frase fundamental permanece, más allá del esfuerzo deportivo de las SS, como una exhortación y una obligación constante.

Uno de los principios de las SS es ir más allá de los propios límites.

Promovido por el nacionalsocialismo, el deporte es una música del cuerpo cuyos acordes principales son la fuerza, la gracia y la pureza.

CUADERNO SS Nº 11B.1941.

¿POR QUÉ UNA FUENTE DE LOS SUDETES?

...y por qué la sanidad está a favor del agua mineral

Antes, a un compañero le podía chocar mucho que, cuando volvía de hacer deporte o de dar un paseo, sólo pudiera saciar su sed tomando o bien un agua mineral cara o bien una bebida alcohólica como la cerveza. Y normalmente prefería la cerveza porque era más barata que las bebidas minerales. Así que más de un compañero se aficionó al alcohol cuando no quería.

La devolución de los Sudetes al Reich puso fin a este abuso. Inmediatamente después de la ocupación, los *manantiales de agua mineral* de los Sudetes, famosos por su efecto curativo y su buen sabor, pasaron a ser propiedad de las SS, junto con los dirigentes regionales. Tal y como prescribía una orden del Reichsführer de las SS fechada el 15 de septiembre de 1939, las antiguas bebidas alcohólicas debían ser sustituidas por las hasta entonces descuidadas aguas naturales, que eran propiedad de las SS y estaban administradas por ellas.

El manantial se encuentra en Grün-Neudorf, cerca del conocido balneario de Marienbad. Se extrae cuando brota de las rocas bajo los altos abetos del Kaiserwald. Gracias a un moderno proceso higiénico de embotellado, el "Manantial de los Sudetes" conserva su composición original y especial - cristalina y espumosa - sin ningún aditivo. Las SS encontraron los manantiales abandonados cuando se hicieron cargo de ellos, debido a los numerosos cambios de propiedad y a la influencia cada vez más negativa del dominio checo.

Mientras tanto, se introdujeron numerosas mejoras en el uso técnico del agua por parte del personal en aras de la higiene social. Los manantiales se reabrieron porque los hombres de las Waffen SS y de la Wehrmacht en territorio enemigo consumían mucha agua mineral. No siempre es posible disponer de un suministro adecuado de agua potable, pero esto fue posible gracias a la reapertura de los manantiales y al sistema de los Tres Ocho.

Nuestra agua mineral desempeña un papel muy importante en los nuevos territorios del Este, especialmente en Varsovia, donde la Wehrmacht dependía casi exclusivamente de nuestra agua mineral SS Sudeten. Se sabía que en Polonia había gran peligro de epidemias, por lo que no se podía utilizar agua. Como el agua escaseaba, el agua mineral Sudeten se utilizaba para muchos fines, incluso para lavarse y afeitarse.

Cabe destacar el precio especialmente barato de la bebida. Inmediatamente después de la nueva operación, los precios, que hasta entonces habían sido mucho más altos que los de la cerveza, se redujeron drásticamente. Esto dio a todo el mundo la oportunidad de experimentar los efectos beneficiosos de esta buena agua mineral. El objetivo es sustituir las bebidas alcohólicas y los productos artificiales nocivos para la salud por estas aguas de mesa baratas y naturalmente puras.

El agua mineral del "Manantial de los Sudetes" no contiene aditivos artificiales, como dióxido de carbono y otras sustancias. En 1 litro de solución hay 5,679 mililitros de minerales. El agua mineral, que también es radiactiva, estimula el apetito, fortalece el estómago, purga suavemente, disuelve cálculos, regula los riñones y fija la grasa. También existen aguas minerales completamente nuevas con la adición de zumos de frutas naturales (como el limón), que tuvieron mucho éxito por su contenido vitamínico. El poder curativo del agua cristalina de manantial se complementa con el efecto de los zumos puros de fruta.

Así que, camarada, si sufres de sed, ¡tómate un "manantial de los Sudetes"! Pídela en la cantina. No sólo estarás saciando tu sed de forma ventajosa, ¡también estarás sirviendo a tu salud!

CUADERNO SS Nº 2A.1941.

PRIMAVERA - ¡Y SIN EMBARGO CANSADA!

Vitaminas de los Institutos de la SS

"Es mayo... ¡pero la primavera no me trae ninguna alegría! Estoy cansada de la mañana a la noche. Sin embargo, me recetan vitaminas. Esta es la razón principal de mi fatiga primaveral".

Dos hombres de las SS delante de su refugio en el Gobierno General. También este invierno el servicio fue difícil y las tareas inmensas. Los países sólo serán conquistados después de la victoria. Sí, las primeras verduras ya están creciendo allí. Pero aquí en el Este - en la frontera... y el otro se ríe.

- ¡Es la fatiga primaveral, Karl! Los poetas han encontrado la palabra adecuada. ¿Quizás Schiller? Estoy pensando en tomar un largo descanso. Me estoy quedando sin verduras frescas, eso es todo.

- Me diviertes. Aquí, ¿verduras frescas? Aún no hemos llegado.

- Así es. Pero tenemos suplementos vitamínicos. Tengo que tomarlos. Los productos suministrados ayudan con la fatiga primaveral, el escorbuto, el herpes labial y la nostalgia.

- ¡Así que puedes irte al infierno con tu medicina y tus pastillas! Nunca he tomado una pastilla en mi vida y siempre me he mantenido bien. ¡Toma una pastilla! Destruyamos las pastillas y estemos sanos como antes. Todos los que toman pastillas son unos llorones a mis ojos.

- Tienes toda la razón...

- Pero sé lo que vas a decir ahora: "Las pastillas no valen nada, sólo mis pastillas valen oro".

- Entonces, ¿cómo se explica nuestra fatiga primaveral?

- Eso es debilidad, ¡nada más! ¿Y quizás también te faltan algunas verduras?

- ¿Qué contienen las verduras? Es decir, ¿qué sustancia concreta nos falta? Incluso recibimos vitaminas extra. Por el equivalente a un cogollo de lechuga, una pastilla; por un plato de espinacas, ¡una pastilla! No, no puedes persuadirme. ¡Mala magia, joven amigo!

- Ahora necesito volver a tomar el aire. - ¿Has oído hablar de los exploradores polares y los circunnavegadores que luchaban contra el escorbuto en sus barcos? Era difícil entender por qué el escorbuto siempre aparecía en el mar. ¡Los marineros eran tipos robustos que partían con buena salud para un largo viaje, comían la mejor carne, pan, los alimentos más fortificantes y, sin embargo! Cuanto más duraba el viaje, más taciturnos y miserables se volvían. Empezaban a sentirse nostálgicos, luego fatigados, sin ganas de trabajar y siempre terriblemente cansados. La enfermedad empezaba así y terminaba con la caída de los dientes y luego la muerte. Pero cuando el barco regresaba a puerto, los marineros bajaban a tierra y comían verduras frescas, el escorbuto desaparecía, así como el cansancio, la nostalgia y la languidez.

- ¿Por qué no se les dio a los marineros sus famosas píldoras?

- En aquella época no se conocían. Tampoco se conocían las causas del escorbuto, enfermedad que hizo estragos durante siglos. Hasta principios del siglo XIX, el escorbuto, la tisis, la apoplejía y las muertes se anotaban en los registros de defunciones. Finalmente, los médicos descubrieron que el escorbuto era una enfermedad alimentaria. Sí, los vikingos eran conscientes de ello porque llevaban constantemente barriles de chucrut en sus barcos cuando emprendían largos viajes.

En 1534, un médico informó de que conseguía resultados en la lucha contra la enfermedad en cuanto daba a los pacientes zumo de aguja de pino.

Pasaron siglos antes de que se descubriera la misteriosa sustancia que necesita nuestro cuerpo.

En 1912, dos investigadores alemanes, Holst y Fröhlich, realizaron experimentos con animales. Se demostró que el escorbuto era una enfermedad alimentaria cuando se comprobó que la causa del problema se debía a una carencia.

En nuestros alimentos, sobre todo en las verduras y frutas frescas, además de aceites, hay hidratos de carbono y vitaminas de clara de huevo sin los cuales el hombre no puede vivir. Se descubrió la vitamina C. Y estas vitaminas son precisamente nuestros suplementos.

- ¡Caramba! Ahora dime, gran científico, ¿aproximadamente cuántas vitaminas utiliza el hombre?

- Nuestras necesidades diarias son de unos 50 miligramos. Esto ya es suficiente para garantizar nuestro bienestar. Pero lo que el cuerpo contiene en exceso de C, desgraciadamente se elimina.

- ¿Qué, tenemos que ir corriendo a las enfermeras a por vitaminas toda la vida?

- No, la naturaleza nos da vitamina C, pero no siempre la suficiente En invierno y primavera, cuando nos faltan verduras frescas y la fruta aún no está madura, todos sufrimos falta de C y estamos cansados. Nuestra pereza es una enfermedad de la vitamina C. Sin embargo, los químicos se han puesto manos a la obra y nos han hecho un preparado de vitamina C para que desaparezcan todas las malas excusas.

- Bueno, venga, vamos a ver a la enfermera. Me convertiste y me convertí en un traga vitaminas. ¡Qué cosas se aprenden en Oriente!

No todo el mundo sabe que el laboratorio experimental alemán de Dachau, una institución del Reichsführer de las SS, también producía vitaminas a partir de plantas frescas que demostraron su valía en el segundo año de la guerra, cuando se distribuyeron a las unidades de las SS sobre el terreno, principalmente en el Este y en Noruega. La vitamina se administra a las tropas en forma de polvo de hierbas que también mejora el sabor de los alimentos. Nuestra descripción humorística aclara el significado y el valor de estos suplementos vitamínicos.

Herbología experimental y medicinal en Dachau.

"Carta desde el frente", dibujo de C. Schneider.

Hasta el límite, dibujo del corresponsal de guerra SS Petersen.

II. EL CLAN

FOLLETO Nº 5 DE LAS SS. 1938.

LA SEMILLA DEL PUEBLO

Se suele decir que la familia es la "semilla del pueblo". La comparación está bien elegida. Todo ser vivo, ya sea animal o vegetal, está formado por minúsculos elementos vivos: las células. Éstas forman pequeños organismos microscópicos que, por lo general, pueden vivir por sí solos. Son los llamados animales unicelulares o plantas. En las especies animales y vegetales superiores, sin embargo, son más o menos numerosas y desempeñan diversas tareas. Forman un estado celular, por así decirlo. En este estado celular, una célula no puede vivir sin las demás, pero tampoco puede vivir el conjunto si cada célula no tiene una vida sana. Si ésta interrumpe su función vital en el estado celular, entonces el estado celular, el animal, la planta, el ser humano, y pronto todo el organismo vivo, enferma, y si las células mueren, también muere el estado celular.

La interdependencia entre el grupo y el individuo, y viceversa, encuentra fácilmente su analogía en las relaciones vitales del gran organismo popular. La vida y la salud de un pueblo están condicionadas por las de sus células individuales más pequeñas. Y estas últimas sólo existen si el conjunto está completamente sano y bien.

Pero el individuo también puede vivir de forma independiente. Un Robinson solitario puede, si dispone de medios suficientes, vivir solo toda la vida. Cuando muere, este hombre-persona soltero desaparece en la isla, porque, a diferencia de un animal unicelular, un hombre aislado ni siquiera tiene la posibilidad de crecer por división y dar a luz constantemente una nueva vida. En los seres superiores se necesitan dos individuos de distinto sexo.

Así, los individuos no pueden ser considerados como células que viven en el organismo popular, sino sólo como esa pequeña unidad capaz de procrear continuamente. Ésta está constituida por la unión de dos seres de distinto sexo: Esta es la pareja. Estos dos seres que se unen están vivos, son el elemento constitutivo del pueblo, el organismo popular que asegura su vida.

Pero si la familia constituye la célula que asegura la existencia del pueblo, sólo la unión de dos cónyuges que crean una nueva vida puede considerarse una familia. El matrimonio por sí solo no constituye todavía una semilla del pueblo, sino sólo el matrimonio consagrado por los hijos o sólo una pareja joven que desea tener hijos. Pues un matrimonio sin hijos es tan poco importante para la supervivencia del pueblo como si esas dos personas estuvieran solas y no se hubieran casado.

No hablamos de germen sin razón. La naturaleza del germen reside en que está preparado para germinar y puede germinar. Una célula que no puede germinar es un contrasentido y tarde o temprano está condenada a morir.

A través de su Estado, el pueblo promueve el matrimonio, lo protege y lo fomenta con muchos beneficios materiales. Incluso han establecido el contenido moral del matrimonio mediante una nueva ley matrimonial. Pero todo esto se ha hecho con la esperanza de que nazca un hijo. Si no surge por alguna razón, este matrimonio imperfecto tiene menos interés para el pueblo y el nuevo derecho matrimonial prescribe que tales matrimonios pueden ser anulados.

En esto, la concepción nacionalsocialista del pueblo como organismo vivo difiere de la concepción liberal, que veía al pueblo, o más bien al Estado, sólo como una asociación de intereses económicos entre individuos, por así decirlo, una gigantesca sociedad de responsabilidad limitada. Al Estado liberal no le importaba si un matrimonio producía hijos o no. Lo deja al "libre albedrío" de los cónyuges. O se aseguraba de que los que tenían muchos hijos fueran públicamente escarnecidos y tildados de tontos en comparación con las personas inteligentes que se quedaban sin hijos para disfrutar de las comodidades de la vida. A sus ojos, el matrimonio no era más que un contrato sobre el papel entre dos socios económicos, celebrado primero para disfrutar de los placeres sexuales "legalmente", y después para poder mantenerse económicamente el uno al otro repartiéndose el trabajo.

Si muchos matrimonios en la comunidad popular nacionalsocialista no tienen hijos, es natural que los consideremos como uniones celebradas liberalmente por parejas interesadas y no como esa "familia" que representa la "semilla del pueblo" que merece respeto o incluso protección. En el Estado nacionalsocialista, quien se casa con el objetivo consciente de disfrutar de la "comodidad" y dejar a otros la tarea de tener hijos, demuestra así que su concepción del pueblo y de la familia no difiere de la de la pasada época liberal. Por lo tanto, sólo contrae matrimonio con un socio económico para disfrutar legalmente de las alegrías del matrimonio y saborear los beneficios materiales de tal unión.

Este hecho se confirma cada día en el "mercado matrimonial" de los periódicos burgueses, donde caballeros cubiertos de títulos y honores buscan mujeres ricas con el fin de concluir un matrimonio, donde damas indigentes buscan un cónyuge que pueda proporcionarles una pensión y un nivel de vida asegurado, y al que proporcionarían a cambio las alegrías del matrimonio.

A estas uniones también se les llama "matrimonio" y "familia", y no pueden oponerse porque el funcionario del registro civil no puede conocer la verdadera intención de los "novios", a menos que su edad les traicione.

De cara al pueblo, no son más que falsos matrimonios sin valor. Como el nuevo concepto moral ha calado en toda la nación, hemos llegado a considerar a estos "novios" con el mismo desprecio que a un estafador que se arroga títulos o dignidad inmerecidos.

Ciertamente, las parejas de novios no pueden saber de antemano si su matrimonio tendrá éxito, por lo que están sujetas a las estrictas normas selectivas de la SS. Las parejas mayores, si se casaron por capricho y siguen sin tener hijos a pesar suyo, pueden compensar este retraso de forma natural. A estas parejas fieles no se les puede decir que deben separarse. Pero si son estériles, se les puede pedir que al menos cooperen a fomentar la fecundidad de los demás. Quien ayuda a un huérfano o a otro niño asegura así que la vida procreada por otros se conservará y beneficiará un día al pueblo.

Pero en cualquier caso la "semilla del pueblo" debe ser fértil, alentar la vida, ser procreadora y protectora de la vida tanto como queramos, para mayor bien de toda la nación. Quien no colabora en la supervivencia del pueblo demuestra así su falta de interés por él y por su futuro.

La selección de hombres y mujeres sanos debe basarse en la raza.

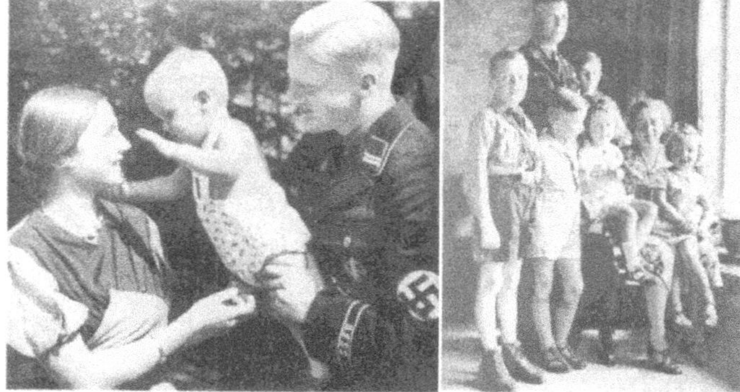

El nacionalsocialismo siempre había celebrado a la familia como el alma del pueblo. Las SS fueron más allá al definirse como una "orden de clanes" que debían cultivar sus cualidades en familias numerosas.

FOLLETO Nº 5 DE LAS SS. 1938

LA BENDICIÓN QUE ES LA VIDA.

En la época de la cosecha, la naturaleza nos introduce de nuevo en el proceso de crecimiento que podemos seguir cada año. Naturalmente, lo extrapolamos a nuestra comunidad de personas. Cada siglo hace surgir en todos los pueblos individuos que, por sus dones particulares, son de gran valor para su comunidad.

La historia de nuestro pueblo ha visto nacer, en cada época, a miembros de estas grandes familias que se han convertido en precursores del espíritu y del arte, en grandes creadores de cultura y de leyes.

Cuando, en la Edad Media, sonó el martillo en la puerta de la iglesia del castillo de Wittenberg, era el hijo de un minero de una familia de siete hijos quien luchaba por la libertad de las almas (Lutero). Gottfried *Leibniz,* el gran filósofo y profesor de la Academia, también nació en un círculo familiar numeroso. En la época clásica de nuestra poesía, *Klopstock,* el poeta del Mesías, procedía de una familia de diecisiete hijos. El Néstor de la poesía alemana, *Goethe,* tenía seis hermanos. El instigador de la lucha de liberación contra la dominación napoleónica, Fichte, tenía nueve hermanos. *Fichte, tuvo nueve hermanos* más. Los padres del orientalista y poeta *Rückert* tuvieron ocho hijos. El gran historiador *Ranke tuvo* ocho hermanos. El inolvidable compositor *Bruckner tuvo* diez hermanos, Wilhelm *Busch* seis.

El segundo hijo de una familia de siete hermanos *Haendel*, cinco *Schiller*, cinco *Beethoven*, diez *Novalis*, seis V. *Eichendorff* y nueve Justus *Liebig*.

Alberto *Durero era* el tercer hijo de una familia con ocho hijos, Ulrich *Zwingli con* ocho, *Lessing* con doce, *Haydn con* doce, *Arndt* con diez, Heinrich v. *Kleist* con siete, Robert *Koch* con trece, Carl Ludwig *Schleich* con seis y Erich *Ludendorff* con seis hijos.

El cuarto hijo fue *Federico el Grande*, de una familia de catorce hijos, *Kant de* nueve (*Napoleón* también de doce), *Bismarck* de seis, Werner *von Siemens de* catorce, el aviador de guerra *Boelcke* de seis hermanos.

Entre los alemanes de élite que eran quintos hijos se encontraban Friedemann *Bach,* de una familia de seis hijos; Gellert, de trece; el barón *von Münchhausen, de* ocho; el barón *vom Stein, de* siete; Carl *Runge*, de ocho hermanos.

Entre los séptimos estaban el mariscal de campo *von Blücher*, *Mozart*, *Mörike* y *Geibel*.

El octavo hijo de familias alemanas fue Jost Amman, el príncipe *Eugene*, Johann Sebastian Bach, el conde *von Platen*, Heinrich v. *Stephan*, el colono Karl *Peters*, Otto *Weddingen*.

Entre los novenos nacidos contamos a *Runge*, *Weber*, Richard *Wagner*, Friedrich *Siemens*.

Y qué pobre sería la música alemana sin el undécimo hijo, Franz *Schubert*, sin el duodécimo, Karl *Lowe*.

Cuando se avanza en la historia y se realiza una investigación sistemática desde estos puntos de vista, se llega a la certeza de que la vitalidad de un pueblo sólo fructifica en los mayores logros espirituales y culturales si el pueblo se ha mantenido joven y fuerte, y si vive exactamente de acuerdo con la naturaleza.

Hannes Schalfuß

Folleto SS Nº 1.1939. ¿De qué muere la gente?

I. La natalidad alemana

Si miramos a la actualidad, debemos preguntarnos si Alemania durará para siempre.

Responder "sí" depende de nuestra voluntad de hacer eterno a nuestro pueblo, pero también de la corriente de sangre que fluye desde hace milenios. Esta es la cadena de generaciones de la que somos eslabones y que nunca se ha roto en el transcurso de los milenios, a pesar de las guerras y épocas de miseria de la historia alemana, ¡y que no debe romperse en el futuro! Si el pueblo alemán desapareciera por ser demasiado cobarde para luchar por una natalidad sana, entonces el trabajo, la lucha y las preocupaciones de los siglos pasados no tendrían ninguna importancia.

En una época de expansión general, en la que millones de banderas y estandartes reflejan el poder y el esplendor del Reich, es fácil que el individuo sólo vea la grandeza del presente y se regocije en ella. Entonces olvida que no es sólo en el presente cuando las fuerzas armadas deben estar listas, ni cuando los aviones deben despegar, ni cuando los agricultores deben trabajar en sus cosechas y los obreros en sus talleres, si Alemania ha de permanecer eterna. Si un día disminuye el número de los movilizables y crecen en otros países más jóvenes que nosotros, surgirá un terrible peligro para el pueblo alemán y para el Reich.

Alemania puede morir a pesar de su poder y esplendor actuales. La Historia nos enseña que los pueblos pueden desaparecer porque desde que existen son responsables de sí mismos y de su supervivencia.

Hasta hace diez años, la gente, incluso entre los nuestros, creía en la inevitable desaparición de la nación. La profecía de Oswald Spengler de que Occidente perecería inevitablemente era aceptada por los débiles y los cobardes que habían perdido la fe en la vida. No vieron los fallos y errores del razonamiento de Spengler cuando anunció la fatídica desaparición de todos los pueblos de Europa. Spengler dijo: "¡Según una ley interna, todo pueblo y su cultura deben morir un día después de haber experimentado su juventud y madurez! Igual que un árbol o un hombre envejecen y luego mueren necesariamente, así un pueblo debe envejecer y desaparecer.

Pero la comparación entre el pueblo y el destino del árbol o del individuo es errónea. Pues todo organismo nace con nueva vida y fuerza vital. Este es el milagro de la vida, el maravilloso secreto de la procreación y el nacimiento, que a través de la reproducción se confiere la eterna juventud y la renovación de la vida.

La existencia del individuo es limitada, envejece y debe morir. El árbol aislado crece y muere y, sin embargo, los bosques son eternos. El hombre aislado también vive y debe morir, y sin embargo, ¡los pueblos son eternos!

Los pueblos no tienen por qué morir como el hombre o el árbol aislado, pero corren peligro de morir.

Hay tres causas naturales de la muerte de un pueblo. El pasado nos lo enseña tan bien como el presente. Un destino insondable no fue la causa de la desaparición de los pueblos civilizados de la antigüedad; violaron las leyes divinas de la vida.

El Führer dijo una vez: "El hombre nunca debe cometer el error de creerse ascendido al rango de señor y amo de la naturaleza. Debe tratar de comprender y captar la necesidad fundamental del imperio de la naturaleza, y que su propia existencia está subordinada a estas leyes constantes y eugenésicas del combate. Entonces sentirá que en un mundo donde viajan soles y estrellas, donde las lunas giran alrededor de los planetas, donde la fuerza es siempre dueña de la debilidad y la convierte en su obediente sierva o la rompe, no puede haber excepción para los hombres. Los principios eternos de esta sabiduría son igualmente válidos para él. Podrá intentar comprenderlos, pero nunca podrá ignorarlos".

La vida exige la victoria constante de los fuertes y sanos sobre los débiles y enfermos. La sabiduría de la naturaleza ha promulgado tres leyes fundamentales en consecuencia:

1. Los vivos siempre deben procrear en grandes cantidades.
2. En la lucha por la vida sólo sobreviven los más fuertes. La selección permanente de los fuertes elimina a los débiles o inútiles.
3. En el conjunto del mundo natural, las especies se mantienen fieles a sí mismas. Una especie sólo frecuenta a los suyos.

Los pueblos que han desaparecido a lo largo de la historia son aquellos que han despreciado la sabiduría y las leyes de la naturaleza. Las causas naturales de su debilitamiento y desaparición son, por tanto, éstas:

1. Falta de conservación de la especie.
2. Infracción de la ley de la selección natural.
3. Incumplimiento del requisito de mantener la pureza de la especie y de la sangre.

Un examen del desarrollo numérico y cualitativo del pueblo alemán en los últimos cien años demuestra que también éste ha transgredido imprudente e irresponsablemente las férreas leyes de la vida.

A mediados de los años 70, entre 1870 y 1875 nacieron 40 niños por cada 1000 habitantes. Desde 1900, sólo 36,5 por 1000, en 1913 sólo 27,5. Desde el final de la guerra, cuando se perdió todo sentido de la responsabilidad, Alemania ha caído a un peligroso mínimo de 14,7 nacimientos por cada 1000 ciudadanos.

Así pues, la vitalidad de nuestro pueblo, que debería estar formado por innumerables jóvenes, ha descendido en una generación, en términos porcentuales, del 40% al 14%. Además, durante los cinco años de guerra nacieron 3,5 millones de niños menos. Mucho más importante que las pérdidas en los campos de batalla fue la pérdida de niños que no procrearon ni nacieron porque sus padres potenciales estaban en el frente. El descenso permanente de los nacimientos en Alemania, de 2 millones en 1900 a 900.000 en 1933, significó un declive y debilitamiento constantes del poder armado del pueblo alemán. El número de niños alemanes que terminaban la escuela primaria era de:

1.272.000 en 1925
1.125.000 en 1929
754.000 en 1930
606.000 en 1932

Suponiendo que la mitad de los que abandonaban la escuela fueran varones, esto significaba que el número de posibles movilizables descendía de 606.000 a 303.000, cifra de la que aún no se habían deducido los desaparecidos antes de ser llamados a filas.

Si Alemania no detiene por todos los medios esta disminución de los nacimientos, como muestran las cifras hasta el año 1933, dentro de algunas décadas sólo habrá unos 250.000 hombres disponibles al año para el servicio militar, mientras que Rusia, por ejemplo, tenía 1.750.000 veinteañeros movilizables en 1930.

La pirámide de edad del pueblo alemán

Si el pueblo alemán hubiera crecido en las últimas décadas, si el número de nacimientos no hubiera disminuido constantemente desde principios de siglo, nuestro pueblo tendría una pirámide de edades natural y saludable. Esta pirámide, en la mente popular, viene determinada por la parte proporcional de las generaciones anuales en el conjunto de la nación. En una pirámide sana, los niños menores de un año forman la mayor parte de la población, siendo cada generación sucesiva, por muerte natural o accidente, algo menor en número.

Si representamos esta pirámide trazando una línea de longitud proporcional al número de ciudadanos y la superponemos a la línea de esa generación para cada año, obtenemos la pirámide de edades del pueblo.

Por ejemplo, la del pueblo alemán en 1910 es natural y saludable. Pero la de 1975 es peligrosa y nos muestra que nuestro pueblo puede morir.

En 1910, en Alemania había pocos ancianos y muchos jóvenes:

Mayores de 65 años: 2,8 millones = 5%.

Menores de 15 años: 19,6 millones = 34%.

La pirámide de edades para el año 1975 representa la población del pueblo alemán según las previsiones estadísticas, de lo que se deduce necesariamente que si durante el reinado de la esvástica no se da un giro decisivo en cuanto a la política de natalidad, la pirámide nos muestra claramente que la caída de la natalidad provocará la extinción del pueblo. La pirámide se convierte en una urna funeraria.

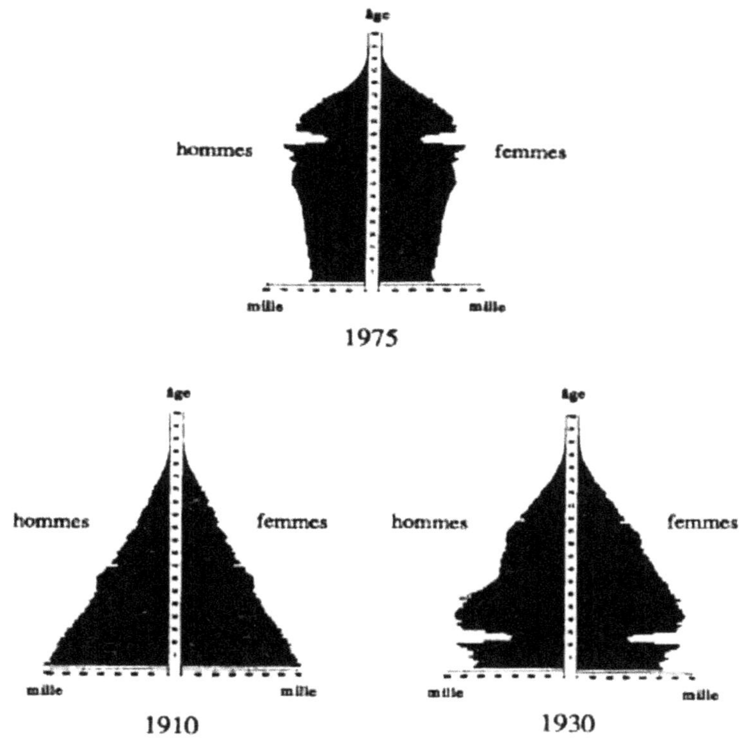

En Alemania en 1975 habría:

9,2 millones de personas mayores de 65 años

10,1 millones de menores de 15 años

En 1975 habrá casi tantos ancianos como niños, mientras que en 1910 el número de niños era siete veces superior al de ancianos.

Las causas de la natalidad

Cuando se pregunta por las causas de la baja natalidad, está claro que: *La actitud de los hombres, su concepción de la vida y del mundo, son las causas que condujeron a la violación del deber de garantizar la supervivencia numérica del pueblo. La miseria económica nunca fue la razón principal, sólo contribuyó a ella, sobre todo después de la guerra.* Pues mientras la prosperidad de Alemania aumentaba tras la creación del Imperio en 1870/71, el número de nacimientos descendía año tras año desde principios de siglo hasta el estallido de la guerra. Y hoy en día las familias pobres casi siempre tienen más hijos que las ricas. Así pues, no fue la miseria y la preocupación lo que impidió los nacimientos, sino el amor a la comodidad, el razonamiento egoísta y la cobardía ante la lucha por la existencia o el miedo a tener que recortar en comodidades y lujos. La ilusión por la educación también era importante. Una familia con sólo uno o dos hijos puede darles mejor educación que un gran número de hijos. Pero la preocupación exagerada por educar bien al niño tiene como consecuencia producir una generación ablandada, a la que los padres apartan desde el principio de las pruebas de la vida y que, por tanto, no lucha.

Las grandes personalidades de la historia alemana proceden a *menudo,* y no por casualidad, de *familias numerosas. Los* grandes personajes suelen ser los últimos de una larga serie de hermanos y hermanas.

Aparte de la doctrina liberal de la felicidad individual en la tierra, las iglesias también eran perniciosas con sus sermones de felicidad en la otra vida, su doctrina del pecado hereditario y la promesa de la recompensa celestial. Durante la era cristiana, innumerables niños se perdieron para el pueblo alemán porque sacerdotes y monjas negaron la ley de la vida en su búsqueda de la felicidad celestial y renunciaron voluntariamente a ser padres y madres de niños.

El deseo de tener un hijo, o mejor dicho, de tener muchos hijos, debe ser algo natural para cada uno de nosotros SS, porque el pueblo alemán no debe morir, sino ser eterno.

SS-Ustuf. Dr. Gerhart Schinke

FOLLETO SS Nº 3.1939.
¿DE QUÉ MUERE LA GENTE?

II. SELECCIÓN Y CONTRA-SELECCIÓN

En el primer número de la edición de Año Nuevo de los Cuadernos de las SS se examinaron las causas de la muerte de un pueblo y se demostró que durante varias décadas el pueblo alemán había fracasado en su deber nacional de preservación *numérica*. Se mostró cómo la cifra de población había descendido continuamente desde 1870 hasta 1932, de modo que surgió el peligro de que nuestro pueblo no sólo envejeciera, sino que muriera por falta de nueva juventud.

Demostraremos a continuación que también nuestro pueblo ha faltado a su deber de supervivencia y ha contravenido la *ley natural de la selección.*

El valor de un hombre o una mujer para la existencia continuada del pueblo alemán reside en la pureza de su sangre, sus cualidades hereditarias y su valor para la existencia de su pueblo.

Descuidar el mantenimiento de la pureza de sangre

La doctrina de la igualdad de los hombres, enseñada a todos los pueblos tanto por las Iglesias como por los apóstoles del bolchevismo, ha intentado superar la idea original de raza y suprimir las barreras naturales entre los pueblos, resultado de las leyes de la vida y de la evolución. La Iglesia reunió en comunidades religiosas a hombres separados y diferentes por la raza. Y, según el sermón de los pastores, un negro católico bautizado estaba más cerca de una alemana católica que de una alemana no católica emparentada por la misma sangre. La Iglesia hablaba de matrimonios mixtos e incluía bajo este término un matrimonio de alemanes cuando uno de ellos había aprendido y cantado en su juventud salmos luteranos y el otro himnos a María. Los ministros de religión se negaban a permitir los matrimonios entre alemanes de distintas confesiones, pero bendecían sin vacilar, a menudo con cierta satisfacción interior, un matrimonio entre un judío o un negro bautizado y una muchacha cristiana alemana bautizada.

Mientras que la Iglesia animaba a la gente a determinar su elección matrimonial en función de consideraciones religiosas, la sociedad liberal intentaba que sus miembros eligieran a su pareja sólo en función de su posición social, de modo que el valor hereditario y racial quedaba mayoritariamente relegado. Por tanto, la elección de la pareja matrimonial no venía determinada por el vigor del hombre, el encanto y la alegría de vivir de la mujer, sino por su pertenencia a la misma comunidad de ideas o por la cuantía de la dote.

Y los hombres, olvidando la selección de la especie, se unieron con sangre extranjera impura y destruyeron así su patrimonio hereditario.

El bolchevismo, que, al igual que el pensamiento religioso, se originó en una concepción judía, abolió finalmente todas las barreras naturales entre razas y pueblos. Durante siglos, las Iglesias habían enseñado que el fin ideal de la evolución era un solo pastor y un solo rebaño; el bolchevismo exigía igualmente el caos de las razas como objetivo último.

Cuando elementos de nuestro pueblo comenzaron a mezclarse con hombres de una especie diferente, su vitalidad disminuyó como resultado de este mestizaje racial. La especie, de la que el romano Tácito dijo una vez que "sólo se parecía a sí misma", se mezcló y se volvió impura. En lugar de las bellas y sanas estaturas de nuestra raza, con sus actitudes y comportamientos armoniosos, aparecieron especies cuyo estado de ánimo era inestable. Exteriormente desarmónicos, también tenían muchas almas en sus corazones, su carácter ya no era fuerte ni homogéneo; interiormente estaban desgarrados en sus pensamientos y valores. Cuando nuestros compatriotas perdieron su unidad de raza y carácter, pronto dejaron de entenderse.

Los hombres de la misma raza se comportan de la misma manera ante el destino porque tienen la misma alma y el mismo valor de carácter, el mismo sentido de la vida y el mismo propósito. Los hombres de la misma sangre y patrimonio hereditario no sólo tienen la misma concepción del honor, la libertad y la fidelidad; tienen el mismo espíritu de decisión en la batalla y ante el peligro, y conciben a Dios de la misma manera. Un pueblo cuyos elementos comparten el mismo carácter hereditario presenta una unidad viva, fuerte en sí misma, clara en todas sus decisiones. Un pueblo es una representación de Dios y la representación de Dios es siempre clara.

Los hombres de distintas razas piensan de forma diferente sobre el valor del carácter, el amor y el matrimonio, el bien y el mal. Se comportan de forma diferente con amigos y enemigos y actúan de forma diferente en momentos de angustia.

Si un pueblo está mezclado racialmente, carece de unidad corporal y espiritual. No tiene un pensamiento común, ni una voluntad unitaria, ni una creencia o concepción común de la vida.

Así, nuestro pueblo alemán, como resultado del mestizaje racial, se ha alejado del antiguo ideal del hombre bello y heroico. Criaturas enfermas y santos miserables han sido presentados como figuras ideales de la vida, mientras que su héroe y modelo fue una vez Sigfrido. Semejante evolución siempre ha conducido a la desaparición de un pueblo.

Somos conscientes de la profunda verdad contenida en las palabras del Führer: "El pecado hereditario contra la sangre y la raza es el único gran pecado de este mundo y el fin de las personas que lo cometen.

Incumplimiento de la ley de la selección natural

En la naturaleza, que siempre se ha organizado según leyes divinas, reina sin piedad la ley de la selección natural. La lucha perpetua por la existencia destruye todo lo que no es viable, incluso en estado embrionario. Los fuertes y los valientes pueden hacer frente a los mil peligros que presenta la naturaleza; en los bosques y en los mares no puede sobrevivir ninguna vida inferior o hereditariamente enferma. La selección natural actúa de tal manera que sólo los fuertes y sanos sobreviven luchando y se multiplican procreando, pero que todo lo enfermizo se marchita y muere.

Los más fuertes y los mejores cumplen su destino en la selección según las leyes divinas, y así se asegura el mantenimiento del valor de la especie que constituye el sentido eterno de la lucha perpetua por la existencia, por su mejora y elevación.

Nuestros antepasados germánicos siguieron las leyes de la selección como todos los pueblos sanos cuya inteligencia y sensibilidad aún no estaban contaminadas por las falsas doctrinas de la piedad.

La falsa concepción de Dios de la Iglesia negaba las leyes divinas de la naturaleza. La enseñanza de la Iglesia se opuso deliberadamente a la voluntad de la naturaleza.

Una vez predicado al pueblo que Dios murió crucificado por piedad hacia los débiles y enfermos, los pecadores y los pobres, la enseñanza antinatural de la piedad y un falso humanitarismo podían promover la preservación de los enfermos congénitos. Sí, se consideraba un deber moral cuidar y favorecer principalmente a los enfermos, los agobiados y los pobres de espíritu.

Así, los enfermos congénitos podían multiplicarse sin trabas y la comunidad de personas sanas tenía que soportar la carga de cuidar a estos elementos hereditariamente enfermos.

El gran número de pacientes hereditarios suponía una carga financiera casi insoportable para los presupuestos estatales y locales. Un escolar atrasado cuesta al Estado de dos a tres veces más que un niño normal. Un enfermo hereditario ingresado en una residencia especializada, un enfermo mental o un epiléptico recibe del Estado una media de cinco veces más al año que un beneficiario sano de la seguridad social después de toda una vida de trabajo. Cada año se despilfarran millones en manicomios, mientras que las familias trabajadoras sanas carecen a menudo de lo estrictamente necesario.

El patrimonio hereditario del pueblo alemán también se ve empobrecido por la reproducción indiferenciada de ciudadanos racialmente diversos. La estructura de un pueblo permanece homogénea cuando todos sus elementos se casan a la misma edad y producen muchos hijos en cada unión. Se produce un aumento necesario y natural de la rama de la población cuyos miembros se casaron pronto y tienen un mayor número de descendientes. En Alemania, los matrimonios tardíos y la falta de hijos fueron la suerte de las personas valiosas y, por tanto, de la valiosa herencia durante décadas, lo que provocó una reducción significativa de la parte más valiosa de la nación. Ya en los años anteriores a la Gran Guerra se observó en el pueblo alemán una reproducción indiferenciada.

En 1912, había una media de 2 hijos en los matrimonios de altos funcionarios y muy altos funcionarios, 2,5 hijos en los matrimonios de empleados y profesionales, 2,9 hijos en los matrimonios de obreros instruidos y artesanos, 4,1 hijos en los matrimonios de obreros y oficinistas, y 5,2 hijos entre los obreros agrícolas.

En los últimos años, las familias con estudios superiores tenían una media de 1,9 hijos, las familias de empleados acomodados y artesanos 2,2, y los trabajadores con estudios 2,9. Los asociales, los delincuentes y los padres de hijos atrasados tenían por término medio un gran número de hijos.

Así, el número de enfermos hereditarios y dementes aumentó entre el pueblo alemán, mientras que el número de personas sanas y valiosas disminuyó.

Más de 700.000 pacientes con defectos hereditarios graves son tratados en instituciones especializadas. El número total de pacientes hereditarios se cuenta probablemente por millones.

Este espantoso estado de cosas es consecuencia de las doctrinas de la piedad contrarias a las leyes de la vida; resulta de la glorificación de los incapaces, los débiles y los pobres de espíritu. Todos estos individuos hereditariamente enfermizos, si se hicieran cargo de sí mismos, no podrían imponerse y triunfar con su energía en la lucha por la vida. En esta lucha ordenada por Dios son necesariamente derrotados, pues la naturaleza, en su santa sabiduría, propugna la eliminación de los débiles y los enfermos.

En consecuencia, mientras que en la naturaleza impera la ley de la selección, la mala gestión de la nación por parte del Estado y la alteración de la vida que ha provocado en el pueblo, han provocado precisamente una contra-selección. Como resultado de la contra-selección, el no-valor se multiplica a expensas del valor, el débil a expensas del fuerte, y ello debido a la asistencia y los cuidados proporcionados por la civilización.

Muchas grandes ciudades son también una fuente de contra-selección. La gran ciudad siempre ha atraído a personas que querían exhibirse y demostrar su competencia, pero inevitablemente desaparecían allí en la segunda generación. Clanes enteros murieron en las grandes ciudades. Si Berlín, por ejemplo, no recibiera inmigrantes, según Burgdörfer, basándose en el número actual de nacimientos, dentro de 150 años sólo quedarían 100.000 descendientes de los 4.000.000 de almas que se cuentan hoy.

La guerra moderna es particularmente eficaz en el sentido de la contra-selección. Se llama a filas casi exclusivamente a hombres con buena salud física y espiritual, de modo que sólo caen en la guerra los que poseen un valioso patrimonio hereditario. Los campos de batalla se tragan así la sangre de los mejores hijos del pueblo, cuyo patrimonio hereditario se pierde irremediablemente. Ciertamente, su muerte es un sacrificio sagrado por el honor y la libertad del pueblo.

Del mismo modo, varios cientos de valientes jóvenes alemanes caen víctimas del deporte o la competición cada año, en lucha sobre hielo, en la nieve, en carreras de coches o en aviones.

Ningún habitante de la Tierra murió a causa de la guerra, las malas cosechas o la recesión política.

Los pueblos sólo han desaparecido cuando se ha agotado la sustancia viva que asegura su vida histórica, su sangre, su raza. Por tanto, sólo mueren en los siguientes casos:

1. Cuando el número de nacimientos disminuyó como consecuencia de la regresión de la fuerza popular y se ofreció así la posibilidad a un pueblo numérica y cualitativamente más fuerte de aplastar a su vecino más débil.

2. A través del mestizaje racial, que ha despojado a un pueblo originalmente sano de su armonía interior.

3. Por no respetar las leyes de la selección, lo que provoca una reducción del valioso patrimonio hereditario y conduce a una disminución de las capacidades y cualidades de la población.

La muerte de un pueblo se basa, pues, en una concepción errónea de la vida, y se debe a la inobservancia de las leyes eternas de la Tierra. El hombre ha aprendido a despreciar las leyes de la vida porque ha perdido su conexión con la naturaleza y la vida.

Las Iglesias frustraron a millones de nosotros con la creencia germánica en la inmortalidad terrenal, de modo que innumerables hombres y mujeres renunciaron, en nombre de una irreal voluntad celestial, a tener hijos sanos. Las iglesias llamaron a la sagrada tierra valle de lágrimas y enseñaron que la procreación y el nacimiento eran pecaminosos e incorrectos. Cuando la fuente esencial de la vida, la voluntad de vivir, fue sustituida por la búsqueda de la felicidad material o de otro mundo, fue posible el establecimiento del egoísmo y, finalmente, del bolchevismo, este último cuyo único objetivo es el debilitamiento y la decadencia de los pueblos.

El nacionalsocialismo, al enseñar la vida eterna de un pueblo, lleva a los hombres a respetar las leyes divinas de la vida. El Führer dice: "La gran revolución del nacionalsocialismo es que ha abierto la puerta al conocimiento de que todas las faltas y errores de los hombres se deben a determinadas circunstancias y son, por tanto, reparables, excepto uno: despreciar la importancia de preservar la propia sangre, la propia especie y, con ello, el estado de ánimo y el carácter que Dios les ha otorgado. Los humanos no tenemos por qué preguntarnos por qué la Providencia creó las razas; basta con constatar que castiga a quienes desprecian su creación."

"Por primera vez, tal vez, desde que existe una historia humana, se ha llamado la atención en Alemania sobre el hecho de que la primera de todas las tareas que nos incumben, la más noble y, por tanto, la más sagrada para los hombres, es la de preservar la sangre y la especie, tal como Dios las creó.

Como SS somos conscientes de nuestro deber nacional y queremos, bajo el signo de la vida renacida, de la santa esvástica, convertirnos en padres, y por amor a la tierra tres veces consagrada que es la patria de nuestros antepasados y la nuestra, dar vida eterna al pueblo alemán.

Las palabras de nuestro camarada de las SS Lothar Stengel von Rutkowski en *Kingdom of this World* son nuestras:

Eres un nieto
Por las victorias y las preocupaciones
De sus antepasados
Debes tu existencia.
Como abuelo
Tienes en tus manos
Felicidad e infelicidad
Desde las generaciones más lejanas.

SS-Ustuf. Dr. Gerhart Schinke

¿Tiene derecho un Estado a practicar la eugenesia para evitar que personas desafortunadas se vean afectadas por taras hereditarias?
El nacionalsocialismo respondió afirmativamente.
A la derecha, un hogar para niños de la asociación Lebensborn.

La selección "positiva" animó a las personas con el mismo valor hereditario a unir sus fuerzas.

Los pueblos tienen dos armas en su lucha por la vida: su capacidad para defenderse y su fertilidad natural. No olvidemos nunca que la capacidad de defenderse por sí sola no puede garantizar la supervivencia de un pueblo en un futuro lejano, sino que es necesaria la fuente inagotable de su fertilidad.

Veamos con claridad y actuemos para que a la victoria de las armas alemanas siga la victoria del niño alemán.

Heinrich Himmler

FOLLETO Nº 4 DE LAS SS. 1938.

El nuevo Derecho matrimonial de la Gran Alemania

Las anticuadas disposiciones sobre la jurisdicción matrimonial y el divorcio, así como el retorno del pueblo austriaco al Reich alemán, hicieron necesaria una transformación acelerada de la normativa relativa a este importante aspecto del Derecho de familia. Con estas leyes se dio el primer paso hacia la creación del derecho matrimonial y de familia alemán. La concepción que el Estado nacionalsocialista tenía de la naturaleza del matrimonio determinó la institución del nuevo derecho. En Austria, los rígidos vínculos dogmáticos religiosos, tal y como se definieron en la creación de la ley, habían dado lugar a abusos en este ámbito vital; más allá del marco de las meras familias, amenazaban con envenenar la vida pública y, por tanto, debían ser abolidos. En todo el Reich, el derecho matrimonial ya había experimentado un gran cambio de espíritu nacionalsocialista mediante las modificaciones fundamentales de la Ley alemana de protección de la sangre, la Ley de salud matrimonial y la Ley de protección del matrimonio contra los abusos.

La nueva ley rechaza deliberadamente la visión individualista del matrimonio como una especie de contrato influido por los intereses personales de los contrayentes. Del mismo modo, también se aleja de la visión religiosa que deriva la santidad del matrimonio de los vínculos religiosos. En su lugar, la nueva ley prescribe la santidad y dignidad del matrimonio que, como célula de la vida comunitaria y corazón de la familia, asegura la continuidad de la vida nacional y crea las condiciones para una educación sana y rigurosa de la prole.

Todas las SS deben conocer las disposiciones más importantes de esta ley.

Deben presentarse en pocos puntos.

I.

1. El matrimonio sólo puede celebrarlo un funcionario del registro civil. En Austria, hasta ahora solo bastaba con la bendición nupcial.

2. A priori, un matrimonio puede considerarse nulo, es decir, como si nunca se hubiera celebrado. Es nulo en los casos previstos en las Leyes de Nuremberg y en la Ley de Salud Matrimonial.

Además, también es:

- cuando no haya tenido lugar en la forma prescrita ante el registrador,
- cuando uno de los cónyuges era incapaz de celebrar un contrato o de ejercer su libre juicio,
- cuando un matrimonio se celebra sin el motivo de vivir juntos,
- cuando uno de los cónyuges ya estaba casado,

- cuando estaba prohibida debido a una relación demasiado estrecha o como resultado de un adulterio.

II.

1. El hijo de un matrimonio considerado nulo en virtud de las leyes de salud matrimonial de Nuremberg es ilegítimo.

2. Se considera legítimo al hijo de un matrimonio nulo por otros motivos mencionados. Tales hijos no sufrirán las faltas de los padres.

III.

En el pasado, un matrimonio podía impugnarse en determinados casos. Si se declaraba nulo, se consideraba a priori que nunca había tenido lugar. Esto se ha suprimido. El matrimonio puede "anularse" en determinados casos. Se rompe entonces por la autoridad judicial.

Los motivos de la cancelación son los siguientes:

- Falta de consentimiento del representante legal,
- matrimonio infundado,
- mal estado físico relativo a la persona del otro cónyuge (por ejemplo, infertilidad en el momento de la celebración del matrimonio),
- engaños o amenazas de diversa gravedad.

Los motivos de anulación corresponden a las antiguas cláusulas de litigio.

IV.

Un matrimonio puede "romperse":

- cuando uno de los cónyuges ha dejado de convivir,
- cuando un cónyuge se niega sin motivo justificado a procrear o a aceptar descendencia.
- cuando uno de los cónyuges ha perturbado tan profundamente la armonía del matrimonio violando los deberes conyugales que no existe esperanza razonable de volver a la vida en común,
- cuando el otro cónyuge está alienado,
- cuando el otro cónyuge padezca una enfermedad altamente contagiosa o repulsiva,
- cuando el otro cónyuge ha quedado prematuramente estéril tras la unión. (Sin embargo, en este caso, el divorcio se evita cuando los cónyuges tienen descendencia legítima o un hijo adoptado y hereditariamente sano).

En el caso de matrimonios totalmente destruidos en los que los cónyuges han vivido frecuentemente separados durante años y no han podido divorciarse hasta ahora, la nueva ley establece que cualquiera de los cónyuges puede solicitar el divorcio si la vida en común ha cesado durante tres años y no puede restablecerse.

V.
Respecto a la cuestión del deber de socorro.

Una nueva liquidación correspondiente a las concepciones modernas ya no puede tener en cuenta el nivel de vida del beneficiario. Debe determinarse por el importe que se considere adecuado al nivel de vida de ambos cónyuges.

VI.
El destino del niño después del divorcio.

Dado que el Estado nacionalsocialista se preocupaba especialmente por la protección de los jóvenes, la cuestión de a quién debía confiarse el niño dependía sobre todo de la capacidad de los padres para darle una educación adecuada. En este caso, lo decisivo no era la culpa de los padres, sino el bien del niño.

VII.

En Austria, la situación era especialmente desagradable. Un matrimonio entre católicos no podía anularse. En el pasado, las autoridades administrativas austriacas concedían la llamada dispensa en tales casos. Si el cónyuge afectado contraía después un nuevo matrimonio con dispensa, tenía que declarar que éste no era reconocido por los tribunales. Los hijos de este segundo matrimonio eran, por tanto, ilegítimos. La nueva ley elimina esta terrible confusión.

Un matrimonio inválido según las antiguas leyes puede considerarse válido siempre que los cónyuges siguieran viviendo juntos el 1 de abril de 1938. Los "matrimonios dispensatorios" también son válidos desde el principio si los cónyuges vivían juntos el 1 de abril de 1938.

La nueva ley entró en vigor el 1 de agosto de 1938.

SS-Ostuf. Dr. Schmidt-Klevenow

EL PATRÓN DE CELEBRACIONES A LO LARGO DEL AÑO Y EN LA VIDA DE LA FAMILIA SS.

MATRIMONIO Y ADMISIÓN DE MUJERES EN LA COMUNIDAD DEL CLAN SS

El matrimonio o el compromiso se celebran en el Registro Civil. Hasta el comienzo del Segundo Reich, el matrimonio religioso era la única forma de matrimonio que, posteriormente, cuando la ley de Bismarck de 1875 encomendó al Estado la legislación matrimonial, la mayoría de la gente consideraba indispensable, de hecho la ceremonia más importante con diferencia. Esta opinión se veía respaldada por el hecho de que las autoridades consideraban el matrimonio como un asunto oficial en las zonas pobres.

El Tercer Reich adoptó una postura diferente respecto al matrimonio. A diferencia del antiguo régimen y de la Iglesia, las personas que deseaban casarse debían demostrar que cumplían todos los requisitos para la unión y que gozaban de buena salud hereditaria. El Estado se ocupa de las familias, se ocupa de ellas, remedia las dificultades materiales en la medida de lo posible y da siempre prioridad a la importancia de la familia. En el futuro, la forma civil del matrimonio también deberá tener en cuenta esta importancia. Algunos municipios ponen a disposición de los novios una sala especialmente bonita. Los empleados celebran la ceremonia nupcial de forma digna y solemne. Para ello existen los decretos necesarios del Ministerio del Interior del Reich. Recientemente, se ha aplicado una orden del Reich que otorga a las oficinas de registro el estatus de oficinas de clan y prevé la vestimenta oficial de los funcionarios. Es posible que a menudo falte la instrucción necesaria para aplicar estos decretos.

En estos casos, el Jefe de Puesto, el Jefe de Clan, el Jefe de Unidad o el Jefe de Formación podrán intervenir de forma cualificada para realizar el compromiso SS. Debe garantizarse que el intercambio de anillos durante la ceremonia se realice de mutuo acuerdo.

El matrimonio en el marco del estado civil confiere al hombre y a la mujer la condición de pareja. Debe prohibirse una ceremonia de la SS en la que se realice una especie de "bendición matrimonial" con un juego de preguntas y respuestas, altares falsos, entrega de puñales, jofainas en llamas e imitaciones similares del ritual cristiano.

Aun así, los hombres SS debemos proceder a la admisión de la mujer en la comunidad del clan SS. Es preferible recibirla durante el banquete nupcial o, mejor aún, antes de que comience.

Ya se ha mencionado la importancia del banquete en la ceremonia del nombre, así como en las ceremonias de admisión del niño en el Jungvolk, etc. El banquete es una costumbre muy antigua, indisolublemente ligada a la celebración familiar. Por lo tanto, hay que prestar especial atención a la preparación y ejecución del banquete nupcial. El banquete debe poder celebrarse, ¡aunque los medios sean modestos! La sala en la que se celebre deberá elegirse en función de las condiciones respectivas. Sin embargo, si es posible, debe ser en la propia casa, si no, en una posada. La mesa debe estar solemnemente puesta y decorada con flores o ramas verdes de abeto. Se puede hacer hincapié en la decoración de los asientos de la pareja. El jefe de unidad o un camarada especialmente cercano a la pareja que recibe a la mujer en la comunidad SS se sienta frente a la pareja. Se dirige a los recién casados antes de que comience la comida o durante la misma, entre plato y plato. En su discurso, debe hacer hincapié en el valor del matrimonio para la preservación del pueblo y de la comunidad del clan SS. Debe hablar del lema "Mi honor se llama fidelidad", que también es imperativo para las mujeres, ya que ahora están sujetas a las leyes de la SS. También debe hacer hincapié en que el hombre y la mujer SS, que deben ser fieles el uno al otro, son miembros valiosos de nuestra comunidad y siempre estarán seguros dentro de ella. El orador da la bienvenida a la mujer al clan SS y le advierte solemnemente que piense siempre en su alta misión como mujer y futura madre, respetando las leyes SS y viviendo de acuerdo con ellas. A continuación, se entrega un regalo relacionado con el matrimonio o con la esposa y madre, en consonancia con esta bienvenida. A este respecto, se recomienda un libro especialmente bien elegido con una dedicatoria o ilustración. También existe la hermosa costumbre de presentar un plato de madera con sal y pan y dos tazas de porcelana o barro. Este regalo simboliza el estilo de vida sencillo que nunca debemos olvidar.

Las palabras del orador deben concluir con un "Sieg Heil" al Führer y a la joven pareja.

El resto de la comida debe transcurrir con buen humor. Si existe la posibilidad de bailar, hay que hacerlo.

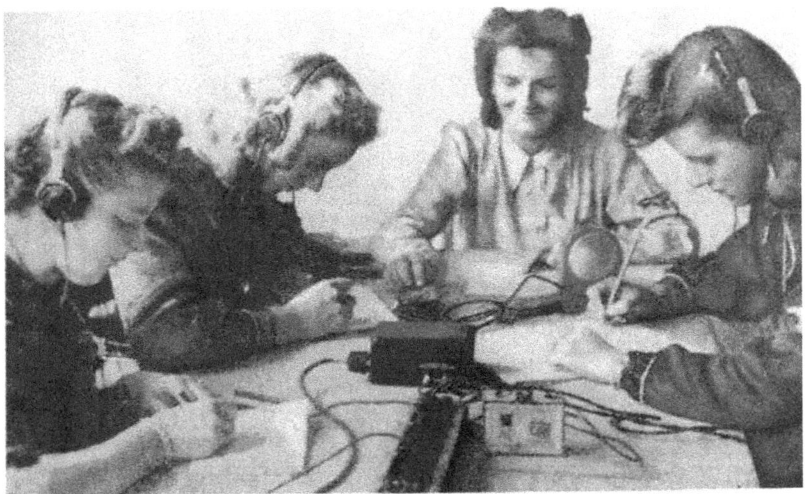

Las SS, una "orden de clanes", admitían mujeres en sus filas. Arriba, voluntarios reciben clases de código Morse.

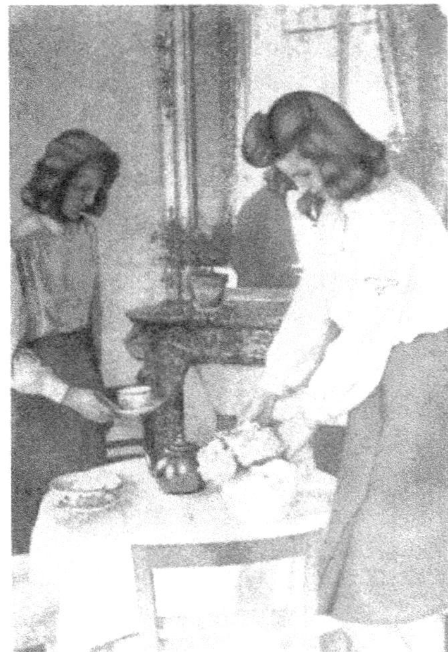

A la izquierda, lo mejor del día. A la derecha, un pin destinado a cada madre de un primer hijo de una familia SS.

Un raro ejemplo de "ceremonia de nombramiento" en los años 1936-37.

El traje de la novia debe ser solemne. Sin embargo, deben evitarse las coronas y velos nupciales, ya que son ornamentos orientales. Aparte de la forma descrita, la admisión de la mujer en la comunidad del clan SS es comparable a la celebración del matrimonio por el registro civil, pero en forma de ceremonia íntima. La habitación debe elegirse con especial cuidado. Si no hay una sala adecuada en el departamento local de las SS, la sección femenina, las Hitlerjugend o la administración municipal ayudarán. La celebración de la ceremonia requiere una cuidadosa preparación. Sobre todo, requiere un ambiente musical. Si los miembros de una unidad de música de las SS o de los círculos de camaradas de las SS no pueden hacerlo, las Hitlerjugend, la BDM, la sección femenina u otros pueden ayudar. Un prólogo, un poema o una pieza de prosa, unas palabras del Führer o del Reichsführer deben servir de introducción al discurso pronunciado por el camarada SS. Las palabras del camarada SS deben seguir el hilo de las ideas mencionadas anteriormente. Dado que en esta ceremonia se amplía el círculo de camaradas SS, al final debe cantarse la canción de la lealtad. La decoración de la sala debe ser sencilla. En el fondo, la bandera con las runas de la victoria; además, una decoración floral está en orden, pero sin palmas ni laurel sino con roble, abeto verde, acebo y hiedra. Deben preverse sillas para los novios y la mayoría de los participantes. Añadamos una vez más a modo de conclusión: Cuanto más sepa el camarada que acoge a la mujer en la comunidad de los clanes SS sobre los futuros esposos, más capaz será de hablar con convicción. Por esta razón, la intervención de un jefe de unidad o incluso de un oficial superior sería un gran error, porque este último pronunciaría sobre todo un discurso general, mientras que el camarada adaptará sus palabras a la evolución sentimental que seguirá la joven pareja en el futuro, y quizás también a sus posibles conflictos. Esta es la primera condición en nuestra comunidad.

> *No hay mayor nobleza para una mujer que ser la madre de los hijos e hijas de un pueblo. Toda esta juventud que vemos hoy, tan hermosa, por los caminos, los rostros radiantes, los ojos chispeantes, ¿dónde estaría si no hubiera habido mujeres que le dieran vida?*

Adolf Hitler
(Discurso del Führer en el Congreso de Mujeres, Parteitag de 1935).

"Con una espada y con un corte, Gunther d'Alquen. 1937.

Unas palabras sobre el divorcio

Todos los códigos civiles han tenido siempre que hacer frente a una de las cuestiones más controvertidas en presencia del divorcio. Hasta ahora, las oposiciones ideológicas dentro de los parlamentos siempre encontraban una solución homogénea. Sólo se encontraban soluciones justificadas cuando un Estado o un movimiento seguía una ideología clara.

Así pues, la Iglesia católica apoya el punto de vista de la indisolubilidad del matrimonio basándose en que fue contraído por Dios. Esto nos obliga a tomar posición sobre esta cosmovisión en el contexto de estas aplicaciones. Además, nuestra posición es suficientemente clara. Pero constatamos enseguida que la actitud de la Iglesia católica sobre este punto no ha sido siempre simple y uniforme. El desarrollo del derecho matrimonial religioso en los tiempos modernos muestra más bien una tendencia en esta dirección.

El liberalismo, en cambio, tiene una visión completamente opuesta del matrimonio, como nos enseña el ejemplo de la Rusia soviética. Lo considera un contrato jurídico privado que puede rescindirse en cualquier momento. Esta rescisión requiere incluso sólo la petición de uno de los cónyuges.

Esta interpretación también debe rechazarse, ya que se basa en un malentendido y en el desprecio del valor de la familia.

Nuestra posición debe inspirarse directamente en el *Mein Kampf* de Adolf Hitler. El Führer definió por primera vez que el matrimonio no es solo un estado: es una misión.

La Comisión de Derecho de Familia de la Academia de Derecho alemán también adopta este punto de vista cuando ofrece actualmente una definición jurídica para una nueva ley de divorcio. Prevé la siguiente versión:

"Se considera matrimonio lo que conviene a la comunidad de personas, una comunidad de vida basada en la fidelidad, el amor y la estima mutuos. Las personas de distinto sexo, hereditariamente sanas, tienen por objeto salvaguardar y mantener el bien común mediante una estrecha cooperación y para la procreación de hijos hereditariamente sanos de la misma raza, con vistas a hacer de ellos verdaderos ciudadanos."

Está claro que el Estado nacionalsocialista, a pesar de la importancia que atribuye directamente al matrimonio, también debe dar permiso para la separación. Ha definido legalmente la prohibición de los matrimonios portadores de gérmenes de degeneración (por ejemplo, enfermedades hereditarias). Desde el principio, por tanto, ha impedido que las personas afectadas se divorcien tarde o temprano.

Pero a pesar de todas las medidas preventivas, siempre habrá matrimonios en los que las condiciones de convivencia se vean permanentemente alteradas. Esto se debe a la ignorancia de la naturaleza humana. Mientras no seamos capaces de comprender la naturaleza interior del hombre, de prever el futuro, nada cambiará.

Sin embargo, dado que el Estado nacionalsocialista concede gran importancia al matrimonio -sobre todo ante el peligro de desintegración de la familia y, por ende, de la comunidad-, también debe prever la posibilidad del divorcio. No podía limitarse a adoptar las fórmulas del Código Civil, sino que debía revisar esta ley de acuerdo con su visión del mundo.

Sobre todo, debemos volver a ser conscientes de la importancia de la dignidad.

Es un hecho que en todas las demandas de divorcio, las razones de peso llevan a una conclusión deseada a corto plazo. El adulterio es la razón más comúnmente aducida. Una estadística de 1933 nos dice que un tercio de todos los divorcios se basaban en este motivo. Por lo tanto, es fácil ver que muchos cónyuges tendían a utilizarlo como pretexto para obtener el divorcio. Sin embargo, esto no puede probarse, y aún se conocen casos en los que se ha inventado el adulterio para obtener el divorcio más rápidamente.

En general, sería deseable que, antes de contraer matrimonio, se tuvieran en cuenta las condiciones sentimentales previas y profilácticas, como la SS exige a sus hombres y mujeres. Pero no podemos evitar situaciones que existen: hay falsos matrimonios en los que los cónyuges viven juntos. Simplemente se ven obligados a encontrar razones para divorciarse con el fin de escapar de esta situación que se ha vuelto totalmente insoportable para ellos y sin ningún valor para la comunidad. Aunque en nuestro caso prevalecen los elementos humanos, hay que encontrar una razón externa justificada. Según la ley vigente hoy en día, la separación también debe ser castigada.

No es necesario demostrar que tal procedimiento es incompatible con la actitud nacionalsocialista. Por ello, la Comisión de Derecho de Familia de la Academia Alemana de Derecho se ocupó de este punto con especial detalle cuando se creó el tribunal de divorcio. También examinó la propuesta del llamado "divorcio por consentimiento mutuo", es decir, un divorcio con el consentimiento mutuo de ambos cónyuges.

La cuestión aquí es si el divorcio debe considerarse únicamente sobre la base de que, aunque no pueda encontrarse ninguna razón para la separación, los dos cónyuges no tienen prácticamente nada en común desde el punto de vista moral y emocional. Por tanto, la separación está justificada.

Desde el punto de vista nacionalsocialista, un acuerdo así siempre sería preferible a utilizar el falso pretexto del adulterio o cualquier otro motivo.

La Comisión de Derecho de Familia tiene dos razones principales para oponerse al "divorcio de mutuo acuerdo". En primer lugar, muestra el peligro de decisiones precipitadas debidas a un enfado pasajero que pueden romper un matrimonio por lo demás perfectamente viable. Por otro lado, cree que puede socavar el respeto por el matrimonio debido a este consentimiento mutuo.

Tuvimos la oportunidad de pedir la opinión de un hombre práctico, un juez de Berlín. Nos dijo que aprueba plenamente una separación hecha a petición mutua. La objeción de una decisión precipitada puede superarse proponiendo un periodo específico de reflexión antes de tomarla -unos seis meses- para determinar si los dos cónyuges han actuado precipitadamente o si el matrimonio es realmente inviable.

El juez también señala que si ambas partes solicitan conjuntamente el divorcio es porque un problema insalvable está destruyendo el matrimonio. No deben buscarse las razones para ello.

Naturalmente, en estos casos, la intervención del juez no puede limitarse a recibir las propuestas de los dos cónyuges y pronunciarse sobre la validez de su divorcio, incluso tras un período de espera. Por el contrario, su tarea debe consistir en ser muy consciente de la fragilidad del matrimonio, comprendiendo la situación (en algunos casos, solicitando una consulta médica). A nadie se le escapa que una ley matrimonial redactada de este modo impone al juez una mayor responsabilidad y le obliga a tener una actitud de naturaleza espiritual y moral más elevada que la de la legislación actual.

No nos parece suficientemente válido el pretexto de que la consideración del matrimonio podría verse afectada por una normativa de este tipo, sobre todo si se tiene en cuenta la mentalidad alemana en relación con otros pueblos.

Esos temores eran bastante legítimos en los años de posguerra. Pero hoy en día, los matrimonios se celebran en condiciones completamente diferentes. Un hombre que observa la concepción nacionalsocialista no concluirá sin duda un matrimonio tan rápidamente porque sabe que la ley de divorcio le permite una separación adecuada. Si un nacionalsocialista se casa hoy, es plenamente consciente de su responsabilidad, pero no puede decirse que esto vaya a ser así dentro de veinte o treinta años para todos los alemanes.

La observación de que algunos individuos son superficiales o ligeros de carácter (siempre los habrá en una comunidad popular) no nos parece válida, pues las leyes no están hechas para una minoría numéricamente insignificante, y estos grupos serían capaces de experimentar una "unión libre" que no les imponga los deberes obligatorios de una vida conyugal.

Adolf Hitler dijo que la lucha no terminó en 1933. ¡El nacionalsocialismo es una doctrina de educación nacional, y por lo tanto una educación en sí misma, que enseña la adaptación, la consideración y la ayuda mutua, que, de generación en generación, eleva y vivifica la comunidad del futuro!

Ciertamente creemos que cuanto más impregne la idea nacionalsocialista la naturaleza interior de nuestro pueblo, menos casos de divorcio habrá. Así que no debemos temer un ataque al respeto del matrimonio.

Sin embargo, siempre habrá casos de divorcio que ninguna medida educativa podrá evitar; no son previsibles, como se ha dicho, y no implican una noción de culpabilidad. Por lo tanto, debe ser posible prevenir estos pseudomatrimonios sin recurrir a pretextos más o menos válidos, sobre todo porque hasta ahora la persona pobre siempre ha estado en desventaja frente a la rica, ya que la intervención de especialistas suele ser bastante cara.

En última instancia, el propio Estado no puede encontrar ningún interés en que esos matrimonios sigan existiendo. Al contrario, debería proceder directamente a la anulación de un matrimonio que suele ser estéril, y dar así a ambos cónyuges la oportunidad de conocer a otra pareja de una forma armoniosa que sirva a los intereses del Estado. En estos casos, siempre existe la posibilidad de nuevos matrimonios felices.

Sin embargo, la cuestión se complica cuando se trata de los hijos. El juez interrogado insiste siempre en la influencia nefasta que tiene un divorcio en el desarrollo de los hijos. El peligro de una educación exclusiva para el crecimiento psicológico de los hijos es extraordinariamente mayor durante una separación. Además, el juez citó muchos casos en los que los hijos influyeron directamente en el matrimonio. Los padres se ven finalmente obligados a llevarse bien gracias a ellos.

En muchos casos -como también señaló el profesional- influirán diversas relaciones personales. Por supuesto, no podemos olvidar los fracasos y no pensar en esos desafortunados niños que han crecido en un hogar donde, desde su más tierna infancia, han sufrido esta infeliz unión. Podemos imaginar que en muchos casos la separación sería deseable en interés del niño. Aquí no puede haber una norma, pero sólo podemos insistir en que el Estado nunca pida demasiado al juez en términos de cualidades humanas, ya sea en términos de carácter o de conocimientos.

Por principio, no queremos apoyar la idea de una separación más fácil, porque el ejemplo de la Unión Soviética nos ha demostrado a lo que puede conducir este tipo de situaciones. Por el contrario, somos de la opinión de que la gran importancia del matrimonio en el Estado nacionalsocialista lleva a limitar las posibilidades de divorcio, siempre que lo motiven razones egoístas o la cobardía ante los deberes.

Pero si un matrimonio no puede realizarse en el espíritu nacionalsocialista, debemos ser lo suficientemente abiertos y honestos para seguir un camino que nos permita encontrar una solución.

"CON UNA ESPADA Y CON UN CORTE, GUNTHER D'ALQUEN. 1937.

EL HIJO ILEGÍTIMO

En algunos círculos, los hijos ilegítimos siguen considerándose con demasiada facilidad un "faux pas". Evidentemente, no podemos estar de acuerdo con esto. Son sobre todo los círculos clericales los que pronuncian juicios censuradores sobre los "pecadores" con un tono de convicción. Naturalmente, basan sus juicios en la doctrina del más allá, que considera el cuerpo como algo pecaminoso en principio. En las regiones católicas, es bien sabido hasta qué punto las costumbres y tradiciones contradicen una visión tan estrecha de miras.

En general, un campesino no se alegra ni mucho menos cuando su hija soltera anuncia la llegada de un hijo, algo que causa una sorpresa muy legítima en la familia; sin embargo, en las zonas rurales, una sana mentalidad hace que, en la mayoría de los casos, este tipo de cosas se resuelvan mucho más rápidamente que en las ciudades, por ejemplo. En varios valles del Tirol, esto llega hasta el punto de que las chicas que no tienen hijos ilegítimos tienen dificultades para encontrar pretendiente, ya que se supone que son víctimas de la esterilidad.

En la ciudad, las cosas son mucho más complicadas... No reseñaremos aquí todos los casos en que madres de bajo nivel -a menudo borrachas-, prostitutas, ninfómanas y similares, comercian con hombres y dan a luz frutos que acaban en asilos; esto atestigua a favor de la necesidad de la higiene racial. El peligro para la posteridad de este tipo de relaciones sexuales, aunque sean legítimas, es, pues, mucho mayor para el bien del pueblo en general. Nadie se atreverá a equiparar los angustiosos productos de tales matrimonios con hijos sanos pero ilegítimos.

Esto lleva a la conclusión de que, en un plano puramente biológico y hereditario, los hijos de un matrimonio legalmente celebrado no pueden considerarse superiores a los hijos ilegítimos.

No sólo el hijo ilegítimo es despreciado por más de una clase; es sobre todo la madre ilegítima la víctima de la repugnancia del hombre corriente de mente estrecha. Esas mujeres que profesan sus relaciones ilegítimas y aquellas otras en las que OR supone lo mismo nunca se quedan embarazadas porque tienen la técnica y la experiencia para evitarlo. Este tipo de mujeres no tienen derecho a ser consideradas más valiosas por no tener hijos que una mujer joven que da a luz a un niño, tal vez como resultado de un amor genuino y de la ignorancia de "diversos medios".

El problema de las grandes ciudades es especialmente evidente, con cientos de miles de personas viviendo en espacios reducidos.

La cuestión de los nacimientos ilegítimos es ante todo un problema social. Como nos enseña la historia del pasado, no todos los sistemas políticos tuvieron la posibilidad de resolver el problema social, por lo que el nacionalsocialismo también tuvo la tarea de dar al hijo ilegítimo el lugar que le correspondía en la comunidad popular sin devaluar el matrimonio.

Hasta ahora, no todas las reformas sociales han conseguido unir a las "clases" en una comunidad; al contrario, antes de 1933, los socialistas y demócratas se aprovecharon de la creación de antagonismos extremos entre las clases sociales. El término "déclassé", que se aplica al hijo ilegítimo, también procede de esta época.

Esta situación intolerable no puede mantenerse en la comunidad de nuestro pueblo; pues la existencia futura del pueblo es lo más importante, y a pesar del actual aumento de los nacimientos, no es seguro que podamos prescindir de los hijos ilegítimos en número.

No abogamos por las relaciones ilegítimas y sus consecuencias; pero es cierto que con la elevación de la posición social del hijo ilegítimo se ha dado un paso muy grande para limitar los numerosos delitos cometidos contra las normas relativas al aborto, que hacían que el pueblo ganara con los nacimientos y se redujera el número de casos de enfermedades femeninas.

A menudo se acusa a los hijos ilegítimos de desempeñar un papel considerable en las estadísticas policiales. En casi todos los casos, esto se debe a que las madres ilegítimas tienen una profesión y no pueden dedicarse, por razones materiales, a la crianza de sus hijos. Ahora la madre se dedica a su hijo Ni los padres de la mujer, ni los padres del hombre, ni el propio padre físico sustituyen a la madre. Incluso cuando los abuelos se ocupan del niño, en el 90% de los casos éste es mimado, consentido y, al final, sigue viendo a la madre como una mujer que no cede por razones pedagógicas y que, por tanto, es "estricta". La misma crítica se hace, con razón, a la ausencia del padre.

Se mire como se mire, no tenemos ningún derecho moral a negar el respeto al hijo ilegítimo y a la madre y a asignarles un papel secundario en la comunidad popular.

El objetivo de nuestros esfuerzos debe ser facilitar la celebración de matrimonios lo más ampliamente posible mediante ayudas económicas. La adopción es la segunda solución para educar al hijo ilegítimo y convertirlo en un miembro válido de la comunidad nacional. Pero esto sólo ocurrirá si la madre acepta libremente dejar a su hijo en buenas manos porque sabe que no puede educarlo ella misma.

FOLLETO Nº 2 DE LAS SS. 1938.

¿POR QUÉ HABLAMOS SIEMPRE DE "ÁRBOL GENEALÓGICO"?

El instructor entró en el despacho de la sección. Apenas soltó el pestillo de la puerta, el camarada más cercano se dirigió a él: "Franz, te he traído mi árbol genealógico, ¿quieres verlo?

El término "árbol genealógico" obsesiona al genealogista. Oye hablar de él a conocidos, en la calle, en su lugar de trabajo, a sus superiores y en su círculo de amigos. En pocos años se ha convertido en un concepto muy extendido en Alemania. Pero en la mayoría de los casos *no se utiliza correctamente*.

Probablemente, todos nuestros compañeros lo utilizan de esta forma inexacta cuando quieren aportar una prueba de su origen. La prueba de origen que se exige se lleva a cabo enumerando y enumerando a todos los ascendientes directos. Dado que el término "antepasados" también se utiliza para los ascendientes, el término incorrecto "árbol genealógico" debe interpretarse correctamente como "*certificado ancestral*". Este certificado, que incluye al solicitante, sus dos padres, los cuatro abuelos, etc., se representa en forma de cuadro recapitulativo, que se denomina "cuadro de ascendientes". *No tiene nada que ver* con el árbol genealógico.

Si el cuadro de antepasados es el del candidato, es decir, el procreador, entonces el árbol genealógico muestra los descendientes de un procreador concreto, el antepasado. El antepasado engendra hijos, éstos a su vez nietos y otros descendientes, a los que se suele llamar "linaje", ya que todos ellos transmiten el mismo nombre que el antepasado. Un "árbol genealógico" (empezando por el más antiguo en la parte inferior) muestra un linaje a lo largo de los siglos con todas sus ramas. Cuando imaginamos la disposición de los miembros de este linaje en forma de tabla precisa (empezando por el más antiguo en la parte superior), obtenemos el "árbol genealógico".

El cuadro de antepasados y el cuadro genealógico son tipos de representación de dos tipos diferentes de consideración genealógica, a los que más tarde se añadió el cuadro de parientes y descendientes. El "árbol genealógico" no es más que una "carta genealógica" invertida que, sin embargo, está concebida y diseñada con un fuerte énfasis en la estética.

¿Por qué es precisamente el "árbol genealógico" el que se refiere (erróneamente) a tantas representaciones genealógicas diferentes en boca de todas las personas? Quizá un breve estudio de su historia pueda ayudarnos a explicar este hecho.

Algunos viejos "genealogistas" han planteado la cuestión de si el árbol genealógico es de origen "alemán", "católico romano" u "oriental". Esta pregunta va al meollo de la cuestión tal como la vemos en términos de la consideración racial de la historia. Preguntémonos primero dónde apareció por primera vez en forma de representación de las relaciones genealógicas. La respuesta a esta pregunta se encuentra en los primeros ejemplos de "árboles genealógicos" en manuscritos centroeuropeos de los siglos XI y XII. Estas miniaturas -dibujos a pluma y tinta o pinturas- tienen distintos contenidos genealógicos, inicialmente en forma de esbozo de un árbol genealógico, que se irá desarrollando hasta convertirse en un árbol.

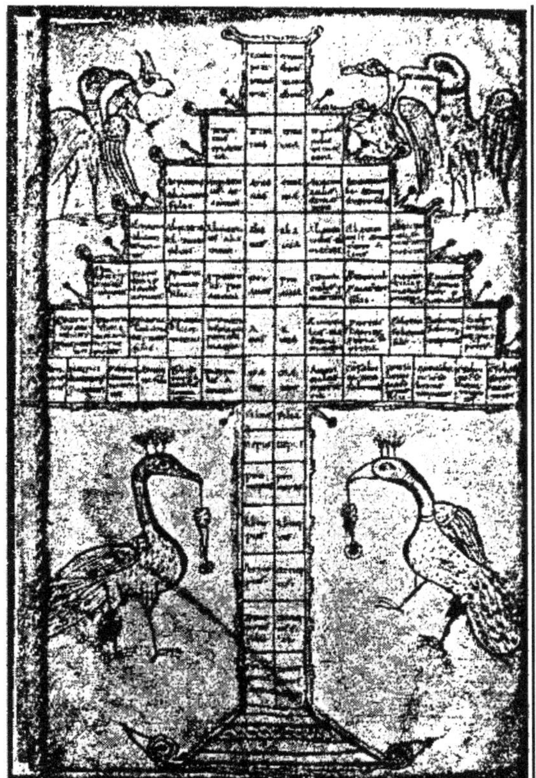

Tabla de endogamia
Módena, biblioteca eclesiástica. I, 17.

La mayoría de estos "árboles" no son árboles genealógicos en el verdadero sentido de la palabra, es decir, representaciones figurativas de linajes históricamente definidos con detalles para cada rama. Se trata, en su mayoría, de "tablas de consanguinidad" avanzadas, es decir, vistas generales secas y esquemáticas elaboradas por juristas católicos romanos para cuestiones de derecho sucesorio y matrimonial. La figura I muestra una de estas tablas de consanguinidad, es decir, una "visión general del parentesco biológico" procedente de un manuscrito del siglo IX de Módena, en el norte de Italia. El diagrama va del centro hacia abajo: hijos, tíos, tíos abuelos, etc.; con todos los parientes en línea colateral por el lado paterno y materno. De este modo se puede determinar el grado de parentesco.

Aun así, este dibujo no se ajusta al espíritu de un "árbol genealógico" con el miembro más antiguo de la línea en la parte inferior; sin embargo, podemos imaginar fácilmente que de este boceto ha surgido un magnífico árbol, como se muestra en la figura 2.

Vemos que la misma tradición influye en esta evolución de la representación de los "árboles", del mismo modo que también vemos su influencia en la denominación actual de las diversas tablas y formularios genealógicos como "árboles genealógicos".

Aparte de estos árboles "falsos", existen también -a partir de 1100 aproximadamente- árboles que se ajustan al concepto actual de árbol genealógico. Como excelente ejemplo, podemos señalar el árbol genealógico de la antigua casa de Guelph, que, aunque todavía algo confuso, es sin embargo un árbol digno de ese nombre. Este dibujo es el arquetipo de todos los árboles genealógicos posteriores. La mayoría de los árboles genealógicos de esta época representan la línea de Isaías, cuyo miembro más famoso fue Jesucristo de Nazaret. Las diversas representaciones de la "Rama de Isaías" explicaban a las tribus alemanas de la época, apenas cristianizadas, que Cristo, el fundador religioso, procedía de una antigua y famosa estirpe a la que pertenecían reyes, profetas, etc. Estos esfuerzos por demostrar que el nuevo dios es una persona de sangre pura recuerdan a las historias de "Heliand" (salvador) que intentaban que los pueblos germánicos, aparentemente poco entusiastas, aceptaran a Cristo como rey alemán. Un ejemplo es un manuscrito de Salzburgo (hacia 1130) sobre la "Rama de Isaías".

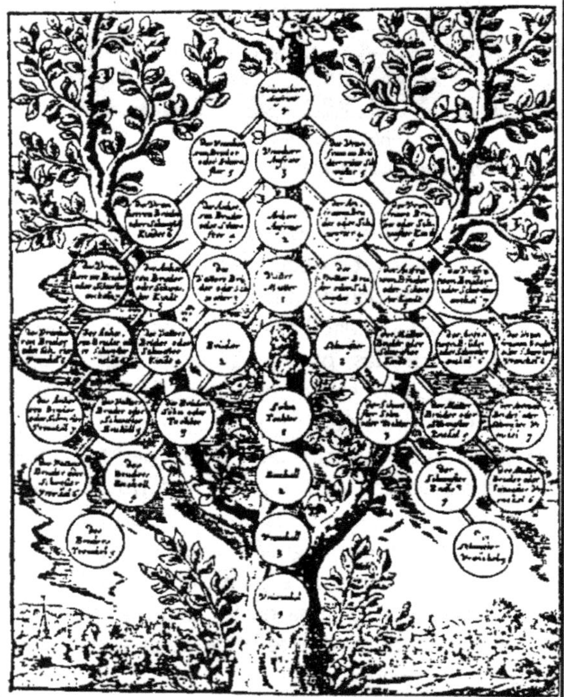

Árbol genealógico a partir de las disposiciones legales de Jül-Berg.

Düsseldorf 1696.

La "Rama de Isaías" y los pocos árboles conservados del siglo XII son auténticos árboles genealógicos en el verdadero sentido de la palabra; sin embargo, la tabla de consanguinidad ya mencionada demuestra que la representación gráfica del árbol refleja también otras relaciones de este tipo. Ya en el siglo XII se representan diversos conceptos en forma de árbol, cuyo contenido es completamente distinto y sólo se le aproxima en cuanto al parentesco. Sin embargo, la forma del árbol no se adapta en absoluto a la naturaleza de estas representaciones. De hecho, a menudo es completamente contraria a ellas. Por ello, Alemania y sus países vecinos han tenido una preferencia particular por el árbol que simboliza grados de parentesco. Esta preferencia, que marca el antiguo pasado germánico, implica un considerable trabajo de investigación que, como en otros campos, se ve agravado por la ausencia de fuentes que, en su mayoría, han desaparecido. La forma de expresión perfectamente reconocible que expresa ciertos grados de linaje, simbolizada por la imagen del árbol, llama directamente nuestra atención sobre la importancia que éste tenía para los germanos, lo que también revelan otros testimonios. La popularidad del término "árbol genealógico" sigue viva hoy en día, debido a la conciencia general de la importancia de estas relaciones biológicas.

La rama de Isaías. Antifonario de San Pedro, Salzburgo, folio383, de la publicación de Lind, Viena 1870, tabla 18.

CUADERNO SS NO. 5. 1944.

CÓMO NACIÓ MI LIBRO DE FAMILIA

Recuerdo los años que pasé haciendo mi libro de familia. Cuando empecé, todavía estaba en la escuela. Fue en plena Primera Guerra Mundial. Tal vez un viejo campesino, afilando su pluma de ave, rellenó con torpe caligrafía un viejo folio de piel de cerdo que había heredado, y así dio origen a un libro escrito en forma de crónica. Pasaron veinticinco años hasta que adquirí este libro. Menciono esto para mostrar que un libro de familia, una crónica familiar, es un proceso lento, que no puede crearse de repente y que cada vez tendrá un aspecto diferente. No hay dos crónicas familiares iguales, y si esbozo la estructura de este libro, es sólo un plan de trabajo, una presentación de cómo nació mi libro de familia.

Al principio de todo libro de familia está el libro de antepasados. Proporciona un marco de nombres y fechas, además de algunos datos profesionales. A continuación, hay que dar vida a este marco.

Una persona empezará a recopilar títulos, textos y cartas, complementados con retratos. Otra creará un conjunto de fichas de antepasados, añadiendo regularmente todo lo que pueda ir aprendiendo sobre sus antepasados. Un tercero escribirá un libro y anotará los resultados de sus investigaciones en un batiburrillo. Otros tendrán un enfoque diferente, pero todos tienen el mismo objetivo: conservar lo que encuentran y transmitirlo a sus hijos y nietos. Muchos lectores de estas líneas ya habrán optado por uno u otro de estos métodos.

En cuanto al nacimiento de mi libro de familia, tengo que admitir que ya no recuerdo el pasado, sino sólo la historia de mi familia. Veía -inconscientemente al principio, pero cada vez con mayor claridad- a la familia sólo como una rama de la nación, y mi aspiración era *reflejar al pueblo a través de la historia familiar.* Si hubiera podido prever las dificultades que representaba esta tarea, no sé si habría tenido el valor de emprenderla.

Como habría hecho cualquier otra persona, empecé por recopilar las fechas y los nombres más sencillos. Pero también intenté seguir las huellas de las tradiciones orales del pasado que habían llegado hasta mí, y fui de sorpresa en sorpresa; sin duda, estos primeros resultados alentaron mi motivación. Pero nadie debe desanimarse si aún no encuentra nada; a menudo se necesita tiempo para conseguirlos, y entonces fluyen con mayor abundancia.

Me interesé primero por la rama paterna y luego por la materna de los nombres. Luego rellené las lagunas. Recopilé todas las cartas que pude encontrar, escribí historias y anécdotas (molestando a más de un anciano del círculo familiar con mis peticiones). Poco a poco todo fue creciendo y tomando forma. En los archivos aparecieron antiguos registros administrativos, toda clase de detalles de los registros parroquiales revelaron rasgos personales. Visité los lugares donde habían vivido los antepasados, las iglesias en las que habían rezado, las granjas que habían poseído; tomé fotografías de todos estos lugares. En el cementerio de un pequeño pueblo encontré seis lápidas con inscripciones casi ilegibles; pero cerca de ellas crecían los tilos más hermosos que jamás había visto, y como era junio florecían sin cesar, envueltos en la exhalación fragante y el zumbido de las abejas en una maravillosa parábola de que la vida es más fuerte que lo perecedero. Y así pasaron los años. Los cajones de mi escritorio se llenaron de material. Apenas podía hacerme una idea general de la investigación que siempre me aportaba nueva información (la investigación genealógica, como sabemos, nunca termina). Pero aún me faltaba la *forma* que circunscribiera esa sustancia.

¿Quién no ha oído hablar alguna vez de las antiguas crónicas familiares transmitidas de generación en generación? Primero tuve que reescribir una crónica de todas las experiencias vividas por los antepasados, y dejar la posibilidad de añadirle constantemente nuevos detalles. Esta fue la mayor dificultad: una crónica nunca está acabada. Siempre hay algún acontecimiento que se produce, ya sea porque alguien quiere dar su testimonio o porque más tarde hijos y nietos quieren hacerlo. Para mí fue más difícil encontrar la solución adecuada que hacer toda esta investigación durante esos largos años.

Luego les expliqué por qué quería escribir esta crónica. Quería dar a conocer a mis hijos sus antepasados y su país, la patria y su vida. Y de repente supe lo que tenía que hacer: *tenía que hacerlo sencillo.*

Así que empecé. Pero, ¿por dónde empezar? Pensando en las viejas sagas, empecé por los tiempos antiguos. Empecé a contar la historia del derrumbamiento de los gigantes de hielo y la aparición del país, surgido de las brillantes aguas de los mares del Norte y Báltico. Describí las olas de los glaciares engullidas por los valles y el nacimiento de una hermosa parcela de tierra en medio de todo: la patria de los antepasados. Evocaba la prehistoria hasta la aparición de estos últimos. El país y sus gentes cobraron vida a través de sus cuentos y leyendas, que yo relataba. Los relatos llenos de detalles sobre antepasados o grupos de antepasados concretos terminaban siempre con ilustraciones de la patria, como: "Mi padre habla de Peter Pück", o "La abuela J. y la historia de los mil táleros", o "La vieja casa y la puerta del diablo de St Marien". Y en la portada puse estas palabras:

Libro de la casa y antepasados de los niños Metelmann
Relatos y retratos de la vida de sus antepasados, acompañados de nuevos cuentos y leyendas de la patria.

Para que su padre se lo lea en voz alta a su madre

Ya había encontrado la forma. Lo que *faltaba era el aspecto exterior* definitivo. Pero eso era lo lógico: Me hice una carpeta con las hojas escritas con esmero, los retratos cuidadosamente pegados y, por último, un árbol genealógico resumido en forma de lista. Las páginas no están numeradas para poder insertar otros capítulos o nuevas historias. El conjunto es perfecto y hermoso. Verlo y leerlo es una alegría para todos. Hace dos años, el "Libro del Hogar y de los Antepasados" yacía bajo el árbol de Navidad: no podemos contar el número de veces que se ha dado a leer a los niños. Y si Dios quiere, muchas generaciones seguirán teniendo la alegría de hojearlo e incluso de escribir en él sus vidas y las de sus familias, manteniéndose así fieles al espíritu de nuestra gran patria alemana.

CUADERNO SS Nº 7. 1944.

¿CÓMO DEBE LLAMARSE NUESTRO HIJO?

Ya semanas antes del nacimiento de un hijo o una hija, los padres se preocupan por los nombres que deben ponerles. Hasta ahora, la tarea de elegir un nombre se tomaba tan a la ligera que la futura madre consultaba un calendario cristiano y elegía algunos nombres de niño y niña que le gustaban. Se aseguró de que esos nombres estuvieran en uso en la zona y en la familia, y en la papeleta aparecieron los siguientes: Fritz, Hans, Klaus, Karl-Heinz, Peter para niño y Ursel, Gisela, Annemarie, Bärbel o Gerda para niña. Después consultaría con el padre. Él volvía a mirar el calendario y añadía su elección, y luego se ponían de acuerdo en dos o tres nombres en función de las características, el color de pelo de los hijos esperados o el "look" familiar. Los nombres restantes no se descartaban, sólo se mantenían en reserva.

En efecto, los padres pensaron en ello y, sin embargo, pensaron poco. No sabían que todos los nombres de pila tienen un origen histórico y un significado particular.

En el archivo materno del que hablamos, hay algunos nombres de uso común, pero todos tienen significados diferentes. Fritz es una forma abreviada de Frederick, un antiguo nombre alemán, y se forma a partir de dos sílabas germánicas "frid" y "richi". Frid está relacionado con "froh" (alegre) y "frei" (libre). "Fro" es la antigua designación del hombre libre, el señor; "Frowe" significaba la mujer libre, la gobernante. "Frederick" es un hombre rico en poder pacificador. El hecho de que nuestros antepasados crearan nombres tan magníficos en la época precristiana demuestra que tenían una gran ética natural.

Cuando nuestros padres decidieron conscientemente dar a un hijo el nombre de Federico, le estaban dando un nombre: un nombre cargado de significado, un nombre que distinguiría un espíritu particular, una cualidad particular que seguiría al niño. Ernst Wasserzieher escribió en su pequeño libro *Hans y Grete:* "Desde la época de los Hohenstaufen, el nombre de Federico ha sido extraordinariamente popular debido al recuerdo de las figuras legendarias de Federico Barbarroja y Federico II, y ha revivido desde Federico el Grande, el Viejo Fritz.

Pero cuando hoy se da el nombre alemán Fritz, no pensamos en su origen y significado, como hacemos con el nombre Hans y otros. Está claro que "Hans" no es más que una forma abreviada y "germanizada" del hebreo "John". Juan significa "Jehová es misericordioso". Todos los nombres bíblicos que empiezan por "I" y "Jo", como Jeremías, Joaquín, Job, Jonás, José, contienen los dos nombres de los dioses judíos Jehová y Jehová abreviados en estas sílabas. ¿De dónde viene Klaus? Klaus es la forma abreviada de Nicolás, cuyo origen no es germánico sino griego. ¿Karl-Heinz? Tanto Karl (Carlos) como Heinz (Enrique) son nombres alemanes muy antiguos. Charles caracteriza a un "Kerl" (individuo capaz), el hombre libre de clase no caballeresca, el campesino libre en su finca hereditaria. Henri procede de Hagenrich (el recinto rico), el señor de una finca rodeada de setos.

Pedro es un nombre cristiano muy utilizado y aún más frecuente en los coros. Pedro procede de Petrus, la roca, un nombre romano, que se añade al del apóstol Simón como primer papa.

El nombre hebreo Miguel parece ser especialmente común. Muchos ciudadanos creen que están llamando a su hijo como el arcángel "invenciblemente fuerte", dándole así un nombre especialmente moderno. Pero dar a los niños nombres extranjeros sólo puede ser perjudicial hoy en día, ya que crecen en una época en la que intentan encontrar sus orígenes y más tarde preguntarán a sus padres con dificultad: En 1944, once años después de la Revolución Nacionalsocialista, ¿cómo pudisteis seguir poniéndonos nombres judíos?

Expliquemos qué significan los cinco nombres elegidos por la madre: Úrsula es latín y significa "el pequeño oso". Este nombre se ha puesto de moda por su armonioso sonido. Bärbel, una forma dulce de Barbara, es de origen griego y significa "la extranjera" (la bárbara). Annemarie es judío en sus dos componentes. Hay tantos nombres germánicos bonitos que no hace falta demostrar nuestra ignorancia poniendo a las niñas de nuestro pueblo nombres así y cientos de apodos de moda como Mieke, Mia, Maja, Ria, Mimi, Miezl, Anke, Anne, Antpe, Annchen, etc. Lo mismo se aplica a los nombres de las niñas de nuestro país. Lo mismo ocurre con nombres orientales comunes como Margarete y sus formas abreviadas Marga y Grete.

Así, de diez nombres, nuestra madre eligió seis extranjeros, en su mayoría judíos, y sólo cuatro germánicos.

Después de haber criticado esta elección irresponsable, como las ha habido (y las habrá siempre), debemos presentar las siguientes características para elegir nombres que correspondan a nuestra raza y a nuestra especie:

1. Los nombres de pila o las formas consuetudinarias definen un tipo racial y nacional particular; expresan una esperanza y un deseo relacionados con el destino de las generaciones futuras. Expresan el conocimiento del valor del carácter, la conciencia de la identidad del clan, del pueblo y de Dios.

2. Es nuestro deber dar a nuestros hijos nombres característicos y acabar con la tradición que aún persiste aquí y allá de elegir nombres extranjeros.

3. Cada nombre tiene un origen étnico y un significado específicos. Principalmente diferenciamos entre germánicos del norte (Harald, Sigurd, Astrid, Thora), alemanes (Albert, Heinrich, Gertrud, Irmgard), romanos (Anton-ius; Martin-us, Pet(e)r-us, Agnes, Klara), griego (Georg, Eugen, Lydia, Monika) y judío (Jakob, Joachim, Johann, Joseph, Mathias, Michael, Thomas, Anna, Elisabeth, Eva, Edith, Gabriele, Magdalena, Martha, Maria, Suzanne).

4. El nombre de pila debe coincidir con todos los nombres de la patria de los padres. En Frisia se prefieren otros nombres que en Baviera. El nombre debe expresar la etnia. Por eso es importante averiguar qué significa el nombre antes de dárselo al niño. (La SS-Hauptamt ha publicado un número especial de "Nombres característicos". Círculos y profesores de diversas regiones facilitan información).

5. El nombre debe estar en armonía con el apellido para formar con él un todo orgánico. Pero esto no siempre es posible, ya que muchos apellidos tienen poco significado. La consonancia también desempeña un papel.

6. La costumbre de dar a los niños los nombres de pila de sus antepasados (abuelos y bisabuelos) es saludable. El nombre de pila es un deber ancestral para el hijo, heredero del antepasado. Cuando el padre y el hijo tienen el mismo nombre de pila, es fácil que haya confusión. Pero el hijo llevará con orgullo el nombre del padre fallecido. La elección de nombres de líneas colaterales expresa el deseo de una relación familiar clásica, mientras que los nombres de familia o clan expresan la relación consanguínea más estrecha, que se manifiesta en forma de comunidad homogénea. El primer nombre permite influir en el futuro y, por tanto, determinar cómo se desarrollará la herencia biológica. Esta es la mayor dificultad a la hora de elegir un nombre de pila. Ello implica el conocimiento de las características hereditarias del clan, lo que también puede permitir crear nuevos nombres si no queremos que la entrega de nombres deje de adaptarse a la evolución de la vida.

7. En lugar de las formas abreviadas que se han convertido en habituales, en el futuro deberían utilizarse los nombres de pila completos, aparte de los apodos utilizados en los círculos familiares.

8. Los nombres dobles (Karl Heinz, Ernst Dieter) sólo tienen sentido si se refieren al grado de parentesco con el padrino. Los niños deben ser conscientes de estas cuestiones en sus futuros cumpleaños. Si hay nombres compuestos con Bauer, Müller, Schmidt, etc., es conveniente utilizar varios nombres de pila. Sin embargo, debe evitarse la transcripción de varios nombres de pila en una sola forma (Karlheinz o similar).

Ahora que vivimos en una época en la que las personas toman conciencia de sus orígenes raciales, la elección de un nombre de pila ya no es una cuestión arbitraria. Al dar un nombre de pila, nuestra cosmovisión expresa que el individuo representa un eslabón en la cadena de generaciones de su clan y una rama del árbol de la vida constituido por su pueblo. El nombre de pila constituye a la vez un voto en este sentido y un vínculo biológico. La entrega del nombre de pila es un paso en el despertar gradual del pueblo, y cuando todos los alemanes vuelvan a llevar nombres alemanes, será posible concluir que la elección matrimonial y la protección de las familias han recuperado su prioridad y su derecho a consideración.

¡Que el nombre sea la expresión de la especie!

CUADERNO SS Nº 3. 1944.

EL CEMENTERIO JARDÍN

Atrás quedan las interminables y agotadoras extensiones de Rusia, ante nosotros el estrecho paisaje de la patria. En el tren de permiso desde el frente, las cartas encuentran entremezclados los recuerdos de los esfuerzos, a menudo sobrehumanos, realizados en las batallas emprendidas para salvaguardar las tierras alemanas en el este, la sencilla vida familiar, el pueblo verde, el árbol solitario en el camino rural, el murmullo del arroyo serpenteando por los prados, el bosque tembloroso y el seto lleno de flores y pájaros en sus nidos. Hans de Brandeburgo recibió una carta de su mujer en la que le decía que el cerezo que había a la izquierda de la ventana del dormitorio parecía estar cubierto de escarcha de tanto florecer; Toni Wieser se enteró de que una cosecha afrutada del 43 requería mucho esfuerzo y trabajo en el viñedo; el hijo de Schulte, de la Tierra Roja, le dijo que es diligente y ayuda a alimentar el ganado; Draxler, de Tannensteig, podía estar contento; su madre le informó de que la casa está reluciente y ¡que está deseando que venga! Me encanta la Marcha y no quisiera frustrarte por nada, tú que amas tu país suabo más que a nada, o tú que te sientes realmente en casa en Silesia. Cada uno de nosotros da vida a la región en la que nació, no sólo en sentido físico, sino también espiritual. Las generaciones anteriores de nuestra familia dieron forma a nuestro país y marcaron este pedazo de tierra con su carácter y su fuerza. Esto irradia hoy, enriquece nuestro ser y contribuye al magnífico desarrollo de todas nuestras cualidades.

Cuando llegamos a la casa, miramos a nuestro alrededor para ver si todo sigue como lo dejamos. "¿Por qué habéis cortado el árbol grande de ahí arriba? ¿Por qué la fruta está tan agusanada? Recuerdo perfectamente haber mordido una manzana de mejillas rubicundas del árbol de detrás del granero. ¿Quién construyó este cementerio desnudo, sin árboles ni arbustos, sin el trinar de los pájaros, sin muros, sino desnudo y abierto, expuesto a todas las miradas, con sólo una valla para protegerlo de intrusos profanos? Sin embargo, ¡qué bien que hayan puesto nidos allí, detrás del gran tilo! Los pájaros podrán anidar de nuevo y ayudar a destruir las alimañas. La mujer ha tenido mucho trabajo, pero el niño y la niña han trabajado mucho porque el padre que lucha tan valientemente por nosotros en la distancia debe estar plenamente satisfecho y feliz.

- Dime, mujer, ¿me molesta haber arreglado el cementerio de tan mal gusto? Sabes, he visto caer a muchos camaradas y a todos les prometí un lugar en mi corazón, ya que disfrutaron de sus vidas. Sin embargo, el pueblo no parece escuchar su petición: "¡No nos convirtáis en sombras de tumba, dejadnos la dulce fragancia de la serenidad que se cernía sobre nuestra juventud como un resplandor brillante! Vosotros los vivos, conceded a vuestros muertos el derecho a regresar, para que podamos permanecer entre vosotros en los buenos y en los malos tiempos. No nos lloréis para que todos los amigos tengan miedo de cotillear y reírse de nosotros. El jardín del cementerio debe ser tan hermoso que a uno le guste estar con los muertos. Cualquier lugar puede ser adecuado para este tipo de cementerio, arriba junto al gran tilo, o el túmulo de allí a la salida del pueblo, o allí en el viejo lecho empinado del río: pero debería, donde esté, estar en una relación especial con el pueblo y convertirse en parte de la belleza regional, como los viejos túmulos o algunas de las pequeñas capillas. Lo comparo con la descripción de Walter Flex en "Viajero entre dos mundos": "En la altura del lago Lemno adorno la tumba de un héroe. Dos tilos sobre ella como guardianes silenciosos, el susurro cercano de los bosques y el brillo lejano del lago la protegían. El sol y las flores de verano florecían en abundancia en los jardines campesinos de los alrededores. El niño alegre y soleado debería tener una tumba hecha de Sol y flores. Porque, como ves, nuestro deber no es sólo enterrar a los difuntos que nos legaron este hermoso pueblo; también debemos honrarlos con orgullo. En la elección de los lugares de enterramiento no se permite opinar a las personas que se muestran constantemente apáticas y tacañas con su tiempo, sino sólo a las que son como esta anciana madre a la que conocí en un ómnibus atestado de gente. No le asustaba el cansancio ni el viaje y había venido desde Prusia Oriental para visitar a su hijo en el hospital de Innsbrück. El cementerio ajardinado con sus parcelas debe encajar en la vasta extensión natural donde se siente el aliento de la eternidad. Con los niños rápidamente acostados, hablaré ahora de mis motivos y de lo que debería preocuparnos a todos.

- Debemos aceptar que habrá deberes en la comunidad que ya no podremos dejar en manos de un "profesional" que se beneficie de ellos. Todos tenemos constantemente deberes sagrados, que cada individuo debe desempeñar con seriedad, con amor y con el mismo calor y que no se pueden dejar en manos de nadie más. El mantenimiento y cuidado de este cementerio para nuestros muertos y caídos es ese deber sagrado. Todos debemos reunirnos en el futuro en el pueblo para llevar a cabo este cementerio.

- Creo que a menudo habrás sentido emociones diferentes según la naturaleza de los espacios en los que te encontrabas. Un colega arquitecto me lo explicó con tantas palabras de paz: "Ciertas relaciones de proporción ya evocan en nosotros, los humanos, diferentes estados de ánimo: sentimiento profano o solemnidad. Un espacio más largo o más alto evoca en nosotros emociones más solemnes que un teatro, aunque esté sobrecargado de decorados, porque un espacio equilátero suscita una sensación de tranquilidad y de agrado, y por tanto incita más a menudo al reposo que al movimiento. Pero el presente, el pasado y el futuro desempeñan un papel esencial en la gran fiesta de la vida. Con sus pensamientos, el hombre vuelve del presente al pasado y se precipita hacia el futuro. Se encuentra en movimiento. Física y moralmente, el hombre se pone en movimiento en un espacio largo como un peristilo o la nave de una gran iglesia. La altura y la longitud de un espacio pueden producir en el hombre un estado de recogimiento en la vida cotidiana, según la siguiente relación de proporción: 2/3 para el cementerio-jardín en el que se encuentran el presente y el infinito.

- Como el camarada tenía muchas otras cosas interesantes que decir sobre el cementerio de nuestro pueblo, os contaré todo lo que me dijo: El contenido y la forma del cementerio ajardinado vienen determinados por la unidad formal más pequeña, la tumba, que nunca debe tener forma de triángulo o círculo. Los rombos, las estrellas y las cruces tienen un efecto especialmente poderoso en la mesa de dibujo, pero en la naturaleza conforman los espacios de forma absurda. El hombre no los experimenta en la forma deseada porque no camina por las nubes, sino por la Tierra.

En el futuro, el aspecto de los cementerios y los monumentos conmemorativos deberá diseñarse con un espíritu de extrema sencillez. Los signos creados por la mano del hombre deben encajar ingeniosamente en el carácter de la naturaleza circundante. Un lugar de recuerdo para los muertos de un pueblo.

- El cementerio jardín contiene al hombre, el árbol y la eternidad. El árbol constituye un intermediario entre ésta y la generación. Se convierte en el árbol de los antepasados en el campo o en el cementerio del pueblo cuando sus ramas velan por un linaje. Uno al lado del otro, los hombres están en estrecha comunidad, sin diferencia, bajo la hierba. El túmulo debe elevarse diez centímetros sobre el nivel del suelo. La mejor ubicación para un individuo, siempre que no sea obligatoria, no la determina la riqueza, sino sólo la fama y la respetabilidad de una familia o un individuo. El municipio corre con los gastos durante un periodo mínimo de 25 años y durante el tiempo en que los descendientes participen en el mantenimiento de la tumba. Como ven, así nacerá nuestro cementerio jardín, donde no importa el rango ni el valor de la tumba, sino sólo la planta y su cuidado, porque un jardín sin flores no es un jardín. Las flores específicas del país deben deleitarnos con su belleza y diversidad de colores y formas. La gran cantidad de plantas de invernadero amontonadas en parterres asusta a la vista, que esperaba ver en el cementerio un prado de flores, aunque de muchas especies, pero íntimamente seleccionadas. En un lugar donde el sentido del olfato de la gente es más importante que el de la vista, se supone que las coloridas especies florales calmarán sus corazones con su cautivador aroma.

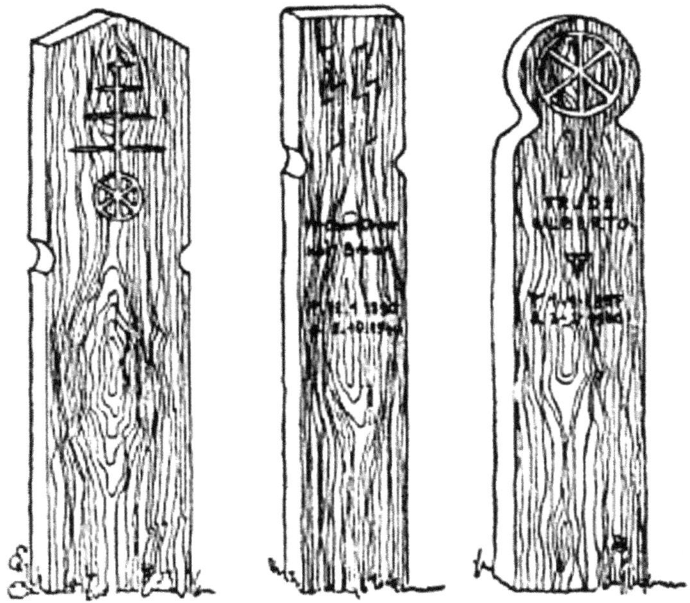

Bocetos de Klaus Stärtzenbach para nuevas lápidas.

La estela en medio de estos prados llenos de flores simboliza al hombre.

La tumba guarda el recuerdo de cientos de momentos de una vida y borra todas las rencillas.

Representa al hombre en su plenitud final. Evoca tanto la perspectiva pasada del hombre que podía llegar a la edad madura, como la del individuo que iba a vivir muchos años más. Con un simple cincel, cada uno de nosotros puede esculpir signos de vida, motivos solares como la rueda solar y la cruz de San Andrés, sin grandes gastos. El árbol de la vida nos enseña que la vida, aunque se extinga, siempre saca nuevas fuerzas del antiguo linaje. La tumba no se dirige al mundo, sino a una, dos, tres, cuatro, cinco o seis personas que mantienen una estrecha relación física o moral con el difunto, pues la inscripción ya no es un simple texto, sino un diálogo. Así, la calma que reina en este cementerio-jardín se convierte en una especie de movimiento perfecto en sí mismo, donde los símbolos se codean de forma tangible; ninguno es superior al otro, del mismo modo que el hombre ya no es diferente de su prójimo.

La estela de madera siempre será más alta que ancha. Cuanto más estrecha sea, más se acercará a la forma del árbol que busca la luz. La piedra, en cambio, es pesada, estratificada, está estrechamente relacionada con la tierra y debe estar en consonancia con su carácter. El monumento funerario será más ancho que alto. El hierro trabajado por el herrero en redondo, cuadrado o plano debe ser golpeado o torcido, partido, doblado y remachado para que el viento y el sol puedan pasar libremente, como a través de una tela de araña. Influidos por nuestro espíritu libre y alegre, forma y esencia se unen de tal modo que la esencia engendra la forma, como el árbol nace de la tierra y el sonido de la flauta.

Ya estoy deseando que llegue el momento en que todos los campesinos se reúnan para construir juntos el cementerio-jardín según este hermoso proyecto, con la convicción de que cada pueblo está junto a otro pueblo de inmortales cuya existencia era indispensable porque representan nuestras raíces sin las cuales no podríamos avanzar.

Klaus Stärtzenbach

Folleto Nº 6 de las SS. 1944.

Del niño

¿Hay mayor alegría que ver a un niño? - ¿Conoces alguno? - Yo no. - Es una alegría de los ojos. Es una alegría para el oído. Es una alegría para tus manos que lo acarician. Es una alegría para tu corazón. Lo experimentas con todo tu ser, pero no hay palabras para expresarlo. Es cierto que un niño también requiere cuidados constantes que adoptan muchas formas.

Hay muchas preocupaciones.

El hijo que has tenido, que se desarrolla, crece según su interior, es una parte de ti y, sin embargo, sigue su propio destino. Te sientes responsable de él, pero no puedes hacer nada ni por su bien ni por su mal. Te extiendes en él, pero es su voluntad la que le guía. ¿No hay mayor preocupación?

Celan" nunca se detiene. Antes de que nazca, te preguntas si vive, si está sano. Te preocupan su salud, sus pasos en falso, sus resultados. Te preocupan sus elecciones, sus propias preguntas. Tu apego a tu hijo es tan profundo, tan total.

Pero tú te realizas realmente a través de tu hijo. Tu realización en tus esfuerzos por tu hijo es tu valor secreto, tu valor vivo anónimo. Su valor es su felicidad silenciosa. Entonces te tranquilizas al fin: él vive, y miles de pequeñas vidas florecen en él como en un árbol en primavera; su belleza brilla como la humedad matinal del día. Tu alegría silenciosa encuentra su coronación en su resplandor físico. El carácter sano de tu hijo parece iluminar tu alegría. Su llegada te llena de un orgullo resplandeciente: ¿puede haber alegría más profunda?

También te dicen que ese niño es una carga, el producto de la despreocupación. Pero otros expresan ideas más cuerdas y rectas, dicen que es una cuestión de opinión, y sin duda la más irrefutable, que es un deber para con el pueblo, un acto responsable, una prueba de confianza.

Pero la palabra más sabia que te diré es que no hay otra razón para tu deseo de tener un hijo que el amor. No lo amas por otra razón que no sea la alegría.

III. CUESTIONES RACIALES

REVISTA "CREER Y LUCHAR", PARA LAS SS DE LOS GRUPOS FOLCLÓRICOS DEL SUDESTE DE ALEMANIA.

¿QUÉ ES LA RAZA?

"Lo que no es de buena raza en este mundo no vale nada.

(Adolf Hitler, *Mein Kampf*)

Dentro de la masa de seres vivos, pueden distinguirse grupos más o menos similares entre sí y con características físicas parecidas. Poseen la misma esencia. A estos grupos de seres vivos los llamamos "especies".

La humanidad, que hoy está viva, forma una "especie" porque los individuos se fecundan mutuamente. Pero cuando se considera y compara a una persona blanca, a un negro o a un mongol, queda claro que no se puede hablar sin restricciones sólo de la especie "hombre", hay que hacer otra subclasificación para poder emitir un juicio preciso. Esto nos lleva al concepto de razas humanas.

Podemos distinguir cada raza por las diferencias que posee debido a la particularidad de sus características, disposiciones y cualidades hereditarias, psicointelectuales y físicas. Cada raza posee ciertas cualidades y características que le *son propias*. Estas *características raciales* se transmiten hereditariamente a los descendientes.

La raza es, pues, un grupo de seres vivos que se distinguen por la posesión común de ciertas características hereditarias. Siempre produce seres similares. O, resumiendo: la raza es una comunidad de disposiciones hereditarias (Stengel contra Rutkowski).

Mientras una raza permanece pura, su patrimonio hereditario se transmite intacto de una generación a otra. Por lo tanto, es necesario que los hombres de una misma raza tengan una mayor conciencia racial y reconozcan los peligros que conducen al mestizaje, a la transformación, a la degeneración y, por tanto, a la decadencia de la raza en cuestión. Cada pueblo ha evolucionado a partir de razas específicas hacia una comunidad de vida homogénea. La raza global define la característica étnica y se exterioriza inmutablemente a través de su patrimonio hereditario. Como todos los pueblos germánicos, la raza nórdica dominante también marca al pueblo alemán con su especificidad.

¿Qué es un pueblo?

Cada pueblo representa una comunidad visible hacia el exterior. La misma sangre, la misma tierra, la misma lengua, las mismas costumbres, la misma cultura y la misma historia forman un vínculo inseparable. Tanto la raza como la historia y la cultura son necesarias para la condición de pueblo. El pueblo es a la vez una comunidad de disposiciones hereditarias y una comunidad de entorno. Cada generación es sólo un eslabón de la cadena que comienza con los antepasados más antiguos y continúa en el futuro con las generaciones venideras. Juntos forman la comunidad del pueblo. Por tanto, la existencia del individuo tiene una finalidad cuando está íntimamente relacionada con el pueblo en su conjunto.

Cada portador de sangre viva de esta comunidad tiene la responsabilidad de dar vida a las generaciones futuras.

Cada pueblo tiene su propia característica étnica. La composición racial del pueblo determina esta característica.

El pueblo es una comunidad de origen y destino. Como comunidad de disposiciones hereditarias, es capaz de crear y moldear en gran medida su entorno.

La importancia de las carreras

La masa hereditaria común condiciona la aptitud física y espiritual para la creación propia de una raza. Raza" como concepto de trabajo no sólo se refiere a la vitalidad particular que vive y se expresa en nosotros, sino que también se convierte en el valor esencial, el punto de referencia ideológico.

Hay razas que pueden producir grandes civilizaciones y otras que nunca se levantarán por sí solas. Hay razas con actitudes heroicas y otras sin valor combativo. Las creaciones culturales son obra exclusiva de razas de gran valor. La humanidad evoluciona o decae en función de la conservación de la pureza y la fuerza de las razas creadoras de civilizaciones.

La estructura racial de un pueblo es única. Su modificación conduce siempre a una transformación de su carácter y de su civilización. Toda mezcla racial significa para la raza digna de ese nombre una disminución de su valor.

Relacionados - extraños - misma cepa - diferente cepa

La humanidad ha separado fuertemente los grupos raciales en su seno. A grandes rasgos, distinguimos entre: blancos, negros y amarillos. Cada uno de estos grupos comprende a su vez una serie de subrazas que tienen ciertos rasgos en común. En este caso, hablamos de parentesco o, brevemente, de razas emparentadas. Los pueblos que, en su composición racial, tienen los mismos componentes que el pueblo alemán, están emparentados con nosotros. La mayoría de los pueblos europeos se encuentran en esta situación.

Dado que la sustancia racial esencial suele variar considerablemente entre nuestros parientes, hay que tener en cuenta el aspecto cuantitativo de los componentes raciales. Los pueblos germánicos tienen un predominio de sangre nórdica en su mezcla racial. Por ello, su relación con el pueblo alemán se define como "del mismo tronco". Otros pueblos que también tienen débiles componentes raciales nórdicos, pero que no son nórdicos en esencia, decimos que son "de estirpe extranjera".

La favorable mezcla racial presente en el pueblo alemán se basa en la confluencia de razas emparentadas y en la parte superior y predominante de sangre nórdica.

El origen de la raza nórdica

El ámbito central de la raza nórdica incluye las regiones del sur de Escandinavia, Jutlandia, el Mar del Norte, el Mar Báltico y se extiende hasta el corazón de Alemania.

Desde muy pronto, el hombre nórdico fue un agricultor sedentario. Inventó el arado, que luego adoptaron otros pueblos, cultivó cereales y crió animales domésticos. El enorme aumento de población de esta humanidad nórdica les impulsó a adquirir nuevos territorios y provocó oleadas tras oleadas en las tierras vecinas: en el espacio europeo y en amplias zonas de Asia. La población originalmente asentada quedó marcada por el modo de vida nórdico, aunque a menudo sólo de forma temporal.

La afirmación de que "la luz viene de Oriente", como afirmaba la ciencia, es falsa. Más bien debería decirse "¡la fuerza viene del Norte!

La importancia de la raza nórdica para la humanidad

El Führer dice en *Mein Kampf*:

"Todo lo que hoy admiramos en esta tierra, la ciencia y el arte, la tecnología y los inventos, son el producto creativo de unos pocos pueblos y tal vez, originalmente, *de una* raza.

Las grandes civilizaciones creadas por los indogermanos en la India, Persia, Grecia y Roma son un testimonio impecable del espíritu creativo nórdico. También desaparecieron con el declive de la clase dominante nórdica. Aún hoy somos conscientes del parentesco con estas culturas, que tienen el mismo origen.

Sin embargo, no somos tan presuntuosos como para creer que toda la cultura, incluso la de la Antigüedad, puede atribuirse únicamente a la raza nórdica. Personas de otra composición racial también han creado civilizaciones. Pero pensamos de otro modo cuando intentamos comprender las culturas de la antigua China, Babilonia o las antiguas culturas indias de los aztecas (en el actual México) y los incas (en el actual Perú). Es innegable que también fueron grandes civilizaciones; sin embargo, sentimos la huella de una naturaleza innegablemente extranjera en su contacto. No están emparentados con nosotros, sino que su raza es ajena. Otro espíritu habla en ellos. Nunca estas culturas de otro tipo han alcanzado un nivel comparable al que ha sido influenciado por el espíritu nórdico.

El desarrollo técnico actual también ha sido producto de los hombres nórdicos. Es el caso, por ejemplo, de la nueva Turquía, el auge de Norteamérica o el progreso del Extremo Oriente, a un nivel equivalente.

En los lugares de mestizaje con las razas vecinas, la influencia de la raza nórdica ha demostrado constantemente ser extremadamente innovadora y ha implicado tendencias de desarrollo activas, dando lugar a las creaciones culturales más elevadas.

El pueblo alemán y la raza nórdica

A pesar de la frecuente mezcla y entremezcla de razas en diversas partes del Reich, encontramos en las distintas partes de Alemania razas distintas que están más fuertemente tipificadas.

Hay regiones en las que predomina la estatura alta, el rostro estrecho y los colores claros de pelo, ojos y piel (el aspecto físico de la raza nórdica). Estrechamente emparentado con el hombre nórdico, a menudo denominado "subespecie" del hombre nórdico, el hombre de Westfalia resulta ser más alto, más ancho y más macizo.

En muchas partes del Reich, en cambio, encontramos hombres altos, de cabeza corta, rostro estrecho, nariz grande, ojos marrones y pelo negro (el aspecto físico de la raza dinárica).

En algunas partes viven hombres pequeños, delgados y ágiles, de ojos y piel oscuros (el aspecto físico de la raza occidental o mediterránea).

En otras regiones, predominan las siguientes características: cuerpos medianos y fornidos, cabezas cortas, caras anchas con pómulos prominentes, pelo rubio y ojos claros (aspecto físico de la raza báltico-oriental).

Por último, en algunas partes del Reich se encuentran hombres fornidos, de cabeza redonda, cara ancha, ojos marrones, pelo entre castaño y negro y piel oscura (aspecto físico de la raza oriental).

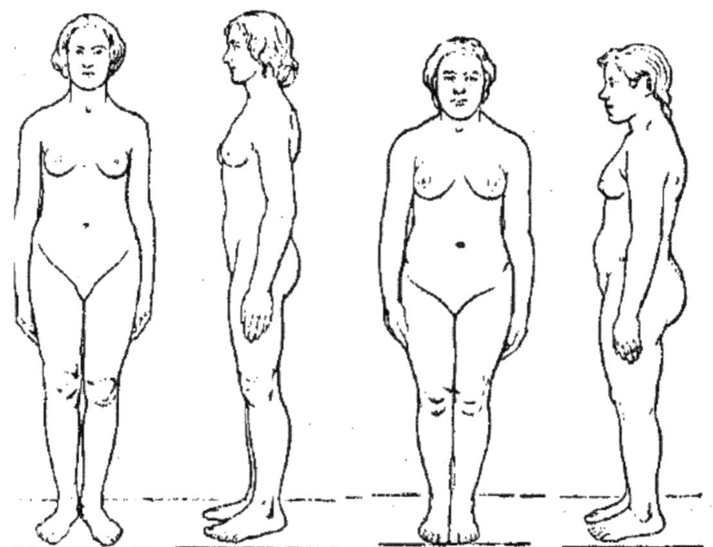

Tipo nórdico - Tipo báltico-oriental

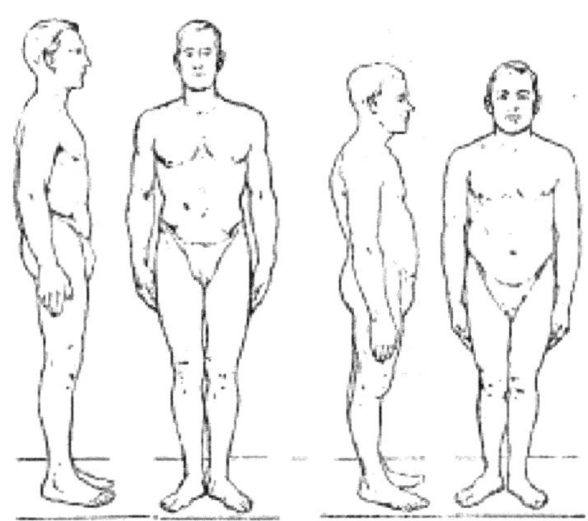

Tipo nórdico - Tipo báltico-oriental

La *raza nórdica* está más o menos fuertemente representada en todas las partes del Reich, ya sea en el norte o en el sur, en el oeste o en el este. Muchos de nuestros pueblos no pueden identificarse exactamente con una raza. A excepción de aquellos representantes que parecen ser de raza pura, cada raza se encuentra entre todos los pueblos de forma más o menos fuertemente mezclada.

La herencia nórdica predomina en el pueblo alemán. La raza nórdica no sólo es la *predominante*, sino que su *sangre está presente en casi todos los alemanes*. Los conceptos de "sangre y suelo" no son un concepto vacío, sino que constituyen nuestro destino. Por lo tanto, también se ha definido el objetivo de la selección del pueblo alemán. Se lleva a cabo de acuerdo con la ley vital de su raza creadora.

La proporción de sangre nórdica en la masa hereditaria del pueblo alemán asciende aproximadamente al 50%. Aparte de eso, la genealogía nos enseña que *todo alemán tiene sangre nórdica.*

Así pues, el pueblo alemán es una comunidad racial en el sentido más estricto de la palabra. La historia interpretada según un principio racial ha demostrado desde hace mucho tiempo que la raza nórdica produce un número mucho mayor de hombres sobresalientes que otras razas. La raza nórdica es ante todo la poseedora del genio del pueblo alemán. Sus grandes logros en todos los campos la han convertido en la raza líder de la humanidad. Ninguna otra raza humana ha producido tantos líderes espirituales, jefes del ejército y estadistas sobresalientes.

En el curso de audaces expediciones, el hombre nórdico conquistó vastos territorios, fundó estados y creó civilizaciones. Ya hacia el año 1000, los vikingos habían desembarcado en América. El espíritu nórdico realizó el desarrollo de grandes extensiones de tierra.

Una de las cualidades más llamativas de la raza nórdica es su autocontrol. La audacia nórdica ha inspirado conquistas bélicas. La probidad y la fuerza de voluntad, combinadas con la confianza en sí mismo, refuerzan poderosamente el sentimiento de independencia. Estas cualidades ciertamente disminuyen la intuición, y el hombre nórdico corre un gran peligro de perderse y malgastarse. El hombre nórdico tiene una gran predilección por el deporte y el combate: le encanta el riesgo. Por lo tanto, es más probable que se encuentre en ocupaciones que implican peligro que otros hombres. Pero hay que decir que el carácter del individuo es más decisivo que el color de su pelo. El individuo pertenece esencialmente a una raza cuyas virtudes profesa a través de la acción.

Cuando examinamos cada país de Europa en su composición racial, observamos que en casi todos los estados se encuentran las mismas razas. Encontramos la raza nórdica fuera de Alemania, en los países escandinavos, en Inglaterra y los Países Bajos, así como en Rusia, Italia, Francia, España, etc. Pero también encontramos, por ejemplo, hombres de tipo oriental en los distintos países europeos. Lo importante, en definitiva, no es hacer un juicio racial general sobre un pueblo. Se trata más bien de estudiar los *elementos predominantes de cada raza* en el pueblo en cuestión. Y se ve que, en el plano puramente numérico, el Reich ya aventaja a los demás pueblos en cuanto a la proporción de sangre nórdica.

Alemania puede pretender legítimamente liderar a los pueblos germano-nórdicos.

FOLLETO Nº 7 DE LAS SS. 1942.

EL SIGNIFICADO BIOLÓGICO DE LA SELECCIÓN

Desde que Darwin, al igual que Linneo, ya no se contentaba con definir un sistema de especies, sino que también se preguntaba por su origen e intentaba encontrar una respuesta, la idea de la selección ha cobrado un nuevo impulso. En las últimas décadas, ya se intentaba aplicarla al ser humano. Hoy en día, la idea de selección es uno de los elementos clave de la cosmovisión nacionalsocialista. Desde su victoriosa irrupción, el dominio público también se ha interesado vivamente por ella. A ello se añade el hecho de que todas las cuestiones relativas a la selección y orientación de los hombres, su tipo de función y la distribución de las tareas son hoy particularmente brillantes.

Las razas y las especies se crean mediante selección y eliminación

Se han dado dos respuestas fundamentalmente opuestas en cuanto a las causas del origen de las especies y razas de la Tierra. Una busca los factores impulsores en los impulsos externos, en el entorno, en el "medio". La otra, en cambio, habla de las leyes de la transmisión hereditaria, y sitúa la base del origen, la conservación y la consolidación de los rasgos característicos de las especies en el corazón mismo del plasma vivo. Nos sentimos más cerca de la segunda respuesta que de la primera. Sabemos, por ejemplo, que la pérdida de un miembro debido a la congelación o al medio ambiente no se traduce en la desaparición de ese miembro en la descendencia. Tampoco ocurriría lo mismo si el enfriamiento se repitiera a lo largo de varias generaciones. A pesar de ello, existen profundas interrelaciones entre el origen de las especies y las condiciones del hábitat que no podemos considerar desde el punto de vista de ninguna teoría superficial del medio ambiente. Los grupos humanos homogéneos, es decir, los grupos raciales enteros, así como las razas específicas, sólo adquieren la característica homogénea de sus propios rasgos físicos y psíquicos en el transcurso de diez a cien mil años en conexión armoniosa con un espacio vital apropiado para la especie en cuestión. Bajo el efecto de todas sus condiciones geológicas, climáticas y biológicas, la zona de vida produce gradualmente la consolidación y armonización interna de un rasgo hereditario perfectamente determinado. No es el resultado de "la transmisión hereditaria de cualidades adquiridas", sino de la selección en sentido positivo y de la eliminación en sentido negativo.

El hábitat produce un tipo específico de selección

La selección y eliminación que se lleva a cabo en un territorio propio de una especie determinada hace que sólo se reproduzcan a largo plazo las que han crecido en las condiciones de esa zona concreta. Por el contrario, las que no superan estas condiciones desaparecen. Un ejemplo: como ha hecho el investigador v. Eickstedt, supongamos que la humanidad nórdica europoide de piel clara estaba especialmente marcada por el hábitat uniforme y aislado del norte de Eurasia (Siberia) de la Edad de Hielo. Podemos imaginar fácilmente las consecuencias de la selección natural y la eliminación en esta zona. Sólo aquellos que habían sido sometidos a las condiciones más duras pudieron sobrevivir y perpetuarse durante los milenios siguientes. La reproducción y el crecimiento sólo se concedieron a los que en última instancia demostraron ser superiores a este clima y a este aspecto inhóspito de la tierra, a los que en última instancia fueron más fuertes que la naturaleza por su inflexibilidad y dureza. Sólo aquellas cualidades que permitían al hombre victorioso vencer a la naturaleza se perpetuaban y consolidaban mediante la transmisión hereditaria. Durante la guerra de Oriente, el invierno nos dio un anticipo y una vívida ilustración de lo que significa para los seres vivos no sólo estar sometidos a una naturaleza todopoderosa, sino desafiarla victoriosamente.

Superar la naturaleza significa algo más que tener dos cualidades específicas. La fuerza muscular o la insensibilidad al frío no bastan. La superación de la naturaleza y el entorno se refiere a los rasgos generales del carácter del cuerpo y el alma. A la naturaleza hay que vencerla con dureza física y una inflexible voluntad de vivir. También hay que vencerla con fuerza espiritual y gran celo. Ya en nuestros primeros antepasados, fomentó aquellas cualidades que aún hoy sentimos en nuestras almas como las más elevadas: el desafío a los obstáculos externos, la dureza hacia nosotros mismos, una insaciable voluntad de vivir, la profundidad y la creencia en la victoria del alma, así como todas nuestras cualidades y fortalezas más elevadas.

El origen de las especies no es el resultado de un proceso de adaptación fácil

Nunca podremos considerar el triunfo sobre la naturaleza mezquina y la dureza de sus condiciones de vida como el resultado de una fácil adaptación. Es obvio que el hombre también se adapta y sigue el camino de menor resistencia, en la medida en que se le permite hacerlo. Pero escapar del entorno circunscrito por la era glacial y rodeado de poderosas barreras naturales fue a menudo imposible o sólo en grado limitado durante largos periodos de evolución. Cuando las barreras naturales desaparecieron gradualmente y pudieron superarse, la conquista de espacios vitales más favorables, entonces como ahora, sólo fue posible enfrentándose a otros grupos humanos ya establecidos allí.

El nacimiento de una especie no es el producto de una fácil adaptación a un entorno y a un "medio". Se trata más bien de una cristalización y acentuación progresivas de todas las cualidades que permiten afrontar victoriosamente las duras condiciones de la vida. Sólo el sacrificio más pesado lo hace posible. El ser que no puede resistir la prueba que le pone la naturaleza elemental desaparece y es eliminado sin piedad. Por ello, sentimos un profundo respeto por este proceso, que nos anima a ser responsables de la preservación y reproducción de los humanos de nuestra especie.

El progreso de la civilización facilita las condiciones de existencia y, por tanto, también modifica las leyes biológicas originales de selección

Cuanto más logra un grupo humano dominar y transformar las condiciones de su espacio vital mediante el establecimiento de una cultura fiel a la ley de la vida, más fácilmente logra el individuo preservarse y evitar la eliminación. Las leyes de selección y eliminación, severas al principio, desaparecen gradualmente y se vuelven menos severas. Cuanto más envejece una cultura y más tarde alcanza la etapa de las eras civilizadoras, más pierde su vigor. Incluso se produce el proceso contrario. Los individuos débiles y enfermos también pueden sobrevivir y reproducirse; los distintos tipos raciales se mezclan. La ley creadora de la especie ya no parece actuar.

Cuando la cultura desarrolla su propia evolución espiritual y produce simultáneamente condiciones de existencia muy facilitadas, el espíritu y la naturaleza de la selección se ven muy comprometidos. La preservación de la pureza, la educación ulterior y la evolución de la especie que se desarrolla a lo largo de milenios se ponen gradualmente en tela de juicio.

La selección cultural sustituye a la biológica

Las especies y las razas son el magnífico resultado de la selección biológica natural. La civilización que evoluciona como consecuencia del cambio de sus condiciones de existencia impone por su parte una cierta forma de selección. Este tipo de selección resulta de las condiciones de existencia, de las necesidades y de las ideas fundamentales de la cultura dominante y de su espíritu. El objetivo de selección perseguido por una cultura puede tener una relación diferente con la selección natural biológica original. Esta relación determina nuestra apreciación del valor de la selección cultural y su justificación. No importa por qué medios se lleve a cabo. Es secundario que exija ciertas habilidades, un grado mínimo de educación, que sitúe la preservación de la vida en la cima de sus valores o que utilice los medios de la ciencia moderna para conocer al hombre.

Diferentes formas de selección cultural

El caso más favorable de la relación entre la selección cultural y la selección natural biológica original se da cuando el objetivo de la segunda es perseguido por la primera. Gracias a un agudo sentido de la ley que rige el origen de su especie, pueblos como los espartanos recurrieron en su selección a los mismos principios de inflexible severidad prescritos originalmente por la naturaleza, incluso después de su llegada a territorios más hospitalarios. Otros pueblos de raza nórdica, como nuestros antepasados germánicos, obedecieron naturalmente a las leyes biológicas que rigen la creación de su especie.

Por otra parte, sabemos que otras formas de selección natural son totalmente contrarias a las leyes biológicas del origen de las especies, o incluso hostiles a ellas. Esto ocurre principalmente cuando el espíritu civilizador procede del exterior y no es producto de la propia especie. La aceptación, así como el establecimiento por la fuerza, de una cultura mental ajena produce otros tipos de selección y, en última instancia, conduce a la negación y destrucción del carácter original y específico de la especie. La intrusión del cristianismo en la cultura de nuestros antepasados germánicos dio lugar a una forma de selección que, desde el principio, resultó hostil a nuestra especie y a sus leyes de evolución. La élite sacerdotal cristiana selecciona hombres aptos y aprovechables para sus fines, pero les prohíbe la perpetuación y conservación de la mejor herencia racial obligándoles al celibato. Una forma ajena a los principios de la selección cultural, aprovecha ventajosamente las consecuencias de la selección biológica natural de cientos de miles de años de antigüedad. Aprovecha el rico tesoro de talentos físico-espirituales de nuestra raza, pero se niega consciente e instintivamente a que se conserven y renueven. Durante siglos ha vivido de este capital, un proceso del que sólo ahora nos estamos dando cuenta en toda su amplitud. Vemos que este capital de talento ya está amenazado y no es en absoluto inagotable.

El espíritu de las formas de selección cultural de nuestro tiempo

Las formas actuales de selección cultural están estrechamente relacionadas con el propio nivel cultural.

En la medida en que la cultura tiene ya las características de una acción civilizadora tardía, la "selección" se ha convertido ya en una espantosa contra-selección. Es el resultado de la protección de los enfermos e inferiores como consecuencia del equivocado "interés" por el valor del individuo solo. La depravación moral, el bienestar, la decadencia de los sentimientos y la pérdida de todos los instintos naturales son la causa. Nuestra visión de todo esto es clara y no necesita explicación.

Aparte de esta contra-selección civilizatoria que resulta automáticamente, hay muchos intentos de practicar una selección cultural consciente y metódica. Su objetivo e intención es siempre "poner al hombre adecuado en el lugar adecuado". Nadie discutirá la viabilidad de tales esfuerzos. Todas las instituciones y organizaciones importantes de nuestra vida cultural se preocupan hoy por dotar a su descendencia de un número suficiente de cualidades. Las grandes tareas históricas que el destino ha asignado a nuestro pueblo ya no permiten desarrollar las dotes existentes. Por ello es tanto más necesario poner al hombre adecuado en el lugar adecuado.

El problemático carácter biológico de nuestra selección cultural

Para evaluar la importancia de los intentos de selección realizados en nuestra época, no podemos limitarnos a observar su indudable éxito inmediato. Debemos preguntarnos constantemente si son coherentes con las leyes biológicas de la conservación de las especies. Debemos examinar si promueven y prosperan la especie milenaria, o al menos la conservan, aparte de su efecto práctico momentáneo. Cuando tenemos en cuenta esta necesidad, descubrimos que nuestras formas de selección cultural han perdido de vista el sentido biológico original de toda selección. En algunos casos, llegamos incluso a una total inconsciencia o indiferencia, a veces incluso a una hostilidad instintiva y manifiesta. Este último caso concierne particularmente a todas las formas de selección "puramente espiritual".

Desde un punto de vista práctico, la selección cultural se realiza principalmente sobre individuos superiores adaptados a determinados fines culturales. *El sentido biológico original de la selección, es decir, que los hombres buenos se vean favorecidos en su reproducción*, no se tiene en cuenta en la mayoría de los casos, o incluso se niega intencionadamente. Muchas formas de vida y organizaciones culturalmente condicionadas impiden que sus miembros se reproduzcan mediante el establecimiento de múltiples barreras económicas o morales. Por ejemplo, el incentivo de seguir cursos de formación excesivamente largos hace que sea económica y prácticamente imposible fundar una familia. El número de hijos es limitado porque la educación exige enormes sacrificios. Otras organizaciones culturales, que naturalmente reclaman el derecho a elegir lo mejor, erigen en cambio barreras morales. Una moral de clase, por ejemplo, en la que el sentido del deber biológico no está bien visto, que condena el matrimonio precoz por vulgar, así como tener muchos hijos o ser padres jóvenes, traiciona el sentido original de la selección biológica. Las clases que expresan su "distinguida" moral displicente mediante la fórmula: "Enamórate a menudo, comprométete raramente, no te cases nunca", no tienen por tanto ningún derecho moral a participar en la selección dentro de nuestra raza.

La selección cultural también tiene el efecto contrario a nivel biológico, cuando se elige a los mejores cuya existencia peligra porque tienen que arriesgar la vida para cumplir su cometido. La guerra actual es un claro ejemplo de ello, en la que se impide a los mejores reproducirse plenamente con la muerte.

A grandes rasgos, la selección cultural se sigue llevando a cabo hoy en día, en los campos más variados a pesar de las diferentes razones, de una forma biológica totalmente similar a la selección de la Iglesia, que se nutre constantemente del capital de talento. Aunque se esfuerza con razón, aunque engañosamente, por colocar al hombre adecuado en el lugar adecuado, a menudo no se da cuenta del sentido original de cualquier selección debido a su estrecho horizonte histórico-temporal, ideológico y moral. Y no pocas veces cree incluso que debe rechazar con desdén los puntos de vista biológicos por motivos "espirituales". Se convierte así en una forma de contra-selección temible en el plano práctico porque está perfectamente disimulada. A ello se añade la solidez y corrección de sus procedimientos selectivos, en parte muy desarrollados.

No podemos renunciar al resultado inmediato de una buena selección cultural en la gigantesca lucha por la existencia de nuestro pueblo. Pero esto no debe lograrse a costa de un *empobrecimiento de nuestra sustancia popular y racial rica en talento*, acelerado por los medios más refinados. Eso sería una política miope. Lo que la contraselección civilizadora produce gradualmente, es decir, la extinción y desecación de la buena e incluso de la mejor sangre por el aumento simultáneo de todo lo mediocre, sería entonces acelerado por procesos conscientes. Lo que, abandonado a sí mismo, sería un proceso extendido a lo largo de siglos, tendría lugar en pocos decenios: ¡una raza culta vería desaparecer tanto más rápida y dramáticamente sus últimas fuerzas concentradas y exaltadas! ¡Esto sería heroísmo trágico en el sentido spenseriano! Ver este peligro significa combatirlo por todos los medios.

La reproducción de las buenas personas es más importante que cualquier selección cultural

Nuestro punto de vista es claro: toda selección cultural -independientemente de los medios que emplee- debe ser exculpada y justificada ante la historia milenaria de nuestra raza. A la luz de los principios divinos que rigen nuestra especie, no tiene razón de existir en la medida en que se opone a las leyes biológicas de manera hostil, indiferente o inconsciente. Voluntariamente o no, fomenta la explotación destructiva de las obras más elevadas y eminentes de la creación. La naturaleza y el creador aplican entonces la única sanción, a saber, la desaparición, la muerte de la especie. Toda selección consciente con sus éxitos inmediatos, que pueden evaluarse a lo largo de años y decenios, debe poder realizarse a lo largo de siglos, milenios y centenares de milenios. De lo contrario, pierde todo crédito ante la historia de nuestra especie y, en última instancia, ante su divino creador.

Nuestro derecho a la selección

El nacionalsocialismo sólo puede concebir su reivindicación de la selección con el objetivo de adecuarla a las leyes biológicas del origen de las especies. Por lo tanto, debe asegurarse de que la idea de la selección se defienda y aplique sólo en términos de *toda la* visión nacionalsocialista del mundo. Todas sus aplicaciones parciales y racionales producen el efecto contrario. Hasta ahora, las SS se han convertido en su instrumento más adecuado. Sus leyes de orden y sus instituciones están animadas por el espíritu del deber biológico. Ya en 1931, el Reichsführer SS promulgó la orden sobre el compromiso y el matrimonio con este espíritu. La orden de las SS del 28 de octubre de 1939, relativa a todas las SS y a la policía, emana del mismo sentido del deber hacia la raza, de la sumisión al Creador, y por esta razón ha sido mal entendida y mal interpretada por quienes no piensan biológicamente.

Ludwig Eckstein

(Nota del autor: la orden del 28 de octubre estipula que se debe prestar asistencia y apoyo indiscriminadamente a los hijos, legítimos o no, del personal de las SS muerto en el frente. Los campos religiosos y reaccionarios vieron en ello una violación moral insoportable).

ANALES Nº 2. 1944.
EDICIÓN DE LA BRIGADA VALONA DE LAS SS.

DEL CUERPO RACIAL AL ALMA RACIAL

No sólo le damos importancia porque la forma del cuerpo del hombre nórdico tenga ciertas dimensiones en altura, anchura y longitud, o porque a menudo se caracterice por el pelo rubio y los ojos azules.

Tampoco por eso valoramos nuestra herencia nórdica.

Por supuesto, las indicaciones que proporciona la forma del cuerpo del hombre nórdico son, no obstante, la base misma de nuestro ideal de belleza. Siempre ha sido así en la historia de Occidente, y para prueba de ello basta con observar el panorama de las obras de arte producidas a lo largo de los siglos por todas las civilizaciones y "culturas" que se han sucedido en suelo europeo. No importa lo lejos que nos remontemos en el tiempo, siempre podemos encontrar en las figuras escultóricas y en las pinturas que evocan un ideal de belleza, las formas características del hombre nórdico. Incluso en algunas civilizaciones orientales encontramos el mismo fenómeno. Mientras que las deidades están representadas con rasgos netamente nórdicos, las figuras de demonios o las que representan poderes inferiores u oscuros tienen rasgos característicos de otras razas humanas. En la India, e incluso en el Extremo Oriente, los Budas suelen tener rasgos claramente nórdicos.

Que el cuerpo racial nórdico represente para nosotros el ideal de belleza es algo natural. Pero todo esto adquiere su significado real y profundo sólo porque encontramos en él la expresión y el símbolo del alma nórdica. Sin esta alma nórdica, el cuerpo nórdico no sería más que un objeto de estudio para las ciencias naturales, como la forma física de cualquier otra raza humana o animal.

Del mismo modo que el cuerpo nórdico se ha convertido en algo precioso y agradable para nosotros como portador y expresión perfecta del alma nórdica, también nos repugnan ciertos indicios raciales judíos porque son el símbolo directo y la indicación segura de un alma judía que nos es totalmente ajena.

Los estudiosos del tema nos dicen que una determinada forma física racial y una determinada alma racial van necesariamente unidas y que, después de todo, son expresiones de una misma cosa. Sin embargo, nada nos parece más difícil que demostrar científicamente o por otros medios la exactitud de esta homogeneidad entre el cuerpo racial y el alma racial.

Creemos que debemos ser extremadamente prudentes en este ámbito. En el estado normal de las cosas, es evidente que existe homogeneidad e interpenetración entre estos dos aspectos de la realidad humana. Y nos parece muy difícil llevar el dogma de la diferenciación del cuerpo y el alma a sus extremos lógicos. Los representantes más autorizados de esta doctrina particular no caen en este extremo.

Sin embargo, la impureza racial está marcada, como podemos ver cada día, por contradicciones internas entre el cuerpo racial y el alma racial. Hay individuos que sin duda poseen muchas de las características físicas de la raza nórdica y, sin embargo, no poseen el alma nórdica en absoluto.

Sin embargo, la cuestión esencial es considerar tal situación como absolutamente anormal e incluso monstruosa.

Y nos parece que la transparencia entre el cuerpo racial nórdico y el alma racial nórdica es el verdadero objetivo de toda política y moral raciales.

CUADERNO SS Nº 6B. 1941.

GEMELOS Y HERENCIA

Los gemelos demuestran la corrección de nuestra doctrina racial

En esta ocasión, los cuadernos de las SS presentan una ilustración que parece salirse considerablemente de lo habitual: se trata de parejas de gemelos que participan en un "concurso de gemelos más idénticos" celebrado en California en 1931. Uno se pregunta qué tiene que ver semejante imagen, semejante expresión de la estúpida predilección estadounidense por el sensacionalismo, con los cuadernos de las SS. ¡La inmensa mayoría de las chicas que aparecen ni siquiera son guapas!

Sin lugar a dudas, no se puede decir que estas chicas sean al menos monas. Sólo fueron elegidas para entretener a un público niai, y sin embargo esta imagen es sumamente interesante, llamativa y demostrativa.

¿Por qué? Porque el fotógrafo, con su fotografía, ha *proporcionado una prueba inconsciente y muy impresionante de la corrección de la doctrina racial del nacionalsocialismo*

A primera vista, esta afirmación parece atrevida. Si la estudiamos, veremos la imagen bajo una luz diferente. Muestra seis parejas de gemelos que pertenecen a razas diferentes. La pareja del medio a la izquierda parece ser de tipo nórdico-occidental; son niñas que sin duda son de origen germánico. Las niñas de la parte superior izquierda parecen ser occidentales (mediterráneas). También es obvio que las otras dos de la parte inferior izquierda son de origen israelita. Las tres parejas de la derecha son mestizas, la del medio tiene sangre india dominante, la de arriba y la de abajo sangre mayoritariamente negra.

Vemos, pues, que las seis parejas de gemelas son extremadamente diferentes en su conjunto, lo que nos da una idea clara del caos racial existente en Estados Unidos. Lo más sorprendente es que las dos hermanas de una pareja son exactamente iguales en todas las ocasiones. Podrían intercambiarse sin dificultad. No hay más diferencia que si se hubiera fotografiado dos veces a la misma persona. Un ejemplo: tienen exactamente la misma sonrisa cada vez, lo que demuestra el mismo carácter espiritual y moral. Para distinguir a estos gemelos, la madre tuvo que ponerles de bebés lacitos rojos y azules para no confundirlos.

Para nosotros, la gente "normal", la diferencia entre las personas es tan obvia que podemos distinguirlas sin dificultad. Pero si en la vida te encuentras con gemelos como los de la ilustración, tienes la sensación notablemente desconcertante de que no puedes distinguirlos. El encuentro con este hermano gemelo daría lugar al siguiente pensamiento: "Cuando te vi venir, al principio pensé que era tu hermano. Luego pensé que eras tú. Pero ahora veo que era tu hermano.

Pero hay excepciones: no todos los gemelos son tan parecidos como los de la ilustración. Pensemos sólo en los que podemos conocer. *Hay dos tipos de gemelos.* En el primer tipo, los miembros de la pareja tienen similitudes y diferencias equivalentes, como los hermanos corrientes y las hermanas de. Estos gemelos también pueden ser de distinto sexo. Su origen puede explicarse fácilmente: todo ser vivo superior es el producto de la unión de un óvulo y un espermatozoide. Los núcleos de estas dos células contienen el patrimonio hereditario. Por tanto, el óvulo fecundado contiene el patrimonio hereditario de los lados paterno y materno, lo que da lugar a un nuevo ser vivo. Durante un ciclo menstrual, la mujer normalmente sólo libera un óvulo de su reserva de óvulos, que puede ser fecundado. En casos excepcionales, sin embargo, pueden liberarse dos óvulos, cada uno de los cuales es fecundado por un espermatozoide y luego crece. Así nacen gemelos que sólo se diferencian de los hermanos habituales en que crecen juntos en el cuerpo de la madre. Son gemelos "bivitelinos".

La creación de gemelos exactamente iguales se produce de forma muy diferente. Estos representan aproximadamente una cuarta parte de los gemelos nacidos. Nacen de un solo óvulo fecundado por un espermatozoide. Pero, por razones desconocidas, esta célula se divide en una fase muy temprana de la evolución. Las dos mitades producen cada una un individuo distinto. Cada uno es el producto de un único óvulo fecundado y, con cada división celular, el patrimonio hereditario se distribuye de forma totalmente equitativa entre las dos mitades. Los gemelos así nacidos tienen exactamente el mismo capital de características hereditarias. Son gemelos univitelinos y, por tanto, debido a su origen, seres humanos totalmente similares desde el punto de vista hereditario. Su parecido francamente ridículo se debe a su similitud hereditaria.

Competición binocular en California, Estados Unidos.

En el Tercer Reich no había tales "concursos" que expresaran una inclinación por el "sensacionalismo". En su lugar, se ejemplificaba la feminidad sin adornos y natural a través de tales ilustraciones.

Destinos ridículamente parecidos y sorprendentemente similares

El parecido de los gemelos idénticos puede verse en los detalles más pequeños. Dos ejemplos muy reales: una profesora tenía gemelos en su clase a los que no podía distinguir. Finalmente, se alegró de haber encontrado una señal de reconocimiento en las pecas que habían aparecido recientemente en la punta de la nariz de una de las niñas. Poco después, la otra niña tenía exactamente el mismo número de pecas en el mismo lugar. ¡Estaba hecho otra vez! Las enfermedades (por supuesto, sólo de tipo hereditario) pueden aparecer y desarrollarse de forma completamente similar en gemelos con la misma herencia, aunque los dos individuos tengan vidas diferentes. En el pasado había dos hermanos gemelos, uno de los cuales llegó a ser funcionario de alto rango. Vivía soltero en la capital. Su hermano se casó y vivió en el campo como terrateniente. A pesar de estas grandes diferencias en sus condiciones de vida, ambos cayeron enfermos a los sesenta años. Estas naturalezas antaño serenas y sanas fueron víctimas de una violenta diabetes que les causó una gran irritabilidad mental y, más tarde, trastornos de la marcha. En el curso de la enfermedad, ambos hermanos sufrieron retinitis y un absceso abierto en uno de los dedos del pie, y ambos murieron a las pocas semanas de su enfermedad.

La historia de gemelos con inclinaciones criminales suele seguir un curso sorprendentemente similar. Estos gemelos son condenados a la misma edad, cometen el mismo tipo de delitos y se comportan de forma similar hasta en el más mínimo detalle. Por ejemplo, después de la Primera Guerra Mundial había dos gemelos conocidos por ser estafadores de gran estilo. Uno de ellos afirmaba haber realizado un invento de increíble importancia. Con su brillante personalidad y su elocuencia persuasiva, consiguió interesar a mucha gente en su invento y obtener dinero de ellos. Sin embargo, el aparato nunca funcionó a la perfección. Utilizó el dinero para llevar una vida lujosa. Finalmente fue detenido. Mientras estaba en prisión, su hermano gemelo construyó el mismo tipo de dispositivo, también encontró gente crédula y prestamistas crédulos hasta que también fue encarcelado por fraude. Ante el tribunal, ambos adoptaron la misma actitud. Con asombrosa habilidad, supieron expresarse y convencer en parte al jurado. También en la cárcel se comportaron de la misma manera y consiguieron obtener muchas ventajas.

Existen innumerables historias divertidas sobre gemelos. Uno de los dos hermanos Piccard, pilotos estratosféricos que más tarde se hicieron famosos, fue al barbero siendo estudiante, se afeitó y declaró que le crecía la barba con extrema rapidez. El barbero promete volver a afeitarle gratis por si vuelve a necesitarlo esa noche. Una hora más tarde, vuelve el mismo alumno, en realidad el hermano gemelo, completamente sin afeitar. El barbero se queda estupefacto al ver semejante barba. Tuvo que afeitarle gratis, como le había prometido.

Dos hermanas solían engañar a su profesor de música cuando una de ellas quería tomarse un día libre. Tenían sus clases a horas diferentes y una de las chicas sacrificaba dos horas del mismo día mientras su hermana se divertía entre medias.

¿Predomina la herencia hereditaria?

A pesar del parecido desconcertante y a menudo fatal de algunos gemelos, sería ciertamente un error afirmar que el hombre es únicamente el producto de su patrimonio hereditario. Hay mucho más que dos grandes grupos de causas que determinan la naturaleza del hombre: su carácter hereditario y las influencias ambientales que actúan sobre él. Los gemelos univitelinos no son completamente iguales en todos los aspectos. Sus características hereditarias son similares, y las diferencias que muestran se atribuyen a influencias ambientales. Pero hay un hecho interesante e importante: en estos gemelos univitelinos que han crecido en un entorno diferente, se puede determinar la fuerza y el límite de las influencias del entorno. Se puede ver el alcance y el grado de las influencias del entorno. Pueden dar lugar a diferencias específicas. Pero la impresión abrumadora que se desprende de la investigación sobre gemelos es que la herencia es mucho más poderosa que el entorno. Volvamos ahora a nuestra ilustración. ¿Cuál es el punto principal de esta imagen, una vez que hemos adquirido algunos conocimientos sobre los procesos que actúan en gemelos hereditariamente similares? Muestra a personas que son indistinguibles porque tienen el mismo patrimonio hereditario. Sin embargo, las parejas de razas diferentes muestran diferencias extraordinariamente grandes. Y ahora, para concluir:

Si la semejanza física y espiritual de estas mujeres proviene de la semejanza de su patrimonio hereditario, la desigualdad de los individuos y la diferencia de los grupos biológicos humanos que llamamos razas provienen de la desigualdad de su patrimonio hereditario. Esta es precisamente la gran idea fundamental de nuestra doctrina racial.

Las razas difieren psíquica y físicamente porque tienen características hereditarias diferentes. Su diversidad, como la del individuo, no procede de la acción de un clima diferente, de condiciones de vida diferentes, de una influencia espiritual diferente, en resumen, de su entorno, sino de su diferente patrimonio hereditario. En el principio está la sangre. Es gracias a su patrimonio hereditario que un pueblo racialmente homogéneo construye su propio entorno, marca su espacio vital, crea su cultura. La igualdad y la diferencia se basan, pues, en el proceso natural y fundamental de la transmisión hereditaria. En el raro caso de la igualdad total de los hombres que se manifiesta en los gemelos univitelinos, podemos demostrar formalmente que su concordancia se basa en la igualdad del patrimonio hereditario. Pero también se demuestra que la diferencia entre hombres y razas se basa en la diferencia de patrimonio hereditario.

De ello extraemos, pues, la siguiente enseñanza: El patrimonio hereditario, la raza, determina las manifestaciones externas como el pensamiento, el sentimiento y la acción, la actitud psíquica de cada individuo así como de cada pueblo.

¿El alma escapa a la influencia de las leyes hereditarias?

Muchos consideran que sólo el *cuerpo* es objeto de transmisión hereditaria, pero el alma les parece una entidad sobrenatural conferida directamente al embrión por el Creador. Los gemelos univitelinos también aportan pruebas irrefutables de lo contrario. ¿Qué muestran? Vemos la misma actitud, la misma sonrisa, el mismo llanto, el mismo lenguaje, la misma coquetería, las mismas cualidades y defectos en ambos gemelos. Cuando se parte el embrión, no sólo se parten los corazones, sino también las almas.

El sentimiento tan humano que emana de estos gemelos univitelinos parece extremadamente fuerte. Tenemos la sensación de encontrarnos en un lugar donde la naturaleza nos permite contemplar sus misterios de forma profunda y clara. Es como si, a través de los gemelos univitelinos, quisiera demostrar que también podría crear hombres idénticos si quisiera. Estas raras excepciones dejan claro que quiere la *desigualdad,* no la igualdad. A través de esta desigualdad de su esencia, la naturaleza mantiene la vida en potencia, empujándola hacia adelante.

Los hombres del país de Roosevelt, enemigo mortal de la nueva Alemania y de la doctrina del Führer, ¡deberían verse a sí mismos a la cara y no con ojos de gente hambrienta de sensaciones! La verdad también existe allí: la verdad sobre la ley eterna de la sangre.

FOLLETO Nº 3 DE LAS SS. 1939.

GRUPOS SANGUÍNEOS Y RAZAS

A la luz del descubrimiento de los grupos sanguíneos, del que hablamos brevemente en el último número, se ha sobrestimado enormemente su importancia para la ciencia racial. Así, se suele creer que la sangre determina directamente la pertenencia racial de un individuo. Pero, como es bien sabido, hay muchas más de cuatro a seis razas en la Tierra. Por lo tanto, es bastante obvio que los cuatro a seis tipos de sangre no son suficientes para asociar una de las muchas razas con un tipo de sangre concreto. De hecho, los cuatro grupos clásicos A, B, AB, O se dan en *todos los* pueblos y razas. Por tanto, ¡los grupos sanguíneos no pueden determinar la pertenencia de un *individuo* a una raza! Clasificar a las personas en función de *una* particularidad -en este caso el grupo sanguíneo- no lleva a ninguna parte. Si, por ejemplo, se quisiera juzgar a los pueblos y razas *únicamente* en función del índice cefálico, los nórdicos y los negros estarían emparentados, ¡porque ambas razas son dolicocéfalas! Es comprensible que se haya sobrestimado la importancia de la característica sanguínea en la investigación racial, ya que esta característica merece al menos una consideración especial. Sin embargo, en la determinación de los grupos sanguíneos, la raciología no está menos -pero no más- presente que el primer procedimiento biológico, que está capacitado para complementar ricamente los que, hasta ahora, son casi únicamente descriptivos y se utilizan para medir los cuerpos. Además, el grupo sanguíneo de un individuo permanece constante a lo largo de toda su vida y, a diferencia de otras características corporales, es completamente independiente de cualquier acción del mundo exterior.

Aunque no se puede asignar una raza precisa a los cuatro a seis grupos sanguíneos, el descubrimiento de estos grupos proporciona, sin embargo, información valiosa para establecer la historia de las razas y el descubrimiento de los pueblos. Podría demostrarse que los cuatro grupos A, B, AB, O se encuentran en todos los lugares de la Tierra, pero que la *frecuencia de su aparición* es diferente según los pueblos y las razas. Un ejemplo familiar arrojará luz sobre el problema: si comparamos la distribución porcentual de los grupos sanguíneos en el pueblo alemán, teniendo en cuenta todos los estudios publicados hasta la fecha, con la de los 1.000 judíos examinados, obtenemos la siguiente tabla (cifras redondeadas):

Grupos sanguíneos	**O**	**A**	**B**	**AB**
Alemanes	36	50	10	4
Judíos	33	37	21	9

Se observa que los valores de B y AB son el doble entre los judíos que entre los alemanes. La distribución de O es aproximadamente igual, mientras que A es significativamente más frecuente entre los alemanes que entre los judíos.

Es evidente que estos porcentajes ofrecen una imagen más precisa cuanto mayor es el número de individuos examinados. Si examináramos sólo a cien hombres de las SS, seguramente obtendríamos una imagen de la distribución de los grupos diferente de la que acabamos de dar para los alemanes. Sin embargo, un examen de todas las SS daría cifras aproximadas. Por lo tanto, los datos sobre la distribución de los grupos dentro de países concretos son muy inciertos, porque se examina a muy pocos nacionales de esos países y la elección de los examinados influye en los resultados. En cualquier caso, hoy en día ya se puede trazar *una imagen de la distribución de los grupos sanguíneos entre los distintos pueblos y entidades nacionales, teniendo en* cuenta los resultados de las averiguaciones anteriores:

Una visión de conjunto muestra *una preponderancia significativa de la sangre A en el noroeste de Europa y de la sangre B en Asia central y oriental. Sin embargo, la sangre* A y la raza nórdica no deben confundirse, a pesar de los datos geográficos conocidos hasta la fecha, como ha revelado el examen de un grupo de poblaciones de Alemania del Este con mayoría de sangre A. En la zona Europa-Asia, el grupo A disminuye constantemente de oeste a este. Llama la atención que en la *Rusia europea* haya menos A que en Oriente Próximo entre los antiguos *iraníes y persas* del norte. Esto es un claro indicio del empuje de los pueblos nórdicos indogermánicos hacia Asia. En cuanto a los B, hay una distribución preponderante en *el noreste de Europa en* comparación con las regiones del sureste de Europa y Oriente Próximo. La prehistoria y la historia demuestran que los elementos raciales migraron de Asia a Europa. En cuanto a la distribución de A en otras partes del mundo, encontramos: la preponderancia de A fuera de Europa se encuentra en *Australia, Polinesia,* el Pacífico y Japón, así como entre los pueblos del norte de África. Los australianos y polinesios muestran cierta analogía en sus características físicas con el tronco parental europeo, por lo que la alta preponderancia de A en estos pueblos no es tan sorprendente. Entre los *japoneses, la preponderancia* de la sangre A se detiene después de los ainu, esa antigua población de las islas japonesas que también muestra un predominio de A, y está relacionada con los pueblos europeos por otras características físicas. Entre los pueblos *del norte de África, el predominio de la sangre A* es coherente con el hecho de que esta región pertenezca a la esfera racial mediterránea y, por tanto, europea, una pertenencia que también puede deberse en parte al Imperio de los vándalos germánicos, que permanecieron en el norte de África durante más de cien años. En cuanto al B, fuera del continente Europa-Asia, hay que destacar su presencia bastante limitada en el Pacífico y su ausencia total en Australia. El grupo sanguíneo O es tan preponderante (90%) entre los *esquimales* y los *indios norteamericanos* emparentados con ellos, que los individuos no O sólo podrían haber recibido su grupo sanguíneo de una influencia extranjera. No hay, por así decirlo, AB entre ellos. A y B son tan raros que su penetración en la población primitiva norteamericana podría explicarse por la mezcla de razas tras la colonización. Inicialmente, los esquimales y los indios norteamericanos parecían poseer únicamente sangre O. Serían, pues, la única "raza pura" en cuanto al grupo sanguíneo que conocemos hasta ahora en la Tierra.

Dado que los indios tienen un grupo sanguíneo tan claramente diferenciado, aquí puede verse claramente cómo la mezcla con otros pueblos y razas modifica la estructura sanguínea original de un pueblo. Esto se puede ver en la siguiente tabla:

Grupos sanguíneos	**O**	**A**	**B**	**AB** (%)
Indios de pura raza	91,3	37,7	1,0	0,0
Indios mestizos	64,8	25,6	7,1	2,4
Blanco americano	45,0	41,0	10,1	4,0

Como era de esperar tras la mezcla de su raza, los mestizos indios ocupan, en términos porcentuales, una posición intermedia entre los indios puros y los blancos. Allí donde se ha producido la mezcla, se encuentran cifras intermedias en los promedios. Las cifras de Rusia oriental sugieren una amplia mezcla entre rusos y pueblos ugrofineses y mongoles.

A la inversa, con la ayuda de los grupos sanguíneos se puede demostrar si un pueblo mantiene o no la pureza de su sangre. Como hasta ahora se ha demostrado que la distribución por sexos se mantiene estable a lo largo de tres generaciones, también hay que suponer que la distribución por grupos sanguíneos de un pueblo sigue siendo la misma siglo tras siglo, siempre que no haya mezcla de sangre con personas de grupos diferentes. De hecho, ahora se podría argumentar que, por ejemplo, los "sajones de Transilvania" que abandonaron Alemania hace setecientos años siguen teniendo la misma distribución de grupos que los alemanes de Alemania, ¡diferente de la de sus vecinos rumanos o húngaros! Los negros de América tienen una distribución de grupos comparable a la de sus hermanos africanos. También los holandeses, en Sudáfrica y las Indias Orientales, han conservado la misma tipología que sus hermanos de la madre patria; lo mismo ocurre con los ingleses en Canadá y Australia. De igual modo, la distribución es también muy llamativa entre los gitanos -los verdaderos gitanos-, que no deben confundirse con los vagabundos que se han mezclado aquí y allá con estos nómadas. La distribución de los grupos entre los gitanos no tiene nada que ver con la de los pueblos europeos, sino más bien con la de los hindúes. Sin embargo, la lengua gitana se compone de retazos de todas las lenguas de los países que atraviesan, y algunas palabras indican que los gitanos son originarios de la India. Las investigaciones sobre la sangre han demostrado la validez de esta opinión, como muestran las siguientes comparaciones:

Grupos sanguíneos	**O**	**A**	**B**	**AB (%)**
Gitanos	27-36	21-29	29-39	6-9
Hindúes	30-32	20-25	37-42	6-9

Este asombroso ejemplo nos muestra lo poco que ha cambiado la tipología sanguínea del pueblo gitano, aunque hay pruebas de que se han dispersado desde el siglo XIII en innumerables hordas por toda Europa, donde han vivido su vida como parásitos.

Al igual que otras características hereditarias, los individuos de un mismo pueblo pueden diferenciarse naturalmente por su grupo sanguíneo. Así, los alemanes occidentales y meridionales se diferencian de los orientales y centrales. Sin embargo, las diferencias no son tan grandes como entre rusos y alemanes o entre polacos y holandeses. No obstante, dentro de ciertas fronteras, se puede hablar de ciertas figuras permanentes que son características de los alemanes en su conjunto. Aparte de algunas desviaciones locales, *todas las personas, en lo que respecta a la distribución de los grupos sanguíneos, son homogéneas dentro de ciertas regiones y esta homogeneidad es también sorprendentemente constante.*

Vemos, por tanto, que es muy posible explicar ciertos procesos raciales y nacionales con la ayuda de la prueba del grupo sanguíneo.

El estudio de las propiedades de los recientemente descubiertos grupos sanguíneos similares M, N, P, S, G, que aún no han sido probados en experimentos raciales, puede proporcionarnos en el futuro un nuevo método para explicar la interdependencia entre grupo sanguíneo y raza.

Paul Erich Büttner

FOLLETO Nº 3 DE LAS SS. 1936.

CUARTO EJEMPLO DEL TRABAJO DE SIPPENAMT

Esto puede añadirse al tercer ejemplo tomado del trabajo de la Sippenamt (Oficina de Clanes) en el Cuaderno SS 2:

En varias partes de Baviera aún es posible encontrar al padre de un hijo ilegítimo. Un hombre que se casa con una mujer con un hijo natural suele aceptar al niño como suyo. En el "contrato de filiación único", que se conserva en los archivos estatales, suele indicarse el padre del niño, junto con la fecha y el lugar de nacimiento.

1ère semana del 26 de abril al 2 de mayo de 1936

Al construir un árbol genealógico, la mayoría de los SS llegan a un "callejón sin salida" y no pueden ir más allá. Se dará un ejemplo de cómo puede superarse a veces esta situación.

Un hombre de las SS descubre que su bisabuela nació en Luneburgo en 1820. El tatarabuelo era propietario de la salina local. Para poder remontarse a 1800, aún se necesitaban las partidas de bautismo y los certificados de matrimonio de los tatarabuelos. Pero éstos no fueron bautizados ni se casaron en Luneburgo.

A continuación se dieron los siguientes pasos:

Primero se buscó el acta de defunción. Pero resultó que el tatarabuelo había fallecido el 27 de septiembre de 1865 a la edad de 82 años, 3 meses y 10 días, por lo que se dio el día aproximado de nacimiento, 17 de junio de 1783, pero no el lugar de nacimiento. La búsqueda de los registros de defunción de los tatarabuelos no dio ningún resultado.

Dado que la fecha de defunción se sitúa en torno a 1865, primero se consulta el lugar de nacimiento en la oficina de registro, pero las listas no comienzan hasta 1868.

A continuación, se pidió al párroco que consultara el registro de bautizados. En este registro, junto a la nota que indicaba el bautizo de una hermana mayor de la bisabuela, estaba escrito que esta hermana había nacido en 1815 en Neusalzwerk, cerca de Minden. Esto significa que los tatarabuelos probablemente se trasladaron de Neusalzwerk a Luneburgo entre 1815 y 1820.

Se escribió una carta al párroco de Neusalzwerk, cerca de Minden. Pero la carta fue devuelta por ser imposible de entregar.

¿Qué se puede hacer entonces?

Se buscaron en todos los registros locales, pero no se encontró ningún lugar con el nombre "Neusalzwerk". Como último recurso se podía escribir a la administración de la comunidad de Minden para preguntar si existía este lugar y a qué parroquia pertenecía.

Resultó que el actual balneario de Oeynhausen se llamaba antiguamente Neusalzwerk.

Por lo tanto, el certificado de matrimonio y las partidas de bautismo podían ser redactados por el párroco competente. La fecha se sitúa en torno a 1800.

2 semana del 3 al 9 de mayo de 1936

¿Por qué fórmulas de salud hereditaria?

Cuando se habla con personas de la SS sobre cómo rellenar los formularios de salud hereditaria, a menudo se tiene la impresión de que la mayoría no ha comprendido en absoluto la inmensa importancia de facilitar escrupulosamente las referencias requeridas. ¿Qué es entonces el estado de salud hereditario? Aquí nos encontramos con la noción familiar de salud, es decir, el cuidado de las enfermedades, y algo totalmente nuevo, a saber, el tratamiento de las predisposiciones a defectos hereditarios graves. Muchos se preguntarán ahora qué es lo hereditario. En pocas palabras, se puede decir que todo lo que constituye al hombre física, espiritual y psíquicamente. Sus capacidades proceden de sus antepasados y las transmite a sus hijos. Ya se sabía empíricamente que en todas las familias reaparecen características físicas llamativas con el paso de las generaciones, por ejemplo la forma particular del labio inferior en la casa de los Habsburgo, o el gran talento musical de ciertas familias. Muchas enfermedades se transmiten junto con las características físicas y las capacidades espirituales. El trágico mundo de los manicomios y lisiados actuales se debe casi exclusivamente a estas enfermedades hereditarias. Todo hombre pensante y responsable exige clara y naturalmente que se reduzcan los defectos hereditarios más graves.

La dificultad comienza cuando hay que diagnosticar a niños y enfermos hereditarios de la misma sangre. Con frecuencia, se trata de hombres aparentemente sanos que, según las leyes del atavismo, pueden tener en su patrimonio hereditario una predisposición a una de estas enfermedades. El no experto no podrá entender en absoluto que un hombre aparentemente totalmente sano, que no tiene a nadie en su familia inmediata con un defecto hereditario y que puede no saber en absoluto que un abuelo ya estuvo enfermo hace generaciones, pueda ser portador de este defecto en él. Y si su cónyuge también porta la misma predisposición, la enfermedad se manifestará en él o en el niño. Por lo tanto, es deber de cada individuo, por responsabilidad consigo mismo y con sus descendientes, pedir consejo a un médico experimentado en estas cuestiones. Para facilitar esta tarea a los SS, se crearon las fórmulas de salud hereditaria, con las que el médico examinador de las SS aconseja a sus compañeros. Mediante ejemplos concretos, se demostrará que es imposible para el lego distinguir entre lo esencial y lo accesorio en materia hereditaria a la hora de juzgar su salud hereditaria. Es su deber decir al médico examinador abierta y fielmente todo lo que ha averiguado sobre sus parientes más cercanos. Éste podrá entonces decirle con la mayor probabilidad si los hijos y nietos serán sanos. El que omite mencionar a las autoridades asesoras las enfermedades, muertes y acontecimientos particulares de sus antepasados, no sólo actúa criminalmente hacia su futura esposa, en cuya familia sana introduce la enfermedad, sino que carga con una mancha no sólo a ella, sino también a sus hijos y a sí mismo.

Contrariamente a lo que piensan muchos compañeros, los requisitos establecidos por la RuSHA no son superfluos. A menudo dan lugar a datos benignos, pero a veces también revelan defectos hereditarios que el individuo ni siquiera sospechaba. Sólo un médico cualificado puede diagnosticar si el solicitante es víctima de un defecto.

3 semana del 10 al 16 de mayo de 1936

Muchos camaradas del país que están intentando obtener permiso para casarse ya habrán despotricado contra la RuSHA muchas veces en sus corazones o incluso abiertamente.

Por ejemplo, a una persona le gustaría casarse rápidamente. Así que envía sus papeles y quiere que el asunto se resuelva lo antes posible. Para agilizarlo, puede que incluso ya haya facilitado mucha información detallada, como el informe de un médico especialista sobre los pequeños defectos de los ojos de su prometida o un certificado de un tratamiento dental necesario. Creyendo que realmente lo ha hecho todo, espera confiado la evolución del caso.

Está totalmente tranquilo, porque todo está casi arreglado y no hay ninguna singularidad en ninguna de las dos familias. Un "no" responde a todas las preguntas de los cuestionarios de salud; sólo hay un interrogante para un tío; porque en casa de los padres se sabe que este tío compareció ante un tribunal por un incendio provocado; pero no fue condenado y murió poco después.

Así pues, este caso es evidentemente benigno. Y cuando, efectivamente, llega una carta del RuSHA, la abre con el corazón alegre porque debería contener la esperada autorización matrimonial. Pero luego se decepciona: "Para el estudio minucioso de su solicitud, el RuSHA necesita:

1. un certificado sobre el accidente mortal de la abuela de su prometida;
2. Más información sobre su tío que compareció ante el tribunal por un incendio. Nombre, fecha y lugar de nacimiento, así como el tribunal de justicia; además, pueden ser necesarios los antecedentes penales.

En primer lugar, hay mucha irritación con esta carta y sus exigencias obviamente secundarias. Uno casi tiene ganas de enviar una carta enérgica y decir todo lo que piensa. Pero al fin y al cabo, el asunto es urgente y los datos requeridos se recopilan a discreción. Los resultados son interesantes y sorprendentes para los inexpertos de la SS en cuestiones médicas de biología hereditaria, y aún más importantes para los especialistas médicos de la RuSHA.

La abuela, de la que la prometida sólo había oído hablar a sus padres, no fue víctima de un accidente, sino que de hecho se suicidó. Siempre había sido una persona peculiar e individualista, informaron los padres en esta ocasión.

Y lo sorprendente es que sus propios familiares, cuando se les pregunta por el tío, le cuentan algo completamente parecido. Dicen que era un original en el que no se podía confiar y que a menudo hacía cosas incomprensibles que él mismo no podía explicar.

Así, la investigación, aparentemente menor, revela un hecho que sorprende al propio compañero, pero del que los asesores de RuSHA conocen todo su significado. A partir de estos indicios ya se puede suponer que en ambos casos, en la abuela de la novia y en el tío del solicitante, están presentes los síntomas de la misma enfermedad mental hereditaria. Esta suposición se ve confirmada por los antecedentes penales presentados. Del informe forense se desprende que el tío no fue condenado por demencia. No fue trasladado a un manicomio como estaba previsto porque murió antes de neumonía.

De este modo, se observa que los ascendientes consanguíneos afines de ambos futuros cónyuges tienen la misma enfermedad hereditaria. Así, debido a la transmisión hereditaria de estas enfermedades, es muy probable que ambos futuros cónyuges lleven en su interior la predisposición a esta enfermedad. Aunque no se detecte nada en ellos, existe un gran peligro de que en los hijos comunes se sumen las predisposiciones patológicas internas de ambos progenitores y reaparezca la enfermedad.

¿Qué resulta de esto? Debería desaconsejarse el matrimonio a ambos prometidos porque el peligro para sus hijos sería demasiado grande. Sin embargo, se puede acordar que cada uno de ellos se case con otra persona sana en cuya familia no esté presente la enfermedad. De este modo, el niño ya no corre el riesgo de recibir la misma predisposición patológica que, por repetición, causaría la enfermedad. Otras enfermedades hereditarias también tienen otros tipos de transmisión que deben tenerse en cuenta a la hora de diagnosticar un posible peligro para los niños. Por ello, es importante disponer de datos precisos sobre las enfermedades de los miembros del clan para que el médico pueda formarse un cuadro exacto.

4 semana del 17 al 23 de mayo de 1936

Durante la investigación de una solicitud de matrimonio se descubrió que un tío del solicitante era sordomudo. Otras informaciones revelaron que este tío era sordo hereditario. Dado que la sordera afectaba a un tío, este defecto no es muy grave para el solicitante. Otras investigaciones revelaron también que la madre de la novia era sorda. La denegación debería haber cerrado el caso si una búsqueda repetida no hubiera revelado que la madre de la novia había padecido escarlatina en su primera juventud; el médico que la trató en el hospital informó de que había perdido la audición como consecuencia de una lesión de escarlatina en el oído medio. No se trataba de una sordera hereditaria, sino la consecuencia de una enfermedad infecciosa. Esto cambió las cosas por completo. La solicitud pudo aprobarse porque el defecto sólo afectaba a un lado y no al otro. Los hijos de este matrimonio tendrán la mayor probabilidad de estar sanos.

> *La naturaleza crea especies, no seres. La especie es el fin; el ser es sólo el servidor de este fin. Es característico del individuo engañarse sobre su destino y creer que ha nacido para sí mismo.*
>
> René Quinton

Un même sang traverse l'Europe au cours des millénaires.

1. Guerrier germanique. 2. La reine Octavie. 3. L'empereur Vespasien. 4. Hermès sous les traits d'un noble romain. 5. L'empereur Auguste. 6. Tête d'un boxeur grec.

CUADERNO SS N° 3. 1944.

SIN TÍTULO

Delante de ti hay un caballo. ¿Te gusta el animal? - Me gustaría pensar que sí. Y no es un caballo cualquiera. Es especialmente bello, noble y distinguido y pertenece a la raza Lipizan, cuyo árbol genealógico se remonta a la antigüedad clásica.

¿Por qué te gusta tanto este animal? ¿Por qué te alegra conocerlo? ¿Por qué su visión enriquece tu alma?

No hace falta preguntarse por qué nos gusta un caballo, una criatura tan magnífica. ¿Por qué me gusta? Sencillamente porque es hermoso; porque tiene un tamaño armonioso; porque todo en él está en armonía, el tronco, la cabeza y las patas; porque su pelaje es liso, su color elegante, su movimiento flexible y su andar orgulloso.

Todo esto es cierto, pero quiero que me hables de otra manera, que me digas no los motivos de tu satisfacción a la vista de estos caballos, sino los que permanecen en lo más profundo de tu ser.

¿Qué te hace capaz de sentir la belleza de un caballo? ¿Qué cualidades en ti te lo permiten? Sé que tú también puedes responder fácilmente a esta pregunta: ¿dices que es tu sentido de la belleza, tu instinto? Correcto, pero ¿con más precisión? - Pues tu sentido de la raza.

No es tan fácil darse cuenta de lo obvio; tuve que hacer muchas "preguntas tontas" para obtener finalmente la respuesta más pertinente. Suele ocurrir con las cosas más sencillas. El resto parece tan obvio y fácil. Esas soluciones sencillas se llaman huevos de Colón. La solución a la cuestión racial también es un huevo de Colón. Hoy resulta difícil imaginar que nuestros antepasados pudieran haberse ocupado durante siglos del cultivo de plantas y la cría de animales, aunque con sagrado celo, olvidando por completo lo obvio, es decir, el cultivo y la preservación de la pureza de su propia raza. Aunque cada día se nos persuada de lo contrario, la errónea doctrina de la igualdad de todos los hombres pregonada por una fe ajena se mantuvo como cierta durante siglos. Es una suerte que nuestro pueblo fuera lo suficientemente fuerte como para que la mayoría de hombres y mujeres eligieran cónyuges de igual valor. De lo contrario, hace tiempo que habríamos retrocedido a la etapa de los franceses que promovían la mezcla de razas de forma totalmente irresponsable. Fue el Führer quien, por primera vez, devolvió a la conciencia del pueblo la necesidad divina de un orden racial. - en el momento de la mayor tragedia, en el momento definitivo. Debemos recordarlo siempre. No olvidemos nunca estos hechos: el Führer tuvo que imponer su doctrina ante un mundo hostil; un Hans Günther fue cubierto de desprecio y sarcasmo a causa de su doctrina racial. Y la guerra actual, ¿no se debe principalmente a que el mundo adverso, que aún vive bajo el dominio de las ideologías que derrotamos, teme la fuerza perturbadora que este conocimiento revela y nos proporciona?

Ahora vuelves a ver el espléndido caballo, comparando los dos puntos de vista. Hombre SS, mujer SS, regocíjate en la creación; bebe en la belleza de este mundo con todos tus sentidos. Pero estate siempre atento a las preguntas que Dios te hace a través de sus manifestaciones. Porque ahí encontrarás siempre la respuesta fundamental que debe determinar tu vida. Cuestionar y encontrar respuestas es la característica de los que viven en el umbral. Atrás quedan los siglos en los que quienes tenían un fuerte dominio sobre las almas daban respuestas falsas y prohibían el cuestionamiento.

Nuestro duro destino es dar la respuesta definitiva con la sangre de los mejores, para que después de nosotros crezca una generación que sepa seguir el camino correcto sin cuestionarse las razones de la victoria o de la derrota. El éxito sólo depende de cada uno de nosotros, de nuestras vidas y luchas, -y sobre todo- de nuestro reconocimiento de las razones, las necesidades y nuestra fe arraigada en la conciencia de servir a la misión más sagrada.

H. Kl.

Caballo Lipizan.

Folleto N° 6 de las SS. 1944.

La actitud del soldado hacia las mujeres extranjeras

Usted es un SS, lo que significa que no es un mercenario. Este último es reclutado a sueldo para luchar por algo que no le concierne. Como SS defiendes a tu pueblo y tu sangre. También defiendes a las SS, una comunidad, una orden dentro de tu pueblo, que se ha impuesto como tarea especial mantener pura la sangre y elevar el valor de la raza. Por lo tanto, cuando te encuentras en un país extranjero, con un arma en la mano, tu deber es doble: debes defender a tu pueblo y a las SS con dignidad.

Sin embargo, usted se comporta sin dignidad cuando, en uniforme de oficial con las insignias del Reich y de las SS, se pasea por los cafés y bares con esas muchachas y mujeres a las que no les importa la pena y el dolor de su pueblo porque no tienen corazón. Tienes razón al pensar que no son chicas y mujeres honestas. Porque esas muchachas cuyos hermanos, esas mujeres cuyos maridos han sido derrotados por ti y tus camaradas, seguro que no te saltarán al cuello de alegría. Por tanto, debéis ser perfectamente conscientes de lo que os deparará esta huidiza compañía.

¿Qué derecho tienes al rigor si te dejas llevar? ¿Cómo podéis mantener el buen juicio y la postura correcta si perdéis el respeto por vosotros mismos? Durante esta guerra, muchos de vosotros tenéis la oportunidad de asumir más responsabilidades de las que podríais tener en tiempos de paz. Tendréis que demostrar que sois dignos de esas responsabilidades. Sabemos que sois valientes en la batalla. Que todos queráis aprender a ser orgullosos, disciplinados y sobrios, incluso cuando no estáis en línea de batalla, es lo que todos esperamos para el futuro de nuestro pueblo.

También te diré lo que debes hacer cuando hayas leído esto. Tienes una mirada aguda, un corazón valiente y entiendes lo que eso significa. También es posible que sepas que alguno de tus camaradas no se comporta como debería. Hasta ahora, has vuelto la cabeza hacia otro lado y has pensado que no era asunto tuyo. Créeme, es asunto tuyo, es asunto nuestro. Prueba primero el camino del verdadero compañerismo: llévate a tu amigo aparte y háblale con sensatez. Dile de qué se trata. Dile que ha llegado la hora del destino para todo nuestro pueblo. Recuérdale que el Führer necesita a todos sus hombres.

Piensa siempre que recordarás el resto de tu vida los meses y años en los que llevaste las runas de las SS en tu chaqueta. Para un alemán, estos años son los más decisivos de su vida. No sólo porque el joven voluntario de las SS se hace hombre, su pecho se ensancha, su paso se fortalece, sus ojos se abren al mundo exterior, sino también porque su mente se forma y aprende en la comunidad de las SS lo que siempre llevará consigo: orden, disciplina, probidad, puntualidad, sacrificio y solidaridad. No estropeéis este recuerdo pensando que no faltáis a vuestros deberes como vuestro pueblo espera de vosotros. Si descuidáis estas cosas, os hacéis el mayor daño a vosotros mismos.

Hubo un tiempo en que se proclamaba "el derecho a disponer del propio cuerpo". Hubo un tiempo en que se bendecía el matrimonio de un negro y una blanca, la unión de un alemán y una judía, y se protegía a quienes mataban a un niño en el vientre materno si su nacimiento molestaba a los padres.

Pero los campeones de aquella época, a los que derrotamos en Alemania gracias a la lucha del Führer, nos hacen frente ahora tenazmente en todos los frentes.

Cuando dejas que tu cuerpo y tu sangre hagan lo que dictan tus deseos, entonces estás ayudando a los adversarios de nuestro pueblo y de nuestra ideología. Cuando te domines a ti mismo, estarás en la verdad porque encontrarás la fuerza y el orgullo para vivir de acuerdo con las leyes de tu pueblo, de tu SS y de aquellos a los que defiendes.

Quien corrompe su sangre, corrompe a su pueblo.

Folleto Nº 2 de las SS. 1938.

Cuestiones raciales en Estados Unidos

La conquista y colonización de los Estados Unidos de América representa una migración de pueblos que supera con creces cualquier otra realizada hasta la fecha. Así como la colonización de Sudamérica corrió a cargo de los pueblos romances, la del continente del norte fue obra de grupos germánicos. Ingleses y alemanes fueron los principales pioneros en este joven país. La parte francesa no debe subestimarse, pero es de carácter puramente histórico y carece de influencia en el desarrollo, la cultura y la fisonomía racial del país.

Según el propio historial de la colonización, después de que el nuevo Estado se independizara de la madre patria, aumentó la afluencia procedente del Viejo Mundo. Entre 1820 y 1935, treinta y dos millones y medio de personas emigraron de Europa, cinco millones y medio de otros países. También aquí predominó el elemento germánico. Los británicos iban en cabeza con unos nueve millones, los alemanes les seguían con seis millones. En aquella época, los pueblos predominantemente nórdicos representaban en total aproximadamente dos tercios de los inmigrantes europeos.

Debemos recordar estos hechos cuando hablamos de la América del Norte. Pensamos en nuestra propia sangre que fluye en esta nación y en la sangre de otros pueblos que son de la misma raza que nosotros. Por lo tanto, no podemos permanecer indiferentes ante la evolución de América del Norte, ni ante la cuestión de si el patrimonio racial se conserva o se dilapida.

Los grandes pueblos nórdicos de América son los más amenazados, en primer lugar por las razas de color que han acogido en su seno; además, el papel desempeñado por los pueblos de Europa oriental y occidental ha aumentado extraordinariamente en las últimas décadas y contribuye a la transformación de la imagen racial original.

Hoy es bien sabido que la cuestión de los negros es el problema crucial para Estados Unidos. Doce millones de negros y mestizos de negros componen una población total de unos ciento veintitrés millones (cifras de 1930). Esto supone una décima parte de la población. Los mestizos también se consideraron "negros" en el censo de 1930, incluidos aquellos con sólo una pequeña cantidad de sangre negra, los "casi blancos", así como los mestizos de negros e indios; a menos que predomine la sangre india, en cuyo caso se consideran generalmente indios. Según estimaciones fiables, los mestizos representan aproximadamente tres cuartas partes de la población negroide total, y sólo una cuarta parte son negros de pura raza. Es precisamente este gran número de mestizos lo que pone en peligro la existencia de los blancos, ya que es principalmente a ellos a quienes la raza blanca transmite un patrimonio hereditario duradero y no a los negros puros. También aportan sangre de color a los blancos.

En 1619 se llevaron por primera vez a Virginia veinte esclavos negros procedentes de la costa occidental de África. Norteamérica seguía así el ejemplo del Sur, que ya había utilizado esta mano de obra barata en las plantaciones y minas 100 años antes, ya que los indios eran demasiado débiles como bestias de carga. Así comenzó en el Sur la mezcla de las razas blanca y negra. Los holandeses gobernaban en Guayana -también se comportaban de forma similar en las Indias Orientales Holandesas y Sudáfrica- y los franceses en Haití. Los sirvientes blancos, que al principio superaban en número a los esclavos y en su mayoría eran contratados en régimen de servidumbre para trabajar durante años o pagar las travesías con mano de obra, tuvieron primero aventuras con los negros. Por eso eran más frecuentes los matrimonios entre mujeres blancas de las clases bajas y negros. Incluso hoy, la mayoría de los matrimonios mixtos entre blancos y negros son entre mujeres blancas y negros o mulatos. Pronto la aristocracia plantadora siguió el ejemplo de esta clase social inferior. Mientras que, por autoconservación, los criados blancos se vieron obligados con el tiempo a aumentar la distancia entre ellos y los esclavos, el todopoderoso propietario de esclavos pudo mantener relaciones tranquilas con las criadas de color sin temor a que su rango o la disciplina de la plantación se resintieran La "ama" de color y sus hijos mulatos eran una institución general en las plantaciones. "Muchos propietarios de esclavos eran los padres o abuelos de algunos de sus esclavos", afirma Reuter.[1] Más tarde, cuando nació una clase mestiza con mayoría de sangre blanca -cuartones y octavos (un cuarto y un octavo de sangre negra), a menudo acomodados y blanqueados por la civilización occidental-, el número de enlaces ilegítimos entre blancos y mulatos libres aumentó considerablemente en las grandes ciudades.

Las reivindicaciones políticas y sociales de la población negra crecieron en proporción a su aumento tras la abolición de la esclavitud -hay que

[1] Reuter, *El problema racial americano.*

recordar que su número ha pasado de un millón en 1800 a doce millones en la actualidad y aumenta en un millón cada década-. Pero la defensa de los blancos fue proporcional. Los estados del Sur fueron los más ardientes defensores de la línea de color, y fueron los primeros en erigir una barrera entre los blancos y los de color en términos sociales y raciales.

Antes de pasar a las medidas adoptadas para defender a los Estados contra los desajustes raciales, debemos echar un vistazo a las relaciones sociológicas y raciales entre los "negros". Ya se ha dicho que los negros puros sólo constituyen una cuarta parte de la población y que la mayoría está formada por mestizos de todos los matices, desde el medio negro hasta el octavo. El nivel de educación, la situación social y las reivindicaciones políticas son, pues, también diferentes.

El negro puro se encuentra cultural y socialmente en el nivel más bajo. La posición cultural y social del mestizo también aumenta con la mayor proporción de sangre blanca - y el rechazo de los negros. Cuanto más herencia blanca posee un mestizo, más radicalmente se distancia de sus conciudadanos raciales. Los mira con desdén, se siente mejor que esos "negros" y se esfuerza por encontrar una mujer preferiblemente aún más blanca que él. Se encuentra situado entre las razas, renegando de la inferior y sin ser aceptado por la superior. De vez en cuando consigue penetrar en la raza blanca y, si él no lo consigue, tal vez lo hagan sus hijos. Así, a pesar de todas las barreras, la sangre negra entra en el cuerpo blanco popular, aunque sea diluida. La entrada será fácil allí donde la imagen racial ya esté coloreada por tipos mediterráneos u orientales.

El mestizo no siempre aspira a ser admitido en la raza blanca. Algunos mulatos inteligentes se han puesto del lado de los negros y se han convertido en sus líderes. Así como los primeros niegan su sangre negra, ellos niegan su herencia de sangre blanca. Quieren ser negros, predicar la conciencia racial del hombre negro y atribuir al negro la misma inteligencia que ellos poseen, ciertamente en virtud de su origen blanco. Esta es su baza: afirman que en el desempeño espiritual, el negro es capaz de lograr las mismas cosas que el mestizo. Es un hecho indiscutible que más de cuatro quintas partes de todos los "negros" importantes tenían poca sangre negra y, por tanto, que la herencia de sangre blanca domina en la clase dirigente negra.

Una gran parte de los negros emigró muy pronto al norte y a las grandes ciudades. En 1930, el 43% de ellos ya estaban allí. Nueva York albergaba a unos 330.000, Chicago a más de 230.000 miembros y descendientes de la raza negra. Las condiciones de vida eran más favorables para el negro en el norte. No está expuesto al destierro social ni a la restricción de sus derechos políticos como en el Sur (¡desde la Guerra Civil es un ciudadano igual sobre el papel!) Su vida también es más segura en el Norte que en el Sur. Entre 1885 y 1924, 3.165 negros fueron linchados, más de nueve décimas partes de ellos en los estados del Sur. A pesar de la emigración al

Norte, el Sur sigue estando hoy extremadamente negrificado. Mississippi está a la cabeza. Más de la mitad de su población (50,2% frente al 58,5% en 1900) es de sangre negra. Le sigue Carolina del Sur con un 45,6% y los tres estados de Georgia, Alabama y Luisiana con una media del 30-40% de negros o mulatos. Ningún estado carece de negros. Ni el noreste ni el centro-norte muestran aún las relaciones más saludables.

Los Estados Unidos de América se han opuesto a la mezcla de razas. No quería absorber a los negros y formar un crisol de razas, como en Sudamérica. Desde el principio se tomaron medidas en los estados sureños más amenazados. No es necesario discutir aquí el desarrollo histórico de la legislación racial, sino sólo la ley vigente en la actualidad.[2] Las comparaciones con la legislación racial progresista de los alemanes son evidentes.

En primer lugar, hay que decir que no se trata de una legislación racial en el sentido alemán, que impide en todos los casos el nacimiento de mestizos y, por tanto, la ampliación del grupo mestizo. Las prohibiciones en vigor no sólo iban dirigidas a las *relaciones matrimoniales entre blancos y de color. Las* relaciones sexuales ilegítimas -la difamación racial más común por ser la más difícil de controlar- no están prohibidas legalmente. (Como ejemplo opuesto, Italia prohíbe las relaciones sexuales entre italianos y nativos, mientras que los matrimonios mixtos no son castigados por el bien de la Curia). Del mismo modo, el matrimonio, y por supuesto las relaciones ilegítimas entre mestizos y diversas razas de color, no están prohibidos. Algunas tribus indias constituían una excepción, ya que debían ser protegidas del mestizaje con los negros.

Tampoco existe una ley racial uniforme en toda la Unión. De cuarenta y ocho estados, sólo treinta han promulgado prohibiciones de los matrimonios mixtos. Se trata principalmente de los estados del sur y del oeste. El noreste permanece pasivo en este ámbito.

Si examinamos detenidamente la relación entre la población negra de cada estado y la legislación racial, podemos establecer lo siguiente:

De dieciocho estados con más de un 5% de negros, diecisiete han prohibido los matrimonios mixtos (excepción: Nueva Jersey). Por tanto, puede decirse que aquí se ha tenido en cuenta la necesidad racial-biológica. El resto de estados con menos del 5% de negros no muestran la misma tendencia.

2 Una investigación excelente es la presentada por Krieger: *Racial Law in the United States.*

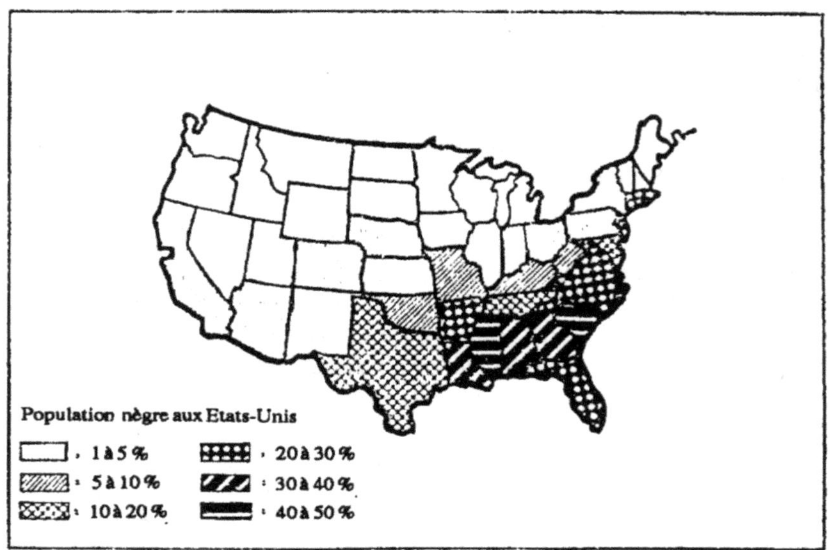

De los catorce estados con una población negra del 1-5%, sólo cinco prohíben los matrimonios mixtos, mientras que los nueve restantes no parecen estar convencidos de la necesidad de tal medida.

Por el contrario, ocho de los dieciséis estados con menos de un 1% de negros votaron en contra del matrimonio mixto.

Esta falta de unidad en cuanto a la concepción principal de la cuestión racial también se puso de manifiesto a la hora de definir el concepto de "negro" en el espíritu del derecho matrimonial. En un caso, los mestizos, incluyendo hasta un cuarto, en diez casos, los mestizos, incluyendo hasta un octavo de sangre, en tres casos, la prueba de un rastro de sangre negra, y en dieciséis casos, las personas de "origen africano" o "raza de color" se denominan generalmente negros - la frontera se deja a la discreción de los tribunales.

Así, un octavo puede casarse con una pareja blanca en el Estado en el que la frontera entre blancos y negros llega hasta el cuarterón y, por último, pueden celebrarse matrimonios mixtos entre blancos y negros de todo tipo en los Estados en los que no existe legislación racial. Esto demuestra que esta barrera también puede complicar la mezcla racial legítima, pero no puede impedirla.

Resumamos de nuevo:

No hay forma legal de impedir la mezcla racial que se produce a través de las relaciones *ilegítimas entre los* blancos civilizados y los negroides. Tampoco hay forma de detener el crecimiento de la población mulata a través de los enlaces legítimos o ilegítimos dentro de ella y con otras razas de color. Tampoco las leyes de prohibición de los matrimonios mixtos de varios estados ofrecen protección suficiente contra el mestizaje racial.

Norteamérica no podrá resolver el problema de los negros con las medidas ahora en vigor. La población mestiza aumentará año tras año. En primer lugar por su propia sustancia, y en segundo lugar por la posibilidad constante de las relaciones existentes y futuras entre blancos y de color. A esto se añade el agravante de que la clase dirigente blanca, como en todas partes, sufre un descenso de la natalidad. Encontrar una solución será difícil. Siempre resurge el viejo proyecto de devolver a los negros a su patria africana: pero doce millones de hombres no se dejan apartar tan fácilmente de un medio civilizado que, para ellos, se ha convertido en un lugar de vida, para volver a aquel del que fueron arrancados sus antepasados hace trescientos años. Y la experiencia infructuosa de Liberia no anima a repetirla. A esto se añade el hecho de que el trasplante, la "reparación", tendría que llevarse a cabo contra la voluntad de la inmensa mayoría de la población negra. Además, está la influencia, en la propia África, de los nativos y de los titulares de colonias y mandatos.

Tampoco se puede abandonar el Sur de la Unión, invadido por los negros, y asentarlo más al norte en una posición defensiva. Pero podemos -como medida temporal- crear una legislación racial realmente general que demuestre tanto al demócrata blanco más entusiasta como al negro más ignorante que no es aconsejable derribar las barreras que la naturaleza ha creado. Y, contra el aumento de la población negra y mestiza, se puede al menos movilizar la voluntad y la vitalidad de la raza blanca.

Además de los negros, Estados Unidos alberga otros grupos raciales. Están los antiguos amos del país, los indios, que suman 330.000; además, hay 1.400.000 mexicanos, 140.000 japoneses, 75.000 chinos, unos 50.000 filipinos y algunos miles de hindúes y malayos.

El destino de los indios es bien conocido. Su exterminio casi total es un capítulo turbulento de la historia de los conquistadores blancos. Si hoy su número ha vuelto a superar los 330.000, no todos son indios puros y hay un buen número de mestizos. Las principales zonas de expansión india son los estados suroccidentales de Arizona, Nuevo México y Nevada, donde representan entre el 5 y el 10% de la población total. El menor número de indios y sus descendientes, la diferencia drásticamente menor entre blancos e indios y la opinión deferente de los blancos hacia los indios norteamericanos, resultado de su valiente actitud en el momento de la conquista, no crearon oposición racial ni medidas racistas como ocurrió con los negros.

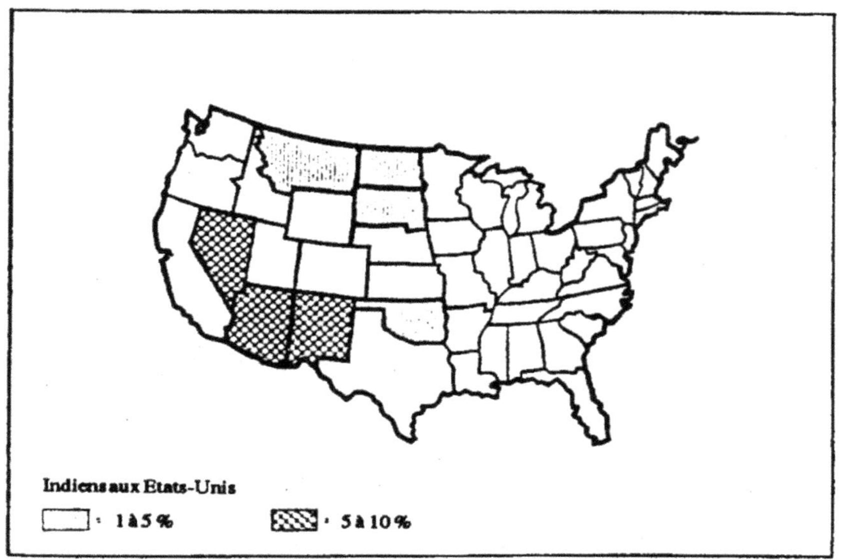

Allí, sólo siete estados prohíben los matrimonios mixtos entre blancos e indios y sus descendientes. De ellos, algunos de los estados del sur tienen menos de un 1% de población india, por lo que son relativamente pocos, mientras que los estados con entre un 1% y un 10% de indios -con la excepción de Arizona- no han prohibido los matrimonios mixtos. La actitud de los estados del sur se explica por sus desagradables experiencias con los negros. Toman precauciones en todos los casos. En cierto Estado, sólo se prohíbe casarse a los indios y a los medio indios; en otros dos, a los indios y a los medio indios, incluidos los octavos; en el resto de los Estados, basta un rastro de sangre india para excluirlos, y generalmente se les denomina indios y descendientes de indios, y la decisión se deja entonces en manos de los tribunales.

Habría que dedicar un capítulo especial a los judíos de Norteamérica. Alrededor de cuatro millones y medio de judíos viven en Estados Unidos, y viven perfectamente bien. En ningún otro lugar del mundo disfrutan los judíos de una posición tan dominante como en este país democrático. No participaron en su descubrimiento, llegaron más tarde, cuando la era de la lucha había terminado, sustituida por la era del capital. Antes les habría resultado difícil integrarse en las clases dominantes, pero cuando se estableció un nuevo orden mundial, que clasificaba a las personas en función de su dinero, la actitud contenida original de la "sociedad" desapareció por completo. La depravada campaña de odio que se pudo librar (y aún se libra) libremente contra la Alemania nacionalsocialista demuestra lo fuerte que es la influencia del elemento judío al otro lado del océano. Por lo tanto, nadie esperará encontrar medidas racistas contra los judíos no autóctonos.

Tampoco están sujetos a restricciones en la ley de inmigración. Se les cataloga como huéspedes de su antigua nación, ¡como "alemanes", "ingleses", "franceses"!

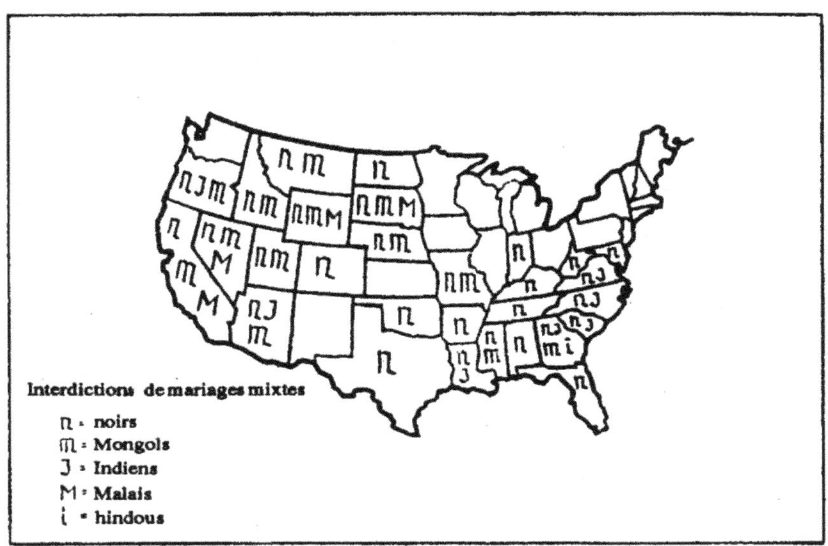

Por último, unas palabras sobre el efecto selectivo de las leyes de inmigración sobre los solicitantes europeos. La normativa actual (ley de cuotas de 1924) pretende frenar la afluencia de elementos procedentes del sur y el este de Europa. Esto significa un retorno a las fuerzas indogermánicas que crearon el continente septentrional y a las que no se puede renunciar en el futuro. América no debe abandonar el grupo de los grandes pueblos nórdicos. De lo que acabamos de leer se deduce que los americanos de hoy no son racialmente el mismo pueblo que hace cien años o antes. Madison Grant, el campeón de la idea nórdica en América, estima que la proporción actual de la raza nórdica en los Estados Unidos es del 70%, en comparación con el 90% en la época de la Revolución. Esto puede considerarse una exageración, ya que subestima la proporción de sangre nórdica en el pueblo alemán. Pero no es una cuestión de números, sino de ideas. Es una cuestión de la importancia de la raza para la vida del pueblo. Y es bueno ver que las voces que confirman nuestra visión del mundo cruzan los océanos.

SS-Ustuf. Dr Karl

FOLLETO Nº 4 DE LAS SS. 1938.

IGLESIA ROMANA Y RACIOLOGÍA

En Italia se está produciendo un debate extraordinariamente interesante. Por primera vez desde la existencia del Partido Fascista, se habla de la necesidad de considerar las cuestiones nacionales e históricas desde un punto de vista racial.

El entorno que dio origen a este impulso y demanda estaba formado por un grupo de destacados profesores universitarios italianos. Así pues, esta innovadora visión ideológica ya había encontrado cierto crédito. No podía ser ignorada y no lo fue. Inmediatamente se reconoció su importancia, ya que permitía modificar la imagen global del Estado que el fascismo se había creado, o al menos ampliar los puntos de vista esenciales. Mientras que la ideología, sobre todo la racial, fue el motor del nacionalsocialismo desde el principio, el fascismo defendió inicialmente sólo objetivos y exigencias estatales. El gran pasado italiano, sobre todo la Antigüedad, influyó mucho en su visión espiritual. Además, dejaba mucho espacio a la actividad religiosa del catolicismo romano, que ocupaba una posición predominante en Italia. Visto así, la muy reciente toma de posición del fascismo en favor de la raza italiana y de la comunidad racial aria significa un avance revolucionario cuyas repercusiones históricas aún no pueden preverse.

La Iglesia Romana reaccionó a los comentarios fascistas más rápidamente de lo que sugieren las costumbres de la política vaticana, ya que uno de sus principios básicos en política es esperar. El propio Papa aprovechó una audiencia con estudiantes de la congregación misionera en su sede veraniega de Castel Gandolfo para pronunciarse categóricamente en contra de cualquier comentario racista. A menudo se olvida que dijo, entre otras cosas, que *todo el género humano forma una gran raza humana universal.* Llegó a sospechar que el fascismo imitaba la racología alemana.

"Hay que preguntarse", como dijo literalmente en su discurso, "por qué por desgracia Italia necesitaba imitar a Alemania".

La respuesta a esta agresiva advertencia se veía venir. Mientras *Starace,* el Secretario del Partido, había admitido la validez de las reivindicaciones raciales ante los profesores universitarios, nada menos que el propio *Mussolini* aprobó su consideración. Su breve y concisa respuesta al Papa no tardó en conocerse en Alemania:

"Todo el mundo debe saber que nosotros también caminaremos hacia el futuro desde la perspectiva de la cuestión racial. Decir que el fascismo imitó a alguien o a algo es simplemente absurdo".

Por tanto, la discusión en Italia aún no ha terminado, pero, sin embargo, se está llevando a cabo de forma estricta y directa, porque la Iglesia continúa la lucha contra la raciología de forma encubierta; con mayores esfuerzos, porque ninguna cuestión parece tan peligrosa como la raciología para la Iglesia romana, para su crédito, su influencia y su existencia como sociedad religiosa, como veremos.

En un momento en que estas cuestiones han adquirido una dimensión especialmente actual, parece bastante justificado preguntarse, mediante un examen atento, qué relación tiene la Iglesia romana con la raciología. Esta actitud no es en absoluto tan clara como parece a primera vista si se consideran las declaraciones completamente auténticas del Papa. Las posiciones eclesiásticas sobre la raciología revelan incluso una visión bastante confusa.

Ciertamente, la Iglesia expresa así su constante misión bíblica de predicar el cristianismo a todos los pueblos. Esta misión es la base de la voluntad de poder universal de la Iglesia romana, que no puede tolerar en modo alguno una diferencia racial entre los pueblos, sobre todo en cuanto al sentimiento religioso, y una diferencia de *valor* racial. Pero, por otra parte, los resultados de la investigación racial alemana son de tal valor científico que una negativa incondicional por parte de la Iglesia romana supondría una importante pérdida de prestigio para la Iglesia en Alemania.

Copérnico también tuvo que refutar el dogma religioso con sus resultados científicos. Fue Copérnico, y no la Iglesia, quien tenía razón a los ojos de la historia. Con su lucha implacable contra el racismo, la Iglesia romana corre hoy el peligro de tener que bajar la voz también en este asunto.

Así pues, se enfrenta a la disyuntiva de volverse irrisoria ante la historia rechazando la raciología, o de abandonar una de las condiciones más importantes para su eficacia internacional reconociéndola. La Iglesia romana *mundial* se decidió provisionalmente por la primera opción, que sólo era posible mientras la raciología y su aplicación práctica permanecieran más o menos limitadas al área alemana. La Iglesia romana en *Alemania* ha tomado un camino diferente.

Pero antes de pasar a estudiar las posiciones episcopales y, por tanto, eclesiásticas, mencionemos la publicación del sacerdote romano y profesor universitario Wilhelm *Schmidt*, cuyo intento de "refutar" la raciología desde un punto de vista científico es interesante en más de un sentido. Schmidt es el científico romano que se ocupó de la raciología de forma particularmente detallada, aunque sólo superficial.

Pero los resultados a los que llegó en su libro *Raza y pueblo* no se corresponden con los de la ciencia racial, ni con los principios fundamentales de la cosmovisión nacionalsocialista. El método que utilizó es ciertamente extremadamente simple, científicamente no sólo criticable sino también perfectamente condenable. En concreto, intenta -aunque sea de forma superficial- enfrentar a cada uno de los representantes del racismo entre sí. De este modo consigue los resultados que necesita para su convicción religiosa.

En la página 33, llega a la conclusión de que "no se ha demostrado que las cualidades físicas sean características raciales manifiestas" y llega a la conclusión de que "sin embargo, la doctrina racial que define todo lo espiritual como "racialmente determinado" y basado en cualidades físicas se derrumba totalmente".

Al considerar la relación entre las cualidades morales y la raza, Schmidt se vuelve aún más superficial, ya que se limita a apelar a la doctrina de la Iglesia según la cual "el alma es una sustancia propia y autónoma, que a su vez no tiene ninguna relación hereditaria, no sólo con ningún cuerpo, sino tampoco con ninguna otra alma, ni con las almas de los padres, sino que cada vez Dios la recrea para cada individuo" (p. 41).

Schmidt concluye este pasaje de su libro con la afirmación más simplista:

"El alma como tal no está ligada a ninguna raza, ni tiene patria terrenal.

Puesto que, en opinión de Schmidt, no hay por tanto transmisión hereditaria de cualidades psíquicas y físicas, podría haberse ahorrado dar estas explicaciones. En lugar de ello, ha revelado a través de sus razonamientos, a veces extremadamente claros, qué puntos concretos de la raciología causan problemas a la Iglesia romana. Schmidt se defiende contra el hecho de que "la raza determina *toda la* experiencia humana; podría ser que sólo abarcara dominios específicos e incluso podría haber una diferencia racial que se expresara tanto en ciertos dominios de una raza como de otra" (p. 53).

Y en la página 56, dice:

"Hay que rechazar enfáticamente la concepción..., afirmando que cada uno de estos tipos (raciales) tiene su propia facultad sensitiva y su propia moralidad apropiada a ella, de modo que esta moralidad entraña, por así decirlo, deberes..., así como hay verdades reconocidas por los hombres de todas las especies, también hay normas humanas generales de moralidad que resultan de la naturaleza humana y sólo pueden desaparecer con la humanidad misma" (p. 56).

Estas posiciones son reveladoras, pues muestran claramente las lagunas que la Iglesia romana considera una amenaza para su propia doctrina. Si, como afirma la raciología junto con la etnología, la protohistoria, la germanística, etc., debe ser cierto que cada raza sólo puede tener una moral adaptada a su naturaleza, que por ejemplo la raza nórdica no puede observar las mismas leyes morales que la judía, si es capaz de las mayores creaciones, entonces no hay lugar ni justificación "para las normas humanas generales de moralidad que resultan por derecho propio de la naturaleza humana". Por normas humanas generales de moralidad Schmidt se refiere en particular a la moralidad de la doctrina cristiana romana.

Schmidt es consciente de la imposibilidad de querer refutar realmente la raciología de forma seria. Por eso, su objetivo no es negar la raciología, sino arrancarle las garras y hacerla inofensiva. En una conferencia en Viena, lo dejó claro:

"La raza y el pueblo sólo pueden tomar su valor de la fe deísta en el Creador Único que creó a todos los hombres a partir de un mismo origen. Ambos se transfiguran, purifican y fortalecen aún más en la religión cristiano-católica, que acepta plenamente los múltiples deberes que se derivan de la pertenencia a una raza y a un pueblo, les confiere carácter moral y da a los hombres la fuerza y la voluntad de cumplirlos.

Este es el sonido de la melodía que se está cantando de acuerdo con todas las declaraciones eclesiásticas en Alemania. Esto significa que la Iglesia pretende deliberadamente aceptar los valores de la raza, el pueblo, la nación y el amor como los valores "naturales" más elevados pretendidos por Dios. Por encima de estos valores meramente "naturales" se alzarían, sin embargo, los valores "sobrenaturales" de la gracia divina, etc., que están destinados a disminuir, pulir y perfeccionar así las simplificaciones y exageraciones de los valores naturales. Un ejemplo práctico de este punto de vista se encuentra en las "Misiones Católicas", donde se afirma en el folleto n° 3 de marzo de 1938:

"Ella (la Iglesia) acepta al hombre tal como es con su raza, su pueblo, su nación, su Estado, en la región donde la voluntad creadora de Dios le hace crecer, aprueba por tanto todas estas fuerzas creadoras que provienen de la sangre y de la tierra. Pero no podemos ni queremos olvidar una cosa. El hombre de hoy, sobre todo el hombre liberado, ya no vive en la "naturaleza pura". La redención y la supra-naturaleza son una realidad y a través de esta realidad la naturaleza ha entrado en un nuevo orden. La consecuencia del pecado original es que la gente exagera y defiende los valores naturales. Ya se trate de la humanidad, la libertad, el derecho o la raza; la Iglesia siempre contendrá estas exageraciones en el lugar que ocupan en el orden divino y absoluto del valor. Por tanto, no son en modo alguno reprobadas; simplemente se les da un lugar exacto en todo lo que tiene valor.

Mostrarles su lugar exacto es la consigna con la que la Iglesia alcanza sus mayores éxitos, allí donde tiene la mayor, la mejor, la más hábil y la más probada experiencia. Cuando, en todas las épocas, la Iglesia no ha logrado suprimir espiritualmente esas corrientes extrañas o incluso hostiles a su naturaleza, porque descuidó el momento oportuno o no tuvo fuerzas para hacerlo, dispone aún de un medio que casi siempre le permite triunfar: la asimilación. Simplemente acepta valores que le son ajenos, los invierte y falsifica hasta que encajan en su propio sistema, les da un lugar en su escala de valores y los convierte en inofensivos, al tiempo que puede difundirlos como su propiedad espiritual. Un manifiesto de la "Hoja Clerical Bávara" del 23 de enero de 1935 da prueba de una perspicacia sin igual:

"El encuentro de la Revelación y la raza pertenece precisamente al capítulo más atractivo de la historia de la Iglesia. La raza era el instrumento, la Revelación la melodía, Cristo el artista. Y así, la Iglesia, inflamada por la Revelación, tuvo desde tiempo inmemorial la más fina aptitud para percibir todos los valores biológicos reales.

(¡Sólo su actual Papa parece haber perdido este don!) Después de leer esto, ¡uno no puede más que asombrarse!

No queremos cerrar estas cuentas sin al menos una declaración episcopal más. Con motivo del discurso conmemorativo del obispo Bares en la iglesia Hedwig de Berlín, el obispo Machsen de Hildesheim dijo lo siguiente sobre el lugar exacto de la raciología:

"Es absolutamente imposible para un obispo católico negar todo lo que se refiere a las nociones de pueblo y de patria, todos los valores de la sangre y del suelo. El conocimiento religioso nos da la certeza de que la carne resucita y confiere así a nuestro cuerpo y a sus valores una dignidad que los acerca a lo divino. Según la enseñanza de la Iglesia, la naturaleza es la base de la fe, y así, desde la supra-naturaleza, sentamos las bases no sólo de las cuestiones biológicas y etnográficas, sino también de las sociales... Esta visión de la fe nos proporciona así una visión precisa de la nobleza y la dignidad de la naturaleza humana. Las nociones de sangre y tierra encuentran un lugar jerárquico y tienen así la posibilidad de florecer orgánicamente.

Todos estos ejemplos muestran claramente que la Iglesia romana es incapaz de escapar a la influencia de la raciología en Alemania. Fuera de Alemania, en un mundo dominado por la propia Iglesia, por el liberalismo, emparentado al menos en este aspecto por su doctrina igualitaria, o por el marxismo, se oyen rechazos de la raciología, incluso hasta el odio declarado, lo que atestigua una impotencia resentida.

No citamos artículos de periódicos de inmigrantes católicos antialemanes, sino que damos dos ejemplos de un libro publicado en Suiza en 1935 en el que, sin preocuparse por ningún hecho, se expresa demagogia puramente política, aunque entre sus colaboradores hay obispos romanos. En este artículo, el obispo de Debreczen invita a la teoría racial a "mantenerse dentro de los estrechos límites de su naturaleza infantil", y en el artículo de N. Berdiajev se dice:

"Tanto la teoría racial como la de clases - significan la intrusión del politeísmo en la vida social; ellas - la teoría racial en mayor grado que la teoría de clases (¡!) - son incompatibles con la doctrina cristiana y conducen a la confrontación con el cristianismo. Ambas teorías no son hipótesis científicas sino mitos idolátricos dentro de un mundo ateo y sin Dios."

Citamos el siguiente pasaje de esta obra principalmente por su indecible estulticia y torpeza, su agradable efecto humorístico, más que por su importancia práctica. El autor saca la espantosa conclusión de la errónea afirmación de que Zoroastro fue un profeta oriental, a quien Nietzsche dedica las famosas palabras "Os ruego, hermanos míos, que permanezcáis fieles a la tierra..." en su obra homónima:

"Las teorías raciales son por tanto (!!!) sólo una fase del orientalismo; deben ser vistas como un ataque al corazón de la cultura occidental, a la creencia en el poder de la mente sobre el cuerpo, y deben ser combatidas.

Ante tales enormidades, que sólo pueden interpretarse como políticas y que son comprensibles por parte de los partidarios romanos, hay que constatar con estupor que incluso las oficinas vaticanas, que suelen mostrar cierta habilidad diplomática, dirección y flexibilidad en cuanto se sienten impulsadas a pronunciarse sobre raciología, adoptan un tono que apenas difiere del de sus colegas emigrados fuera de Alemania.

El Cardenal y Secretario de Estado del Papa tuvo ocasión de hablar dos veces en 1935 sobre raciología, una en su discurso de clausura de las fiestas de Lourdes, lugar de peregrinación francés, y otra en su texto de felicitación dirigido al Cardenal Schulte por su 25 aniversario episcopal. En Lourdes Pacelli explicó:

"Con su pretensión de proclamar una nueva sabiduría, en realidad no son más que deplorables plagiarios que visten antiguos errores con nuevos ropajes... Ya se obsesionen con la superstición de la sangre o de la raza, ambas filosofías se basan, sin embargo, en principios contrarios a la fe cristiana."

Y dice en el texto de felicitación al Cardenal Schulte:

"Cuando surgen falsos profetas con orgullo luciferino, pretendiendo ser los portadores de una nueva fe y de un nuevo evangelio que no es el de Cristo, entonces ha llegado la hora en que el obispo, ni pastor ni mercenario, fortalecido por su oficio y su juramento que lo une desde el día de su bendición a las almas fieles, debe alzar su voz y repetir sin miedo y de manera inexorable la palabra del apóstol ante el Alto Consejo:

"¡Juzgad vosotros mismos si es justo obedeceros a vosotros más que a Dios!

Este tono delata un nerviosismo que refleja un rasgo de carácter que también se encuentra en el mencionado discurso del Papa; este nerviosismo proviene del hecho de que la Iglesia sospecha que la cosmovisión racial es capaz de cambiar la imagen del mundo y de la historia de forma aún más fuerte y radical que en el pasado, debido a los resultados de las investigaciones de Copérnico. En cualquier caso, se ve así afectada más seria y profundamente.

En una carta de la Congregación del Seminario y de las Universidades de la Curia Romana en Roma a los rectores de los institutos católicos que le están subordinados, el Vaticano ha vuelto a su antiguo tono judicial y doctrinario, pero sigue absolutamente intratable en este asunto. En esta carta, que es un reglamento que invita a luchar contra todas las doctrinas de la raciología y sus aplicaciones, se dice:

"Lo que conmueve de un modo extremadamente doloroso a nuestro Santo Padre es el hecho de que se denuncien blasfemias impúdicas para excusar esta injusticia, y que mediante la difusión de doctrinas muy perniciosas presentadas como ciencia, aunque lleven erróneamente este nombre, se pretenda confundir las mentes y extirpar de las almas la verdadera religión."

Los siguientes principios son especialmente condenables:

2. La fuerza de la raza y la pureza de la sangre deben preservarse y mantenerse por todos los medios posibles; por tanto, todo lo que conduzca a este objetivo es bueno y merece la pena.

3. La sangre que contiene el tipo racial entrega todas las cualidades espirituales y morales al hombre como su fuente principal.

6. La primera fuente y medida absoluta de toda norma jurídica es el instinto racial.

El libro data de abril de este año. La profesión de fe del fascismo en la raciología aún no ha podido cambiar esta postura. La Iglesia sigue tratando de mantener su antigua posición. Buscará mantenerla desesperadamente hasta que tenga que bajar un puesto. Pero no hay duda de que un día tendrá que retroceder todo el camino.

SS-Schaf. Horst Pabel

IV. Campesinado, economía, colonización

Folleto Nº 3 de las SS. 1939.

La gran pregunta de la juventud alemana

Es un hecho que todos los logros de un pueblo, su cultura y sus obras, sólo le beneficiarán y seguirán siendo suyos si permanecen los creadores históricos de esos logros. Las obras de arte de una gran civilización pueden seguir existiendo: basta pensar en la historia de Egipto. Entonces sólo es cuestión de azar que estos documentos históricos se encuentren unos siglos más tarde. Incluso si el pueblo, como tal, al que se refieren estas obras de arte ya no está vivo porque su sangre se ha secado, los hombres que pueblan el país y se sienten sus herederos pueden seguir existiendo bajo su nombre. Sin embargo, no son los descendientes físicos de los creadores originales, sino, como mucho, los portadores de un nombre; ya no poseen el poder creativo de la sangre original y, por lo tanto, a menudo ya no son capaces de gestionar sus tradiciones, y mucho menos de comprenderlas y perpetuarlas.

Los helenos son un buen ejemplo. Por supuesto, aún hoy los conocemos a través de sus obras de arte. Por sus obras de arte sabemos que los helenos fueron una vez un pueblo, pero a pesar de las perfectas instituciones estatales, no pudieron evitar que su sangre se secara: los helenos de la época clásica ya no existen hoy en día, su sangre ha desaparecido o se ha fusionado con sangre extranjera. Como los helenos empezaron a despreciar la procreación, ya no tienen descendientes que den testimonio de las acciones de sus antepasados carnales. Sólo los parientes consanguíneos de la esfera germano-alemana han podido redescubrir los documentos culturales de los helenos y comprender su antiguo significado. *Sin la sangre hermana de la civilización alemana, la Helladia habría caído en el olvido hace mucho tiempo.*

El pueblo chino nos da el ejemplo contrario. *La religión de este pueblo prescribe conservar su sangre mediante una descendencia numerosa:* es la base misma de su religiosidad. A pesar de todas las catástrofes nacionales y naturales, el pueblo chino ha sobrevivido milenios y contradice con su propia existencia todas las consideraciones intelectuales de Occidente sobre el nacimiento o la desaparición de una nación. Cualquier idea de decadencia fatal, en el sentido de Oswald Spengler, se hace añicos en el caso del hecho chino y su vitalidad.

Quizá podamos explicar mejor la oposición que existe en la evolución de estos dos pueblos, el chino y el heleno, si recordamos que Licurgo, ciertamente mítico pero no por ello menos brillante creador de una de las legislaciones helénicas más perfectas, la del Estado espartano, no pudo salvar a Esparta y hacerla perdurar hasta nuestros días porque entretanto se secó la sangre espartana. En cambio, *los descendientes de Confucio siguen viviendo hoy en día, y se le* puede considerar *contemporáneo de Licurgo, y* ha ejercido una influencia decisiva en la actitud espiritual y moral de los chinos. Viven hoy en el mismo lugar, en la misma corte donde Confucio vivió y trabajó en su época. En la generación del 77e, el descendiente de Confucio sigue dando testimonio de las hazañas de su genial antepasado, mientras que los no helenos -investigadores alemanes- intentan recrear la legislación de un Licurgo y sus supervivencias con un trabajo delicado y meticuloso. *Confucio no entendió la construcción del Estado, pero inculcó en el alma de su pueblo la voluntad de vivir para siempre, proclamando que la realización de su fe religiosa residía en el niño y que la eternidad sería suya, no sólo en sus obras, sino en su identidad viva y en su descendencia:* Licurgo construyó ciertamente el estado de Esparta, único en la historia, pero olvidó imponer a su pueblo la voluntad de vida eterna a través de la descendencia y, como consecuencia de esta ley vital, perpetuar la creación de su estado mediante la perpetuidad de la sangre.

La cuestión de la supervivencia de un pueblo por las leyes de la vida es esencialmente si un pueblo tiene "la voluntad de sobrevivir para siempre dando vida a una nueva generación y en sus futuros descendientes; es también una cuestión de si el pueblo se somete a esta ley vital de la sangre o si ya no tiene la fuerza espiritual, moral o física para hacerlo".

Es notable, pero históricamente irrefutable y concluyente, que todos los pueblos de carácter indogermánico o germánico han sobrevivido sólo en la medida en que, además de su conocimiento de las leyes de la sangre, no han descuidado la propiedad de sus propias tierras y bienes y han sobrevivido sólo en la medida en que podían seguir siendo campesinos y se reconocían como tales.

Los germanos entran en la historia europea como campesinos, y su modo de vida campesino es tan característico que evitaron colonizar las ciudades romanas y se asentaron fuera de ellas, en campo abierto. En el mundo ateo del decadente Imperio Romano, que había caído por completo bajo el control de una plutocracia judía, los alemanes crearon un nuevo derecho agrario de tipo campesino. Si algo puede probar el origen campesino de los germanos, es esta ley de la tierra germánica dentro del Imperio Romano.

Estas consideraciones y observaciones nos muestran nuestro deber hoy. Los alemanes hemos entrado en la historia bajo la égida de las leyes germánicas. Por tanto, debemos respetar las leyes de la sangre germánica si queremos sobrevivir y no condenarnos a muerte. Pero la legitimidad de la germanidad hunde sus raíces en el campesinado. En los albores de la historia, la germanidad nació del campesinado, y fue del campesinado de donde extrajo el poder sagrado de la vida eterna. Esta es la ley fundamental de la legitimidad germánica.

Si ahora nos enfrentamos al problema del éxodo rural, *no se trata tanto de nuestra política alimentaria*. Tampoco es una cuestión agrícola. El éxodo rural es simplemente el problema de *la existencia y el destino de nuestra nación. Por* primera vez en su historia, nuestro pueblo debe decidir si quiere separarse de su campesinado o identificarse con él. El problema del campesinado no es un problema social, ni siquiera corporativo como muchos piensan, sino una cuestión de sangre y, por tanto, de continuidad y futuro de nuestro pueblo. Sólo la juventud podrá resolver este problema, porque sólo ella se enfrentará a él y tendrá que decidir si sólo quiere beneficiarse de los años históricos actuales o si quiere ser la fiel gestora de los mismos. *La juventud alemana debe decidir claramente lo que quiere y lo que puede hacer en estas circunstancias. Debe avanzar con inflexible rigor y determinación por un camino claramente definido. Pero la juventud nacionalsocialista de Adolf Hitler se ha acostumbrado a seguirle hasta ahora en otros asuntos de nuestra existencia política nacional.* Esto es todo lo que se puede decir a la juventud alemana sobre la desertización del campo, si aún se quiere confiar en su alma y su dinamismo.

(Con la autorización de los editores de *Volonté et puissance*, número 6, de 15 de marzo de 1939).

SS-Obergruppenführer R. Walther Darré

Folleto Nº 3 de las SS. 1939.

La Ley Fundamental del Campesinado Alemán

"¡La realización del pensamiento fundamental de la política nacional despertado por el nacionalsocialismo, que encuentra su expresión en la teoría de "Sangre y Suelo", significará la transformación revolucionaria más profunda que jamás haya tenido lugar! Estas fueron las palabras del Führer pocas semanas antes de la victoria decisiva del movimiento de liberación nacionalsocialista, el 3 de enero de 1933, en su discurso ante el Congreso de Política Agraria del NSDAP. El primer paso en esta dirección fue la aplicación de la Ley de Dominio Hereditario el día de la cosecha del pueblo alemán reunificado por el nacionalsocialismo. El trabajo ya había sido preparado con detalle y minuciosidad durante la lucha por el poder por R. Walther Darré y sus colegas del Departamento Nacional de Política Agraria del NSDAP. Sólo dos meses después del nombramiento de Darré en el ministerio fue posible presentar al Führer, además de los planes básicos para la regulación del mercado, la Ley de Propiedad Hereditaria.

El día en que esta ley entró en vigor es más importante de lo que podría pensarse. Ese día, el Führer dijo a una delegación de agricultores en Berlín: "La condición de los agricultores alemanes no es sólo una ocupación para nosotros, sino la representación de la vitalidad alemana y, por tanto, también del futuro alemán". Estas palabras son la clave para entender la Ley de Dominio Hereditario. Para dar a todos los que recurren a esta ley agraria fundamental una imagen clara de sus objetivos e ideas rectoras, el Gobierno del Reich prologa esta ley con un prólogo tan impresionante que merece cualquier resumen o exégesis. He aquí el prólogo:

"Para proteger las viejas tradiciones hereditarias, el gobierno del Reich quiere preservar el campesinado como origen racial del pueblo alemán.

Habrá que proteger las granjas del endeudamiento y de la fragmentación de la herencia, para que sigan siendo siempre patrimonio del clan, en manos de campesinos libres.

Será necesario un reparto equitativo de los latifundios, pues un gran número de pequeñas y medianas explotaciones viables, a ser posible repartidas por todo el país, será la mejor defensa de la salud del pueblo y del Estado.

Por ello, el gobierno del Reich promulgó la siguiente ley. Su idea principal es la siguiente:

Una finca agrícola o forestal de un acre y menos de 125 ha es una explotación hereditaria si es propiedad de un agricultor profesional.

El propietario de una finca hereditaria se denomina campesino.

Sólo un ciudadano alemán (de raza alemana o equivalente) de buen carácter puede ser campesino.

El patrimonio hereditario se lega sin división al heredero principal. Los derechos de los coherederos se limitan a los demás bienes del campesino.

Los descendientes privilegiados no herederos recibirán una formación profesional y un equipamiento acorde con el tamaño de la explotación. Si fueran víctimas injustificadas del destino, el Estado acudiría en su ayuda.

La primogenitura no será abolida ni restringida por causa de muerte.

La explotación familiar es fundamentalmente inalienable y no puede hipotecarse.

Este prólogo, junto con la notable, muy clara y comprensible carta introductoria del Dr. Harald Hipfinger (Reichnährstand-Verlag, Berlín 1938) sobre la ley de herencia de los agricultores *en el Reich*, son más importantes que una proclamación programática. De acuerdo con la redacción precisa de la ley sobre la herencia agrícola, y en caso de duda sobre la aplicación de esta ley, deben servir de guía para la toma de decisiones importantes.

Del prólogo se desprende claramente que los dirigentes del Estado nacionalsocialista basaron conscientemente la Ley del patrimonio agrario del Reich en el antiguo derecho hereditario que tiene su origen en el derecho de la época odálica. R. Walther Darré ha demostrado en su obra fundamental *El campesinado como fuente de vida de la raza nórdica* que este derecho hereditario ancestral de la raza nórdica constituía un vínculo vital entre la sangre y el suelo, que siempre ha sido la ley de los pueblos campesinos del Norte y que su violación significaba a la larga la muerte de la nación. Esta verdad impidió al gobierno nacionalsocialista limitarse a generalizar las costumbres sucesorias aún existentes en muchos distritos alemanes. Esto habría sido una peligrosa medida a medias, pues estas costumbres ya significaban, en una zona decisiva, una alteración capitalista del derecho hereditario ancestral.

La idea fundamental del derecho hereditario, la transmisión única de la explotación agrícola como base misma de la familia campesina, de generación en generación, se ha mantenido a menudo sólo de forma arbitraria en las prácticas hereditarias. De hecho, la explotación agrícola se consideraba un bien de capital en la herencia y se repartía entre los herederos de tal manera que el heredero principal que se hacía cargo de la explotación tenía que pagar una indemnización considerable a los demás herederos, o bien hipotecar fuertemente su explotación. Es típico que en las regiones con costumbres hereditarias preferentes, más de un tercio de la deuda de la explotación se debiera a responsabilidades derivadas de disputas hereditarias. No era infrecuente que una conciliación fuera imposible debido a las excesivas pretensiones de los coherederos en el momento de la herencia, lo que obligaba a sobrevalorar la explotación. En otros lugares, el campesinado intentaba evitar los efectos destructivos de esta enajenación de la tierra en capital volviendo cada vez más a menudo al sistema de doble descendencia o incluso de descendencia única. La Ley del Patrimonio Hereditario del Reich acabó con esta posibilidad al garantizar una sucesión completa y sin cargas al heredero preferido, impidiendo que otros hijos reclamaran una compensación, en forma de tierras, hipotecas o dinero.

La firmeza de esta solución sin concesiones fue interpretada como una severidad injusta hacia los coherederos por quienes no comprendían el significado más profundo de la Ley de Sucesión del Reich: la necesaria garantía para el campesinado de una razón de vivir fundamental, fuerte e intangible como fuente racial de la nación. Un rápido examen demuestra que esta crítica es errónea. En primer lugar, hay que reconocer que en ningún caso se priva a los demás hijos del heredero principal, como afirman estos críticos. Al contrario, la Ley Agraria del Reich les concede explícitamente los siguientes derechos importantes:

1. El derecho a una educación adecuada y al mantenimiento en la granja hasta la mayoría de edad.
2. Derecho a formación profesional en la especialidad de la explotación.
3. Derecho a mobiliario que se les proporcionará en el momento de su asentamiento, especialmente a las descendientes femeninas con motivo de su matrimonio.
4. Derecho a recurrir a la nación en caso de desamparo inmerecido.

Estos requisitos están naturalmente limitados por el tamaño y la capacidad de producción del patrimonio heredado y, por lo tanto, no dependen en modo alguno de la arbitrariedad del heredero principal. Por regla general, no es él, sino el propio padre quien cumple estos requisitos. La gran mejora de la ley de sucesiones agrícolas con respecto a la legislación anterior es precisamente el hecho de que la ausencia de cualquier carga financiera en la herencia permite al agricultor trabajar para sus hijos desde sus primeros años. Ya no está obligado, como antes, a pasar sus mejores años creativos pagando las deudas de la herencia. Toda su energía se utiliza libremente para el bien de sus hijos. Es absurdo y malintencionado afirmar que la Ley de Herencia Agraria, por la supuesta desventaja que impone a los coherederos, obliga al campesino pobre a tener un hijo único. Al contrario: sólo la ley de herencia agraria garantiza al campesinado la plena afirmación de su energía vital.

Igualmente aberrante es la afirmación que aparece de vez en cuando de que la Ley Agraria del Reich impide asignar la finca al más meritorio de los herederos. Esta ley no es en absoluto una normativa rígida y esquemática. Tiene conscientemente en cuenta las diversas costumbres antiguas de la tierra. En ningún caso se excluye el poder de decisión del agricultor, si éste, tras una cuidadosa reflexión, ha llegado a la convicción de que otro hijo sería más adecuado para hacerse cargo de la explotación que el heredero legal. En las regiones en las que, según las antiguas costumbres, prevalece el derecho del primogénito o el derecho del hijo menor, el agricultor deberá en cualquier caso solicitar el acuerdo del tribunal testamentario para designar a un hijo distinto del heredero principal. Si su plan se basa en hechos probados, recibirá la plena aprobación del tribunal, ya que está compuesto por jueces campesinos como él.

Las otras autoridades públicas superiores que rigen los asuntos sucesorios son también tribunales campesinos. Así pues, la aplicación del derecho sucesorio agrario está, en gran medida, en manos de los propios campesinos, sobre todo desde que los dirigentes agrarios se han implicado deliberadamente en el proceso. Esto garantiza que la aplicación práctica del derecho sucesorio se ajuste al sentido de la justicia de los campesinos y tenga en cuenta las contingencias de la vida campesina. Esto es tanto más importante cuanto que la ley sucesoria no es un conjunto rígido de párrafos, sino que sienta simplemente las bases según las cuales los jueces agrarios definirán y darán forma a la ley y contribuirán así a la creación de un estatuto campesino realista. En este sentido, la ley representa un renacimiento del antiguo concepto jurídico alemán del reino de la letra muerta y hace al juez enteramente responsable de la aplicación de la ley al pie de la letra.

El hecho de que los tribunales agrarios trabajaran en coordinación con los dirigentes agrarios para garantizar que los campesinos que habían olvidado sus deberes o que eran incapaces de hacerlo fueran reconducidos o condenados, demuestra hasta qué punto los jueces campesinos eran conscientes de su responsabilidad. La férrea determinación del derecho de sucesión a este respecto es característica de la concepción nacionalsocialista de la propiedad. El derecho de sucesiones toma todas las medidas imaginables para salvaguardar la propiedad agrícola. Por ello, para no degenerar en la concesión de privilegios, debe defender firmemente el principio del derecho. La propiedad conlleva una doble obligación: el mantenimiento de la finca hereditaria como medio de vida suficiente para una familia numerosa y su mejor aprovechamiento como fuente de alimentos para el pueblo alemán. Un campesino que abandona y permite que su finca se marchite falta a la lealtad tanto a su clan como a su pueblo. No sólo quienes se quejan de la restricción de la propiedad que supone la ley agraria pasan por alto este hecho, sino también quienes hablan de un privilegio concedido al campesinado. En la concepción alemana de la justicia, el derecho y el deber son mutuamente dependientes, de modo que el derecho campesino es inconcebible sin su corolario, el deber campesino. El derecho de sucesión se estableció teniendo en cuenta la importancia vital del campesinado como fuente racial de la nación. Por esta razón, se estableció una fuerte protección de los patrimonios hereditarios, fundamento de las familias campesinas sanas. El campesino que desconoce su deber, o que es incapaz de hacerlo, pone en peligro este objetivo y perjudica a su familia y a su pueblo. Que al mismo tiempo descuide su deber de alimentar a la nación agrava aún más su falta. Por lo tanto, si el nacionalsocialismo no quiere poner en peligro su objetivo de proteger la fuente racial agrícola, debe, en tales casos de incumplimiento del deber, preocuparse por restablecer el concepto de derecho y deber. El funcionamiento de la Ley de sucesiones indica que fue capaz de combinar defensa y creación en sus medidas punitivas.

Así, la Ley de Sucesiones del Estado parece ser la ley básica del campesinado alemán en todos los aspectos. Las críticas que surgieron en el momento de su introducción han quedado muy acalladas. El sentido común del campesinado hace tiempo que comprendió lo que significa para él la ley de sucesiones. Por otra parte, habría sido asombroso que la visión limitada y la incomprensión siempre presente no hubieran tratado de reñir con una ley tan trascendental y fundamental como esta ley sobre la sucesión agraria. Al fin y al cabo, el coro de críticos ha servido, aunque involuntariamente, para poner de relieve la importancia de esta ley. "El fondo sólido del pequeño y mediano campesinado ha sido siempre la mejor protección contra las enfermedades sociales". Así lo afirma el Führer en su libro Mein Kampf. La ley de sucesiones estableció el principio del desarrollo de la fuerza campesina, cuyas características subrayó Walther Darré con estas palabras tan acertadas: "Un campesino es aquel que, enraizado hereditariamente en la tierra, cultiva sus tierras y considera su actividad como un deber para con su generación y su pueblo.

Günther Pacyna

Cuaderno SS Nº 5. 1942

Campesinado

Aunque el campesino se comporte exteriormente como un habitante de la ciudad, vista ropa blanca todos los días, tenga un piano y muebles en una bonita habitación, esto no cambia mucho su naturaleza más íntima. Sigue siendo un campesino, piensa como un campesino y actúa como tal. Aunque se relacione con habitantes de la ciudad, tenga parientes y amigos en la ciudad, los considera a todos como hombres de otra especie, de otra naturaleza, no como vecinos. Esta noción sólo concierne a los hombres que están en el mismo suelo, que piensan y viven como él. En el mejor de los casos se convierte en un buen amigo, como podemos serlo nosotros con un representante particularmente distinguido de una raza extranjera. Pero entre él y todos los conciudadanos que no rompen la tierra con la reja del arado, que no siegan los tallos de trigo, siempre hay un muro que no se puede derribar. Incluso allí donde, como en las cercanías de las grandes ciudades, campesinos y citadinos conviven en aldeas, no hay relación entre ambos. El orgullo campesino es demasiado grande; incluso el sirviente se siente más orgulloso que el habitante de la ciudad que vive en una vistosa villa y posee un carruaje y un coche.

Este orgullo está bien fundado, porque el campesino forma el pueblo; es el poseedor de la civilización y el guardián de la raza. Antes de que existiera la ciudad con su barniz, el campesino estaba allí. Su árbol genealógico se remonta a la época en que el pico de piedra aflojaba la tierra. El campesino trajo la primera cultura y estableció sus costumbres donde, hasta ahora, hordas de cazadores y pescadores semisalvajes llevaban una existencia comparable a la del lobo y la nutria.

Entonces llegó el campesino con sus pastos, marcó el emplazamiento de la casa, clavó postes en el suelo, la cubrió y la ató con sólidos muros. Al encender las llamas de los tres bosques sagrados en el hogar de piedra, tomó posesión de la tierra en nombre de la civilización. Porque fue primero el campesino quien creó lo que llamamos esto. Los pescadores, cazadores y pastores errantes no tienen cultura -o sólo un poco-. Fue precisamente el poseedor de la civilización. La Edda, Tácito, el rico apogeo de la arquitectura en la época de las grandes invasiones nos enseñan lo grande que fue su civilización. Los muebles de los antepasados, que antaño adornaban el hogar del campesino alemán y hoy se amontonan en los museos, son también una huella de ello. La base de toda cultura reside en el campesinado.

El campesino lo sabe bien, no sólo como individuo, sino como comunidad. Porque el individuo no sólo tiene memoria; capas enteras de la población poseen también una facultad de recuerdo que es infalible, más fiel y más sólida que los objetos inanimados como la piedra, el pergamino y el papel. La fuerza de esta memoria dice:

"Antes de que vosotros estuvierais aquí, gente de la ciudad, ricos o pobres, grandes o pequeños, yo estaba aquí. Yo partí la tierra, sembré la semilla, creé el campo por el que podéis vivir y crecer con vuestra actividad, vuestro comercio, vuestra industria, vuestras relaciones. Yo inventé la ley, yo di la ley, yo repelí al enemigo, yo llevé las cargas durante milenios. Yo soy el árbol y tú eres las hojas, yo soy el manantial y tú eres el arroyo, yo soy el fuego y tú eres el resplandor. Éstos eran sus pensamientos, que podía pronunciar con razón.

¿Dónde estaríamos si el campesino no hubiera tenido huesos fuertes, nervios fuertes y sangre pura? El hambre, la peste y la guerra nos habrían destruido. Nunca nos habríamos recuperado de la Guerra de los Treinta Años. ¿Y quién conservaría nuestra esencia más íntima? ¿Habría sobrevivido el espíritu alemán sin los tejados de paja de las aldeas?

Hermann Löns

FOLLETO Nº 8 DE LAS SS. 1939.

CONVOY A LA MUERTE

Cualquiera que sepa interpretar los signos de los tiempos sólo puede ver en la emigración del campo "el convoy hacia la muerte". Un escritor alemán utilizó esta impactante frase hace ya un siglo para describir el llamado "éxodo rural", sobre el que el Ministro de Agricultura, SS-Obergruppenführer R. Walther *Darré,* ha llamado recientemente la atención de *todo el* pueblo alemán. En su gran discurso del Día del Agricultor del Reich, se dirigió con razón a *todos los* trabajadores agrícolas alemanes. En modo alguno es el sector puramente agrícola de la economía política alemana el único afectado por esta emigración. Por el contrario, debe quedar muy claro aquí que se trata de *un problema que decidirá el destino de toda Europa.*

¿Qué es exactamente un "éxodo rural"?

Hace tiempo que la ciencia se ocupa de este problema; los expertos en política agraria hablan y escriben sobre él. A la pregunta de qué es realmente el éxodo rural se ha respondido de diversas maneras. Algunos lo veían como migración, otros como un *problema de mano de obra agrícola. El* Ministro se opuso firmemente a esta última opinión, señalando que "el problema afectaba igualmente a los hijos e hijas de los campesinos". De 1885 a 1910, de una migración de 3.578.000 campesinos, 2.019.000, es decir, el 56,4%, trabajaban por cuenta propia, mientras que sólo el 43,6% (1.559.000) eran jornaleros agrícolas.

A la afirmación de que *toda* emigración no puede considerarse un éxodo rural, hay que oponer sobre todo la misión que se ha dado al campesinado de ser la fuente de sangre alemana. Sabemos desde hace tiempo que las ciudades están condenadas a muerte sin el flujo ininterrumpido de población procedente del campo. Berlín sólo aporta el 43% de los nacimientos que necesita para sobrevivir. La media de las ciudades alemanas es del 58%, e incluso la de las ciudades pequeñas y medianas es sólo del 69%. En el campo, hace sólo diez años nacían un 13% *más de* niños de los necesarios para la renovación natural. Así pues, sólo el campo crece realmente, y sólo la corriente del campo impide que las ciudades se marchiten y mueran. Es bien conocido el cálculo de Burgdorfer de que tras la quinta generación de los 4.000.000 de habitantes de Berlín apenas quedarían 100.000 en la capital del Reich. Menos conocido es el cálculo de que tras cinco generaciones sólo quedarían 20.400 de los 750.000 habitantes. El ejemplo de Viena no nos dice otra cosa. En los últimos cinco años (1933-1937) nacieron allí 58.000 niños, *pero* murieron 122.000 habitantes. Por tanto, mientras no queramos abandonar las ciudades a su propia suerte en lo que a su supervivencia se refiere, debemos permitir cierta emigración desde el campo.

Hay que desconfiar, además, de esta idea de "huida" incluida en la palabra éxodo, pues por éxodo se entiende una huida desordenada, sin rumbo, que debería conducir a la derrota. La fuerza desbordante de la natalidad *rural* nunca puede considerarse como fatal. Lo único que debe considerarse como éxodo rural, perjudicial tanto para la economía política como para la rural, y perjudicial para toda la población, es la migración *desproporcionada* de la población del campo a la ciudad, siempre que no se trate del *desbordamiento* natural de la población rural, sino de una amputación persistente de esta población.

Una historia milenaria

Además, el éxodo rural no es en absoluto un producto de los tiempos modernos. Incluso en Roma hubo un éxodo rural en el pasado. También la Edad Media lo sufrió en varias ocasiones. En cualquier caso, no hay una sola región en Alemania en la que la "desertización", es decir, el abandono gradual de las fincas, no indique un verdadero abandono del campesinado desde finales del siglo XIV hasta principios del siglo XVI. En Hesse, por ejemplo, desapareció alrededor del 40% de los asentamientos rurales. Por otra parte, se redujeron las tierras labradas y las tierras de cereal en favor de prados y bosques. Incluso un experto no especializado sabe que la "falta de rentabilidad" de la agricultura, los impuestos más elevados, la diferencia de precio entre los productos agrícolas y los industriales (hoy diríamos la infravaloración de la agricultura) fueron la causa de la privación rural en aquella época. También en los siglos siguientes se produjo un éxodo rural. Así, los registros de las cámaras de agricultura prusianas mencionan constantemente la escasez de trabajadores agrícolas.

En Mecklemburgo, en los siglos XVII y XVIII se informaba constantemente de la necesidad de mano de obra. Sin embargo, no fue hasta mediados del siglo pasado cuando el éxodo rural se generalizó de forma alarmante.

Las raíces profundas

Debemos nombrar aquí las causas fundamentales del éxodo rural en Alemania que nunca ha cesado desde entonces: la alteración de la legislación agraria de Stein por el masón y amigo de los judíos, Hardenberg, alteración que desarraigó de la tierra a un gran número de campesinos y los convirtió en una clase de trabajadores agrícolas sin tierra y sin propiedad; la fragmentación de la propiedad común que arrebató a muchos pequeños agricultores sus medios de existencia suplementarios; la transformación de la participación del agricultor en pago en especie o en dinero, que no podía competir con el crecimiento general del comercio; las nuevas técnicas de cultivo, el cultivo de la remolacha azucarera, la trilladora, etc., El empleo de trabajadores extranjeros (437.000 en 1914), que invadieron regiones enteras, rebajó el nivel de cultivo y la remuneración de los trabajadores agrícolas alemanes. Mecklemburgo trabajó con ellos ¡dos tercios! Pero, sobre todo, fueron el espíritu capitalista, las leyes agrarias liberales, la fragmentación y el consiguiente mal reparto de la propiedad en ciertas regiones la causa principal del éxodo rural. La angustia de la agricultura, a menudo derivada de su desvalorización, y la prosperidad (real o sólo aparente) de la industria han provocado siempre un fuerte éxodo rural porque, en estos casos, la demanda de obreros industriales engulle a la clase obrera agrícola y, por otra parte, el desarrollo de las fábricas de la gran industria obliga a los campesinos a abandonar sus tierras. Así pues, en todo momento confluyeron muchas condiciones, variables según el lugar y la época, o incluso los propios emigrantes, para determinar este éxodo. Al ser interrogados, el 50% de los emigrantes señalaron en su día los bajos salarios como motivo del éxodo, a menudo por falta de dinero de los empresarios. El resto de los entrevistados culparon a la falta de oportunidades de ascenso, a la creciente dificultad de crear una familia, que a menudo conduce al celibato forzado, a las largas e irregulares jornadas laborales y al duro trabajo en el campo. Al final, las distracciones de las grandes ciudades resultaron atractivas aquí y allá. Bismarck lo dijo mejor que nadie: "Es el café-concierto el que se come la tierra".

Se pierden millones

Una vez aclarada la naturaleza del éxodo rural en sí, podemos dar una imagen numérica del mismo. No existen cifras realmente irrefutables, ni para el pasado ni para el presente. El hecho es, sin embargo, que *millones de personas han desertado de la tierra* desde que esta devastadora avalancha humana llegó a los campesinos. Una comparación entre los 15,9 millones de campesinos en 1882 y los 13,6 millones en el momento de la toma del poder en 1933 nos da, para este medio siglo, una *pérdida total de 2,25 millones, que en realidad* es mucho mayor, ya que no se incluye el crecimiento natural de la población. Según otra estimación, 1,5 millones de trabajadores agrícolas han emigrado a la ciudad desde 1907. Eso es más que toda la población de Turingia. Como las regiones industriales son siempre muy atractivas y la industria en el noreste de Alemania no se ha desarrollado mucho en general, el éxodo rural se presenta a menudo como una *migración este-oeste, lo cual* es significativo para las cifras ocasionales sobre este éxodo. Alemania oriental perdió 3,5 millones de habitantes entre 1840 y 1910: 730.000

prusianos orientales, 600.000 prusianos occidentales, 750.000 pomeranos, 675.000 silesianos, 880.000 posnios. Silesia perdió más del 20%, Prusia Oriental incluso más del 50% de su excedente de nacimientos y la pérdida debida al éxodo rural en Pomerania Oriental fue de 378.000 personas.

Del mismo modo, una comparación de los porcentajes de nuestra población urbana y rural en relación con la población total nos ofrece un cuadro estremecedor. La expansión de la "ciudad, máquina estéril" muestra mejor que cualquier fraseología adónde nos ha conducido y nos conducirá de nuevo el éxodo rural de nuestro pueblo. Desde la Edad Media hasta los tiempos modernos, el 90% del pueblo alemán vivía en el campo, y en 1816 alrededor del 70%; en 1871, en cambio, la población urbana representaba 14,8 millones de personas, casi el 36%, ¡y en 1934, incluso el 76,5% de nuestra población! El número de habitantes de las grandes ciudades pasó del 5,5% en 1871 al 30,4% en 1932. En 1871, uno de cada veinte alemanes vivía en una gran ciudad; en 1933, en cambio, casi uno de cada tres.

El éxodo rural desde la toma del poder

El Ministro de Agricultura, en su discurso de Goslar, volvió a subrayar que el éxodo rural persistía a pesar de todas las medidas adoptadas para combatirlo; señaló, a la vista de las cifras que arrojaban las estadísticas del libro obrero: "Había, en 1938, una mano de obra agrícola disponible 400.000 trabajadores menos que en 1933". Teniendo en cuenta que Darré no estimaba más que 300.000 personas para las familias de los obreros no incluidos en las estadísticas y el excedente debido al crecimiento demográfico, llegaba a una estimación de *700.000 a 800.000 personas para la mano de obra perdida en la agricultura.* Así pues, el último de los ciudadanos puede comprender perfectamente lo que significa el éxodo rural si se está dispuesto a ver las consecuencias.

Consecuencias para la cesta de la compra

Las consecuencias de este éxodo rural pueden dividirse en dos grandes categorías, en función de las dos tareas asignadas al campesinado. Dado que al campesinado se le encomendó en su día la tarea de alimentar a nuestro pueblo, el éxodo supone una amenaza para nuestra política alimentaria. Hasta ahora, el campesinado ha podido conjurar este peligro en gran medida gracias a la inimaginable disposición de la población rural a cumplir su parte en esta tarea. De hecho, en los dos últimos años se han proporcionado 21 millones más de jornales sólo para el "cultivo del pico", a pesar de que la mano de obra ha disminuido en número. Sin embargo, una persona sensata verá claramente que el destino pone límites. Cualquier contratiempo en el ámbito de la "salvaguardia de los suministros alemanes" debe atenazar el estómago de todo habitante de la ciudad y, por la falta de pan en el desayuno, debe recordarle la existencia del éxodo rural, aunque se "intensifique" su propia empresa industrial y, por tanto, su mano de obra. Porque, "sin trabajo en el campo, la gente acaba muriéndose de hambre". O, como muy bien dijo el representante del distrito de Hannover Este:

"Todo ciudadano, aunque sea millonario, morirá de hambre si no hay nadie que arar, sembrar y cosechar". Si se acepta, como ya se ha señalado, el impacto del éxodo rural en la cesta de la compra del habitante de la ciudad, la disminución de la mano de obra agrícola evoca el "*fantasma de la regresión de la producción agrícola*". El importante descenso de la producción lechera, por ejemplo, ha demostrado la fuerza nefasta del éxodo rural. En cualquier caso, Darré llamó suficientemente la atención de su auditorio de Goslar cuando afirmó: "Si el personal fijo de los agricultores se viera arrastrado por el éxodo rural, resultaría difícil formar, incluso con los voluntarios disponibles, nuevo personal cualificado".

¿Daños irreparables?

Se nos perdonará que no sigamos describiendo las consecuencias de un éxodo rural en el ámbito de la alimentación. En particular, su aumento impediría que el campesinado fuera la savia de la nación. Las grandes ciudades son los cementerios del pueblo y cualquier migración hacia ellas es básicamente un convoy hacia la muerte. La familia urbana media muere en tres generaciones. El éxodo rural seca *indirectamente* la fuente de vida del campesinado en las ciudades, pero también constituye un peligro *directo* para ellos. El Ministro de Agricultura lo ha dejado muy claro: "La situación de los trabajadores de la tierra, especialmente la falta de mano de obra femenina en las explotaciones agrícolas, está imposibilitando que el campesinado alemán tenga muchos hijos debido al aumento de la carga de trabajo". Aunque el campo, y en particular el campesinado, sigue estando por delante de la ciudad en cuanto al número de nacimientos, la situación creada por el exceso de trabajo de la mujer campesina ha hecho que el verdadero objetivo de nuestra legislación agraria, que es garantizar muchos nacimientos en el campo, sea apenas alcanzable. Hay que demostrar con el máximo rigor que la situación en el campo está tomando un cariz que puede causar daños irreparables al conjunto de la población.

Del mismo modo que los efectos del éxodo rural desde el punto de vista de la biología nacional representan un peligro que difícilmente puede sobrestimarse, lo mismo cabe decir de una política nacional para las regiones fronterizas. Pues el dominio de los extranjeros sólo se produce cuando el baluarte humano del campesinado empieza a resquebrajarse. El gran peligro de un éxodo alemán de las zonas fronterizas lo demuestra el hecho de que el número de polacos, por ejemplo, en los pueblos minoritarios de la antigua Marcha Posniana en Prusia Occidental aumentó un 7,9% entre 1913 y 1937. Por otra parte, se calculó que cinco cantones de esta antigua provincia habían sufrido una pérdida de unas 12.000 personas debido a la emigración. En los municipios rurales se produjo un descenso de población del 15%. Para los propios emigrantes, las consecuencias del éxodo son nefastas: el salario aparentemente más elevado en la ciudad no suele bastar para cubrir las mismas necesidades alimentarias y se dilapida en gran parte en gastos desconocidos para el trabajador agrícola (viajes, diversiones, alojamiento, etc.).

¿Qué hay que hacer para combatir este éxodo?

Está fuera del alcance de este estudio enumerar todas las medidas adoptadas por la política agraria nacionalsocialista contra el éxodo rural. Las profundas raíces de este tipo de éxodo se erradicaron mediante una consolidación del patrimonio rural (derecho agrario hereditario) y una modernización del campesinado. Como también se identificó la relación entre el problema del trabajador agrícola y el éxodo rural, la modernización de la agricultura alemana se dirigió en gran medida a los trabajadores agrícolas, a los que se asignó el 45% de las explotaciones de nueva creación. La mejora de las condiciones de vida mediante la construcción de viviendas más higiénicas para los trabajadores, la regulación de sus jornadas laborales y salarios mínimos, la creación de oportunidades de ascenso y la expansión del "empleo estacional" también contribuyeron a combatir el éxodo rural. El Año de la Agricultura, el servicio agrícola nacional y la elevación del nivel de vida cultural contribuyeron a contrarrestar el éxodo rural. Si, a pesar de todo, la llamada de la ciudad fue más fuerte, la culpa no es de la política agraria del nacionalsocialismo. Debe atribuirse a las razones antes mencionadas, que el SS-Gruppenführer Dr. Reischle resumió en la breve fórmula "que el éxodo rural fue causado por la actual depreciación del trabajo agrícola".

El éxodo rural, enemigo del Partido

Una cosa es cierta, y también aquí el ministro de Agricultura nos mostró el camino: "¡El éxodo rural no puede detenerse sólo con medidas económicas o legislativas, sino sólo si el NSDAP, con su conocimiento de la sangre y de la raza, se resuelve inquebrantablemente a combatirlo bajo cualquier circunstancia!". Darré explica además que la victoria sobre el éxodo rural "sería una prueba decisiva para el NSDAP" y, señalando a los que detentan la autoridad como "los verdaderos protagonistas del fin de la idea misma del éxodo", califica al éxodo rural de "enemigo del Partido" cuya derrota ya no puede ser una cuestión de clase o de organización permanente. Esta lucha contra el éxodo rural es asunto del Partido, como dijo el Gauleiter de Hannover oriental antes citado, y debe ser dirigida por él con gran energía. Así se cumplirá la exigencia del Führer, que formuló en la manifestación de la oficina del Partido el 6 de marzo de 1930: "El Estado tiene el deber de elevar el nivel económico y cultural del campesinado a un grado proporcional a su importancia para todo el pueblo y eliminar así una de las causas principales del éxodo rural. ¡Cada hombre de la SS está llamado a luchar en esta dirección, según sus medios!

Jost Fritz

FOLLETO Nº 2 DE LAS SS. 1938.

ECONOMÍA E IDEOLOGÍA

La tarea de la economía es apoyar al Estado en su lucha por salvaguardar los principios vitales del pueblo.

En la era liberal, ningún ámbito de la vida se ha alejado más de nuestra ideología que la economía. Pero dado que la economía se compone de acciones y resultados humanos, y dado que cualquier acción que merezca la pena sólo es el resultado de una ideología fuerte y un modo de vida responsable, la actividad económica también debe ser la marca de una ideología y un modo de vida específicos. Incluso hoy en día, muchos "profesionales" se burlan de este requisito. Se considera "idealismo difuso" o "romanticismo", cuando exigen armonía entre economía e ideología y afirman que la economía sigue su "ley interna", que tiene muy poco que ver con la ideología.

La "ley interna" de la economía

El nacionalsocialismo rechaza tales ideas porque tiene constantemente y en todas partes en mente el bien de todo el pueblo. Reconocía claramente que la expresión "ley interna de la economía" sólo pretendía impedir la gestión política de las tareas económicas de nuestro tiempo, lo que se consideraba una "intromisión injustificada del Estado en la economía". *Pero no hay que olvidar que las consecuencias de esta ley fueron la ausencia de autoridad política, el hundimiento de la economía internacional, la miseria del campesinado, el azote del paro y la aniquilación del poder adquisitivo del pueblo, por tanto la destrucción total de la economía.*

Cuando, por otra parte, el nacionalsocialismo declaró que la necesaria autoridad política y el control de la economía son los principios básicos de toda política económica, acabó con la quimera de la ley interna de *la economía. También la economía sólo puede conocer una ley: servir al bien del pueblo.* Cuanto más sigue esta ley, más se somete a las necesidades vitales del pueblo, lo que facilita aún más el establecimiento de una concordancia entre ideología y economía. *Porque servir al pueblo es la ley suprema de nuestra ideología.*

Si intentamos esbozar en pocas palabras el conjunto de nuestra ideología, surgen los siguientes principios: *creemos en la ley del suelo y de la sangre, en la ley del deber y del honor, y en la ley del pueblo y de la comunidad.* Si observamos la forma económica del pasado y la comparamos con algunas de nuestras leyes fundamentales, debemos convenir en que la práctica y la ciencia económica no han reconocido estas leyes. El liberalismo económico dominante estaba mucho más en consonancia con el pensamiento inglés de los siglos XVIII y XIX y. El fundador económico de esta visión fue *Adam*

Smith. Estas ideas fueron tan destructivas en Alemania como las de la Revolución Francesa en Occidente. Incluso hoy en día, esta doctrina inglesa suele denominarse "clásica" en Alemania, que es más o menos lo mismo que llamar democracia parlamentaria a una forma "clásica" de constitución. Hoy en día, ya no se puede considerar que este concepto tenga ningún valor real. Desgraciadamente, las ideas de la escuela inglesa siguen prevaleciendo en el campo de la economía.

Los pioneros de la economía nacional alemana

En aquella época se olvidó por completo que en Alemania también había surgido una concepción económica nacional particular. Friedrich List había desaprobado a Adam Smith en los términos más enérgicos. Gustav Ruhland había fustigado las consecuencias destructivas de la economía capitalista explotadora en su *Sistema de economía política,* publicado anteriormente por R. Walther Darré. Sin embargo, Ruhland fue ignorado. List fue citado favorablemente, pero su refutación de la doctrina inglesa no fue tomada en serio. Por último, no se tuvo en cuenta al gran filósofo alemán Fichte, que había sentado las bases de la liberación patriótica en sus *Discursos a la nación alemana* y que había presentado importantes sugerencias de política económica en su "Estado comercial autárquico".

Pero un estilo de vida erróneo se desarrolla necesariamente a partir de una doctrina errónea. *Las ideas extranjeras nunca pueden producir un estilo de vida que beneficie al pueblo.* Así lo demuestra el desarrollo económico anterior a 1933.

El declive de la economía alemana

Fue precisamente en la economía donde la asimilación de los judíos tuvo las consecuencias más desastrosas. Mientras que los fundamentos de cualquier forma de vida y economía verdaderamente características deberían ser la meta, el orgullo y el deber, el tipo del honorable comerciante fue sustituido por el del astuto comerciante. El campesino, cuyo trabajo alimenta al pueblo y representa así la base de toda economía, fue calificado de inferior y despreciado. La situación social del obrero, que adoptaba cada vez más la idea de la lucha de clases, empeoraba día a día. Era aplastado por los palacios de los grandes bancos y grandes almacenes. El capital, cuya misión era servir a la economía, fue confiado a sus amos y la gestión del propio capital fue entregada a poderes anónimos. Se hablaba de la "extensión infinita de la economía" y se descuidaban los grandes edificios de viviendas y los barrios de chabolas de las grandes ciudades que habían creado. Hablaban de la "economía internacional" y no veían que los fundamentos internos de la economía, el campesinado y la clase obrera se veían terriblemente afectados económicamente. Las bases de la economía alemana de alimentos y materias primas en el extranjero habían cambiado porque la importación y la exportación no se realizaban según puntos de vista nacionales, sino que quedaban sujetas a la arbitrariedad del individuo. Se pasó por alto el hecho de que las potencias internacionales se habían hecho con las materias primas más importantes. Pero también se pasó por alto el hecho de que se estaba librando la guerra económica contra Alemania que había comenzado en 1914, y que continuó de forma diferente. Los pagos de tributos de Alemania sobre la base del plan Dawe y Young, el endeudamiento privado de ese país mediante una política de empréstitos en el extranjero, la repentina deducción del crédito exterior a corto plazo en 1931 hicieron que todo el sistema del frente se viniera abajo. El boicot a Alemania, pero al mismo tiempo la entrada de capital extranjero, fue de hecho la lucha económica más importante de todos los tiempos.

El nacionalsocialismo como fundamento de un nuevo orden

Al salvar al campesinado y a los trabajadores con el primer plan cuatrienal, el Führer sentó así las bases de un nuevo orden económico alemán que sólo podía ser creado en suelo alemán por el trabajo alemán. El segundo plan cuatrienal continúa lógicamente esta labor creadora: aumento de la eficacia en todos los ámbitos de la economía, gestión de la economía exterior, organización del trabajo según objetivos nacionales, protección y mejora del poder adquisitivo y, por tanto, del poder nacional mediante una gestión responsable de los precios. Todas estas medidas están pensadas para el pueblo y para la protección del país. El segundo plan cuatrienal anima al pueblo a trabajar y a expresar su determinación, establece grandes metas que despiertan la voluntad moral del individuo y la creatividad de la comunidad al servicio de la nación, y demuestra así que la lucha es el origen de todo lo que existe.

Una nueva actitud, resultado de una nueva visión del mundo, también está empezando a surgir en Alemania en el ámbito económico.

SS-Hstuf. Dr. Merkel

Folleto nº 2 de las SS. 1939.

Subestimar el resultado agrícola, ¡un peligro para el pueblo!

El papel y el espíritu de la SS es adoptar una postura clara y distinta en todas las cuestiones decisivas que afectan al futuro del pueblo. Esta actitud es necesaria, aunque pueda ser conveniente "meter la cabeza en la arena" e ignorarlo todo. La tarea de cada persona de la SS no es sólo ser consciente de esta postura, sino también defenderla en cada oportunidad que se presente.

Cuando el jefe de propaganda y camarada del Partido Goebbels indicó que una de las tareas más urgentes del Partido era comprometerse claramente en la lucha contra el "éxodo rural" y la "infravaloración de la importancia del resultado agrícola", ¡las SS recibieron así la señal de ataque!

La cuestión del éxodo rural ya ha sido estudiada. Medidas como el acuerdo entre el Reichsführer SS y el Reichsjugendführer para promover *el establecimiento de soldados campesinos*, la implantación del *servicio agrícola HJ*, la ampliación del *servicio de trabajo femenino*, los llamamientos de los *Gauleiter* de Sajonia y Brandeburgo a la industria, etc., son un comienzo en la lucha contra el éxodo rural, cuyos resultados se irán viendo poco a poco. A largo plazo, *la educación ideológica del pueblo alemán, especialmente de las tropas jóvenes, contribuirá también* a que *la juventud alemana vea el trabajo de la tierra como un servicio noble y muy importante para la nación.*

Acabar con la "infravaloración de la importancia del resultado agrícola" es, por supuesto, la condición para resolver el problema del éxodo rural de forma natural y adecuada.

Ya desde mediados del siglo pasado, es decir, con la creciente industrialización de Alemania, la agricultura ha tenido que hacer frente a una infravaloración de la importancia de sus resultados. Por supuesto, sin éxito. Era costumbre, según los "principios económicos" liberales, ¡"*estimar la importancia de la agricultura para la economía nacional a base de cálculos*"! Según este método, la agricultura alemana decaería naturalmente, ya que los países extranjeros, favorecidos por un clima mejor, salarios y precios de la tierra más bajos, ¡podían proporcionar alimentos a precios imbatibles! Pero además, mucho antes de la Primera Guerra Mundial, se había formado la opinión, gracias a opiniones autorizadas, de que el abastecimiento alimentario del pueblo alemán no tenía por qué estar absolutamente asegurado dentro de sus fronteras. La conocida frase del "agrónomo nacional" muniqués Lujo Brentano: "Nuestras vacas pastan en La Plata", es típica de la antigua actitud irresponsable hacia la agricultura nacional, ¡y por tanto también hacia *una de las cuestiones vitales más importantes del pueblo alemán! Debido a las* posibilidades de importar alimentos baratos del extranjero, el campesinado alemán estaba dispuesto a sacrificarse a los intereses exportadores de la industria. Al *estallar la Primera Guerra Mundial, la consecuencia fatal de esta dependencia del extranjero fue una preparación económica totalmente inadecuada para la alimentación, ¡que costó al pueblo alemán más de 750.000 muertos por desnutrición durante la guerra y, a la postre, la victoria final!*

Al negarse a considerar las legítimas demandas del campesinado basadas en la *salvaguarda del suministro alimentario* alemán, se pasó completamente por alto *la importancia política* de un campesinado numéricamente fuerte y exitoso *para el asentamiento.*

Por eso no es extraordinario que el gobierno nacionalsocialista, partiendo de la base de que *sin un campesinado sano el futuro nacional está seriamente amenazado,* estudiara el problema de la infravaloración de forma exhaustiva y tuviera que tomar partido contra ella.

¿Se considera que esto es "infravalorar la importancia de los resultados agrícolas"?

Visto fríamente, la fijación de precios de los productos agrícolas en relación con la protección de la mano de obra y los costes, que requiere la producción agrícola, es insuficiente.

Esta infravaloración, que se traduce en un rendimiento insuficiente de la producción agrícola, se demuestra también mediante cálculos. Si se opta por un tipo de *balance de producción* basado en visiones mercantiles actuales, se obtiene el siguiente cuadro:

Balance de la producción agrícola en 1936/37
(en millones de RM)

Asignación de dinero:	
Uso personal (limpieza, servicios y otros)	3 033
Sueldos y salarios en especie	1 572
Seguridad social (cuota empresarial)	136
Remuneración del titular de la explotación con personal	4 200
Gasto económico de facto	3 438
Tasa fija para gastos generales	450
Representación profesional	68
Impuestos	480
Servicio de la deuda	630
Pago de intereses sobre el capital propio	2 440
	16 447
Producciones	
Producción total: 11 894	
Déficit	4 553
	16 447

El "pago de intereses del capital propio" de la agricultura (unos 54.300 millones de RM) con un porcentaje del 4½% corresponde al impuesto en uso en el país. También es importante, ya que el agricultor debe obtener de él los medios necesarios para el desarrollo de la explotación (¡batalla de rendimientos!), para el equipamiento y la educación de los hijos, para el seguro de vejez, etc. El "salario por el trabajo del propietario de la explotación con su familia" correspondiente a las directrices de la legislación fiscal, con 700 RM al año por una buena mano de obra, no es demasiado elevado. Agricultura renunció al pago de intereses sobre el capital propio - exigencia injusta que podría llevar al cierre de cualquier explotación profesional por "rentabilidad inexistente"-, por lo que el déficit ascendió a unos 2.000 millones de RM.

Sobre la misma base, al calcular el balance de producción de la agricultura alemana para los años 1929/30 a 1937/38, se obtiene el siguiente producto

Evolución de la producción en la agricultura alemana de 1928 a 1938 (en millones de RM)

Año	Déficit
1929/30	4 894
1930/31	5 336
1931/32	5 853
1932/33	6 180
1933/34	5 252
1934/35	4 405
1935/36	4 481
1936/37	4 545
1937/38	4 372

Se pueden distinguir claramente tanto *los* peores años de la crisis agrícola antes de la toma del poder como *la eficacia de las medidas de política agraria adoptadas por el Tercer Reich.* También puede verse como consecuencia la buena cosecha de 1937/38, pero también el hecho de que la agricultura vuelve a quedarse rezagada debido al fomento del sector industrial, necesario para garantizar la seguridad del espacio vital alemán, y *a pesar de la importante producción adicional lograda en la lucha por el rendimiento.*

Esto también se desprende del siguiente desglose de la *renta anual per cápita de la población agrícola y no agrícola*, así como del trabajo realizado sobre otras bases por el "Instituto de Investigación Económica" sobre el tema "agricultura y renta nacional", que se publicó a finales de marzo de este año.

	Renta anual per cápita		
	Población agrícola En RM	Población no agrícola En RM	En % de
1913/14	1 191	1 665	139,7
1924/25	813	1 953	240,2
1925/26	846	2 006	273,1
1926/27	976	2 058	210,8
1927/28	1 024	2 313	225,8
1928/29	1 171	2 404	205,2
1929/30	1 147	2 404	209,6
1930/31	1 021	2 206	216,0
1931/32	907	1 772	195,4
1932/33	782	1 364	174,4
1933/34	912	1 358	148,9
1934/35	1 084	1 510	139,3
1935/36	1 103	1 687	152,9
1936/37	1 136	1 871	164,7
1937/38	1 172	2 048	174,7

Ya en el *Día del Agricultor del Reich, celebrado en Goslar en 1938*, el Reichsbauernführer y SS-Obergruppenführer R. Walther *Darré* llamó la atención sobre estos hechos. Consciente de su deber para con el pueblo alemán, señaló los peligros que ya habían surgido o podrían surgir si la agricultura alemana no recibía pronto una ayuda decisiva.

Estos peligros son de índole económica y alimentaria, así como de política demográfica. Por ejemplo, no se puede evitar el inicio de un *declive de la producción agrícola,* que ya se observa aquí y allá. A la agricultura le resultará cada vez más difícil realizar por sí sola las *mejoras técnicas que exige* la lucha por el rendimiento (construcción de silos para fermentar el forraje, compra de tractores), lo que aumentaría su capacidad de producción en un grado insignificante. La tensa situación económica de las explotaciones y la imposibilidad de pagar salarios tan elevados como los que paga en parte *la industria (¡la depreciación del salario habitual en especie desempeña un papel importante en la agricultura! El* resultado es que, además de la excesiva carga de trabajo de las mujeres campesinas en particular, que no es insignificante desde el punto de vista de la salud y de la política de natalidad, se produce también una *despoblación del campo.*

Este *debilitamiento de los recursos alimentarios* y la *amenaza a la fuente de sangre de* nuestro pueblo les obliga a dedicar toda su atención no sólo al problema del éxodo rural, sino también a la devaluación de la agricultura.

No es objeto de este documento examinar los medios para eliminar esta fuente de peligro para la población. *El Reich, el Partido y el Servicio de Alimentación del Reich (Reichsnährstand) ya han puesto en práctica un gran número de medidas o están en preparación* (por ejemplo, incentivos para construir viviendas para los trabajadores agrícolas, silos de fermentación y abono, concesión de subsidios y créditos estatales para los fines más diversos, exención de impuestos, importante ayuda económica para el trabajador agrícola al contraer matrimonio como muestra de reconocimiento por largos años de fiel trabajo, etc.). Se trata, por supuesto, de acciones parciales. *Pero, en su conjunto, contribuyen al resultado final, que, por supuesto, sólo puede alcanzarse mediante una acción global y sistemática de los servicios participantes y, en última instancia, ¡de todo el pueblo!*

Es comprensible que la economía agraria, gracias a la *Ley del Dominio Hereditario,* deba su consolidación a *la regulación del mercado agrícola* y a otras medidas de política agraria del Tercer Reich. También sabe *que se salvó del colapso total que probablemente se produciría ante la amenaza del caos de 1932.* También es comprensible que la economía agraria reconozca que una época regida por opiniones políticas superiores de carácter nacional dificulta la prestación de ayuda inmediata. *Pero el hecho de que importantes departamentos hayan reconocido la existencia de problemas y se hayan pronunciado al respecto, le permite creer legítimamente que el Führer y sus delegados actuarán a su debido tiempo. La* agricultura alemana se encuentra hoy en la posición del soldado en el frente que mantuvo extrema confianza en la autoridad y también mantuvo la camaradería bajo el terrible fuego rodante de la Gran Guerra.

Para 1 Mayo 1936

"1 ¡Mayo Primavera de la Nación!

Día de la solidaridad de un pueblo trabajador

Este día debe traducir simbólicamente que no somos ciudadanos de una ciudad y de un país, que no somos obreros, empleados, artesanos, campesinos, estudiantes, burgueses, ni partidarios de ninguna ideología, sino que somos miembros de un pueblo.

Lo más grande que Dios me ha dado aquí en la tierra es mi gente. En ellos reside mi fe. Les sirvo de buena gana y les doy mi vida. Que éste sea nuestro juramento común más sagrado en este Día del Trabajo alemán, que es por derecho el día de la nación alemana.

Adolf Hitler, 1 Mayo 1935

Cuaderno SS nº 2b. 1941.

En Oriente crece un nuevo pueblo en una nueva tierra

Trasplante e instalación realizados conjuntamente

Entre todos los acontecimientos históricos actuales, se vislumbra un proceso de carácter especial: ¡la gran obra de trasplante y colonización del Führer! Ha transcurrido año y medio desde que Adolf Hitler lo anunciara en su discurso en el Reichstag el 6 de octubre de 1939. Medio millón de alemanes regresaron a sus hogares. No se trataba de una migración de *pueblos,* sino de grupos y pequeñas colonias cuya situación se había vuelto insostenible y que se reincorporaban al cuerpo y al suelo del pueblo alemán. La posesión de un nuevo espacio fue la condición de esta repatriación. Se nos abrió mediante la recuperación de antiguas tierras alemanas pobladas y cultivadas. Tomábamos así posesión de las futuras zonas de asentamiento de cientos de miles de nuevos colonos procedentes del antiguo Imperio.

La falta de espacio siempre conduce a la miseria.

A lo largo de los siglos, nuestro destino siempre ha estado determinado por el hecho de que la falta de espacio vital empujó a miles de alemanes a emigrar al extranjero. La falta de espacio fue siempre la causa de la miseria del pueblo.

Desde hace mil años, hombres de nuestra sangre se desplazan a los vastos territorios de Oriente para conquistar un nuevo espacio vital mediante un duro trabajo de pioneros.

Su destino nos enseña que un gran país poblado por alemanes sólo puede sobrevivir mediante el aprovechamiento sano de la tierra por un campesinado fuerte con muchos hijos.

En el futuro, el espacio vital alemán recuperado en el Este debe asegurarse, en primer lugar, mediante la afluencia de alemanes del extranjero y, en segundo lugar, mediante el asentamiento de alemanes del Reich. Esto sólo puede hacerse de forma centralizada y mediante una amplia planificación, con el objetivo de reorganizar completamente el nuevo espacio vital de acuerdo con los principios nacionalsocialistas.

Cuando el Führer confió esta tarea al Reichsführer de las SS, que fue nombrado Comisario para la Consolidación de la Germanidad, las SS recibieron una nueva tarea. Su educación de orientación racial y natalista ofrecía condiciones y oportunidades tan especiales que fueron principalmente oficiales y soldados de las SS quienes trabajaron en esta tarea junto con camaradas de otras asociaciones y personal de diversos departamentos del partido y del Estado.

Granja modelo para inmigrantes alemanes en el Este.

Los hombres de las SS realizan su servicio agrícola trabajando en los campos.
El campesinado, la nueva nobleza de sangre y tierra.

Si bien la recuperación de la población tuvo lugar a pesar de la guerra, la colonización y organización de los nuevos asentamientos en el Este no comenzó hasta después del final de la guerra, de acuerdo con la orden del Führer. El soldado alemán que regresaba tenía que aportar su autoridad. La llamada del Este se dirige a las mejores personas para que aseguren y mejoren, con su trabajo y sus acciones, lo que nos pertenece por derecho de una antigua herencia. De acuerdo con las lecciones de la historia, lo más importante se logrará esta vez mediante una política de desarrollo rural. La consolidación y el crecimiento de la germanidad es la clave de esta organización, así como de la política general de organización en el Este. La separación y selección racial, así como la creación de un campesinado fuerte y sano, son, por tanto, fundamentales para este objetivo. Desde el punto de vista territorial, una distribución sana de la tierra debe permitir vincular a ella al mayor número posible de alemanes. La estructura, el tamaño y la ubicación de las explotaciones familiares proporcionarán una base segura para la vida y el desarrollo de las familias campesinas con muchos hijos.

El asentamiento de los alemanes retornados se planificó cuidadosamente según estos principios. Mientras que la organización general corrió a cargo de la Oficina Superior de Personal del Comisario para la Consolidación de la Alemanidad, se crearon plantillas especiales para llevar a cabo el trabajo a escala individual y realizar el estudio práctico del asentamiento, que quedó a disposición del representante del Comisario en las regiones orientales.

Es cierto que se necesitan datos exhaustivos para elaborar un plan de trabajo. Hay que saber cuánta tierra, cuántas granjas, cuántos pueblos hay disponibles, cuál es la estructura general y regional del país. ¿La tierra es buena, media o mala? ¿Cómo son las granjas y los pueblos? ¿Cuál es su tamaño medio? ¿Pueden establecerse alemanes? ¿Qué distritos son adecuados para el asentamiento de agricultores alemanes? ¿Cuáles son las posibilidades de tráfico y en qué estado se encuentran las carreteras? Estas son sólo algunas de las muchas preguntas que surgieron. A menudo era difícil responder porque el país había estado bajo dominio polaco. De todos modos, o no se podía encontrar información, o era inutilizable. Había que crear nuevos datos: ¡era un trabajo ingente! También hubo que elaborar un plan de asentamiento, distribución y transporte de los grupos de colonos. Los campesinos de las tierras bajas regresaron a la llanura, los mineros a las montañas, los mineros alemanes de Galicia a los Beskids de la Alta Silesia.

La colonización es una cuestión de corazón.

Dado que "trasplantar" significa "replantar", hay que tener en cuenta varios aspectos para un trabajo de planificación organizado. Sin embargo, hay que aspirar a crear para las personas trasplantadas unas condiciones de vida similares o equivalentes a las de la antigua patria. Hay que preservar tanto la estructura comunitaria como los pueblos principales. Por ello, los problemas vecinales se tienen en cuenta en los estudios generales. En función de las posibilidades, a los criadores de caballos se les dan granjas rodeadas de prados, a los jardineros se les llevan a terrenos adecuados cerca de los pueblos.

Hay que seleccionar cada futura granja, así como cada pueblo. El agricultor adecuado puede seleccionarse para cada explotación disponible basándose en las encuestas realizadas en la antigua patria del inmigrante, que indican cómo era su explotación, y en el mapa de la EWZ (Resultado de la selección de la central de inmigrantes).

Una vez finalizada esta planificación detallada, se reúnen los grupos que se instalarán en los pueblos que se van a colonizar. A continuación, el estudio de los transportes debe fijar el plazo de salida y el itinerario a seguir, y velar por el buen desarrollo de la instalación práctica. Los grupos, reunidos sobre el papel, deben concentrarse en campamentos del Este, examinarse de nuevo, elaborar listas de transporte; hay que asignar números de granja, embarcar al inmigrante y su equipaje, instalarlo con seguridad en una nueva vivienda y, por último, llevarlo a una nueva granja de acuerdo con los planes de la aldea.

Una vez puesto en marcha este servicio, 180 familias parten diariamente hacia la aventura definitiva.

En los primeros diez meses, se asignaron unas 20.000 granjas a campesinos de Volinia y Galitzia, principalmente en el Wartheland y en los alrededores de Cholm y Lublin.

Al mismo tiempo que se producía este asentamiento en las ciudades (los alemanes bálticos también eran mayoría en las profesiones urbanas), la administración alemana inició su empresa de reconstrucción general. El aspecto del país, tal como lo experimentó el soldado en la campaña polaca, se transformó por completo: el desorden inculto y la economía polaca dieron paso a un orden estricto, a la dignidad y a una vida económica y cultural en constante expansión. El Este ya no tiene el aspecto que tenía durante la campaña polaca, reflejo de un Estado degenerado y en colapso y de la incapacidad de los polacos. Sin duda, queda mucho por hacer para superar definitivamente el legado polaco y propiciar una vida nueva, sana y hermosa en todas las circunscripciones. En todas partes se siente el ímpetu y el ritmo del trabajo alemán, de la enérgica voluntad creativa. Por poner un ejemplo, el trabajo realizado sólo en el campo de la construcción de carreteras, así como en el de la construcción de puentes, supera hoy la actividad de veinte años del Estado polaco. En las ciudades se han construido y se construyen nuevos edificios; aumenta el número de lugares de cultura alemana. Los judíos están siendo expulsados de pueblos y ciudades a gran escala, y donde todavía están presentes en gran número, se les han dado sus propias zonas residenciales.

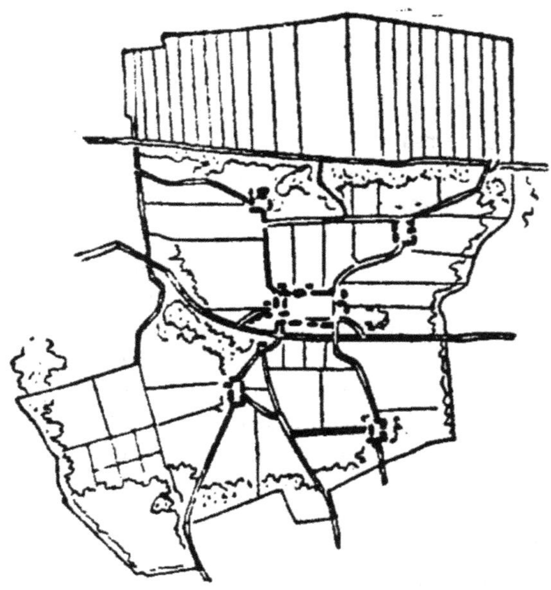

Un pueblo de nuevo estilo

Partiendo de la imagen habitual de nuestros pueblos en el Reich, esta estructura consiste en un centro de pueblo rodeado de varias aldeas, como se muestra en el croquis. La ventaja es que cada granjero vive en su propia tierra. El camino al centro está a sólo unos minutos a pie.

El trabajo creativo iniciado durante la guerra continuará, cuando llegue la paz, con una gran reestructuración. La zona de asentamientos ha sido completamente reurbanizada según un plan que ha debido establecerse mediante un cuidadoso trabajo científico. Cuestiones como la armonización de la ciudad y el campo, el acceso al tráfico y a los centros industriales, deben resolverse de forma tan orgánica como el problema de la inserción inteligente de las nuevas aldeas en el programa general; no tiene sentido limitarse a "parchear" las consecuencias de la anarquía imperante en el Este. El país debe verse como una tierra nueva. Por primera vez desde el período de las grandes invasiones, tenemos la oportunidad de llevar a cabo una verdadera planificación alemana del país en el Este, esta vez según los conceptos de 1941. Los pueblos que se crean y se crearán tendrán nuevas ubicaciones que no se determinarán al azar, sino mediante una elección consciente que tendrá en cuenta todas las leyes científicas.

La mejor manera de conseguirlo es añadir a un grupo de aldeas una aldea principal de fácil acceso a pie. Mientras que cada aldea (300-400 habitantes) debe estar dotada de centros comunitarios que se ocupen de la vida política, cultural y económica, la aldea principal contendrá establecimientos comunitarios y administrativos que requieran una mayor cooperación. Así, cada aldea dispondrá de una casa del Partido que contendrá una pequeña sala para las ceremonias y salas administrativas del Partido y sus asociaciones, y gestionará un jardín de infancia y una oficina sanitaria. En cada aldea ya existen edificios educativos y de entrenamiento físico, un albergue con un salón y edificios para fines económicos y comunitarios. Por otra parte, en la aldea principal deben construirse instalaciones más grandes, salas y plazas para festivales, estadios, almacenes, talleres de reparación y un campo de servicios laborales. Además, cada aldea debe tener un hermoso campanario.

La forma y la estructura del pueblo deben corresponder a su tamaño y a su situación en la provincia. Debe darse gran importancia a la disposición de los jardines y al aspecto que adquiere el paisaje mediante la plantación de árboles, arbustos y setos y la reforestación. La tarea y el objetivo son imprimir constantemente a los pueblos un espíritu alemán en todos los ámbitos; proporcionar a los alemanes una hermosa patria en un paisaje sano y de cultura alemana y combinar belleza y rentabilidad.

De acuerdo con esto, las granjas no sólo debían cumplir los requisitos prácticos del Este, sino también ser la marca visible de una nueva cultura agrícola alemana. En su construcción se utiliza la tecnología más moderna, que ahorra mano de obra, y se construyen con los mejores materiales de construcción para garantizar una gran durabilidad. Esto no significa que se construyan sin pensar, sino que se construyen para adaptarse al paisaje y a la naturaleza de sus gentes.

También hay una preocupación especial -y esto es una novedad- por la condición del trabajador agrícola y del artesano del pueblo. La distribución de los puestos de trabajo para los trabajadores agrícolas debe estudiarse cuidadosamente y debe garantizárseles un futuro sostenible. También representan formas de ascenso social a la condición de campesino propietario, pero el candidato debe, por principio, haber trabajado varios años en una granja extranjera como sirviente y trabajador agrícola casado:

La artesanía aldeana, que está indisolublemente ligada a la función campesina, está tanto más fuertemente vinculada a la aldea cuanto que el artesano está arraigado en la comunidad aldeana mediante una asignación de tierras correspondiente y un patrimonio hereditario. Los puestos de artesano que necesita la comunidad aldeana deben crearse con este espíritu de trabajo general.

Todas estas cuestiones revelan la amplitud y profundidad de las tareas que se nos han asignado en el Este, y dejan clara la naturaleza de este elevado objetivo. En primer lugar, se trata de conectar orgánica y sentimentalmente a los emigrantes con la antigua vida popular y cultural alemana. Su energía, dedicación y habilidades se han puesto al servicio de la tierra alemana de una manera tan importante que se garantiza un futuro seguro. Su trabajo volverá a beneficiar a nuestro pueblo y a nuestro país, y ya no a un pueblo extranjero.

Queda, sin embargo, una tarea mayor, que es la de salvaguardar esta zona en el futuro mediante una amplia labor de colonización y construcción llevada a cabo por primera vez de forma centralizada y con el claro objetivo de fortalecer y acrecentar el pueblo alemán. Lo que los pioneros alemanes lograron y construyeron a lo largo de los siglos, lo que la espada alemana ganó, ¡el arado lo conquistará ahora de una vez por todas!

CUADERNO SS Nº 1. 1944.

PUEBLOS ANTIGUOS Y NUEVOS

...¿Cómo serán las nuevas aldeas y granjas campesinas de las que tanto se ha hablado últimamente; qué tamaño tendrán y cómo comenzarán las obras?...

Estas fueron las preguntas que me hizo el agricultor al que ayudaba el año pasado en la época de la cosecha. Le dije que lo primero que intentamos comprender es el origen de nuestros antiguos pueblos y granjas. En el curso de esta investigación descubrimos que siempre han estado influidos por las condiciones locales y se han desarrollado gradualmente. La tribu, la naturaleza del suelo, el espacio y el clima siempre han sido importantes a la hora de influir en su forma. Allí donde, por ejemplo, se daban las condiciones para un buen pastoreo, se crearon granjas aisladas y autosuficientes, grupos de granjas y aldeas poco comunes. Por el contrario, los valles montañosos sólo permitían grandes extensiones de tierra, y allí donde se podían arar superficies mayores, sólo se creaban granjas aisladas. Más tarde, sin embargo, la expansión de la superficie cultivada dio lugar a la formación de grupos de granjas y, finalmente, a los pueblos no alineados que tan bien conocemos hoy en día. Por otra parte, aún existen aldeas de diversas formas, las que se encuentran en terrenos llanos. El agua u otras condiciones desempeñan un papel importante. Aunque muchas de estas estructuras aldeanas siguen presentes hoy en día, muchas condiciones han cambiado desde su aparición, lo que hace necesario renovarlas.

En Prusia, por ejemplo, el mismo suelo tenía que alimentar a una población que se había duplicado en el espacio de setenta y cinco años (1815 a 1898) en comparación con la del siglo XVIII. Había que encontrar la manera de aumentar la producción del suelo para que el abastecimiento de la población no dependiera de las importaciones extranjeras. Lo hemos conseguido hasta un punto que en el pasado habría parecido imposible. Una explotación pomerana de 80 hectáreas con cuatro trabajadores agrícolas proporcionaba, por ejemplo, en el siglo XVI: 9 grandes unidades de ganado y 21,6 toneladas de grano (los productos del cultivo a pique se convierten en valor grano).

En cambio, hoy en día, una explotación de sólo 15 hectáreas en el mismo pueblo suministra también 9 cabezas de ganado mayor y 35 toneladas de grano.

Además de las crecientes exigencias impuestas a la economía agraria en los últimos siglos, se han producido importantes cambios debidos a otras circunstancias. Las nuevas industrias y medios de transporte se apoderaron de grandes extensiones de tierra, tuvieron efectos secundarios negativos en territorios enteros debido a una mala gestión y a desarrollos no planificados, y degradaron especialmente el orden social.

Los agricultores sostienen que hoy en día es difícil realizar el trabajo necesario en la explotación debido a la falta de mano de obra cualificada. No basta con un tiempo de trabajo regular comparable al de una empresa de ciudad, por lo que el trabajo agrícola en general no es tan solicitado como en el pasado. Llamo la atención sobre el hecho de que, desde la utilización de las máquinas, la mano de obra puramente mecánica ha aumentado tanto que, por término medio (en todo el mundo), hay quince veces más máquinas que trabajadores manuales.

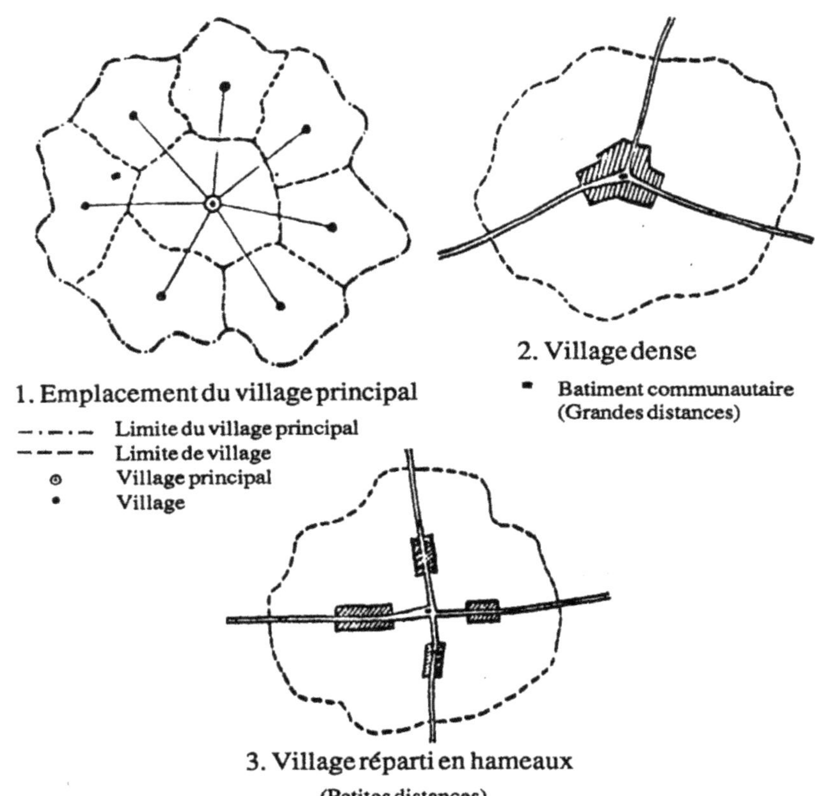

Esta comparación muestra con especial claridad que todas las empresas que tienen que realizar muchas tareas físicas difíciles están en desventaja frente a los talleres más mecanizados. Estos últimos tienen la posibilidad de realizar trabajos y proyectos de forma relativamente independiente. Las empresas agrícolas tienen que tener en cuenta el tiempo y distribuir adecuadamente el tiempo de trabajo.

Si tenemos en cuenta que el 70% del trabajo agrícola se realiza en la explotación, es prioritario construir edificios y crear herramientas para evitar en lo posible el trabajo innecesario.

Pero los campos también deben estar bien situados en relación con la explotación. Deben eliminarse los desvíos y obstáculos de cualquier tipo, como desniveles del terreno, lindes mal trazadas, vías de transporte, etc., entre la explotación y el terreno.

Nuestras nuevas granjas y aldeas campesinas también se enfrentan a dos exigencias importantes:

1. Establecimiento de edificios administrativos que faciliten, además de las necesidades más diversas, el transporte de cargas pesadas (pistas cortas para el transporte de abonos y forrajes, suministro de garras, etc.).

2. Reorganización del suelo mediante el rediseño de los campos para acortar las distancias de explotación.

Hay que planificar las rutas para facilitar un buen trabajo con las máquinas. Hay que espaciar el antiguo pueblo, demasiado denso, y construir el nuevo de forma que se consiga la mejor distribución posible del suelo, teniendo en cuenta todos los datos.

El agricultor pregunta cómo se va a llevar a cabo esta reorganización.

Al igual que en las ciudades, se elaboran planes económicos y urbanísticos. También se crean planos de pueblos, en los que se fijan los límites de las propiedades y se tienen en cuenta todas las mejoras relativas a la comunidad del pueblo, el uso del suelo, el tráfico y otras cuestiones. La configuración del paisaje es una tarea especialmente minuciosa. Requiere tener en cuenta las distintas relaciones entre el suelo, el agua, el aire, el crecimiento de las plantas y el mundo animal. En tareas concretas, hay que estudiar:

Reforestación de badlands y laderas escarpadas, mejora de la gestión del agua, por ejemplo mediante el almacenamiento de agua procedente del deshielo, creación de vallas de nieve, desarrollo de bancos de agua, eliminación de zonas frías y húmedas y muchas otras cosas. La protección de las plantaciones mediante la creación de setos y arbustos forestales es especialmente importante en los nuevos distritos orientales. Ofrecen protección contra el viento deteniéndolo, protegen contra la acumulación de nieve y la evaporación excesiva de los campos y prados, evitan el empobrecimiento del suelo y la dispersión del viento. Pero también deben proporcionarnos madera y frutos, ofrecer cobijo al mundo animal y servir para concentrar y destruir las malas hierbas. Las plantaciones protectoras son de gran importancia para las regiones desfavorecidas del este. Además de mejoras climáticas, nos proporcionan una gran variedad de paisajes y configuran así el rostro de una nueva patria. El atractivo de crear nuevos pueblos en el Este para los planificadores reside en que pueden utilizar toda su experiencia y conocimientos sin verse obstaculizados por situaciones paralizantes.

Me gustaría llamar su atención sobre las directivas del Reichsführer SS, Comisario para la Consolidación de la Germanidad, relativas al tamaño de los nuevos pueblos. En ellas se definen los procedimientos de ejecución para su construcción en los nuevos distritos orientales. Un pueblo con una superficie de 10 a 15 km^2 debe tener entre 400 y 500 habitantes. Las aldeas deben estar formadas por entre 30 y 40 granjas campesinas de diferentes tamaños, pero en su mayoría serán granjas o explotaciones familiares. Tendrán una superficie de 25 a 40 hectáreas en suelos ligeros o medios. Se espera que haya espacio para una familia de trabajadores agrícolas por cada granja. Aproximadamente entre ocho y diez pueblos, junto con el pueblo principal, forman un núcleo central. En la aldea principal deben estar ubicadas todas las instituciones comunitarias y administrativas que no puedan estar presentes en cada una de las aldeas más pequeñas, por ejemplo, la nueva gran escuela (véase la figura 1).

La campesina se pregunta si el pueblo tendrá un campanario con un reloj que marque las horas.

En el centro de cada aldea se encuentran los edificios comunitarios, que son claramente visibles y fácilmente accesibles desde todas las partes de la aldea: la casa de la aldea con salas comunes, la escuela, la guardería y un campanario, los edificios económicos de la comunidad con una lavandería, máquinas que los agricultores no pueden permitirse, un pequeño taller para reparaciones mecánicas y otras instalaciones. En el centro del pueblo se encuentran también las tiendas y boutiques de los artesanos. Si se tienen en cuenta todas las condiciones necesarias para la gestión de las granjas y la configuración del paisaje, el nuevo pueblo está mejor organizado que el anterior. El suelo, el clima y otros factores determinan la forma del pueblo, y se puede esbozar el siguiente diagrama (véase la Fig. 2):

La estructura fuertemente articulada del nuevo pueblo facilita una buena disposición recíproca de las granjas y los campos; permite un ligero ensanchamiento y, a pesar de lo espaciado del asentamiento, permite una rica relación con los edificios comunitarios del centro. La distribución corresponde también a la evolución metódica y a nuestra representación espacial actual, que fomenta contrastes más fuertes entre las aldeas edificadas y delimitadas, los campos abiertos con plantaciones protectoras y el centro del pueblo. Si el emplazamiento se encuentra en un terreno más elevado, su importancia se dejará sentir aún más. El cementerio también debe estar bien situado y ser visible en el paisaje.

Para concluir nuestra discusión, el granjero y la esposa del granjero se preguntan si la norma prevista para las granjas no contribuirá involuntariamente a crear una similitud monótona y aburrida en el pueblo. Observo que en todas las épocas y en distintas regiones los distintos tipos de casas que tan bien conocemos y tanto apreciamos surgieron por similitud de función: por ejemplo, la granja de la Baja Sajonia, la granja alpina o franca y otros estilos de granja. También debemos considerar el hecho de que hoy en día es posible que se produzcan menos estilos diferentes en nuestra patria, que se extiende más allá de las antiguas e innumerables fronteras étnicas. Sería incluso un error intentar cambiar formas arquitectónicas que tienen su razón de ser y arriesgarse así a crear edificios quizá más inapropiados. La diversidad debería reflejarse más bien en la valorización de la artesanía con un espíritu típico que ya ha producido cosas de valor indiscutible.

Alfred Roth

Cuaderno SS No. 9. 1944.

Las ciudades como fortalezas del Reich

Hay un viejo dicho popular: "Nada más que muros separa a los burgueses de los campesinos". Sin duda, hay mucho de sabiduría en esta frase. El carácter de la fortaleza defensiva viene determinado por sus muros. Es una de las características esenciales de la ciudad. El otro fundamento de la ciudad alemana es el carácter fundamentalmente campesino de gran parte de la burguesía agrícola, así como el espíritu corporativo de las regiones campesinas.

Los germanos no podían integrarse en las ciudades del Imperio romano, como relata Tácito. No importaba lo diverso que fuera entonces el carácter romano de estas ciudades del Rin y del Danubio. Todas llevaban los rasgos básicos de ese estilo de vida urbano, ajeno por naturaleza a las colonias campesinas, producido por ese particular espíritu de clase. El legado de la ciudad-estado griega se transmitió a las ciudades hermanas de Roma. Así, incluso las doce grandes ciudades que cayeron en manos de las tribus germánicas como restos de la colonización a lo largo de las antiguas fronteras romanas, desde Colonia hasta Ratisbona, fueron reconstruidas sobre la base de nuevos planes y una nueva mentalidad. Estas primeras ciudades establecidas en suelo germano eran las comunidades de los gremios mercantiles alemanes y tenían un mayor radio de acción. A continuación se desarrolló una cadena de ciudades y fortalezas de otros orígenes en los ríos Elba y Ems y en la frontera oriental del Estado alemán. Albergaban un gremio mercantil, pero más importante era la guarnición campesina que vivía en las grandes fortalezas como baluarte contra los ataques enemigos procedentes del este. Esta columna vertebral del cinturón defensivo contra las hordas de jinetes era al mismo tiempo el punto de partida de la penetración alemana en los desorganizados países más cercanos.

La historia de la fundación de estas ciudades alemanas está especialmente ligada a la personalidad del rey Heinrich I. Magdeburgo fue la más exitosa de todas, mientras que Lübeck, Núremberg y Viena fueron las siguientes en desarrollar regiones en el este. En el transcurso de dos siglos, los emperadores sajones y salios consiguieron desarrollar estas comunidades burguesas y establecer en suelo alemán un derecho municipal que parece tener su origen en el campesinado alemán, pero que fue adaptado a otros usos. Este derecho municipal alemán medieval fue una de las fuerzas más eficaces para proteger el asentamiento de los ciudadanos alemanes durante la migración medieval hacia el Este.

"Sepan que los alemanes son gente libre", dice el duque de Bohemia en la carta de la comuna burguesa alemana de Praga, en el corazón del entorno checo. El derecho municipal de Magdeburgo, Núremberg y Lübeck en las ciudades hanseáticas de la costa del mar Báltico y el derecho municipal vienés en el sureste fueron la base de unas elaboradas relaciones jurídicas. Este derecho también creó el orden que no sólo permitió el florecimiento de las regiones campesinas y mineras de las antiguas tribus germánicas orientales, sino también que los eslavos y otros pueblos adquirieran una estructura estatal.

"Las ciudades se convirtieron en los pueblos más fortificados de antaño y en los representantes de la idea de imperio. Desde el principio, el Reichsführer SS adoptó esta posición como Ministro del Interior para mostrar su apoyo a los alcaldes. Pensemos en el inmenso resultado de la Liga Hanseática y su repercusión en la zona del mar Báltico, o en la gran labor de los comerciantes imperiales en tiempos del emperador Maximiliano I gracias a las ciudades del sur de Alemania. El águila imperial fue siempre el animal heráldico cuyas alas albergaban las distintas ordenanzas. Los Fugger en Hungría, al igual que en España, se convirtieron en los hombres del Imperio. Aparte de jefes campesinos y caballeros del calibre de Hutten y Sickingen, fueron los burgueses del tipo de un Tilman Riemenschneider en Würzburg, un Albrecht Dürer en Nuremberg, un Veit StoB en Cracovia, los mensajeros de la fe en la idea del Imperio. Innumerables alcaldes se convirtieron en rebeldes por lealtad al Imperio contra los príncipes.

Durante los siglos en que la clase principesca alemana fue asumiendo gradualmente los derechos reales del Imperio y ganando privilegios, las ciudades alemanas no se convirtieron en ciudades-estado, sino en ciudades imperiales en el más alto sentido de la palabra. Durante los ataques husitas y turcos, y más tarde durante la Guerra de los Treinta Años, las ciudades alemanas demostraron ser los guardianes armados del suelo y el derecho imperial alemán hasta nuestros días. Liberadas de las antiguas fronteras y de las cadenas principescas de los pequeños estados opresores, cumplieron su misión y se erigieron en depositarias de la idea imperial alemana.

"Si las clases, los príncipes espirituales y seculares representaban el egoísmo regional o dinástico y hacían todo lo posible por disgregar el Imperio poco a poco a lo largo de los siglos, desgraciadamente con éxito, las ciudades alemanas -con ciertas excepciones- eran el baluarte de la idea imperial y los representantes de la lealtad al Imperio. De las filas de los alcaldes alemanes salieron innumerables grandes hombres que en muchos casos se convirtieron en paladines y defensores de la unidad y la grandeza del Imperio a costa de su sangre y su vida."

En palabras del Reichsführer SS, esta "rica y gloriosa tradición" de las ciudades alemanas es la base de la voluntad de resistencia que sustenta la lucha en el corazón de la patria. Precisamente porque las ciudades fueron el cemento de la antigua estructura imperial y no el producto de estrechos planes nacionalistas, poseen hoy esta fuerza unificadora. Ni las casas ni las fábricas ni los talleres sobreviven hoy a la lluvia de bombas. Sólo este arraigado apego a la ciudad ha demostrado su valor. Las ciudades que han permanecido sanas interiormente, como representantes del Imperio bajo ataque y defensa, encuentran su destino en esta guerra cumpliendo sus nuevas tareas para el Imperio.

V. Política general

"D'ESTOC ET DE TAILLE", POR GUNTHER D'ALQUEN, 1937.

LA IDEA OPUESTA AL SISTEMA

Desde el levantamiento alemán bajo el signo de la esvástica, la noción de revolución aparece bajo una luz completamente nueva.

Todas las revoluciones de los tiempos modernos, la Revolución Francesa de 1789, la revolución parisina de julio de 1830, las insurrecciones de 1848, las jornadas de terror de marzo a mayo de 1871 de los comuneros parisinos, la Revolución rusa de marzo y octubre de 1917 y la revuelta alemana de noviembre, pero también todas las revoluciones de los siglos anteriores muestran en general el mismo rostro desfigurado; siempre desembocan en una lógica destructiva más que creadora. Son manifestaciones social-revolucionarias impulsadas únicamente por tendencias puramente sociales o económicas, nacidas de una doctrina alejada de la tierra y, por tanto, hostil a la vida.

En todas estas revoluciones, un sistema frío se rebela contra la vida. Se basan, no en las clases terratenientes, sino en las masas citadinas y en esa decadencia espiritual que ya se opone a toda vida auténtica.

¡La chusma y una inteligencia desarraigada! Tales son los grupos de sangre manchada que se reúnen en torno a la bandera de la destrucción. El odio de estos degenerados se dirige no sólo contra este Estado, el orden social existente, sino contra la vida misma. De ahí también las orgías de furia sangrienta en las que se ensucian estos rebeldes, pues su verdadero sentido reside en este estúpido derramamiento de sangre: sacrificar la vida a una idea doctrinaria.

La grandeza de la revolución alemana sólo puede verse sobre este oscuro telón de fondo. Difiere de todas las revoluciones de la historia mundial no sólo por la extrema disciplina de su curso externo, sino aún más profundamente por su forma interna, que no es el producto de un patrón de pensamiento inerte, sino de una idea viva. No se limita a alcanzar objetivos sociales y económicos. No sólo aspira a hacer una revolución, sino que quiere crear la *nueva revolución* de todo un mundo. El renacimiento alemán no eligió el antiguo símbolo del sol nórdico como emblema por casualidad. Es porque la vida misma marcha bajo sus banderas. Es la sangre de todas las profundidades de la tierra la que truena aquí y quiere abolir todos los sistemas para crear formas propias en el Estado, en el derecho, en la ciencia, en el arte y en todos los ámbitos de la vida económica.

No es de extrañar que esta revolución de sangre y tierra atrajera a las mejores fuerzas raciales, que, como una ola de sangre roja, agita sus banderas sobre el país.

Son un símbolo, pero no un sistema; se agitan y traquetean como todos los seres vivos. La vida ya no debe transformarse en un sistema en este pueblo.

Queremos sacrificar todas las doctrinas a la vida, como rebeldes de la tierra alemana.

Quien considere que la recuperación alemana sigue las leyes de la lógica no ha entendido nada. Una revolución interna sólo puede tener lugar según las leyes de la vida. Porque, como enseña el fracaso de todos los intentos doctrinarios, la vida no se organiza bajo coacción, y la sangre siempre se venga.

En el pasado, el Movimiento condujo su lucha legalmente siguiendo este gran orden de leyes orgánicas; se purificó de doctrinarios de barricada y se mantuvo en caminos legales hasta que la evolución interna de la vida alemana hubo madurado en un giro histórico.

Y cuando la persecución arrancó de los corazones oprimidos el grito de una retribución sangrienta, perdonaron y olvidaron. Pero tal fortaleza moral es el sello del vencedor que considera las mazmorras y las tumbas de los héroes como un destino finalmente necesario. ¿Cómo podría haber buenas espadas si no estuvieran empapadas por el fuego y los golpes de martillo?

Pero incluso la armonía de las grandes leyes de la vida se refleja en la forma mesurada en que la victoriosa recuperación de la nación se encamina hacia la construcción. La agitación ya era rica en sí misma. Durante las revoluciones de épocas pasadas, sólo era espacialmente activa. Y mientras todo se destruía para construir un nuevo sistema en el tablero de dibujo, se nota el esfuerzo por dejar que las cosas sucedan y den fruto. Porque, como cualquier cosecha, la creación no se produce de golpe, sino que se recoge poco a poco.

Nada se hace con prisas, nada se hace con artificios. El Führer tuvo la gran sabiduría de abordar sólo aquellos problemas que tenían solución, como la fruta madura.

Sólo un necio señalaría que los bancos y los grandes almacenes no se han nacionalizado del todo, que aún quedan restos del viejo mundo y que, desde luego, muchas cuestiones no se han resuelto. ¿Quién querría cortar el trigo en primavera, cosecharlo en verano, cuando se hace en otoño? Los doctrinarios son impacientes. Comen la fruta verde y mueren.

El nacionalsocialismo no se expresa en la ejecución esquemática de un programa, sino que se esfuerza por hacernos aprovechar las experiencias de la vida floreciente. En la actualidad, los objetivos finales están aún lejos de la vista o, en todo caso, son inalcanzables; sólo a través de un desarrollo gradual se acercarán cada vez más.

En el campo de la política interior, la evolución había avanzado hasta tal punto que la recuperación alemana, viendo su hora, libraba la gran batalla del avance histórico. Por tanto, podía y debía golpear con fuerza, como con una guadaña en el trigo maduro. Sólo quedaban los rastrojos. ¿Y quién podría negar que el trabajo se había hecho, que los recuerdos caducos habían desaparecido y que se había alcanzado radicalmente un alto objetivo? La cosecha estaba hecha, y ya se estaba planeando la siguiente.

No es necesario hacer a lo grande lo que se puede hacer ahora y en el futuro. Las medidas e intervenciones doctrinarias no consiguen nada, aunque a muchos les parezcan deseables en ese momento. Hoy sólo pueden quedar dos objetivos: libertad fuera, pan y trabajo constructivo dentro del país. Porque la disputa académica sobre las monedas y el sistema económico no es importante; sólo la vida es sagrada, y 67 millones de personas deben tener su vida asegurada y pan en sus mesas.

El trigo ya ha crecido, pero aún no ha llegado el momento de cortarlo. El agricultor está afilando la guadaña para la siega; no tiene prisa, está vigilando y esperando. Cuando llegue el momento, el trigo caerá, pero aún queda tiempo hasta entonces. Entonces arará, rastrillará y sembrará. Llegará el invierno y luego la primavera, como una marea que va y viene.

¡Bendito el pueblo que reconoce la fuerza de la tierra! Bienaventurado el hombre que sabe actuar y decidir en el momento oportuno. Honra la ley eterna de la vida.

"D'ESTOC ET DE TAILLE", POR GUNTHER D'ALQUEN, 1937.

¿COMUNIDAD O COLECTIVIDAD?

Cuando los viejos nacionalsocialistas recuerdan los primeros años de la lucha, ven una hermosa imagen de una verdadera comunidad. Los hombres de aquella época, que pensaban de la misma manera, se habían unido y habían creado una comunidad como pocas veces se ha visto en el mundo. A pesar de la falta de organización externa, estos hombres formaban una fuerza increíble.

Lograron grandes cosas que adquirieron una dimensión casi mística, expresando la lealtad de la tropa germánica y culminando en el sacrificio supremo. Vemos que la fuerza del Movimiento proviene directamente de esta fusión voluntaria que, sin embargo, permite al individuo existir como personalidad y, por tanto, ser un combatiente independiente.

Esta comunidad de combatientes fue la primera que dio fuerza al Movimiento. Se trata de alimentarla en el futuro y de garantizar que, en una época en que el Movimiento debe utilizar la violencia, nunca exista el peligro de que la comunidad degenere en colectivo. Porque nunca la reunión organizada de masas, al destruir los valores de la personalidad en el hombre natural, puede aumentar su fuerza.

Por el contrario, se necesita una buena dosis de violencia para mantener unida una formación tan fundamentalmente no alemana. Todo lo que destruya la personalidad en beneficio de una masa no es alemán, y quien sólo piense en términos de masa lo hace de forma bolchevique y al final debe llegar a esa idea que un marxista expresó una vez cuando prefería "estar equivocado con la masa que tener razón como individuo".

Pero toda comunidad se basa espiritualmente en la vieja falacia marxista de la igualdad de todos los hombres. Esto no es así en la naturaleza. Al contrario, los hombres son desiguales. Unos son buenos, otros malos, unos honrados, otros deshonestos, unos altos, otros bajos, unos gordos, otros flacos. Los defensores espirituales de la comunidad se enfrentaron siempre a una lucha desesperada, tanto más difícil cuanto que tenían que negar constantemente la realidad manifiesta.

No cabe duda de que, aparte de quienes, como enemigos conscientes del nacionalsocialismo, defienden el viejo error de la igualdad, todos aquellos que, por naturaleza y carácter, no pueden entender el nacionalsocialismo de forma análoga son susceptibles de actuar inconscientemente con espíritu colectivista.

Este tipo de hombre es tan peligroso como cómico cuando, en defensa de la vieja teoría igualitaria marxista, introduce la noción nacionalsocialista de comunidad, y sospecha de profesar la lucha de clases a cualquiera que advierta que en un pueblo hay personas inteligentes y su opuesto.

No, no tiene nada que ver con una división del pueblo, pues se trata simplemente de hechos naturales. Pero nuestra vieja visión nacionalsocialista de la "minoría decisiva" es tanto una traducción política de estos hechos naturales como la exigencia "a cada cual lo suyo" que siempre ha opuesto el nacionalsocialismo a la consigna marxista "todos iguales".

Una distinción fundamental entre comunidad y colectividad se manifiesta también en el liderazgo. La comunidad tiene natural y necesariamente un líder que detenta el poder sobre las almas y los corazones de sus semejantes. El déspota de una comunidad es el amo supremo de los cuerpos de los individuos. Su posición se basa en el miedo, mientras que el líder de una comunidad se mueve por el amor de los hombres que le siguen voluntariamente.

No es casualidad que los verdaderos líderes se vean a sí mismos como los servidores de su comunidad debido a su sabiduría y sentido de la superioridad humana. Federico el Grande se veía a sí mismo como "el primer servidor del Estado". Adolf Hitler se veía a sí mismo como el "agente de la nación", y el representante del Führer llamó la atención de los líderes políticos en la ceremonia de investidura sobre su tarea de ser los servidores de la comunidad popular. Vemos así que los partidarios de la comunidad ven su ideal en la "dominación". Por su sentimiento de insuficiencia humana caen en el otro exceso y son tan déspotas con sus subordinados como fingen sumisión a las altas esferas. No saben que el líder debe tener una facultad superior de entendimiento, pero sobre todo esa superioridad de alma y fuerza de corazón de las que Fichte nos dice que son las que traen la victoria.

Además, se ve que el jefe de una colectividad llama a su lado a los hombres más capaces y cualificados, y que el jefe de una colectividad no tiene naturalmente necesidad de colaboradores independientes, sino sólo de criaturas que son sus instrumentos ciegos y que deben asegurarle constantemente su valía. Así queda claro qué monstruoso peligro, surgido del pensamiento colectivista, podría amenazar directamente a nuestro pueblo en la época de su renacimiento.

También en este caso, el Movimiento Nacionalsocialista ha dado a la nación un principio de inestimable valor al presagiar de forma ejemplar la noción de una comunidad de compañeros de trabajo leales. De este modo, ha dado ejemplo para todos los tiempos de la verdadera unión de fuerzas y ha rechazado claramente toda idea colectivista.

Pero los viejos soldados del Movimiento nunca admitirán que las poderosas masas humanas de nuestras manifestaciones y organizaciones puedan ser consideradas erróneamente como un reino del hombre-masa, y que la noción nacionalsocialista de comunidad sea así consciente o inconscientemente distorsionada y transformada en colectividad.

La coronación de todo espíritu de sacrificio es la entrega de la propia vida por la existencia de la comunidad.

Adolf Hitler

"D'ESTOC ET DE TAILLE", POR GUNTHER D'ALQUEN. 1937.

REFLEXIONES SOBRE EL PRINCIPIO DE LIDERAZGO

Cuanto mayores son las tareas que una época asigna a los hombres, más claramente se manifiesta el grupo de los que sólo aparentemente están cualificados para esas tareas. Cuando se trata de los valores más elevados, los inferiores siempre intentarán revestirse de la apariencia y la actitud de los hombres superiores de la élite.

Imaginemos a un buen conciudadano totalmente insignificante cuyo ardiente deseo es poder mandar algún día. No quiere esperar a que por fin se le confíe una misión que deposite sobre sus hombros una gran responsabilidad. Probablemente podrá esperar mucho tiempo; si no tiene capacidad, tiene una ambición que le consume y sólo esto le impediría conseguirlo. Supongamos: El pequeño Moritz, con sus complejos de poder, se convierte en un gran Moritz, y la desgracia es que primero aprende a simular habilidades inexistentes.

Nuestro amigo se convierte en líder en alguna capacidad. Sabe que ahora se acepta la importancia de su personalidad (sólo durante un tiempo). Los antiguos camaradas que no han ascendido de rango se imaginan inferiores a la figura mencionada. Los discursos enfáticos persuaden a los ciudadanos de la autoridad del gran Moritz. En sus nuevas oficinas, las instalaciones telefónicas se transformaron. En la sala del jefe se instaló una mesa de escucha para "profundizar en la confianza", se reorganizaron los puestos y la primera circular cuestionaba las competencias establecidas.

Por desgracia, dominar el trabajo no es tan sencillo. Al superior recién titulado no le gusta mostrar que aún no está plenamente cualificado y que hay que aconsejarle. Ve tambalearse su autoridad y no quiere mostrar las mismas pequeñas debilidades que los demás, ni su falta de experiencia básica. La falta de autoconfianza interna debe compensarse con una autoconfianza externa aún mayor. La distancia con los antiguos camaradas crece a pasos agigantados. ¿Quién es ahora su favorito?

El "subordinado" es su favorito, porque de buena gana y a menudo públicamente confirma que él, el "superior", es un individuo particularmente merecedor. En su estupidez, no se da cuenta de que el "subordinado" dice exactamente lo contrario a sus espaldas. Pero si notara aquí y allá objeciones realistas de uno de estos "subordinados" o incluso contrapropuestas sobre cualquier tema, entonces el "jefe" vería infaliblemente que tiene ante sí a un oponente peligroso. Así que lo derriba y, si es necesario, conspira en secreto contra él, convencido de su indudable valía y de la ineptitud del otro.

Pero este hombre está siempre al límite. ¡Ay de él cuando llega el momento en que necesita que sus colaboradores corrijan su trabajo, en una colaboración alegre, con un sentimiento de devoción absoluta y resuelta a su jefe! Este calvario puede ocurrir todos los días, por casualidad, cuando un error o una tarea absoluta lo requieren. Se produce una situación dolorosa cuando el superior ya no cuenta con la confianza de sus hombres. Su caída es, pues, segura. El destino se cumple con una lógica de hierro.

Hay otro tipo, aparte de los ambiciosos convertidos en salvajes tiranos de bolsillo, los burócratas quisquillosos. Suelen tener conocimientos incuestionables. Pero lo que los distingue de los verdaderos líderes es el hecho de que no están dispuestos en absoluto a aceptar responsabilidad alguna. Lo aceptan todo pacientemente y cumplen los reglamentos y las órdenes al pie de la letra. Sólo ven el aparato, la organización y sus células. La forma en que un York actuó en las guerras de independencia es una abominación para ellos. No habrían seguido a un Hitler, sino a un Kahr.

En ambos casos, se trata de distorsiones caricaturescas de la naturaleza del líder. La primera sólo ve hombres. Ve el liderazgo exclusivamente como un rango de precedencia de personas. El siglo de las democracias y del parlamentarismo fue totalmente exitoso en oponerse a esta dominación de los hombres sobre los hombres, y tuvo toda la razón frente a aquellos líderes que sólo ven en sus derechos la preponderancia personal.

La antigua autoridad había perdido su legitimidad interna. Los príncipes egoístas y ambiciosos ya no tenían derecho al poder porque ya no se veían a sí mismos como servidores del Estado, sino que veían al Estado como una herramienta de poder personal. Cuando esta falsa autoridad se convirtió en norma y sistema, había llegado el momento de una organización más estructurada del pueblo. Así, en nuestro país, la falsa autoridad se destruye por lógica interna, mientras que la educación y la selección producen una auténtica élite que se desarrolla de forma natural. No se trata de abandonar esta misión para el próximo milenio, pues la creación de una nueva clase de dirigentes nunca fue en la historia cuestión de unos pocos años. Lo importante es el progreso de nuestro pueblo en esta historia, no los pequeños informadores y los personajes indisciplinados. Al fin y al cabo, no sirven para nada ni hacen daño; nuestra fuerza reside en la acción, en la creación y en el futuro. Los luchadores sinceros al servicio de un ideal siempre hacen historia.

Del carácter surgió la acción.

Darré

Folleto SS nº 10. 1937.

SS-Staf. Kinkelin: El nacionalsocialismo crea un nuevo mundo a partir de una nueva fe

Con el nacionalsocialismo, el Führer nos ha dado una nueva visión del mundo. Esto significa que el nacionalsocialista que enseña la doctrina del Führer se ve a sí mismo y al mundo bajo una luz diferente. Ahora tiene *su propia forma de ver* y ya no mira a través de las gafas distorsionadoras que le habían puesto otros poderes que representaban una ideología extranjera.

El nacionalsocialismo arroja nueva luz sobre el viejo sistema de valores y relaciones de poder que rige el mundo. Cuando mira al pasado reciente, ve que no sólo él mismo -sino también su pueblo- han sido desposeídos de su riqueza espiritual, marginados, pero también reducidos a peones en el tablero de ajedrez de potencias extranjeras. Ahora está aprendiendo a diferenciarse de los demás definiendo lo que es su esencia y lo que es ajeno. Está confrontando los viejos valores que le enseñaron con los nuevos, totalmente distintos y desconocidos, que surgen cuando sigue su *propia* regla. El alemán ha aprendido a diferenciar lo *propio de lo ajeno* porque primero ha tomado conciencia de su propia naturaleza interior, algo que antes le era negado. En el pasado, era visto como una oveja más de las muchas que vivían en un gran corral. Se ha escapado. De este modo ha recuperado su libertad encontrándose a sí mismo. Antes, él y su pueblo sólo eran componentes de un mundo cultural, un universo mental cuya fuente, espíritu y principios rectores eran ajenos al pueblo alemán.

Es evidente, pues, que el nacionalsocialista ve el mundo en general, a sí mismo y a su pueblo, su destino, bajo una luz completamente nueva y rejuvenecida. Desde entonces, se ha enfrentado a un mundo totalmente distinto que hacía tiempo que había dejado de ser el suyo, del que ya no formaba parte y al que ya no podía pertenecer.

Descubre un nuevo sistema de valores y lo asimila para rechazar, para abolir tanto más fácilmente los antiguos valores que son precisamente los de los demás, porque ya no le convienen en absoluto. Sabe que forma parte de un grupo poderoso, de una gran comunidad cuyo alcance es ilimitado: *Por fin vive su pueblo.* Y se siente un *elemento,* un eslabón de esta inmensa cadena, de la comunidad nacional.

Mil lazos le unen y le atan a esta comunidad. Su futuro está inextricablemente ligado a la poderosa corriente sanguínea de su pueblo. Por primera vez comprende a su pueblo como una gran *comunidad racial. Antes le decían* que lo que determinaba la pertenencia a una comunidad era la lengua, la nacionalidad, el cristianismo, etc. Ahora sabe que esas viejas consideraciones no tienen nada que ver con el pasado. Ahora sabe que esas viejas consideraciones han quedado obsoletas, pues ve en su propia casa a hombres que no pertenecen a su pueblo y, al otro lado de esas viejas fronteras, a hombres que pertenecen a su pueblo tanto como él. Las viejas barreras están cayendo, las viejas fronteras, los viejos muros ya no tienen valor. Mire donde mire, ve una gran renovación en curso.

Una nueva y gran unidad ha surgido del colapso de los viejos sistemas: *el pueblo alemán.* Los viejos corruptores intentan corromperlo, pero no tienen poder sobre él. Las plegarias y las amenazas ya no surten efecto. El alemán nacionalsocialista ha escapado a sus garras, se ha desprendido de su presión tan fácil, libre y naturalmente como una prenda vieja. La revocación está en marcha. Por miles, por millones, se están uniendo a su pueblo.

Así experimentó el ciudadano alemán el *misterio de la sangre.* Pero no sólo eso. Ve esta sangre como el vehículo de su esencia más íntima. Reconoce la sangre como la herencia más preciada que le han transmitido sus antepasados más lejanos y que le une a ellos indisolublemente. Es difícil imaginar hasta qué punto, en el pasado, se le enseñó a despreciar, desdeñar y despreciar la sangre; hasta qué punto se le educó para despreciar y negar a sus antepasados en lugar de venerarlos. Muchas vendas cayeron de sus ojos. Los enemigos del pueblo se vieron incluso obligados a demonizar la doctrina de la sangre para poder controlar más fácilmente esta peligrosa noción y destruirla. Pero ahora las presiones y amenazas ya no funcionan.

Viviendo en el corazón de su pueblo, el alemán se siente de otra manera: se siente parte de él y componente activo del mismo. Las divisiones en clases y estratos sociales del pasado han desaparecido. Es una unidad viva, inmensa, significativamente ordenada y estructurada, un gigantesco ejército de hombres libres: *el pueblo;* un todo vivo basado en deberes y derechos. Esta profesión de fe activa y ferviente del pueblo supera hoy el nivel de la conciencia intelectual, de la enseñanza desvinculada, del sentido de la riqueza egoísta. "*¡Lo que no sirve a mi pueblo, le perjudica!*

Equipado con esta nueva escala de valores, que ha adquirido escuchando el mensaje de la sangre, el alemán se interesa ahora por todos los aspectos de la vida. Está decidido a ignorar cualquier valor que no sea el suyo, que no encarne su visión del mundo, a dejar de dar importancia a cosas que él mismo no considera importantes. Ningún ámbito es inmune a esta inversión de valores y nuevas consideraciones. El alemán nacionalsocialista reestructura así todo su mundo.

Este alemán consciente y despierto vuelve la mirada hacia su interior. *Una nueva fe* vive en él. De ella extrae su mayor fuerza. Pero esta fe no es un dogma, no es una doctrina de origen extranjero; es el fruto de su antigua herencia biológica. El nacionalsocialismo se encuentra en armonía con el mundo interior de sus padres y conecta *directamente* con lo divino.

Nuestra fe es el origen y la medida de todas las cosas: todas las creaciones espirituales proceden de ella y vuelven a ella. Por tanto, es comprensible que hagamos un examen general para ver si todo lo que procede de los campos creativos espirituales de nuestro pueblo, la filosofía, el arte, la ciencia, etc., está o no de acuerdo con nuestra nueva ideología, nuestra nueva fe. Cuanto más estrictos y coherentes seamos, más clara será nuestra visión. No cabe duda de que haremos limpieza. Estamos decididos a no dejar ningún aspecto de la vida sin tocar. Examinamos cada elemento del viejo mundo con sumo cuidado. Para nuestra sorpresa, descubrimos que muchos nos pertenecen, de los que el viejo sistema, con el pretexto de que son de su propiedad, se ha apoderado. Por ello, los estamos reintegrando en nuestro sistema. Si aún necesitamos los viejos elementos, los conservamos, pero para crear nuestro propio sustituto. Nos deshacemos de todo lo ajeno e incluso lo tiramos a la basura. Estamos decididos a construir un mundo nuevo con nuestra sangre y todo lo relacionado con ella, bajo el signo victorioso de la esvástica.

En el pasado se nos consideraba intelectualmente menores y todo nuestro patrimonio espiritual se administraba de forma pretenciosa. Ahora hacemos saber a todas las potencias enemigas que *el pueblo alemán ha alcanzado* la *mayoría de edad,* que pretende hacerse cargo él mismo de toda su propiedad espiritual sin excepción. Exigimos la devolución de nuestro patrimonio ancestral, que fue usurpado por apoderados indignos e infieles. También en este ámbito debe ponerse en marcha un plan cuatrienal para reconstruir el espíritu del pueblo.

Nada puede impedirnos concebir una nueva ley, una nueva moral o cualquier otra norma de la vida nacional. Nuestra visión del mundo considera la economía como un componente del nuevo orden, que debe servir al pueblo, no esclavizarlo.

Al igual que la economía, muchos otros viejos ídolos están sometidos a la ley de la renovación y al orden nacionalsocialista. Ninguna obra, por amenazadora, monstruosa o respetable que parezca, nos asusta. Aunque la época derrotada siga lanzando advertencias amenazadoras, estas tablas de la ley ya no aterrorizan a ningún nacionalsocialista. Han sido exorcizadas. No porque un nacionalsocialista no respete nada, como suele lamentarse en la ofensa intolerante. Sino simplemente porque ha adquirido una nueva fe, una nueva escala de valores que define lo que es sagrado para él y lo que no lo es, lo que es divino y lo que representa ídolos arrogantes y ajenos. Nuevos fundamentos, un sentido extremo de lo divino sentido en su pueblo, en su sangre, le dan confianza e invencibilidad. La aprehensión divina de su propio pueblo, de su sangre y de esta nueva fe, ha desarrollado en el nacionalsocialista un sentido de lo sagrado que lo hace respetuoso. Hoy sabemos que nuestra sangre, nuestra patria, es sagrada para nosotros, porque estos dos nombres son de esencia divina.

Teniendo en cuenta este hecho, la verborrea de "neopaganismo" o incluso "ateísmo" parece mezquina, falsa, engañosa y, a fin de cuentas, una ilusión peligrosa para nuestros adversarios. Aprenderán que es nuestra fe la que nos permite derribar el viejo mundo y construir un mundo nuevo y más bello.

El pueblo alemán se ha liberado políticamente de todas sus cadenas, de la dictadura económica, y ha purificado su raza de la invasión. En el futuro acabará también con la tutela, la soberanía y la autoridad espiritual que son ajenas al pueblo y no le sirven. El pueblo alemán recuperará pronto su libertad en todos los campos. Servir al pueblo para seguir la ley divina, volver a los principios originales de nuestra sangre y del mundo divino, es el significado del nacionalsocialismo.

El que es, no se preocupa de las apariencias.

Rückert

CUADERNO SS Nº 5. 1943.

NUESTRA MISIÓN REVOLUCIONARIA

Los alemanes siempre hemos desempeñado un papel especial en el mundo. Éramos el elemento inquieto y atormentado entre los pueblos. Incluso en tiempos de nuestra mayor prosperidad comercial estábamos insatisfechos con nuestro destino. El estallido de la Primera Guerra Mundial fue sentido como una liberación. La causa de ello no fue la exaltación guerrera fanática que tan a menudo nos han imputado nuestros enemigos, sino el sentimiento liberador de tener una vocación nueva y decisiva. El alemán no puede vivir con la vida de tendero. El estado de reposo y saciedad va contra su naturaleza. Se siente llamado a tareas más elevadas que dedicarse a un comercio lucrativo de productos agrícolas o industriales. Esta forma de ser se ha descrito como una característica fáustica del alemán. Puede interpretarse como una bendición o una maldición; en cualquier caso, determina la reputación del germanismo para bien o para mal. Fue el destino original de todo el mundo germánico. Sin esta obsesión por moverse, los alemanes habrían sido un insignificante pueblo de campesinos en el norte de Europa. Derramaron su sangre por todo Occidente en constantes batallas, pero también moldearon la faz de este rincón del mundo. Incluso hoy, parecen llamados a cumplir el destino de este siglo.

* * *

Las gigantescas batallas de la Segunda Guerra Mundial marcan el final de una de las grandes épocas de la humanidad. Se pone fin a la dominación del oro, los pueblos recuperan sus derechos, el hombre vuelve a medir el valor de las cosas. Esta guerra se libra por razones distintas a los cambios de fronteras y de intereses. Se trata del destino de una cultura milenaria que ha dado al mundo las magníficas expresiones del genio humano. En el fragor de la batalla se está consumando la mayor revolución de todos los tiempos: la revuelta de los campesinos contra los mercaderes, del trabajo contra el poder del oro. El mismo proceso que vivimos hace años en la lucha por el poder en Alemania se repite hoy a escala mundial, y nos enfrentamos a los mismos adversarios. Conocemos demasiado bien sus métodos de lucha como para seguir sorprendiéndonos. Ahora estamos en el meollo de la lucha, y esta guerra no terminará hasta que el continente se libre de sus verdugos. Sea lo que sea lo que nos depare el futuro, es nuestro deber, por nuestros camaradas muertos, resistir, atacar sin cesar, hasta que la fuerza enemiga sea destruida. No puede haber concesiones en esta lucha, pues la continuación de la situación anterior provocaría terribles trastornos que acabarían por destruir Occidente. Alemania se ha convertido en el baluarte de la libertad europea. Los enemigos de nuestro país son también los enemigos de Europa. Ya no se trata de una querella entre pueblos y Estados, sino de diversos principios de configuración, cuya realización final decide la muerte o la vida. De este modo, nuestra lucha va más allá de la esfera del poder y de los intereses y se adentra en la del espíritu. No se trata en primer lugar de fuentes de petróleo o de yacimientos minerales, sino de mantener todos los valores espirituales que permiten que la presencia humana se realice magníficamente. ¿Qué tienen que ver los magnates americanos del ferrocarril y los déspotas bolcheviques con Europa y su cultura multimilenaria? Inglaterra hace tiempo que se ha volcado en sus posesiones de ultramar y considera el continente sólo como el juguete de sus intereses. Alemania, en cambio, ha permanecido ligada al destino de Occidente, por doloroso que sea. Ahora los pueblos de Europa no tienen elección si quieren creer en su destino. Los frentes están más afilados que nunca, la propia divinidad juzga a las naciones por su fuerza y su valor.

La guerra vuelve a revelarse, como en el pasado, como un juicio de Dios. En el choque de las batallas de nuestro tiempo, la faz del mundo se remodelará y nadie reconocerá su antiguo rostro. Cualquiera que sea el resultado de la batalla, no quedará nada del viejo mundo. Las viejas fuerzas primordiales de la vida están en movimiento y no se detendrán hasta que los poderes de la degeneración y la destrucción sean finalmente aplastados. Durante los últimos treinta años, se ha desarrollado el proceso de transmutación más gigantesco que la historia del mundo haya visto jamás. Las fuerzas vivas reclaman sus derechos. Los pueblos se precipitan fuera de los atroces confines de su espacio vital hacia la luz y el sol. Una nueva migración de los pueblos está en marcha. Con las viejas potencias se derrumba todo un mundo espiritual que ha frenado a Europa durante dos mil años. La alianza de las democracias con el Kremlin ha puesto fin a las últimas dudas sobre la necesidad de nuestra lucha. La verdad, la justicia y la vida están con nosotros.

* * *

Occidente sigue inmerso en una lucha decisiva por su futuro. El horizonte parece a menudo oscurecido por terribles acontecimientos, pero en el momento álgido del peligro, la fuerza del corazón humano demuestra su valía. Todavía hay grandes partes de Europa en un estado de tranquila contemplación, inconscientes de la amenazadora gravedad de su situación. Locos ciegos se vuelven contra el único poder que puede protegerlos de la destrucción y la aniquilación. Estas cosas ya no nos afectan. Estamos acostumbrados a luchar solos, rodeados de odio y desprecio porque somos conscientes de nuestra misión. El destino del mundo se cumple por nuestra acción y por la voluntad de la divinidad. Aunque mueran miles de hombres, aunque decenas de miles vuelvan lisiados, la Idea seguirá viva mientras Alemania vea nacer hombres. Somos invencibles porque tenemos una fe inquebrantable. Esta fe nos ha sostenido en todas las circunstancias de nuestra existencia; nos ha dado los preciosos momentos de triunfo y nos ha acompañado en el dolor y la miseria; un día nos conducirá a la victoria. Los dioses no conceden su gracia, sólo otorgan sus favores a los valientes que resisten a toda violencia. El destino nos ha encomendado misiones especiales. Nos corresponde a nosotros cumplirlas. A los ojos de Dios, un pueblo no es más que un instrumento de su voluntad omnipotente. Él vence sin piedad al que se muestra incapaz. Nos levantamos y luchamos, porque el Imperio, la fuerza y el esplendor son nuestros.

Hans Henning Festge

El hombre es superior a la materia cuando se enfrenta a la necesidad de una gran actitud, y no puede concebirse ningún poder externo de ningún tipo al que la fuerza espiritual no sea superior. Por lo tanto, quien es capaz de esto puede sacar la conclusión de que en el hombre, en el hombre real, viven valores que no pueden ser destruidos ni por proyectiles ni por montañas de explosivos.

Ernst Jünger

CUADERNO SS Nº 7. 1943.

IDEA Y ASPECTO DEL IMPERIO

Hay que derrotar la idea del Estado nacionalista

Tan clara como la lucha por la defensa de nuestra patria frente a los embates del Este, tan claros son los contornos de una nueva organización de Europa, contornos que ya no siguen las fronteras que les asigna una concepción nacionalista. Lo que hoy llama a millones de hombres a las armas en Europa no es sólo la lucha por las materias primas y el espacio vital, sino también la voluntad de una reorganización radical de este continente por la que merezca la pena vivir y morir. El hecho de que miles de noruegos, holandeses, flamencos y valones estén luchando en el Frente Oriental en las filas de las Waffen SS sólo puede verse como un síntoma de un despertar de energía entre los pueblos germánicos, que, más allá de los límites del orden político en el que han vivido hasta ahora, buscan el camino hacia un nuevo futuro. No cabe duda de que nuestra visión de lo que será Europa algún día, cuando esta dura e implacable lucha haya terminado, nos lleva ya mucho más allá de los límites de la vieja concepción nacionalista. Ninguna mente pensante en Europa cree que al final de esta amarga lucha, como el destino decidirá para siempre, pueda tener lugar la restauración del viejo orden político. Del mismo modo que los sacrificios de la presente guerra legitiman, a su término, la creación de un orden que corresponda a la amplitud y profundidad de la revolución nacionalsocialista realizada en el corazón del continente. Este nuevo orden sólo puede establecerse sobre la base de la idea de *raza*. Los holandeses, los flamencos, los valones, los escandinavos, que hoy luchan junto a nosotros en las filas de las Waffen SS, no sólo defienden sus hogares contra la oleada asiática, sino que también son los pioneros de una *reorganización de Europa sobre los cimientos de la idea germánica. De este modo, se está produciendo en suelo europeo un proceso similar al que condujo a la creación del Reich de Bismarck hace setenta años.*

A la izquierda, un joven voluntario danés con cara de niño.
A la derecha, Heinrich Himmler visita a sus SS en el Frente Oriental en 1941.

La SS reúne a muchas nacionalidades europeas bajo su emblema rúnico.

En aquella época, los principados alemanes, bajo la influencia del principio nacionalista, se unieron para formar un Imperio. La revolución nacionalsocialista ha absorbido la idea nacionalista y la ha sustituido por la idea de raza. Por ello, al final de esta guerra, debe establecerse un nuevo orden europeo sobre la base de la solidaridad germánica. La idea nacionalista floreció en el Reich de Bismarck. En el momento en que las innumerables oleadas de Asia atacan las fronteras de Europa, el continente vuelve a esa gran construcción histórica que ya había edificado siglos atrás sobre la base de la germanidad. Hemos llegado a un punto de la evolución en el que el concepto de raza comienza a convertirse en una realidad histórica y política. El pueblo y la nación aparecen cada vez más como expresiones particulares de este concepto. La revolución en el pensamiento político que tuvo lugar por primera vez dentro de nuestro Imperio pronto extendió sus efectos más allá de las fronteras del antiguo Reich. Ya no puede ser contenida; está barriendo los viejos errores de la antigua doctrina liberal con el mismo rigor inflexible con que está derribando los pequeños Estados artificiales creados por la política inglesa del equilibrio. La prueba de la guerra contra el enemigo asiático ya no permite la supervivencia del sistema de Estados que nació en Versalles. Y ahora nos encontramos en la hora de la lucha y del peligro ante una nueva organización europea; asistimos al *nacimiento de un Imperio racial.*

Este es el objetivo de nuestra lucha. Se llama a todos los que están influidos en su actitud por la misma sangre. El alemán se siente, por supuesto, el corazón de este Imperio que debe abarcar todo el ámbito de nuestra raza. Pero no debe considerar este Imperio como una prolongación de la idea nacionalista. La idea nacionalista alemana adquirió una nueva dimensión en 1938. *Nuestros adversarios quieren persuadir a los pueblos de Europa de la idea de que todo lo que siguió fue sólo consecuencia del imperialismo alemán.* También en este caso no han comprendido la revolución nacionalsocialista. Ésta no podía conducir al imperialismo, sino que, según sus principios, debía integrar el Estado nacional de los alemanes en un vasto Imperio germánico. Todos los intentos de definir en términos jurídico-políticos la futura relación de los estados germánicos con el Imperio sólo pueden fracasar porque los conceptos existentes como federación, sistema federal, federalismo pertenecen al reino del pasado y pasan por alto la revolución en nuestro pensamiento provocada por el concepto de raza. La revolución alemana se está convirtiendo en una revolución germánica. En los campos de batalla de la guerra más terrible que jamás se haya librado contra un mundo hostil que intenta sofocar el germen de un nuevo orden vital logrado por la revolución alemana, se hace un poderoso llamamiento a los pueblos germánicos para que formen *un* Imperio germánico propio.

El Imperio Eterno

La idea de un Imperio Nórdico no es un producto de nuestro tiempo. Acompaña toda nuestra existencia histórica como la imagen de un mundo ordenado que invita al hombre de nuestra raza, en virtud de su poder artístico creador, sus dotes inventivas y su capacidad para fundar un sistema orgánico cohesionado según el modelo del Imperio. Los orgullosos siglos de la historia del Imperio Germánico están aún lo bastante cerca de nosotros como para recordarnos que todos los Estados deben su fundación a la energía de los dirigentes nórdicos: el Estado de los Armines Cheruscos, el del Batallón Civilis, el de Marbod, el de los Borgoñones, el de los Vándalos, el de Teodorico y Carlomagno, el creador del Occidente germánico, el Estado de los Varegos que se extendió desde el Báltico hasta el Mar Negro, el de los Vikingos y el de los Normandos. La historia de estos pueblos germánicos es nuestra propia historia. Hoy podemos experimentar que en las filas de las Waffen SS hay destacados representantes de la etnia germánica que durante siglos han librado una difícil y unida lucha contra las fuerzas del extranjero y que hablan del Imperio como una idea que han defendido con las armas y salvaguardado. Esta es la prueba de que las estructuras históricas del pasado siguen teniendo una influencia activa y de que la idea de imperio fuera del Estado alemán se ha mantenido viva. Se trata ahora de revisar esta imagen histórica que la propaganda hostil y la falsa escolarización han suscitado en las poblaciones germánicas del Oeste y del Norte y de restablecer relaciones históricas como las que concedieron a los neerlandeses, flamencos, valones y escandinavos durante siglos, mientras eran miembros del Reich, una vida civilizada, libre y floreciente. Debemos pensar en términos de siglos. La propaganda enemiga ha cambiado profundamente el rostro original de estos países. Las organizaciones estatales que la Revolución Francesa y la política de equilibrio inglesa construyeron con tanto artificio y tenacidad están condenadas por la ley de hierro de la historia. Las creaciones políticas del siglo XIX se desmoronan definitivamente. La idea de Imperio, en cambio, renace, como el ave fénix de sus cenizas; renace entre todos los pueblos de sangre germánica que ya no creen en la posibilidad de una existencia política distinta del Reich, si no dirigida contra él. La idea del Imperio es la tradición más fuerte del continente y, por tanto, la fuerza real más decisiva para un orden histórico duradero.

El Imperio y Europa

Hoy estamos de acuerdo en que las creaciones políticas de los alemanes en el pasado sólo podían ser efímeras, pues la energía de la raza, un sentimiento de riqueza inagotable, se diluía en una etnia extranjera. La idea de la raza nos impone en el futuro el deber de *preservar y concentrar nuestra energía de la forma más estricta posible*. La trágica división que dominó el Imperio de la Edad Media surgió de su dispersión y de una conciencia a menudo deficiente o demasiado estrecha. Sólo así se explica que la Europa de la época, ya estructurada según el principio germánico, sucumbiera *al universalismo de la Roma imperial y del cristianismo,* y que se derramara sangre preciosa por ideas reñidas con su historia y su forma de pensar; es necesario reconocer las faltas del pasado para que el futuro tome forma. Por lo tanto, debe quedar claro que el Imperio es el único que puede establecer un orden duradero en Europa. El destino de Europa en el futuro será como fue en el pasado, determinado por el destino del Imperio. Europa fue una unidad, el centro de la civilización humana, mientras el Imperio fue grande y poderoso. En la época en que alcanzó el apogeo de su poder, los reyes de Inglaterra y Francia se consideraban vasallos del Imperio alemán. Pero Europa se vio perturbada y abandonada a la agresión de potencias ajenas a ella, cuando el Imperio se disolvió. Debemos recordar que tanto el nombre como la realidad histórica que implicamos en la palabra "Europa" es una creación de la raza nórdica. Por eso el Imperio es también en el futuro el *corazón y la cabeza de puente de Europa,* el centro magnético que atrae y mantiene unidos a los pueblos germánicos. No nos corresponde a nosotros definir la *estructura política* que el futuro depara a la comunidad de los pueblos europeos. La respuesta a la cuestión planteada por la situación de los holandeses, valones y escandinavos en relación con el Imperio sólo podrá darse al final de la guerra y a la luz de la decisión del Führer. Será sin duda el resultado de un examen de la participación de estos pueblos en la lucha por la regeneración de este continente. De ninguna manera se formará sobre la base de un esquema fijo, válido para todos; ni procederá de los métodos y el vocabulario de las teorías nacionalistas y jurídicas liberales. Lo que surgirá será un *verdadero orden comunitario,* dentro del cual cada uno tendrá un lugar y un rango en función de *los resultados y sacrificios realizados para el conjunto* y de la especificidad y particularidades de su propio ser. La posición de una determinada unidad del pueblo germánico dentro de este Imperio se determinará de acuerdo con la energía política y espiritual que irradie de ella. La decisión final no se tomará en una mesa de conferencias, sino en los campos de batalla donde los pueblos germánicos bajo el liderazgo alemán luchan por su futuro como miembros iguales del futuro Imperio. El Führer ha encomendado a las Waffen SS la tarea de cultivar la idea germánica. Su deber inmediato es preparar el camino para el nuevo Reich, por el que luchan y mueren en sus filas miembros de todos los pueblos germánicos.

> *Todo Imperio dividido se debilita. Así pues, ningún Imperio desaparece sin división interna. La construcción de una casa y la creación de un Imperio requieren la misma unidad.*
>
> Paracelso

FOLLETO SS Nº 9/10. 1943.

La solidaridad germánica de Europa

Una voz de Holanda

A la hora de pensar o escribir sobre un tema, es necesario tener claro el objetivo. Y puede ocurrir que te des cuenta de que no has formulado la pregunta adecuada y de que te has desviado del objetivo original.

Esto es lo que me ha pasado con este artículo. Ya había elegido el título; sabía adónde quería llegar y, sin embargo, lo que quiero expresar va más allá de la simple solidaridad.

Siempre es útil dar una definición exacta de una palabra. Cuando, por ejemplo, abrimos la página del Brockhaus lingüístico a la palabra "solidaridad", encontramos: "Sentimiento de pertenecer juntos". ¿Tenemos que dar un nombre extranjero a lo que es el mayor ideal por alcanzar? ¿Acaso no existe una palabra germánica? No hay que buscar mucho: "Unidad". Pero, ¿qué significa unidad? La Brockhaus dice: "Algo que está fuertemente unido, inseparable". Así que la diferencia no es grande, pero la palabra extranjera suena diferente a nuestros oídos y, por lo tanto, también tiene un contenido diferente. Pensemos ahora en el lenguaje cotidiano. Hablamos de una unidad orgánica, la unidad de Alemania. Un ser vivo es una unidad sólida; está formado por órganos, pero estos órganos, por muy diferentes que sean, no están "unidos", forman una unidad. Una "solidaridad orgánica" es un absurdo. Así nos vamos acercando al sentido de nuestra pregunta.

Es evidente que no podemos considerar a Alemania como una unidad. La palabra solidaridad es apropiada para Europa. Europa es un todo, tiene enemigos comunes, sólo puede existir si existe un sentimiento de cohesión y empieza a convertirse en una unidad. La composición racial del sur de Europa es diferente de la del norte. Por otra parte, el enriquecimiento mutuo es antiguo, incluso podemos decir que tan antiguo como la civilización europea, y de la situación geográfica y la historia ha surgido un todo. Pero la unidad alemana es algo diferente. Se trata realmente de una unidad orgánica, de una forma que es también una unidad racial porque la raza nórdica ha impregnado el conjunto desde los tiempos más remotos y ha dejado su huella en él.

Así pues, hemos llegado precisamente adonde queríamos llegar. Si Alemania es algo "fuertemente unido, inseparable" porque es racialmente homogénea, entonces podemos decir que la unidad de todos los pueblos europeos también debería basarse en este principio. Por tanto, nosotros, los alemanes que no pertenecemos al pueblo alemán, podemos tener con Alemania una relación distinta a la de la solidaridad. Y esta otra relación, esta unidad orgánica, que para nosotros representa lo más elevado y absoluto, la llamamos "el Imperio".

¿Es incorrecto este título? Sí y no. Sí, si pensamos en la solidaridad de todos los pueblos de Europa, a la que también pertenecemos los pueblos germánicos. No, si entendemos que la unidad de Germania es solidaria con el resto de Europa. Esto se expresa claramente en la política. Hay muchas personas en las regiones fronterizas germánicas que entienden y creen lealmente que la solidaridad es necesaria. También les gusta hablar de una "Europa". Piensan como "europeos" y sienten como "nacionalistas", lo cual es bastante compatible. Para ellos, esta solidaridad es el punto de partida y el final de todo su pensamiento. Hay otros que rara vez hablan de "Europa", ¡que ni siquiera son nacionalistas en el sentido más estricto de la palabra! Al decir esto, soy consciente de que abro la puerta a algunos malentendidos.

No es cierto que estos hombres no estén fuertemente ligados a su pueblo, a sus costumbres y a su arte, a su país y a su modo de vida; pero aspiran a algo más elevado que esta patria, que no es el mero producto de un vulgar sentimiento de solidaridad, sino que tiene una causa más profunda: el gran despertar germánico, la conciencia del vínculo racial, la experiencia de lo que llamamos "el Imperio". Cuando hablamos del Imperio, no pensamos ni primaria ni secundariamente en la solidaridad. El Imperio representa para nosotros la conciencia de una unidad orgánica que simplemente está presente, pero que había desaparecido del horizonte, de la conciencia de nuestro pueblo, y que espera tomar forma. Somos, por supuesto, "nacionalistas", pero de manera diferente a los demás.

Todo lo que vaya a convertirse en una unidad orgánica debe tardar en crecer y no puede decretarse. No podemos profesar la idea de Imperio sin un trasfondo ideológico, y una visión del mundo no puede ser una cuestión de reglamento. Sólo esta unidad creada puede definirse como "firmemente coherente e indisoluble".

El camino es largo. No queremos negar a la solidaridad su carácter de sentimiento de cohesión. También puede conducir al Imperio, pero debemos tener claro que hay una gran diferencia.

Las SS fueron la primera organización que intentó conscientemente hacer realidad la idea de un "Imperio" basado en esta importancia de la unidad, no en la solidaridad sino en una conciencia racial interna.

Tenemos fe en el Imperio. Queremos luchar por él.

Sabemos que es algo más que una construcción estatal, que encarna toda la civilización germánica unida en una forma estatal externa.

Quien haga el mayor sacrificio debe ocupar el primer puesto, pero no por sentimiento "nacionalista", ya que el "Imperio" existirá allí donde se experimente conscientemente que está por encima de todos los nacionalismos mezquinos, aunque éstos puedan ser estimables en sí mismos.

Tras una larga división histórica, el nacimiento del Imperio es difícil. Ya podemos decir que nunca existió porque los países germánicos nunca formaron parte de él. El Imperio no es, pues, una recuperación del pasado, sino un *futuro,* tanto para la zona central como para los pueblos vecinos.

J. C. Nachenius, Holanda

Como nacionalsocialistas, queremos unir a los demás pueblos germánicos con la fuerza de nuestro corazón y convertirlos en nuestros hermanos.

Heinrich Himmler
(frente a los Junkers en Brunswick el 12 de diciembre de 1940)

CUADERNO SS No. 9. 1944.

EL DESPERTAR DE NUESTRA RAZA

escrito por un holandés

La misión confiada por la historia a los pueblos germánicos es ahora inflexible. El mundo occidental de las ideas, en el que hemos vivido durante tanto tiempo, se ha derrumbado. Nuevas fuerzas están actuando. Europa está siendo desafiada por potencias que quieren reducirla a una colonia. Esta Europa sólo podrá afirmar su autonomía, su espacio y su alta cultura si lucha unida. De este pensamiento continental, de esta conciencia del carácter común de las comunidades germánicas, nacieron las primeras alianzas políticas. Las consecuencias políticas siguieron al despertar de la raza. Todos los países germánicos reunieron a una selección de sus jóvenes en la Orden de las SS.

Que Alemania nos lleve ventaja en el cumplimiento de su misión de devolver el vigor político a la raza y el espíritu nórdicos se debe a que los pueblos germánicos hemos dormitado demasiado tiempo a la sombra de Inglaterra.

Noruega tiene su flota, Holanda sus colonias, Lituania, Estonia, Letonia, liberadas con la ayuda de Alemania e Inglaterra, se balancean entre ambas. Ahora, para todos nosotros, el asunto es serio. A menudo se dice con demasiada facilidad que estamos viviendo una de las mayores revoluciones de la historia del mundo, una época al final de muchos siglos. En general, la gente no es en absoluto consciente de la dimensión de esta época, que no es simplemente un cambio de régimen gubernamental. La convulsión abarca un siglo y lo que estamos viviendo hoy es la sucesión de la Revolución Francesa por la Revolución Nacionalsocialista. Es el comienzo de una era en la que ya no prevalecen los ideales de una supuesta democracia dominada por el gran capital internacional, sino un punto de inflexión en la historia en el que la renovación de nuestra sangre, la revuelta de nuestra raza, influye en nuestras vidas. Sólo así puede entenderse la actuación sobrehumana de los soldados de sangre alemanes en los últimos cuatro o cinco años. Los hombres y las mujeres no habrían soportado el espantoso bombardeo de las ciudades con tanta grandeza de espíritu si no supieran que estaba en juego su propia existencia. Todos estos millones de seres humanos actúan, luchan y mueren en un nuevo estallido religioso. De su sangre nace una nueva fe que enriquece las fuerzas naturales y sanas de la vida. Esta ley de la sangre es al mismo tiempo la ley de la misma raza. Quien traiciona su sangre se traiciona a sí mismo. Toda mezcla conduce a la destrucción. Para que una raza sobreviva, los hombres deben luchar por la preservación de la especie y las mujeres deben estar preparadas para garantizar la supervivencia de la especie durante generaciones a través de sus hijos.

Luchamos como nacionalsocialistas y hombres de las SS por una vida acorde con nuestra especie, contra toda intrusión psíquica extranjera y contra la mezcla de razas. Buscamos volver a las fuentes de nuestra vida y de nuestra especie. La ley de que las sangres de los pueblos emparentados se atraen exige una lucha contra todos los poderes que quieren bastardizarnos y fragmentarnos. Son las mismas potencias para las que, en su plan de dominación del mundo, los pueblos y las razas no son más que objetivos a explotar. Son también los que quieren impedir que los pueblos de la misma sangre se unan. Es el poder bolchevique-plutocrático con sus nuevos agentes en todo el mundo, el gran capital internacional, el poder del judaísmo, la masonería internacional y, como tercer poder, la Iglesia cristiana politizada con su sed de poder político. En el otro extremo del espectro está la consigna por la reunificación del mundo germánico: la lucha por el Gran Imperio Alemán.

Hoy luchamos, a menudo incomprendidos por nuestra propia gente y tachados de traidores a nuestra patria. Parece como si estas personas hubieran asumido el papel de los judíos y los masones en los años treinta y actuaran en su lugar. Los pueblos y las razas no se extinguen en las guerras si permanecen fieles a su sangre, sino por descomposición interna, en el curso de una larga paz.

Las guerras no son siempre más que pruebas que la historia impone a los pueblos. En Adolf Hitler honramos al líder de todos los alemanes, y cuando los voluntarios germánicos hablamos de Germania, es porque creemos que en el futuro nuestra propia supervivencia sólo está garantizada en interés del mundo germánico en su conjunto.

Los pequeños países germánicos de la periferia del Gran Imperio Alemán querían trabajar por un objetivo europeo general. La sangre llama a la sangre. Debemos aportar nuestra fuerza y voluntad a un gran Imperio alemán porque, más que Alemania, hemos caído en la desunión y la dominación extranjera. Aunque no hubiera existido un Imperio alemán en la historia, aún estaríamos a tiempo de construir uno. No sólo seguiríamos entonces una ley de la naturaleza, sino que nuestra supervivencia y nuestra libertad, amenazadas por la Unión Soviética, Estados Unidos y Gran Bretaña, estarían aseguradas.

Debemos unirnos a esta futura comunidad de todos los pueblos germánicos con igualdad de derechos, pero sólo se puede hablar de igualdad de derechos si se ha cumplido con igualdad de deberes. Este es un principio nacionalsocialista para la vida en común de los pueblos. La igualdad de derechos presupone la igualdad de deberes y beneficios. Estamos convencidos de que dentro de diez, veinte o treinta años esta gran comunidad germánica será una realidad y que en el gobierno de esta gran Germania se sentarán hombres de las diversas regiones germánicas que hoy luchan en las SS. Igual que hoy luchan juntos hombres de Holanda, Noruega, Dinamarca y Suecia, así trabajarán en la nueva comunidad de pueblos, apoyados por la lealtad de sus conciudadanos, por toda la nación. Los pequeños desacuerdos que han surgido de vez en cuando no pueden destruir este gran cuadro, esta esperanzadora apertura al futuro. Adolf Hitler es su guía y su garante.

Abramos un importante paréntesis sobre el Imperio alemán. Mi padre sirvió en el ejército holandés, pero nunca tuvo que arriesgar su vida, ni tampoco mi abuelo ni mi bisabuelo. Y entonces, de repente, yo mismo soy un soldado en el frente y esta apacible vida de clan de clase media se ve interrumpida por primera vez por mi marcha al frente. Este acto es una importante contribución a la formación del futuro Imperio Alemán. Además, por primera vez en nuestro clan, mi hijo tendrá un padre que fue soldado en el frente. De este modo entramos en la tradición heroica tal y como se vive en Alemania.

Esta nueva tradición emergente incluye también a una orgullosa generación de esposas de soldados. Así tenemos asegurado el futuro, pues el nacionalsocialismo, en su expresión bélica, sólo puede basarse en los soldados de primera línea.

En uno de sus últimos discursos, el Führer dijo: "Ningún Estado burgués sobrevivirá a esta guerra". Esto era de gran importancia para muchos trabajadores, pero también debe serlo para nosotros. Ningún Estado burgués sobrevivirá a esta guerra; esto significa que surgirá una sociedad totalmente revolucionaria. La lucha no terminará con nuestra victoria, y los hombres del frente en todos los países de habla alemana también deben ponerse a trabajar después de la guerra para hacer realidad el nacionalsocialismo. Las SS deben ser el motor de la revolución nacionalsocialista. Las SS no son el Partido, sino sólo la tropa de asalto de la ideología nacionalsocialista.

Es, además, una comunidad de la Orden cuyo objetivo, tras la batalla, es transmitir el patrimonio ideológico sin fisuras de generación en generación.

Como vemos, apenas hay nada que separe al holandés del alemán o del noruego. La grandeza que todos compartimos es la sublime herencia de la raza nórdica y el nacionalsocialismo como ideología acorde con nuestra especie. Consideramos que la combinación de estas dos cosas es lo más importante, y superaremos las pequeñas diferencias. Con fe en nuestra misión histórica, queremos construir la nueva Europa junto con todos los pueblos germánicos. No sólo somos soldados, sino también pioneros y, como tales, garantes de la raza y del futuro de Europa.

La realidad del compromiso heroico de una élite de pueblos germánicos en todos los frentes de Europa es una prueba contundente del valor de la sangre nórdica en general.

"A LAS ARMAS POR EUROPA". DISCURSO PRONUNCIADO EN PARÍS EL 5 DE MARZO DE 1944 EN EL PALAIS DE CHAILLOT POR EL SS-STURMBANNFÜHRER LÉON DEGRELLE.

LA SALUD DE LAS PERSONAS

La unidad está hecha, y es la única unidad que triunfará. Europa se hace no sólo porque está en peligro, sino porque tiene alma. No nos une sólo algo negativo, como salvar el pellejo. Lo que importa en la tierra no es tanto vivir como vivir bien. No es haber arrastrado cincuenta años de inactividad, es, durante un año, durante ocho días haber llevado una vida orgullosa y triunfante.

Los intelectuales pueden desarrollar sus teorías. Tienen que hacerlo. Son juegos inocentes, a menudo juegos de decadencia. ¡Cuántos franceses se complacen en estas sutilezas! ¡Cuántos franceses *creen haber hecho la revolución cuando han escrito un buen artículo sobre la revolución!* Europa es el viejo país de la inteligencia, y las grandes leyes de la razón son indispensables para la armonía europea. Pero nuestro siglo significa algo más que el despertar de las fuerzas de la inteligencia. Ha habido tantas personas inteligentes que eran seres estériles. Despertando todas las fuerzas instintivas y rumorosas del ser humano, recordando que hay una belleza del cuerpo y una armonía, que no se conduce a los pueblos con enanos, gringos y seres deformes, al recordarnos que no hay acción sin alegría, ni alegría sin salud, el racismo, despertando esas grandes fuerzas que vienen de las profundidades del mundo, devuelve al liderazgo de Europa una juventud sana e indomable, una juventud que ama, una juventud que tiene apetito. Por eso, cuando miramos al mundo, ya no es para analizarlo... ¡sino para tomarlo!

Alemania habrá prestado un servicio impagable a una Europa decadente aportándole salud. Cuando mirábamos a la Europa de antes de la guerra, cuando íbamos a las casas de fieras que eran las asambleas parlamentarias, cuando veíamos todas esas caras sonrientes, todos esos señores viejos y anquilosados, sus barrigas caídas como si hubieran tenido demasiados embarazos, sus caras cansadas, sus ojos manchados, nos preguntábamos: "¿Es este nuestro pueblo?". Los franceses aún sabían ser ingeniosos, lo que en el fondo era una forma de burla y revuelta, pero ya no tenían esa gran alegría inocente de la fuerza, mientras que Alemania tenía esa reserva de fuerza ilimitada. ¿Qué les sorprendió, hombres y mujeres de Francia, cuando los vieron llegar en 1940? Fue que eran bellos como dioses, con cuerpos armoniosos y flexibles, que estaban limpios. Nunca habéis visto a un joven guerrero, aún no lo veis en Rusia, con una barba democrática. Todo esto es limpio, todo esto tiene encanto, raza, boca.

Con el racismo, con este despertar de la fuerza sana, Alemania devolvió la salud a su pueblo primero, y luego a toda Europa. Cuando partimos para Rusia, nos dijeron: "Ah, allí sufriréis, seréis hombres prematuramente envejecidos". Cuando volvimos del frente y miramos a los demás, descubrimos que todos eran viejos bobos, mientras que nosotros sentíamos en nuestras venas una fuerza que nada detendría.

Revolución popular

En todas partes de Europa la gente era infeliz, en todas partes la felicidad estaba monopolizada por unas docenas de monstruos anónimos: la felicidad material encerrada en las cajas fuertes de los bancos, la felicidad espiritual asfixiada por todas las formas de corrupción. Europa era vieja porque no era feliz; la gente ya no sonreía porque ya no se sentía viva.

En este mismo momento, ¿qué más está ocurriendo? Ya mires a París o a Bruselas, encuentras a la misma gente humillada en los suburbios, con salarios de hambre, con suministros de leprosos. Llegas a los bulevares y te encuentras con estos grandes pashas indolentes, mechados de bistec y de billetes de mil dólares, y que te dicen: "Es práctico, la guerra: antes de la guerra ganábamos, durante la guerra estamos ganando, después de la guerra ganaremos. Oh, que cuenten al final, ¡ganarán nuestras descargas de ametralladora, ganarán la cuerda de los ahorcados!

Porque lo que más nos interesa de la guerra es la revolución que vendrá después, es devolver a esos millones de familias obreras la alegría de vivir, es que los millones de trabajadores europeos se sientan seres libres, orgullosos, respetados, es que en toda Europa el capital deje de ser un instrumento de dominación de los pueblos, para convertirse en un instrumento al servicio de la felicidad de los pueblos.

La guerra no puede terminar sin el triunfo de la revolución socialista, sin que el obrero de las fábricas y el obrero de los campos sean salvados por la juventud revolucionaria. Es el pueblo el que paga, es el pueblo el que sufre. La gran experiencia del frente ruso sigue demostrándolo. El pueblo ha demostrado que es capaz de hacer su revolución sin los intelectuales. En nuestras filas, el ochenta por ciento de nuestros voluntarios son obreros. Han demostrado que tienen la cabeza más clara y que pueden ver más lejos que miles de intelectuales a los que no les queda más que tinta en el tintero, nada en la cabeza y, sobre todo, nada en el corazón, intelectuales que pretenden ser la élite. Eso se acabó.

Las verdaderas élites se forman en el frente, la caballerosidad se crea en el frente, los jóvenes líderes nacen en el frente. La verdadera élite del mañana está allí, lejos de los cotilleos de las grandes ciudades, lejos de la hipocresía y la esterilidad de las masas que ya no comprenden. Se crea durante batallas grandiosas y trágicas, como las de Cherkasy. Fue una gran alegría para nosotros encontrarnos allí entre jóvenes de todos los rincones de Europa. Había miles de alemanes de la vieja Alemania, hombres del Báltico -y en particular del Batallón Narva con los letones-, había chicos altos y rubios de los países escandinavos, daneses, holandeses, nuestros hermanos de armas los flamencos, húngaros, rumanos. *También había algunos franceses, que os representaban en este scrum, mientras tantos de vuestros compatriotas estaban comprometidos en otros sectores del Frente Oriental. Y allí, entre todos nosotros, se estableció una fraternidad total, porque todo ha cambiado desde la guerra. Cuando en nuestra Patria miramos a un viejo burgués encorvado, no lo consideramos de nuestra raza, pero cuando miramos a un joven revolucionario de Alemania, o de cualquier otra parte, lo consideramos de nuestra Patria, pues estamos con la juventud y con la Revolución.*

Somos soldados políticos, la insignia de las SS muestra a Europa dónde está la verdad política, dónde está la verdad social, y, uniéndonos a este ejército político del Führer en todas partes, estamos preparando los marcos políticos de la posguerra. Mañana Europa tendrá élites como nunca antes ha conocido. De este gran seminario del frente surgirá un día un ejército de jóvenes apóstoles, de jóvenes hombres místicos, agitados por una fe que nada detendrá. *Es ahí también, franceses, donde debemos estar presentes.*

Cada pueblo debe ganarse su lugar

En los partidos nacionales, hay ahora en Francia, hombres que han comprendido que es necesario trabajar con toda Europa, que han comprendido sobre todo que la unidad revolucionaria de Europa es la SS. Los primeros, los SS, tuvieron el valor de ir de frente, de golpear fuerte y de querer la verdadera revolución socialista. Durante uno o dos años, en el frente, hemos visto Francia. Y ahora, dentro, vemos Francia: la Francia de los de Brinons, de los Déats, de los Doriots, de los Darnands, y sobre todo la Francia de los jóvenes. Vemos algo más que tipos pequeños en la esquina de los bares, con un cigarrillo que se les cae y una pernodia a punto de ser engullida. Vemos chicos grandes, bien plantados, capaces de hacer la revolución y de elegir después a una chica guapa en Francia para darle hijos vigorosos.

Durante años, ustedes han tenido proporcionalmente tres veces menos hijos que los rusos, dos veces menos que los alemanes. Uno se pregunta por qué en este país del amor. ¡El amor no puede prescindir de los hijos! ¿No son ellos la poesía y la resurrección del amor?

Esta desnaturalización era uno de los síntomas de la impotencia general de los pueblos democráticos, impotencia para pensar a largo plazo, impotencia para ser audaces, impotencia ante el fervor revolucionario e impotencia ante las privaciones, ante el sufrimiento mismo. Hay que decirles, franceses, que han perdido cincuenta años en una Europa de soldados, que lucha, que muestra su valor, que necesita ser heroica, pero que prepara una revolución social y una base moral para cada pueblo. Ya no es posible que estos cientos de miles de hombres hayan muerto, llevados por las virtudes más sublimes, sólo para volver al estercolero de la mediocridad, de la bajeza y de la cobardía. El frente ha creado no sólo fuerzas de salvación en el campo militar, fuerzas revolucionarias que mañana pasarán por encima de todo, sino que está preparando la revolución más necesaria para Europa: la revolución espiritual. Necesitamos hombres rectos y puros, que sepan que las más altas alegrías del hombre están en el alma. No admitiremos más la mediocridad de las almas, no admitiremos más que los hombres vivan para sórdidas alegrías, para su egoísmo, en una atmósfera estrecha. Queremos elevar al pueblo, devolverle su apetito, su grandeza. Queremos que la gente tenga la soberana alegría de elevarse por encima de la vida cotidiana.

Por eso, queridos camaradas, debemos estar unidos. Europa, en pie contra el comunismo, en defensa de nuestra civilización, de nuestro patrimonio espiritual y de nuestras antiguas ciudades, debe estar unida, y *cada pueblo debe ganarse su lugar, no sumando el pasado, sino dando la sangre que lava y purifica. Europa debe estar unida para llevar a cabo, bajo el signo de las SS, la revolución nacionalsocialista, y para llevar a las almas, la revolución de las almas.*

No se mendiga un derecho.
Luchamos por él.

Adolf Hitler

FOLLETO Nº 6 DE LAS SS. 1943.

RESPETO DEL INDIVIDUO

El Movimiento debe velar por todos los medios por el respeto a la persona; no debe olvidar nunca que el valor de todo lo humano reside en la calidad personal, que toda idea y todo resultado son fruto de la fuerza creadora de un hombre y que admirar su grandeza no sólo es un derecho que le corresponde, sino que le une a quienes se benefician de ella.

La persona es insustituible. Debe serlo porque encarna el elemento cultural creativo de naturaleza no mecánica. Del mismo modo que un maestro famoso no puede ser sustituido por otro que retome su lienzo inacabado, un gran poeta y pensador, un gran soldado y un gran estadista son únicos. Porque su actividad se sitúa siempre en el ámbito del arte; no puede inculcarse mecánicamente y representa una gracia divina innata.

Los mayores levantamientos y conquistas de esta tierra, sus mayores resultados culturales, sus hazañas inmortales en el campo del arte estatal, etc., están indisolublemente unidos a un nombre que los representa. Renunciar a rendir homenaje a un gran espíritu es perder una fuerza inmensa derivada de los nombres de todos los grandes hombres y mujeres.

De *Mein Kampf* de Adolf Hitler

FOLLETO Nº 8 DE LAS SS. 1938.

EL LIBRO, ESTA ESPADA DE LA MENTE

Probablemente hubo una época en Alemania en la que se sobrevaloró la importancia de los libros.

La burguesía, cada vez más desarraigada e intelectualizada, no escapó al peligro de verla como un fetiche al que rendir culto, una llave mágica que abría todas las puertas, especialmente las que conducían a una carrera rápida y exitosa. Eran los tiempos en que los adolescentes desgarbados, de cuatro ojos, que no sabían hacer nada con los diez dedos, devoraban libros día y noche, eran mimados y adorados por sus logros académicos. La actitud de los padres no cambiaba, aunque estos triunfadores de la educación huían en su mayoría de la dureza de la vida. La mayoría de la gente pasa por alto el hecho de que una generación pálida y hogareña creció alimentada por la lectura ininterrumpida, que se mimaba la mente y se descuidaban las fuerzas y cualidades del cuerpo. La mente, o lo que se consideraba la mente, triunfó. La juventud alemana corría cada vez más el peligro de ignorar cómo era la vida en realidad, y de formarse ideas de segunda mano a través de instrumentos -o lo que es aún más perjudicial- a través de escritores, a través de vidas vividas en obras literarias, o a través de vidas simuladas en novelas superficiales.

La transformación general de las cosas también afecta a este campo. El peligro de sobrevalorar el libro ha desaparecido. Los libros y el saber libresco ya no son un objetivo absoluto. Deben servir al renacimiento de nuestro pueblo alemán mediante la formación armoniosa del individuo, mediante la definición y realización de tareas generales.

Pero como la evolución nunca sigue una línea recta, el péndulo del acontecimiento oscila con más fuerza en la otra dirección. Y así, el peligro anterior ha sido sustituido por su opuesto. Ya no hay que temer una sobrevaloración. Se trata más bien de evitar una infravaloración del libro.

El libro de valor es el que mejor define la realidad de la vida; tiene la tarea de comunicar nuevas experiencias a quienes están dispuestos a ello a través de la visión espiritual que suscita en ellos y de las emociones que surgen de su arte. Un libro verdaderamente digno de ese nombre no debe distraer al hombre de lo que le es propio, sino descubrir lo que hay de más profundo en él, si posee el poder mágico de traducir su voluntad en acción. Un libro así sobrevive al momento efímero y es hoy el fermento, el material importantísimo para la reflexión.

En consecuencia, después de años de sobrevaloración del libro, en tiempos de peligro real, es necesario evitar por todos los medios que quede marginado. En este sentido, la semana del libro, etc., es una gran ayuda. Sin embargo, el individuo que toma un libro de su biblioteca y comunica su experiencia a los demás miembros de la comunidad realiza la acción más importante. Junto con ellos, quiere concretar lo que ha leído y redescubrir lo que inspira todos los libros importantes: la vida vivida de forma ejemplar, arraigada en la tierra, rica.

Hans Franck

"D'ESTOC ET DE TAILLE", POR GUNTHER D'ALQUEN, 1937.

EL HUMOR ES NECESARIO.

¡Ay de la gente que no tiene sentido del humor!

Ay de aquel que no puede reírse a carcajadas hasta que se le llenan los ojos de lágrimas. Ay de aquel que teme al humor, que lo detecta con aire receloso en todo cerebro desconfiado y no puede tener una actitud espontánea por falta de confianza y control interior. Ay, tres veces ay, porque demuestra que es débil y santurrón.

Recibimos muchas cartas, cientos de ellas, expresando gran alegría y hablándonos de la forma en que abordamos los diversos problemas de la vida cotidiana o cuestiones que no son problemas. Y la cada vez mayor masa diaria de correo nos demuestra que nuestro pueblo comprende con entusiasmo que no debemos observar, con el ceño fruncido, los ocasionales granitos de arena que muelen ligeramente la gigantesca maquinaria de nuestro Estado.

Los miramos con una sonrisa y no los magnificamos hasta el punto de sugerir que los pequeños granos de arena podrían parar la máquina.

Un buen amigo nos aconseja no disparar a los gorriones con armas de fuego. Sólo "trabajamos" con armas pesadas en casos muy raros que lo requieren. Los gorriones creen que la risa amenazadora es una andanada y ya se enfadan mucho, ¡excepto cuando se dan cuenta de que no los tomamos por águilas reales! No dispararemos a los gorriones con cañones sino con ballestas porque no queremos ensuciar las fachadas de nuestros edificios, más por razones estéticas que por miedo a hacer temblar los cimientos del nacionalsocialismo.

Nadie puede obligarnos a tomar las armas con cara seria, ni siquiera por cosas pequeñas e insignificantes. Pero no toleramos ver manchas en una hermosa copa de cristal. Es cierto que basta con pasarle un trapo para que brille.

Para nosotros, el humor se ha convertido en una de las armas esenciales en la lucha por el poder. Debe seguir siendo un arma. Nos burlamos de todo un sistema con sonoras carcajadas, pusimos bajo el microscopio con terrible humor a cada dirigente de la camarilla de noviembre y le quitamos la falsa nariz de su "dignidad". El afilado lápiz de Mjölnir (el famoso caricaturista del periódico de las SS *Das schwarze Korps)* se burló de ellos y ridiculizó un sistema policial malvado y peligroso. Todos los que conocemos a Mjölnir le apreciamos y honramos por su humor, como artista serio que utiliza esta arma para la lucha.

Cuanto más confiadas eran nuestras risas, más dura se hacía la lucha. En los peores momentos, las caras risueñas de nuestros compañeros decían al Führer que su tropa estaba intacta y llena de una fe indomable en la victoria. Porque los escépticos nunca ríen.

¿Debemos poner mala cara cuando ahora estamos en el poder y el nacionalsocialismo ha ganado su inexpugnable posición porque el pueblo confía en él?

El nacionalsocialismo no es una institución medieval. Ha cautivado los corazones de la juventud alemana. Esta juventud, que mira alegremente al futuro con su fuerza indomable y desbordante, encarna el nuevo Reich. Esta confianza consciente y orgullosa da lugar a un optimismo alegre y feliz. Es una fuente inagotable de humor contemplativo.

Algún día nos gustaría "armar jaleo" y provocar el descontento de unos y otros. Pero no haremos más que airear con frecuencia las habitaciones llenas de polvo de la burguesía asmática. No es nuestro polvo el que respiran. Porque ¿quién es el que se siente insultado cuando se le llama la atención sobre la mancha negra de su nariz? Sólo pequeños burgueses y fariseos que creen que el tiempo de la evolución alemana ha llegado a su fin porque son ciegos, estúpidos y no quieren ver nada.

Pero el tiempo pasa. No se puede hacer nada. Un poco más de humor barre los pensamientos serios y la risa alivia y libera. Un poco más de humor cada día. De lo contrario, os volveréis cascarrabias, viejos y grises y ni siquiera podréis aguantaros a vosotros mismos.

Pero nosotros...

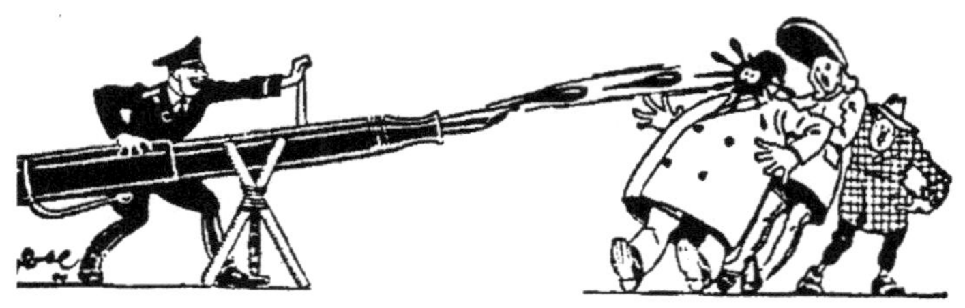

Cuaderno SS No. 9. 1944.

Díselo a todo el mundo

Que cada uno se diga a sí mismo
en lo más profundo de su corazón,
cada minuto:
Cuando yo soy débil, mi pueblo es débil.
Cuando yo soy hipócrita, mi pueblo es hipócrita.
Cuando yo fracaso, mi pueblo fracasa.
Cuando abandono a mi pueblo, me abandono a mí mismo.
Cuando me opongo a mi pueblo, me opongo a mí mismo.
Perder el valor y la iniciativa
significa perder la vida,
significa traicionar a tu padre y a tu madre, a tus hijos y a tus nietos.

Sólo hay un camino
contra la guerra: ¡guerra!
contra las armas: ¡armas!
contra la valentía del enemigo: ¡su propia valentía!
y contra la desgracia: el espíritu de sacrificio.
Contra el odio del mundo, la única ayuda,
es el amor de nuestro pueblo,
dispuesto a hacer cualquier sacrificio.

La debilidad del corazón devora todo a su alrededor
como la podredumbre,
como entre las frutas,
donde una manzana estropea las demás.
Lo que tú te permites, tu prójimo también se lo permite.
Cuando tú haces trampas, él también las hace.
Cuando te quejas, él también se queja.
Cuando cotilleas, él también cotillea sobre ti.
Y cuando uno de nosotros finalmente traiciona,
todo el mundo se traiciona a sí mismo.

Pedimos justicia.
Pero también tienes que ganarte tu destino.
Quien es indigno cosecha indignidad,
el que es valiente el valor,
lo mejor lo mejor.
E incluso cuando los dioses rechazan su ayuda,
el hombre adecuado sigue recibiendo su bendición.

Toda vida es peligrosa.
No se muere en un incendio.
Toda madre arriesga su sangre por la vida de su hijo,
perpetuando a su pueblo.

Preservar la vida
todos arriesgan sus vidas,
algunos por ellos mismos, su hambre,
su propia necesidad,
otros para muchos,
y un hombre para todos:
el héroe en el campo de batalla.
Él concede la vida a todos. Vive en ellos.
Por su muerte
laureles eternos coronan su sueño
sobrevive a la patria.

Lo que ha tenido lugar, sigue activo,
lo bueno y lo malo.
Que nadie crea
que podría estar ocultando algo,
y hacer el mal en secreto.
Lo sano engendra lo sano,
lo podrido lo podrido.

Nada puede traicionarnos, salvo nuestra propia boca.
Nada puede perdernos, salvo nuestro propio corazón.
Nada puede golpearnos, salvo nuestra propia mano.
Nadie puede librarnos, salvo nosotros mismos.

Wil Vesper

CAPÍTULO II

I. HISTORIA

FOLLETO N° 8 DE LAS SS. 1938.

EL JURAMENTO DE LOS EFEBOS ATENIENSES

"Sea cual sea nuestro objetivo, no quiero profanar las armas sagradas ni abandonar a mis camaradas. Quiero luchar por lo que es grande y sagrado, solo o con muchos otros. No quiero traicionar a mi país por ninguna ventaja. Debo escuchar constantemente a los líderes y obedecer las leyes presentes y futuras, pues es el pueblo quien las crea. Y si alguien se compromete a abolir las leyes o a no obedecerlas, no puedo admitirlo sin intervenir, solo o con todos. Debo honrar las creencias de los padres. ¡Que los dioses sean testigos de ello![3]

FOLLETO N° 2 DE LAS SS. 1944.

EL NACIMIENTO DE LA EUROPA GERMÁNICA HACIA EL 500 D.C.

Cuando en el siglo V d.C. las tribus germánicas asestaron violentos golpes que provocaron la desintegración del Imperio Romano en Europa -en Italia, Galia y España-, crearon al mismo tiempo los cimientos de la Europa actual. Con ellos comenzó una nueva era. El Imperium Romanum se encontraba ya en estado de descomposición interna cuando, en enero de 406, los ejércitos germánicos destruyeron definitivamente sus fronteras en el Rin y en Francia. No sólo expandieron el territorio germánico mediante una incesante colonización, sino que también fundaron ciudades en audaces expediciones de conquista. Unas décadas más tarde, un romano relata:

"Los funcionarios, no sólo en las ciudades, sino también en las comunas y aldeas rurales, son todos unos tiranos. A los pobres les quitan todo, las viudas gimen, los huérfanos son pisoteados. La presión de los impuestos y las extorsiones pesa terriblemente sobre todos. Muchos de ellos, incluso hombres de origen noble y personas libres, huyen a los alemanes para evitar

[3] Del "Breviario del soldado", editado por Bruno Brehm.

ser perseguidos y masacrados por el gobierno. Buscan así una humanidad romana entre los bárbaros porque ya no pueden soportar la bárbara inhumanidad de los romanos. Prefieren ser libres bajo la apariencia de servidumbre que llevar una vida de esclavos bajo la apariencia de libertad. E incluso los romanos que viven bajo el dominio de los godos, los vándalos y los francos sólo tienen un deseo: no volver a vivir bajo el dominio romano. Todo el pueblo romano ruega al cielo poder seguir viviendo entre los germanos.

Dondequiera que los alemanes establecieron su dominio, la ley y el orden sustituyeron al despotismo de los grandes terratenientes y financieros.

Estos nuevos estados germánicos establecidos en el suelo del Imperio tuvieron un destino rico en aventuras. La mayoría de ellos eran pueblos germánicos orientales que se asentaron allí en el sur. Habían llegado de Suecia y Dinamarca hacia el comienzo de la era cristiana y se establecieron entre el Oder y el Vístula: los godos, los vándalos y los burgundios, así como muchos otros como los rudos, los hérulos y los gépidos. Se apoderaron de la patria de los bastardos y los skires, que se habían asentado en la costa de Pomerania mil años antes. A partir del siglo II, los convoyes conquistadores de los germanos orientales partieron de esta zona oriental. Mientras algunos vándalos se apoderaban de Hungría, los godos fundaban un poderoso imperio en el sur de Rusia y Rumanía. A partir del siglo III emprendieron simultáneamente constantes expediciones bélicas contra el Imperio Romano. Los romanos, tan orgullosos en el pasado, sólo podían defenderse a duras penas de las tropas atacantes, y además con la ayuda de las tropas auxiliares germánicas del ejército romano. Pero cuando, hacia 370, los hunos surgieron de Asia y derrotaron al Imperio godo en Rusia, los visigodos abandonaron sus hogares. Devastaron los Balcanes, entraron en Italia en 410 bajo el mando de su rey Alarico, conquistaron Roma y consolidaron su dominio tras la muerte de su glorioso rey en el sur de Francia, desde donde llegaron a España hacia 460.

De forma similar, los vándalos y los suevos habían llegado al Rin en 406, atacando a lo largo del Danubio; habían atravesado la Galia y conquistado España. Mientras que los suevos permanecieron en el noroeste de la península, los vándalos se dirigieron un poco más tarde hacia el norte de África y sometieron esta rica provincia. Pero su fuerza guerrera pronto se debilitó bajo el clima suavizante del Mediterráneo. Y su fuerza numérica no fue suficiente para establecer una supremacía duradera sobre los habitantes del país de otros pueblos: todo el pueblo vándalo constaba de sólo 85.000 hombres. No quedaba rastro de ellos cuando fueron destruidos por los ejércitos del emperador bizantino un siglo después.

Al parecer, el destino de los ostrogodos en Italia fue similar. Habían abandonado Hungría hacia el año 470 bajo el reinado de su gran rey Teodorico -donde vivían desde el colapso de su Imperio ruso del sur- y habían conquistado la península itálica con sus espadas en poco tiempo. Teodorico superó a todos los demás reyes germánicos de su época en poder, fama e influencia. Sin embargo, su pueblo no era lo bastante fuerte como para aferrarse al poder. Tras veinte años de lucha, finalmente sucumbieron a la superioridad del Imperio Romano de Oriente en 553. Los restos del pueblo que permanecieron en la Alta Italia se asimilaron a los lombardos, que recibieron su herencia y construyeron un fuerte poder en el norte y centro de Italia que perduró durante siglos.

Así, en el sur de Europa se creó una zona en la que los pueblos germánicos dominaban a la población romana: en España, los visigodos y los burgundios; después, también los francos; en Italia, los ostrogodos y, más tarde, los lombardos.

En todos estos países, los germanos emigrantes se habían asentado con esposas, hijos, sirvientes y criadas como una nobleza combatiente que ejercía el poder sobre los nativos a los que había derrotado. Estos últimos tuvieron que ceder parte de sus propiedades y esclavos a los nuevos señores para que cada familia germánica pudiera tener sus propios dominios. Los germanos eran, pues, a la vez campesinos y guerreros. En tiempos de paz, vivían sobre todo como campesinos dispersos por el país, mientras que muchos de los más jóvenes formaban el séquito del rey en su corte o luchaban en unidades agrupadas que guarnecían castillos y ciudades fronterizas para mantener la paz con sus armas. Pero en caso de peligro, se reincorporaban a las antiguas unidades militares y empuñaban sus espadas con el corazón alegre.

La descripción que hace un contemporáneo de los godos que gobernaban en España revela la naturaleza de los conquistadores germanos: "Los godos tienen cuerpos ágiles y fuertes, mentes vivas y seguras de sí mismas. Son altos y esbeltos, llenos de dignidad en actitud y gestos, rápidos para la acción e insensibles a las injurias. Incluso se jactan de sus heridas y desprecian la muerte.

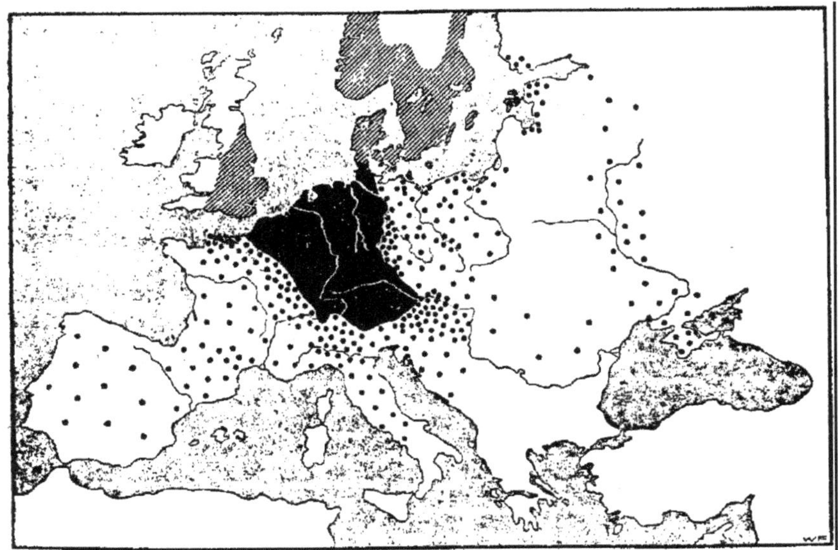

Europa germánica hacia 900.
En la zona germánica, el corazón de Europa, nació el centro vital de la Europa germánica. Los germanos del norte, que fundaron estados en el sur de Europa, también permitieron que la sangre germánica arraigara entre los pueblos romanos. Hacia el año 1000, los germanos del norte también se integraron en la cultura germánica continental, de la que el Reich alemán fue la expresión más pura. De este modo, la sangre germánica de todos los pueblos europeos confluyó y dio lugar a los rasgos básicos comunes de su cultura en una época en la que el Imperio Germánico era la potencia dominante en Europa.

Pero a la larga, estas numerosas tribus numéricamente débiles no pudieron mantener las distancias con los pueblos dominados. A lo largo de los siglos, tuvieron que fusionarse cada vez más con ellos. Al principio, los jefes de los nativos se convirtieron en gobernantes, y pronto los señores germánicos también aprendieron la lengua de sus súbditos y vistieron trajes sureños. Poco a poco perdieron su carácter germánico y así se fueron mezclando con los pueblos indígenas. Es lamentable que se perdiera tanta sangre germánica. Pero esto, por otra parte, fue una condición previa para el nacimiento de una Europa homogénea. Durante siglos, incluso en la época moderna, la herencia de sangre germánica sobrevivió en las clases dirigentes de estos pueblos romanos.

La influencia duró mucho tiempo, incluso hasta la Edad Media. La figura clave de la Edad Media, el caballero, estaba totalmente animado en su actitud por el espíritu germánico. Por tanto, fue también la herencia de la sangre germánica la que se reflejó en las grandes obras de estos pueblos en los siglos siguientes. La herencia germánica se perpetuó en los nobles españoles que, a partir del siglo XII, expulsaron a los árabes de España y partieron como conquistadores hacia América. Pervivió en los caballeros provenzales que ayudaron a proteger a Europa en el frente mediterráneo oriental de los embates del Islam. También se expresó en Leonardo da Vinci y otros grandes del Renacimiento que, hacia 1500, crearon los logros culturales sin los cuales nuestra vida actual sería inconcebible.

La anexión del sur de Europa a la comunidad de pueblos germánicos, la creación de una base de avanzada en el sur de la zona de origen germánica, fue de la mayor importancia para el futuro general de Europa. Sólo gracias a la clase dirigente germánica pudieron estos pueblos cooperar en la civilización caballeresca de la Edad Media, en la que se reveló la primera Europa, tal como la conocemos hoy.

Pero esta Europa "nuestra" sólo fue fundada realmente por la parte del pueblo germánico que hizo de Europa Central, el corazón de Alemania, -incluidos los Países Bajos, Bélgica y el norte de Francia- un territorio étnico germánico. Los logros de los francos fueron el origen de todo ello. En el siglo VIII podían decir con razón, y eran claramente conscientes de su significado histórico, que Europa es la tierra del Imperio franco. Poco antes de la era cristiana, los pueblos germánicos se habían desplazado hacia el sur y el oeste desde su antigua zona de asentamiento y habían colonizado toda Alemania hasta el Danubio, los Vosgos y el Mosa. El territorio alemán se había convertido en una "Germania". Durante siglos, el Imperio romano había contenido a estos pueblos, principalmente a los francos en el Bajo Rin, a los alamanni en el Alto Rin y el Danubio, y a los bávaros en Bohemia, aunque no pudo impedir el asentamiento cada vez mayor de estos colonos germánicos al oeste del Rin. Pero tras el colapso del Imperio poco después del año 400, estas poblaciones también avanzaron; sin embargo, sólo sometieron completamente el país que pudieron colonizar. Así, Alemania se hizo germánica hasta la cresta de los Alpes, incluyendo Suiza y Alsacia, mientras que los francos cruzaron el Rin desde el Mosela hasta su desembocadura y en un siglo invadieron todo el país extendiéndose hasta la región del Sena (un poco al norte de París) con densos asentamientos germánicos. Al mismo tiempo, los frisones y sajones habían ocupado los Países Bajos al norte de la desembocadura del Rin. Más al norte, los anglos y los sajones empezaron a colonizar Inglaterra desde la desembocadura del Elba.

De este modo, el espacio vital germánico en el centro de Europa se había convertido en un poderoso bloque que se extendía hacia el oeste y el este desde el Rin hasta el Canal de la Mancha y el Oder. Aquí vivía ahora la mayoría de los pueblos germánicos, que en los siglos siguientes se unirían para formar el pueblo germánico. Y fue a partir de aquí donde se desarrolló el centro de la Europa germánica.

Los francos lograron una gran hazaña al crear un poder político homogéneo con las tribus anteriormente independientes de los bávaros, alamanes, sajones y turingios. Durante siglos, fueron el único pueblo verdaderamente dominante en Europa. Su rey Clodoveo fundó este Estado cuando tomó el poder hacia el año 500 d.C. En primer lugar, unió las distintas regiones francas en un poderoso Estado franco. Esta unificación hizo a los francos tan poderosos que Clodoveo y sus hijos consiguieron integrar a las demás tribus -alamanes, turingios y bávaros- en el Estado franco y crear así un gran bloque germánico en el centro de Europa. Más tarde, Carlomagno completó este proceso con la incorporación de sajones y bávaros al Reich. Carlos completó así la obra de Clodoveo, que ya había iniciado la integración del sur de Francia tras su triunfo sobre visigodos y burgundios: de este modo, tras someter a la Italia lombarda, los pueblos romanos bajo dominio germánico -a excepción de los españoles- quedaron estrechamente vinculados políticamente al poderoso Imperio germánico central.

Al igual que el rey Clodoveo había expandido su poder con puño de hierro, Carlomagno también creó las futuras bases de la estructura interna de Francia. Acabó con toda resistencia a él y consolidó y extendió su poder real. Otorgó poderes especiales a los jefes de regiones, tribus y magistrados, que dependían de él y debían aplicar sus decisiones y no las de las asambleas populares. De este modo, el rey adquirió el poder de dirigir al pueblo y dirigir el Estado por su voluntad.

Gracias a sus capitulares, bajo sus sucesores surgió gradualmente una clase de jefes francos ligados al rey por la regla germánica de la lealtad a la tropa, y cuyos valores de honor y lealtad determinaban sus acciones. La preocupación por sus subordinados, por aquellos a quienes debían proteger, y la justa aplicación de la ley eran su ley suprema. Mantenían el orden y la justicia en nombre del rey.

El Imperio franco creó así una estructura nacional interna comparable a la que existió más tarde en la época imperial alemana, en la que los valores del alma germánica determinaban la vida de todo el pueblo, así como la de cada individuo.

El marcado de los rasgos básicos de la vida nacional dio lugar al principio de la Europa germánica, ya que este Imperio comprendía la mayor parte de los pueblos germánicos y se convirtió en una realidad política europea.

Esta Europa unía a los pueblos germánicos entre el Canal de la Mancha y el Oder. Las clases dirigentes germánicas de los pueblos romanos de Italia, Francia y España estaban vinculadas a ella. La cultura germánica de la época imperial medieval pudo florecer e impregnar a los pueblos germánicos del Norte y de Inglaterra. Así pues, la unidad de sangre germánica de los pueblos europeos, impulsada por los pueblos germánicos hacia el año 500, fue la base del desarrollo de la Europa actual y de su cultura.

Hans fürg Boecker

FOLLETO Nº 8 DE LAS SS. 1939.

LEYES ANTIJUDÍAS MODERNAS, ¡YA EXISTENTES EN LA ÉPOCA DE LOS ALEMANES!

Levy sobre la riqueza judía, hace 1300 años

Ahora se sabe universalmente que la cuestión judía no sólo ha surgido desde el nacimiento del nacionalsocialismo, sino que ya en la Edad Media los campesinos y los habitantes de las ciudades alemanas tuvieron que defenderse del judaísmo destructor de los pueblos. Pero muy poca gente sabe que una tribu *germánica tuvo que luchar a muerte* contra el judaísmo internacional hace más de 1300 años.

Desgraciadamente, tenemos pocos registros de este conflicto entre germanos y judíos. Sin embargo, son suficientes para darnos una idea de los acontecimientos que tuvieron lugar en el Imperio español de los *visigodos. Nos sorprende* comprobar que las leyes y decretos contra los judíos guardan un parecido asombroso con las leyes y decretos antijudíos del III Reich - especialmente las últimas relativas al impuesto sobre el patrimonio.

¿Cómo llegaron los visigodos a promulgar estas leyes antijudías? Durante el Imperio Romano, España había sido una ciudadela para los judíos. El pulpo judío había clavado sus ventosas en todos los centros comerciales, vías de comunicación y oficinas públicas. Esta preponderancia había sido abolida con la fundación del Imperio Gótico en España. Al principio, los propios visigodos consideraban a los judíos como uno más de los muchos pueblos que habitaban la Península Ibérica. Por ello, al principio trataron a los judíos con gran benevolencia. Sin embargo, los reyes visigodos pronto se dieron cuenta de que se enfrentaban a una raza muy especial de hombres que diferían del resto de la población no sólo en sus creencias, sino sobre todo en sus predisposiciones criminales. Por esta razón, el rey visigodo *Rekkared I* fue el primero en promulgar, en 590, una ley que prohibía a los judíos poseer esclavos, ocupar cargos públicos y contraer matrimonios mixtos con no judíos. Su sucesor, *Sisibut,* fue aún más severo. Por supuesto, esto no fue, como afirman judíos y cristianos, el resultado del celo religioso cristiano, sino porque este clarividente gobernante germano, descrito por sus contemporáneos como excepcionalmente culto, generoso y tolerante, especialmente en el trato a los prisioneros de guerra, estaba convencido del peligro de los judíos y de su nocividad. Sisibut promulgó dos decretos antijudíos, cuyas disposiciones más importantes se exponen a continuación:

1. Los judíos ya no deben contratar sirvientes ni criadas. Si todavía los tienen, deben ser despedidos después de un período legal.
2. Los judíos deberían tener sólo empleados judíos.

3. Los matrimonios entre judíos y cristianos serán disueltos inmediatamente.
4. Los cristianos que se conviertan al judaísmo serán severamente castigados.
5. Todas las actividades políticas y públicas están prohibidas a los judíos.
6. Todo judío que desee viajar debe obtener un salvoconducto que debe hacer sellar por un clérigo en todas las ciudades donde haya permanecido y que debe devolver a su domicilio.
7. Está prohibido que un cristiano compre medicinas a un judío o sea tratado por un médico judío.

Como conclusión de esta ley, Sisibut, el rey de los visigodos, añadió: Mis sucesores en el trono godo que levanten estas prohibiciones serán condenados, junto con los judíos culpables, a la condenación eterna.

Sisibut reinó sólo ocho años. *Murió repentinamente en el año 620, envenenado* por un desconocido.

Su hijo *Rekkared II* reforzó aún más las leyes antijudías de su padre. Reinó sólo catorce meses, pues el 16 de abril de 621 *también* él fue encontrado *envenenado*. Nosotros, que hemos vivido el asesinato de Guillermo Gustloff, Ernesto von Rath, Codreanu y otros opositores al judaísmo, no tenemos ninguna duda de quién instigó el asesinato de estos dos reyes visigodos. Sin embargo, *Svintila,* que subió al trono después de Rekkared II, ¡abolió las leyes antijudías de Sisibut!

Es cierto que algunos de los últimos reyes visigodos tomaron medidas severas contra los judíos, especialmente contra los bautizados. Parece, sin embargo, que estas prescripciones no fueron seguidas con el rigor necesario por el bajo clero encargado de su aplicación. De hecho, la influencia desmoralizadora del judaísmo no se debilitó sino que, por el contrario, se fortaleció en los años siguientes. Durante los desórdenes internos que sacudieron el Imperio visigodo y minaron la autoridad del reino a costa del clero católico, los judíos pudieron reanudar sus actividades subversivas. Sin embargo, la resistencia contra los judíos también aumentó durante el reinado de los mejores reyes visigodos: ¡el rey *Egika* (687-702) invitó al Concilio de Toledo en 693, al que acudió en persona, a *extirpar el judaísmo por completo!* También pidió una nueva ley *que prohibiera a los judíos entrar en los puertos para comerciar con los cristianos.* En otro concilio (Toledo 694) reveló el *plan de alta traición de los judíos contra el Imperio visigodo: los judíos del Imperio visigodo habían entrado en relación con los judíos del norte de África. La revuelta urdida por los judíos estalló en 694. Los judíos norteafricanos desembarcarían en España y ¡ésta sería la señal para el ataque a la pequeña clase social de los visigodos germánicos!* Tras el descubrimiento de este complot judío que amenazaba la estabilidad del reino, el rey Egika adoptó las conclusiones del concilio, a saber, que *los judíos, con sus esposas, hijos y todas sus posesiones, serían considerados parte del tesoro público, despojados de sus casas y viviendas y puestos individualmente, como siervos del rey, al servicio de los cristianos.*

Vemos aquí, con estremecedora precisión, cómo los métodos y los objetivos de los judíos han seguido siendo los mismos, pero también con qué perspicacia este rey germánico había visto a través de los planes judíos y había, con pleno conocimiento de causa, tomado medidas, muchas de las cuales hoy parecen banales.

El remo del Imperio visigodo fue que la agitación subversiva de los judíos se había extendido demasiado en un Estado desorganizado y que el rey carecía de autoridad para hacer cumplir sus leyes con eficacia. El destino del Estado era trágico e inevitable. Los judíos comenzaron entonces su labor vengativa contra el Imperio germánico, que se había atrevido a levantar la mano contra "el pueblo elegido". El primer plan de alta traición fue descubierto por el propio Egika. El segundo plan para la aniquilación del Imperio germánico de los visigodos tuvo éxito: *los judíos llamaron a los árabes del norte de África a España.* Los halagaron con promesas de conversión al Islam. Como los árabes permanecieron escépticos, les citaron viejas profecías en las que se podía leer que era en ese mismo momento cuando los judíos iban a volver al Islam. Los árabes desembarcaron *en España y los judíos les abrieron las puertas de las plazas fuertes. La propia capital Toledo cayó a traición ante los árabes. En* todas partes los judíos recibieron al enemigo como libertadores. El enemigo mostró su gratitud dejando a su cuidado las ciudades de Córdoba, Sevilla, Toledo y Gharnatta. Con la ayuda de los judíos españoles, el general musulmán Tarik desembarcó en Andalucía y derrotó a Roderich, el rey antisemita de los visigodos, con su ejército en Jerez de la Frontera en una batalla de siete días en el año 711. El Imperio visigodo se derrumbó y los últimos visigodos huyeron a las montañas de Asturias.

Un pasaje de una obra del judío Rosenstock escrita en 1879 nos muestra con qué júbilo los judíos aclaman las "proezas" de sus padres: "La crueldad de las persecuciones aumentó bajo Erwig y Egika, no menos, sin embargo, que la resistencia de los judíos y falsos conversos (es decir, judíos bautizados), y la dominación visigoda se derrumbó finalmente cuando los judíos acogieron a los invasores árabes bajo Tarik como sus libertadores, hicieron causa común con ellos y les ayudaron a conquistar toda la tierra. Lucharon tanto por la conquista del poder de unos como por la caída de otros. La caída de los visigodos hizo de España un paraíso para los judíos, que pronto ocuparon los puestos más altos en la corte y en el empleo público.

SS-Uscha. Büttner

CUADERNO SS Nº 6B. 1941.

EL IMPERIO GERMÁNICO DEL MAR NEGRO

Debates bajo el cielo de Crimea

Un suave sol de septiembre brilla en un cielo despejado. Bajo él se extienden las vastas estepas del Mar Negro, salpicadas infinitamente de pequeñas colinas. Nuestras columnas de marcha también parecen interminables y, extendiéndose en la distancia, alcanzan el cercano punto de cruce del río. No hace mucho, las hábiles manos de los pioneros construyeron un paso improvisado. Ahora las columnas grises y polvorientas se reúnen... ametralladoras y cañones A.C.D. llenan el camino. Después de las marchas forzadas de los últimos días, un descanso, aunque breve, es doblemente bienvenido.

"Como en las grandes invasiones..., sólo que nosotros llevamos ametralladoras en lugar de lanzas...", piensa en voz alta un joven y esbelto soldado.

- ¿Sigues pensando en tus alemanes, especialmente en tus queridos vándalos?

- Esta vez han sido los godos -se rió el apóstrofo-. Habían construido un poderoso imperio aquí, en Ucrania, hacía casi dos mil años.

- Pero, un joven Rottenführer interviene en la discusión, los godos vivieron bajo el gran Teodorico en Italia y se hundieron en la decadencia tras veinte años de heroica lucha.

- Naturalmente, lo sacas de tu Frederick Dahn, *¡Lucha por Roma!*

- Dejemos hablar a nuestro "trovador prehistórico" -como llaman a nuestro silesiano en su compañía-, dice el divertido Rhinelander, dando una palmada en los hombros al joven. Pronto, algunos compañeros más interesados se acercan al grupo para escuchar también.

- Os he contado a menudo", comienza el silesio, "que mucho antes de la fundación de Roma (753 a.C.) nuestros propios antepasados, el pueblo germánico, alcanzaron un nivel de gran prosperidad cultural hace más de mil años. Pero hacia el final de esta época (alrededor del 800 a.C.) se produjo un cambio climático tan brutal en nuestra tierra natal que las tribus se vieron obligadas a abandonar cada vez más su territorio en busca de tierras más favorables. Experimentaron la misma catástrofe que nosotros hoy: ¡un pueblo sin territorio!

Naturalmente, los agricultores del extremo norte se vieron especialmente afectados. Por esta razón, la enorme emigración de tierras a lo largo de muchos siglos fue obra sobre todo de los pueblos escandinavos. También se les llamó los "alemanes del este" porque inicialmente se asentaron en las tierras alemanas orientales y en las regiones fronterizas del mar Báltico. Los más conocidos son los ya mencionados *vándalos*, los *burgundios*, que más tarde establecieron su imperio cerca de Worms, a orillas del Rin -¡todos los conocéis de nuestra canción de los nibelungos! - y los *Ruges, que dieron nombre* a nuestra bella Rugia.

Hacia el principio de nuestra era, los *godos* llegaron los últimos desde Suecia a través del mar Báltico. Allí, las provincias suecas siguen llamándose Gotland Oriental y Occidental, así como la isla de Gotland, en su honor. Tomaron posesión del territorio situado en la desembocadura del río Vístula, y pronto se extendieron por toda la Prusia occidental hasta Pomerania, y por el este hasta Ermland y Samland. El comercio y el transporte florecieron tanto gracias a ellos que pronto dominaron todas las regiones bálticas. Por ello, nuestro Führer bautizó Gdingen liberada con el nombre de "Gotenhafen", en su honor y con razón. ¿Alguno de ustedes recuerda nuestra peligrosa campaña a través del Tucheler? Allí os mostré las piedras de tiza y los montículos cerca de Odry, antiguos yacimientos góticos del siglo I d.C.

Un convoy de viajeros partió hace 2000 años

Pero la región del Vístula pronto resultó demasiado estrecha para el pueblo godo en expansión. Su leyenda tribal, transcrita posteriormente en Italia, cuenta que un gran número de ellos partió de nuevo bajo el mando del rey Filimer (siglo II), para hacerse con tierras más al sureste. Esta leyenda del Gotardo describe también con gran precisión las dificultades que encontraron los emigrantes. Nosotros, los soldados, las comprendemos perfectamente. También tuvieron que atravesar los terribles pantanos de Pripet, construir puentes y trazar caminos de tablas. Y si sólo hubieran sido hombres, ¡soldados! ¡Pero no! Como nuestros Volksdeutsche, los alemanes de Rusia, los campesinos godos partieron con sacos y fardos, con mujeres y niños, carros, arreos y todo lo necesario. A pesar de todo eran creadores. Estos malditos hicieron más de lo que creíamos que podían hacer. Vosotros mismos sabéis qué educación y disciplina se necesitan para conseguirlo, ¡pero también qué sentido del mando y de la organización!

- ¿Pero qué quieres decir? ¿No emigraron los campesinos a ciegas con todos sus arreos? ¿Cómo conocían los godos estos países del sur? ¿No tenían mapas, por casualidad?

- ¡Claro que no! - Los godos tampoco partieron por casualidad. Pero tres o cuatro siglos antes que ellos, otros germanos orientales, los bastarneses y los skires, ya habían llegado al Mar Negro. Por supuesto, seguían en contacto con su antigua patria del norte. A través de ellos, los godos conocieron la fértil Ucrania. Muchas rutas comerciales y del ámbar también iban hacia el sur. Cuando volvió a haber demasiada gente, algunos de ellos se asentaron sistemáticamente en los ricos campos del sureste.

- Pero, dígame, ¿cómo podemos saber todo esto con tanta exactitud? Hay muchas leyendas antiguas por todas partes.

- No digas eso. Son auténticos. En lo que respecta a los godos y su expedición al sudeste, nuestros investigadores han demostrado su autenticidad con su incansable trabajo al descubrir cientos de excavaciones. Es una lástima que nuestra ofensiva no llegara a Kowel. Cerca de allí se encontró una magnífica punta de lanza con una inscripción rúnica y un adorno de esvástica. Probablemente la perdió un líder godo. Es una prueba irrefutable de la ruta seguida por nuestros "precursores" en Ucrania.

- ¿Qué te parece? ¿Así que todo esto fue una vez tierra alemana?

- No, no exactamente. Los godos sólo se asentaron en esta región como una clase señorial bastante dispersa. Pero se hicieron tan poderosos que hacia el año 200 d.C. lograron fundar un verdadero estado. Su señor en aquella época era el legendario rey Ostrogotha. Fue el último líder de todo el pueblo godo. En el oeste, su imperio se extendía hasta Rumanía y Hungría, por toda la actual Besarabia, Moldavia, Valaquia y Transilvania, y en el este, más allá de Ucrania, hasta el Don.

- A la larga, este gigantesco Imperio tuvo dificultades para mantenerse porque sólo estaba escasamente poblado por los godos. Cuenta la leyenda que el propio Ostrogotha repartió su pueblo entre los visigodos o terwingen (godos occidentales) entre el Dniéster y el Danubio y los ostrogodos o greutungos (godos orientales) entre el Dniéster y el Don, dando origen a Ucrania. Durante su reinado, la península de Crimea, en el Mar Negro, también se anexionó a la zona de asentamiento de los godos.

- Pero, dime, ¿era tan sencillo? ¿No estaba este país despoblado?

- Por supuesto, durante el siglo III Gothia seguía sacudida por problemas. Siempre había enfrentamientos con el poderoso vecino del sur, el Imperio Romano. Los nuevos gobernantes también tuvieron que imponerse a los nativos. En el siglo IV se había alcanzado la cima del poder.

Bajo el liderazgo de su rey Ermanarico, del glorioso linaje de los Amelungos, que duró casi una generación, el Imperio ostrogodo abarcó no sólo la vasta región del sur de Rusia. Los países eslavos del norte y del este, incluso los eslavos y los fineses, ya habían sido sometidos con anterioridad, de modo que la dominación goda incluyó finalmente la enorme zona que va desde el mar Negro hasta el mar Báltico. El historiador godo Jordanes relata con orgullo que Ermanarico era comparado a menudo con Alejandro Magno.

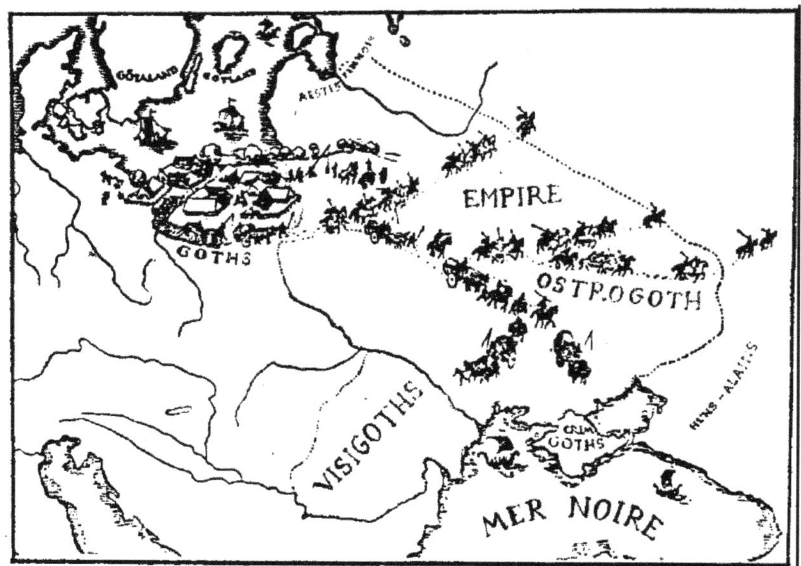

Procedentes del norte, de sus hogares en Suecia, los godos cruzaron el mar Báltico y se asentaron en los territorios del Vístula. Pero también emigraron en convoyes hacia el este y el sureste. Fundaron un orgulloso Imperio en las regiones donde hoy luchamos.

Pero este despliegue de poder político fue naturalmente de la mano de la expansión cultural de los godos. Los antaño famosos centros comerciales e industriales griegos de la desembocadura de los ríos Dniéster y Dniéper, Tyras y Olbia, habían caído en sus manos. Ambos lugares experimentaron un nuevo y constante auge a medida que florecían las artes y oficios godos. Los godos también demostraron ser unos maestros incomparables de la metalurgia y, en particular, de la orfebrería. Estimulados por el contacto con los pueblos hermanos arios griegos y escitas, desarrollaron un nuevo tipo de estilo artístico en el sur de Rusia, que incluso ejerció una fuerte influencia en el resto de Germania y en las artes decorativas locales. Las creaciones de este "estilo coloreado", una técnica de cloisonné dorado a menudo complicada con incrustaciones de piedras multicolores, son las más bellas creaciones de la mente humana. Bajo sus hábiles manos nacieron broches para prendas de vestir de bellas formas y otras joyas diversas.

El arte gótico, prueba de civilización

Las hebillas de águila góticas, las hebillas de cinturón que llevaban las mujeres, con adornos terminados en una cabeza de águila son bastante originales. Estas hebillas estaban elegantemente decoradas de forma artística y también adornadas con piedras de colores. Una de las más magníficas procede de Nokopol, en el Dniéper. En realidad, estas hebillas de águila datan de un periodo algo posterior, en torno a los siglos VI, VII y VIII.

En cambio, la técnicamente famosa corona de Kertsch, en Crimea, parece haber sido fabricada en vida del viejo Ermanarico. Se trata de una diadema de oro en forma de banda, ricamente decorada con incrustaciones de piedra, con un adorno central arqueado aparentemente formado por dos cabezas de águila, esta vez enfrentadas. - El águila desempeñó antaño un papel importante en la artesanía gótica. Incluso las empuñaduras de las espadas se decoraban con ella, y más tarde se crearon incluso hermosas hebillas de ropa con forma de águila. Por tanto, debemos reconocer en esta última el animal heráldico godo que hoy es también el símbolo de nuestra propia unidad imperial. Los godos debieron de ver y cazar esta ave real en las grandes estepas de su imperio; aún hoy es frecuente verla en estos países.

Los singulares hallazgos culturales de los godos en el sur de Rusia son tanto más significativos cuanto que los descubrimientos de las excavaciones realizadas hasta ahora son más o menos fruto de la casualidad. Los trabajos metódicos fueron cada vez más escasos. Los llevaron a cabo investigadores alemanes, sobre todo en el bucle del Dniéper y Crimea. En particular, se descubrieron muros y enterramientos. Demuestran una vez más que los señores góticos supieron asimilar las influencias extranjeras sin negar nunca su propia capacidad creativa y su independencia.

Por primera vez en la historia, los godos crearon una fuerza organizadora de primer orden en el hasta entonces impenetrable y virgen este de Europa. Sin embargo, este desarrollo pacífico y feliz fue víctima de una brutal catástrofe procedente del Este, como tantas otras veces a lo largo de los siglos: el ataque de los hunos (375). Estas hordas de jinetes procedentes de las estepas asiáticas arrollaron el Imperio godo, trajeron el asesinato y el fuego y acabaron por destruirlo. Según la leyenda, el anciano Ermanarico no sobrevivió a la desgracia de su pueblo y se suicidó tras ser gravemente herido en la batalla. Cantantes germánicos posteriores compusieron una canción sobre la trágica lucha de clanes que se encuentra entre los preciosos tesoros de la antigua Edda cantada islandesa (Hamaismal).

Los alemanes, ¡otrora el baluarte de Europa!

El colapso del brillante Imperio Gótico en Rusia tuvo consecuencias históricas internacionales. El poderoso baluarte que se extendía hacia el este, que había protegido una cultura rica y floreciente, fue demolido. Europa estaba bajo el ataque de los asiáticos. Nosotros, contemporáneos de Adolf Hitler, estamos especialmente bien situados para saber lo que esto significa.

Durante casi un siglo, las expediciones de saqueo y las devastaciones de los hunos asolaron incluso la remota Europa occidental, sembrando el terror y el pavor por doquier. Naturalmente, las tribus germánicas orientales más gravemente afectadas trataron de eludirlos. Europa experimentó así un giro fatal en su destino. Debido al posterior declive del

Imperio Romano, el camino de los germanos conquistadores se desvió desde el este hacia el sur y el oeste de nuestro continente.

Ciertamente, los descubrimientos de los mencionados bucles de águila atestiguan la presencia de considerables restos ostrogodos en Ucrania durante mucho tiempo. Sin embargo, el grueso de su ejército se había marchado. Grupos aún más numerosos debieron de regresar al Vístula y a Prusia Oriental, como demuestra la hebilla de águila hallada en la región de Sensburgo.

En cambio, una población gentil permaneció en la península cerrada de Crimea durante más de mil años. Los objetos excavados datan del año 1000. Existen tradiciones orales y escritas hasta los siglos XV y XVI, tras los cuales el nombre de godo se pierde definitivamente, aquí en el sur de Rusia, igual que desapareció mil años antes en Italia y España, a menudo tras heroicas luchas contra la superioridad numérica...

Un camarada aún quería hacer algunas preguntas, pero se dieron órdenes. Las columnas formaron y se prepararon para ir a la orilla opuesta. Pero en más de un corazón vibraron las palabras. Involuntariamente, los bustos de los hombres se pusieron rígidos, conscientes de que eran los custodios de un patrimonio y de que estaban llevando a cabo una gran misión germano-alemana en Europa.

G.M.

FOLLETO Nº 2 DE LAS SS. 1943.

LA ORDEN TEUTÓNICA EN PRUSIA

El 14 de septiembre de 1772, las puertas de Marienburgo se abrieron ante el general prusiano Thadden, que tomó posesión de la fortaleza al frente del regimiento Sydov. Terminaba así una dominación extranjera de más de 300 años. Sin embargo, el aspecto del castillo había cambiado. El ladrillo de color claro se ocultaba bajo un revoque gris, las sobrecargas realizadas por los jesuitas en un estilo barroco inoportuno perturbaban la seria solemnidad y la estricta pureza del antiguo edificio de la Orden; a sus pies se amontonaban chabolas mugrientas. Los polacos habían construido finos muros entre los pilares del castillo porque dudaban de la audacia de la bóveda. ¡Incluso los restos de los jesuitas habían sustituido a los de los maestros en sus bóvedas!

Sin embargo, con la llegada del regimiento prusiano, se estableció una nueva regla. Tras las Guerras de la Independencia, comenzaron las obras de restauración del viejo castillo: los trabajos duraron un siglo. Hoy vuelve a brillar con su belleza inmortal, testimonio único del espíritu de la Orden que hizo de este país una tierra alemana.

Es notable lo segura que estaba la Prusia de Federico Guillermo I y Federico el Grande de que su destino estaba en la *misión oriental. El* Elector de Prusia de entonces, que no incluía completamente la actual Prusia Oriental, ya había superado el yugo polaco. Federico Guillermo llevó a cabo una reorganización política y económica y el gran rey unificó el país con Prusia Oriental. Prusia demostró su vocación alemana tanto con este renacimiento de la antigua política oriental alemana como con su tarea de supervisión en el Rin. Sabemos que el joven Federico estaba profundamente preocupado por el destino de la Orden y que la decadencia del Estado teutón le perturbaba. ¡No en vano la orden de lealtad de Marienburgo exigía lealtad incondicional a la autoridad restablecida!

Sala de los Caballeros de Marienburg.

La Orden Teutónica fue una de las grandes referencias históricas de las SS. Arriba, Hermann von Salza, Gran Maestre de la Orden Teutónica.

El papel de las SS era también custodiar los símbolos del Imperio.

¡Pocas veces ha habido una satisfacción tan profunda al considerar la historia alemana como al ver la reconquista de la tierra prusiana en beneficio del pueblo alemán! Pues, como ha demostrado la historia del Estado Teutónico durante sus trescientos años de existencia, ¡éste fue un logro definitivo! Y, al igual que el nombre del país de la Orden, el espíritu del Estado Teutónico también puso su impronta en la gran potencia que se hizo alemana, como la Prusia de Brandeburgo. Se ha dicho de la Prusia de los Hohenzollern que tenía que ser el martillo o el yunque; es decir, tenía que golpear para prevalecer o ser quebrada. El rey prusiano debía ser un rey-soldado, pues la felicidad de su pueblo estaba en la punta de su espada. Por tanto, la Orden había elegido también el ideal guerrero de la vida y se regía por la *ley del combate.*

Ya en Occidente, la fraternidad que se había fijado como objetivo cuidar de los enfermos se había transformado en una orden caballeresca. Fue en el año 1198, el trágico año en que el emperador alemán Enrique IV murió y perdió su poder. En el año 1230, el maestre de campo Hermann Balk viajó con siete hermanos al desierto de Prusia, iniciando así el gran capítulo de la historia de la Orden que sólo podía escribirse con sangre. Tan pronto como los prusianos fueron derrotados y se unieron al nuevo estado teutónico, la Orden se topó con los lituanos, que bloquearon su camino hacia Livonia. Una orden similar, la Orden de los Portadores de Glaive, había luchado duramente para obtener la soberanía en esa región, pero en 1237 fue absorbida por la Orden Teutónica. Así pues, la pretensión de soberanía de la Orden llegaba ahora hasta Narva. Sin embargo, los lituanos avanzaban entre las partes occidental y oriental del territorio de la Orden, y todo el siglo XIV está lleno de incursiones bélicas hacia Schamaiten y el Memel, adentrándose en el corazón de Lituania. La rama del Vístula tampoco pudo permanecer dentro de los límites occidentales. Pomerania Oriental y Danzig tuvieron que ser devueltas a la Orden. Cuando se conquistó Pomerania Oriental, quedó claro que la Orden no perseguía la idea de una lucha antipagana, sino que luchaba por *reivindicaciones concretas y perfectamente legítimas. Pomerania* Oriental era de gran importancia como cabeza de puente hacia el corazón alemán en el oeste. Por primera vez, la Orden entró en serio conflicto con la política polaca, que sólo se volvió peligrosa en 1386 con la unión de Polonia y Lituania. En el siglo XIV, la Orden luchó junto a la Liga Hanseática contra Dinamarca para garantizar que el Báltico siguiera siendo un mar alemán. De este modo, la Orden se convirtió también en una potencia marítima. En 1398, tomó posesión de la isla de Gottland en la lucha contra los hermanos Vitalianos.

El siglo XV fue una época de batallas y retiradas ante el abrazo polaco-lituano. Abandonada por el Kaiser y el Imperio, la Orden perdió la gran batalla de Tannenberg contra los polacos en 1410 y después de 1466, en el momento de la segunda paz de Thorn, totalmente abandonada, luchó desesperadamente por conservar el resto de su estado hasta la batalla final de 1519. Los últimos caballeros, bajo el liderazgo de un brandenburgués, se enfrentaron de nuevo a los polacos. Hans, el hijo de Franz von Sickingen, les proporcionó un pequeño ejército por orden de su padre, pero esto tampoco les sirvió de mucho. La pérdida de esta batalla condujo a la transformación del estado teutón en un ducado occidental.

Es admirable ver todas las soluciones que la Orden supo encontrar a sus problemas militares. También es asombroso ver que la conquista de Prusia se llevó a cabo con pocos medios, gracias a un impulso metódico y a una acción oportuna. Con singular previsión y audacia, la Orden ejerció su limitado poder al servicio de una política de gran poder soberano. Se defendió tenaz y ferozmente contra la superioridad de numerosos adversarios externos e internos. Sólo una élite alemana era capaz de ello. Es totalmente falso que *la Orden traicionara la ley del combate* y cayera víctima de la desidia interna, aunque algunos hombres quisieran distinguirse a pesar del pacto de algunos con los polacos, "que paró en seco a Heinrich von Plauen".

El espíritu de lucha de la Orden era superior, al igual que su *sentido de la autoridad estatal*. Y es esto último lo que une a la nueva Prusia con la antigua. Este Estado teutón se distinguía por su magistral administración, cuidadosamente pensada y controlada hasta el más mínimo detalle. Mientras que, por un lado, todas las fuerzas del país trabajaban en pos de objetivos comunes, por otro, los impuestos se distribuían de forma tan flexible entre los individuos que todas las clases florecieron armoniosamente en el país. La administración del Estado teutón, en su rigor y justicia, es una de las mejores creaciones del espíritu voluntarioso y estructurado nórdico. Todavía podemos examinar las cuentas de la Orden, ya que todos los documentos de su gestión financiera se han conservado hasta nuestros días. ¡Y podemos comprobar que no hubo ninguna malversación hasta finales del siglo XV! Esto sólo puede ser obra de una orden de hombres selectos. ¡La regla que se habían dado los frailes de no cerrar los armarios con llave es una ilustración de ello! La vida de esta comunidad luchadora de hombres nórdicos se basa en una confianza mutua incondicional.

Una tercera idea unía a los hombres de la Orden, los reyes y los estadistas de la nueva Prusia: la *voluntad de colonizar*. Allí donde ondeaban los estandartes de la Orden, se desecaban pantanos, se talaban bosques casi impenetrables, se construían diques, se trazaban carreteras y aparecían exuberantes campos y praderas donde antes había desiertos y pantanos. Las tierras de la Orden se convirtieron en tierras de agricultores alemanes. Su mayor éxito fue atraer a los campesinos alemanes a la tierra. Dio a su conquista estabilidad y valor histórico. Luego, a los campesinos alemanes les siguieron artesanos y comerciantes, y nacieron las ciudades, protegidas por las fortalezas de la Orden. En 1410, la Orden había creado 1.400 aldeas y 93 ciudades. Esta obra realizada mediante la colonización es la única justificación posible, pero evidente, de la intervención alemana en el Este.

El desarrollo de la tierra prusiana en beneficio de la cultura alemana es, pues, obra de la Orden Teutónica, una obra comunitaria en el mejor sentido de la palabra. No cabe duda de que la Orden contaba con grandes mentes en sus filas: las personalidades destacadas eran en su mayoría hermanos de la Orden. Pero la historia sólo registra unos pocos nombres. Todo el mundo conoce a Hermann von Salza, consejero y amigo de Federico II, que dirigió la Orden hacia el este e influyó en el futuro alemán. Tal vez hayamos oído hablar de Winrich von Kniproche, quien, como Gran Maestre, llevó a la Orden a su apogeo y bajo cuyo mandato se completó Marienburgo. O quizás Heinrich von Plauen, quien, tras la derrota de Tannenberg, se dirigió con el resto de la Orden a Marienburgo y la defendió victoriosamente. Pero aparte de estos tres grandes nombres, conocer a los demás es una cuestión de erudición. Nadie conoce los nombres de los muchos caballeros de la Orden que fueron abandonados a su suerte en duras batallas invernales y que mantuvieron bases avanzadas en territorio prusiano, miserables atrincheramientos de madera y tierra, frente a la avalancha de la Prusia atacante y que a menudo lucharon durante meses. Pero todos ellos contribuyeron a la unión de fuerzas que se logró a la luz de la historia, y el conjunto de la labor realizada por su orden los hizo inmortales. Está en la naturaleza de una orden que *la comunidad se beneficie de la fama, no el individuo.*

Volvamos a considerar brevemente las *razones de la decadencia.* La primera es que el objetivo ideológico de la Orden estaba condicionado por *la idea de la cristianización.* Cuando esta idea perdió fuerza debido a la conversión voluntaria de Polonia y Lituania, la Orden se enfrentó a una situación completamente nueva. Pero no nos cabe duda de que lo habría superado -las premisas existían- de no ser por la segunda razón, que era *su forma de vida monástica.* Y, como consecuencia negativa del voto de castidad, la Orden decidió llenar sus vacíos con inmigración de fuera del Reich. Con cada caballero teutónico que moría, se perdía un noble fruto del gran árbol que representaba al pueblo alemán y que debía germinar en esta tierra. La orden no podía sobrevivir con sus propias fuerzas, ya que no tenía más hijos. Los hijos secretos nacidos cuando se había roto el voto de castidad tampoco fueron reconocidos, y la entrada en la Orden también fue denegada a la nobleza prusiana. Una tercera razón fue que la Orden hizo su aparición en la historia en *la época de la decadencia del Imperio.* El Emperador y el Rey habían patrocinado la creación de la Orden, pero la Iglesia Papal pronto la abandonó por ser demasiado independiente. Con el tiempo, incluso se involucró con Polonia. Tras la muerte de Federico II, ningún emperador volvió a interesarse por la Orden. Los intereses políticos de la casa de Habsburgo se extendían hasta el noreste del Imperio, y allí no había nadie con quien aliarse. Por lo tanto, la Orden se enfrentó sola al ataque lituano-polaco, mientras las oleadas de la lucha de los estados -también consecuencia del colapso del Imperio- socavaban sus cimientos. Si la Orden hubiera tenido hijos, habría roto sus lazos sin el emperador y sin el Imperio.

Aunque la orden se derrumbó, sus logros forman parte de la historia alemana. Tras un largo periodo de dominación extranjera, resucitó en la Prusia de Federico el Grande. El Emperador confirió al Gran Maestre *el águila negra del Reich* como escudo de armas, como príncipe del Imperio, que Prusia ha conservado. Y cuando los Hohenzollern se convirtieron en reyes, recibieron el águila negra, mientras que el águila de los Habsburgo había pasado a ser roja. El águila negra también se convirtió en el vínculo con la Prusia de Federico el Grande como animal heráldico del nuevo Reich alemán. ¿Podríamos ver en ello un símbolo de que el trabajo genuino realizado es inmortal?

Heinrich Gaese

FOLLETO SS Nº 10. 1938.

LA UNIVERSIDAD ALEMANA EN LA LUCHA CONTRA LA CONTRARREFORMA

(Un capítulo sobre la tragedia espiritual
de la Iglesia Católica Romana)

Aunque hoy ya no podemos experimentar la revolución religiosa que la Reforma desencadenó contra la esclavitud espiritual romana, queda la ganancia histórica que supuso *Lutero* cuando instó a la gente a liberarse de las garras espirituales de Roma. El llamamiento de Lutero tuvo un fuerte eco en Alemania, pues poco después amplias zonas se liberaron del dominio del Papa, aunque es cierto que más tarde volvieron a perderse parcialmente. *La historia de la universidad alemana* también nos muestra con qué habilidad se llevó a cabo el intento de recuperación por medio de la Contrarreforma.

A finales de la Edad Media, la vida espiritual alemana se concentraba en las universidades. La iglesia y las escuelas monásticas habían perdido importancia y los castillos -antaño depositarios de la cultura medieval- habían caído en su mayor parte en la ruina; en cambio, las ciudades empezaban a ser prósperas y albergaban los nuevos centros de la vida espiritual, las universidades.

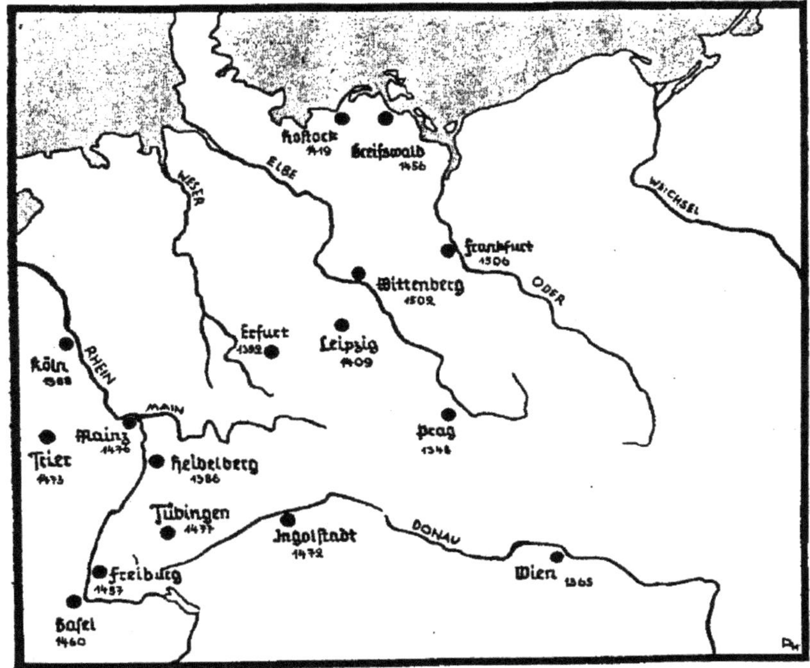

Las universidades alemanas hasta la Reforma

Desde el principio, aunque seguían necesitando el consentimiento papal para abrir sus puertas, las universidades alemanas estuvieron animadas por un espíritu germano-germánico en oposición al románico francés, del que la Sorbona de París era el ejemplo típico. Aún prevalecía el escolasticismo, una filosofía que veía su misión como la de ser la herramienta de la teología. Ciertamente, al principio, las primeras universidades alemanas aún no podían librarse de la influencia del escolasticismo. Mientras que la Sorbona continuó siguiendo el viejo modelo durante siglos, las universidades alemanas siguieron su propia evolución y, tras la llamada de Lutero, casi todas ellas se liberaron del yugo espiritual romano, testimoniando así el magnífico rechazo del alma alemana a ser esclavizada. Pero lo importante de la creación de las universidades alemanas fue que, gracias al nacimiento de estos centros espirituales, la ciencia abandonó las viejas escuelas eclesiásticas y monásticas, adormecidas por la mezquindad escolástica y la esterilidad espiritual, y acudió a estas nuevas universidades.

Al principio de la Reforma, vemos una dispersión de universidades en Alemania (véase el Mapa 1). Si se tiene en cuenta que sólo un siglo y medio separa la fundación de la primera universidad alemana (Praga 1348) de la Reforma, se ve la importancia de esta fecha. La propia Reforma dio lugar a toda una serie de nuevas instituciones, como Marburgo (1529), Königsberg

(1544), Jena (1558), Helmstedt (1576) y Altdorf (1578). Marburgo fue la primera universidad reformada que se creó, así como el primer instituto alemán, que ya no necesitaba el consentimiento papal, y mucho menos el del emperador, sino que empezó a ofrecer cursos. Fueron necesarios doce años para obtener el consentimiento del emperador. Pero el hecho de que la universidad floreciera en esta época arroja una luz significativa sobre la reducida autoridad del Imperio.

Aparte de estos nuevos centros protestantes, la mayoría de las universidades existentes se convirtieron a la Reforma, con Wittenberg de Lutero a la cabeza. Estos institutos de la Reforma se convirtieron en los centros de influencia más importantes de la doctrina no romana.

Los jesuitas percibieron claramente este peligro e iniciaron la lucha contra la "decadencia protestante de Roma". Casinius, el más inteligente e importante de los jesuitas, intentó influir en estos focos de pensamiento "herético" con un "plan de bombardeo" típico de la sofisticada estrategia jesuita.

Uno tras otro, se establecieron centros católicos opuestos junto a las regiones que se habían pasado a la Reforma (véase el mapa 2). Un cinturón en forma de herradura de universidades jesuitas rodeaba la parte de Alemania que se había hecho protestante, extendiéndose desde Olmütz (1573) en el este, Graz (1585), Innsbrück (1606), Würzburg (1582), Paderborn (1614) hasta Osnabrück (1630). El colegio jesuita fundado en 1636 en Breslau se convirtió en universidad en 1702 y, por tanto, en piedra angular del ataque jesuita.

El círculo no se habría cerrado si se hubiera olvidado Dillingen (cerca de Augsburgo), que fue el primer instituto de la Contrarreforma establecido ya en 1554, es decir, antes de la aparición de los jesuitas en Alemania.

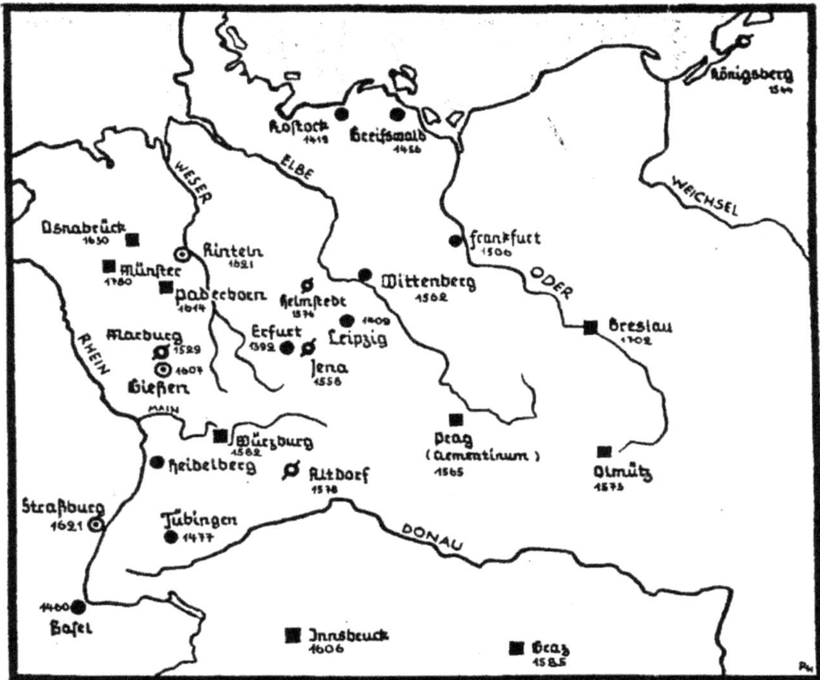

- **Fondations antérieures à la Réforme**
- **Fondations protestantes avant la Contre-réforme**
- **Fondations adverses jésuitiques**
- **Fondations adverses protestantes**

Las universidades alemanas en la lucha por la Reforma.

El diagrama muestra cómo la región que se pasó a la Reforma fue metódicamente rodeada por una línea de centros jesuitas opuestos; ¡se sigue la línea de universidades indicada por un cuadrado desde Osnabrück a Münster, Paderborn, Würzburg, Innsbrück, Graz, Praga y Olmütz hasta Breslau! También se añadieron a la lista Friburgo, Dillingen y Viena, que fueron tomadas por Casinius en beneficio de la contrarreforma jesuita. Las fundaciones protestantes de Rinteln, Giessen, Estrasburgo y, hasta cierto punto, Altdorf, tuvieron importancia política en el contexto de la política jesuítica de bloqueo y cerco: constituyeron avances en esta "barrera espiritual".

Hay un acontecimiento más que no puede pasarse por alto en este contexto. En Praga, cuya primera universidad alemana estaba a la vanguardia de la lucha por la libertad de investigación y de conciencia, los jesuitas contraatacaron de una manera que aún hoy se siente y que destruyó la vida espiritual de la ciudad. A partir de 1565, la academia clementista empezó a ser favorecida en Praga. En 1618, los jesuitas ganaron la disputa por esta usurpación de derechos y ocuparon la Facultad de Teología y Filosofía. Hoy sabemos que tras la disputa de las naciones se esconde una batalla de ideologías determinadas *por la raza.* En este sentido, Praga nos ofrece un ejemplo instructivo de la lucha perpetua del espíritu germano-germano contra las pretensiones imperialistas no alemanas.

Este ataque generalizado contra la vida intelectual y espiritual liberada por la Reforma tuvo que ser repelido. Ello se debió a la lucha fortalecida de las antiguas universidades y también de los nuevos centros que se habían pasado al bando protestante en oposición a las fundaciones jesuitas. Las universidades de Giessen (1607), Estrasburgo (1621) y Rinteln (1621) deben su nacimiento a esta iniciativa.

Cuando surgieron estos últimos centros protestantes en respuesta a la política de aluvión de los jesuitas, la Guerra de los Treinta Años ya llevaba tres años haciendo estragos en Alemania. La batalla ya no se libraba con armas espirituales. Alemania iba a ser puesta de rodillas en una guerra; ¡la semilla de los jesuitas iba a crecer terriblemente! Dos tercios de la población alemana iban a perder la vida. El Tratado de Osnabrück selló la división y la impotencia de Alemania.

La actual Universidad Católica de Salzburgo demuestra que las "acciones espirituales" de los jesuitas a nivel popular siguieron siendo siempre las mismas. También aquí se va a crear un centro de resistencia espiritual, un baluarte católico, en las fronteras directas del Reich. Una mirada a la historia explica el significado que Roma espera de este nuevo "asentamiento jesuita opositor" ante la liberación alemana del yugo espiritual romano.

Dr. H. W. Hagen

FOLLETO SS Nº 10. 1936.

SS-OSTUF. DR. WALTER BOHM: LA CREENCIA EN LAS BRUJAS

Aunque la Inquisición no pudo causar demasiado daño en Alemania -el peor promotor del auto-da-fé, San Conrado de Marburgo, fue asesinado a tiempo por nuestros antepasados-, la Iglesia fue sin embargo responsable de otra gran desgracia en Alemania, que fue mucho, mucho peor que el auto-da-fé: la caza de brujas. La doctrina perentoria de la Iglesia, tanto católica como luterana, afirma que el diablo existe. Seduce a hombres y mujeres para practicar con ellos la lujuria y luego les confiere la naturaleza de brujo para las mujeres y de hechicero para los hombres como agradecimiento. No hay que sonreír ante tales estupideces.

Cientos de miles de la mejor sangre, especialmente mujeres y niñas, perecieron en las rocas durante el Renacimiento, no durante la "oscura" Edad Media. San Agustín, un africano, y Santo Tomás de Aquino propagaron la creencia en las brujas para los católicos; para los luteranos fue Martín Lutero, basándose en la Biblia. Predicó desde el púlpito de la iglesia del castillo de Wittenberg: "Hay que matar a las brujas porque causan todo tipo de molestias. No sólo hay que matarlas porque son dañinas, sino ante todo porque comercian (lo que significa: practican la lujuria) con el diablo.

Al igual que el concilio, y por tanto el nuevo Papa, tiene la verdad última a los ojos de los católicos, la Biblia la tiene para los luteranos. Ni el Papa ni Lutero reconocen la libertad de creencia. La Biblia enseña que la mujer es inferior, que su vientre es insaciable (Proverbios 30:15-16), que se compadece con el diablo (Génesis 6:1-7). La Iglesia enseña que el diablo también puede transformarse en una bella mujer para seducir al hombre. Martín Lutero nunca abandonó sus ideas de su época en el monasterio, ni su creencia literal en la Biblia.

La Inquisición dirigía los juicios por brujería. El potro de tortura extraía cualquier confesión que los calotinos lascivos -piénsese en los constantes juicios de moralidad contra los franciscanos en nuestra época- ponían en boca de las pobres víctimas. El fuego era la conclusión. En los juicios por brujería era imposible obtener el indulto, que se conmutaba por prisión o pena de galeras como para los herejes. Un cuerpo que se había entregado al diablo tenía que arder. Sólo el alma podía salvarse. Los jesuitas y los pastores luteranos se preocupaban entonces afanosamente por la bienaventuranza eterna de la víctima.

La caza de brujas comenzó hacia 1454, cuando por primera vez se afirmó que existía una "secta de brujas", es decir, personas que se aliaban con el diablo en su lucha contra las enseñanzas de la Iglesia y que, por tanto, eran consideradas "herejes" que debían ser perseguidos como tales. Sprenger e Institor aparecieron en Alemania como inquisidores papales para reprimir a estos herejes. En todos los lugares encontraron resistencia, ya que la gente no entendía sus acusaciones y sospechas, y las autoridades seculares no soportaban que dirigieran o incluso iniciaran juicios. En particular, se dice que el obispo de Brixen los expulsó de su diócesis y mantuvo la opinión de que estaban locos.

En 1484, obtuvieron del Papa Inocencio VIII la "Bula de las Brujas", también conocida como la Bula Summis Desiderantes (las primeras palabras de esta bula). La bula afirma que todavía hay brujas en algunas partes de Alemania - se dan detalles - pero que el clero y los poderes seculares pusieron dificultades a los inquisidores. Los inquisidores fueron instruidos para utilizar cualquier medio que considerasen apropiado, en particular para predicar desde los púlpitos de todas las iglesias parroquiales. Nadie debía impedirles el ejercicio de esta enseñanza o su aplicación, so pena de excomunión y severas penas. Un edicto imperial de Maximiliano I concedió plena validez a esta bula frente a las autoridades seculares.

En 1487 apareció *El martillo de las brujas* de Sprenger e Institor, que se reimprimió en nueve ediciones sucesivas hasta 1500, seguidas de otras ediciones en 1511, 1519, 1520, luego una pausa en 1580, y después otras ediciones a intervalos cortos.

Para dar crédito a El *martillo de bruja* cuando apareció por primera vez, Sprenger e Institor solicitaron un informe a la facultad de teología de Colonia, pero no lo recibieron en la forma que esperaban. Sólo publicaron extractos de este informe que hacían referencia a la edición de Colonia. En lo que respecta a los extractos fuera de Colonia, el informe está tan falsificado que satisface a los magistrados papales y recibe -así distorsionado- la aprobación por escrito de toda la facultad.

En 1487 tuvo lugar la primera quema de brujas a gran escala en Estrasburgo, donde ya se habían realizado las primeras hogueras de herejes un siglo antes bajo Conrado de Marburgo (80-100 víctimas). Para acabar con la resistencia de la ley y de las autoridades seculares, Sprenger e Institor confiaron a los tribunales locales la realización de los juicios de brujas, de modo que los hombres de justicia asumieran la responsabilidad del proceso. Como se confiscaba todo el patrimonio de los condenados, los juicios de brujas eran una fuente de ingresos inesperada para las autoridades locales, lo que explica en gran medida su magnitud: ¡se quemaban regiones enteras para que toda la propiedad terrateniente revirtiera a los señores locales! El número de brujas quemadas en Estrasburgo en 1489 fue de ochenta y nueve.

Pero Sprenger e Institor tuvieron su mayor "éxito" cuando difundieron esta creencia entre el pueblo con su *martillo de brujas* y facilitaron así la caza de brujas. A partir de 1515, las hogueras ardieron todos los días: en los veinte años siguientes, sólo en este lugar fueron quemadas 5.000 personas.

Lo mismo ocurrió allí donde el *martillo de las brujas* empezó a funcionar. Podemos ver que los juicios de brujas empezaron al mismo tiempo que Colón descubrió América (1492) y el Dr. Martín Lutero intentó reformar la iglesia (1516). Así que los juicios de brujas no fueron un hecho de la Edad Media, sino que comenzaron al principio del periodo que solemos llamar Renacimiento. Esta plaga causó terribles estragos. El número de víctimas en Estrasburgo lo dice todo: 5.000 personas en veinte años. No se dan cifras oficiales de la región de Tréveris, pero la *gesta Trevisorum* (historia de Tréveris) nos dice que en 1588 sólo quedaban dos mujeres en dos lugares porque las demás habían sido todas quemadas por brujas. Por "mujeres" se entiende todas las personas de sexo femenino mayores de ocho años. "Ya no quedaban campesinos, ni viticultores. Ninguna plaga, ningún enemigo feroz asoló tanto la región como la terrible Inquisición. Ni uno solo de los acusados escapó a la muerte; los hijos de los ejecutados fueron quemados, las haciendas anexionadas...". En el principado de NeiBe, obispado de Breslau, fueron quemadas en nueve años más de 1.000 personas, entre ellas niños de 1 a 6 años, porque sus madres habían "confesado" en el potro de tortura que sus hijos habían sido engendrados por el diablo. Sólo en Zuchmantel, Freiwaldau, Niklasdorf, Ziegendals y NeiBe se quemaron en 1539 a doscientas cuarenta y dos brujas, y en 1551 la fundación religiosa de Zuchmantel contaba con ocho verdugos en activo. En la diócesis de Bamberg, seiscientas personas murieron quemadas entre 1625 y 1630 - cien años después de la Reforma - y en 1659, mil doscientas. La diócesis tenía entonces sólo 100.000 habitantes, por lo que en 1659 más del uno por ciento de la población fue víctima de la creencia en brujas. En la diócesis de Würzburg, en Gerolzhofen, el número de brujas quemadas en 1616 fue de noventa y nueve, en 1617 de ochenta y ocho, en 1623 de noventa, y de 1627 a 1629, sólo en Würzburg, de ciento cincuenta y siete.

Pero sería un error creer que este horror fue cometido sólo por las autoridades católicas. Las regiones protestantes no se libraron. Las brujas fueron quemadas en la hoguera en Wittenberg ante los ojos de Lutero. Lutero dio un impulso especial a la caza de brujas al tratar el tema de las brujas, enseñando que es una ley justa matar a las brujas. En Mecklemburgo, en 1532, la caza de brujas comenzó con la incineración de una mujer y un hombre que supuestamente habían practicado la magia ¡para contrarrestar la difusión de la Reforma! El aumento fue tal -desgraciadamente pocos datos pueden verificarse- que, según historiadores contemporáneos, pueblos enteros quedaron despoblados porque todos sus habitantes acabaron en la hoguera. El convento luterano de Quedlinburg quemó unas sesenta brujas en 1570, cuarenta en 1574 y ciento treinta y tres en 1589, de una población de entre 11.000 y 12.000 habitantes. Así que también aquí, en un año, más del uno por ciento de la población fue asesinada a causa de esta locura. De 1589 a 1613, el duque de Brunswick-Wolfenbüttel se hizo tristemente célebre como cazador de brujas: solía asistir a los suplicios y a menudo quemaba a más de diez brujas en un solo día. Al final, había tantas hogueras en el lugar de tortura, frente al bosque de Löcheln, que parecía un bosque. Las regiones reformadas calvinistas vivieron el mismo drama: sólo en Ginebra, entre 1512 y 1546, Calvino hizo detener a unas novecientas personas por brujería. Su destino sigue siendo un misterio, pero no cabe duda de que la mayoría fueron quemadas. Pero lo peor ocurrió en la propia región de origen de la Reforma, en Sajonia Oriental. El príncipe elector Augusto también participó en las torturas. Promulgó una ley que iba más allá de la locura de lo que ya existía: ¡pena de muerte también para las alianzas malvadas que no habían hecho daño a nadie! En Sajonia Oriental vivió el más "brillante" juez de brujas, el famoso jurista Carpzow, quien, hasta su muerte en 1666, pronunció o confirmó, de forma certificada, unas veinte mil sentencias de muerte.

Las hogueras de brujas estuvieron muy extendidas hasta el siglo XVIII. A partir de entonces, no disminuyeron porque la Iglesia o sus sacerdotes y predicadores lo exigieran, sino porque los gobernantes absolutos ya no podían admitir que se diera muerte a los hombres que necesitaban como soldados, o a las mujeres y niñas que los parían. La última quema oficial, por juicio y a pesar de la protesta del gobierno -cinco brujas- tuvo lugar el 20 de agosto de 1877 -hace pues apenas sesenta años- en San Jacobo (México) y en ese país ha habido quemas de brujas hasta hoy. Incluso hoy se conocen incineraciones ilegales de brujas, por ejemplo en Italia e Irlanda. Por lo tanto, no se puede decir que la caza de brujas haya terminado definitivamente.

Grandes zonas de Alemania fueron masacradas y despobladas como resultado de la quema.

Pero la Iglesia siempre se ha aferrado a su vocación misionera, que condujo a las Cruzadas, a su dictadura religiosa, que dio lugar a la Inquisición, y a su creencia en el diablo y las brujas, por la que fueron sacrificadas millones de personas en todo el mundo hasta el siglo XX inclusive.

FOLLETO Nº 5 DE LAS SS. 1938.

LOS LANSQUENETES

Casi toda la Edad Media estuvo dominada por la caballería portadora de espadas. La infantería desempeñaba un papel secundario en general: la nobleza y sus tropas ecuestres acorazadas dominaban los campos de batalla y reclamaban el honor de ser los únicos que portaban armas.

Georg von Frundsberg.
Creador y organizador de los lansquenetes alemanes. 1473-1528.

Con el inicio del Renacimiento, en torno al siglo XVI , se rompió definitivamente su hegemonía en el campo de batalla. El periodo romántico de la caballería terminó no sólo por la invención de la pólvora en Occidente por el monje Berthold Schwarz, sino también por el establecimiento de un ejército de campesinos y artesanos que ya sabían defenderse con éxito de las intromisiones de unos cuantos déspotas dominadores.

Dado que esta reestructuración definitiva tuvo lugar precisamente en un momento en que brillantes artistas coqueteaban con la Antigüedad e iniciaban así una época que llamamos Renacimiento, también podríamos hablar de un renacimiento guerrero. En efecto, la infantería romana se tomó como ejemplo con algunas variaciones y demostró una vez más el gran valor de los soldados de infantería en muchas batallas para abrir camino a la caballería.

Diferentes tipos de lansquenetes. Lansquenet con un "estramaçon", a la derecha con una alabarda, en el centro con una flauta, un tambor y un abanderado (Dibujo de Daniel Hopfer, mediados del siglo XVI).

Aunque el arte estuvo a punto de igualar al de la Antigüedad, sobre todo en pintura, los nuevos ejércitos creados no triunfaron en su campo; la *disciplina* que hacía invencibles a las legiones romanas casi faltaba en el conjunto. El poder de ataque de la infantería, decisivo en muchas batallas, sólo se mantenía porque un ardiente amor a la patria animaba a cada soldado; de este modo, la ausencia de disciplina militar se compensaba con el espíritu de lucha.

La sabiduría táctica en la formación de tropas se manifestaba sobre todo en los *destacamentos cuadrados*. Entre 5.000 y 8.000 hombres se reunían en un cuadrado compacto, en cuyas primeras filas se encontraban combatientes ya experimentados. Las picas de varios metros de longitud eran las principales armas que se alzaban hacia el enemigo y ante las que los caballeros se rendían al ser incapaces de clavar estos "erizos". En la batalla de *Granson*, en 1476, el caballero *Chateauguyon* se hizo un nombre inmortal porque empujó temerariamente su caballo contra un erizo suizo y derrotó a esta formación de combate. Sin embargo, su osadía no influyó esencialmente en el curso de la batalla. Él mismo murió a manos de la infantería. Esta fue la última "osadía" exitosa de la Baja Edad Media.

Luchando contra lansquenetes. Del libro de guerra de Frondsberg de 1565. Xilografía del grabador suizo Jost Amman.

La primera forma de combate utilizada por los suizos fue pronto adoptada por los españoles y los alemanes. En Italia se intentó al mismo tiempo hacer avanzar a la infantería *en líneas separadas, para* lo cual se utilizaron fosos, muros y setos como refugios, negando así la suposición de que la línea de infantería es un invento del siglo pasado.

Las constantes guerras de antaño tuvieron como consecuencia que muchos hombres, por gusto al arte de la guerra, abandonaran su profesión si la tenían y se dedicaran por entero a esta nueva rama de actividad. Así nació *el ejército de mercenarios* del que hoy llamamos a todo *lansquenet,* (es decir, servidor del país). No era sólo la codicia, la perspectiva de hacerse con un rico botín saqueando ciudades, el principal motivo para alistarse en estas temidas unidades. El gusto por la aventura, la alegría del combate abierto con el enemigo, la vida libre y variada bastaban para empujar a miles de hombres a seguir a los distintos caudillos.

Procesión de un ejército de lansquenetes en marcha. Los lansquenetes solían ir acompañados de sus esposas e hijos. Un funcionario particular debía mantener el orden en los distintos acantonamientos. (Del libro de guerra de Frondsberg de 1565.) Grabado de Jost Amman.

El más renombrado de los líderes lansquenetes fue sin duda *Georg von Frundsberg. Los* guerreros experimentados se unían orgullosos a su destacamento del ejército, situándose en primera línea en más de una batalla con la poderosa pica y asestando con fuerza hercúlea golpes que atravesaban las puntiagudas frentes de sus enemigos. Sin embargo, no era tan fácil ser aceptado en su pequeña tropa; Frundsberg prefería a quienes ya habían demostrado su valía en unas cuantas batallas y hacía pasar por una prueba de armas a quienes querían ser reclutados.

También fue Frundsberg quien, en su época, trató de resolver de un modo nuevo el problema de la disgregación de los destacamentos enemigos.

Pronto se dio cuenta de que la victoria en la lucha dependía únicamente de las seis primeras filas del "erizo" y que el resto de la escuadra no hacía más que poner por delante a la primera línea de combate. De este modo, los "lansquenetes" de la lucha perdían su libertad de movimientos y se veían así impedidos de parar los golpes de lanza asestados habitualmente por la tercera fila. Cuando dos "erizos" habían entrado de hecho el uno en el otro, comenzaba una poderosa estocada, cuyo objetivo era romper el destacamento militar contrario, que entonces solía perder inexorablemente.

Frundsberg ensanchó el riguroso cuadrado a costa de la profundidad para poder presentar al enemigo un *frente más amplio.* Esto ofrecía la posibilidad de alcanzar antes los flancos del enemigo, pero al mismo tiempo también evitaba el peligro de sucumbir precisamente a un ataque de flanco. Colocó los pocos cañoneros existentes en este punto sensible, ya que no podía precisamente cambiar el frente rápidamente moviéndose con sus lansquenetes. El valeroso Frundsberg no pudo hacer realidad sus ideas favoritas de frentes largos con pocas filas porque su ejército *carecía de la disciplina* y el *entrenamiento individual necesarios,* dos condiciones que sólo permitían a los soldados modernos obtener resultados con líneas de tropas dispersas.

Por tanto, el espíritu de lucha de los lansquenetes se basaba principalmente en su espíritu de riesgo y en su ambición por combatir en las primeras filas de destacamentos militares de renombre. Como no tenían que desempeñar ninguna tarea de armamento, disponían de mucho tiempo libre cuando no estaban directamente en el campo de batalla. Su estilo de vida era hasta cierto punto de inactividad forzosa, ya que nunca podían permanecer mucho tiempo en un lugar que poco después era arrasado por las tropas de Frundsberg, que no podía enviar los suministros necesarios a las tropas. Además, los salarios de los soldados se retrasaban con demasiada frecuencia. Por esta razón, los gobernantes de la época también les permitían saquear para calmar sus revueltas.

Sin embargo, el ejército en sí no constituía el principal peligro para las regiones recorridas; claramente más peligroso era *el tren de tripulaciones* que seguía su estela. No sólo las esposas de los lansquenetes cocinaban para sus maridos, mantenían la ropa en orden y, además, cuidaban de una familia que era nómada por naturaleza. El significado peyorativo de la palabra "adjudicataria" en el lenguaje popular procede de la función de ésta de supervisar el tren de las tripulaciones.

El propio lansquenet tenía la impresión de ser el señor del país. Era él quien marcaba el tono de la moda y a quien los burgueses imitaban, quien indicaba cómo debía cortarse el pourpoint y cómo debían llevarse las plumas en la toca. Sin embargo, los cambios radicales en el corte del traje no siempre se produjeron por caprichos del gusto mercenario. La ropa ajustada llegó a pasar de moda en un solo día.

Cuando la fortaleza *de Stuhlwei-Benburg fue* asaltada por lansquenetes durante el reinado del emperador Maximiliano, éstos no pudieron escalar los altos muros debido a sus ajustadas ropas. Sin dudarlo, rajaron los pantalones por las rodillas y los jubones por los codos con sus cuchillos para dar a sus miembros la libertad de movimiento necesaria. Y cuando se produjo el asalto, los asaltantes se pusieron seda de color amarillo azafrán en los lugares rajados de sus trajes con orgullosa satisfacción y pusieron así la primera piedra de la moda "rajada" que pronto reinó en toda Alemania.

Lansquenets seducido por la voluptuosidad y amenazado de muerte. xilografía del grabador suizo Urs Graf hacia 1520.

Sin embargo, también se hicieron progresos a nivel militar y se formaron verdaderas tropas de asalto. La experiencia bélica había mejorado en la misma medida en todos los bandos y cada vez resultaba más difícil romper el erizo enemigo. También en este caso fue la ciencia estratégica de Frundsberg la que provocó una drástica transformación en la forma en que se libraba la guerra en aquella época.

Dividió su ban en un destacamento "perdido" y otro "de reserva" y agotó así -salvo innovaciones técnicas- las posibilidades de ataque de la infantería, que a lo largo de los siglos había abandonado el tipo de combate de sus antepasados. Sin embargo, durante la Gran Guerra, fue readoptado y ofreció la única posibilidad de llevar a cabo ataques victoriosos con un número reducido de bajas humanas.

La tarea del "destacamento perdido", cuyos mercenarios recibían el nombre de *"intercambiadores de golpes"*, armados con espadas cortas y fuertes bastones, consistía en asaltar el "erizo" enemigo, deslizarse por debajo de las lanzas y permitir, mediante el combate cuerpo a cuerpo, que varios camaradas apartaran con garrotes las inmanejables lanzas de ambos bandos. Cuando este truco tuvo éxito, llegó el grueso del "destacamento de reserva" y entró en la plaza enemiga por la brecha así creada para dispersarla.

Tras la victoria, se hizo patente el terrible peligro al que se expone una tropa sin disciplina. Incapaces de reagruparse en poco tiempo o de emprender una retirada ordenada, todos huyeron y fueron perseguidos por la caballería ligera y fusilados.

La experiencia de dos años de guerra no habría sido necesaria para comprender la importancia de contar con tropas de asalto si se hubiera aprendido algo de la historia de los lansquenetes. Miles de los mejores alemanes de Austria no estarían enterrados en las estepas desérticas de Rusia por intentar romper la resistencia del enemigo con ataques masivos suicidas. ¿O acaso nuestras valerosas tropas de choque eran algo distinto a los "swingers" que, en la Edad Media, penetraban en el agujero del adversario equipados con la "técnica moderna" de mazas y puñales de ataque y preferían las temidas picas de campaña al fusil en un combate cuerpo a cuerpo? La compañía también les seguía tras las sorpresas exitosas -el "destacamento de reserva"- que atacaba y mantenía la posición plenamente.

Los lansquenetes eran rudos compañeros; más de una ciudad fue saqueada por ellos y más de un campesino torturado. Sus líderes eran culpables de la mayoría de estos excesos, contratando más mercenarios de los que sus bolsillos podían mantener y abandonando así extensiones enteras de país en compensación. Pero todos eran tipos valientes y luchaban bien cuando las cosas iban mal y ponían su honor en que se les confiara el destino de una batalla, aunque llevaran meses sin cobrar su paga.

V. J. Schuster

FOLLETO Nº 2 DE LAS SS. 1939.

LA TIERRA PROMETIDA

Las sombras son muy marcadas en este país: no hay ningún estado intermedio entre la cegadora claridad y la profunda oscuridad; el día no amanece, sino que irrumpe, de repente, radiante. La tarde no cae lenta y suavemente como en Alemania; la bola de fuego desciende rápidamente tras las desnudas montañas rocosas, el desierto y las estepas resecas se sumergen en tonalidades púrpura azuladas, la noche irrumpe de repente en el oscuro paisaje, extendiéndose en la distancia.

Así que ésta es la tierra prometida, ¡la tierra prometida! El emperador Federico II contemplaba la profunda noche, sobre la que el cielo estrellado del sur se extendía en centelleante diversidad. Sólo Hermann von Salza, el hombre fiel y discreto, el amo de la corte alemana, estaba cerca de él. El emperador tiene serios pensamientos. Finalmente, habla, con calma y cautela: "Confío en el sultán egipcio: está jugando un juego honesto. Él y yo somos una pareja solitaria en este mundo. Hemos comprendido que no se puede obligar a nadie a adoptar una creencia que no es la suya. Quiere dejarme Jerusalén y la tumba, el libre acceso y la ruta de peregrinación. ¿Qué más queremos? Si llevo estos logros a Alemania, no habrá más cruzadas. La Santa Sede Romana dejará por fin de enviar miles de guerreros a este país cada año, obligando a los príncipes a abandonar sus importantes tareas y tratando de liberar una tumba que en realidad nadie ha perturbado.

Hermann von Salza asintió: "No creo que al Papa le gustara nada que un día dejara de haber motivos para la cruzada en Palestina. Los alemanes ya no malgastaremos nuestras fuerzas en este país extranjero, sino que construiremos un gran Imperio en el norte y el este, mucho mayor de lo que quieren los papistas. Tengo noticias de que la Orden del Temple y la Orden Johannina quieren hacer todo lo posible para que este proyecto imperial fracase y no se concluya el tratado con el sultán egipcio."

El emperador no dice nada; espía la noche. A lo lejos, se oye el ruido de los cascos de los caballos. La figura de un jinete se acerca al campamento, cruzando las líneas de los puestos avanzados. Dos hombres de guerra conducen al jinete en su pequeño caballo hasta la tienda del emperador. El árabe se levanta de un salto, cruza las manos sobre el pecho y se toca la frente y el suelo con la mano derecha. Es un joven apuesto, esbelto, de nariz fina y ojos muy grandes y almendrados. Saca de su chaqueta bordada de colores un rollo de pergamino y se lo entrega al emperador con una comedida reverencia, después permanece en silencio. Federico responde al saludo, formal, cortésmente, pero sin embargo con la actitud de quien se sitúa en un rango superior, como es costumbre en Oriente. Abre el pergamino -contiene una carta en árabe, sostiene una segunda carta en caracteres latinos.

El emperador lee primero el texto en árabe y luego la carta en latín, agarra espontáneamente la daga enjoyada que lleva al costado y se la tiende al jinete árabe: "Preséntale al sultán Malik al Kamal mi agradecimiento imperial -¡que el Señor le conceda cien años de vida! Se ha comportado conmigo como un caballeroso adversario. Toma de mí esta daga como recuerdo, pues el mensaje que me has traído puede haberme salvado la vida".

El mensajero se inclina. Dos de los caballeros alemanes más jóvenes lo conducen a una tienda para saciar su sed.

Pero Federico II, hablando entrecortadamente con profunda excitación, agarró la mano del maestro de los caballeros de la casa alemana: "Hermann, ¿sabes lo que es esto? Los superiores de la Orden del Temple y de los juanistas han escrito conjuntamente al sultán y le han informado de que el domingo tengo intención de cabalgar hasta el Jordán para hacer la acostumbrada peregrinación al agua en la que fue bautizado el Señor Jesucristo. Han aconsejado al Sultán que me reprima en esta peregrinación y que me dé por muerto. El Sultán me envía la carta y me advierte personalmente ¡Este es el resultado de lo que el Papa Gregorio ha tramado contra mí!"

El viejo caravasar está abarrotado de peregrinos alemanes que van a Jerusalén. El Sultán ha visitado al Emperador. Con sólo unos pocos consejeros, ambos llevan ya cuatro horas sentados en la gran sala alfombrada, pero fuera esperan a los caballeros alemanes, y están los acompañantes del Sultán, sus gigantescos negros, inmóviles en sus armaduras persas, elegantes señores árabes con pequeños cascos puntiagudos, escudos redondos, largas vestiduras blancas, jefes de caballería kurdos en sus trajes oscuros, con largos bigotes caídos teñidos de rojo, jeques con turbantes verdes que los distinguen como descendientes lejanos del Profeta y barbas venerables. Dominándolos a todos, esbelto, con cara de marfil, barba corta y puntiaguda de color negro azabache y grandes ojos almendrados, está el general del Sultán, Amir Said, a quien llaman "Rukned Din", "el pilar de la ley".

Los hombres de guerra de ambos señores se reúnen rápidamente. Uno de los caballeros alemanes ha esbozado el plano de un castillo sobre una vieja losa de arena, y ahora están jugando al asedio; están examinando cómo se podrían destruir las torres, cómo se podrían encender fuegos bajo los muros y cómo se podrían construir contrapasos. El gran emir observa, interesado.

De vez en cuando, algunos de ellos miran hacia la ventana donde el emperador está en conversaciones con el sultán.

Cuando desciende un viejo árabe con la cabeza blanca, el Emir lo detiene:

"¿Subo?

- Su presencia ya no es necesaria. El tratado está listo desde hace dos horas; el emperador obtiene Jerusalén sin la mezquita y, además, la ruta de peregrinación hacia allí. La ciudad permanece sin fortificar. El emperador no pondrá hombres de guerra allí.

Mientras tanto, uno de los caballeros alemanes pregunta torpemente en árabe: Si el tratado ya está listo, ¿qué hacen todavía ahí arriba?

El jeque se ríe un poco, en parte por cortesía y en parte por la alegría de haber desvelado los secretos de los grandes hombres: "No te lo vas a creer. Hablan de matemáticas y del significado profundo de los números.

El caballero teutón niega con la cabeza.

En ese momento se produce un alboroto en la puerta; el patriarca Gerold de Jerusalén entra rodeado de sus clérigos y de algunos hombres armados. La conversación se interrumpe como por ensalmo. Era como si un espíritu hubiera llegado para sembrar la discordia. El patriarca, un gran hombre, va entre los hombres, distribuye su bendición aquí y allá. Algunos de los caballeros se inclinan, otros actúan como si no hubieran visto la bendición. Son los vasallos del emperador, y el patriarca es el representante del papa que lo ha desterrado. Los árabes permanecen inmóviles; sólo uno de ellos, un hombre de larga barba y rostro lleno de cicatrices, hace el signo de defensa contra el "mal de ojo" durante la bendición del patriarca y susurra: "¡Apelo al dios único contra las mentiras de los que sirven a los tres dioses! Sin que el patriarca dijera una palabra, fue como si el espíritu del odio religioso, que tanta sangre ha bebido ya aquí en la tierra, recorriera las filas. El patriarca cruzó la estrecha y abovedada entrada de la casa donde el emperador seguía hablando con el sultán. Sólo dos de sus sacerdotes le siguieron, los demás se quedaron juntos en la entrada. En el patio, las discusiones han enmudecido, incluidas las de los caballeros sobre el juego. Las voces de arriba se oyen cada vez más fuertes, y entonces aparece la figura del patriarca en una de las ventanas. Está apoyado en el borde redondeado de la ventana abierta, hablando con el emperador, pero en voz tan alta que todos en la corte pueden oírle:

"... Esta paz, Emperador, es una traición a toda la Cristiandad, un compromiso insultante, pero lo que es más grave es la venta del Santo Sepulcro a los infieles. Has tolerado con indiferencia que esta ciudad permanezca desprotegida. Sin murallas, sin guarniciones, sólo por la palabra de un sultán incrédulo, estáis dispuestos a aceptar esta ciudad, por el ridículo regalo de esta engañosa posesión, ¡para dejaros redimir el sagrado privilegio de la Cristiandad de luchar con la espada por el Santo Sepulcro y glorificar el nombre de Cristo en la sangre de los paganos!

El Patriarca marcha mientras el Emperador ya le da la espalda con desprecio: "¡En nombre del Santo Padre de la Cristiandad pronuncio la prohibición de Jerusalén, ninguna campana sonará, ninguna santa misa se celebrará donde haya aterrizado el pie desterrado de este Emperador, que ha hecho un tratado insultante con los infieles, que ha robado a la Iglesia su ilustre privilegio de llamar a la batalla contra los infieles en la causa del Santo Sepulcro! ¡Maldito sea quien esté al lado del emperador desterrado, maldito sea cada uno de sus pasos, maldita sea su amistad con los infieles, con su falso profeta!

La voz chillona resuena en el patio. Es la voz del odio que ha devastado este país durante más de un siglo. Resurgen todas las horribles imágenes de las luchas de los pueblos por esta tumba. Los emires y guerreros árabes guardan el horrible recuerdo, transmitido de generación en generación, del primer ejército cruzado que atacó Jerusalén y masacró a la población islámica hasta tal punto que la sangre de los callejones llegaba a las articulaciones de las patas de los caballos. Los cruzados recordaban todas las cosas espantosas que les habían contado sobre la crueldad de los mahometanos, las mazmorras secretas donde se torturaba a los prisioneros, la sangrienta barbarie de los turcos. Naturalmente, los dos grupos se separaron. Cuando el patriarca terminó su venenosa y punzante discusión, uno de los jefes de la caballería kurda gritó hacia la ventana una de las más vulgares maldiciones árabes utilizadas por burros y camelleros. Ya aquí y allá, las manos se alzan a las armas. Cuando el patriarca, seguido de sus clérigos, avanza hacia la puerta del patio, los guerreros de Occidente y Oriente forman un cerco, unos a su izquierda y otros a su derecha. Pero el patriarca alza la cruz sobre su pecho ante los guerreros del emperador: "¡Benditos los que no cesan de levantar sus espadas contra los infieles!

Una pequeña chispa bastaría en ese momento para que las dos tropas se lanzaran a degüello. Cuando uno de los sirvientes del emperador llega desarmado, con su traje de seda multicolor, con sólo una pequeña y ligera daga a su lado, los ojos del pueblo se vuelven hacia él. Casi involuntariamente, los ojos se vuelven hacia él. Un árabe, el joven mensajero que llevó la carta al emperador, camina hacia él. Los dos hombres se saludan, el alemán un poco más torpe que el otro, criado en el clima de Oriente: "¿Recuerdas que me diste pan y agua en tu tienda cuando cabalgué hacia tu emperador?

- No ha sido más que una pequeña cosa, pero que sea un signo de paz", dijo el otro, recuperando rápidamente sus conocimientos lingüísticos.

Entonces la tensión desaparece. Las manos abandonan los amores, como si el espíritu de los dos hombres que hablan allí arriba, o que tal vez han estado absortos en una conversación profunda y amistosa durante mucho tiempo, se transmitiera al grupo.

El gran Amir Said también se dirigió al ayuda de cámara: "Yo también quiero darte las gracias por recibir a mi hijo como huésped. Mi casa es tuya, está abierta para ti para siempre.

- Estoy deseando verlo: el emperador dice que podemos confiar en su amistad, a pesar de las diferencias de creencias".

El emir enarca un poco las cejas, quizá sorprendido de que el joven hable con él de asuntos tan serios. Luego hace un gesto a uno de los caballeros teutones de más edad y dice: "¡Este hombre de tu ejército también dice que el emperador quiere acabar con las luchas de creencias!".

El alemán de pelo gris inclina la cabeza: "Sin perjuicio, por supuesto, de la verdad de nuestra fe, que nos ha sido revelada por Jesucristo.

El Emir lo contempla y piensa un momento: Sabéis que nuestra fe también nos ha sido revelada, aunque lo haya sido muchos siglos después de vuestro Cristo.

- Usted sabe -dijo el alemán- que tenemos la palabra de Dios escrita en la Biblia.

El Emir sonrió levemente: Sabes que tenemos la palabra de Dios por escrito en el Corán, ¿cómo quieres demostrar que tus revelaciones y tu mensaje son correctos?

- ¡Lo creemos, Amir! ¡Creemos que tenemos el mensaje exacto de Dios!

- Nosotros también lo creemos, sólo que nuestro mensaje divino es más reciente. Habéis vivido lo suficiente en este país y sabéis que todo lo que vuestros sacerdotes dicen de nuestro profeta es mentira, que era más bien un hombre estimable que estaba realmente convencido en el momento de su vida de que Dios le hablaba. ¿Cómo queréis demostrar que no tenemos la palabra correcta?".

El viejo caballero se quedó pensativo. Sí, era cierto -y no se podía desechar sin más esta objeción con sonoros desaires sobre "falsos profetas", como solían hacer los predicadores-, ¿quizá también tenía razón? ¿Así que Dios había hablado dos veces? Finalmente, el viejo caballero se recompuso: "Entonces sí que ha hablado Dios, ya que tú invocas a Dios y yo a ti, y cada uno de nosotros tiene un libro sagrado y una revelación propia.

- Dios me ha hablado como me siento -dijo el Emir-. Conoces esta tierra. Cuando un hombre está solo en el desierto, oye voces en la arena y en el viento, las oye en sí mismo. Y cuando un hombre es elegido, entonces Dios le llama a su vista y le habla desde la soledad del desierto y le hace partícipe de sus misterios que de otro modo no podría descubrir. Porque, como ves, el hombre es minúsculo ante Dios, una mota de polvo en la mano del Señor. No puede saber lo que está bien o mal. Pero en la soledad del desierto, en el gran aislamiento, Dios lo llama hacia sí, él que es un verdadero profeta. Y así también dio su verdad por misericordia a un mahometano -alabado sea su nombre- que era un hombre como nosotros. Le reveló lo que el hombre no podía conocer; porque nadie es grande excepto Dios".

Hubo muchos asentimientos entusiastas en el círculo de hombres de guerra árabes, como si el alto emir hubiera expresado lo que todos sentían.

Los dos hombres se miran, el joven árabe tiene una expresión de emoción en el rostro.

El viejo caballero reflexionó: "Nosotros no sentimos eso. No tenemos desierto, ni oímos voces en él; no tenemos arenas muertas, ni viento muerto. Todo vive en nosotros. La semilla vive en la tierra, aún bajo la nieve, en primavera el bosque es verde, en Alemania el campo es verde, todas las flores florecen, en verano los trigales tiemblan, en otoño el bosque es rojo oscuro, pero todo vive en nosotros. Dios está también en la semilla más pequeña. Dios está en el bosque y en el año, está en todas las cosas que dan vida. Dios también está en nosotros. Ni siquiera soy sacerdote, sólo digo lo que pienso. En cada hombre hay una pequeña chispa de Dios. Así que el hombre no es pequeño en absoluto, sino pequeño y grande al mismo tiempo. Es una parte de Dios... Pero, ¿cómo puedo explicarte esto? - Dios es precisamente todo lo que vive, está en nuestra conciencia, en nuestro corazón.

El Emir lo considera muy atentamente: Dios es el creador de todas las cosas, así que podría resumir sus pensamientos. Pero sé que le haría un flaco favor. Más al norte, en Persia, conocí a muchos hombres que profesan la fe de nuestro profeta y, sin embargo, piensan como tú. Había muchos rubios entre ellos; tal vez todos los rubios piensen como usted. Pero, ¿está todo lo que me has dicho en la Biblia, y qué enseñan los sacerdotes al respecto?

El viejo caballero le miró atónito, sorprendido y un poco desconcertado. Sólo he expresado cómo me imagino a Dios y lo que siento por Él -¡no, nuestros sacerdotes no dicen mucho al respecto!

- Así que tenéis dos tiempos: por un lado sois cristianos; pero si queréis ser fieles a vosotros mismos, tenéis que pensar de manera muy diferente y tenéis una segunda fe. Ves, esa es la diferencia entre tú y nosotros. Vosotros fuisteis a la conquista del Santo Sepulcro y siempre quisisteis creer en él en la batalla - pero vuestro corazón siempre fue hacia la otra fe. Nosotros tenemos una fe del mejor hombre de nuestro pueblo en la que Dios nos habla realmente como nosotros lo sentimos y lo entendemos; por eso todos vuestros ejércitos han sido incapaces de arrebatarnos esta tierra. Uno sólo puede convencer con su propio Dios.

En ese momento, el emperador y el sultán atraviesan la puerta de la casa: las discusiones se detienen y los guerreros les saludan.

Una luz emana de los rostros de ambos soberanos. Acompañando al sultán hasta la puerta, Federico II dice una vez más: "Hay más piedad en las matemáticas que en todos los patriarcas de Jerusalén y los derviches que ahora refunfuñarán contra ti. Las matemáticas son eternas y se aplican a todos los pueblos, pero Dios habla a cada pueblo en su propia lengua.

El Sultán asiente: ¿Puedo decirle algo y saber si no le hace daño? ¿Por qué vuestros sacerdotes hablan a vuestro pueblo en latín y por qué el Papa nunca puede ser gibelino?

El emperador sonríe: Sí, es un mundo al revés. Los sacerdotes deberían buscar la paz de Dios y predicar la guerra de las religiones, pero los gobernantes que deberían dirigir las guerras religiosas, concluyen la paz en su lugar, se ocupan de las matemáticas y se preguntan por qué hay tantas concepciones diferentes de Dios.

Pero en su habitación, el patriarca se sienta y escribe al Papa: "Y de una relación tan blasfema con los sarracenos no puede salir más que la duda. Ya se ha llegado a tal punto -¡es terrible decirlo! - que los hombres que fueron a liberar el Santo Sepulcro se preguntan ahora si la revelación de Mahoma no es preferible a la de Cristo, o incluso si las dos revelaciones tienen razón o no, o incluso -horror supremo- en las batallas apelan a la razón y dejan que ella decida qué religión es mejor. Santo Padre, veo con temor un nido de herejía brotando en este país, sólo puedo imaginar con temor lo que te sucederá a Ti, a Tu poder y a Tus rentas si se propaga esta apelación a la razón, e incluso la terrible doctrina errónea de que cada pueblo vive a su dios a su manera..."

Una raza es una unidad de cuerpo y alma, de cualidades físicas y espirituales. El sentimiento religioso más profundo de un hombre está condicionado en última instancia por su raza. Por eso no se puede discutir en absoluto el valor de las religiones para los miembros de las distintas razas. Se trata simplemente de que cada pueblo debe vivir de acuerdo con su especie. El peligro reside únicamente en el hecho de que una religión universalista se arrogue el poder de violentar espiritualmente a los hombres de diferentes razas y de fanatizar a un clero ambicioso con fines a menudo muy seculares.

SS-Stubaf. Dr. Johann v. Leers

CUADERNO SS Nº 1. 1944.

LOS COSACOS

Restos germánicos en Oriente

La historia rusa suele estar llena de lagunas porque los historiadores estaban obligados a cumplir las órdenes e instrucciones de los amos zaristas o de los tiranos soviéticos. Así, los historiadores rusos afirman que los ostrogodos se dirigieron hacia el oeste tras la muerte de Ermanerich. Desconocen las tres batallas de los godos y los colcos contra los hunos en la región de la Cólquida, lo cierto es que gran parte de los godos aún permanecían lejos, en la región del Cáucaso Norte y en el propio Cáucaso. Estaban tan debilitados que ya no fundaron ningún estado. Una memoria de los colcos dice que más tarde un godo llegó a ser obispo de la Iglesia Ortodoxa en Cólquida. Melanchton también cuenta que algunos testigos le dijeron que los turcos encontraron a un godo en las cercanías de Cólquida durante la conquista de Crimea. También afirma que los habitantes de este país hablan una lengua germánica. Así pues, queda demostrado que los godos se marcharon en pequeño número hacia el oeste tras la muerte de Ermanerich.

Los varegos y los vikingos fundaron el Imperio de Kiev. Hacia el año 1000, algunos de ellos se dirigieron al sudeste y probablemente crearon el principado de *Tumtarakan*, en el Mar Negro. Estos norteños forzaron su entrada en el Imperio Bizantino. El príncipe Mistislav de Tumtarakan cuenta que sometió a los cosogos (cosacos) hacia 1022 y que los cosacos se mezclaron con los habitantes de Tumtarakan. En aquella época, también existía el Imperio Kazar en la región al este del Mar Negro. En los vastos espacios donde los pueblos del este mongol luchaban a menudo contra el oeste ario, donde se encontraban las razas nórdica y dinárica, el ruso creía haber borrado todo rastro de pueblos germánicos como los baskares, los skires, los rusos, los godos y los normandos. No fue así.

En el siglo II, los cosacos aparecieron en la región de Zaporogue y en el Don. ¿Quiénes eran sus antepasados? No lo sabemos. Los historiadores rusos afirman a veces que eran una tribu eslava pura, o que descendían de los hunos o los pechenos, pero las características raciales externas nos dicen que se trata de un pueblo mixto de nórdicos y dináricos. Es seguro que estos restos de pueblos germánicos desaparecidos en la estepa, se mezclaron con los eslavos chechenos y otros pueblos arios caucásicos. Este pueblo de jinetes combatientes de la estepa, que repelía a todos los invasores, también realizaba incursiones voluntarias en otros países.

Los cosacos tuvieron que sufrir duras represalias tras el asalto mongol. Algunos huyeron a las montañas, otros se fueron con los grandes duques a

Moscú, donde vivieron en fortalezas (Gorodnoje) o como cosacos libres (Wolnje).

Un autor genovés cuenta que en el siglo XV los cosacos, llamados brodnikis por los turcos, hablaban una lengua mixta. Esto no coincide con el hecho de que siempre hablaran ucraniano o ruso. En las disputas entre Polonia, Moscú y Turquía, unas veces estaban del lado de Moscú y otras del lado de Polonia. A veces también luchan solos contra los turcos.

En 1654, el zar consiguió ganarse a los cosacos del Don mediante un tratado de amistad. Se les concedieron derechos y privilegios especiales y desde entonces llevan una vida que guarda muchas similitudes con la del soldado campesino germánico. Estos campesinos-soldados libres de la estepa no sólo tomaron más de una característica de la caballería occidental, sino también de los príncipes arios del Cáucaso. Siempre luchaban contra los pueblos invasores del este de Asia interior y protegían a Europa occidental en una época en la que ella misma se debilitaba en las luchas religiosas (las Cruzadas, la Reforma, la Contrarreforma).

Además de los zaporogues y los cosacos del Don, existen también los cosacos del Kubán, del Terek, de la Montaña, de Oremburgo, del Semir, del Sibier, del Saheikul, del Yenisei, del Usur y del Amur.

Los cosacos viven en pueblos cerrados y los llaman stanizas. Una pequeña colonia se llama chuter, varios chuters pueden unirse en una staniza. En la cima de una staniza está el atamán. Es elegido entre una asamblea de hombres. Como señal de su rango, en las ocasiones solemnes lleva un cetro de plata con una calavera tallada. En tiempos de los zares, en el cetro se grababan las siguientes palabras: "¡Por Dios, el zar y la patria! En cuanto el atamán levantaba el cetro en una reunión, daba el mensaje de que se guardara silencio. Los cosacos obedecían libremente al atamán elegido. Las grandes decisiones relativas a la tribu se tomaban en las reuniones populares de los hombres. Se discute sobre la guerra y la paz, el reparto de tierras y los juicios. Tres cosacos actúan como consejeros, secretarios y tesoreros junto al atamán, y diez cosacos armados forman la policía. También es responsable de juzgar los delitos menores. El honor y la fidelidad son los principios fundamentales, no sólo enseñados en la familia, sino también al joven soldado. Los ladrones son excluidos de la comunidad. Las mujeres no pueden asistir a las reuniones populares.

Las mujeres están a cargo del hogar y gozan de gran prestigio. Se hace una estricta selección a la hora de elegir esposa. Cuando un cosaco quiere casarse, sólo puede hacerlo con una cosaca, o tiene que robar chicas jóvenes y guapas a un pueblo caucásico vecino. Cuando se casa con una cosaca, el padre de la chica debe dar su consentimiento al matrimonio. No había divorcios. Cuando una mujer era infiel, era castigada por su propio marido. En este caso, él tenía derecho a golpearla. El cosaco no podía casarse con mujeres mongolas, pero más tarde tampoco con judías. En las celebraciones, como las bodas, se podía beber durante días enteros. La pareja solía ir acompañada a la iglesia por camaradas a caballo.

Tras su conversión, se unieron a la Iglesia Ortodoxa. Viven estrictamente según las reglas de su fe; en Navidad y Pascua ayunan, es decir, no comen leche ni carne durante largos periodos. Son los defensores de la Iglesia. A los 19 años, los cosacos de los ríos Zaporogue, Don y Terek fueron reunidos en un campamento militar en una isla. Allí imperaban el orden y la disciplina estrictos. Los cosacos del Zaporozo tenían su campamento militar en la isla de Kortiza, los cosacos del Don en la isla del Don, cerca de la ciudad de Novotcherkask; los cosacos del Terek en la isla de Tchetchen (desembocadura del Terek en el Volga). Los normandos Varegues también se encontraban en estos campamentos militares. El ejército familiar de los cosacos también es germánico.

En tiempos del zar, el cosaco de 19 años se presentaba al servicio militar. Durante la inspección, se le destinaba, según su grado de aptitud, a la caballería, la artillería o la infantería. Participó en un curso de formación de nueve meses. En diciembre del mismo año, el joven cosaco rico entró en su regimiento con un caballo, una silla de montar y una espada. Los gastos corrían de su cuenta. El cosaco pobre ingresaba en un regimiento de infantería o de caballería con una espada. También recibía un caballo y una silla de montar, un abrigo, dos uniformes, tres juegos de sábanas, una gorra, un fusil, una pistola y una espada.

El equipo siempre era revisado por comisiones militares. El servicio activo duraba tres o cuatro años. El regimiento se dividía en centurias (centurias germánicas). Se reunían según los colores de los animales. Se concedía gran importancia a la disciplina y la camaradería. Se concedían premios por el rendimiento en equitación y tiro. Los más meritorios pasaban a las escuelas de oficiales. Tras el periodo de servicio activo, el soldado regresaba a casa. Tras cinco años en la reserva, donde a menudo tenía que presentarse con su equipo, pasaba a la segunda reserva. Entonces se le permitía vender su caballo.

Tras el servicio militar, tenía derecho a presentarse armado en las reuniones de hombres y también podía votar. También tenía derecho a solicitar tierras y se convertía así en un campesino independiente. Podía disponer a su antojo del excedente de sus ingresos. En las reuniones populares, el atamán debía dar cuenta de los bienes comunes de la comunidad de la aldea. Al igual que en las tribus germánicas, también existía una propiedad comunitaria: los pastos, el semental, el toro de la aldea, la pesca y la caza.

También tenían una escuela común. Los niños de los pueblos extranjeros no podían ir a la escuela cosaca. La propiedad común era administrada por el atamán. En su tiempo libre, al cosaco le gustaba cazar y pescar.

Como ya se ha mencionado, los cosacos de Zaporozo tenían su campamento militar en la isla de Kortiza. Por razones políticas, fueron trasladados por Catalina II y se establecieron en el Mar Negro, donde desde entonces se les denomina cosacos del Mar Negro o de Kuban. Por respeto a esta gran emperatriz, fundaron la ciudad de Ekatherinenburg (actual Krasnodar), donde erigieron un monumento en su honor. Los cosacos no sólo recibieron privilegios económicos del zar, sino también militares. Eran los guardaespaldas del zar. Los hombres más altos, fuertes y guapos eran elegidos para esta unidad. A uno de estos hombres fieles también se le ordenaba custodiar a los hijos del zar. Aún hoy, los cosacos exhiben con orgullo una foto de un cosaco de Kuban con el antiguo hijo del zar.

Los cosacos del Don tenían su campamento militar en la isla del Don. No fue hasta 1624 cuando el zar firmó contratos de amistad con los cosacos del Don, y más tarde con los demás cosacos, sobre los que cabe señalar que en realidad son campesinos y guerreros libres. Se convirtieron en los más leales defensores del Imperio zarista.

Los cosacos del Terek vivían en el Terek y tenían su fortaleza militar en la isla de Chechenia. No querían someterse al zar Iván Net y por ello fueron atacados por éste en su isla. Tras duros combates, se rindieron ante la superioridad del enemigo. Los supervivientes huyeron a las montañas y se autodenominaron Cosacos de la Montaña. Poco después, reconocieron al zar, que los envió a luchar contra los tártaros. Tras una victoria sobre los tártaros, les dio permiso para regresar a las llanuras. Para aumentar su número, hizo que mil familias de cosacos del Don y quinientas familias de las regiones del Volga se establecieran en el Terek.

No hay mucha diferencia entre los hábitos y costumbres y el modo de vida de cada tribu. Las costumbres se adaptan a las características provinciales. Entre los rasgos de carácter destacan el coraje, la valentía, un gran sentido del honor y el orgullo. La desmesura y la inconsistencia son los defectos de los cosacos. La gran hospitalidad es un rasgo notable de los cosacos. No rechazan a nadie. Si un visitante encuentra un objeto extraordinariamente bello, se lo regalan. Los cosacos de las montañas y los Urales se han adaptado a las condiciones de vida de las montañas. Todas las tribus de cosacos proceden de los cosacos del Don, Kuban y Terek. Los zares establecieron cosacos allí donde el Imperio se veía amenazado por enemigos o cuando había que realizar conquistas. Los cosacos desempeñaron un papel importante en la conquista de Asia oriental y occidental. Como tropas de choque, invadían países enemigos, se asentaban en ellos y fundaban pequeñas fortalezas, los "Ostrogi", para luego pacificar el país. Estas tropas de choque contaban con entre cincuenta y cien hombres y se denominaban centurias. Se eliminaba el mando de los extranjeros, se derrotaba al resto de la población y se la sometía políticamente. Aparte de su carácter guerrero, los cosacos hacían su trabajo agrícola gracias a los siervos que recibían del zar. En el apogeo de la servidumbre, acogieron una afluencia de campesinos que huían de todas partes del Imperio. Éstos eran admitidos en la comunidad tribal tras prestar juramento. También se les entregaban tierras en la reunión de Stanize. El zar hizo establecer soldados retirados en las regiones cosacas para reforzar el asentamiento cosaco. En 1835, los cosacos del Don se vieron obligados a pedir al zar un ukase que promulgaba la prohibición de nuevos asentamientos en la región cosaca del Don.

Tras la caída del Imperio zarista, los cosacos lucharon por una república libre. En 1917, la proclamaron en el norte del Cáucaso. Los bolcheviques intentaron por todos los medios destruir el recién fundado imperio. Tras cuatro años de lucha, los

Los cosacos fueron derrotados por los bolcheviques. Dicen que los comisarios judíos trataron al pueblo con crueldad. Los que sobrevivieron fueron enviados al interior del país o a prisión. En 1929, los cosacos volvieron a sublevarse y se convirtieron en contrarrevolucionarios. Se negaron a aceptar la kulakización. El levantamiento fue aplastado. Tuvieron que ceder su independencia y sus particularidades al Estado bolchevique. El estallido de la guerra en 1941 hizo que los bolcheviques devolvieran a los cosacos su independencia. Ahora podían volver a llevar sus trajes y armas, y tenían una personalidad nacional. Se esperaba ganarse a estos valientes guerreros. Pero la mayoría de los regimientos cosacos aprovecharon la primera oportunidad para ponerse del lado de los alemanes con la esperanza de ganar con ellos. También soñaban con que después de la guerra se les permitiría construir un Estado independiente bajo el liderazgo alemán.

Fue la sangre germánica la que motivó a los campesinos-soldados amantes de la libertad a dar este paso.

Nunca he oído hablar del derecho matriarcal eslavo ni de costumbres eslavas o incluso húngaras entre los cosacos. En ninguno de los relatos encuentro peculiaridades extranjeras.

¿Acaso no hay una analogía entre la descripción de los gatos germanos y los cosacos cuando Tácito dice de estos últimos: "En esta nación, cuerpos más duros, miembros nerviosos, rostros amenazadores y mayor vigor de alma. Para los germanos, mucho raciocinio y habilidad: tomar por líderes a hombres de élite, escuchar a sus jefes, conservar sus filas, reconocer las oportunidades, aplazar sus ataques, ordenar sus días, fortificar sus noches, tomar la suerte por incierta, la virtud por segura, y finalmente, lo que es muy raro y sólo se ha concedido a la disciplina romana: esperar más del líder que del ejército.

Anales N° 1. Enero de 1944.
Edición de la Brigada Valona de las SS.

Los palos de Borgoña

Mucho antes de su llegada a los Países Bajos, los duques de Borgoña tenían como emblema los palos cruzados en forma de cruz de San Andrés. La elección de tal cruz no se hizo a la ligera, sino en contraste con las cruces de los reyes franceses e ingleses, la Cruz de San Denis y la Cruz de San Jorge.

Los duques de Borgoña tenían un patrón: San Andrés. ¿Era una prueba de clericalismo? No. Cada país tiene su santo patrón.

Es con Felipe el Temerario cuando vemos por primera vez los bastones de Borgoña en nuestras provincias, que se volvieron nudosos bajo Juan el Temerario. Desde entonces han seguido siendo el símbolo de las provincias occidentales, especialmente durante el Imperio. Nuestras dos primeras páginas de ilustraciones son un ejemplo de cómo se consideraban los báculos nudosos. Estas páginas, extraídas del magnífico manuscrito del Toisón de Oro, propiedad del Sr. Léon Degrelle, muestran las armas de Carlos V, en las que se distinguen cuatro veces los báculos nudosos y los mecheros del Toisón de Oro, y un retrato del mismo emperador. En su traje de gala lleva los báculos bordados; su cuello está decorado con una guirnalda de mecheros y el Toisón de Oro.

Se sabe que las ciudades de Valonia nunca fueron fáciles de gobernar y a menudo los duques de Borgoña tuvieron que reprimirlas. Sin embargo, por voluntad propia, inscribieron los palos anudados en sus monumentos. No podemos citar mejor ejemplo que el que puede verse en Lieja, la ciudad revoltosa por excelencia. En la vieja chimenea del ayuntamiento se grabó con orgullo el antiguo emblema de los duques de Borgoña.

Durante el Imperio, muchos valones se unieron al servicio armado del Emperador. El Príncipe Eugenio, glorioso en más de una batalla, estaba no poco orgulloso de luchar con las banderas militares con la Cruz de Borgoña a su lado, mezcladas con las banderas con el águila. Los valones siempre llevaban los palos nudosos en sus banderas militares y en la página 84 de las Batallas del Príncipe Eugenio, publicadas en La Haya, hay una gran lámina que muestra al Príncipe en combate junto a una bandera con la Cruz de Borgoña en la batalla de Audebarde.

Por otra parte, las monedas del Imperio acuñadas para las provincias occidentales desde Carlos V hasta José II llevaban regularmente el bastón nudoso junto con el águila.

Durante la Revolución Francesa, miles de alemanes de nuestras provincias se sublevaron por lealtad al Imperio contra la Francia jacobina. Sus estandartes llevaban la Cruz de Borgoña roja sobre fondo blanco.

Así, los últimos soldados valones leales a la Comunidad germánica resistieron heroicamente la invasión francesa bajo los pliegues de viejas banderas con palos nudosos.

Nuestras provincias nunca tuvieron otro símbolo. Fueron necesarios los incesantes esfuerzos de la propaganda francesa para que algunos olvidaran los palos nudosos y apareciera un nuevo emblema: el gallo, símbolo de los objetivos anexionistas de Francia en Valonia. No apareció hasta alrededor de 1913 como distintivo antiflamenco y antialemán.

Incluso ahora, bajo el signo de los nudosos palos de Borgoña, los mejores hijos de Valonia luchan junto a las águilas germánicas.

Dp.

II. Historia cultural

Folleto SS N° 10. 1937.

Creación de un grupo de trabajo sobre etnología nacional

El Reichsleiter Darré, Hierl, Himmler, Rosenberg y v. Schirach formaron un grupo de trabajo sobre etnología nacional alemana a principios de enero.

¿Cuáles son los objetivos de la formación del Grupo de Trabajo Nacional de Etnología?

Incluso hoy, nuestros adversarios ideológicos de los diversos campos de la reacción y de las iglesias intentan, tanto potencial como efectivamente, destruir nuestro trabajo y denigrarlo, al igual que los enemigos del pueblo atacaron su patrimonio más sagrado durante el último milenio.

Este grupo de trabajo debe actuar con la máxima energía para poner fuera de combate a estos enemigos. Además, debe permitir que el trabajo etnológico encuentre aplicaciones en el seno del Partido y de sus asociaciones debido a su gran importancia para la educación y la formación.

¿Qué es la etnología nacional?

La etnología nacional es "la ciencia que estudia lo que constituye al pueblo". El modo de vida del pueblo alemán es, por tanto, el objeto de la etnología nacional científica, por ejemplo, las creencias populares, las canciones, los bailes, la lengua, las costumbres, los símbolos, toda la gama de historias (cuentos, leyendas, historias divertidas, adivinanzas, proverbios, etc.), la artesanía, la vestimenta (trajes), el mobiliario, la construcción, la vivienda.

La reciente ciencia nacionalsocialista de la Etnología Nacional basa la protohistoria de nuestro pueblo en el conocimiento de la psicología racial y la raciología. Considera como una de sus principales tareas eliminar la herencia tradicional de las influencias extranjeras introducidas en el último milenio.

¿Qué importancia tiene para nosotros la etnología nacional?

A diferencia de la ciencia "objetiva" y "absoluta" del pasado, nosotros consideramos la etnología nacional no como un fin en sí misma y por sí misma, sino desde el punto de vista de la cosmovisión nacionalsocialista, que es servir al pueblo. La explotación de los resultados científicos sirve para educar ideológicamente al pueblo, porque el patrimonio folclórico tradicional expresa y aclara perfectamente la cosmovisión de nuestra sangre.

La religiosidad germánica y la creencia en el Dios nórdico se encuentran tanto en el mundo tradicional de los cuentos, las leyendas y las canciones como en el de las costumbres. Pueden verse en los signos y símbolos sagrados que encontramos por doquier en nuestras casas de campo y en nuestra artesanía.

No se trata en absoluto de elaborar un sistema religioso a partir de estos restos de una cosmovisión anterior recurriendo a interpretaciones apresuradas. Esto sería seguir un proceso inorgánico que daría lugar a un nuevo dogmatismo. Pero conocer la historia de la azarosa evolución del mundo espiritual y material tradicional de nuestros antepasados puede agudizar nuestros sentidos para permitirnos discernir lo que es nuestro y lo que es ajeno. De este modo, podemos captar mejor las interacciones y los efectos de las fuerzas espirituales de nuestro pueblo que han atravesado las brumas del tiempo y que hoy se expresan de forma pura en las celebraciones de las organizaciones combatientes del Movimiento y en las grandes fiestas de la nación. Estas últimas expresan la nueva unidad recuperada por nuestro pueblo.

Las grandes palabras de Ernst Moritz Arndt expresan este deseo de concreción: "Ser pueblo es la religión de nuestro tiempo; mediante esta fe debe estar unido y ser fuerte, y mediante ella vencer al diablo y al infierno. Abandonad todas las religiones mezquinas y seguid el gran mensaje de aquel que es superior al Papa y a Lutero, uníos en él en una nueva fe.

Las tareas prácticas de una etnología nacional alemana.

Se ocupan sobre todo del diseño de las fiestas y del estilo de vida cotidiano. Las fiestas que jalonaban la vida, el año y los grandes festivales de la nación constituían ante todo un amplio campo de actividad para una ciencia consciente de la importancia de su labor nacionalsocialista. El estudio de la preparación de las veladas festivas en todas las grandes organizaciones del movimiento y del Estado plantea muchas cuestiones a la etnología nacional. Por tanto, tiene una responsabilidad fundamental y debe estudiar los campos de la arquitectura, la indumentaria y la artesanía creativa.

SS-Ostuf. Ziegler,
Director de la oficina especializada de la Comisión de Trabajo.
SS-Hstuf. Strobel,
jefe del departamento de educación de la oficina.

CUADERNO SS Nº 3. 1944.

NACIMIENTO Y FIN DEL MUNDO EN EL MITO ARIO

¿De dónde proceden los mundos, los dioses, los hombres y todas las cosas entre el cielo y la tierra? ¿Y cuál es su destino, sobre todo el de los dioses y los mundos, aunque sobrevivan a la vida terrenal del hombre y estén sometidos a una gran ley cósmica?

Éstas son las eternas preguntas que el hombre se ha hecho siempre, en todas las épocas y entre todos los pueblos. El estudio comparado de mitos y leyendas revela una sorprendente concordancia, tanto en las preguntas como en las respuestas. Pero no se trata simplemente de constatar una diferencia racial en el estudio de los mitos. El mito ario del nacimiento del mundo es en principio diferente de los mitos chinos, babilónicos o aztecas. Aunque las representaciones de un orden cósmico parecen, a primera vista, igualmente divergentes en el ámbito racial ario, existe, a pesar de las diferencias espaciales y temporales, una estructura básica común que se reconoce. El mismo conocimiento de una ley universal eterna es perceptible en la experiencia emergente del Norte germánico, en la de los pensadores de la India védica y en las oraciones del gran místico ario Zaratustra.

El Rig-Veda y el Edda proporcionan la prueba más magnífica de los mitos del nacimiento del mundo de la esfera racial aria. Casi dos mil años antes de que comenzara en Grecia la percepción filosófica del mundo, la sabiduría aria india alcanzó los límites del conocimiento humano más allá de los cuales reina la ignorancia. Hoy no podemos sino sentir un gran respeto por la irresistible pureza de la sabiduría aria que manifiesta toda su profundidad en el décimo libro del Rig-Veda, capítulo 129:

I "En el pasado no existía el no-ser, ni existía el ser. No había espacio ni cielo. ¿Qué se movía? ¿Dónde se movía? ¿En qué extensión? ¿Era el agua insondablemente profunda?

2. En el pasado no había muerte, ni inmortalidad, ni diferencia entre la noche y el día. El Uno respiraba sin viento por su propio poder; no había nada más que eso.

6. ¿Quién sabe con certeza, quién puede anunciar aquí dónde nació, de dónde viene, esta creación? Los dioses están de este lado de la creación del universo. Pero, ¿quién sabe de dónde viene?

7. De dónde procede esta creación; si es creada o increada. El que la vigila desde el cielo. Él la conoce bien; ¿o no la conoce más?

A los ojos del pensamiento cristiano, esta última cuestión podría parecer que constituye un grave ultraje y una negación de la omnipotencia divina. La mente aria de la India no conoce tales grilletes, ni ninguna revelación divina absoluta que maldiga a priori cualquier idea humana relacionada con ella. Como los griegos de Homero, como los germanos de los cantos heroicos de la Edda, el indio se presenta ante sus dioses con una orgullosa conciencia de sí mismo y una calma casi serena. También sabe que los dioses están "a este lado de la creación del universo" y que, como el hombre, están sujetos a un orden mundial superior. Y, para comprender al pie de la letra esta causa última del mundo, se invierte por entero en sí mismo, aislado en los atractivos y prometedores campos de la mente. Tampoco fue capaz de definir lo que no existía en el principio. Pero como un vagabundo que ya no puede explicar nada, busca y lucha por el conocimiento, explora la palabra en sus fundamentos más profundos y encuentra mucho antes que un Platón y un Aristóteles la noción fundamental absoluta: Atman y Brahman - el uno y el todo - sat y âsat - ser y no-ser. Así, nuestro texto ilustra de manera ejemplar el hecho de que la India aria transformó la creación múltiple y pictórica de la experiencia poética en una razón pensante, en una noción abstracta.

En los Edda, el destino de los mundos ha seguido siendo un mito genuino y estructurado de la profunda predicción de las Nornas y los sabios videntes con sus rostros impregnados de misterio. Donde la India manifiesta ya la sacralidad del pensamiento abstracto, la predicción de la Volva germánica envuelve al país nórdico con su canto susurrante, donde cada palabra refleja el entorno terrenal.

Ciertamente, hay múltiples preguntas y respuestas, pero el "rostro del vidente" actúa como una música poderosa, que ruge en acordes fatales, luego vuelve a susurrar y habla en voz baja de cosas eternas, mientras que en la India aria sólo es explícito el lenguaje desnudo y crudo.

La Edda comienza con la predicción del vidente. Ya se puede apreciar la importancia que se le atribuyó en su día. Los intentos de encontrar en este poema sobre el destino de los mundos un propósito religioso de naturaleza ajena siempre han fracasado. La predicción de la Volva no es una religión ni quiere serlo. Es una visión de gran estilo, mítica, de una época que aún sabía aprender del estudio del mundo exterior, que se empeñaba en espiar los muchos secretos de los bosques y los mares.

La vidente expresa su ciencia misteriosa con una voz que hace cesar todo ruido e impone un silencio solemne:

Silencio pido a todos
Seres sagrados,
Pequeños y grandes
Hijo de Heimdall;
¿Quieres, Valfüdr, que
Revelo
Las antiguas historias de los hombres,
El más remoto que recuerdo,

Recuerdo a los gigantes
Nació,
Ellos que, hace mucho tiempo,
Me dio a luz;
Nueve mundos que recuerdo,
Nueve enormes extensiones
Y el glorioso árbol del mundo
Enterrado bajo tierra.

Fue en la primera época
Donde no había nada,
Ni arena ni mar
Ni olas de frío;
No había tierra
Ni cielos altos,
El vacío era enorme
Y la hierba en ninguna parte

¡Qué abismo entre el "ser y no ser" del Rig-Veda y el "Ni arena ni mar/ Ni frías olas" de nuestro poema! ¡He aquí los límites de las reflexiones solitarias de la mente, he aquí los rasgos vividos del país nórdico! Por un lado, se expresa el primer gran intento de la arianidad, que siempre ha permanecido ajena a este entorno, de comprender las cosas de un modo puramente racional; por otro, lo visto y lo vivido se transponen en palabras míticas y también poéticas, que revelan una relación extremadamente viva con este entorno. Se pueden observar las lagunas especialmente evidentes que han hecho que la mente aria haya seguido caminos diferentes durante la evolución.

El mito germánico del nacimiento del mundo es un testimonio inmortal de la interacción viva entre experiencia y creación. Y cuando la vidente evoca por primera vez los tiempos antiguos de la memoria mítica, despliega inmediatamente ante nuestros ojos una grandiosa imagen del mundo que sintetiza pasado, presente y futuro con una necesidad irreductible. Nacen dioses y hombres, una creación, una construcción, y "la guerra vino al mundo", un hecho que hay que afrontar heroicamente.

Uno tiene la impresión de asistir a un proceso de evolución del mundo presentado como una gran sinfonía en tonos mayores, pero la vidente no tarda en maldecir los primeros acordes menores. Presiente la fatalidad que nadie puede evitar. El crepúsculo de los dioses y de los mundos está tomando forma. Los dioses se preparan y los hombres también. Inevitablemente, Volva interpreta las señales infalibles del fin inminente:

Los hermanos lucharán entre sí
Y se suicidaron,
Los padres profanarán
Su propia capa;
Mal tiempo en el mundo,
Adulterio universal,
Tiempo de hachas, tiempo de espadas,
Los escudos están agrietados,
Tiempo de tormentas, tiempo de lobos
Antes de que el mundo se derrumbe;
Persona
No perdones a nadie.

El sol se oscurece,
La tierra se hunde en el mar,
Las estrellas brillantes
Parpadeo en el cielo;
Rage los humos,
Las llamas rugen.
Un ardor intenso
Toca al cielo.

El crepúsculo de los dioses y los mundos: éste es el pensamiento ario más audaz. Concluye el mito del nacimiento de los mundos y el grandioso comienzo termina en un final igualmente poderoso. La mente aria no conoce un mundo perfecto, que nace y luego se derrumba, ni un juicio final. Más bien, el mundo es "una rueda que gira sobre sí misma" simbolizada por la esvástica. Los textos védicos se refieren a menudo al orden cósmico como "la gran rueda del devenir" que rueda irresistiblemente junto con el destino. La decadencia de los dioses y del mundo tampoco es el fin último que continúa con una vida en un más allá eterno.

Desde Nietzsche, la noción del "eterno retorno de todas las cosas" ha sido un gran pensamiento en ciernes. La enseñanza del retorno encuentra su forma más sublime en la Völuspa. Sí, el crepúsculo de los dioses es bastante absurdo sin una nueva mañana de los mundos en la perspectiva germánica. La transformación victoriosa de lo malo en bueno se cumplirá cuando "lo malo se vuelva mejor y Baldr regrese". La certeza aria más sagrada es que la luz triunfará finalmente sobre la oscuridad, el bien sobre el mal. Encontró su manifestación intemporal en la enseñanza del gran ario persa Zaratustra en una época ilustre.

Fritz Reich

FOLLETO Nº 3 DE LAS SS. 1938.

VISIÓN GERMÁNICA DEL CIELO

Durante milenios, la Tierra ha girado alrededor del Sol, de las estrellas, y ha sido portadora de la autoconciencia de la humanidad. Y seguirá haciéndolo durante millones de años, pero sólo en el último millón de años los ojos humanos se han vuelto conscientemente hacia el Sol y las estrellas más cercanas a "su cielo".

Aparte de la adopción de un modo de vida extremadamente sencillo, no sabemos nada de los primeros linajes humanos que se desarrollaron hace cientos de miles de años. Sólo hacia el 100.000 a.C. se distinguen las huellas de su migración terrestre, y hacia el 30.000, 20.000 a.C. empezamos a encontrar algunos detalles. Sin embargo, hasta hace unos 10.000 años el hombre no aparece a la *luz de la historia,* y a partir de entonces empezamos a saber más de él, de su vida cotidiana y espiritual y también de su relación con las estrellas. Pues tras la seguridad de las necesidades cotidianas, no hay nada a lo que el hombre estuviera más íntima y originariamente ligado que al Sol y a las estrellas. Los poetas, que expresan la conciencia popular, siempre cantan y hablan de las estrellas. El hombre aprendió a conocerlas cada vez mejor y creó su propia imagen del mundo, su *imagen del cielo.*

Los astrónomos nos describen estas visiones terrestres y celestes de los pueblos, ya sean griegos, romanos, egipcios o babilonios. Encontramos obras astronómicas muy detalladas de los últimos cincuenta años - la astronomía de los árabes tampoco está ausente - ¡sólo que no hay nada sobre la visión celeste de los germanos! Hay algunas observaciones sobre el emplazamiento de *Stonehenge,* porque un astrónomo inglés escribió algo al respecto, pero tampoco en este caso los eruditos se pusieron de acuerdo durante mucho tiempo.

En la literatura especializada se encuentra una nueva y muy completa historia de la astronomía que, en seiscientas cincuenta páginas, dedica siete a la astronomía de los germanos. El autor hace afirmaciones como: "Los germanos aprendieron de los romanos el uso del mes y de la semana de siete días", y por lo demás aporta poca información con cautela. Trabajos de jóvenes eruditos los contradicen, pero no se va muy lejos cuando, por ejemplo, uno de ellos sostiene la siguiente opinión:

"En los emplazamientos originales de los pueblos germánicos, en el norte de Alemania, Dinamarca y el sur de Suecia, el clima apenas ha cambiado desde la Edad del Bronce, la Edad del Hierro y épocas posteriores. Sobre todo, debido a los cielos encapotados y a las frecuentes precipitaciones, es excepcional poder observar el cielo y sus manifestaciones cada noche y notar los cambios, salvo en un cuerpo celeste tan claro y brillante como la Luna."

No, este punto de vista no puede aceptarse porque los cielos de la Edad del Cobre (alrededor del 5000 al 2000 a.C.) y de la Edad del Bronce (alrededor del 2000 al 500 a.C.) eran diferentes de los cielos de la Edad del Hierro (desde el 500 a.C. hasta nuestros días, cuando ya ha comenzado la era de los metales ligeros). Y es que una época más cálida, soleada y menos lluviosa dio paso gradualmente a un clima más frío y lluvioso desde el año 3000 a.C.

Fue precisamente a principios de la Edad de Hierro cuando desaparecieron los cambios climáticos y se estableció la situación que conocemos hoy en día. Este hecho no puede ignorarse. Así pues, durante la Edad de Bronce y mucho antes, la zona germánica de principios del Neolítico tenía un clima mucho más favorable, sobre todo para la observación del cielo.

Los dibujos rupestres del sur de Suecia describen las precipitaciones durante este periodo.

Estos grabados se refieren principalmente a la observación del sol y a las fiestas solares. Su riqueza indica que se realizaba un examen minucioso y constante del cielo y no sólo se refieren al periodo diurno. No es posible interesarse por el año solar y sus causas e ignorar el cielo nocturno. De hecho, los vestigios de conocimientos astronómicos que datan de esta época así lo confirman.

Si retrocedemos once siglos, podemos leer la oración del claustro de Wessobrunn:

Dat gafregin ih mit firahim firiwizzö meistä,
da ëro ni was noh ufhimil...

Esto me pareció la sabiduría más profunda de los hombres,
Que una vez no hubo ni tierra ni cielo por encima,
Aún no hay árboles ni montañas,
Ni estrella brillante ni sol resplandeciente
La luna no brillaba, el mar no existía.
Reinaba la nada, no había fin ni devenir...

Grabado de la Edad Media
"Que conozco el mundo en su naturaleza más íntima.
Goethe

Hay tres versos más en los que "el Dios Todopoderoso es llamado el más misericordioso de los hombres", ¡una actitud puramente germánica y totalmente anticristiana hacia Dios! Aquí termina la propia oración en prosa. A pesar de la reelaboración cristiana al final de la oración, en esta primera parte brilla un rastro de tradición en su descripción espiritual que deja perplejo. Esto resulta aún más sorprendente si se compara con *la Edda* y su *Völuspa,* que es tres siglos posterior:

Fue en la primera época
Donde no había nada
Ni arena ni mar
Ni olas de frío;
No había tierra
Ni cielos altos,
El vacío era enorme
Y no hay hierba por ninguna parte.

En ambos poemas la descripción es equivalente, que en el pasado "no había tierra, ni cielo arriba". Además, también encontramos lo mismo en la oración de Wessobrunn cuando dice que no había árboles, mientras que la Völuspa informa de que el verde -literalmente hierba- no se veía por ninguna parte. Los Edda, así como la oración de Wessobrunn, fueron transcritos por una mano cristiana, y en general se podría pensar que esta concordancia puede derivar de una concepción cristiana. Pero tenemos otras fuentes indogermánicas que son mucho más antiguas, casi 3000 años. Así, en el Rig-Veda se dice:

Una vez fue (el universo),
Ni el no ser ni el ser;
No había espacio
Ni el cielo...

En la segunda mitad de las líneas del Rig-Veda, hay una concordancia casi literal con los otros dos textos. Se reconoce así el paganismo germánico. Las palabras del Rig-Veda sobre el ser y el no ser son perfectamente equivalentes y análogas a las últimas líneas citadas de la oración de Wessobrunn.

Esta oración se escribió hacia el año 800 en un claustro bávaro y la Edda data del siglo X. Pero la transición de la cosmovisión germánica común corresponde al periodo germánico y, como demuestra el Rig-Veda, se remonta a milenios atrás. Pero incluso la tradición transcrita en el Rig-Veda fue llevada a la India desde la patria original y no parece haber sido creada en Germania inmediatamente antes de que los emigrantes partieran hacia la India. Así que esta idea de la creación del mundo es sin duda aún más antigua.

Así es como nuestros antepasados imaginaron el estado original y el nacimiento del universo y de la Tierra. A continuación, podemos mencionar también el relato posterior de la creación en los Edda. Una estrofa *del Wafthrudnismal cuenta el* destino del gigante original, *Ymir*. Había sido asesinado por *Odín* y sus hermanos, los hijos de *Burr*, y se dice más adelante:

De la carne de Ymir
Se dio forma a la tierra,
Y de sus huesos, las montañas,
El cielo, desde el cráneo
Un gigante tan frío como la escarcha,
Y de su sangre, más cojo.

Así, el pobre Ymir proporciona con su cuerpo la materia prima para la construcción del mundo. Volvamos a la Völuspa:

Entonces los hijos de Burr agitan el continente,
Los que crearon Midgard el glorioso;
Desde el sur brillaba el sol
En el pavimento de la habitación,
Entonces la tierra quedó cubierta
Hojas verdes.

El sol del sur,

La compañera de la luna
Extendido el dexter
Hacia el borde del cielo;
El sol no sabía
A donde pertenecía,
La luna no sabía
Qué fuerza tenía,
Las estrellas no sabían
Donde tenían su sitio.

Entonces todos los dioses subieron
En los tribunales,
Deidades supremas,
Y se consultaron entre ellos;
A la noche y a la ausencia de luna
Dieron un nombre, dieron la mañana
Y al mediodía,
El fresco y el marrón
Y contaba el tiempo por años.

La creación es, pues, completa y tiene sus leyes. Es evidente que el establecimiento de esta legislación mítica sólo pudo tener lugar después de que el hombre hubiera observado cuidadosamente estas leyes de la naturaleza. Esto prueba aún más la antigüedad de los conocimientos astronómicos germánicos.

Según las pruebas de los dibujos rupestres del sur de Suecia, nuestros antepasados conocían perfectamente el curso del año, no sólo durante la Edad de Bronce, sino también mucho antes, durante *la Edad de Piedra.* Así lo demuestran también sus construcciones de piedra, los enormes lugares de culto al sol que datan de esta época. No cabe duda de que semejante conocimiento no se acumuló en dos décadas ni siquiera en dos siglos, sino que requirió un período mucho más largo.

Además, sabemos que la adquisición de estos conocimientos no se produjo por casualidad, ¡sino que nuestros antepasados actuaron de forma absolutamente sistemática *porque ya eran agricultores en aquellos tiempos remotos!* Todos estos conocimientos florecieron a partir del trabajo del campesino que cultivaba su campo, tal vez originalmente con una azada en suelo fértil.

CUADERNO SS NO. 6. 1944.

ÁRBOL DE LA VIDA Y ÁRBOL DEL MUNDO

Transformación de un símbolo ario

En diversas partes de Alemania existen monumentos conmemorativos de piedra del siglo XVII cuya construcción materializa la muerte del yacente de forma característica y significativa.

Por ejemplo, en el bajorrelieve de la placa funeraria, vemos un ramo de hermosas rosas grandes. La muerte, representada por un esqueleto, se sienta despreocupada e irónicamente escoge la más bella de ellas. Nadie puede confundir el significado de esta imagen: la flor se corta de repente, el fluido vital ya no pasa por ella, ni por el ramo; tal fue el destino del muerto en esta tumba.

La suave melancolía y el tono sutil de esta ilustración han sido sustituidos en otros monumentos funerarios por una violencia salvaje, altiva, casi brutal. La muerte, siempre representada por un horrible esqueleto, es vista talando un árbol con un gesto de barrido. El corte ya es profundo; el resultado relámpago es nítido.

En otras representaciones, el árbol ya ha caído bajo sus golpes; a veces, un rayo destructor se dispara desde las nubes. Pero en todas partes se oyen las palabras, con su clarísimo significado: "¡Como cae el árbol, así caerás tú, hijo de los hombres! No cabe duda, pues, de que el árbol representa el árbol de la vida de los muertos, que su vida simboliza la del hombre.

El hombre y el árbol se presentan aquí en profunda simbiosis interior. El árbol no es una imagen de la realidad, ni un reflejo de la naturaleza, ni una obra de arte para ser apreciada estéticamente. Para el escultor del siglo XVII, tiene un significado, probablemente inconsciente, arraigado en lo más profundo de nuestras creencias. Sólo podemos mencionar aquí la amplitud del uso de este "árbol de la vida". La mitología del fresno hunde sus raíces en la primitiva tradición indoaria. El árbol sigue vivo en las leyendas como árbol de la casa, árbol protector, árbol plantado para un recién nacido. Aparece en cuentos de hadas como el *Machandelboom* o las Manzanas de la Vida. Se encuentra en las canciones y costumbres del árbol de mayo y del árbol de Navidad, clavado en lo alto de las casas y guardado durante un año. En todas partes, la vida de un hombre o de una familia está secretamente ligada a la buena salud de este árbol. Es, por tanto, un verdadero "árbol de la vida".

Sería ilusorio creer que estas representaciones de un árbol talado nacieron en el siglo XVII, ese siglo triste y doloroso que tan a menudo y tan duramente estuvo marcado por el hacha de la muerte. No es así. La idea de la muerte talando el árbol con un hacha apareció mucho antes. Una estampa grabada en las canciones de Sebastian Brant, publicada hacia 1500, reproduce ya una imagen comparable. Más significativo, sin embargo, es el hecho de que no se trata de un solo hombre, sino de varios, sentados en el árbol que cae a un pozo antes de ser talado.

Aún más característica es la escena final de la Danza de la Muerte de Nicolas Manuel Berner. En el árbol atacado con un hacha, vemos a muchos hombres a los que la muerte está talando con flechas. Como ya hemos insinuado, no se trata del árbol de la vida de un solo hombre, sino del de toda la raza humana. Esto queda aún más claro en un grabado del maestro de la década de 1470: el árbol de la vida es en realidad un árbol del mundo, porque muestra a las personas en buen orden y en tres filas, simbolizando un mundo bien estructurado.

Por encima vemos al clero, por debajo a los señores, emperadores, reyes, príncipes y condes, y por debajo a los burgueses y campesinos. En la decadente Edad Media, vemos la existencia de esta antigua subdivisión de la humanidad en tres clases diferentes conocida por la poesía y la filosofía de los indogermanos. Dos bestias lo roen día y noche y lo colocan en una barca que navega sobre las olas, simbolizando el paso del tiempo. La Muerte alza su arco y dispara su flecha contra los hombres sentados en el árbol.

Como individuos, no somos más que hojas en el árbol; hoy están verdes, una hoja es más grande, la otra más pequeña. Una se marchita, luego la otra. Todo esto es irrelevante mientras el árbol siga vivo.

Adolf Hitler

Este árbol es, pues, mucho más que un árbol de la vida, más que un "árbol de las clases", como se le ha llamado erróneamente; es, de hecho, el árbol del mundo que acoge a todos los hombres en un orden preciso. Podemos referirnos al fresno nórdico que cobija en sus ramas a dioses y hombres y también a otros árboles del mundo indogermánico. No sólo dan cobijo, sino también alegría y felicidad. Hoy sólo podemos sospechar cómo era este gran mito de las profundidades de nuestra raza en la remota oscuridad del pasado. Sin embargo, podemos seguir su evolución gracias a los pocos testimonios que acabamos de dar.

En este grabado de finales de la Edad Media siguen vivos algunos vestigios de la grandeza nórdica, y se siente la cosmología mítica que emana de la representación del árbol sagrado. Las formas posteriores del libro de Sebastian Brant y de la Danza de la Muerte de Berner son más sencillas, descaradas y crudas, pero siguen cargadas de simbolismo. En esta época el significado cambia mucho. Lo general deja paso a lo particular, que rara vez se encuentra en las representaciones medievales de los árboles de la vida. Debido a este particularismo, las imágenes se vuelven más sencillas y comprensibles; pierden su significado oculto y su grandeza mítica; se vuelven sensibles, incluso sentimentales, y despiertan emoción, melancolía y lástima.

Pero al final, el contenido simbólico desaparece y el lector sólo considera estas imágenes como alegorías u obras de arte cuya belleza y eficacia estética admira. Así termina la evolución del antiguo símbolo del árbol del mundo y del árbol de la vida. Sólo nos queda mirar atentamente a través de las pruebas hasta las profundidades del pasado y sentir esta marca de majestuosidad.

Cuaderno SS Nº 4. 1942.

Túmulos y dibujos rupestres

Una contribución a la fe germánica

Los monumentos culturales más impresionantes del pasado remoto del pueblo germánico -dólmenes y esculturas rupestres- se han conservado en la región de origen del pueblo germánico hasta nuestros días. Hace casi 4.000 años, un fuerte pueblo de agricultores honraba a sus muertos en el norte de Alemania y Escandinavia erigiendo enterramientos monumentales a los que aún hoy se atribuyen leyendas prehistóricas y costumbres extrañas al pensamiento cristiano. Las tumbas dan testimonio de la fortaleza moral de estas gentes y de su fuerte sentido de comunidad. En una época tan temprana, encontramos ya, no sin emoción, la idea de la familia, que adquirió gran importancia en cuanto a la noción del deber de los vivos hacia los muertos. Había santificado el eterno e inmutable ritmo vital del nacimiento y la muerte. Lo vivían en el curso inconcebible de los astros y se sentían unidos a él como campesinos. Tenían una percepción interior de los poderes de la vida. Así surgió su sentido del deber hacia la vida, hacia su mundo moral. Era un mundo absoluto y homogéneo que sólo podía concebirse de forma espiritual.

El muerto deja la vida aquí abajo, pero sigue viviendo, no físicamente de forma terrenal, sino en una unidad de alma y espíritu similar a la del cuerpo, como los descendientes de su clan. Incluso necesitó sus armas, comida, bebida, el recuerdo y el cuidado de los humanos. Se convirtió en un ejemplo y, sin duda, incluso en un protector de su clan.

Para nuestros antepasados paganos, las piedras y los árboles expresaban el poder y la sabiduría de los dioses.

La cámara funeraria de Kivik.

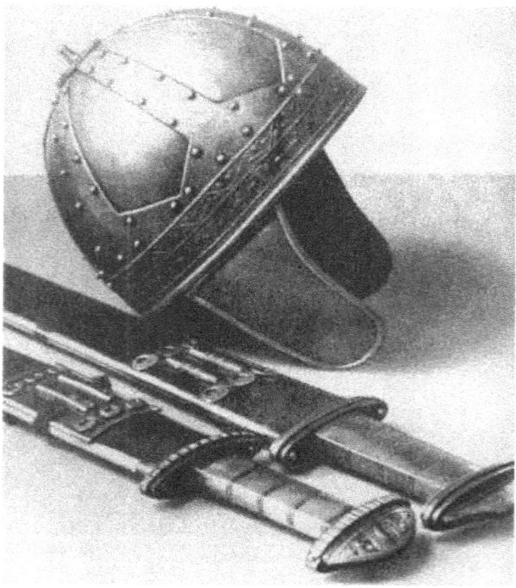

Armas germánicas del cementerio de Gültlingen.

Bajo esta severa apariencia, estaba en conexión con los poderes del destino e influía en la vida de los vivos.

Los habitantes de esta época mística de los dólmenes expresaban sus sentimientos religiosos con símbolos, igual que hacen hoy los alemanes. Encontramos cinceladas en las lápidas la rueda solar y el signo del hacha como señal de los poderes que dan vida. Encontramos el hacha escondida bajo la chimenea de la casa. No se trataba de magia, sino sólo de la creencia en la fuerza de los poderes que el hombre necesitaba.

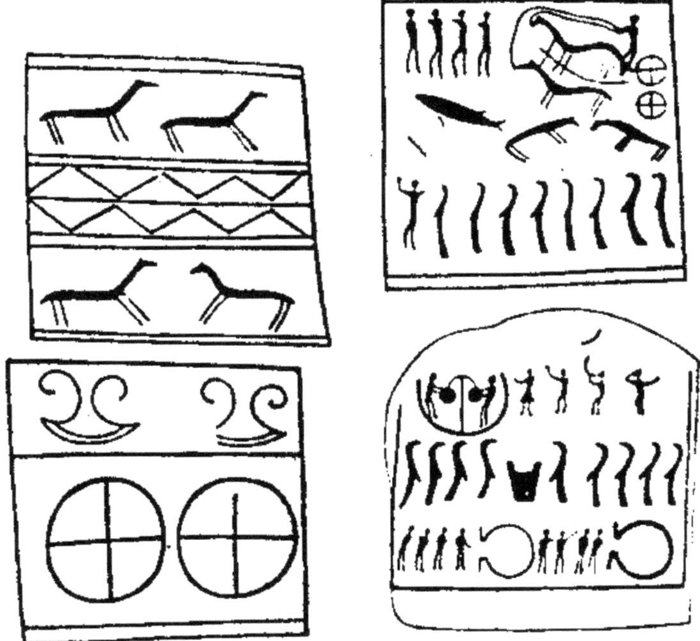

Representaciones simbólicas de los poderes de la vida (izquierda) y las costumbres religiosas del culto a los antepasados (derecha) en las lápidas de la tumba de Kivik.

El universo religioso y también las leyes morales de los campesinos nórdicos estaban enraizados en este mundo. Eran accesibles a sus sanos sentimientos religiosos porque actuaban sobre la vida y no se refugiaban en un "más allá sin sustancia".

En Kiwik-on-Schonen (sur de Suecia) se descubrió en 1748 una tumba de piedra bajo un dolmen que nos da una nueva visión de la representación religiosa de nuestros antepasados. Data de principios de la Edad del Bronce (hacia 1800 a.C.) y es una forma avanzada de túmulo funerario. Las paredes interiores de las losas de la cámara están decoradas de diferentes maneras, artística y ornamentalmente, en parte con signos simbólicos, en parte con escenas ilustradas que seguramente relatan acontecimientos culturales. La relación con los poderes vitales, el sol (la rueda solar), el rayo (el hacha), la tierra (la banda en zig-zag como signo simplificado de la serpiente) y el culto a los antepasados es aquí bastante clara. Siempre se conciben como una unidad, como el gran cosmos insondable.

A la derecha:
Representaciones simbólicas de las costumbres religiosas de nuestros antepasados germánicos.
Arriba: portadores de la rueda solar, barcas solares tiradas por caballos, la serpiente en la barca. En el centro: el dios con hacha y lanza, símbolo de los poderes vitales. El curso del año del dios con hacha contra el arquero. El árbol de la vida como símbolo de la vida eterna. Abajo: el arado sagrado tirado por bueyes. El dios con el hacha portando el poder vivificador (la rueda solar).

Las pinturas rupestres escandinavas hablan de las representaciones religiosas de nuestros antepasados germánicos de una forma aún más penetrante. Grabadas en desnudos salientes rocosos, se encuentran en medio de fértiles tierras de cultivo. Una extraña costumbre prehistórica que también ha sobrevivido hasta nuestros días. Se trata de símbolos de creencias y representaciones de costumbres religiosas. El pueblo no concedía ninguna importancia a una representación hiperrealista de lo que contenía la esencia de sus creencias. Se trata, pues, de deidades con múltiples formas, personificadas o abstractas: el sol a través del símbolo de la cruz en la rueda o del dios portador de la lanza, que sobrevivió hasta la era cristiana bajo la forma del misterioso Wotan-Odin, el rayo como dios con el hacha, que era considerado simultáneamente como el dador de la vida y de la fertilidad y que aparece bajo la apariencia del dios germánico tardío Thor-Donar. La tierra, y presumiblemente también el agua, también se simboliza mediante una serpiente o un zig-zag. En conjunto, las imágenes rupestres ilustran las celebraciones cultuales del paso de un año al siguiente. En un carro tirado por caballos o en una barca, el Sol atraviesa el universo y fecunda la Tierra con sus rayos. Es el centro del pensamiento campesino. Tras el final del invierno en el Norte, el día de su regreso se celebraba con fiestas religiosas. La tierra se limpiaba con el arado sagrado con el símbolo del Sol.

La vida se relaciona con el mundo de la representación terrenal y no se pierde en la "especulación trascendental".

Detrás de estos símbolos de los poderes fundamentales de la vida se esconde la conciencia de la esencia del mundo. La conciencia del hombre alemán tardó mucho tiempo en recorrer este largo camino. Pero eso no es lo importante. Lo que importa es la actitud ante la vida. Las raíces de la fuerza moral de la antigua germanidad no son la magia ni ninguna otra forma primitiva de la mente o el alma, sino la fe y el culto.

Werner Mahling

Un pueblo vive feliz en el presente y en el futuro mientras sea consciente de su pasado y de la grandeza de sus antepasados.

Heinrich Himmler

CUADERNO SS Nº 4. 1942.

SOBRE EL ORIGEN RELIGIOSO DE LAS RUNAS

Pocos imaginan que la lengua que hablamos cada día no es sólo un medio de comunicación en las relaciones humanas, sino la expresión del alma en sus raíces más profundas. El lenguaje del poeta expresa los mayores misterios e influye siempre en la creación lingüística. El sonido de una palabra, su matiz, su contenido musical, expresan a menudo más que los conceptos lógicos. Por último, el lenguaje y la escritura tienen un origen religioso, al igual que el arte. Nuestros antepasados eran conscientes de ello. En el canto de la Edda sobre el despertar de las valquirias, se atribuye a Odín la creación de las runas, es decir, de los signos que nuestros antepasados grababan en pequeños caracteres: "Las interpretó/ Las grabó/ Las concibió Hopt". Pero en tiempos de los vikingos, Odín era el dios de los guerreros y los escaldos y, por tanto, también el poseedor de la misteriosa sabiduría original. El mito de la esencia de las runas se nos ofrece en dos versos de la Edda. Odín habla de sí mismo:

Sé que estoy colgando
Al 'arbre battu des vents

Nueve noches completas,
Lo siento por una lanza
Y entregado a Odín,
Yo mismo he dado,
...
Miré debajo,
Recogí las runas,
Gritando los recogí,
A partir de ahí, retrocedí.

En su extrema angustia, Odín se liberó recogiendo los caracteres rúnicos. En el sublime poema de la Edda, "La predicción del vidente", aparece el verso "Los Aesir se reúnen.../ Recordando/ Los grandes acontecimientos/ Y las antiguas runas/ De Fimbultyr". Fimbultyr es Odín.

La Piedra de Nobely, de alrededor del año 600, atestigua la misma concepción del origen de las runas mediante la inscripción: "Pinté las runas del consejero" (Odín). Para los germanos, las runas forman parte de la creación, del poder que guía el mundo.

Las palabras "runas" no sólo se refieren a los caracteres de la escritura rúnica, sino a los signos sagrados y misteriosos de la fuerza, que dan la gracia divina, protegen de todos los peligros que amenazan el cuerpo y el alma, y también son capaces de dañar y destruir. La creencia popular en el inmenso poder de los signos rúnicos continuó en los países nórdicos hasta los tiempos modernos, sobre todo en casos de enfermedad o desengaño amoroso. Pero también vivió y reinó en la antigua Alemania. El verbo "becheren" (hacer un regalo) nos lo indica. Su significado original era: crear o fabricar algo para alguien cortando runas. El nombre de la raíz mágica de la mandrágora (Alraun), dotada de misteriosos poderes, también está relacionado con esto. La clave para entender esta creencia popular germánica reside en el cuestionamiento del destino mediante el lanzamiento de pequeños trozos de madera, como menciona Tácito. Las marcas producidas por el hechizo eran tan poderosas que los propios dioses se veían sometidos a ellas; por tanto, debían de ser poderosas, sagradas y proceder precisamente de los poderes del destino.

Las antiguas runas utilizadas por las tribus germánicas.

ᚠ	f	bétail, richesse	ᛈ	p	
ᚢ	ur	Auroch	ᛉ	z	élan, défense
ᚦ	th	Thurse, géant	ᛋ	s	Soleil
ᚨ	a	Ase, dieu	ᛏ	t	Tiu, dieu de la victoire, la rune de la victoire la plus ancienne
ᚱ	r	course, mouvement continu	ᛒ	b	branche de bouleau, nouvelle vie
ᚲ	k	maladie	ᛖ	e	cheval (ehwaz nordique original)
ᚷ	g	cadeau	ᛗ	m	homme
ᚹ	w	joie, pâturage	ᛚ	l	poireau, prospérité
ᚺ	h	Hagel, corruption subite	ᛜ	ng	
ᚾ	n	nécessité	ᛟ	o	Odal
ᛁ	i	glace, corruption sournoise	ᛞ	d	jour

Estos caracteres ya infunden respeto por su gran antigüedad. Y es que las investigaciones de la última década han descubierto probablemente que al menos una cuarta parte, si no la mitad, de las runas del Common Germanic Futhark pueden remontarse a símbolos prehistóricos ya desaparecidos.

Los caracteres Futhark citados procedían de nombres que abarcaban todo el mundo conceptual del pueblo germánico: reflejaban el mundo de los campesinos germánicos de la zona de asentamiento germano-nórdica. Por tanto, cada marca correspondía a una palabra concreta, por ejemplo, la cuarta runa a la palabra "anzuz", es decir, Ase. En el sorteo se cogían tres palitos y se escribía a mano un verso a partir de las palabras-señal que representaban la respuesta al destino. Pero esto sólo podía hacerse cuando el signo se consideraba a la vez como un signo con un sonido inicial y, por tanto, como un carácter, cuyo sonido inicial, por ejemplo "anzuz", servía de letra "a". Este doble aspecto de las runas sólo se ha puesto de manifiesto en la última década.

Los alemanes también poseían, a través de sus caracteres predictivos, un conjunto de letras que podían utilizarse para comunicarse por escrito. Quién tuvo la idea creadora de este uso y dónde tuvo lugar son preguntas que por el momento siguen sin respuesta. Algunas indicaciones dadas por autores romanos llevan a la conclusión de que este arte fue practicado muy pronto por los líderes espirituales de las tribus germánicas.

Sin embargo, de todo esto se desprende que nuestros antepasados eran conscientes del origen religioso de la escritura rúnica y, por tanto, también de la lengua. En 1938, las investigaciones llevaron a la conclusión de que las runas eran algo más que un medio de comunicación. Su grabado tiene una base religiosa y una finalidad similar a la de los antiguos dibujos rupestres: fortalecer e inmortalizar.

Edmund Weber

FOLLETO Nº 2 DE LAS SS. 1939.

AUTORIDAD GERMANO-ALEMANA

El destino de un pueblo está ligado a la grandeza y valía de su clase dirigente. En ella se expresa el poder revolucionario del valor, la voluntad y la aspiración. Las leyes de las que depende, que rigen sus acciones, son intemporales y eternamente válidas. Sólo los hombres que aman el riesgo y el peligro, sus incansables promotores, están llamados a ser dirigentes; nunca pierden la fiebre creadora, se ponen el casco después de cada victoria y buscan constantemente pruebas más difíciles y más atractivas en nuevas batallas. En el pasado, la historia de nuestra nación estuvo marcada por estas fuerzas. Reinaron períodos de debilidad y vacío histórico para nuestro pueblo cuando fracasaron y con ellos este espíritu valeroso. Pero tras esta decadencia, y mucho antes de que la fuerza popular se marchitara en una desolada renuncia, la nación fue tomada en sus manos por un líder fuerte, enderezada por una nueva voluntad. La historia de nuestro pueblo es la historia de sus líderes. Quien quiera comprenderla y aprender de ella debe remontarse a sus fuentes.

La asociación de todas las fuerzas populares y su unión para servir a una comunidad superior basada en la idea de una clase dirigente y una tropa, no son invenciones de la ideología nacionalsocialista, surgidas tras el periodo de impotencia política y fragmentación interna de la posguerra. Más bien las resucitó. Porque la noción de líder es un componente esencial de la naturaleza del hombre germano-alemán. Es, por así decirlo, una ley inherente a la sangre, una expresión vital de la esencia racial que aspira al orden en la comunidad y corresponde a la necesidad más íntima de comprometer la propia vida con una causa o una obra. Da sentido a la vida del individuo sólo dentro del grupo y le permite, como parte de la comunidad, poner en práctica los valores nacionales en un sentido creativo. Sin la unidad orgánica de líderes y tropas, no cabría esperar ningún logro nacional y social por parte del pueblo germánico, ni siquiera en el pasado. Todos los periodos de expansión nacional tuvieron a la cabeza a figuras que podemos contemplar con orgullo y admiración. Pero sus logros se basaron siempre en el reconocimiento voluntario y fiel de su capacidad para dirigir la comunidad.

Chefs de élite

Toda auténtica clase dirigente en el espíritu germano-alemán ha ascendido desde abajo, desde el pueblo, hasta la cima, y esto por la fuerza de la personalidad, por sus predisposiciones y su valía. Este proceso selectivo natural se remonta muy atrás en la historia reciente de nuestro pueblo y corresponde a la concepción política del campesinado germánico, desde el individuo y su economía hasta la comunidad, extendiéndose en círculos cada vez más amplios a los pueblos y etnias. La inteligencia de una interacción orgánica entre todas las fuerzas presentes en los bloques organizados de la comunidad surgidos de las necesidades cotidianas se despertó por la particularidad de la explotación campesina en la que todos los miembros trabajan juntos. Al igual que el campesino que dirige la granja, que forma parte de un todo, un jefe estaba a la cabeza de comunidades y grupos populares más amplios, concentrando todas las unidades sobre la base de una subordinación voluntaria. Sin embargo, la voluntad del jefe no influía en el orden comunal; sólo la autonomía de los miembros libres era decisiva. El pueblo tenía todos los derechos, el jefe carecía de poder legal propio. Era un mero delegado del pueblo y tenía deberes que cumplir para con su grupo.

La elección o aceptación del líder germánico se basaba en su origen y valía personal. El hombre germánico consideraba que su capacidad para dirigir la comunidad provenía de la calidad de su sangre, del clan del que procedía. A esta selección racial se añadía el juicio de la personalidad: lo que el origen racial prometía en virtud, carácter y valor del individuo, se valoraba en sus logros y su aprobación la hacían el clan y la comunidad. Fue según estos dos principios que los hombres germánicos cooptaron a sus líderes. Se ha dicho con razón que la vida germánica era una "evaluación del hombre" en la que la capacidad y los hechos se juzgaban recíprocamente para identificar a los mejores de la comunidad. Sólo el mejor, el más noble, el más valiente y el más orgulloso podía ser elegido jefe, el primero de todos.

El líder y la tropa

El gobernante germánico no gobernaba sobre súbditos. Su relación se basaba en una alianza fiel y en un pacto de asistencia entre hombres libres e iguales en derechos; este pacto se establecía sobre un sentimiento de voluntariedad, dignidad, amor a la libertad, orgullo y sentido de la responsabilidad. Todos los derechos y deberes entre el jefe y la tropa eran recíprocos y estaban determinados por aspectos puramente prácticos, jurídicos, económicos y políticos de la vida, lo que daba lugar a un alto nivel moral. El líder veía el derecho de su tropa como suyo, su angustia como suya, y su honor y fama como suyos, y su afrenta o ultraje como de toda la tropa. "En el campo de batalla", escribió el escritor romano Tácito en su Germania, "es una vergüenza que el líder sea derrotado en coraje, es una vergüenza que los compañeros no igualen el coraje del líder. Pero sobre todo es una mancha en la propia vida y una desgracia haber regresado de una batalla en la que su líder ha perecido; defenderlo, salvarlo, llevar a la gloria sus propias hazañas, es la esencia de su compromiso: los líderes luchan por la victoria, los compañeros por su líder."

El clan albergaba la fuente de la vida terrenal, que se alimentaba de la posición hereditaria indisolublemente ligada al linaje. El producto del campo, el Odal, era la sangre vital de todo hombre germánico legítimo, jefe y soldado por igual. Dado que las comunidades étnicas estaban formadas únicamente por campesinos, los jefes campesinos eran también jefes de pueblos. Ni el enfrentamiento con el mundo romano y los problemas de las grandes migraciones, ni la gloria y la alegría de la batalla destruyeron las raíces campesinas de los germanos. Su objetivo era preservar a toda costa la libertad del hogar y de la tierra, proteger el trabajo y el esfuerzo de los campesinos. Cuando Bojokal, el líder de los angrivarianos, se reunió con los monarcas romanos con la intención de encontrar tierras, habló en voz alta, mirando al sol con los brazos en alto: "Así como el cielo es dado a los dioses, la tierra es dada a la humanidad, y cualquier tierra que sea abandonada debe convertirse en posesión de alguien". El legado romano se equivocó sobre la legítima petición de los angrivarianos; sólo quería dar la tierra cultivable a su jefe, con la intención de convertirlo en aliado. Sin embargo, Bojokal se negó a tal absurdo, "como muestra de traición", diciendo: "Puede que nos falte tierra para vivir, pero no para morir". La lealtad del líder germano ligado a su tropa en lo bueno y en lo malo se expresaba en esta actitud, y prefería la muerte a aceptar una ventaja de la que se iba a privar a su pueblo.

Sensación de libertad

Los nombres de los grandes líderes germanos y sus hazañas políticas son inolvidables. Las palabras de Hermann el Querusco expresan lo fuerte que era su conciencia étnica: "Si ellos (los germanos) preferían la patria, los antepasados y las antiguas costumbres a los déspotas y las nuevas colonias romanas, entonces tenían que seguirle como líder para ganar fama y libertad". Y cuando más tarde se encontró con su hermano Flavus (el rubio), que se había unido a los romanos, se rió de "la baja recompensa por su servidumbre" y habló de "los sagrados derechos de la patria que heredaron de sus antepasados". La dignidad y la habilidad política con las que Ariovistus, el líder germano, se enfrentó al general en jefe de César son ejemplares: "Yo no dicto al pueblo romano cómo debe hacer uso de su derecho. Si César declara que no considerará la hostilidad de los eduos sin reaccionar, entonces debe saber: hasta ahora nadie ha luchado conmigo sin caer. Si a César le apetece, puede luchar: verá que los invencibles germanos son héroes. Estas palabras expresan el mismo orgullo nacionalista que el discurso del Führer en Wilhelmshaven sobre la política de insolente injerencia inglesa en asuntos de la vida y el territorio alemanes.

Aunque la idea del Estado germánico carecía de un marco externo sólido -el concepto de fronteras- y, por tanto, estaba privado de una fuerza de ataque homogénea, se distinguía por una justicia elaborada y una buena estructura. La extensión del orden comunal a varias tribus y pueblos dependía aún más de la capacidad del jefe individual para crear un Estado que del parentesco. Así, el historiador romano Velleius Paterculus relata que Marbod, jefe de los marcomanos, "no obtuvo el poder entre sus compatriotas por un golpe de fuerza o el favor del destino; tras consolidar fuertemente su imperio, se hizo con el poder real y luego sacó a su pueblo de la esfera de influencia romana". Como algunos pueblos habían cedido a la superioridad de las armas, decidió en cambio avanzar allí donde podía aumentar su poder personal. Tomó posesión de los... campos rodeados por el bosque hercínico... y sometió a toda la vecindad por medio de la guerra o de tratados. Bajo su autoridad, la masa de los que protegían su Imperio y que se habían acercado a adquirir mediante un entrenamiento constante la fuerte estructura de la disciplina militar romana, alcanzaron en poco tiempo un gran nivel de desarrollo, peligroso para nuestro Imperio (romano).

Pero cuando Marbod pasó de ser un líder étnico y campesino a un gobernante obstinado y se alió con los romanos "para aumentar su tiranía", su orgulloso Imperio marcano entró en guerra con los cheruscos luchando "por su antigua fama y pronto recuperaron la libertad". Tácito nos dice (Anales II): "La fuerza de los dos pueblos, la valía de sus jefes eran iguales, pero el título de rey hacía odiosos a los de Marbod, mientras que Armin (Hermann) ganaba todos los favores como luchador por la libertad". La resistencia del pueblo no era contra la realeza en sí, que es una forma de expresión germánica, sino sólo contra los abusos del poder real, y por esta razón la mayoría de las tropas de Marbod se pasaron a su enemigo Hermann para luchar bajo su mando por su antiguo derecho y libertad. Durante todo el periodo germánico y hasta la Edad Media, se produjeron levantamientos liderados por la clase dirigente unida al pueblo contra gobernantes que eran considerados degenerados porque ya no querían ser líderes del pueblo, los primeros, sino amos de sus súbditos y amordazar así el antiguo orden y la libertad. Julio Civilis, el líder de los batavos, expresó este sentimiento de libertad germánica con estas palabras: "Que Siria, Asia Menor y Oriente, que han sido ganadas al rey, permanezcan en su servidumbre: en la Galia todavía hay mucha gente que nació antes de que se impusiera un tributo al país... la naturaleza da a los animales mudos un sentido de la libertad. En cambio, la virtud viril es el distintivo de la raza humana. Y los dioses son favorables a quien tiene más valor. (Josefo, Bell. Jud. IV).

Ejemplo y actitud

El marco del orden comunal germánico sólo apareció en acontecimientos extraordinarios. Era más evidente en los acontecimientos políticos externos, las colonizaciones y las expediciones bélicas. Las tareas del líder iban entonces mucho más allá de las de la vida cotidiana y, además de valor y coraje, requerían una especial habilidad política, inteligencia y prudencia. En las asambleas nacionales, subía al podio el más digno de los innumerables pequeños jefes tribales. "Los reyes son elegidos según su nobleza, los jefes según su valor", informa Tácito, "pero el poder de los reyes no es ilimitado ni arbitrario, y los jefes, con el ejemplo más que con la autoridad, si tienen decisión, si llaman la atención, si luchan al frente, se imponen por la admiración."

Tanto en la guerra como en la paz, el líder germano fue un ejemplo de valor y acción. Cuando su competencia se ponía a prueba en tiempos turbulentos y llenos de batallas, las tropas cerraban filas en torno a él y le exigían que expresara su sentido del deber sin reservas hasta la muerte. El poder soberano del líder no era, sin embargo, ilimitado; un derecho superior sólo implicaba mayores deberes. El hombre de la tropa debía menos obediencia que lealtad a su jefe. Este era el vínculo, la base de la relación de responsabilidad mutua. Si el líder traicionaba, perdía el derecho a la obediencia de su tropa, pues el hombre germano-germano sólo debe obediencia mientras la lealtad se lo exija. El despotismo y la obediencia ciega le son ajenos.

La relación puramente humana entre jefe y tropa sólo es sana y natural cuando está determinada por la amistad y la camaradería y no vulnera la distancia natural condicionada por el valor y su respeto. Pero sería un error confundir esta distancia de la tropa por parte de cualquier verdadero líder con una falta de camaradería. La falta de distancia y la cruda familiaridad también excluyen cualquier noción de autoridad; la persona en esta posición es un individuo entre otros. El líder debe compartir alegrías y penas con su tropa en los buenos y en los malos momentos, ser uno con ellos en la prosperidad y en la desgracia. Sin embargo, debe mantener constantemente su dignidad, ser un ejemplo en el mejor sentido, evitar los excesos y los arrebatos, mantener el sentido de la proporción y respetar las buenas costumbres. Estas cualidades son una manifestación de la naturaleza del hombre germano-germano, especialmente del campesino, que sólo puede mantener su autoridad sobre los miembros y subordinados con los que cohabita estrechamente bajo un mismo techo por medio de la distancia, el poder y la dignidad. En una auténtica clase dirigente, el sentimiento de distancia refleja la herencia viva de la sangre germánica. No debe perderse bajo ninguna circunstancia y prohíbe incluso la exhibición de emociones ante las tropas.

Una auténtica comunidad jurídica germano-alemana se caracteriza por la participación de todo el pueblo libre en la vida política y por la escasa distancia social entre los dirigentes y el pueblo. La extensión de este principio elemental se revela hoy en la naturalidad de nuestro sistema estatal nacionalsocialista, cuya estructura interna se basa en el claro reconocimiento de nuestra particularidad. Cuando el campesino nórdico

Aki responde a su rey en la Heimskringla: "Si yo soy tu hombre, rey, entonces tú también eres el mío", está expresando lo que aún hoy sentimos, a saber, que la relación entre líder y tropa se basa en el deber mutuo de lealtad y ayuda.

Misiones pacíficas

La clase dirigente germánica no sólo participaba eficazmente en la guerra y el combate, sino que también influía en la paz de la patria, la ley y la civilidad, el honor, la calma, el orden y la prosperidad. En aquella época aún carecía de un marco externo, ya que "durante la paz", dice César (B. G. VI), "no existe una autoridad común, sino que los jefes de las tribus de las provincias y distritos discuten con su gente el derecho y las disputas benignas...". El hecho de que estos jefes de pequeñas comunidades pertenecieran a comunidades raciales nobles o que fueran grandes campesinos libres determina de forma esencial sus peculiaridades y sus tareas. En los textos nórdicos antiguos, todos ellos son denominados generalmente jefes de tribu o de clan, "el primero de la región" o "el gobernante de la provincia", en contraste con su tropa de "gente de la Cosa". Tales comunidades Thing constituían unidades jurídicas y administrativas; sus jefes eran considerados "los primeros de todos" en función de su origen, logros y honorabilidad, y formaban el pilar sustentador del orden político y la estructura comunitaria. Esta relación entre la Cosa y la clase dirigente en el origen del orden político de la comunidad puede definirse mejor como una feliz conexión entre un principio democrático (soberanía popular) y otro aristocrático (soberanía nobiliaria).

Aparte de esta autoridad militar en la guerra, las tareas del jefe germánico se extendían al ejercicio de la fe religiosa, la salvaguarda de la ley y la administración. Como jefe, el caudillo era también el más autorizado para celebrar ceremonias religiosas en público y en la comunidad y para presidir los grandes festivales culturales. Pues la clase dirigente tocaba todos los ámbitos de la vida que aún formaban un todo, como la fe, la moral y el derecho. El conocimiento de lo sagrado no estaba monopolizado por los magos, sino que era propiedad común de todos, y los actos de consagración eran realizados tanto por cada campesino en su propia comunidad como por el jefe de la Cosa.

En cuanto a la salvaguarda de la ley, el jefe sólo tenía poder para ejercer el derecho de reunión, la convocatoria y la celebración de la asamblea de la Cosa. Tenía poca influencia en la jurisprudencia propiamente dicha, pues pronunciar, promulgar leyes y hacer leyes era asunto de la asamblea de la Cosa. "Entonces el rey o el jefe", dice Tácito, "cada uno según su edad, según su nobleza, según la gloria de sus campañas, según su elocuencia, se hacen oír por el ascendiente de la persuasión más que en virtud de su poder de mando. Si el consejo ha desagradado, lo rechazan con murmullos; si ha agradado, agitan sus framées: el asentimiento más honroso es la alabanza por las armas." Sólo sus grandes conocimientos jurídicos permitían al jefe imponerse, salvaguardar los derechos de su pueblo Thing y garantizar su protección. En los antiguos textos nórdicos, se hace hincapié en el conocimiento de la ley, por ejemplo en el Njala: "Había un hombre llamado Mörd... un poderoso jefe tribal y un gran consejero legal, tan erudito en la ley que ningún juicio se consideraba legal a menos que él asistiera a él." "Skapti y su padre eran grandes jefes tribales y grandes eruditos de la ley".

Los conocimientos jurídicos, la utilidad, la rectitud y la perspicacia eran tan valiosos como la fama guerrera. En una época en la que no existían los tratados ni la jurisdicción neutral, sino sólo la autodefensa y la ley de la disputa, eran el mejor instrumento de que disponía el cacique para resolver pacíficamente los problemas y mantener el orden comunitario mediante acuerdos honorables y el arbitraje. Las palabras del gran jefe legal nórdico Njal expresan la importancia que se concede al mantenimiento de la ley y las leyes para garantizar la paz: "Nuestro país está construido por la ley, pero devastado por la anarquía.

Los pueblos germánicos se ponían voluntariamente bajo la protección y la autoridad del jefe; buscaban en él ayuda amistosa, no sólo en palabras y consejos, sino también un enérgico apoyo social cuando sufrían malas cosechas y viejas molestias. En las sagas nórdicas, se hace referencia al generoso jefe como "el hombre más querido de la región" o como "uno de los más nobles de la era pagana". La relación humana entre el jefe y la tropa era un pacto de asistencia impulsado por un auténtico espíritu de camaradería y que imponía al primer hombre de la comunidad el sentido del deber de ayudar cuando sobrevenía la miseria. "Es costumbre", dice Tácito, "que las ciudades, mediante contribuciones voluntarias e individuales, ofrezcan a los jefes grandes cantidades de ganado y trigo, que, recibidos como tributo, proveen a sus necesidades". El jefe recibía tanto como daba; los donativos que se le hacían se consideraban capital cooperativo para el socorro que distribuía de forma patriarcal. Para el hombre de tropa, sus contribuciones eran voluntarias, no proporcionaba al jefe servicios ni contribuciones impuestas, sino ayuda amistosa y regalos, como es habitual entre hombres libres e iguales.

La ley del honor

La clase dirigente germánica no sólo se ocupaba de la "dirección de la provincia", el orden jurídico y la administración a nivel externo, sino también de la definición de la moral. Las leyes generalmente reconocidas como valores morales constituían el fundamento. La ley moral suprema era "la vida con honor", a la que el gobernante estaba más fuertemente vinculado que a ninguna otra. Para el hombre de la antigua época germánica, el honor tenía una importancia decisiva, ya que le permitía juzgar el valor de su vida y de su carácter. En el plano del juicio público, el honor era también la prueba de la capacidad de una persona y de su valor para la comunidad. Del honor dependían la autoestima y el compromiso del individuo, la conciencia de su propia valía. Determinaba su autoridad, así como su posición política y social. Se relacionaba tanto con el orgullo personal como con el juicio público y, en general, se consideraba la ley reconocida que regía la vida humana y por la que se juzgaba.

La comunidad consideraba que tenía el mandato, como juez, de aplicar la ley del honor al jefe. Éste debía demostrar su honorabilidad y defenderla. Pues el honor del jefe era también el honor de la tropa. Si el honor de un ciudadano o el suyo propio estaba dañado, también lo estaba el de toda la comunidad, y todos tenían el deber de aclararlo. El jefe mostraba un sentido del honor, una virtud extrema ante la tropa y ejercía su influencia moral sobre la comunidad. Estos valores morales incluían la actitud heroica, la valentía y la autoafirmación, el sentido de la dignidad, la responsabilidad individual y comunitaria, el cumplimiento incondicional del deber para con la comunidad que confiaba en él. Aparte de esto, se celebraron otras virtudes particulares del líder, como la magnanimidad, la generosidad, el desprendimiento y la dedicación constante a apoyar de obra y palabra a quienes necesitan ayuda.

Todas estas cualidades y virtudes de liderazgo no son exclusivas de una época. No sólo caracterizan la estructura comunitaria interna de nuestros antepasados germánicos, sino que determinan constantemente la naturaleza de la auténtica clase dirigente, principalmente nórdica. Participar en ellas, emularlas, es para nosotros la acción más noble, pues siempre faltan líderes, hombres que no puedan vivir sin una meta y una lucha, sin el deseo y la fiebre de la acción, hombres habitados por una fuerza creadora y cuyo autodominio les llame a dirigir a los demás.

Nuestra generación está sola en el fugaz presente. Debemos aprender de nuevo a conocer las leyes de la vida más características de nuestra existencia popular, que nos fueron negadas por la vía directa de la transmisión natural. El pasado reciente hasta el estallido de la Gran Guerra sólo nos muestra generaciones satisfechas y ablandadas que manifestaron su propia incultura y participaron desde lejos en la lucha. No podemos sacar ninguna fuerza del vacío de su existencia porque ahora estamos en el umbral de un mundo nuevo. Tenemos que buscar un camino virgen y caminar con valentía hacia la oscuridad del futuro. Debemos encontrar nuestra propia escala de valores en la fuente imperturbable de nuestra historia, en la antigua historia germánica, y elegir los modelos de sus luchadores y líderes para guiar nuestra peligrosa existencia. Somos una generación despierta y creativa que no puede vivir sin sus lazos históricos y sus hermanos del pasado.

Quien hoy pretende dirigir, debe saber cuál fue el origen de la clase dominante en el curso de la historia, debe ser consciente de los grandes deberes que tiene que cumplir a todos los niveles, hacia el pasado y hacia el futuro. Debe cuidarse del espíritu de autocomplacencia y llenarse de un ardiente orgullo germánico que supere y derribe todos los obstáculos.

SS-Hstuf. Ernst Schaper

Cuaderno SS N° 11. 1943.

El honor de la mujer germánica

Con razón se ha considerado que el eje de la moral y la vida germánicas es el sentido y la conciencia del honor. Para el antiguo alemán, el honor es la ley que rige su existencia, la escala de valores por la que se juzga a sí mismo. Pero también es -en la medida en que está constantemente sometido a un juicio externo- la piedra de toque de su confirmación, de su mérito y de su valor para la comunidad. La posición social y política también depende de la importancia que se conceda a la observancia de la ley del honor por parte del individuo.

El honor implica orgullo y empuje interior y valor personal y comunitario. El sentido del honor es proporcional a la autoestima del individuo. Pero el honor también significa consideración y posición social. Por su carácter bilateral, ligado tanto al orgullo como al juicio de los que le rodean, el honor es la ley generalmente reconocida a la que está sometida la vida humana germánica y que sirve de referencia jurídica. Pero esto no significa otra cosa que el hombre germánico se subordina por completo a una idea, a un valor supramaterial, espiritual, que la mente germánica ha establecido. El honor es la mayor riqueza del hombre. Es lo primero que le da autoridad, lo que le hace hombre, por así decirlo. Un hombre sin honor no cuenta en la comunidad germánica. El honor es más importante que la vida, tan valorada por el campesino. "Prefiero morir con honor que vivir en la vergüenza. "Prefiero perderte a tener un hijo deshonrado. "Los bienes desaparecen, los clanes desaparecen, tú también mueres. Sólo conozco una cosa que nunca perece: la fama que ha adquirido el muerto.

La estrecha unión de todos los progenitores biológicos, que implica deberes y derechos, significa que lo que concierne al individuo concierne al clan y viceversa. En principio, adquiere el carácter de una ley general. El honor del individuo se convierte en el del clan, del mismo modo que el honor del clan es también el del individuo. Si se lesiona el honor de algún miembro del clan, también se lesiona el de los demás y todos tienen el deber de exculparse. También la mujer, que es reconocida como miembro del clan tanto como el hombre y cuya personalidad es respetada, es parte integrante de este gran patrimonio del hombre germánico. Sin embargo, no podemos contentarnos con esta afirmación general, obvia para el hombre que vive en el antiguo mundo germánico pero incomprensible para el hombre obstaculizado por una cosmovisión oriental. Nos interesa sobre todo en qué medida las mujeres han contribuido al desarrollo de esta ley germánica de la vida y principio de toda moral, cómo la han concretado, defendido y perpetuado durante su existencia; cómo han vivido el honor.

EL HONOR ES EL IDEAL COMÚN DE MUJERES Y HOMBRES

Nuestros textos hablan tanto del sentido del honor de la mujer como del del hombre. Es significativo que se utilice el mismo término para una mujer consciente del honor que para un hombre, con lo que no se hace ninguna diferencia de tipo entre el honor del hombre y el de la mujer. El hombre y la mujer se denominan "drengr-godr", el "honor del hombre" (literalmente, un individuo recto y orgulloso) del Viejo Norte. Vemos que el ideal del drengr-godr tiene raíces más profundas que la sobrevaloración de las llamadas "cualidades masculinas". Pero nos parece importante que este ideal del sentido del honor, el Ser-en-posesión-del-honor, que es necesario para ambos sexos, se encarne en los dos individuos que lo han valorado. A nosotros, que nos esforzamos por eliminar la etiqueta alogénica que clasifica todas las manifestaciones vitales como "masculinas" o "femeninas" tanto de nuestro uso lingüístico como de nuestro pensamiento, esta formulación nos parece cuando menos peligrosa. Es nuestro deber actuar con seriedad y acabar con esta concepción que considera la valentía, la disciplina, la selección y el honor como virtudes "masculinas". Sólo los hábitos de pensamiento orientales y occidentales nos han inculcado esta visión limitada. *La antigüedad germánica demuestra que las campesinas germánicas están animadas por el mismo coraje, valentía, amor a la libertad y autodisciplina que sus hombres*, y que están dispuestas a jugarse la vida por estos valores.

No sólo las mujeres de los cimberos y de los teutones, de los ambrores y de los tipurinos, cuya intrépida valentía en las guerras romanas, un salvaje amor a la libertad y un ardiente sentido del honor fueron inmortalizados para siempre incluso por una mano enemiga, dieron prueba de sus cualidades "masculinas". Las campesinas germánicas, que permanecieron a la sombra de los grandes acontecimientos políticos, se encontraban en la misma situación; su estilo de vida, el indisoluble apego a la comunidad y al clan que no conocía tregua en la guerra, las impulsaba a pensar y actuar por el clan con valentía y firmeza. Sólo debían aspirar al bien del clan y seguir una disciplina. No vamos a afirmar que la valentía, la disciplina y el sentido del honor sean virtudes masculinas o femeninas, ya que están muy presentes en ambos sexos. Tampoco insultaremos a nuestras ancianas madres diciendo que no son femeninas si poseen estas virtudes "masculinas". Pero tampoco podemos dar crédito a aquellas afirmaciones que atribuyen el espíritu drengrgodr únicamente a los hombres. Conociendo la cosmovisión germánica, la estructura de la comunidad, la valoración de la personalidad independientemente del sexo, no es sorprendente ver a las campesinas germánicas codeándose constantemente con hombres que mueren por honor, y animadas por el mismo sentido del honor. Es natural que un pueblo que considera a sus mujeres "sagradas y misteriosas" no les niegue lo que a los ojos germánicos las hace plenamente humanas, a saber, el honor. Por otra parte, nos parece importante señalar que, en el curso de la evolución, una cosmovisión oriental suprimió gradualmente el carácter germánico del sentido del honor de la mujer o lo sustituyó por otro contenido. El honor femenino se convierte -de acuerdo con un modo de vida oriental- única y exclusivamente en una cuestión físico-sexual y, en última instancia, sólo significa virginidad física y pureza. Aquí los conceptos se invierten.

El mayor honor de una mujer es la maternidad

También en Germania se prescribe naturalmente la castidad; pero este requisito se refiere, en primer lugar, a ambos sexos y, en segundo lugar, tiene una motivación diferente a la de la regla de vida oriental: "Tener relaciones con una mujer antes de cumplir los veinte años se consideraba extremadamente vergonzoso..... Aquellos que han permanecido castos durante mucho tiempo reciben los mayores elogios de los suyos; creen que esto favorece la buena estatura y aumenta la fuerza y el deseo".

El texto de César demuestra que el nórdico valoraba la castidad para evitar el peligro de los excesos sexuales -a los que la mentalidad oriental está más sujeta que la naturaleza reservada del Norte- y, además, no la confundía con la idea de honor. La falta de castidad a partir de cierta edad, o más exactamente, las relaciones sexuales demasiado precoces, se consideran en Germania un peligro para la psique y el cuerpo del hombre. Significa una perturbación del ideal de perfección humana y una amenaza para otros principios germánicos de la vida. La exigencia de pureza sexual del joven inmaduro física y espiritualmente se basa, por un lado, en el deseo de no amenazar la pureza de la sangre y, por otro, conlleva el principio moral general de autodisciplina que rige toda la vida del germano.

En Germania, la castidad se exige al hombre inmaduro para preservar la sangre que debe transmitir intacta a su descendencia y por deber hacia sí mismo, desde su valor basado en el amor propio y la dignidad. Por otra parte, cuando el hombre germano ha alcanzado la madurez física y moral, es natural que no contravenga, por una inversión enfermiza debida a mentes deformadas, la ley de la creación y las disposiciones que la naturaleza le dio, obstaculizando su fecundidad y su voluntad de reproducirse mediante una castidad demasiado prolongada. El alemán no vive contra la naturaleza y sus leyes, sino en armonía con ella. No deja que los dones que ella le ha dado para pensar se marchiten degradándose humanamente, sino que considera que el hombre se realiza dándoles un buen uso; que la naturaleza quiere hombres y mujeres, no seres asexuados y neutros. Así que la exigencia de demasiada castidad, la elección de una vida célibe y abstinente que produzca una humanidad "superior", no es nada natural en Germania. Incluso se consideran una contradicción y una ofensa a la propia ley de la vida eterna. Para los germanos, por tanto, la castidad no es más que una necesidad condicionada por la regla de vida, no un valor moral absoluto que rija inflexiblemente la conducta del hombre. *La virgen y el monje no son ejemplos germánicos ni seres superiores, sino más bien lo contrario, ya que no han desarrollado plenamente las fuerzas que llevan dentro.*

En Germania, esta concepción del valor preciso de la castidad impuesta sólo al ser inmaduro, se aplica por igual a hombres y mujeres. Las ordenanzas que prescriben penas para el concubinato y el homicidio de mujeres muestran de forma llamativa que la virginidad, la pureza de la mujer no es en absoluto fundamental, y ni siquiera se tiene en cuenta a la hora de juzgar el valor de la mujer alemana libre. El derecho popular suabo prescribe que el concubinato con una mujer casada (mulier) debe castigarse con el doble de severidad que el concubinato con una virgen (virgo). No son la virginidad, la castidad y la pureza las que determinan el valor. Los libros de derecho saliano, ripuariano y turingio prescriben que el castigo por el homicidio de una mujer apta para tener hijos o que ya los ha tenido vale el triple que el de una virgen que aún no los ha tenido. Este tipo de leyes que marcan una diferencia entre virgen y mujer (virgo y mulier) demuestra claramente que la noción de virginidad no es fundamental a la hora de juzgar el valor de las mujeres. Simplemente se ignora porque ¡el asesinato de una mujer se considera tres veces más grave que el de una virgen! No es la castidad sino el valor biológico el que, a diferencia de la condición de virgen, está ligado a la consecución de la maternidad, y es fundamental para la apreciación de la mujer. La idea germánica del valor determinado únicamente por la castidad no puede ser más clara que aquí. La mujer fértil, la madre cuya concepción nunca es una profanación, es tenida en mayor estima en Germania porque sigue la ley de la vida, tanto individualmente como en la mente del pueblo. Pero el valor de la mujer depende, como ya se ha dicho, de sus cualidades, sus logros, su alma y su corazón, su mente y su carácter.

¿Cómo es que la castidad se consideró un concepto moral? ¿Cómo llegó a equipararse la pureza con el "honor de la mujer" en la concepción moral? Recordemos que el ideal femenino germánico, la "santa germánica", siempre estuvo representado por madres, las madres originales (Frigg, Lady Holle); que, según el sentimiento germánico, la concepción no era una mancha, una profanación y una degradación. Al contrario, tal idea habría sido considerada una ofensa para las madres germánicas. En las sagas, vemos cientos de veces que las viudas son tan codiciadas como las vírgenes, y que ningún germano pensaría que una viuda es inferior porque ya no es pura.

La mente judeo-oriental, por otra parte, considera a la virgen más deseable que a la mujer: la palabra "deseable" se elige intencionadamente porque apenas hay cuestión de una evaluación moral de la castidad en la valoración que la mente oriental hace de la virgen. Cuando el libro sagrado del Islam, el Corán, promete al musulmán ortodoxo en el jardín del paraíso "jóvenes mujeres que ningún espíritu u hombre ha tocado todavía" como recompensa para su uso personal, vemos que la castidad femenina debe tener efectivamente un valor especial para el oriental, ya que constituye, por así decirlo, una recompensa y un gozo paradisíaco.

La virginidad y la pureza en el "Jardín del Edén" no podían tener ningún valor moral, sino sensual. Pues la castidad de una mujer sólo tiene sentido si está prometida al hombre que la destruye en esa vida paradisíaca. La posesión de "la virgen de ojos negros como perlas en una concha", el amor de Dios de los seguidores del paraíso, revelan claramente que la castidad de la mujer oriental sólo se exige para el mayor placer del hombre.

Hemos visto así qué raza otorga un papel tan evidente a la pureza de la mujer y qué hay realmente detrás de la exigencia de castidad. El hombre germánico no habría podido concebir una madre virgen, ni le habría concedido mayor valor. Sus diosas y las mujeres que le son queridas tienen rasgos maternales y son madres. La maternidad es su naturaleza. Entonces la Virgen Madre de Dios sustituyó a la deidad maternal de Germania debido a la intrusión de un sistema de valores ajeno. Se privilegió a las monjas sobre las madres de los clanes germánicos, y se impuso en el cráneo del hombre germánico un mayor respeto por la virginidad que por la maternidad, hasta que lo aceptó en su concepción moral. Por tanto, podemos apreciar la profundidad de la violenta convulsión que afectó a la cosmovisión germánica y la enorme sacudida del instinto germánico. Las jóvenes de todo un pueblo eran prueba de ello. Todas habían tomado el velo, revelando hasta qué punto esta idea había perturbado su ser arrebatándoles la serenidad de su sana y piadosa cosmovisión.

EL CONCEPTO DE HONOR PERVIVE EN LA MORAL CAMPESINA

Incluso hoy, la moral rural no se parece a lo que desearía la nueva doctrina. Incluso hoy, ciertas costumbres siguen animadas por una fuerza antigua. Un sentido moral las había establecido, que ya no correspondía a la enseñanza extranjera posterior. A pesar de la amenaza de los tormentos infernales y del purgatorio, "encontrarse en la ventana" ha sobrevivido entre las tribus del sur de Alemania como el derecho reconocido de los jóvenes, y a nadie se le habría ocurrido considerarlo un pecado. Incluso las autoridades públicas, que se creen guardianes y jueces de las buenas costumbres, hacen la vista gorda con impotencia, aunque a regañadientes. A pesar de que el cristianismo estipula una exigencia absoluta de castidad, hostil a la maternidad, no es raro que las jóvenes campesinas ofrezcan un hijo a sus futuros maridos antes de la bendición cristiana y del matrimonio.

Pero no son avergonzadas ni vilipendiadas por los campesinos en cuyas casas viven, y los hijos prematrimoniales no se consideran hijos del pecado con algún defecto. Esto sólo ocurre cuando una muchacha muestra debilidad de carácter, cuando es rechazada por el espíritu moral de la comunidad, pero en absoluto cuando se casa con el padre de su hijo justo después de su nacimiento. Poco tiene que ver con ello la apreciación extranjera y oriental de la castidad, sino más bien la antigua ley moral germánica de la conservación de la sangre y la disciplina interior. Incluso hoy en día, perder la castidad no se considera una pérdida de honor, como tampoco lo era en la antigua Germania. En Germania, el requisito de la castidad es un valor en sí mismo, complementario del honor, un bien cuya pérdida puede, en determinadas circunstancias, devaluar a la mujer, pero que nunca equivale a la pérdida de su honor. ¿A quién se le ocurriría reprender a una hija de Thordis Sur por deshonrarse a sí misma? El juicio de la comunidad germánica no es tan dogmático, sino que depende de las circunstancias particulares. Los libros jurídicos también dan fe de este hecho cuando sólo establecen penas por concubinato cuando una mujer ha cometido un acto sexual con cuatro o cinco hombres y queda así demostrada su debilidad moral. Con el mismo espíritu, se observa que la virginidad en la antigüedad nunca se consideró un ideal, ni siquiera un concepto, ya que no existe ninguna palabra que la defina. Esta es también otra prueba de la importancia concedida a la vida femenina que se cumple en la maternidad considerada como una misión y un ideal. Sobre todo, está claro que la castidad del hombre inmaduro constituye uno de los muchos valores que se tenían en Germania, pero el honor es la ley absoluta de la vida.

La castidad no es el honor de una mujer. Esta restricción, consecuencia de un sentido de los valores ajeno y perjudicial para la feminidad germánica, produce esas espeluznantes visiones de azotes por parte de los maridos que rondan los textos antiguos de la Edad Media. Pero también nos permite comprender los signos de decadencia de la vida femenina moderna. Porque, ¿qué queda de la mujer si su personalidad se devalúa desde el principio, si como instigadora del pecado, como encarnación camélida y material del principio maligno, se opone al buen polo espiritual masculino? ¿Qué le queda si, además, se la saca del marco del clan unido y se culpa a su ego de los pecados, o si se la esclaviza al hombre considerado como su "amo"? ¿Sigue siendo consciente de sí misma, de su libertad y de su responsabilidad, condiciones primeras de toda moralidad?

La frase "Él debe ser tu amo" no significa otra cosa que la destrucción de todos los valores femeninos germánicos, de todas las posibilidades de colaboración constante en el trabajo de la comunidad, e implica una alteración patológica de la comunidad en la medida en que la mujer es su otro componente. En particular, esto significa que el hombre asume también el monopolio de la moral, se convierte en el amo de la moral, por así decirlo. Tiene la palabra decisiva en las cuestiones morales, en la ética, o como solíamos decir, las "enseña" según principios dogmáticos escritos. Ahora que se ha privado a las mujeres de su sentido del bien y del mal, se las ha convencido más o menos de su inferioridad y se las ha descrito como poseedoras de una mala moral de linaje, evidentemente ya no es muy difícil excluirlas de las cuestiones morales.

Margarete Schaper-Haeckel

Folleto N° 8 de las SS. 1943.

Amor y matrimonio

"Cuando era joven, me entregaron a Njal, y le prometí que tendríamos un destino similar.

La campesina de Bergthora

Cuando queremos hablar de amor y de matrimonio, debemos huir del espíritu de las grandes ciudades hacia el norte, a las montañas llenas de aire limpio y sano, donde viven los antiguos linajes bajo los robles y los fresnos. Desde la patria del campesino Bergthora contemplamos el vasto país, antiguo y venerable, digno y floreciente, en el que la juventud vuelve a cantar las viejas canciones de amor:

¿Quieres darme tu corazón?
entonces se hace en secreto,
y nuestro pensamiento común
nadie puede adivinarlo
y
Conocer un corazón fiel,
vale el mayor tesoro.
Es un placer darle la bienvenida,
El que conoce un corazón fiel.

Es nuestra patria la que, a menudo profanada, habla constantemente de la pureza del amor y del matrimonio en las magníficas obras de su arte. Volvemos a ver a Njal y Bergthora en Heinrich y Mathilde de Brunswick. Pero nuestros padres en casa ya nos dan el ejemplo de una vida digna.

En este bello país, cuya "virtud y puro amor cortés" cantó una vez Walther von der Vogelweide, el pueblo sigue luchando contra el veneno de la desvergüenza judeoliberal que lleva décadas degradando el amor y el matrimonio. En este ámbito, no se ha establecido en absoluto una ética nacional a nivel público. No son la dignidad y el atuendo, ni la conciencia aguda de un deber sagrado para con nuestros antepasados y el futuro de nuestro pueblo lo que influye en la vida amorosa, sino más bien la voz de la "musa luminosa". Siempre veremos la expresión de los sentidos superficiales y de la sangre caliente. Pero no nos damos cuenta de que el judío puede utilizarlos para influir en nuestro pueblo, y así alcanzarnos en nuestra sustancia.

El amor y el matrimonio son la fuente de la vida cultural y popular de nuestra nación. El amor entre los sexos genera no sólo la vida, sino también el arte, el verdadero conocimiento, la religión y el orden de la sociedad (la moral). Pero si todo procede del amor, el destino de un pueblo depende también de la ética amorosa que impere en su Estado.

Consideremos dos aspectos en el amor y el matrimonio: *la experiencia del amor* y la ley *natural* que rige el amor.

¿Cuál es la experiencia del amor? Los dos sexos se atraen, se conmueven, se inflaman mutuamente y se emocionan con un abandono como no se encuentra en ningún otro lugar de la vida. Esta experiencia del amor es general. Pero aparte de eso, nos preguntamos por el cómo. ¿Cómo ama el alemán, cómo ama el nórdico? ¿Qué valor le da al amor? ¿O cuál considera que es el valor del amor? En cada caso, depende mucho del valor personal de la persona que busca el amor o del propio amante. Su naturaleza también influye en su forma de amar. A veces puede olvidar por completo su origen, considerar la civilización judeoamericana del tango (hoy diríamos rock) como una creación cultural nórdica y no darse cuenta de en qué manos ha caído. Pero también puede conseguir manifestar plenamente su valor racial personal a través de su amor. El valor de una personalidad se revela en su forma de pensar, en su inclinación y, por tanto, en sus sentimientos. Cada persona expresa su verdadero carácter en el amor, si "se deja llevar", si se deja llevar, se convierte en prisionero de los impulsos sexuales elementales y ya no considera la unión amorosa como otra cosa que la satisfacción del placer sensual. En cambio, su carácter puede conservar su dignidad en el amor. Entonces venera el valor personal de la pareja amada. También puede buscar el aspecto religioso del acontecimiento amoroso, la experiencia de una voluntad divina de la creación. Entonces es capaz, a través del placer y la felicidad de la unión amorosa, de experimentar el deseo divino de ver procrear muchos hijos. Y luego, para algunas personas, el sentido del honor también está relacionado con el amor. Cuando el sentido del honor está vinculado al sentido de la identidad, entonces el hombre noble sentirá un fuerte sentido del honor en su amor, pues el amor no es ese "pecado secreto", sino una relación personal de honor mutuo. Más allá del ámbito de la vida amorosa, el honor masculino también debe ser consciente de que debe defender la dignidad y la cultura del amor entre el pueblo en su conjunto. No son las mujeres las culpables cuando su encanto y su gracia se degradan y se hacen inmodestos. No son las bailarinas las culpables cuando exhiben sus piernas en una actuación, sino el hombre que es responsable de dirigir la comunidad en la que importa la vida amorosa.

Cuando llamamos *matrimonio* a ese vínculo entre los sexos que está determinado por el valor y no por la locura sensual, y que quiere encarnarse en los hijos y es, por tanto, virtuoso, entonces podemos decir: el "amor" de algunos no merece ese nombre; menos aún puede considerarse una unión, aunque lo celebraran diez sacerdotes. Pero el amor de otros es un amor en el verdadero sentido de la palabra y constituye una unión, aunque nunca hubiera sido bendecido y consagrado. El divorcio representa entonces una gran desgracia.

Consideremos ahora la ley natural que rige el amor. Lo que está en el origen de lo que sentimos como amor, la atracción de los sexos, es bastante sutil. Esta ley sólo da lugar al amor entre seres concretos. Decimos entonces que los cónyuges son iguales. Los esposos amantes se abrazan en un acto creador. En el óvulo fecundado nace una nueva vida en la que las partes materna y paterna se "acoplan" en el embrión. Se aman incluso en sus gustos mutuos. Los que buscan el amor practican, por tanto, la elección. Buscan lo que satisfaga sus ojos, sus sentimientos y su espíritu crítico. Para el hombre, sólo una determinada proporción de proporciones físicas en la mujer y un determinado tipo de forma le complacerán. Todos preferimos una mirada determinada, un gesto concreto. La mirada, la fuerza de los rasgos faciales, la curvatura de las líneas de la boca, la nariz y los ojos, la barbilla, las orejas, las sienes y la frente contribuyen a formarse una opinión. Ya en esta fase se siente afinidad o antipatía. Pero primero son decisivas las cualidades del carácter, que no se manifiestan en la pura apariencia, sino sólo a través de un conocimiento profundo de la persona, situada en diversas circunstancias de la vida o de la historia del clan: su sentido de la belleza y de la bondad, sus juicios sobre asuntos importantes, su dignidad, su consecuencia, su servicialidad y temperamento, la prueba de su confianza inquebrantable en un dios, su fe y un amor puro y desinteresado a Dios. Los valores a los que "ponen precio" los hombres que buscan el amor suelen revelar, como se dijo antes, algo estimable. Sin embargo, todos nos sentimos más o menos atraídos por lo que tiene un valor incuestionable, por lo que es puro, aunque no lo valgamos. La mayoría de la gente admirará con respeto una Venus griega, una estatua femenina de Kolbe, así como sus encarnaciones vivientes. A más de uno le gustaría amar a un ser cercano a la perfección, aunque sea inferior. Lo desea incluso por si se equivocara y no fuera amado. La propia naturaleza se encarga de que el amor no se base en la reciprocidad. Aparte de esto, el clan sigue influyendo en la elección matrimonial de sus jóvenes. Una relación amorosa auténtica sólo surge cuando las cualidades decisivas que forjan el carácter se corresponden con las de otras personas. Por tanto, quien "se parece" a sí mismo "se ama".

También hay que ver que esta ley natural del amor es la que rige el matrimonio, porque el matrimonio trata precisamente de procrear hijos hereditariamente sanos y de una buena educación que cree un fuerte sentimiento familiar entre caracteres similares. En consecuencia, se espera que a los descendientes siempre les guste reunirse. Así nace el espíritu del linaje.

Hoy en día, el amor (que la mayoría de las veces se confunde con la vida sexual, que no es más que el aspecto orgánico del amor) se considera un momento agradable ("El amor da mucha alegría, y todo el mundo lo sabe...") en contraposición al matrimonio, que es digno de lástima ("matrimonio = cuerda"). Esto se debe a una incomprensión general de la naturaleza más profunda del amor que se deriva de la mentalidad artificial, egoísta y buscadora de placer de la gente de hoy en día. El problema del "amor y el matrimonio" también se resuelve cuando sabemos cuál es el objetivo último del amor. Todo amor auténtico aspira al matrimonio. Los matrimonios que respetan la ley natural son matrimonios por amor, consolidados por un buen patrimonio hereditario. Se puede hablar verdaderamente del cielo en la tierra. La combinación de objetivos se realiza así: *el* deseado *acontecimiento* procreativo se une a *la* feliz *experiencia amorosa.*

Puesto que, por una parte, la felicidad, la paz y la salvación del pueblo residen en el mayor número posible de matrimonios, pero, por otra, es extraordinariamente difícil encontrar un buen cónyuge en nuestra vida moderna y en la masa del pueblo, la tarea fundamental de un Estado etnista será crear las condiciones para encontrar un cónyuge sano. Este es también el objetivo práctico más importante de toda nuestra labor cultural.

J. Mayerhofer

El amor absoluto sólo reside en la fuerza absoluta.

Hölderlin

CUADERNO SS Nº 3. 1943.

SIGURD, EL CABALLERO JORGE Y LA LUCHA CON EL DRAGÓN

La lucha por la patria nos obliga a todos a volver a una existencia natural. Todos aquellos que habían perdido sus lazos con la tierra, vuelven a sentir la llamada de la herencia del pasado, una herencia campesina que fomenta el amor a la patria.

En el exterior, la naturaleza sigue aletargada. Pero la luz del día ya está creciendo, la primavera no está lejos. Esta palabra conmueve todos los corazones porque significa el final de la lucha anual por el renacimiento de la vida.

La mente campesina ha producido maravillosas alegorías de la lucha de las estaciones, que son también símbolos de una cosmovisión característica de la raza. Son símbolos que no pueden definirse perfectamente con palabras y conceptos, pues abarcan el mundo total de la existencia. A veces son nuevos y, sin embargo, están relacionados, por lo que puedan parecer, con un pasado cercano o lejano, con el pasado germánico de nuestro pueblo. Los cuentos y las leyendas, incluso las leyendas cristianas, contienen símbolos de sabiduría y conocimiento antiguos. ¿Quién de nuestros niños, en el duro invierno, no daría la bienvenida a los huéspedes del país de las leyendas? ¿Qué auténtico corazón juvenil no latiría orgulloso al escuchar por primera vez la historia de una batalla heroica?

Feliz es el mundo cuyas costumbres y arte han conservado símbolos de la lucha por la vida. En muchos lugares, se sigue dando muerte al invierno en forma de dragón, se libera a la gentil reina de la primavera y se la une al rey de mayo. Tras estas figuras pictóricas se esconde el antiguo mito de la renovación de la vida. Sólo la eterna vigilancia puede vencer a la muerte. En todas partes el destino, el monstruoso dragón, se interpone en nuestro camino y nos niega el acceso a la fuente de la juventud, nos prohíbe la conquista de la bebida vital, el "tesoro resplandeciente".

El dios del sol Wotan.
Placa ornamental en un casco de Vendel, Suecia.

Los dos aspectos de la vida, el nacimiento y la muerte, el día y la noche, el verano y el invierno, se encuentran en diversas formas y nuestro patrimonio folclórico los ha conservado en su rica imaginería, incluso bajo el ropaje cristiano, que no podía vencer de otro modo la fuerza del alma popular germánica que poniéndola al servicio de la Iglesia. Así, el caballero San Jorge, matador de dragones, ha seguido siendo la más germánica de todas las figuras heroicas. Bernd Notke derivó su San Jorge de la fortaleza germánica. Un antiguo documento dice: "Es precisamente en esta época -Pascua- cuando hay que triunfar con Jorge, cuando el invierno es ahuyentado por el viento del sur, cuando la tierra entra en su adolescencia y da a luz plantas y flores.

Y cuando buscamos en el pasado germánico símbolos de esta vida asegurada, nos sorprende la abundancia de pruebas y la franqueza de la expresión. En primer lugar, veamos el sublime símbolo de la vida que es la Edda: "Sé que un fresno se yergue/ Se llama Yggdrasill/ El alto árbol, salpicado/ De blancos remolinos/ De allí viene el rocío/ Que en el valle cae/ Eternamente verde se yergue/ Sobre el pozo de Urd". Pero en sus profundidades habita Nidhögrr, el horrible destino que guarda la fuente de la bebida de la inmortalidad y roe las raíces del árbol de la vida. "Viene volando/ El dragón oscuro/ La víbora reluciente, descendida/ De Nidafell;/ Lleva en su plumaje/ - Se cierne sobre la llanura-/ Cadáveres, Nidhôgg/ Ahora desaparecerá". Y el dragón dice de sí mismo: "Respiré veneno/ Cuando yacía sobre la herencia de mi padre/ Enorme/ Más fuerte por mí mismo/ Me creía, que todos/ Sin importarme el número de mis enemigos".

Adorno con un dragón y la rueda solar.
Diseño de una antigua puerta islandesa.

Odín y Thor, los magníficos dioses, participan en la lucha contra este oscuro dragón por la supervivencia del mundo. Su fuerza divina se perpetúa en héroes como Sigurd y Dietrich, cuyas hazañas de armas se cantaban en las cortes reales germánicas. "¡Oh poderosa serpiente! / Hiciste grandes escupitajos / Y siseaste con un corazón áspero;/ El odio se levanta aún más / Entre los hijos de los hombres / Cuando uno tiene este yelmo en la cabeza". La vida no podía ganarse sin la muerte: "Te aconsejo ahora, Sigurdr/ Y tú sigue este consejo:/ ¡Vete de aquí! / El sonido del oro / Y la plata roja como la zarza / Los anillos, te llevarán a la muerte".

Esta actitud germánica ya está atestiguada por las pruebas más antiguas de que disponemos, que datan del 3er milenio antes de Cristo. En las piedras grabadas de Suecia -símbolo de antiguas costumbres- aparecen la serpiente de Midgard, el árbol de la vida, la lucha de Thor y el dragón. Pero fue sobre todo en la época de las grandes invasiones, la época del gran avance político de la germanidad, que ya se conocía en la Edad de Bronce, cuando las fuerzas espirituales de un concepto de vida intacto animaron la artesanía artística. Con el arte de los vikingos del norte, esta fuerza encontró un gran renacimiento y sobrevivió hasta la era cristiana.

La lucha de Sigurd con el dragón.
Diseño en la jamba de una puerta en Hyllestad, Suecia.

El dios del sol, seguro de sí mismo y dueño de sí mismo, representado en la piedra del jinete de Homhausen, cabalga por el mundo sin miedo a los poderes malignos del abismo. El motivo del dragón aparece en diversas formas incluso en las vestimentas y xilografías de las primeras iglesias del norte. Las manos de los artistas han representado la lucha de Sigurd con el dragón en la puerta de Hyllestad. Un motivo islandés ilustra bellamente el triunfo de la vida sobre la muerte. En este símbolo se muestran los dos aspectos del universo y se nos explica la esencia del mítico dios Odín. En todas estas personificaciones se pone constantemente de manifiesto que los pueblos germánicos eran conscientes de que el destino divino de la vida residía en ellos mismos, en su fe, en su poder de acción. Desde tiempos inmemoriales, su poder era capaz de hacer frente a los desafíos divinos. Sólo los débiles sucumben a las fuerzas oscuras.

Nuestras historias, cuentos y leyendas, nuestro arte popular, son símbolos de la vida espiritual y moral de los antepasados de nuestro pueblo. No debemos confundir la sencillez y claridad de estas representaciones psíquicas con la ingenuidad. ¿Acaso no aspiramos igualmente a recuperar esa unidad de vida que irradia la antigua tradición, de la que incluso la Iglesia medieval extrajo su energía para fortalecer su doctrina ajena? ¿Acaso los fundamentos morales de nuestra voluntad no son los mismos que en la antigüedad?

Aún no conocemos las fuerzas profundas que llevaron a la germanidad a adoptar un pensamiento cristiano que le era ajeno. Tal vez fue en el peligroso momento en que adquiría una nueva conciencia de una vida superior. Descubrió conceptos seductores, casi similares, pero congelados en la perspectiva formal de una vida romano-cristiana.

El conocimiento de nuestra identidad nos ha devuelto al orden divino del que formamos parte, del que ninguna trascendencia espiritual puede separarnos. Cuerpo, alma y espíritu vuelven a ser una unidad. El ritmo eterno de la vida late en nosotros, ahora como antes, y la vida parece ser la manifestación divina presente en todas las cosas.

Dr. Mähling

CUADERNO SS Nº 3. 1944.

CÓMO LOKI Y HEIMDAL LUCHARON POR EL COLLAR DE FREYA.

Las leyendas germánicas han perdido gran parte de lo que contaban sobre las acciones y sufrimientos de los dioses.

En un famoso poema, el escaldo Ulf Uggissohn cantó el duelo de Heimdal con Loki por el hermoso y brillante collar de la diosa Freya. De este poema y de la leyenda que celebraba el duelo, sólo quedan dos líneas que nos dicen que Heimdal ganó el duelo al malvado compañero de los dioses. El sabio islandés Snorri también nos cuenta que ambos parecían focas durante esta lucha.

Dejemos al poeta la posibilidad de reconstruir una visión general a partir de estos pocos retazos.

"Una vez, Loki, el inestable vástago de un gigante al que los dioses habían aceptado imprudentemente en su comunidad, sobrevoló el mar en forma de halcón y vio bajo la superficie un gran pez cuyas escamas y aletas brillaban con oro.

En su lujuria por la joya, Loki cargó hacia las olas, pero cuando sus garras se hundían en el agua para apoderarse del preciado pez, la red invisible del gigante marino Ran los rodeó. Con astucia e ilusiones, había atraído al codicioso ser a esta trampa y luego lo había llevado al fondo del mar, a su oscuro reino.

Ella lo mantuvo prisionero durante nueve días entre los marineros ahogados en las profundidades opacas hasta que él prometió por el juramento más sagrado sobre la cabeza de su fiel esposa Sigrun, traer el espléndido collar de Freya como rescate al temible gobernante de los mares.

Este collar de estrellas de la diosa, que brilla cada noche clara en el cielo, era el orgullo de los dioses y la felicidad de los hombres. Freya nunca se lo quitó del cuello. Pero Loki, el astuto hijo del gigante Laufey, sabía qué decirle para que le confiara el ornamento celeste.

Freya, la radiante diosa de la belleza que inflamaba los corazones de dioses y hombres, y cuya gracia hacía arder de deseo a los pesados gigantes, era ella misma infeliz en el amor. Había entregado su corazón a un hombre llamado Od y se había casado con él, pero él la abandonó y ella lo buscó en vano por todas las tierras. Cuando Loki regresó a Asgard, al castillo de los dioses, se dirigió a Freya y le dijo: "He encontrado a Od, por quien preguntabas. Ran, la ladrona gigante, lo ha atraído a su nido mortal y lo tiene prisionero en el fondo del mar. Sin embargo, está dispuesta a devolvértelo si le das tu reluciente collar como rescate".

Freya nunca se habría desprendido de sus magníficas galas, pero el amor exigía el precio más alto. Lágrimas doradas de alegría corrieron por su rostro. "¡Toma la joya!", dijo. "Ninguna joya es demasiado preciosa para mí por la vida de Od, el amado. Trae al novio cerca de mi corazón y te estaré eternamente agradecida".

Loki, exultante, se desató la joya del cuello y se sumergió en forma de foca en las profundidades del mar para traer al despiadado Ran el ornamento extraído.

Pero alguien había oído las palabras del engañador, Heimdal, el gran guardián del cielo, cuyo ojo que todo lo ve día y noche nunca duerme y cuyo oído es tan agudo que percibe cada sonido. Él, que podía ver en el corazón de la tierra, supo del cautiverio de Loki en Ran y percibió el engaño. Con la velocidad del rayo, adoptó el aire de una foca y se lanzó hacia Loki.

En las olas del mar se libraba una furiosa batalla entre la fuerza de Heimdal y la traicionera astucia de Loki, que siempre escapaba de las asfixiantes garras del guardián del castillo celestial. Ran, la horrible, quiso ir en ayuda de Loki, pero las nueve madres-olas de Heimdal, el hijo del mar, la agarraron y se lo impidieron. Gjalp, la que ruge, Greip, la que apresa, Eistha, la que ataca, Eyrgjafa, la que hace arena, Ufrun, el lobo, Angeyfa, la que oprime, Imd, la que susurra, Atal, la que perece, larnsasea, la del cuchillo de hierro, todas las que dieron a luz a Heimdal, se abalanzaron sobre el gigante ladrón y le impidieron intervenir en la lucha.

Entonces las olas se agitaron furiosamente, con tanta rabia que la espuma blanca voló hacia el cielo, las barcas de los hombres se estrellaron contra las olas del mar e incluso levantaron tierra a su alrededor.

Finalmente, Heimdal consiguió agarrar a Loki y arrebatarle la brillante joya. Loki, sin fuerzas, se hundió bajo el agua, pero Heimdal lo levantó y voló como un águila hacia las alturas divinas. "¿Cómo pudiste confiar en el corruptor?", reprendió a Freya, devolviéndole la brillante joya. "Sabes que no volverás a ver a Od hasta que llegue el Ragnarök, el crepúsculo de los dioses. Lo buscas en vano en Ran. Sólo Odín y yo conocemos el secreto que lo oculta. Pero volverás a verlo el día de la batalla de los mundos, antes de que el nuevo mundo surja de las olas entre lágrimas y sangre. Y entonces Loki recibirá su castigo, él cuya malicia nos ha agraviado tantas veces a los dioses.

Cuando el Aesir Blanco regresó a los puentes celestiales, vigilando que los gigantes no asaltaran el castillo de los dioses antes de tiempo, cogió el bastón de madera mellado y le hizo una muesca junto a las muchas otras que recordaban las fechorías de Loki, el villano. Mientras yacía en su lecho con una amarga sonrisa en el rostro, sintió de pronto un dolor en el pecho y gimió con un tormento que había previsto; sin embargo, su esposa, Sigrun, su fiel esposa, lo consoló."

Hermann Harder

III. Costumbres y religión

"D'estoc et de taille", por Gunther d'Alquen, 1937.

Forma y contenido

Una de las cuestiones más importantes de nuestro tiempo se refiere a la actitud religiosa. En los últimos años, en la búsqueda de un camino acorde con la concepción nacionalsocialista, un número extraordinario de ciudadanos alemanes han abordado espontáneamente este difícil problema encontrando las soluciones más diversas.

No es nuestro papel definirnos a favor o en contra de tal o cual tipo de solución. Pero sí es nuestro deber aportar aclaraciones sin tomar partido en todas estas cuestiones.

Como siempre, en tal examen, nuestro objetivo no es negativo: una experiencia religiosa nunca debe basarse en un conflicto con otra concepción religiosa. Esto estaría en contradicción con el espíritu del programa del Partido, con nuestra ética. Por eso, al examinar el problema, hay que repetir que, como nacionalsocialistas, no nos interesa el fondo de ninguna de esas doctrinas, sino que lo importante es sólo en qué medida corresponde al principio de nuestra concepción del mundo, pues la religión es un asunto privado.

El nuevo Estado ha definido claramente su posición sobre la cuestión religiosa en dos declaraciones fundamentales. El artículo 24 de nuestro programa garantiza: "la libertad de todas las confesiones religiosas dentro del Estado, en la medida en que no pongan en peligro la estabilidad del Estado ni contravengan el sentimiento moral y las buenas costumbres de la raza germánica". De este modo, el instinto racial se convierte en el criterio absoluto de la concepción religiosa.

En la llamada Ley de Libertad de Conciencia, el Estado nacionalsocialista ha definido claramente cómo debe interpretarse este sentimiento: "La creencia es el asunto más personal y uno es responsable sólo ante su conciencia". El resultado es que:

El Estado nacionalsocialista se negó a inmiscuirse en asuntos religiosos mientras sus representantes no intervinieran en la esfera política.

Esta es la única manera de que un cristiano, católico o protestante, o un seguidor de otra religión, pueda vivir su fe dentro del Partido y de Alemania si lo hace por convicción y elección personales.

Pero esto no debe implicar que esta libertad pueda interpretarse de forma negativa y malintencionada.

El Reichsführer SS lo dejó claro en un discurso sobre las tareas de las SS:

"Pero por esta razón no toleramos que nos llamen ateos por el mal uso de la palabra pagano, porque como comunidad no dependemos de tal o cual denominación, ni de ningún dogma, ni exigimos que nuestros hombres estén adscritos a él."

Aspiramos a un sentimiento y una renovación religiosos, y esto significa que no tenemos nada que ver con esa concepción histórica materialista que rechaza por principio toda religiosidad, porque niega la existencia de lo metafísico a causa de su sujeción al mundo terrenal. Según el Reichsführer SS, consideramos "presuntuosos, megalómanos y estúpidos" a quienes no creen en nada.

En consecuencia, nuestra posición no tiene nada que ver con la de quienes, desprovistos de toda religión, están libres de ataduras espirituales. Las iglesias confesionales no están del todo equivocadas cuando observan que de estos círculos no podría esperarse ningún despertar o renovación de carácter religioso, ya que la negación por sí sola no constituye un terreno válido para el surgimiento de nuevas ideas. Una experiencia religiosa verdaderamente original sólo puede provenir de un deseo de concretización positiva, que lleve a intentar crear un nuevo contenido religioso.

Pero, de acuerdo con las leyes naturales, sólo un individuo puede hacer este trabajo, un hombre que debe tener en sí mismo las cualidades de un reformador o un profeta, aunque no es necesario que se comporte como tal.

Tampoco entendemos por qué los alemanes que, por razones ideológicas, no quieren saber nada del cristianismo porque se niegan a aceptar como ley moral los elementos de la moral cristiana que les parecen ajenos, no deben organizarse en forma de comunidad pública y jurídica.

Esto en sí mismo sería deseable, porque es la única manera de tratar a las personas y a sus familias por igual, lo cual es necesario e incluso urgente.

Por estas razones, también creemos que a la larga no será posible exigir a todos aquellos de nuestros conciudadanos que se adhieren fiel y convincentemente a la ley moral de nuestra raza, que sus descendientes y prometidos sean privados de todas las bendiciones públicas y, en definitiva, sus entierros de toda solemnidad. Pero también sabemos que una nueva forma de religión, si no quiere convertirse en una bufonada, debe desarrollarse gradualmente y arraigarse orgánicamente en viejas costumbres auténticas todavía existentes hoy, y por tanto no puede ser "creada" de repente por ninguna organización.

Sin embargo, creemos sobre todo que estas costumbres, que por sí solas justifican la regulación, nunca deben conducir a una "organización ideológico-religiosa". Pues no tolerar tutelas de ningún tipo ni una concepción colectiva en este ámbito es el signo típico de una actitud religiosa verdaderamente germánica.

Para los germanos, la religión era y seguía siendo un asunto privado. Los cabezas de familia germanos también actuaban como sacerdotes y no toleraban ninguna clase sacerdotal.

Lo que necesitamos no es un vago entusiasmo por una sociedad secreta o sectaria pseudorreligiosa, sino un abrazo honesto y de buena fe a esas concepciones religiosas y "sobre todo morales" de nuestros antepasados.

Este fue uno de los errores más desastrosos cometidos por aquellas muchas pequeñas ligas que querían renovar la religión de nuestra raza enlazando con la tradición viva que la violenta cristianización había amordazado en otro tiempo.

Es imposible borrar mil años de evolución humana y nacional y considerarla inexistente.

Wotan y Thor están muertos, y esos espíritus soñadores que hace una docena de años sacrificaron un caballo en una vieja piedra de sacrificios fueron unos tristes tontos que comprometieron innecesariamente la buena causa. No se pueden utilizar ni la costumbre religiosa precristiana ni las representaciones subyacentes. Si uno pretende expresar su propia conciencia moral en formas religiosas externas, debe intentar remitirse al libro sagrado de nuestros antepasados, el Edda, como hizo el cristianismo con los libros del Antiguo Testamento. Si queremos crear una especie de ley moral, debemos inspirarnos en los bellos pasajes poéticos, especialmente en los que expresan la visión del mundo. Pero no intentemos ir demasiado lejos.

La religión es una cuestión espiritual y sólo puede basarse en lo espiritual. Nuestra tarea consiste únicamente en actuar de tal modo que no ofendamos a un alemán que ha renunciado a las doctrinas orientales y se esfuerza por su cuenta en recuperar la herencia ancestral.

"D'ESTOC ET DE TAILLE", POR GUNTHER D'ALQUEN, 1937.

LA CRISIS ESPIRITUAL

Cuando los opositores al nacionalsocialismo se dan cuenta de que la resistencia abierta o encubierta en el plano político es inútil, se cubren con un disfraz adecuado y reaparecen para intentar hacer un frente aún más camuflado. Este camuflaje puede ser muy diferente: puede ser puramente religioso o teñido de "ciencia". Sin embargo, esto no nos hace perder de vista que siguen siendo los mismos círculos los que, como en el pasado, tratan de obstaculizar el desarrollo del nacionalsocialismo.

"En su nuevo libro, *El socialismo alemán*, Werner Sombart ha intentado revisar la situación actual en su totalidad y arrojar así luz sobre las causas de la crisis en la que se encuentran nuestra patria y todo el mundo civilizado. Con razón busca las causas últimas del enorme caos que sacude y amenaza toda nuestra existencia, en el ámbito de la concepción del mundo y no en los acontecimientos políticos y económicos.

Con estas palabras, el Deutsche *Bergwerkszeitung* de Düsseldorf comienza su editorial con una afirmación clara. Por supuesto, estamos acostumbrados a todo tipo de ataques odiosos contra nuestra visión del mundo, pero pocas veces se nos ha dicho con tanta impertinencia que no sólo somos responsables del actual debilitamiento del cristianismo, sino también de la futura decadencia del mundo entero.

El autor, que se hace llamar Spitama, sabe hasta dónde puede llegar sin caer en la ilegalidad con su cúmulo de insultos hábilmente disfrazados contra el nacionalsocialismo. Olvida que no juzgamos las palabras, sino el espíritu, y que, además, no somos tan estúpidos como para no considerar esta "discusión científica" como lo que es, es decir, un texto político.

Pero una reacción autoritaria por nuestra parte serviría tanto al Sr. Spitama como al *Deutsche Bergwerkszeitung,* que ha permitido que este insolente desprecio por la visión nacionalsocialista se exprese en sus dos primeras páginas a ocho columnas. Una esfera espiritual atacada no puede limpiarse con ninguna medida coercitiva. Estamos decididos a dejar claro a los ciudadanos alemanes a los que se dirige el *Deutsche Bergwerkszeitung* que la "crisis espiritual actual" es totalmente distinta de la que presenta el Sr. Spitama, y en particular que lo que él considera una "causa de enfermedad" es el único remedio y la única salida para el futuro alemán.

No teníamos ni idea de que vivimos en un "espantoso caos, que amenaza y socava toda nuestra existencia". Teníamos la impresión de que los ciudadanos que aún no comparten nuestros ideales (por si todavía queda alguno entre los lectores del *deutsche Bergwerkszeitung)* están de acuerdo con nosotros en que el nacionalsocialismo ha puesto fin precisamente a ese "espantoso caos" y lo ha sustituido por un orden tan productivo como fértil. Pero es evidente que los acontecimientos del último año no han sido percibidos por el Sr. Spitama y su colega, pues suponen que el pueblo alemán sigue viviendo en el infierno de destrucción que ellos presentan -éste es el verdadero sentido de su artículo- como el resultado inevitable del abandono del cristianismo.

Mediante justificaciones objetivas de alto vuelo, el Sr. Spitama demuestra en su artículo, que él llama "la causa de la enfermedad", que el marxismo se ha fijado como objetivo destruir la religiosidad en el pensamiento occidental. Demuestra con numerosas citas que el abandono real del cristianismo, o más bien de la Iglesia cristiana, sobre todo en la última mitad del siglo pasado, fue un concomitante evidente de la visión materialista del mundo.

Habría poco que objetar en los ámbitos histórico, religioso y filosófico si el sentido del ensayo no fuera atribuir tendencias similares al nacionalsocialismo precisamente en estas áreas. La sabiduría del Sr. Spitama culmina en su conclusión: "La salvación y la liberación de Alemania sólo pueden residir en el retorno a Aquel que es el camino, la verdad y la vida (es decir, ¡Cristo!) Sólo así podrá Occidente escapar de la decadencia anunciada.

Así que ahí estamos. El nacionalsocialismo, con su evidente hostilidad hacia la Iglesia, es responsable de la eventual desaparición de Occidente. Pues la descristianización "es la enfermedad que nos aqueja y de la que pereceremos si no logramos vencerla".

Esto se demuestra con toda la gama de argumentos clericales. El ingenuo y polvoriento profesor Sombart es citado en una frase algo oscura, que el Sr. Spitama considera "llena de carácter":

"Lo que hemos vivido sólo puede explicarse como obra del demonio. Podemos ver claramente los caminos por los que Satanás ha conducido a los hombres hacia sí mismo: ha minado cada vez más la fe en un mundo del más allá y ha lanzado así a los hombres a la perdición de este mundo."

Si el señor Spitama nos hubiera llamado demonios grandes y pequeños, nos habría culpado del hecho de que hoy su "creencia en el más allá" haya desaparecido efectivamente de la mayoría de nuestros conciudadanos. Porque, tal como lo describe el escritor, es el más horrible de los terrores:

Los modernos ya no están sujetos al temor de los infiernos amenazadores y la promesa de recompensa en la otra vida ya no les consuela por lo desagradable de este mundo.

Ciertamente, no había necesidad de tendernos una trampa movilizando nada menos que a Heinrich Heine en apoyo de estas tesis, como si el pensamiento judío, que es por ello taimado, hubiera previsto exactamente el curso de la evolución al creer que podíamos abandonar voluntariamente el cielo a los ángeles y a los pajarillos.

Ciertamente, nuestra religiosidad, y por tanto nuestra fe en nuestro pueblo y en su futuro, está firmemente arraigada en la realidad. Pero que no se diga que estas visiones "intentaron sustituir al dios presente en la conciencia".

No toleramos que nuestra creencia más sagrada sea calificada de pseudoreligión porque nuestra fe sea inferior a la de la comunidad confesional. Creemos en la eternidad del mismo modo que los cristianos religiosos. Creemos que las fuerzas que han permitido a nuestro pueblo escapar a la muerte son tan "religiosas" como esas representaciones tan diversas que, casi enterradas bajo dogmas medievales, forman el verdadero núcleo de la doctrina religiosa actual. Si podemos, es precisamente porque somos capaces de ver y experimentar la eternidad en este mundo, una facultad que el cristianismo, allí donde vivió y vive, ha cultivado y alimentado.

"La creencia en Dios y en el más allá es, de hecho, el fundamento de la moral, de donde extrae su poder de acción. La moral autónoma, que ya no ve a Dios como legislador y juez, es el producto de reflexiones intelectuales. No puede sobrevivir ni resistir los ataques de las grandes tentaciones de la vida. La autonomía moral, este producto del subjetivismo moderno, conduce a la adoración del hombre. Aquí está, ¡la puñalada trapera!

Para nosotros, esta moral que viene de arriba y se impone al pueblo es tan condenable como esas formas hipócritas que, por ejemplo, utilizan las faltas más comprensibles mediante el secreto de confesión para dominar políticamente a los débiles mentales.

La abstrusa doctrina del pecado original hace necesaria la redención. La Caída, e incluso la noción de pecado según la concepción cristiana, con una recompensa y un castigo en la otra vida, es insoportable para las personas de nuestra raza porque no es compatible con la cosmovisión de nuestra sangre.

Pasando por alto todas las controversias confesionales -y apenas puede haber debates en Alemania sobre problemas religiosos-, consideramos incuestionablemente importante para el futuro de nuestro pueblo que la religión al servicio del Estado cree formas espirituales nuevas y apropiadas para que pueda realizarse el ideal heroico de vida de nuestra raza. Entonces -y sólo entonces- el cristianismo, que desgraciadamente sigue influenciado por el Sur, podría arraigar realmente en nuestro pueblo, algo que, como sabemos, no pudo hacer en absoluto mil años después de la cristianización forzosa.

Por eso Spitama es insolente cuando define la forma dogmática católica del cristianismo precisamente como "la fe de nuestros padres"; ¡como si no hubieran sido necesarios siglos de duros combates para imponer esta religión de amor a nuestros padres mediante la espada y la tortura!

Además, hoy sabemos con qué fuerza el sentimiento religioso del germanismo impregna el cristianismo "alemán", y que la moral social, que la Iglesia quiere considerar como su creación más fundamental, se basa más en las cualidades éticas de nuestra raza que en la doctrina de púlpito de los siglos medievales.

Por último, no debemos olvidar que los últimos mil años han sido una alienación del principio de nuestro ser y de nuestra especie en todos los aspectos. Ciertamente, no queremos ignorarlos ni eliminarlos por completo de nuestra conciencia, pero tampoco queremos olvidar que este milenio no es más que "un día y una noche comparados con Dios, con la eternidad que sentimos en este mundo", que es el origen de nuestro ser y de nuestra religión.

Frente a los milenios de existencia de nuestro pueblo y las decenas de milenios de existencia de nuestra raza, los orgullosos errores de una falsa doctrina ajena al pueblo no cuentan mucho. Esto hay que decírselo a quienes, con mala voluntad y con ropajes prestados, se imaginan que pueden calumniar impunemente nuestra sensibilidad religiosa.

"D'ESTOC ET DE TAILLE", POR GUNTHER D'ALQUEN, 1937.

PODER Y CORAZÓN

La Trinidad de cuerpo, mente y alma forma una unidad armoniosa y viva en las personas sanas. Pero estas tres esencias, que para nosotros son perfectamente equivalentes, pueden valorarse de forma diferente. A lo largo de la historia, esto siempre ha sido perjudicial para el hombre.

Por ejemplo, conocemos el punto de vista religioso medieval que sólo daba legitimidad a una supuesta "alma", intentando así desviar las esferas intelectuales del hombre hacia el más allá y dejando de interesarse por el cuerpo. También estamos familiarizados con aquellas tendencias que sólo tenían en cuenta el espíritu, la ratio, y lo reducían todo a un puro mecanismo, a una causalidad sin alma.

Estas posiciones parcialmente falsas no son saludables cuando chocan frontalmente con la pura realidad. Es una visión que no tiene la fuerza de la realidad y no coincide con ella. Es inadecuada e insostenible.

Se puede hablar de una sobreafirmación del aspecto "moral" con respecto al principio nacional. Donde antes el liberalismo enfatizaba sólo lo material, vemos surgir el mismo error opuesto como reacción contra el liberalismo, sólo que más exclusivo en concepto e ideología. En este caso, la realidad nacional, la idea racial y, en definitiva, nuestro amor a este mundo se convierten en una ilusión sin fundamento y dan paso a consideraciones que analizan al pueblo de forma metafísica o escolástica, especulaciones quiméricas y una falsificación del significado místico de la realidad nacional.

Vemos este misticismo "nacionalista" funcionando aquí y allá. Sus representantes son tan calotinos e intolerantes como los dominicos de la Edad Media; sus concepciones versan sobre la "costumbre", la gimnasia rúnica y la magia misteriosa. Se reúnen en sectas y creen que luchar contra otros calotinos les da una coartada. Odian los conceptos claros. La ciencia y la economía son para ellos a priori sólo dominios liberalistas e invenciones del diablo.

El nacionalismo se ve a sí mismo como una realidad popular. Insiste en la primacía de la cosmovisión, pero sin descuidar otros aspectos de nuestra existencia.

La descomposición de toda la humanidad y la disociación de los reinos físico, espiritual y moral también se manifestaron desde el punto de vista del Estado. No sólo se engañaba al individuo y se violaba la esencia del pueblo, sino que también el Estado y la autoridad carecían de una auténtica armonía.

Además, el arte se vio obligado a limitarse a las necesidades políticas del poder, y éste dejó de poseer aquellos valores espirituales y morales que son el sello distintivo de la verdadera humanidad.

Alemania ha encontrado así en nuestra presencia tanto poder como espíritu, poder y alma. Así, el arte se independiza y el poder hace lo propio. La razón de esta separación de los dos dominios reside en última instancia en esta hostilidad y naturaleza ajena. El arte no puede prosperar a largo plazo sin el poder político, y un Estado se congelará y se volverá reaccionario si el espíritu y el alma no le proporcionan una vida interior.

Hemos superado el ideal de un aparato estatal puramente activo, pues ahora todo el pueblo influye en el Estado y, por tanto, en el espíritu y el alma de la nación. Por lo tanto, la espiritualidad alemana ya no evoluciona sin un contacto positivo con el poder. Por tanto, ya no corre el peligro de caer en manos de los judíos como antaño. Pero, a diferencia del pasado, el Estado ya no considera el espíritu como un enemigo deliberado, indeseable y prohibido, sino como una manifestación vital de la nación.

Nuestra tarea consiste en sintetizar el poder y el espíritu que reinaron antaño. El arte encontró a menudo la protección de príncipes pequeños y poderosos, pero los grandes solían permanecer en silencio. Para ello, el poder y el espíritu deben ir de la mano. Se mencionan los datos morales que el pueblo alemán posee en abundancia. Así pues, el problema más grave no es sólo crear armonía entre poder y espíritu, sino lograr una síntesis perpetua de poder y alma.

La mayor tarea que se ha encomendado hoy a nuestro pueblo es combinar y mantener continuamente estos principios. Entonces el poder no se volverá fijo; nunca se convertirá en una fachada y siempre estará en estrecha relación con los alemanes.

Pero el alma alemana mirará hacia atrás y se liberará de estos ensueños ajenos porque tomará la realidad como punto de partida.

Siempre se esforzará por observar la realidad más elevada que existe en esta tierra: un pueblo feliz y su continuidad.

CUADERNO SS Nº 4. 1942.

PIEDAD GERMÁNICA

A través de su religión, nuestros antepasados honraban a las fuerzas sobrenaturales cuya acción y poder creían sentir en los campos y los bosques, en el cielo y en la tierra, ciertamente, pero sobre todo en su propia existencia. Éste fue siempre el aspecto esencial. El hombre también es hijo de la naturaleza, pero como ser dotado de habla y espíritu, su vínculo con la comunidad es totalmente distinto del del animal. La relación original con la familia, el clan y el pueblo en el que ha nacido influye en su vida a un nivel mucho mayor que su relación con la "naturaleza", que es el campo de su actividad. La comunidad popular también le proporciona su religión, ¡así como su lengua! A través del culto y del mito que aprende, le transmite la especificidad de su relación con la divinidad. Mejor aún, distingue la voluntad de la propia divinidad, que se expresa en la acción y la motivación de esta comunidad, en las leyes y normas que la rigen, en los valores morales que le son inherentes. La discierne en primer lugar en la comunidad porque estas reglas y relaciones derivan su fuerza sagrada del hecho de que son establecidas, según la antigua creencia, por los propios dioses, están sujetas a su supervisión y protección.

En este contexto, las sagas islandesas que describen la fiesta nórdica de los sacrificios son especialmente instructivas. Se nos dice que en las grandes fiestas anuales se hacían sacrificios, por una parte, "por la cosecha" (o un "buen año") y la "paz" y, por otra, por la "victoria" y el reinado del rey. Esto demuestra que el sacrificio organizado por la comunidad popular representada por el culto comunitario estaba vinculado a la vida y al destino de dicha comunidad. Buena cosecha y paz por un lado, victoria y soberanía por otro; estos son los dos polos en torno a los cuales se mueve la vida de un pueblo: el aspecto biológico natural y el aspecto político-histórico. Por un lado, está la paz, que implica el trabajo del campesino y culmina con la cosecha; por otro, está la guerra, que, coronada por la victoria, aporta honor y poder. El hecho de que se pidieran estas cosas a los dioses en las fiestas de sacrificio demuestra que se les consideraba proveedores y protectores de estos bienes, es decir, de todo lo que constituía el alma y la razón de ser de la comunidad étnica. El hombre germánico creía que los dioses decidían tanto la prosperidad de su trabajo pacífico -cultivar su campo- como la conquista de la victoria en la guerra que aseguraba la supervivencia del pueblo.

Pero la fórmula "til ärs ok fridar" encierra una lección mayor que la traducción "por un (buen) año y la paz"; pues la palabra "paz" caracteriza no sólo el estado de paz, por oposición a la guerra, sino también el orden moral y jurídico sobre el que descansa la pacífica vida común de la comunidad humana. Nada puede expresar mejor el sentido religioso de esta antigua fórmula que las palabras de Schiller:

"Orden sagrado, hijo celestial que trae la bendición que une a toda la comunidad en la libertad y la alegría. Los dioses son los dispensadores del bien, los bienes de la vida; son los maestros de la guerra, los regidores de la victoria y determinan así el destino de los pueblos. También son los guardianes de la paz sagrada, que se basa en el derecho y la ley.

En comparación con el conocimiento del culto y el impacto de la religión en la vida pública, es difícil imaginar la actitud religiosa interior del pueblo germánico, su piedad. La santidad y el poder de la divinidad infunden en los creyentes un sentimiento de dependencia. Pero para el hombre germánico, este sentimiento de dependencia de su dios estaba exento de toda sumisión servil. Por el contrario, se apoyaba en una confianza fuerte y valiente. En el Norte, trua ('confianza') es una expresión de fe religiosa y el dios en el que el islandés se apoyaba por encima de todo en las miserias y dificultades de la vida. Lo llamaba su "Fultrui", es decir, el que merece plena confianza. Al igual que el noruego Thorolf Mosterbart, muchos hombres germanos buscaban la salvación en su dios cuando tenían que tomar decisiones difíciles y pedían su consejo. ¿Sabían que estaban a salvo bajo la protección del poderoso dios, o era sólo una reacción instintiva verlo como el "amigo" seguro? Hay muchas pruebas de que Thor fue el primero en ser considerado así. En la saga se le llama Astvinr ("el amigo amable"). Una relación tan hermosa y digna no disminuye la distancia entre el hombre y Dios sobre la que descansa toda creencia piadosa; dio lugar a una piedad que dio al hombre confianza y fuerza; es la característica más noble presente en la concepción de la religión germánica.

Walter Baetke

El hombre debe captar a Dios en el corazón de las cosas.

Maestro Eckhart

Folleto Nº 6 de las SS. 1942.

Cuerpo y alma

La antigua concepción de la antigüedad y del cristianismo establece una diferencia de naturaleza entre el cuerpo y el alma. Ambos tienen un origen distinto: el cuerpo es de origen terrenal y material, el alma de esencia divina y espiritual. Cada una sigue un destino diferente: el cuerpo muere y se descompone, el alma es inmortal y vive después de la muerte. También tienen un valor muy contrastado: el cuerpo es fuente de instinto, bajeza, inferioridad y vileza; el alma es el soporte de lo que es grande y bello, y por tanto de valor absoluto. Un abismo infranqueable los separa; hostiles, se enfrentan. El cuerpo, profano, es la cadena que retiene al alma de su vuelo inmaterial y divino hacia las alturas. Es la camisa de fuerza terrenal e impura.

Nuestra visión del mundo y nuestras creencias étnicas contradicen estos principios de un mundo decadente y moribundo.

Sabemos que estos dos aspectos, alma y cuerpo, nos han sido concedidos por el Creador. Ambos son para nosotros la manifestación de la naturaleza divina siempre creadora, eterna y maravillosamente activa.

Sabemos que nuestros antepasados nos las han transmitido y que perdurarán en nuestros hijos. Sabemos que nosotros mismos somos responsables de su supervivencia o de su muerte. Somos plenamente conscientes de que nuestra misión es continuar la obra del Creador y mejorarla con el paso del tiempo.

Sabemos que la nobleza y la pureza de nuestro cuerpo son también la nobleza y la pureza de nuestra alma y, a la inversa, quien corrompe su cuerpo corrompe también su alma. La educación de nuestra alma y el desarrollo de nuestro cuerpo van de la mano.

Sabemos que nuestro cuerpo y nuestra alma son, en última instancia, uno solo y que honrar a uno es honrar al otro.

L.E.

CUADERNO SS Nº 8A. 1941.

¿QUÉ SIGNIFICA "SOLSTICIO"?

El Sol, padre del universo,
crea primavera e invierno, calor y frío

Estar de guardia lejos hacia el este no tiene francamente nada que ver con la astronomía. Sin embargo, el soldado que está allí, frente al enemigo, puede convertirse en un "experto confirmado en cuestiones astronómicas", sobre todo si observa la salida del sol.

El amanecer sobre las vastas llanuras orientales es un espectáculo inolvidable para cualquiera que lo haya visto. Un rojo brillante anuncia el acontecimiento en el cielo matutino, luego los rayos aparecen por encima del horizonte; un pálido Sol de invierno sale y prepara un nuevo día. Estas son las cosas que todo el mundo puede ver todos los días.

Pero ahora nos gustaría estudiar este espectáculo natural desde un punto de vista astronómico. No necesitamos telescopio, brújula ni reloj, sólo un punto fijo para varios días y unos palos. Cada día, cuando sale el sol, marcamos nuestro punto de salida clavando un palo en la nieve a unas decenas de pasos por delante de nosotros.

Al día siguiente o unos días después vamos al mismo lugar. El amanecer es inminente, ¡y aquí es donde la mayoría de la gente se sorprende! Ya no aparece detrás de nuestro bastón como antes, sino un poco más al sur, es decir, a la derecha. Como empezamos nuestras observaciones a principios de diciembre, el Sol se desplazará más a la derecha cada vez que salga... hasta el 22 de diciembre. Los días 21, 22 y 23 de diciembre, aunque no estés de servicio, merece la pena estar despierto antes de la salida del Sol y observarlo por el Este desde un punto predeterminado.

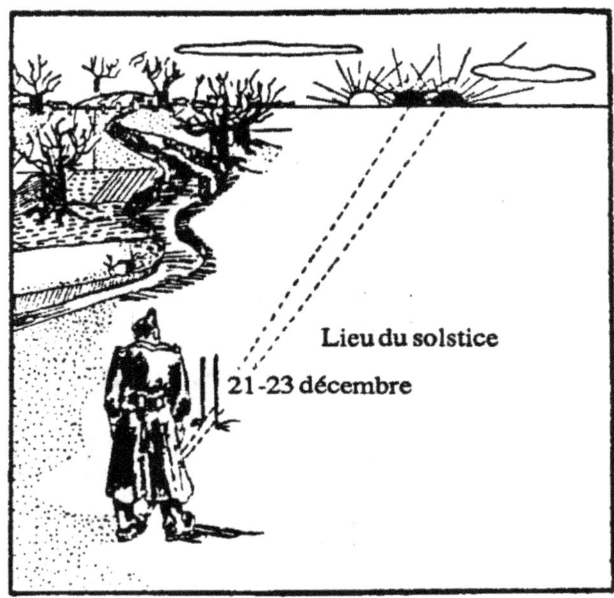

¿Qué ocurre durante estos tres días? El Sol, que sigue desplazándose hacia el sur desde el punto oriental el día 21, alcanza su punto más alto de salida en el sur el día 22 y vuelve a *desplazarse* hacia el norte el día 23. El hecho de que hayamos prescindido del sueño nos permite presenciar realmente el desarrollo del *solsticio.* Hemos visto este acontecimiento dos veces al año -con piadosa admiración-, como lo hacían nuestros antepasados germánicos, que madrugaban, como todo campesino, y que determinaba sus fiestas más sagradas. Pues el cambio en el curso del sol les prometía -y nos prometía a nosotros- ¡un aumento de la luz del día y del sol! También indica que el oscuro invierno ha terminado y que volverá a haber primavera. Veamos ahora el dibujo que refleja esta observación.

Pero cabe preguntarse por qué el solsticio de invierno indica un día tan corto, mientras que el solsticio de verano indica precisamente el día más largo. Para Berlín, la diferencia en la duración del día es efectivamente de 7 horas en invierno y 17 horas en verano.

Nuestro segundo dibujo explicará por qué. Imaginemos que pudiéramos subir por encima de la Tierra en un globo estratosférico, y supongamos también que lo que verían nuestros ojos sería exacto: la superficie de la Tierra tendría forma de disco y el cielo de media esfera..... Por tanto, podríamos seguir la trayectoria del Sol en esta media esfera, ya que permaneceríamos un día entero con el globo a esta altura. Si ascendiéramos exactamente el 22 de diciembre, veríamos aparecer el Sol por el sur, rozaría el sur durante el día en un arco hacia el oeste y se pondría de nuevo por el suroeste. Pero el 21 de junio veríamos la salida del Sol en lo alto del noreste, luego el arco ascendente directamente sobre el cielo hacia el oeste y la puesta del Sol en el noroeste. El dibujo revela que estos arcos diarios tienen diferentes longitudes, y que la radiación del Sol puede tener una duración variable.

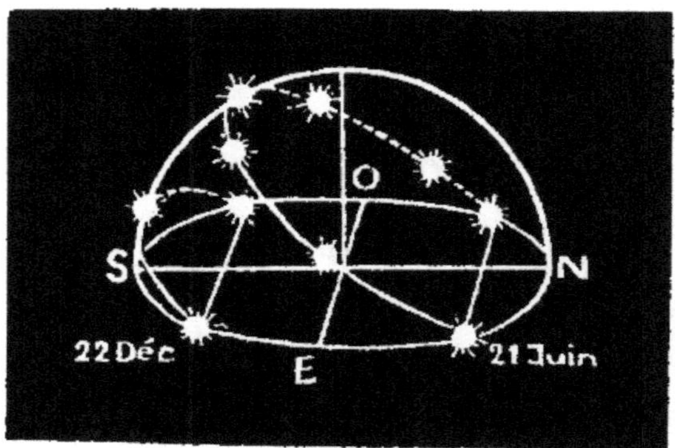

Pero quizá esto siga sin responder a nuestra pregunta. Nos decimos con razón que la Tierra no es un disco y que el Sol no se mueve en el cielo de esta manera en absoluto. Así que llevemos nuestro globo estratosférico a unos miles de kilómetros en el universo y veamos cómo son el verano y el invierno en el universo desde esta enorme distancia. Tenemos que alejarnos durante todo un año, de lo contrario no podríamos ver las diferencias con tanta claridad.

Cuando nos alejamos lo suficiente en el espacio, podemos ver el Sol. En el centro de las elipses descritas por los planetas del sistema solar. Junto con Mercurio, Venus, Marte y los demás planetas, nuestra Tierra orbita alrededor del Sol, gira sobre su eje cada día y, durante un año, da exactamente una vuelta alrededor del Sol. Los polos helados de nuestra Tierra nos parecerían casquetes de color claro, pero, curiosamente, los polos norte y sur no están en los puntos más alto y más bajo del globo, sino desplazados lateralmente, de modo que el eje de la Tierra es *oblicuo* en el espacio.

Esta inclinación del eje de la Tierra, o eclíptica, hace que en nuestras latitudes templadas tengamos calor suave en verano, frío en invierno, días largos en verano y cortos en invierno. La inclinación del eje de la Tierra explica nuestras estaciones. Nuestra tercera imagen lo explica.

VERANO *INVIERNO*

En el centro está el Sol brillando, a la derecha y a la izquierda está nuestra Tierra en estos dos puntos que designan el 21 de junio y el 22 de diciembre. Ahora, con una linterna y una manzana o una patata redonda que habrás perforado oblicuamente con un alambre, debes imitar estas dos posiciones. El eje de la Tierra apunta constantemente hacia el mismo punto del cielo (hacia la Estrella Polar), y el Sol también permanece constantemente en el mismo lugar. Por lo tanto, sus rayos iluminan una zona más amplia en el norte, y seis meses más tarde una zona más amplia en el sur. Podemos reproducir todo el fenómeno con la linterna.

La parte central de la Tierra, la zona hacia el ecuador, recibe constantemente la misma cantidad de luz. Así, cada día dura exactamente doce horas y el Sol pasa verticalmente sobre las cabezas de las personas que viven en los trópicos todos los días. Pero durante el verano, el Sol brilla mucho más en la parte septentrional del globo. En el extremo norte, el Sol sencillamente no se pone y nuestros camaradas de Narvik incluso experimentan el sol de medianoche, la gran maravilla de esta región. Más al sur, el sol sale muy alto en el norte, el día es largo y el ocaso se produce en el oeste. Al mismo tiempo, la mitad sur de la Tierra experimenta días más cortos y la noche invernal reina constantemente en el Polo Sur. Al cabo de un año, cuando los días se han ido acortando paulatinamente para nosotros, la mitad sur de la Tierra experimenta exactamente el fenómeno contrario.

Por tanto, los seres humanos estamos sujetos, al igual que todos los planetas, la Tierra y todos los seres vivos, a la gran ley divina y solar. Esta es también la idea que se nos pasa por la cabeza el día del solsticio.

Folleto Nº 7 de las SS. 1938.

Solsticio

El granjero caminaba con paso pesado sobre la nieve profunda. Su figura alta y ancha destacaba, negra, sobre el blanco azulado del paisaje invernal y el cielo nocturno estrellado. El hombre que le acompañaba estaba seco y demacrado. Su abrigo de piel ondeaba al viento y caminaba tan alegremente que parecía recién salido de la adolescencia. El intenso frío que había hipnotizado y petrificado el páramo y el bosque no parecía tocarle, pues llevaba el chaleco de lana entreabierto. De vez en cuando, con la mano izquierda, se rascaba la barba gris en la que su aliento se condensaba constantemente en pequeños cristales. Detrás de los dos hombres, a cierta distancia, como corresponde al respeto debido a la edad, seguía Eib, el hijo mayor del granjero. Llevaba, como los demás, sus armas: la espada larga, el puñal y la lanza. Había echado el escudo hacia atrás y en su cadera derecha colgaba un cuerno artísticamente labrado, conservado durante generaciones y transmitido de padres a hijos.

Los marchantes pasaron en silencio por las colinas donde estaban enterrados sus antepasados. Allí debieron de dormir reyes y príncipes que antaño fueron poderosos y cuyo valor guerrero se celebraba con canciones. El anciano enjuto que le precedía a la derecha del padre era también un iniciado que vagaba de granja en granja contando historias y que "sabía más que su breviario". Eib vio que el hombre canoso, cuando pasaba junto a un gran montículo, le saludaba con su lanza. Durante este paseo solitario, probablemente conversaba en secreto con los muertos?

El joven campesino recordó las historias que le había contado el comerciante de pelo negro del sur, unas lunas antes. Allí habría gente que evitaba las moradas de los muertos porque les tenían miedo. Ante este recuerdo, Eib sacudió la cabeza. ¿Por qué temer a los muertos cuando aún formaban parte del clan? ¿Acaso los lazos que unían a las generaciones no se remontaban tan atrás en el tiempo que nadie sabía de dónde venían, y no continuarían a través de las generaciones futuras en un futuro que nadie sabía cómo acabaría? ¿No habían transmitido los muertos su herencia a los vivos como un legado sagrado que exigía respeto?

Los antiguos símbolos paganos fueron revividos por las SS. Aquí, el famoso candelabro de él que se daba a cada nueva pareja SS en el solsticio de invierno.

La SS celebra el solsticio de invierno, la noche que anuncia el regreso del Sol.

El hombre del sur había hablado de demonios y fantasmas, de seres perturbadores en cuyos cuerpos vivían los muertos, seres que jugaban un juego desagradable con los hombres, con la única intención de hacerles daño y traerles la desgracia. ¿Podría la muerte haber cambiado tanto a los padres que yacían bajo estas colinas? Increíble, no, imposible: el joven campesino respondió a su propia pregunta. Quien había permanecido natural en vida no podía ser diferente en la muerte. Quien había trabajado por el bien y el futuro de su clan y de su pueblo no podía, una vez enterradas sus cenizas en la tierra, convertirse en enemigo de su propia raza.

Es posible que entre los pueblos del sur asustaran a los vivos durante las noches solitarias. Los hombres de pelo negro eran de naturaleza tan distinta, de carácter tan oscuro; tal vez sus muertos eran diferentes de los nuestros. El joven campesino decidió preguntar al anciano canoso, huésped de su padre desde hacía algunos días. Sabía que aquel hombre delgado había visto muchos países y pueblos.

Los tres hombres habían llegado a la meseta central del páramo, que era el objetivo de su viaje. La gélida noche parecía haberse despejado. Los círculos de enormes bloques verticales eran claramente visibles y el granjero y su invitado se acercaron a ellos. Se detuvo ante un bloque situado en el centro del círculo. Esta piedra tenía un plano secante que parecía dirigido hacia un punto del cielo. Con un gesto tranquilo de la mano, el granjero apartó la capa de nieve que cubría la punta de la piedra.

Sabía lo que tenía que hacer. ¿No llevaba años viniendo a este lugar con su padre, en la época del solsticio, en verano y en invierno? Giró hacia el norte, caminó entre dos círculos de piedra hasta llegar a un tercero, en cuyo centro se alzaban dos bloques muy juntos. Retiró con cuidado la nieve que lo cubría como un manto y regresó junto a su padre. Mientras tanto, su padre había inspeccionado cuidadosamente el cielo estrellado y luego se volvió hacia el sureste, donde brillaba una tenue luz que anunciaba el amanecer de un nuevo día. El sur se hizo cada vez más brillante, mientras que el norte seguía durmiendo en el azul más oscuro.

Entonces el campesino levantó la mano. "Ha llegado el momento", dijo solemnemente. La estrella del día (Arktur) se inclina ante la tierra". Se arrodilló detrás del menhir, de modo que el borde afilado de su superficie plana formaba una línea ante sus ojos. Esta línea parecía atravesar el estrecho hueco entre dos bloques del otro círculo y llegar hasta la brillante estrella que titilaba justo por encima del horizonte. Entonces se levantó y dejó paso al anciano, que con el mismo cuidado apuntó a través del hueco a la estrella, que desaparecía cada vez más en el vapor septentrional a medida que el cielo se despejaba hacia el sur.

"Tienes razón", dijo el más flaco, "la estrella del día se está poniendo en la dirección que anuncia la fiesta: dentro de tres días estaremos celebrando la mitad del invierno".

El anciano se levantó y, a una señal del padre, cogió el tronco de Eib, se lo llevó a los labios e hizo sonar la señal tradicional sobre el páramo. Tres veces sonó y tres veces sonó la llamada. Los hombres escucharon de madrugada. Poco después se respondió a la llamada. El sonido de la trompeta se había oído en los pueblos del páramo, pues ahora parecía que en cada horizonte las trompetas se despertaban y hacían eco de la llamada de granja en granja, anunciando la fiesta del solsticio en la que los clanes y la gente de los pueblos se reunirían dentro de tres días.

(Estos observatorios, que servían para estudiar las estrellas con el fin de determinar las fiestas, en particular los solsticios de invierno y verano, eran muy numerosos en las regiones germánicas. Fueron destruidos por monjes y fanáticos cristianos. Sin embargo, hemos conservado uno de ellos. Se trata de los círculos de piedra del páramo de Tuchel, cerca de la desembocadura del Vístula. Estos círculos de roca con sus piedras de avistamiento están orientados en parte norte-sur y este-oeste, en parte hacia los dos solsticios. Una quinta línea señala la puesta de la estrella fija Arktur, llamada "estrella del día" por nuestros antepasados, mediante la cual se anuncia el solsticio con tres días de antelación. Este observatorio solar y estelar de los antiguos germanos fue estudiado por el profesor Rolf Müller, del Instituto de Astrofísica de Potsdam, y certificado científicamente como puesto de observación).

Ordenados por clanes y aldeas, los hombres bien armados como si fueran a la batalla, las mujeres con sus mejores galas y joyas, todos rodeaban la alta colina de la Cosa en la que ardía un gran fuego. Las llamas se elevaban en la noche que envolvía la tierra. Los ancianos del clan se acercaron al fuego y escucharon, al igual que sus compañeros de clan, las palabras pronunciadas por el anciano canoso, explicando de nuevo el significado de la ceremonia.

El joven Eib había oído hablar a menudo al padre de esta piedra, pero le parecía que sólo ahora comprendía el significado de estas palabras tradicionales. Ahora el anfitrión del granjero, a quien todos los clanes veneraban y cuya sabiduría reconocían, hablaba del orden eterno que rige el cielo y la tierra, el sol y las estrellas, los árboles, los animales y las personas. El símbolo milenario de este orden eterno es el curso del sol. En invierno, se hunde cada vez más en el seno de la Tierra. Vuelve a la Madre Tierra, que le da vida de nuevo, y se eleva cada vez más alto en el cielo hasta el solsticio. Una muerte y un renacimiento eternos.

Oyó hablar al anciano: "La muerte no es el fin de la vida: es el comienzo de un nuevo devenir. El Sol hace brotar nueva vida del seno de la tierra. La hierba y las flores, las hojas y los árboles reverdecen y florecen de nuevo. La joven semilla se cría, el ganado se fortalece en el brezal, una nueva generación crece en las granjas. El año de los hombres transcurre como el año solar del crecimiento. La nieve de los cabellos pesa sobre los viejos, como la nieve sobre los campos. Pero como renace la luz, así renace una generación tras otra. La llama que honramos como imagen del Sol y a la que confiamos los cuerpos de los muertos, purifica e ilumina. Libera al alma de lo que es mortal y la conduce de nuevo a renacer en la luz eterna. Lo que sale del vientre de la madre nunca cesa, al igual que la naturaleza nunca se detiene y completa su ciclo del mismo modo que el Sol.

Eib seguía reflexionando sobre estas palabras mientras el anciano hacía tiempo que se había callado. Alrededor del luminoso hogar, alimentado constantemente por algunos jóvenes, las muchachas comenzaban sus rondas. Se convertirían en madres y darían vida, como el seno de la tierra a plantas y animales. Tres mujeres sobresalían del círculo. Iban de clan en clan, ofreciendo algunos regalos.

"¿Sabes lo que significan estas tres mujeres?", le susurró Eib.

Miró a su alrededor y contempló los ojos claros del viejo canoso.

"Estas tres mujeres son las Norns", dijo la voz del anciano. "Urd, Werdandi y Skuld. Urd, la antigua, que yace en la tierra, Werdandi, el presente, la sangre que late en nuestras arterias, Skuld, el deber, ese destino que todo ser lleva dentro y que se convierte en falta cuando nos desviamos y no lo obedecemos."

La ronda de bailarines había crecido en tamaño, y sus pasos y gestos imitaban el juego del bien y el derecho contra el mal y la maldad. Luego venían figuras embozadas que simbolizaban la lucha entre la luz y las tinieblas, y tras ellas una bulliciosa troupe que, con cada chasquido de látigo, estruendo y algarabía, ahuyentaba el invierno para que el grano se convirtiera en hierba verde y todas las criaturas terrenales gozaran de buena salud.

El estricto orden de los clanes y aldeas se aflojó; por un lado los viejos, reservados y taciturnos, por otro los jóvenes, juguetones, cuyas primeras parejas, habiéndose comprometido durante las cálidas noches de verano, se arrojaban y saltaban sobre las llamas.

Cuando llegó la mañana, los clanes volvieron a alinearse y encendieron sus antorchas en la llama del fuego moribundo del solsticio, para reanimar a las almas muertas de sus hogares. También el campesino se volvió hacia sus compañeros de clan, observando atentamente la llama sagrada que portaba.

Eib sabía que los compañeros encontrarían la comida bien preparada en la habitación superior. Volvió detrás de su gente, hacia la granja, agarrado del brazo de la muchacha que había elegido hacía tiempo, con la que había saltado por encima de las llamas y a la que ahora, según la vieja costumbre, conducía a la granja de la que algún día sería heredero. Ligado a la naturaleza y a la tierra, como todos los campesinos del Norte, se había unido en esta noche de la madre con la que daría a luz a sus hijos y prolongaría el clan. Lo que sólo era un símbolo pronto sería la vida, como mandaba el orden eterno. Una gran alegría llenó su corazón cuando pensó que su promesa de matrimonio sería validada por los miembros del clan en el gran salón, en casa, ante el fuego nuevo del hogar y bajo la rama verde, símbolo de la vida eterna y de los inmensos árboles que se elevan hacia el cielo. Los compañeros del clan no se opondrían a la felicidad que ya había bendecido la llama del solsticio de invierno.

Apegados a la naturaleza como lo estaban nuestros antepasados, veían en esta fiesta del solsticio de invierno la ley divina de la muerte y el nacimiento.

La Noche de la Madre, la noche santa, era, más que ninguna otra fiesta, la fiesta del clan, como sigue siendo hoy la más santa y majestuosa de las fiestas familiares. Cuando encendemos las luces del árbol, ¿sabemos todavía que es el símbolo de la luz y de la vida eternamente renovada? Cuando nos reunimos en torno al árbol de hoja perenne, ¿seguimos sospechando que nuestros antepasados lo veían antaño como símbolo de la continuidad de nuestra raza? ¿Sabemos aún que tenemos ante nosotros el gran árbol cuyas raíces se encuentran en el pasado, cuyo tronco representa la vida intensa y cuyas ramas se extienden hacia el cielo, hacia el futuro?

Los viejos cuentos y costumbres de todos nuestros pueblos arios dan testimonio de lo que esta fiesta significaba para nuestros antepasados. Debemos escuchar con atención para participar de esta sabiduría ancestral.

Kurt Pasternaci

Cuaderno SS Nº 3a. 1941.

Solsticio en el círculo sagrado

Los círculos de piedra celebran el Sol

Amanecer en el santuario de Odry

Cerca del pueblo de Odry, en Prusia Occidental, en el corazón del inmenso páramo de Tuchel, hay una decena de círculos de piedra que, a pesar de las repetidas destrucciones, conservan una forma perfecta. Es cierto que la ubicación de los círculos parece haber sido elegida de forma anárquica y accidental. Algunos de ellos están alineados en una dirección, pero estas direcciones se cruzan según ejes cuyo significado es difícil de discernir.

¿Quizás se trate sólo de un enterramiento? En efecto, encontramos túmulos rodeados de círculos de piedras. Los yacimientos de Odry se han descrito como cementerios de tribus góticas, sin atribuirles ninguna otra función.

Sólo hay dos días en el año en los que Odry revela su significado más profundo: es el día del solsticio de verano y su opuesto, el solsticio de invierno.

Cuando, el 21 de junio, observamos la salida del sol en el círculo de piedras más occidental del grupo septentrional y miramos más allá de los dos círculos hacia el más oriental, con dos enormes rocas una al lado de la otra en el centro, entonces nuestra mirada alcanza el horizonte. Cuando sale el sol -es un momento de gran intensidad- lo vemos aparecer exactamente detrás de las dos piedras del círculo más alejado. Un ángulo de visión directo atraviesa así los cuatro círculos de piedras hasta el Sol naciente donde, colocados en el centro del primer círculo, formamos el "foco", las dos piedras centrales del último círculo forman el "foco".

Meses más tarde, el 21 de diciembre, podemos, situados en otro círculo, mirar también al Sol en el solsticio de invierno hacia el círculo más meridional. Llegamos a la conclusión de que los círculos de piedra de Odry no se colocaron por casualidad, sino que se "vieron" exactamente en el solsticio de verano y de invierno.

¿Eran los alemanes malos observadores?

Pero el observador crítico replicará que en la mañana del solsticio de Odry, el Sol no sale del todo por detrás de nuestras piedras marcadoras: los primeros rayos de sol deberían aparecer exactamente en el centro de la abertura, del "doble punto focal" de las piedras centrales.

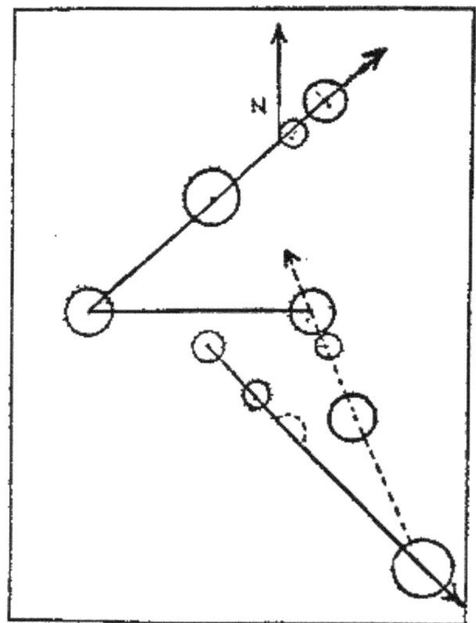

La orientación de los círculos de piedra de Odry

Las líneas unen los centros de los círculos. La línea superior de la derecha indica exactamente el solsticio de verano. La línea inferior de la izquierda indica el solsticio de invierno. La línea de puntos puede indicar la dirección de una estrella.

Este no es el caso. Aparecen detrás de una de las dos piedras. Y cuando determinamos el ángulo exacto con respecto al norte con una brújula y gafas de puntería, obtenemos un ángulo de 48,1 grados en el solsticio de verano, que en astronomía se denomina "acimut". Nuestros antepasados o los constructores germánicos de círculos de piedra parecen haberse equivocado en este punto. ¿O tal vez eran tan malos observadores que no pudieron colocar las piedras exactamente por donde sale el sol?

Es difícilmente concebible que hicieran una "localización falsa". Las personas que estaban tan cerca de la naturaleza, sobre todo los agricultores, sabían tomar medidas perfectamente precisas. Pero podría haber desacuerdo en cuanto a lo que se entendía por "salida del sol" en el pasado: ¿se trataba realmente de los primeros rayos del sol, o de la aparición de todo el disco solar, o incluso del momento en que el sol abandona completamente el horizonte? Está claro que esto da lugar a diferencias angulares ya de por sí significativas. Cuando, por ejemplo, consideramos en Odry el momento en que el

Cuando el sol alcanza la parte superior de las dos piedras marcadoras, la línea de visión parece bastante precisa.

Pero los astrónomos se inmiscuyen ahora en nuestra discusión y señalan que el Sol no sale por el mismo sitio hoy que en el solsticio de hace 2.000 o 3.000 años. Han hecho cálculos precisos y, aunque las diferencias no son enormes, sí son mensurables. Para Odry, por ejemplo, el "acimut" para el año O es de 47,4 grados y para el año 1000 a.C. es de 47,1 grados. Por tanto, ya no nos sorprende que nuestro ángulo de visión no coincida, pero nos preguntamos cuál fue la fecha a la que corresponde la alineación exacta. Esto nos permitirá determinar fácilmente la fecha de erección de estos grupos de piedras. ¡El Sol nos dará la respuesta cuando salga!

Esto sería ciertamente posible si sólo supiéramos cuándo los astrónomos de Odry tomaron su punto de referencia. Podemos establecer un valor medio según las distintas posibilidades y obtenemos aproximadamente el año O como fecha de erección del santuario de Odry. Por supuesto, también puede haber sido unos cientos de años antes, y las excavaciones en la zona de los círculos de piedra indican el año 150 a.C.. Esto significa que son obra de las tribus góticas que antaño poblaron Prusia Oriental.

Stonehenge - santuario solar

A partir de los conocimientos aportados por Odry, podríamos concluir que muchos -si no todos- los círculos de piedra de la región septentrional estaban orientados hacia el Sol. Pero la imposibilidad de realizar mediciones exactas, las confusiones que hemos mencionado y la destrucción de muchos círculos de piedra hacen difícil confirmarlo. Por ejemplo, el famoso Externsteine y la cueva que hay en él con un agujero en la pared orientado al norte siguen planteando muchos enigmas a la ciencia, aunque parece ser un claro santuario de culto solar.

Las cosas están bastante claras sobre el magnífico emplazamiento de Stonehenge, en Inglaterra. El emplazamiento de las piedras es circular y estaba rodeado en el exterior por murallas y zanjas de 100 metros de diámetro. Al norte, las zanjas permiten el paso de un camino recto de 400 metros de longitud. El círculo exterior del santuario estaba formado en su día por treinta piedras gigantes, dispuestas en columnas, que estaban unidas en la parte superior por ménsulas. En el interior había cinco pares de piedras en forma de herradura abierta en dirección al camino noreste.

La propia carretera está hecha por el hombre y más allá de ella, a 33 kilómetros de distancia, hay largas construcciones lineales de tierra colocadas exactamente en línea con una línea que va desde el centro del yacimiento de piedra hasta el centro de la puerta de piedra y se dirige desde el centro de la carretera hacia el noreste. El sol sale por esta línea hoy en el solsticio, o al menos varía apenas un grado. El "acimut" es hoy de 49,34,3 grados en esta línea, pero el acimut en el año 1900 era de 50,30,9 grados cuando Stonehenge fue estudiado astronómicamente. La diferencia de 56 minutos y 6 segundos se debe a la antigüedad del emplazamiento e indica, con una variación de 200 años más o menos, que se construyó hacia el 1700 a.C.

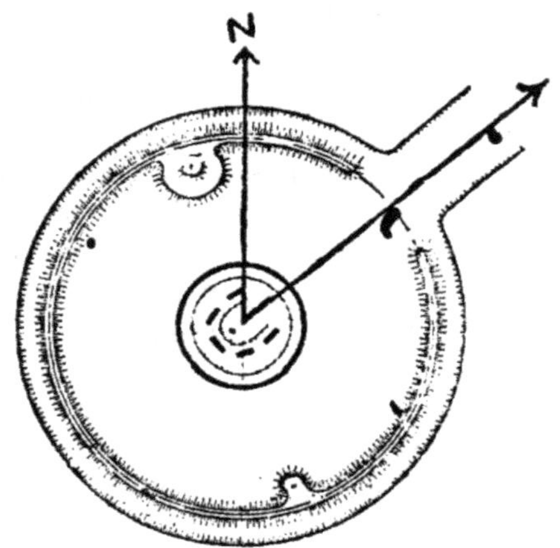

La orientación del Observatorio Solar de Stonehenge

Los majestuosos círculos del lugar se abren a una dirección central que también se refleja en una carretera y una piedra emblemática: la dirección exacta del solsticio de verano.

Stonehenge es un yacimiento enorme, construido con rocas que requirieron mucho trabajo y se transportaron más de cien leguas. Pero ni siquiera los sitios pequeños como Odry se construyeron en dos días. El norte de Alemania, que es "rico en piedras", no tiene por todas partes cantos rodados tan grandes como para construir diez círculos de piedra con una media de 178 piedras de 80 centímetros de altura. Una fuerte voluntad y una fe aún mayor están detrás de semejante esfuerzo. El culto al Sol universal también es algo natural para nosotros, los hombres de hoy, como lo fue para nuestros antepasados que erigieron su santuario...

W.J.

CUADERNO SS Nº 7. 1942.

NOCHE DE LA MADRE

Allí donde los alemanes viven y echan raíces en la vasta tierra, el árbol de Navidad se enciende en el solsticio de invierno. El árbol de hoja perenne, que florece con luces en medio de la noche santa, se ha convertido en el símbolo de la germanidad y el arquetipo de su presencia. La zona de asentamientos se extiende hacia el este y el sureste del Reich. Los alemanes con arado irrumpieron en el caos de tribus y pueblos extranjeros; pero en todas partes, en el bosque de Bohemia, en los Zips, en los asentamientos dispersos de los Cárpatos y muy lejos, en el abrasador ultramar, en Navidad, las luces del árbol que se convirtió en el árbol de los alemanes.

Cuando un pueblo amplía su espacio vital, se lleva consigo a sus dioses domésticos para mantenerse fiel a sí mismo; puede ser el suelo de la patria sagrada, las columnas del gran salón o las solemnes costumbres que contienen la sabiduría popular. Muchos precursores y tradiciones equivalentes han adoptado el símbolo del árbol del mundo. Es la copa del árbol que los valientes vikingos llevaron desde su patria nórdica hasta Islandia y a través de los océanos hasta la lejana Vinlandia. La llama azul que hoy encendemos en el árbol por todos los hermanos cercanos y lejanos de la Tierra está estrechamente relacionada con la llama que antaño se encendía por el "minne" de aquellos que viajaban lejos en travesías peligrosas o que buscaban nuevas tierras más allá de las Marcas para hacer brotar la luz de la vida popular.

Es el mismo acontecimiento que se repite hoy, como en la antigüedad. Alegres mensajeros de nuestra historia antigua, antiguos autores nos hablan de las costumbres y creencias de nuestros antepasados, que nos conmueven a todos porque, a lo largo de los milenios, pervive la misma sangre, la misma alma. Los pueblos germánicos viajaron a lo largo y ancho, y con sus espadas y arados conquistaron nuevos territorios más allá de los límites del Imperio

Romano. Pero allí conservaron fielmente lo que antaño había nacido en su patria. Los anglos habían abandonado su tierra natal en Holstein para establecerse en Gran Bretaña y acabar convirtiéndose al cristianismo; pero hacia el año 700, el sacerdote cristiano Beda todavía describía sus costumbres navideñas:

"Solían llamar a esta noche tan sagrada para nosotros la palabra pagana "Modranicht", que significa "noche de las madres"; probablemente por las costumbres de bendición que se celebraban a lo largo de la noche.

¿No nos conmueve el nombre de "Noche de las Madres" de la adolescencia de nuestro pueblo, que nos recuerda nuestra propia infancia? Es la noche que se dedica al misterio de la maternidad, aludiendo a esa gran experiencia del renacimiento del Sol del abismo del mundo, del seno materno de cada ser. Si la madre con el niño es hoy en gran parte el objeto de la fiesta, también es una herencia antigua, pues la pareja con el niño bajo el árbol del mundo es una representación sin duda estrechamente relacionada con estas costumbres de bendición en la Noche de la Madre. Pero el nombre es aún más significativo: a través de las numerosas obras, (nuestras costumbres y leyendas populares lo atestiguan aún hoy), sabemos que las tres madres figuran entre las figuras más familiares de nuestras creencias locales. En aquella época, recorrían el país portando la sabiduría femenina y los bienes maternales, distribuyendo regalos, dando buenos consejos a los hombres, sobre todo cuando había un niño durmiendo en una cuna.

Hace dos mil años, este pensamiento estaba ya tan arraigado en nuestro pueblo que incluso los germanos, convertidos en empleados romanos que gobernaban el Rin alemán, erigieron piedras sagradas en honor de estas tres madres protectoras de los recién nacidos. Los romanos cedieron y llegaron nuevos germanos. Incluso mil años después, ellos también seguían conociendo a las tres madres. En las noches sagradas, las amas de casa se preocupaban de cubrir la mesa, poner comida y bebida y colocar tres cuchillos para que las tres hermanas, como las llamaban, pudieran comer. Los fanáticos piadosos las fustigaban; pero las hermanas maternas estaban demasiado presentes en el corazón del pueblo e incluso se les construyó un monumento en la catedral de Worms, con los nombres de Einbede, Waebede y Willibede.

Las leyendas y cuentos germánicos han conservado sus rasgos aún más fielmente. También se les dedican las noches santas en que nacen la nueva luz y el nuevo año; los elfos se acercan a la cuna del recién nacido y le traen sus regalos. En Baviera se les llama los "grandes consejeros", aún más frecuentemente los "Perchten", que significa los luminosos porque acompañan a la luz durante su nacimiento. Son invitados por los hombres y se muestran amables y serviciales con los que son buenos. Aparecen -seguramente también en otros lugares- en el cuento de la Bella Durmiente, a quien regalan la vida. A pesar de la influencia maligna de la decimotercera hada, siguen siendo las más fuertes. En la antigua historia nórdica del "Huésped de las Nornas", las monjas encienden la llama de la vida del niño; la profunda conexión con nuestra luminosa fiesta de Navidad es especialmente clara. Y puesto que se manifiestan desde la antigüedad bajo la forma del ternario sagrado, trayendo al niño sus dones, llenos de sabiduría, es posible que hayan transmitido gran parte de su carácter a los sabios de Oriente, cuyo número y nombres se desconocen, y que incluso hayan sido el origen de los innumerables juegos de los tres reyes.

Los mitos originales y las leyendas eternas nos hablan de las tres madres que se sientan al pie del árbol del mundo e hilan todos los futuros. La noche de Navidad, que celebramos como nuestros antepasados, está dedicada a ellas. Como expresó un gran poeta, para atender a estas madres, debemos volver a nosotros mismos, a las raíces vivas de nuestra existencia popular, que hoy ha encontrado un símbolo universal en el radiante árbol del mundo.

J.O. PlaBmann

Cuaderno SS Nº 4. 1943.

Costumbre primaveral y abundancia de niños

Cuando el sol primaveral ilumina el cielo, cuando los días se hacen más largos y cálidos, cuando en los árboles se hinchan los capullos y aparecen tímidamente las primeras flores, los pueblos son atravesados por alegres bandas de niños, que traen felicidad, bendiciones y piden regalos a los campesinos. Para entonces, nuestro carnaval ha terminado hace tiempo; el traje de carnaval vuelve a colgar tranquilamente en el armario; los fuegos de las montañas se han apagado; las ruedas en llamas, con sus chispas a borbotones, rodando hacia el valle no son más que un recuerdo familiar.

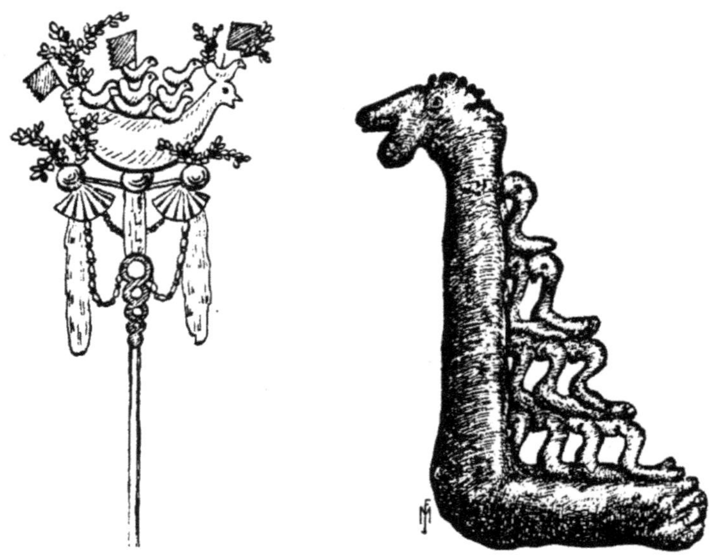

A la izquierda, el personal de Meppel (Países Bajos).
A la derecha, un cisne con palmeras y muchas crías, símbolo de fertilidad que se hornea para Pascua en Holanda.

Pero se acerca la Pascua. La procesión de los niños pasa de casa en casa con una sonora canción y palos o arbustos primaverales decorados. Esta costumbre se encuentra en toda Alemania central, desde Silesia hasta el Palatinado en el oeste, y desde los Países Bajos hacia el sur, hasta los Alpes. Por supuesto, cada región tiene su propia forma de expresarlo; a veces es el domingo de mediados de Cuaresma, el "domingo de Laetare" o un domingo cercano. También es posible que la procesión tenga lugar sólo en Semana Santa o en la semana anterior, y también es popular el Domingo Santo, pero siempre se trata de la misma costumbre. Las copas de los árboles, decoradas con papel multicolor y pasteles o, según antiguas costumbres, con conchas de caracol pintadas, se llevan como símbolos de la primavera. Los palos se decoran con papel plisado multicolor y vegetación fresca. En ellos se cuelgan grandes pretzels como signo de bendición, suerte y fertilidad. A menudo se adornan con delicadeza, se embellecen con trenzas y se fijan amorosamente con ramitas verdes de boj. Tampoco faltan las manzanas, antiguo símbolo de la fertilidad. A pesar de la extrema diferencia de carácter entre los individuos, las hojas de palma son similares, lo que revela su auténtico origen popular y no cristiano. Ya sean grandes o pequeñas, modestas o ricas, llevan pasteles y verdor, cadenas multicolores y banderitas, manzanas y un conjunto de brillantes lentejuelas. En la Baja Alemania y los Países Bajos, estas hojas de palmera son especialmente significativas. Los maravillosos pastelitos en forma de rueda, a menudo ricos y artísticamente tejidos, desempeñan aquí un papel importante. Casi nunca faltan los pájaros horneados, de tamaño muy variado, que adornan y decoran las puntas de estas palmas.

A pesar del cristianismo, muchas costumbres paganas se conservaron en el mundo campesino. Arriba, pan decorativo.

A la izquierda, símbolo de fertilidad en la fiesta de primavera de Questenberg, en el Harz. A la derecha, runas Hagal en una silla campesina.

Danzas para la Fiesta de Mayo en el Bosque de Bregenz.

Son gallos o cisnes, animales que proceden de los mitos de nuestra prehistoria y que han conservado un eco de su profundo significado en estos pasteles, pero sobre todo en los cuentos y leyendas. Una especie, la gallina, es particularmente divertida por su aspecto, pero tiene un significado muy profundo y delicado. El panadero coloca tres, cuatro, incluso ocho, nueve, diez crías de masa sobre el lomo de este pájaro, mezcladas en una densa multitud, tan bonitas y vivas que uno cree oírlas piar. ¿Hay algún símbolo más bello de la abundancia de la alegría, del año lleno de riqueza, de la gran primavera rica en fertilidad, que esta representación de la madre y sus crías? La creencia popular le erige aquí un monumento evidente. Vemos el símbolo de la vida que el hombre alemán lleva dentro. Es la creencia de que muchos vástagos son una bendición, un bien y una bendición disfrazada. Los niños felices, amantes de la vida y risueños llevan esta felicidad de casa en casa. Felices y sonrientes, aceptan de buen grado los regalos que se les distribuyen. El buen espíritu de nuestro pueblo pervive en esta modesta costumbre primaveral.

Lo que sugieren estos pasteles holandeses con forma de pájaro no es un caso único, una excepción o una rareza; otros pasteles expresan ideas similares. En el Tirol, en Navidad, se ofrece aquí y allá como regalo navideño para las jóvenes una gran gallina horneada, con muchos caracoles en sus anchas alas a modo de pollitos. Puede haber hasta treinta pequeños caracoles. La niña se siente orgullosa de tener esta riqueza, que también se ve como la felicidad y la suerte de tener muchos hijos. La gallina, por la fiel atención que presta a sus crías, simboliza perfectamente la verdadera maternidad. Pasea a sus crías, las protege del peligro, las toma bajo sus alas. En Suecia, la gallina dorada de los pasteles de Navidad también está rodeada de muchos pollitos amarillos, reunidos a su alrededor como tantos niños. Este acontecimiento nos transporta muy atrás en el tiempo. Hace más de 1300 años, la reina lombarda Theudelinde hizo enviar a la catedral de Monza una gallina de oro con siete pollitos dorados. El costoso trabajo de orfebrería que requirió esta ave, que se ha conservado para nosotros, tiene sin duda un profundo significado. Todavía hoy puede verse, junto con una corona de ordenación y otros regalos, en el arco sobre la puerta de la catedral. Teniendo en cuenta la costumbre actual, que sigue viva en muchas regiones, es seguro que la reina quiso transmitir algo especial y que sigue una costumbre germánica. Otra tradición que se sigue practicando hoy en día en Sajonia es que los padrinos regalen a su ahijado una hucha de barro con forma de gallina que lleva muchos polluelos a cuestas. El simbolismo es fácil de entender, y el deseo es que el dinero sea abundante y próspero a largo plazo. Por tanto, se supone que el ave con sus crías trae buena suerte, como en las fiestas de primavera. Tener muchos hijos es señal de inmensa felicidad, que garantiza la vida eterna, un brote en la primavera de la vida. Este es el significado de la alegre procesión de nuestros hijos que pasa en Semana Santa. Las cintas ondean al viento, las ramitas crujen, los pretzels, las ruedas y los pájaros exhalan una dulce fragancia. Pero el observador atento percibe un significado más profundo e inmemorial detrás de estas cosas.

Friedrich MöBinger

CUADERNO SS Nº 5. 1943.

NOVIA DE MAYO - REINA DE MAYO

El soleado mes de mayo despierta en la Alemania tradicional toda una serie de bellas costumbres que aún hoy tienen un profundo significado. El árbol de mayo se eleva hacia el cielo azul, que el Reich resucitado sigue manteniendo bello y fuerte. Al anochecer, las hogueras de mayo, esquejes tardíos de las hogueras de primavera, arden en muchas regiones y traen la felicidad. Envuelto en un espeso follaje, el "hombre de mayo", el "Maimann", recorre los silenciosos pueblos de nuestras montañas desde el Sarre hasta la Selva de Bohemia, y también un poco en el norte de Alemania. También tiene otros nombres. Los orgullosos luchadores de mayo y Pentecostés y los numerosos juegos de esa época se han vuelto raros. Con crujidos y chisporroteos, las coronas de mayo y Pentecostés se columpian de cuerdas en las calles de pueblos y ciudades pequeñas. Durante el día, los niños se cogen de la mano para cuidarse y por la noche, niños y niñas hacen alegres rondas durante las cuales los mayores permanecen en la alegría del hogar e intercambian recuerdos.

Aún persiste una costumbre de las niñas, a menudo olvidada y descuidada. Se reúnen en silencio y adornan a una de las suyas con una corona de flores de multitud de colores brillantes y resplandecientes. Representan a la novia de mayo encabezada por dos jovencitas adornadas del mismo modo y acompañadas por muchas camaradas, sin adornos, que inician una ronda por el pueblo. La procesión va de casa en casa. En todas partes la comparsa canta una alegre canción y se les reparten muchos regalos. A menudo, durante la canción, la pequeña novia de mayo es rodeada por todas las demás en una ronda solemne y, como es costumbre en Alsacia, suele llevar un árbol de mayo elegantemente decorado alrededor del cual se bailan tres danzas.

A veces, las dos muchachas encargadas sostienen un lazo adornado con muchas cintas atadas por encima de la pequeña novia, pero muy a menudo la novia va sentada en un pequeño carro ricamente decorado. Está completamente oculta bajo el verde follaje; la procesión adquiere un carácter solemne y misterioso. Es algo más que un juego de niños. Esto se refleja en las canciones. Por ejemplo, en una rima del Bajo Rin se menciona un carro de oro y un mango de látigo de plata.

Lo que hacen las niñas del pueblo con toda sencillez y fantasía parece una alegre distracción para el observador actual, pero en realidad es el magro vestigio de una antigua y significativa costumbre, practicada originalmente por niños y niñas adultos. Incluso hoy en día, la pequeña novia no suele estar sola, sino acompañada por un chico que es el prometido de May. Antiguamente, un chico y una chica interpretaban el papel de la pareja de mayo. Los jóvenes se reunían en un gran y rico cortejo nupcial que recorría todo el pueblo, con alegres bailes que se realizaban bajo el árbol durante casi toda la noche, cuando se decoraba con luces que lo hacían brillar con maravillosa belleza. La Reina y el Rey de Mayo, la Condesa y el Conde de Mayo, sirven a menudo de modelo para los dos niños pequeños que representan la primavera del país, el nuevo crecimiento y la prosperidad, el renacimiento de la naturaleza a través de su simbólica unión nupcial. Al igual que la feliz unión de dos seres produce muchos hijos, la plenitud de los dones de la naturaleza se produce por la unión de los dos sexos. Esto nos da una visión profunda y clara de los fenómenos naturales del mundo, y podemos ver hasta qué punto el hombre está inscrito en la naturaleza, hasta qué punto estas representaciones son antiguas y están profundamente arraigadas. Ya en el siglo XII se habla del recorrido de una reina pentecostal ricamente decorada. El relato de Tácito sobre el viaje del carro de la diosa Nerthus de la fertilidad y de la tierra procede sin duda del mismo espíritu. Esta antigua descripción y la utilizada en el Norte demuestran que ya entre los germanos, los mismos pensamientos animaban a los hombres durante la primavera; los de la preocupación por el futuro, el poder de la vida, las fuerzas del clan y también del pueblo.

En la mayoría de los casos, está bastante claro que hoy nuestras costumbres de mayo transmitidas a nuestros hijos ya no conservan ese antiguo significado, sólo ellos las perpetúan. Pero quienes saben mirar, perciben los vínculos que las unen al pasado y a las creencias de sus antepasados.

Friedrich MöBinger

CUADERNO SS Nº 5. 1942.

COSTUMBRES DE LA COSECHA

La fiesta de la cosecha comienza en las granjas cuando, en otoño, el viento sopla sobre los rastrojos frescos y arrastra hebras de paja hasta los últimos campos de patatas. Con ella llega el final de un año de duro trabajo y gran alegría, pues el agricultor es consciente de que con su trabajo participa en el gran ciclo natural de la vida y la muerte, el crecimiento y la cosecha.

Esta comunión con el hecho natural caracteriza todas las costumbres de las fiestas y el trabajo campesinos. Estas tradiciones nos muestran que el campesino no sólo está motivado por el deseo de alimentarse, gracias a los beneficios de su trabajo, sino que está íntimamente ligado a la tierra que trabaja. Cuando "corona" el campo en Pascua con la rama de la vida y lo recorre a caballo, desea que la semilla sea buena. Por esta razón, a menudo se coloca en el campo un arbusto adornado, un "árbol de la vida", y por la misma razón, antaño se veían brillar los "fuegos de Hegel", que traían la felicidad a la tierra.

El campesino habla del trigo en flor, dice que "wodelt" en los campos, que la "cabra" o el "jabalí" atraviesan el trigo. Estas curiosas expresiones no sólo reflejaban la imagen del campo de trigo ondulante, cuyas espigas se lleva el viento, sino que se asociaban a las fuerzas divinas de las que depende la fertilidad de la tierra.

El agricultor comienza el periodo de la cosecha, la culminación de su trabajo, con el mismo sentimiento de gratitud.

Los recolectores salen adornados con flores y la recolección comienza con el recitado de un refrán o una canción. Lo más frecuente es que el agricultor de la finca corte él mismo las primeras espigas y las distribuya entre los asistentes. A veces también lo hace un niño y entrega la primera espiga al agricultor. Estas primeras espigas suelen guardarse y -al igual que los granos de la "última gavilla"- se mezclan con las semillas del año siguiente, ya que simbolizan la fertilidad de la tierra. También se dan al gallo de la casa o a los pájaros, como en Transilvania.

El duro trabajo de la siega que comienza, sin embargo, es un momento de alegría. Los segadores suelen intercambiar diademas y pañuelos antes de que comience la siega, y por la tarde, cuando termina la primera tarea del día, tiene lugar en Mecklemburgo y Pomerania una fiesta solemne, la degustación de la "cerveza de la corona" y un baile. El granjero u otro conocido llega inesperadamente al campo. Entonces se le "ata" por sorpresa, hoy en día normalmente con cintas y lazos verdes, originalmente con dos mazorcas de maíz.

Sólo se le libera a cambio de un rescate para los segadores. Esta costumbre está destinada a traer buena suerte, como se refleja en varios refranes de la parca:

Coloco la diadema de espigas
El enlace que no avergüenza a nadie.
No necesitas llevarlo mucho tiempo,
Tampoco tengo que decirte que te lo quites.
Sin embargo, como es costumbre,
Escucha primero mi deseo:
Que el cielo te conceda felicidad y alegría
Durante toda la vida.

El mismo pensamiento se expresa en el "Henseln" de los recién casados en Hesse, a quienes se ata una espiga de maíz a los brazos, o en la decoración de los árboles frutales con espigas de maíz en Navidad, para que den hermosos frutos al año siguiente.

El trabajo de las siguientes semanas de cosecha no deja lugar a celebraciones. Sólo existe la "copa nocturna" de Carintia, a la que un agricultor sobrecargado de trabajo invita a cosechadores y espigadores, y que termina con una comida y bailes solemnes. Esta costumbre carintia ha encontrado su contrapartida más seria en Suabia y Suiza, en la tradición de los "muchachos nocturnos", que acuden en secreto a ayudar en la cosecha por la noche cuando un agricultor ha sufrido una desgracia o una viuda no puede terminar su trabajo. Este ejemplo *ilustra especialmente* el espíritu comunitario del mundo campesino.

Las costumbres se enriquecen y diversifican al final del periodo de cosecha. Al caer las espigas en el último campo, el "lobo" (o "cabra", "jabalí" o "gallo") "es acorralado". Las gavillas son arrancadas con avidez y el atador, que ha terminado la última gavilla, es atado a ella como la "novia del trigo". Aparte de estos divertidos juegos, en otras regiones existe una gran piedad popular cuando, aún hoy, el segador y la segadora bailan alrededor de la última gavilla atada, especialmente grande, de la "cabra de la siega", el "gallo de la siega", los "ancianos" o el "hombre de paja". Luego la llevan a la granja con el último carro de la cosecha.

La última corona está decorada, cubierta de ropa. Se clava en ella un arbusto verde, un palo decorado con flores. En su lugar se coloca a veces un árbol decorado, un nogal en Westfalia, un pequeño abeto a orillas del Mosela. En más de una región, también puede hacerse un manojo de espigas al final de la cosecha y colocarlo en el lugar sagrado de la casa o de la granja.

A menudo se deja en el campo la última gavilla, a veces también el "último trigo" que no se ha cortado, el "Waul-rye", como en la región de Schaumberg, donde un niño planta un palo decorado con flores o cintas, el "Waul-stick". A continuación, los segadores bailan alrededor del trigo gritando "Wold" o "Wauld" nueve veces, o lo atan en un manojo y saltan por encima. La llamada a Wode o Wold no sólo demuestra que esta costumbre es una muestra de respeto y reconocimiento de las fuerzas divinas, sino que los versos tradicionales también muestran lo mismo:

Wode, hal dynem Rosse nu voder (Futter),
Nu Distel und Dom,
Thom andern Jahr beter Korn.

(De Mecklenburg)

Fru Gode, haletju Feuer (Futter)

Dat Jahr upden Wagen,
Dat andre Jahr upde Karr (Karren).

(De Baja Sajonia)

Por eso, también se dice que las últimas espigas son para el "caballo de Wode" (Wotan), para la "señora Gode" o la "señora Holle", para los "pajaritos del Señor" o -en lenguaje religioso- "para las pobres almas". Las frutas y flores que decoran la sala del altar tampoco son otra cosa que regalos hechos en acción de gracias al Señor, y que ahora son recogidos por la Iglesia.

Pero el regreso del último carro representa el clímax y el cierre solemne de la cosecha: caballos y carros se cubren de flores, los segadores se dirigen cantando a la granja, donde les espera el campesino o el heredero de la finca. La campesina rocía agua sobre el carro, en referencia a las fuerzas benéficas del agua de la vida. En la parte superior del carro se encuentra la guirnalda de la cosecha, artísticamente confeccionada y decorada con todo tipo de granos. La guirnalda o corona que se entrega al campesino expresa de nuevo el deseo de felicidad:

Ahora deseamos felicidad al agricultor
Y llevémosle la guirnalda.
Esta es la obra maestra de la parca,
Que es más valioso que el brillo del oro.

En la granja campesina, el trabajo de las semanas de cosecha termina con una alegre celebración, que comienza con un abundante banquete y la "cerveza de la cosecha, Wodel o oldtimer". Competiciones y juegos, peleas de ollas y gallos, carreras, carreras de sacos, pesca en el Buntwater (Baja Alemania), juegos ecuestres como el lucio Goliat de Silesia o la carrera de gallos en el Waldeck se alternan con el baile de la cosecha, que a menudo dura hasta la madrugada. La fiesta, que antaño se celebraba en una sola granja, se ha convertido en una fiesta comunitaria de pueblo, que comienza con una alegre procesión y la entrega de la corona de la cosecha a los alcaldes de los pueblos. En primavera, los habitantes de la comunidad rural cabalgan por los campos y las comunidades agrícolas regresan de nuevo a los campos donde han sembrado y cosechado.

La guerra puso fin a todas estas celebraciones sonoras. Pero la unión del campesino con las potencias es demasiado profunda para que se le impida darles las gracias. Todo el pueblo alemán lo hace con él. Como en tantos otros ámbitos de la vida, también la guerra purificará la costumbre de la cosecha. Sólo lo que tiene un significado profundo puede permanecer en las costumbres. Lo más antiguo puede revivir a través de esta guerra necesaria, puede actualizarse. La gran fiesta de la cosecha, celebrada solemnemente por el Führer en el Bückeberg, encarnaba este renacimiento, tan poderoso como la comunidad popular, tan rico y variado como las flores y los frutos del suelo alemán, como las particularidades de las etnias y los paisajes alemanes.

J. Kern

(Nota del autor: los animales mencionados, como la cabra, el jabalí y el gallo, son antiguos símbolos paganos de la fertilidad que fueron maldecidos por la Iglesia cristiana. Los términos Wode, wauld o wodelt se refieren al dios nórdico Wotan, que presidía el destino del mundo. Los fuegos de Hegel derivan de la runa Hagal, símbolo de la suerte, la felicidad y el orden mundial).

Cuaderno SS Nº 5. 1942.

El pan sagrado

Nuestra infancia estuvo arrullada por la vieja leyenda de la orgullosa mujer Hitt, que despreciaba el pan, lo maldijo y fue castigada convirtiéndose en una piedra gigante. Como en la mayoría de las leyendas alemanas, también en ésta se ha perpetuado un mito de los tiempos más remotos. El pan de la vida y la salvación era sagrado en Mitgard, en el mundo humano protegido por los dioses. Quien alzara la voz contra él debía volver a Udgard, el mundo desierto de los gigantes de piedra en espíritu, se ponía un poco de trigo en la tumba de los muertos; el lugar de la casa en el que se guardaba el trigo era una habitación sagrada, y los salones germánicos contenían un santuario donde habitaba la vida divina misma. Mitos muy antiguos de pueblos relacionados con nosotros hablan del sufrimiento y el sacrificio que experimenta el poseedor de la salvación divina; uno de nuestros cuentos habla de la hija del rey, la nueva vida, que debe liberarse sufriendo constantemente todas las injusticias. Los griegos contaban que Dioniso, hijo de Zeus, fue despedazado y devorado por los Titanes; pero los Titanes despedazados engendraron la estirpe de los hombres, todos los cuales llevan en su interior partes de Dioniso. Los germanos crearon el mito del pan sobre una base muy similar; Wodan, que aún hoy vive entre nuestros campesinos, se ofrece a sí mismo como sacrificio, del mismo modo que también quita la vida a los hombres cuando es necesario. Pero sobrevive bajo formas diferentes: tanto en el pan sagrado como en la bebida embriagadora, siendo honrado como su inventor, y mediante la cual transmuta y eleva el espíritu del hombre.

El antiguo espíritu del trigo sigue vivo en nuestro folclore a través de diversos símbolos; ya sea el hombre de paja que ahuyenta a los niños del trigo para proteger el fruto sagrado; ya sea el "gallo de centeno" o el "cerdo de centeno", que representan imágenes del espíritu vital y también dan nombre a la última gavilla. Una idea mítica muy antigua se encarna en el gallo de la cosecha, que decora el último carro en muchas regiones alemanas y se coloca en la puerta del granero como símbolo de madera.

El pan y todos los pasteles son por tanto sagrados; ya en la época arcaica se daba al pan la forma de los símbolos del círculo que representa el mundo sagrado, la forma del dios del año o de sus víctimas, pero sobre todo el signo del renacimiento eterno y de la vida victoriosa, la esvástica. Con cada nuevo año, estos pasteles se comían en honor de la deidad dadora de vida. La ingesta del pan reunía simbólicamente a Dios y al hombre, por lo que también participaban los muertos del clan y del pueblo. Aún hoy, en la Fiesta de los Difuntos, se reparte el "pan de todas las almas", pues ellas también están sujetas a la gran ley del universo.

El campesinado es, por tanto, noble y realiza el trabajo más sagrado: es el guardián y protector del pan sagrado en el que vive lo divino. Respetar el pan sagrado significa respetar las leyes de la vida, las fuentes de la inmortalidad.

J.O. PlaBmann

IV. ARTE

FOLLETO Nº 6 DE LAS SS. 1943.

EL MANDO SUPREMO EN TODA APRECIACIÓN ARTÍSTICA

Sólo lo que es verdaderamente grande se conserva eternamente y tiene la garantía de encontrar una consideración duradera. El hecho de que las grandes obras sean innumerables no es ni siquiera un inconveniente.

Es un error oponer las grandes creaciones culturales de eminentes héroes artísticos al aluvión, a menudo condicionado por el tiempo, de concepciones artísticas dominantes y efímeras. Sólo una naturaleza totalmente insensible al arte podría concebir un proceso semejante. En realidad, es un error y una falta de respeto hacia nuestro gran pasado y, además, una estupidez histórica. Sólo una persona irrespetuosa condenaría la "Flauta Mágica" de Mozart porque el texto va en contra de sus concepciones ideológicas. Del mismo modo, sólo una persona injusta rechazaría el "Anillo" de Richard Wagner porque no se corresponde con su visión cristiana; o "Tannhauser", "Lohengrin" y "Parsifal" de Wagner porque es incapaz de apreciarlos desde un ángulo diferente. La gran obra tiene un valor absoluto en sí misma. ¡Este valor no puede juzgarse sobre la base de una concepción ajena a la propia obra artística y condicionada por una época!

Si, además, cada generación reclamara el derecho a deshacerse de las obras artísticas de un pasado político, ideológico o religioso diferente, entonces cada convulsión política supondría la destrucción de la cultura ajena al entorno político del momento.

Por esta razón, el mandamiento supremo en toda apreciación artística prescribe la mayor tolerancia hacia las verdaderas creaciones culturales del pasado. Una gran época sólo puede permitirse respetar la obra de sus antepasados (que también quiere para sí) tanto política como culturalmente, si su época encuentra crédito entre sus descendientes.

Adolf Hitler, en el Reichsparteitag del Trabajo en 1937.

"El beso", de Auguste Rodin.

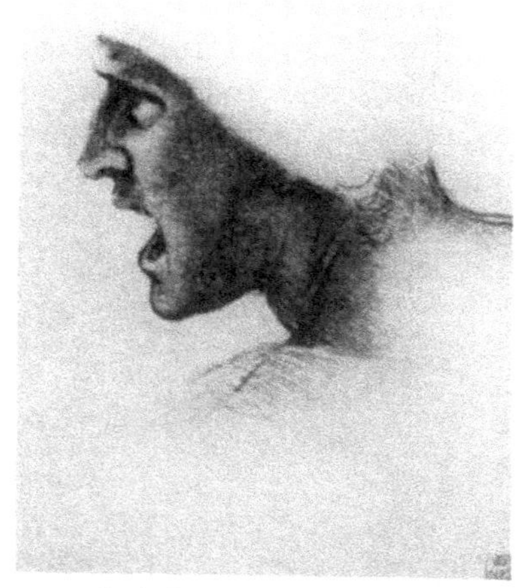

"Guerrero Gritón", sanguina de Leonardo da Vinci.

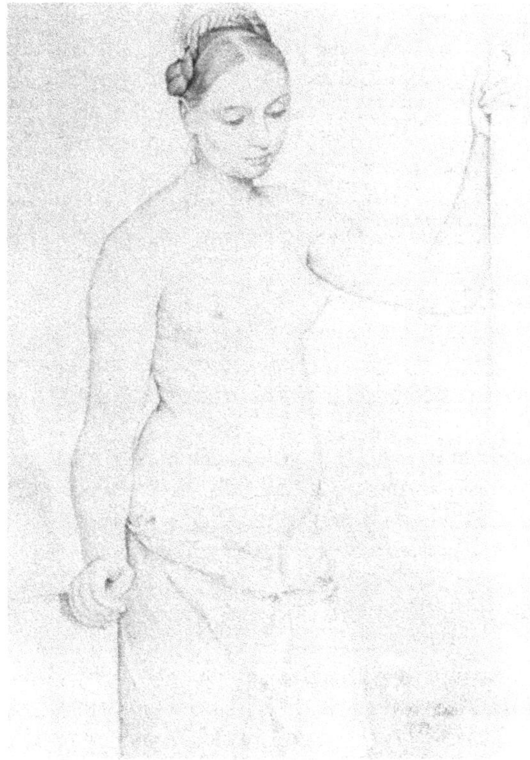

"Chica meditativa", de Schnorr v. Carolsfeld.

Quien quiera crear debe ser alegre.

Goethe

CUADERNO SS Nº 1. 1943.

ARTISTA Y SOLDADO

Cada folleto de la SS se rige por una idea rectora concreta. En esto tenemos una clara intención.

Nuestro objetivo no es sólo hacer interesantes los cuadernos. Quienes sólo busquen entretenimiento no lo encontrarán en los Cuadernos SS. El camino fácil, es decir, ganarse la aprobación de todos escribiendo artículos fáciles de digerir, también sería mucho más fácil y agradable. Pero para eso hay otros libros y cuadernos.

En los Cuadernos SS no queremos dispersar y distraer al lector, sino concentrar sus mejores fuerzas y hacerle reflexionar sobre sí mismo, es decir, sobre su verdadera sustancia. Sólo así podemos ayudar a los camaradas a realizarse a sí mismos y a cumplir su misión dentro de la comunidad del clan de las SS y del pueblo. Cuando vemos aparecer una y otra vez la misma frase en cartas con fórmulas similares: "Para mí los cuadernos de las SS son un consuelo antes de cada nueva batalla", o cuando un joven artista nos escribe: "... Este artículo me ha hecho sentir por primera vez lo que todavía tengo que encontrar dentro de mí para convertirme en artista", tales ejemplos indican claramente el camino que estamos siguiendo.

Este folleto se rige por el principio rector de la "dureza". El soldado sabe cuánta dureza se necesita para resistir en la batalla y soportar los reveses. Y también siente que es la dureza lo que hace posible cualquier trabajo.

Pero no se le ocurre que para entender el arte hay que cruzar también el umbral de la dureza.

Algunos toman por arte todo lo que les agrada a primera vista. Piensan que ya han entrado en el santuario y a menudo se remiten a las palabras del gran maestro: "Seria es la vida y alegre es el arte". No saben que el arte alegre fue a menudo el resultado de una lucha difícil, como la que nos regaló Mozart.

Otros dicen "no lo entiendo" cuando se trata de arte. Antes de que puedan conocer el enriquecimiento que el arte podría aportar a sus vidas, cierran la puerta a sus puntos fuertes. En su lugar, se conforman con sucedáneos, alimentos más fáciles de digerir, obras insípidas y superficiales sin valor. Prefieren una fotografía a una obra de arte cuya profundidad no se aprecia a primera vista. Se tragan libros de tres peniques por docena, mientras que supuestamente no tienen tiempo para leer un libro valioso. Esta no puede ser nuestra postura.

Quien participó en la dura guerra de Oriente sabe también que hay momentos de recogimiento en los que, precisamente, se busca la sencillez en el arte y se extraen de él fuerzas ocultas.

Sin embargo, muchos dicen: "¡Cómo podemos comparar nuestro sentido del combate y nuestro sentido artístico! El combate es trabajo, fatiga, dolor y sacrificio. Pero del arte esperamos relajación y distracción.

¿Dices "relajación y distracción"? ¿Por qué eres tan modesto, tú que puedes exigirle lo máximo? ¿Por qué le pides tan poco al arte? ¿Por qué no le exigís fuerza creadora, vida eterna y alegría divina? ¿No sabéis que el arte puede dar todo esto? Pero tal vez no conozcas el verdadero significado del arte. Durante demasiado tiempo ha perdido el lugar que le corresponde en la vida. Era, como la religión, sólo un bonito accesorio para una noche de fiesta y domingo. Era un pájaro de colores, un lujo del que se podía prescindir en tiempos de necesidad.

Pero, ¿qué es el verdadero arte? Es la encarnación más pura de la aprehensión del mundo. Mediante el don del arte, Dios ha concedido a los hombres la capacidad de representar Su ley.

Un ejemplo: Mediante la observancia de las leyes raciales podemos, mediante la correcta elección del matrimonio, acercar nuestra raza a la imagen que corresponde a la voluntad divina. En el deporte podemos hacer que el cuerpo adquiera la forma adecuada para su fin predestinado. En el arte, sin embargo, el genio puede modelar un cuerpo humano ideal de acuerdo con la ley natural.

Otro ejemplo: en su origen, los paisajes sólo reflejan aproximadamente la huella del Creador. Los modelados por razas puras se aproximan. Sin embargo, para reflejar la imagen de este paisaje en todo su esplendor, es al artista a quien Dios ha concedido este don, es decir, a este artista (otro no merece el nombre) que, él mismo, obliga al Creador a manifestársele.

El hecho decisivo es que el artista sólo consigue sentir a Dios mediante un trabajo extremo sobre sí mismo. Restaura Su imagen en el cuerpo humano o en el paisaje que representa. Plasmar esta imagen en piedra o en lienzo sigue siendo una tarea difícil.

No es posible juzgar de la manera habitual lo difícil que es para un creador cumplir su gran misión. Leamos las biografías de un Rembrandt, un Andreas Schlüter, un Tilman Riemenschneider, un Schiller, Mozart, Beethoven. Tuvieron que luchar contra sí mismos para librarse de todos los obstáculos, de todas las trabas externas o internas, para liberar la obra, para que sólo el alma creadora quedara libre para percibir y llevar a cabo la misión divina. Sólo se puede hacer una comparación, y es la dureza del soldado que arriesga conscientemente su vida.

En este campo, el soldado y el artista se relacionan en el éxito alcanzado mediante el trabajo duro.

En situaciones de peligro extremo, cuando se superan todas las debilidades, ¿no han sentido muchos de ustedes ese momento en el que, de repente, se liberan fuerzas hasta entonces desconocidas? Es como si una envoltura en la que siempre has estado encerrado se abriera de golpe. Salís de ella y os sentís como un dios o un niño. Ya no hay vacilación, reflexión, duda o consideración. Uno actúa libre y justamente, y puede hacer lo que, en el momento, deba hacerse. Este es el sentimiento del que hablaba Schiller cuando escribió: "Aquel que puede mirar a la muerte a la cara, sólo el soldado es el hombre libre".

Un joven poeta de nuestra época debió de sentir con especial claridad este parentesco creativo entre el soldado y el artista. Nos escribió recientemente, en medio de los combates más encarnizados del Frente Oriental: "No puedo expresar la alegría y el orgullo que siento. Me gustaría contar una leyenda en la que nacería todo un pueblo, que viviría durante generaciones. Sé que algún día podré expresar lo que alberga mi corazón en esta hora bélica. Quiero convertirme en un buscador de oro en mi propio corazón, para transmitir todo lo que vivo y enriquecer a todos los hombres.

Por supuesto, la dureza *por sí sola* no puede aportar conocimientos ni al soldado ni al artista. Se necesitan otras virtudes y dones. Sin embargo, la dureza es un factor importante.

Y éste es el tema de mi artículo. Es precisamente este conocimiento del carácter común que existe entre los artistas y los soldados lo que debe permitiros, camaradas, entablar una nueva relación con el verdadero arte, el único digno de vosotros. El camino no es fácil. Pero ¿quién podría lograrlo sino vosotros, que habéis superado los combates más duros y la superioridad de los bolcheviques? Comprender el arte no es, por supuesto, lo que muchos de vosotros aún imagináis. Pero no está en conflicto con la experiencia que tuvisteis como soldados y combatientes. Al contrario, está estrechamente relacionada.

A pesar de todo, llegas más fácilmente que los propios artistas. Ellos te preceden en el camino; buscan la pendiente empinada y te la señalan. Pero ellos mismos deben seguirla. Esto cuesta sudor y perseverancia.

A cambio, la recompensa divina te llama desde la cima más alta.

Sin duda lo encontrarás porque está dentro de ti. Algunas personas ya lo han conseguido "por casualidad". Habiéndolo agotado todo, han tenido que recurrir a la lectura de "cosas serias" por desesperación, primero a regañadientes, luego con entusiasmo. Al final, se han dado cuenta de que no puedes tragarte la poesía clásica como si fuera una novela de Kolbenheyer, pero que una verdadera obra poética puede darte más fuerza y alegría de vivir que un montón de literatura superficial. Quien ha sido consciente de ello en un momento de lucidez también debe encontrar la fuerza para hacer hincapié en los principios superiores.

Algún día recogerá los frutos después de haber vivido los momentos difíciles en los que intentaba comprender el gran arte, que son comparables a los momentos más peligrosos del combate. Encontrará tesoros que hasta entonces no sospechaba y ante los que pasó ciegamente.

Hans Klöcker

Cuaderno SS No. 5. 1944.

Los artistas alemanes y las SS

Exposición de arte en Breslavia

Hubo un tiempo en que el espíritu militar y el arte se consideraban incompatibles. Era cuando el primero se consideraba el negocio de un corredor de sables y el segundo el impulso bohemio de un habitante de buhardilla. En realidad, estas formas de expresión de dos mundos no eran más que su caricatura. Las verdaderas naturalezas de los mundos militar y artístico son totalmente diferentes, pues en el fondo tienen mucho en común. Tienen el mismo origen, es decir, la raza que hizo nacer de su sangre a soldados y artistas. Al observador atento no le sorprenderá que nuestros más grandes soldados hayan tenido naturaleza de artistas y que nuestros más grandes artistas hayan tenido también naturaleza de soldados. Federico el Grande no sólo creó Sans-Souci, sino que también fertilizó todas las artes de su tiempo con sus propias ideas. Mencionemos también al gran emperador Federico II de Hohenstaufen. El príncipe Eugenio no aconsejó por casualidad a los más grandes artistas y arquitectos de su tiempo cuando encargó a Lukas von Hildebrandt y Fischer von Erlach la construcción del Belvedere de Viena. Él mismo era un artista. Leonardo da Vinci, el artista más polifacético de todos los tiempos, trabajó para sus príncipes como arquitecto, inventor de armas y asesor de nuevos planes militares, además de artista. También hay muchos ejemplos en los que el talento militar no era directamente visible. No podemos imaginar las obras de Goethe, Schiller, Lessing, Kleist, que contienen escenas bélicas, sin un gran interés y una auténtica familiaridad con el mundo militar. Sin embargo, en ambos casos, cuando grandes soldados manifiestan genio artístico y cuando grandes artistas resultan ser eminentes soldados, nunca fue el resultado de un interés especial unilateral. Para estos hombres creativos, estos dos mundos no eran más que diferentes formas de expresión de una gran idea. Las ideas no son más que reflejos del alma, la expresión de una esencia. La gran idea que regirá el milenio que ahora comienza es el nacionalsocialismo. Su creador, el Führer Adolf Hitler, soldado y artista, ya ha grabado sus contornos con un estilete de latón en el umbral de la nueva era: el espíritu militar y artístico. Las SS, la orden del Führer que, como Waffen SS, debe representar el aspecto militar de nuestra visión del mundo, también se siente llamada a participar de forma activa y estimulante en la creación artística de la era futura. La razón es que la naturaleza del nacionalsocialismo es creativa, y la de las SS es encabezar esta idea. La exposición "Los artistas y las SS" en Breslavia fue sólo el principio. Lo más importante es que tiene lugar en el quinto año de la guerra. Se hace un llamamiento a todos los artistas presentes y futuros del Reich para que elijan la idea del imperio y del orden cada vez más poderoso como tema de sus obras, de modo que la expresión militar del Reich en todos los frentes encuentre su equivalente en forma artística.

CUADERNO SS Nº 2A. 1941.

BELLEZA BAJO EL SIGNO DE LAS RUNAS SS

Allach, tareas y objetivos

Ningún pueblo vive más que los documentos de su cultura.

Las palabras del Führer son un punto de referencia para todas las cuestiones culturales relacionadas con el pueblo alemán y rigen el espíritu de la Fábrica de Porcelana Allach de Múnich.

Mucha gente se preguntará por qué la SS produce porcelana. La explicación es sencilla. El Reichsführer ya había planeado durante mucho tiempo intensificar el espíritu de trabajo cultural de las SS, lo que no fue realmente posible hasta después de tomar el poder. Por ello, en 1935 fundó en Múnich la Fábrica de Porcelana Allach, como principal instrumento de su voluntad en este campo.

Para el Reichsführer, no se trataba de fundar una nueva fábrica de porcelana con el objetivo de producir valor económico, es decir, de ganar dinero. Desde el principio, la tarea primordial de Allach fue utilizar el material más atractivo disponible, la porcelana, para crear obras de arte y objetos de uso cotidiano que reflejaran el espíritu de la época y dieran testimonio del sentimiento artístico y la voluntad creativa de nuestro tiempo para las generaciones venideras.

Cada época produce sus propias formas de expresión y las adapta a su estilo cultural. Lo mismo cabe decir de la nuestra. Con las construcciones a gran escala del Führer, asistimos al nacimiento de un nuevo estilo -nuestro estilo- cuyo arte decorativo incluye también el desarrollo de nuevas formas cerámicas.

Con este espíritu, el Reichsführer SS encargó a Allach que diera ejemplo en la creación artística, en la calidad del material, en la ejecución y mano de obra, y en los precios.

Una retrospectiva puede mostrar cuál era el espíritu de la producción de porcelana: en el pasado, casi todas las fábricas de porcelana fueron fundadas por príncipes (Berlín por Federico el Grande, MeiBen por Augusto el Fuerte, Sèvres por la marquesa de Pompadour, por citar sólo algunas). Con algunas excepciones, su misión era producir porcelana noble de gran valor artístico para gloria de sus fundadores, sin tener en cuenta ningún beneficio económico. Se contrataba a grandes artistas que podían llevar a cabo sus proyectos en paz y recogimiento, libres de toda preocupación material. El resultado fue una porcelana maravillosa que reflejaba el espíritu de la época, el Rococó y el Imperio, obras artísticas que aún conservan su valor y merecen la mayor admiración porque expresan el sentimiento artístico de sus creadores.

Ejemplares únicos y artículos producidos en serie

Pero los tiempos cambian. Para casi todas las fábricas de porcelana (nótese el significativo nombre de "manufactura" [manu= con la mano], cuyo trabajo aún hoy requiere la mano artística del hombre), las cuestiones financieras y económicas adquirieron cada vez más importancia. Pronto el beneficio fue el factor decisivo. Los mecenas de las artes y los comisionistas principescos dieron paso a los comerciantes. Con demasiada frecuencia, el arte se consideraba de escaso valor. En este periodo de decadencia artística, algunas manufacturas de renombre consiguieron mantenerse fieles a su espíritu.

La arianidad como representante de un determinado tipo de valores se convierte en la referencia absoluta en el arte. Porcelana de la fábrica SS de Allach.

Diferentes porcelanas de Allach: a la izquierda, un jarrón con motivos protohistóricos. A la derecha, un candelabro regalado a cada niño nacido en familias de la SS.

Amazon.

En primer lugar, está la escultura. A menudo daba lugar a horrores domésticos debido a la falta de espíritu artístico o a una mano de obra chapucera. Por ello, Allach consideró que su primera tarea era contribuir a dar vida al verdadero sentido artístico nacional. A decir verdad, esto no era fácil y no todos los proyectos podían realizarse todavía. En primer lugar, había que encontrar y contratar artistas que crearan obras artísticas con su genio inspirador y su talento creativo.

Pero el Reichsführer dijo: *¡El arte debe estar presente en todas las casas, pero sobre todo en la casa de mis SS!* Cada mesa debe estar provista de platos elegantes, no sólo en las viviendas, sino también -y sobre todo- en los comedores, para que el obrero alemán y el combatiente puedan sacar nuevas fuerzas de la armonía de su entorno en sus horas de descanso. No cabe duda de que el plato más sencillo en una hermosa vajilla sabe mejor que el asado más caro en una cantina. Allach quiere servir lo mejor posible al plan del Reichsführer.

En los pocos años transcurridos desde su fundación, la fábrica Allach ha adquirido una posición privilegiada en el campo de la producción de porcelana. *Figuras de jóvenes heroicos* de la Wehrmacht o de asociaciones del partido, *figuras folclóricas de campesinos* asombrosamente auténticas y, sobre todo, *nobles esculturas de* animales que muestran al animal en toda su belleza, fueron producidas con nuestra sensibilidad actual. Se trata de obras que deben considerarse la prueba de un sentimiento artístico naturalmente fuerte y de una voluntad creadora consciente de su deber.

Cerámicas, jarras, jarrones, candelabros contienen una belleza que beneficia a todos los hogares alemanes. Así, el objetivo del Reichsführer SS de que todo objeto utilitario -incluso la más simple jarra de agua- tuviera una belleza impecable se cumplió magníficamente. Los grandes tesoros culturales descubiertos en numerosas excavaciones sirvieron de inspiración para el diseño y la decoración traducidos al estilo de nuestro tiempo. Se tendió así un puente que une las creaciones naturales de nuestros antepasados con el sentimiento artístico de hoy.

Se crearon -y se crearán- objetos utilitarios que ya arrasan con todas las críticas por su belleza y utilidad. Con el tiempo, todas las formas feas e inadecuadas tendrán que ser eliminadas y sustituidas por vajillas bellas y utilitarias.

Consciente de que el entorno tiene una enorme influencia en el bienestar y la actitud del ser humano, el Reichsführer ordenó a su fábrica de porcelana de Allach que actuara con este espíritu. El hogar de cada hombre de las SS, o simplemente de cada alemán, debería contener únicamente objetos artísticos y vajillas del mejor gusto. De este modo, Allach ofrece al hombre que trabaja en su entorno cotidiano la belleza que le regenera y le hace digno de las grandes tareas que le encomienda nuestra época heroica.

W.

FOLLETO Nº 4 DE LAS SS. 1938.

LA LEY DE LA BELLEZA

Todo lo que tiene un valor eterno para nosotros está sujeto a leyes de hierro. Aunque quisiéramos detener el curso de las estrellas, seguirían su curso según leyes eternas, al igual que la naturaleza también sigue la ley rítmica del nacimiento y la muerte. Las leyes eternas rechazan el caos, la decadencia y la destrucción de todos los valores.

Mucho antes de que el hombre reconociera la rectitud de las cosas, ya obedecía a su ley en su actividad creadora. Quien ha recorrido con contemplación nuestras ricas pinacotecas comprende por qué las clásicas estatuas de mármol de los antiguos griegos le impresionan por su encanto tanto como las más bellas obras contemporáneas. Han pasado tres mil años sin que se haya alterado el ideal de belleza que animaba a los griegos y por el que nosotros también sentimos una profunda admiración.

Hubo un tiempo en que estaba de moda considerar el arte como algo muerto, algo que aún hoy se vende en esos círculos aburridos que se interesan por las cosas "de la mente bella". Les preocupa mucho la supuesta falta de nuevas ideas creativas y por ello pretenden demostrar que los artistas de nuestro tiempo sólo saben copiar lo antiguo.

Pero ningún artista creativo puede crear realmente desviándose de la ley clásica de la belleza. Como antaño, la Venus de Milo sigue siendo un ideal de forma, y las obras inmortales de un Miguel Ángel no pretenden imitar las de los grandes maestros griegos Policleto o Lisipo, sino que son creaciones intuitivas realizadas según las leyes eternas de la belleza.

Leonardo da Vinci fue el primero en reconocer el principio de la belleza. Se le atribuye la fórmula de la "proporción áurea": a: b = b: (a+b). Esto significa que el cuerpo humano, desde la parte superior de la cabeza hasta el ombligo, está sujeto a la misma proporción que las demás partes inferiores, y viceversa con todo el cuerpo. Descuidar la regla de la "proporción áurea" no conduce a una nueva forma de arte, sino a la negación de la ley de la belleza y, por tanto, al caos.

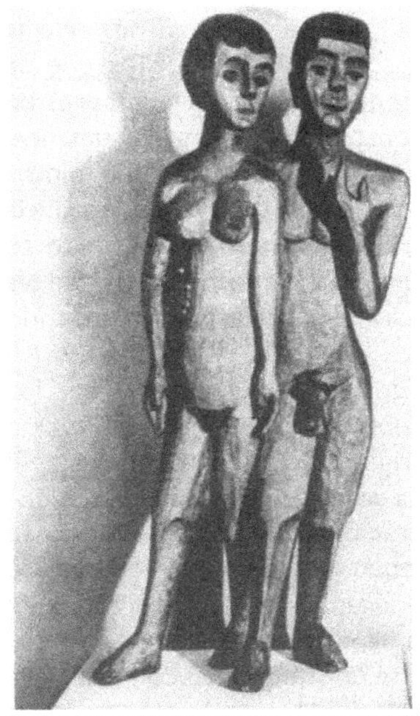

Escultura de la exposición "Arte degenerado".

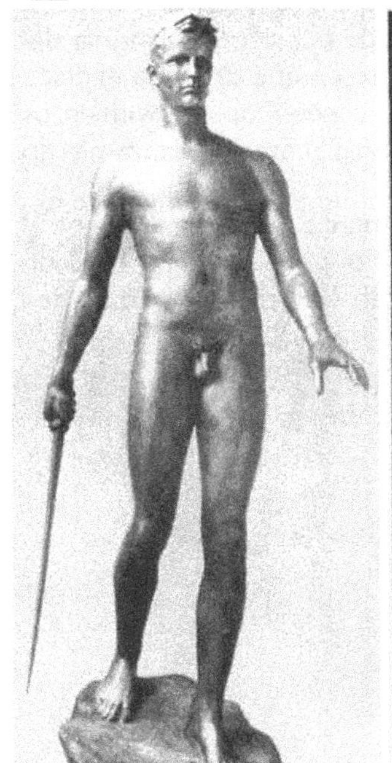

La sensibilidad artística refleja la incompatibilidad de ciertas concepciones del hombre. A la izquierda, "Young Boy", de Fritz von Grävenitz.
A la derecha, la "pareja" de Josef Thorak.

Recordemos a aquellos "revolucionarios" que se divertían negando la "proporción áurea". Eran los artistas dadaístas y todos aquellos que se contaban con razón entre los "primitivos", y que se creían precursores de una nueva era. Lo que nos han dejado son monstruos, no retratos humanos, cuya contemplación debería elevarnos, no horrorizarnos. ¿Qué pintor puede despreciar impunemente las reglas de la perspectiva sin producir obras facticias que consideramos, con razón, arte degenerado? El arquitecto debe tener siempre en cuenta dos elementos fundamentales, las partes portantes y las que soportan la carga, para ensamblarlas en un todo armonioso.

También en arquitectura se consideró que había que contradecir los ejemplos clásicos señalando que la fachada debía adaptarse a la organización del espacio y no al revés. El edificio se dividía en dos partes opuestas e incompatibles. Pero el arte de la arquitectura reside en combinar estos dos elementos de forma armoniosa. La degeneración de las reglas de oro se expresa en esas casas cuyas paredes tienen ventanas asimétricas de diferentes tamaños, lo que sólo prueba la incapacidad de este estilo de arquitectura que cree poder omitir las leyes de la belleza.

No hace mucho, nuestras galerías de arte se enriquecieron con una pieza única adquirida por el Führer: el discóbolo de Myron. En él vemos la presencia de todas las leyes de la belleza, incluida la perfecta armonía del cuerpo. Está representado en el preciso momento en que balancea el disco y luego lo lanza. Es el momento en que se suceden dos movimientos diferentes: el balanceo del brazo, el "punto muerto" antes del lanzamiento propiamente dicho.

No se puede elegir al azar ningún momento circunscrito en el movimiento. Ya se trate del salto de un caballo o de la carrera de un hombre, siempre se puede encontrar un "punto muerto" dentro de los movimientos que componen la acción.

"Sankt Georg", xilografía de Lucas Cranach (1472-1555).

Hoy conocemos la regla de belleza que rige las obras artísticas, su construcción y composición. Los artistas antiguos no sabían nada de la fórmula de la "proporción áurea", pero se guiaban por un sano sentimiento artístico.

Durante mucho tiempo se pensó que ninguna ley absoluta y eterna regía el arte. Se pensaba en el gusto de la época y se creía que cada cual tenía su propio ideal de belleza. El arte se confundía así con la moda. Si visita una galería de arte con las obras más bellas de los últimos siglos, comprobará que ni una sola de ellas corresponde al "gusto del público", es decir, está "de moda". Hoy nos enfrentamos a este tipo de obras, sin entenderlas, porque el espectador debe sentir a través de la creación el sentimiento que animaba al artista cuando la creó. De hecho, ninguna obra de arte puede entenderse si tiene que ser explicada de antemano de forma intelectual. Una obra de arte habla por sí misma, de lo contrario no es una obra de arte. Y es notable que todos los "artistas" que, para disimular su incapacidad, siguen nuevos caminos en la creencia de que así pueden eludir las leyes de la belleza, sean hostiles a todo arte verdadero, que consideran polvoriento. Tratan de descartar a cualquiera que respete las leyes eternas de la belleza como un vulgar imitador de lo antiguo.

El arte lo da todo a quien respeta sus leyes. Cuando observamos hoy a un hombre que endurece y endurece su cuerpo mediante ejercicios físicos, puede acercarse al ideal y parecerse al discóbolo de Myron.

La belleza es un concepto bien definido que ha demostrado su valor a lo largo de los siglos. Cada raza puede tener su propio ideal de belleza, pero sigue siendo único y absoluto para esa raza.

Vemos que el artista también está sujeto a leyes de hierro en su libertad creativa, que no puede eludir si no quiere hundirse en el caos, la descomposición y el bolchevismo cultural nihilista.

SS-Ustuf. V. J. Schuster.

La obra de arte es la religión materializada.

Wagner

Folleto Nº 3 de las SS. 1938.

La arquitectura como expresión de la comunidad

La gente siempre intenta dividir la arquitectura en dos formas de expresión: arquitectura sacra y secular, confundiendo el objeto y el fin al que puede servir. Una catedral gótica no es expresión de la cultura cristiana porque en ella se digan misas. De lo contrario, el estilo gótico sólo se expresaría en la construcción de iglesias. Pero si hoy recorre Alemania, verá con igual admiración ayuntamientos y torres góticas de ciudades. Todos estos edificios fueron construidos *por la comunidad para la comunidad.* Servían como lugares de reunión, administración o defensa. Se alzan ante nosotros como monumentos a la grandeza de la comunidad.

Quien contempla hoy el templo de Atenea, el Partenón de la Acrópolis de Atenas, siente una profunda admiración por la arquitectura de los griegos y seguramente no piensa en el rito religioso que reunía a la comunidad en sus salas. En muchos casos, no estamos seguros en absoluto de la finalidad que pudo tener un monumento. Los eruditos aún no han decidido unánimemente si la mayor pirámide de Guiza se diseñó como *tumba* para el rey *Keops* o se construyó a instancias suyas para transmitir *fórmulas y reglas matemáticas* a las generaciones posteriores a través de un monumento que desafía los milenios, aunque la mayoría de los estudiosos la consideran un gigantesco enterramiento.

Sólo las personas miopes o especulativas hablan de arquitectura "cristiana" y consideran que el bien cultural de nuestro pueblo, que se expresa en las catedrales, es el estilo más inherente a una confesión. Sobre esta base, Occidente debería haber sido francamente pobre en monumentos arquitectónicos antes de que el cristianismo se extendiera por Europa.

Pero es precisamente la "ciudad eterna", cerca del Tíber, la que contiene un gran número de edificios "paganos", y el Coliseo iguala al menos en belleza arquitectónica a San Pedro; aunque sería inapropiado comparar dos edificios de épocas diferentes, uno de los cuales fue erigido 1500 años más tarde que el otro.

En cualquier caso, ambos edificios tenían *una única* finalidad: servir a la comunidad popular como lugar de reunión. Pero cuando hablamos de "arte cristiano", vemos que era extremadamente primitivo, como demuestran las excavaciones que extrajeron de las "catacumbas" diversos utensilios pertenecientes a los primeros cristianos.

Los propios papas, que disfrutaban construyendo, no eran buenos constructores. *Bramante, a* quien se encomendó la construcción de la basílica de San Pedro, planeó la forma griega de la cruz para dar a la catedral más poderosa del mundo la imponente masa que también se pretendía que tuviera en perspectiva. Tras la muerte de Bramante y sus sucesores, el anciano *Miguel Ángel asumió* la dirección de la obra.

Este hombre genial quiso mejorar los planos de Bramante y dar así más fuerza a la impresión de conjunto que se quería obtener. Elevó la cúpula para resaltarla, simplificó el plano acortando los brazos de la cruz.

Sin embargo, no se siguió su plan. Tras su muerte, el Papa exigió a *Maderna,* su sucesor, a pesar de varias objeciones, que ampliara el brazo occidental en una larga nave que recordaba demasiado al plan de la Roma oriental, la bizantina.

El resultado fue que el diseño único de Miguel Ángel perdió todo su efecto. El arquitecto Maderna intentó "salvar" lo que se podía salvar. Pero fue Bernini, el creador de la columnata, quien dio a la fachada todo su sentido, y ello utilizando un efecto de perspectiva que creaba deliberadamente un cuadrado ovalado que el espectador cree redondo. Cuesta creer que el Papa, su apoyo financiero en aquella época, conociera este truco óptico. En cualquier caso, tres generaciones de arquitectos se vieron obligadas a corregir los deseos arquitectónicos de los papas con construcciones no previstas originalmente.

La mayoría de los monumentos arquitectónicos han servido y sirven para fines "seculares". Así lo demuestra el ayuntamiento de Alstadt, en Brunswick: este edificio gótico no tiene nada que envidiar a ninguna catedral. La comunidad construyó una "casa administrativa" que correspondía a su sentido de sí misma y a su voluntad cultural. También hay que tener en cuenta que los miembros del consejo no tenían poderes ilimitados, sino que los habitantes les habían encomendado la tarea de construir un ayuntamiento, por así decirlo, a través de sus representantes, que debía simbolizar la comunidad hacia el exterior.

No hay espacio suficiente aquí para mencionar los nombres de los numerosos ayuntamientos, almacenes, casas de pañeros, casas de pesas, etc. Es cierto que los edificios eclesiásticos no son superiores a los públicos ni en el arte arquitectónico ni en el tipo de ejecución. Al contrario: sólo se encargaban a "maestros constructores de catedrales" que *ya se hubieran hecho* un nombre con su trabajo. Por tanto, era la *comunidad nacional* la que empleaba a los maestros de obras, cuyos representantes tenían suficiente sentido del estilo para repartirse grandes contratos arquitectónicos con ayuda de planos.

Entre los constructores de catedrales no se encuentra ningún hombre que no se haya probado antes, y ningún papa u obispo constructor puede pretender haber *descubierto a* un arquitecto.

Miguel Ángel estaba en la cima de su fama cuando le encargaron la construcción de San Pedro, y Fischer von Erlach habría pasado a la historia de la arquitectura de no ser por la Karlskirche de Viena, aunque tenemos la suerte de contar con este edificio barroco, uno de los más bellos de su época.

Entre los monumentos, también encontramos muchas "puertas". Se trata de fortificaciones, "puntos estratégicos de apoyo" en las murallas habituales de la ciudad, que no tenían otra finalidad que proteger a la comunidad. La mayoría de ellas se encuentran ahora en el corazón de una ciudad que ha superado sus antiguas murallas y ya no las construye porque no tendrían razón de ser en nuestra época(!)

De hecho, ningún edificio se ha construido nunca por sí mismo y casi ninguno ha pasado a la historia de la arquitectura por servir únicamente al individuo y no a la comunidad. Si se piensa que se puede objetar que hubo castillos y burgos, hay que señalar aquí que todos los emperadores, reyes, príncipes y caballeros personificaban simbólicamente a una comunidad y que ningún pueblo orgulloso habría permitido que su representante viviera en un lugar que no se ajustara a lo que la dignidad y el nivel cultural del pueblo exigían de él. Y cuando la comunidad se alzaba airadamente contra un gobernante, no era porque hubiera erigido demasiados "edificios ceremoniales" para su uso, sino porque *no era digno de* representar al *pueblo.*

Era el argumento propagandístico barato del marxismo comparar la magnificencia arquitectónica de las clases dominantes con las "viviendas barracas" de los obreros. Son precisamente los obreros quienes muestran un deseo de crear valores culturales duraderos en la historia de la arquitectura, que tiene su mejor expresión en las magníficas casas gremiales de Gante, Brujas y Memel.

Los sastres, herreros, carniceros, pescaderos y tejedores eran, sin embargo, sólo *trabajadores* que se habían unido en gremios y habían pagado de su bolsillo la construcción de las casas gremiales. Eran el edificio representativo de su gremio, el hogar de su comunidad profesional donde se reunían para pasar las tardes juntos y cultivar la camaradería. En estos edificios se acrecentaba su conciencia de clase, su sentido de la unión y de la ayuda mutua sólo conocía una ley, la del "todos para uno, uno para todos", que regía sus acciones y su conducta. Su sentido de comunidad era tan fuerte que, en tiempos de guerra, participaban como una *corporación* en la batalla, ganando más de una vez la partida.

La arquitectura no es sólo música convertida en piedra, también refleja el espíritu de la comunidad popular. Incluso el constructor con más talento no puede realizar sus sueños más audaces sin la comunidad que proporciona los trabajadores manuales que llevan a cabo sus planes. Y cuando miramos con respeto nuestras catedrales de hoy, no son el resultado del "arte cristiano", sino de la actuación cultural de las miles de manos que las crearon. Los canteros no siempre fueron "cristianos temerosos de Dios", como atestiguan aún hoy muchas de las gárgolas, francamente comprometedoras para los monjes.

Tampoco las ciudades con más catedrales eran "las más cristianas". De hecho, hubo un tiempo en que las ciudades ricas, para demostrar a Roma que no era ni la envidia ni la avaricia lo que les llevaba a negarse a pagar tributo al Papa, proporcionaban generosamente a los monjes mendicantes los medios para construir iglesias, como ocurrió a finales del siglo XII. Gran parte de la arquitectura "franciscana" debe su nacimiento a esto. Cuando el Papa quiso construir como "representante de la cristiandad", las ciudades se lo negaron porque no le consideraban digno de hablar en nombre de "su" cristiandad. Incluso las catedrales no son más que la expresión de la voluntad de la comunidad popular, convertida en piedra.

La historia arquitectónica de todos los pueblos civilizados nos enseña que la arquitectura, como forma de expresión de un pueblo creador de valores, se descuidó o incluso se extinguió cuando la propia comunidad degeneró y desapareció de la historia. En realidad, nosotros mismos experimentamos el caos arquitectónico cuando la comunidad popular se desgarró. Impotente y carente de vitalidad, ha asistido impotente al intento de elementos no autóctonos de monopolizar la forma de expresión artística como medio egoísta de hacer dinero.

Pero el arte sólo puede provenir de la comunidad y de un estilo creativo que abarque el universo. Por eso la arquitectura es también el reflejo de un pueblo homogéneo, de la comunidad popular.

SS-Ustuf. V. J. Schuster

FOLLETO Nº 2 DE LAS SS. 1938.

Notas de estilo

Dos hombres se pararon frente a uno de nuestros nuevos edificios y hablaron pensativamente sobre los valores culturales de nuestro nuevo estilo. Se preguntaban si realmente podía llamarse *estilo* alemán al que estaba en consonancia con la naturaleza de nuestro pueblo y tenía profundas raíces en él.

Se trata de dos críticas.

El crítico está acostumbrado a mirar el mundo abiertamente y con una opinión sólida. Pero los juicios emitidos a primera vista sólo pueden ser prejuicios, que el crítico superficial rebatirá resueltamente. Sin embargo, apenas existen ámbitos en el arte y la historia que aún no hayan sido juzgados por la crítica. Ningún crítico se ha quejado todavía de que haya más críticos que artistas. Además, es precisamente el artista creador quien pide al crítico que emita un juicio. Porque es un hecho que la actividad del crítico estimula la obra.

No estamos diciendo que haya que aceptar todos los argumentos explicativos que se esgrimen sin rechistar. Sin duda es mucho más difícil crear una obra que criticarla. Como el arte necesita tiempo, es trágico que los críticos nunca lo tengan.

En el país de la "crítica clásica", en París, los críticos de arte se toman la libertad de visitar a los pintores en sus estudios para contemplar la obra que luego proponen exponer en los salones. El artista objetará en vano que no está completamente acabada. El crítico le tranquiliza; está satisfecho con ella y trata de expresar de manera racional lo que ya evoca. Su decisión ya estaba tomada cuando bajó las escaleras, a pesar de que el pintor seguía trabajando detrás de su caballete desde hacía tres semanas.

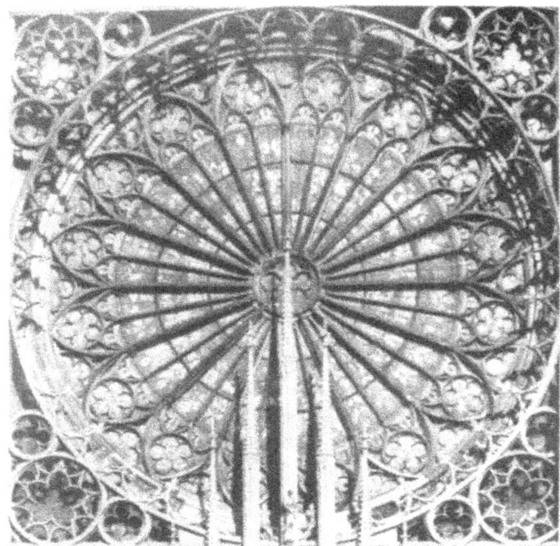

Arriba, el rosetón de la catedral de Estrasburgo.

Nave central del claustro de Chorin.

La Cancillería de Berlín. Cuando el arte sacro y el profano se unen en una misma aspiración de elevación.

Que no se diga que este ejemplo es excesivo. Los dos hombres que están delante del nuevo edificio hacen lo mismo cuando, tras un día de análisis, no pueden definir que el estilo es alemán. Su juicio no ha mejorado nada cuando nos lo presentan después de tres meses de más reflexión.

El barroco reinó hace doscientos años y lo hemos vivido como un estilo. Los entendidos en arte hablan de edificios barrocos sagrados y seculares, muebles barrocos, jarrones, esculturas de madera, vajillas barrocas y barandillas de fuego. Es impensable que un platero de la época se sentara a su mesa de trabajo con la intención de trabajar en un frutero de estilo barroco. Tampoco era consciente de que estaba sentado en una silla barroca. Sin embargo, el experto que ahora tiene en sus manos este frutero lo dataría en el periodo barroco.

El estilo expresa la actitud espiritual de un pueblo en un momento determinado de su historia. Estamos sólo al principio de *nuestra* nueva era, y debemos dar a las generaciones futuras la oportunidad de apreciar los bienes culturales que hemos creado. El nacionalsocialismo no sería una visión del mundo si creyera que ha logrado su objetivo al tomar el poder. Nuestra tarea es luchar por todas las personas y educar a un pueblo que ya no necesita una línea ideológica simplemente porque ha interiorizado la cosmovisión nacionalsocialista. Si se expresan artísticamente, estos hombres crearán valores típicamente alemanes y personales porque ésa es su naturaleza y ése es precisamente su estilo.

En todas partes encontramos huellas de un estilo que lo han vinculado a otro periodo cultural. Por tanto, es imposible hablar de una influencia significativa cuando brillantes arquitectos lo personalizan e influyen en él. Por tanto, es imposible juzgar un estilo arquitectónico únicamente por sus valores creativos sin tener en cuenta las fuerzas que le dieron origen. La historia de los pueblos muestra claramente que los grandes periodos de la arquitectura coinciden con el nivel de evolución de los pueblos. Los pueblos *en degeneración* no nos han legado ningún estilo. Lo que expresa su grandeza son los resultados de sus antepasados, cuyo legado dispersan.

La historia artística está indisolublemente ligada a la historia del mundo, la arquitectura al poderoso desarrollo de un pueblo. En la antigüedad, los valores bélicos determinaban el destino y el futuro de una comunidad popular. No conocemos ningún pueblo que nos haya legado un estilo arquitectónico clásico y que haya desempeñado un papel secundario en el campo de batalla. Esta es la mejor prueba de que los pueblos de soldados no son en absoluto hostiles a la cultura, sino que aparecen en la historia como elementos de civilización.

El estilo también es un bien que nuestros antepasados nos transmiten para que lo gestionemos. Y nosotros dejaremos un estilo arquitectónico a nuestros descendientes. Por tanto, debemos educar a los jóvenes en el espíritu de crear un nuevo estilo. Ellos lo cuidarán porque representará para ellos un signo de su unión con su pueblo a lo largo de la historia.

Los coches circulan ruidosamente por las ciudades de Alemania. Los tornos crujen y raspan la piedra. Se levantan edificios cuya finalidad y tamaño no sólo vienen dictados por las exigencias del momento, sino que deben testimoniar a las generaciones futuras nuestra voluntad de crear valores duraderos, aunque no podamos disfrutar de sus frutos. Más adelante no se nos podrá reprochar haber tenido las mejores *intenciones* pero no haberlas podido realizar. La posteridad es despiadada y sólo acepta lo que *perdura.*

Dar buenos consejos no significa otra cosa que responsabilizar a los descendientes de nuestros pecados de omisión.

Incluso hoy sabemos lo que esto significa. La arquitectura no se ha librado. Las grandes arterias son la prueba de lo que diseñaban los constructores cuando sólo intentaban satisfacer el gusto *del individuo* y construían estas casas individuales. No trataban de imponerse a los demás, sino de *sorprenderse a* sí mismos. Sólo así se explican las hileras de casas construidas durante los tristes años de la fundación del Imperio. Dominadas por lo efímero, se daba prioridad al "toque personal" y se evitaba curiosamente lo que hoy llamamos estilo. En su lugar, se era "moderno", "se avanzaba con los tiempos" e inocentemente se imaginaba que la siguiente generación también seguiría este espíritu.

Ahora esta generación está derribando estuco y yeso sin alma con un pico, y nadie siente ninguna falta de respeto por nuestros antepasados. Necesitamos espacio para las tareas que la historia nos ha encomendado. Lo que es valioso, porque así lo *sentimos*, lo conservamos como parte del patrimonio cultural con el que tenemos una relación sentimental e ideológica. Y por eso el hombre que da a nuestro pueblo esta conciencia de identidad nacional es también nuestro primer maestro de obras.

V.J. Sch.

"D'ESTOC ET DE TAILLE", POR GUNTHER D'ALQUEN, 1937.

HOMOSEXUALIDAD Y ARTE

No es necesario demostrar que la homosexualidad desempeñó un papel importante en la vida artística alemana de la última década. Para los que no lo sepan, baste decir que hubo escenas teatrales en las que más del 50% de los artistas reivindicaron el "derecho a llevar esta singular existencia". En cambio, el silencio sobre las mujeres es total. Por desgracia, no se trata de casos aislados.

Para el nacionalsocialismo, las manifestaciones de la vida no se consideran un problema con leyes propias. Cada "problema" del pasado entra en el ámbito de la decisión política a través de su relación orgánica con la comunidad. El nacionalsocialismo ha devuelto a la política su sentido original; no es, por tanto, una obra limitada en sí misma que pueda coexistir con otros valores iguales o superiores. Hay que llegar a la conclusión de que en todos los ámbitos de la vida sólo sus valores son susceptibles de realización política. Cualquier otra escala de valores sólo puede conducir lógicamente a la noción de liberalismo, es decir, al reconocimiento del carácter anarquista.

Nuestra política actual se basa claramente en estas constataciones fundamentales y el arte ocupa en ella el lugar que le corresponde. Cuando la jauría actual de escritores emigrados despotrica contra la supuesta "violación política del arte" en Alemania, estos aullidos demuestran lo difícil que es oír la importancia de la nueva orientación nacionalsocialista.

Ya no hay motivos para quejarse de que la intervención policial amenace la existencia del arte. Por otra parte, la destrucción de un principio artístico de importancia internacional siempre hará mucho más ruido. Sin duda no calmaremos la histeria de los combatientes de la barricada literaria de la Kurfürstendamm, pero nos demuestran que vamos por buen camino.

Las conclusiones básicas de la política cultural nacionalsocialista son sencillas. Tienen esa sencillez intemporal que es típica de todas las exigencias nacionalsocialistas. Redujeron el arte a un proceso creativo y volvieron a situar a los artistas en la legitimidad del orden divino, que es el único que concreta el sentido de la vida, lo preserva y lo transmite hacia el futuro.

Visto así, el arte redescubre en nuestro pueblo lo que le ha dado su dinamismo en todos los tiempos y entre todos los pueblos, es decir, la polaridad natural, y por tanto divina, de la creación.

Si el nacionalsocialismo pretendiera haber descubierto esta ley fundamental, estaría negando las creaciones eternas de las generaciones pasadas. No, le han transmitido directamente esta ley indestructible. Pero puede afirmar con razón que ha descubierto una determinación artística - casi se podría decir sistemática-. Y gracias a ello, puede pretender haber hecho una interpretación unilateral de todas las creaciones artísticas y haber definido su escala de valor única.

Así, la noción eterna de la libertad del arte fue encontrada por el nacionalsocialismo. Pues nuestro concepto artístico ha liberado definitivamente al arte. Ha triunfado sobre el concepto de individualidad.

Las generaciones posteriores juzgarán lo que este acontecimiento significa para la creación artística.

Un arte se rige por la ley original de la creación, pero este impulso no debe frenarse limitándose a una forma o valoración individual. Tampoco debe aislarse de un ámbito de auténtica realización artística, ni del ámbito de la comunidad nacional y, por tanto, del orden divino, a causa de la inestabilidad de una voluntad individual que representa tanto el gusto de la época como un carácter solitario. Tal arte expresa incondicionalmente la propia personalidad del artista en la creación de los valores eternos más puros. Pues el "yo" del artista se traduce en la experiencia significativa (no excepcional y pasajera) de la polaridad creativa masculino-femenina en la interpretación del orden divino, y esta experiencia fundamental se convierte en el punto de partida de toda creación comunitaria más allá del individuo.

Así, el arte se ha purificado de los puros impulsos instintivos, de una problemática erótica perfectamente estéril, de toda ideología de autosatisfacción y autoliberación. Se basa resueltamente en la experiencia del amor, que no es un fin en sí mismo, sino que aprehende el orden divino a través de sus fuerzas creadoras y protectoras de la vida.

El hombre no es violentado por ese arte, ni por una ideología hostil a la vida, ni por formas instintivas y anárquicas. Se libera porque acoge lo que es el cumplimiento de su destino en su grandeza divina.

Sólo lo que tiene sentido habla el lenguaje de la eternidad. La incoherencia es una fuente de malestar causada por todas las fuerzas asociales y destructivas. El Führer definió los fundamentos del arte cuando dijo que la salud es el único terreno que puede producir verdadero arte.

La salud nacional es la única garantía de la vida del pueblo. Este es el objetivo de la política higiénica y racial nacionalsocialista. Sólo ella puede asegurar la supervivencia del pueblo a través de todas las vicisitudes de la historia. Este es el sentido profundo de la política de defensa alemana. A los principios vitales sirven la economía y la industria, no los objetivos egoístas. Esta es la herencia de la que cada generación joven es responsable y que representa la mayor riqueza nacional del pasado.

El arte alemán está inmutablemente integrado en este programa, creador de la cultura alemana.

Porque sólo tiene sentido si refleja una época cuya meta ha derribado todas las barreras temporales de las antiguas facciones políticas; pero sólo se tolera si ha percibido y realizado en sus creaciones la grandeza de esta meta y si sirve a un orden mundial eterno a través de su principio moral. El sentido del arte, el sentido de la creación cultural en el Nuevo Reich expresa la voluntad de configurar este futuro. Se ha convertido así en un rechazo histórico del individualismo, del liberalismo y del internacionalismo, en un rechazo total de todas las ideologías hostiles a la vida.

El lector superficial, atraído por el título del artículo, habrá visto con cierto estupor que hasta ahora sólo se ha hablado de arte, y no de homosexualidad en absoluto, aunque éste fuera el tema.

Pero ahora somos nosotros los que nos avergonzamos de criticar por criticar, pero nos arrogamos ese derecho porque consideramos que nos permite dejar de lado todo lo que pueda entorpecer nuestra voluntad y nuestra creatividad. Queremos definir lo que significan para nosotros el arte y la cultura. De este modo, luchamos contra las fuerzas disolventes partiendo de la base de que el conocimiento de lo verdadero es la mejor manera de destruir lo falso.

El lector molesto y cansado porque ya ha comprendido que ese arte no puede producir nada patológico o anormal es nuestro mejor amigo. Sin embargo, hay que añadir una cosa. Del mismo modo que la cuestión de la homosexualidad puede abordarse desde el ángulo penal, pero sobre todo desde el ángulo político, la cuestión de la homosexualidad y el arte constituye para nosotros un problema evidente.

Tiene dos aspectos de los que se extrae la misma conclusión.

Si consideramos la evolución del arte en los siglos XIX y XX, podemos decir que la progresión de los homosexuales en el campo del arte y la creación artística pertenece sin duda al capítulo de la cuestión judía.

Tras la absorción judía de la cultura alemana, también se hizo propaganda para los homosexuales. Se trata de un instrumento muy útil en esta labor, porque en la medida en que incluye a los superdotados, representa un carácter asocial; al igual que el judío en el ámbito de la cultura alemana.

El homosexual nunca podrá ser un creador ni transmitir arte a partir de capacidades creativas porque estas personas de otra especie carecen de la experiencia creativa de una naturaleza biológica pura. El homosexual queda así excluido de las leyes eternas de la vida. Por lo tanto, no es casualidad que el principio del "arte por el arte" y su estética se conviertan en el dominio de los homosexuales. Tampoco es casualidad que el degenerado adopte lógicamente la ideología judía de la destrucción de la vida, el bolchevismo; más de un emigrante actual es testimonio vivo de ello.

Vemos que la gestión del arte por los homosexuales sólo puede desembocar en un rechazo estricto de la comunidad natural de la vida.

Pero estas constataciones tienen un efecto puramente político, pues revelan consecuencias contrarias a la comunidad por la base misma de este "arte". Para nuestra sana sensibilidad, desgraciadamente no hay grado en el concepto de hostilidad al Estado; todos los que pretendan hablar en este ámbito deben atenerse a los hechos. El orden divino de la naturaleza inmutable procede con el mismo rigor y no nos permitimos juzgar al Creador y sus leyes.

Precisamente porque consideramos que el arte es una superación de la realidad y la expresión de ideales intemporales, debemos rechazar enérgicamente las obras de seres humanos incapaces de adaptarse a las leyes de la vida y que, sin embargo, quieren violar las leyes del pueblo como críticos o creadores. Producirán el mismo proceso de degeneración que los resultados de los artistas bolcheviques judíos, cuyas obras se convirtieron en elementos formales y temáticos de la descomposición.

El otro aspecto del problema es típicamente individualista. Procedente del espíritu de independencia del individuo, se manifiesta en el ámbito de la homosexualidad como un reconocimiento incondicional de la naturaleza diferente.

Se puede decir simplemente que es un crimen de individualismo intelectual el que, a través de sus concepciones fundamentales de la homosexualidad, ha producido el mejor incentivo en esta dirección. Pues de la reivindicación del derecho a la individualidad sin trabas, el camino hacia "ser diferente" no está lejos. Por ello, no es difícil comprender la instauración de la noción de "hombre artista", que representa la suma de las especializaciones individualistas. El "hombre colectivo", la masa "característica" en su legitimidad, se opone al artista que debe ser diferente para poder crear de verdad. Se verá que muchos artistas alemanes adoptan este tipo de discurso cínico de los maestros artísticos:

"¿Eres judío, homosexual o vienés (es decir, una variedad especial de artistas judíos)? Entonces, ¿qué haces en el teatro daitsche? (Nota del autor, distorsión yiddish del deutsch).

Nuestras afirmaciones ideológicas quedan así demostradas. El ser diferente, tanto en términos de raza como de disposición sexual, se convierte en el punto de partida del hecho artístico. El fuerte olor de los extraños animales que componen el bestiario de la producción artística judeo-bolchevique basta para atraer la curiosidad de las masas.

El concepto de diferencia conecta con la noción de artista y finalmente rompe con ella. Los instintos primitivos de los directores de ferias, que muestran enanos jorobados y una mujer barbuda, se habían liberado por completo en el campo de la creación artística. En consecuencia, había que renovar las atracciones para mantener un volumen de negocios positivo. Pues este artefacto es ajeno a cualquier sentimiento popular.

Lo que es hostil a la comunidad, y por tanto asocial, se convirtió en el arquetipo. La bolchevización de los conceptos culminó en la noción del "tercer sexo".

Pero esta consecuencia directa tiene una segunda inversión no menos peligrosa. En el marco de esta línea "cultural-política" no se podría negar totalmente la existencia de la mujer. Recordar que el homosexual es un extraño para la mujer, cuya esencia no capta por naturaleza, permite comprender la aparición de un nuevo tipo femenino y su afirmación. No es sólo la "lesbiana" la que corresponde al gusto homosexual, sino también todas aquellas naturalezas femeninas que son fundamentalmente incapaces de seguir su auténtica vocación. No nos centremos en esta categoría; tenemos una clara concepción de la mujer por parte del nacionalsocialismo. Sin mostrar estrechez de miras ni mojigatería, debemos prescindir en este capítulo de la masculinización de la mujer tal y como se ha producido en los últimos años. Pues la noción de la camaradería entre el hombre y la mujer se hace evidente si entre estos dos seres un niño simboliza la máxima abnegación en el amor, el deber y el sacrificio.

Los destinos humanos son, pues, trágicos cuando no pueden o no quieren encontrarse con el deseo de fundar una vida natural; cuando se niega a la pareja esta gran experiencia.

El derecho a la existencia de la comunidad histórica de nuestro pueblo exige la eliminación de todos los elementos que perturban esta comunidad. Esta es la política de la higiene.

Esta ley fundamental no perdona ningún ámbito.

Tampoco es arte.

V. Ciencias físicas y naturales

Folleto Nº 8 de las SS. 1939.

Las leyes eternas de la vida

Como dijo el Führer: "El nacionalsocialismo enseña rigurosamente la realidad de los conocimientos científicos más precisos y la expresa con claridad. Nuestra piedad se inclina incondicionalmente ante la grandeza de las leyes divinas de la vida. Sólo tenemos una plegaria: cumplir valientemente los deberes que de ellas se derivan.

El nacionalsocialismo obtiene su verdad de la observación del mundo. Es, por tanto, una verdadera filosofía. Pero tener una filosofía también significa comportarse ante la vida y los valores de la vida de una manera que esté en armonía con la propia visión del mundo. Cada ser humano ve el mundo a través de sus *propios* ojos y vive el mundo al ritmo de su *propia* sangre. Por tanto, la visión del mundo es siempre específica de cada pueblo.

¿Cómo vemos el mundo los alemanes?

Cuando un alemán pasea por los campos en un buen día de verano o en una blanca noche de invierno, contempla con reverencia la belleza del mundo: la claridad del cielo azul y del sol, o la legión de estrellas eternamente titilantes, el curso oscuro de las nubes, a su alrededor las mieses maduras y los vastos prados de hierbas y flores, el lago resplandeciente, la suave caída de los copos de nieve. Y cuando oye, durante las noches de otoño, el tamborileo de la lluvia, los bosques en las tormentas, la lucha de las dunas contra las olas a lo largo del mar, comprende entonces que el mundo es un lugar de belleza, al mismo tiempo que el inmenso campo de batalla de la lucha eterna.

El hombre fuerte acepta el mundo tal como es.

A un alemán nunca se le ocurriría pensar que la Tierra no es más que un "valle de lágrimas". El poder divino de la creación en este mundo es, según nuestra creencia, demasiado noble y demasiado rico para haber creado un "valle de lágrimas".

El alemán que pasea por los senderos floridos en primavera y oye el dulce canto de un pájaro que anida en las ramas donde cinco polluelos están a punto de seguir su destino, nunca podría imaginar que esos polluelos nacerían con la maldición del pecado original. Pero al escuchar el hermoso canto del pájaro, siente la alegría de la naturaleza que proclama que la procreación y el nacimiento son aplicaciones de las leyes divinas. En nuestro pueblo, ¿no obedece también una madre una ley divina cuando da hijos a la nación? Ningún padre podría creer que la felicidad paterna o materna está manchada por la maldición del pecado original. ¡Nunca los niños han venido al mundo tan manchados!

Las cosas de la vida nacen de la procreación y el parto y desaparecen con la muerte. Cuando las hojas caen en otoño, cuando el viejo árbol se desploma por el viento, esto es el destino. La muerte del ser vivo, sin embargo, no es el "rescate del pecado".

La observación del mundo nos proporciona así la certeza de que el entorno en el que vivimos no es un valle de lágrimas, sino la tierra de nuestra patria. La procreación y el nacimiento no son pecado ni culpa, sino el cumplimiento de la voluntad divina. La muerte no es consecuencia del pecado, sino ley de vida, necesidad y destino. El Führer dijo una vez:

"A la cabeza de nuestro programa no está la intuición misteriosa, sino el conocimiento lúcido. Hubo tiempos en que la oscuridad era la condición necesaria para la eficacia de ciertas doctrinas; ahora vivimos en una época en que la luz es el fundamento de nuestro éxito."

La luz de la ciencia ilumina así las verdades eternas de la ideología nacionalsocialista. Es la culminación de la lucha por la ciencia y la afirmación de nuestra naturaleza específica.

Luchar por el conocimiento, por la luz y la verdad siempre ha sido considerado por el mundo oscurantista como una herejía. Así, el conocimiento y el respeto de las leyes del universo han sufrido la maldición de los sacerdotes y aún hoy el anatema de la Iglesia no los perdona.

Giordano Bruno fue quemado vivo como hereje por proclamar con heroica pasión, totalmente en el espíritu de nuestra fe: "Buscamos a Dios en la inalterable e inflexible ley de la naturaleza, en la respetuosa armonía de un alma que se somete a esa ley. Le buscamos en un rayo de sol, en la belleza de las cosas que salen del seno de nuestra madre tierra, en el reflejo fiel de su creación, en la contemplación de las innumerables estrellas que titilan en el inmenso cielo..."

Desde el principio, el alma alemana tuvo un acercamiento directo a Dios: reverente y piadosa, esta alma se deleitaba en la ley de la tierra, en el susurro de los bosques, el rugido de los mares y las tempestades, la contemplación del cielo estrellado. Era este respeto el que le impulsaba a seguir las leyes naturales. Respetarlas era afirmar a Dios. Transgredirlas era alejarse de lo divino.

Hoy volvemos a saber que la ley del mundo es también la ley de nuestra vida humana. Como la Tierra permanece en la órbita del Sol, así nosotros los hombres debemos permanecer fieles a las leyes de la vida. Así como nuestros antepasados, con los maravillosos instintos de nuestra raza, vivían al unísono con las leyes de la naturaleza, así también nosotros, enriquecidos por la experiencia y la ciencia, podemos conscientemente poner nuestras vidas de acuerdo con las leyes del mundo.

El respeto a la vida es siempre el fundamento de una fe viva y de una verdadera piedad. Aquel a quien el mundo le parece divino porque ha sido creado por Dios, nunca perderá el respeto por la vida y sus leyes. La separación entre Dios y el mundo proviene de una forma de pensar ajena. Negar el carácter divino de la naturaleza es despreciar el mundo y la vida en la Tierra. Mientras que el hombre primitivo, consciente de ser el poseedor de la vida divina, se respeta a sí mismo y a la vida, el hombre que sólo representa a Dios en el más allá, no conoce ni el verdadero respeto por su propia persona ni el respeto por lo que crece y florece en la Tierra. Sólo respeta lo que imagina que está por encima del mundo y de sí mismo, sólo por el sentimiento de ser una criatura, es decir, una creación de Dios.

Vemos el paraíso en la belleza de la Tierra bendita y sagrada. Al amanecer del año, millones de flores, el oro tembloroso de los maizales, el brillo de la nieve y la pureza de los copos en Navidad, el nacimiento de la vida en el seno materno, son para nosotros una manifestación del cielo.

Aquí es donde se aplican las palabras de Rosenberg: "Si se considera esta gran veneración como impía y atea, se puede responder a esta afirmación infundada que si, en efecto, se enseña la existencia de un Creador y se le celebra en himnos y oraciones, no se puede entonces considerar la observancia y el cumplimiento de sus leyes como sacrílegas y su transgresión como un deber sagrado."

Si observamos la historia de todos los pueblos de la Tierra, veremos que cada pueblo tiene el destino que se merece. Desde que las personas nacen por voluntad de la vida, son responsables de su destino. Por eso es tan cierto el siguiente adagio: No hay Dios que decida lo que está bien y lo que está mal en la historia: las personas son dueñas de sí mismas.

El fin de un pueblo es la conclusión natural de su temeraria transgresión de las leyes naturales. Sólo la aceptación respetuosa y la observancia consciente de las leyes divinas de la existencia garantizan la permanencia de un pueblo. La vida eterna de nuestro pueblo es el objetivo de nuestro trabajo y de todas nuestras luchas. En efecto, "la victoria de la vida es la razón del universo".

Dondequiera que veamos la presencia de la vida, reconocemos la voluntad de mantener y conservar la esencia de la especie. "La ley sagrada de todo ser es salvaguardar y defender su propio carácter" (H. St. Chamberlain). Así pues, cada organismo lucha por su vida y el mundo se convierte en un lugar de lucha perpetua. La lucha es la forma que tiene la naturaleza de mantener una vida vigorosa. Garantiza la "Gran Salud" del mundo, ya que lo que no puede vencer tiene necesariamente que perecer.

"Para el ojo iniciado, todo indica la huella de un dios.
Schiller

La "Casa de la Naturaleza" de Salzburgo tenía por misión adquirir y desarrollar un mejor conocimiento de la naturaleza, lo que hoy se llamaría "ecología". Estudiaba el origen y la esencia del entorno natural en sus múltiples formas, las interacciones en la vida del hombre, su posición en la naturaleza y también en relación con ella.

La naturaleza es la maestra eterna de las personas, enseña constantemente la naturaleza efímera del individuo, pero también la durabilidad del grupo y la eternidad de las relaciones de la vida. También enseña cómo garantizar la supervivencia.

La naturaleza es infinitamente variada y se presenta de forma única en millones de aspectos diferentes, pero cada organismo y cada acontecimiento de la naturaleza conllevan leyes específicas. Son necesarias porque sin esta legitimidad, la naturaleza no estaría estructurada. El orden forma parte de la esencia de la vida. Es deber de los seres humanos comprender el orden de la naturaleza y reconocer su legitimidad.

El respeto germánico por la vida revivió con el nacionalsocialismo. Luchando por nuestra propia visión del mundo, hemos llegado a comprender que sólo honramos a Dios respetando las leyes eternas que, a partir de su voluntad, rigen el mundo.

SS-Hscha. Dr Schinke

Folleto SS Nº 10. 1938.

Camarada a mi lado...

Al caminar por la nieve uno siente -dependiendo de la persona- dolor al caminar o alegría al contemplar el maravilloso paisaje invernal.

No sabemos que también hay una lógica en la estructura de la nieve. Pero cuando se observan los copos de nieve con gran aumento, se puede ver lo gran artista que es la naturaleza.

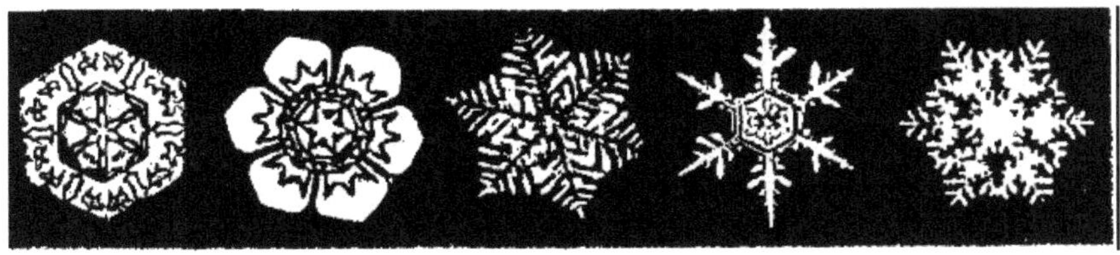

He aquí, camarada, algunas ilustraciones que muestran la belleza con que se ramifican los cristales de nieve, digna de un patrón de bordado. La estructura es siempre en seis partes. En todas las ilustraciones encontramos la runa Hagal, la runa del mundo, el símbolo de la organización del mundo, la rueda con seis radios. Estos cristales son tan bellos que podrían utilizarse como modelos para encajes, adornos, etc. Imagínate un hierro forjado como el de la primera ilustración. Y la segunda imagen, ¿no tiene forma de rosa y la tercera, de seis arbolitos de Navidad?

¿Por qué nos interesan estas cosas?

Porque tú, camarada, debes aprender que un *orden divino,* que también podemos llamar *ley mundial,* rige incluso las cosas naturales más pequeñas, que consideramos tan insignificantes como un copo de nieve.

Todo tiene su regla. Todo tiene su ley que determina su esencia, su existencia, ¡como tú! Reconocemos la grandeza de la creación a través del orden, la finalidad y la belleza de la naturaleza que nos rodea.

SS-Standartenführer Dr. J. Caesar

Folleto SS Nº 4.1938.

Nuestro conocimiento moderno de la estructura del universo

La ciencia que estudia la estructura del universo es una rama de la astronomía. Es la parte que se ocupa de la organización de la materia en el inmenso espacio que llamamos universo, la localización de las estrellas, el tamaño y la distancia de los cuerpos celestes. A continuación presentaremos de forma concisa lo que sabemos actualmente sobre esta construcción del universo.

Todo el mundo sabe que nuestro estrecho hábitat en el espacio cósmico es el *sistema planetario* formado por el cuerpo central, el *Sol,* y nueve grandes planetas que lo orbitan: *Mercurio, Venus, la Tierra, Marte, Júpiter, Saturno, Urano, Neptuno y Plutón.*

El último, Plutón, fue estimado recientemente en cálculos teóricos realizados por los estadounidenses y descubierto realmente por ellos. Mercurio es el más cercano al Sol, Plutón el más lejano de los nueve planetas. El tamaño de los planetas varía mucho. Los planetas más pequeños, Mercurio a Marte incluidos, cabrían en gran parte dentro de los planetas más grandes, Júpiter a Neptuno. Júpiter, por ejemplo, es más de diez veces mayor que la Tierra, que tiene un diámetro de casi 13 000 km.

Aunque se ha hecho más pequeño debido a la tecnología y al tráfico, el globo terráqueo ya es una cifra enorme para nosotros los humanos; sin embargo, no es nada comparado con el cuerpo central de nuestro sistema, el Sol. Su diámetro es de 1,3 millones de kilómetros. Esto se puede imaginar si tenemos en cuenta que el cuerpo celeste más cercano a nuestra Tierra, la Luna, se encuentra de media a 384.500 kilómetros de ella. El Sol es tan grande que todo el sistema Tierra-Luna cabría fácilmente en él. Si imaginamos la Tierra con la Luna transpuesta al Sol, con el centro de la Tierra coincidiendo con el centro del Sol, la superficie del Sol supera con creces la órbita de la Luna. El propio tamaño de nuestro sistema solar se caracteriza por el hecho de que, por ejemplo, Neptuno, el penúltimo de los nueve planetas desde el Sol, se encuentra de media a 4.500 millones de kilómetros de nuestra estrella central, mientras que la Tierra sólo está de media a 149 millones de kilómetros del Sol.

Si salimos del sistema solar para ir al *espacio,* la medida en km adaptada a nuestra escala humana ya no es suficiente para definir el entorno cercano al Sol. Si quisiéramos expresar las dimensiones actuales en kilómetros, se crearía un hándicap insalvable que impediría la comunicación de información astronómica y científica debido al número de dígitos. Por ello, los astrónomos han adoptado otra unidad de medida, el año luz. Como sabemos, la luz viaja a 300 000 km/seg. Un año luz significa, por tanto, la distancia recorrida en un año por la luz a 300 000 km por segundo. Expresado en kilómetros, el año luz corresponde a una distancia de 9,4 billones de kilómetros (un billón es un millón de veces un millón).

La estrella fija más cercana a nuestro Sol está a cuatro años luz; su luz necesita cuatro años para llegar hasta nosotros. Podemos concebir semejante distancia haciendo la siguiente comparación. Imaginemos que todas las distancias y proporciones del universo son tan pequeñas que el diámetro del Sol, que en realidad es de 1,3 millones de km, es de *40 m;* en este caso, esta estrella fija estaría aún más lejos del Sol que la distancia efectiva entre la Tierra y la Luna, es decir, estaría 380.000 km más lejos. Y lo mismo ocurre con las estrellas fijas más cercanas a nosotros.

De ello se deduce que las estrellas están tan escasamente distribuidas que es prácticamente imposible que el Sol colisione con otras estrellas. Esto se confirma por el hecho de que lo que llamamos el entorno "más cercano" al Sol es la parte del universo que la luz recorre desde el Sol en 70 años por todos lados, es decir, una bola con un radio de 70 años luz. En *esta enorme parte del espacio sólo hay doscientas estrellas.* Si lo imaginamos reducido de tamaño, de modo que las estrellas formen cabezas de alfiler, seguirían estando separadas por una distancia real de 60 a 100 km. Las estrellas y toda la materia del espacio son tan dispersas que se extienden como cabezas de alfiler a distancias de 60 y 100 km. En consecuencia, una colisión entre dos estrellas en el universo es muy rara o incluso imposible.

El tamaño de las estrellas, que no son más que Soles lejanos, enormes bolas de materia en estado de altísima temperatura, varía mucho. Hay estrellas mucho más pequeñas que el Sol y otras en las que entra todo el sistema Tierra-Sol y que, por tanto, son tan grandes que su superficie superaría su órbita si se pudiera hacer coincidir su centro con el del Sol. En consecuencia, las estrellas se dividen en *gigantes* y *enanas.* A pesar de ello, el Sol ya es algo así como un gigante comparado con nuestro estrecho espacio vital, el sistema solar. Sin embargo, pertenece al grupo de las estrellas enanas. En el universo existen dimensiones completamente diferentes a las del gran sistema planetario, que ya es enorme en comparación con la Tierra.

Nuestro sistema solar y su entorno inmediato antes mencionado no son en sí mismos más que una pequeña parte de un sistema estelar mayor, a saber, *la Vía Láctea.* Se nos manifiesta indirectamente a través de la luz escamosa y difusa que cruza el cielo en las noches despejadas. Esta franja es producida por un número casi infinito de estrellas, es decir, Soles luminosos que están tan alejados entre sí que sólo el telescopio más grande es capaz de descomponer las nubes de la Vía Láctea en una multitud de puntos luminosos. Muchas estrellas están agrupadas en el espacio alrededor de una superficie plana y muy separadas entre sí, cuya luz se suma a la de la Vía Láctea tal y como la vemos a simple vista. El número total de estrellas de la Vía Láctea puede estimarse en diez mil millones, pero sigue siendo inferior a la realidad. La extensión de nuestra Vía Láctea es de 60 000 años luz. Por tanto, la luz tarda 60 000 años en llegar al otro extremo.

Las fronteras de nuestra propia Vía Láctea no son todavía los límites que puede alcanzar la ciencia moderna. Fuera de nuestra Vía Láctea, existen muchas otras que se agrupan formando un número casi infinito de estrellas. Este sistema extragaláctico -es decir, fuera de la Vía Láctea- se denomina nebulosa, aunque este tipo de denominación no se corresponde con la verdadera naturaleza de esta imagen. Se remonta a la época en que no se sabía que estas imágenes son en realidad *conglomerados de estrellas.*

Hasta la fecha se conocen aproximadamente dos millones de "Vías Lácteas". La más cercana a nosotros es *la galaxia de Andrómeda, que se encuentra* a un millón de años luz. Las nebulosas extragalácticas están distribuidas de forma muy desproporcionada en el universo. Aún no se sabe si estos sistemas de la Vía Láctea, estas islas de mundos, están interconectados o dispersos al azar por el espacio. Lo que es seguro es que la nebulosa es un conglomerado. La más distante de estas nebulosas, que representa el límite alcanzado por la mente humana, se encuentra *a 180 millones de años luz.* La luz que hoy percibimos partió cuando nuestra Tierra estaba en plena era sauriana y el hombre aún no existía.

Este es el aspecto que tiene el universo hasta donde sabemos en la actualidad. Intentemos reducirlo de nuevo a escala humana para hacerlo más concreto. Las dimensiones son tan pequeñas que la distancia del Sol a la Tierra, que en realidad es de 149 millones de kilómetros, mide un milímetro. El Sol debería tener un diámetro de $/^{1}{}_{100}$ mm, nuestra Tierra $/^{1}{}_{10\,000}$. Ya no serían visibles a simple vista. ¡Qué pequeño sería el hombre a esta escala! - El sistema solar, nuestro hogar, mediría seis centímetros. La estrella fija más cercana estaría a 260 m, las nubes de la Vía Láctea entre 80 y 100 km (¡!). El punto más alejado de nuestra Vía Láctea estaría a 13 000 km, es decir, en el otro extremo de la Tierra. Dado que la Vía Láctea está tan cerca de nosotros, la galaxia antes mencionada estaría a más de 20 millones de km, y todo ello a una escala en la que la distancia entre el Sol y la Tierra es de 1 mm.

Esto es lo que sabemos hoy sobre la naturaleza del universo, y sin duda las investigaciones futuras revelarán cosas que nunca imaginamos.

Pero sólo nos queda inclinarnos con respeto ante esta obra prodigiosa y su creador.

Joseph Meurers

CUADERNO SS Nº 4. 1943.

LUCHA EN LA NATURALEZA

Aparte de todos los otros dudosos regalos ofrecidos por la esclavitud de casi dos mil años del Próximo Oriente, el hombre nórdico también ha heredado la representación forzada de un país imaginario con un mundo llamado "paraíso" que nunca ha existido ni existirá. La blandura y la suavidad son los acordes principales de este conjunto de ideas semíticas que hablan del amor, de la indolencia de la debilidad del hombre del Sur, y que reúne a leones feroces llenos de dulzura y a un burro paciente.

Tales quimeras son la expresión de un carácter ajeno y decadente. La inteligencia sana y viva de un alemán jamás podría haber inventado semejante disparate, pues sigue estando demasiado cerca de la naturaleza, con los dos pies en el suelo en la lucha con -y en- la cruda realidad. Vivimos, por tanto, en una época en la que por fin nos estamos liberando de las cargas extranjeras que obstaculizan nuestra espiritualidad aria y estamos redescubriendo la verdad que nos viene del alma.

En esta Tierra, todos los acontecimientos y todas las fuerzas de la naturaleza se basan en pros y contras. Cada empuje encuentra una reacción opuesta, cada evolución requiere su correspondiente declive. La vida de uno suele significar la muerte del otro. Siempre ha sido así y siempre lo será, al menos mientras haya vida en la Tierra. Debido a esta ley natural, todo ser vivo debe luchar constantemente por su existencia, ya sea una planta, un animal o un hombre. Esta lucha puede variar enormemente, al igual que las armas de ataque y defensa. Casi podría decirse que hay tantos métodos de lucha como formas de vida y especies. Además, la lucha por la vida de una naturaleza evolucionada es más dura que la de una sola célula. Un buen hombre tiene más adversarios que un ser insignificante. No hay hombre sin enemigo; de lo contrario, es una nulidad a la que hay que dejar de lado. En consecuencia: cuanto más grande es un pueblo, más numerosos son sus envidiosos y, por tanto, sus enemigos.

La lucha natural se extiende a todas las fases de la vida. El primer momento de la vida de una criatura es ya una forma de lucha por el aire y el alimento. La búsqueda de alimento continuará durante toda su vida hasta su último aliento. Pero sigue toda una serie de otras luchas que se expresan tanto en ataque como en defensa; la lucha contra el entorno, contra el mal tiempo, contra el calor y el frío, contra la sequía y la humedad, contra la sombra y la luz o por la luz. Además, está la lucha por la pareja sexual, por la reproducción, por el hijo, el hogar, el espacio vital y, por último, contra el enemigo personal. Las formas de lucha pueden ser directas o indirectas. Pueden ser en la fuerza física y la forma del cuerpo, en el color, la velocidad, el tipo de movimiento, la resistencia, el tamaño o la pequeñez, el número de hijos o innumerables formas especiales, pero también en las facultades espirituales.

En el cuerpo de todo ser vivo, ya sea una ameba unicelular o una planta pluricelular, ya sea un animal o un ser humano, hay una asimilación continua de aire, tierra o alimentos, que se devuelven como materia energética. Además, todo ser vivo está sometido a un proceso de evolución constante. No hay tiempos muertos. Crece desde el nacimiento hasta la madurez; pero también cambia continuamente, de forma retrógrada. Se marchita, envejece, una función se extingue tras otra y, finalmente, deja de ofrecer un terreno nutritivo para la fuerza motriz de la vida y se extingue.

Y así, la comunidad cambia continuamente, igual que el individuo. La única gran diferencia es que la vida de la comunidad es mucho más larga que la del individuo. Un pueblo, por ejemplo, es capaz de vivir durante milenios, aunque sus miembros, los conciudadanos, sólo vivan el tiempo de su breve existencia. Pero como son sustituidos constantemente por recién llegados, la estabilidad y la homogeneidad populares están garantizadas durante un inmenso periodo de tiempo. La duración de la vida de una generación, de una etnia o de un pueblo depende sobre todo de circunstancias internas y externas, relacionadas en gran medida con principios vitales. Un pueblo claramente consciente del vínculo humano natural, que no abusa excesivamente de sus posibilidades de evolución civilizadora, nunca envejece ni se debilita. Pero por la aplicación exacta de las leyes de la naturaleza, y por tanto de la Sangre y de la Tierra, se renueva continuamente y es muy superior en valor y duración de vida a los pueblos que no cumplen estas condiciones previas. De hecho, esta regla requiere una lucha perpetua en muchas formas. Por encima de todo, es la lucha por la preservación de la raza, por el territorio y por la supervivencia.

La lucha por la reproducción es el clímax de la lucha natural. También existe en el mundo de las plantas. La magnificencia de las flores es un elemento. Una flor eclipsa a otra en color, forma u olor, para inducir la fecundación y asegurar así la reproducción. La colorida familia de las mariposas, pero también innumerables insectos, realizan esta tarea, aunque involuntariamente, pero por instinto natural. En los trópicos, también hay muchas aves, como las pequeñas bolas de plumas conocidas como colibríes, los picaflores de bellos colores y muchos otros. Los mamíferos también pueden ser embajadores entre las flores masculinas y femeninas.

Sin embargo, la forma más bella de lucha amorosa tiene lugar durante los periodos de celo o cortejo, cuando suelen producirse peleas encarnizadas. Esto ocurre tanto en mamíferos como en aves, reptiles e incluso insectos. Recordemos, durante nuestra infancia, las peleas entre lucanos machos y también los duelos entre ciervos.

Esta lucha es la expresión más evidente del poderoso instinto de reproducción. Quienes lo hayan oído nunca olvidarán el bramido de los ciervos en el bosque otoñal envuelto en niebla. Es una llamada. Dos poderosos guerreros se encuentran, y a su alrededor resuena el choque de poderosas cornamentas. Dos viejos luchadores, llenos de fuerza y experiencia, se miden en un duelo caballeresco. Durante mucho tiempo, la lucha permanece indecisa, la hembra se mantiene al margen y sigue la viril acción de sus pretendientes con los sentidos agudizados. Finalmente, el combate termina. El derrotado se retira y deja que el vencedor cumpla con su deber supremo. Pero eso no es todo, pues lo femenino natural también existe en el juego. A la lucha por la hembra le sigue la lucha por ganar su docilidad. La vida de los animales es muy similar a la de los seres humanos. El comportamiento de la mantis religiosa hembra tras el acto de amor es desconcertante, pero no por ello menos significativo. Es un primo de nuestro saltamontes que vive en el Sur, pero también en algunas zonas más cálidas de nuestro Imperio. Tras la fecundación, mata a su macho. Habiendo cumplido suficientemente con su deber y propósito procreadores, la hembra más grande se apodera de él y lo devora como es debido. Este es un buen ejemplo de cómo la naturaleza tiende a conservar la especie y no el individuo.

La supervivencia de la especie depende de la tasa de aumento. Cuanto menor sea el número de crías, más peligra la existencia de la especie. Por eso, las especies animales cuyas crías viven en condiciones especialmente peligrosas producen un gran número de crías. No sólo los peces ponen cientos de miles o incluso más de un millón de huevos. Es una forma de defensa contra los innumerables peligros que amenazan a las crías en el agua. En cambio, hay animales como el quebrantahuesos o el quebrantahuesos que sólo se aparean cada dos años y producen un polluelo. En una especie así, el peligro de extinción es naturalmente grande, sobre todo cuando surge otro peligro en la vida del animal. Este fue el caso del quebrantahuesos, cuya supervivencia se vio amenazada por los cañones de largo alcance del hombre. Como consecuencia, esta poderosa ave desapareció desgraciadamente de todas las zonas de los Alpes hace unos cincuenta años. El hombre ha destruido todo tipo de animales, no sólo por razones de conservación o uso, sino a menudo por descuido. En estos tristes casos, la lucha por la vida ha superado con creces su límite natural. Además, el hombre se enfrenta constantemente a su entorno vivo y no vivo. Basta pensar en la lucha contra las plagas. Pero la proliferación de las llamadas plagas, ya sean ratones, ratas o insectos de todas las clases posibles, es casi siempre el resultado de la acción unilateral del hombre. La mayoría de los insectos se multiplican y se convierten en plagas precisamente porque los humanos cultivan sus plantas nutritivas en campos cerrados antinaturales.

Lo mismo ocurre con los topillos que viven en campos de cereales. Los ratones y ratas de ciudad, por su parte, deben su superpoblación a las reservas humanas de alimentos. Pero las ratas no sólo son perjudiciales económicamente, sino que también son portadoras de bacterias. La lucha del hombre contra el microscópico mundo viviente es sencillamente aterradora. Muchas pequeñas criaturas invisibles a simple vista son un peligro constante para plantas, animales y seres humanos. Por ello, muchos investigadores se ocupan exclusivamente de la lucha contra las bacterias patógenas.

Estos pocos ejemplos nos muestran hasta qué punto la existencia depende de la lucha y que una vida sin lucha es absolutamente inconcebible.

Cuaderno SS No. 8. 1944.

El bosque como comunidad de vida

Los pueblos germánicos sienten un gran y profundo amor por el bosque. Como recuerdo del antiguo entorno forestal en el que vivieron sus antepasados, aún resuena en canciones y leyendas, mitos y cuentos. El hombre nórdico tiene un sentido innato para captar la esencia y la particularidad de la naturaleza y también para comprender de forma pura y directa el milagro de la vida que se revela a quien le es dado percibirla. Vemos en ella un todo vivo, aunque no discernamos cada aspecto particular de la armonía con este gran himno vital. En sus canciones regionales y tradicionales, el hombre nórdico siempre ha intentado definir cómo siente el misterio del "bosque". Tanto si habla de los "bosques eternamente cantores", como si habla de su "patria forestal" o canta a los "bosques y lagos sagrados", "que se extienden más allá de los límites de las tranquilas alturas hasta el verde mar", se percibe constantemente la misma expresión característica de unión con la naturaleza. En ningún lugar experimenta mejor el hombre nórdico lo sagrado que en los bosques de su patria.

La conciencia de la naturaleza del bosque, de su composición cambiante y de su estructura local impregna a quien abandona las tierras bajas para dirigirse a las montañas, o sube desde las partes más bajas de la tierra a las más altas. En general, el suelo es adecuado para sustentar un bosque. Dos factores particulares contribuyen al nacimiento de los bosques en circunstancias naturales: la temperatura y la humedad. El calor y las precipitaciones influyen en el crecimiento y la vida de un bosque. Cuando la Tierra estaba en periodos más cálidos de su historia, el bosque tenía varias especies pero no era denso. Sólo se volvió denso cuando las edades de la piedra pulida y el bronce se enfriaron y humedecieron con el paso del tiempo, y nació el *bosque septentrional. Antes* había hayas rojas y carpes, y en los lugares más altos abetos y píceas; hacían que el bosque fuera más denso e impenetrable que antes. El bosque nórdico desarrolla toda su fuerza y su magnífica belleza cuando el tiempo es favorable. Así surgió en nuestra época.

El suelo del bosque evita la escorrentía del agua de lluvia, mantiene y preserva la fertilidad de estas zonas y forma las alfombras vegetales naturales. La copa de los árboles del bosque recoge la lluvia para que caiga escasamente, no se lave y no enturbie el suelo. El propio follaje favorece la formación de rocío y escarcha. Las tormentas y el viento son frenados por el bosque, se reducen sus efectos desecantes y pronto dañinos sobre el paisaje. El suelo del bosque absorbe el agua de la nieve derretida, la lluvia y otras precipitaciones como una esponja y puede recibir una enorme cantidad de ella sin que se escurra. El agua fluida puede escurrirse o estancarse en la dura superficie del suelo forestal. Incluso cuando está estancada, el flujo de agua en el bosque se ve muy obstaculizado. En el suelo fluyen constantemente manantiales y aguas subterráneas para proporcionar vida y crecimiento. Las capas superiores del suelo irrigado son retenidas amplia y profundamente por el bosque a través de las raíces de sus plantas. Los árboles se mueven en la unión del suelo, que sube y baja bajo el efecto de la gran palanca formada por el tronco y las raíces. Así es como el bosque lleva a cabo su particular "trabajo del suelo".

La capa superior rica en vida del suelo del bosque, que llamamos la madre tierra o humus, está formada por el follaje del bosque que cae al suelo cada año. Así pues, la madre tierra, la capa viva rica en humus, es la fuente de vida del suelo forestal. Cuando el agricultor convierte un trozo de bosque en un campo, como era la norma antiguamente en las regiones campesinas de Europa Central, este humus produce la cosecha. El agricultor lo considera su regalo. En general, el bosque no se convierte en campo y el propio agricultor se encarga de fertilizar el suelo que antes obtenía el bosque.

Es fácil olvidar que la gran mayoría de los suelos de Alemania utilizados con fines agrícolas son originariamente antiguos suelos forestales. Sólo los suelos negros o los suelos de loess son suelos de cereales y no suelos forestales. Pero en todos los suelos restantes, el bosque produjo en su día la madre tierra y les dio así vida y fertilidad. El agricultor ha respetado esto y a todos los seres vivos hasta el día de hoy. Por lo tanto, ¡también somos un pueblo forestal!

En la actualidad, el bosque está siendo fuertemente expulsado del hábitat de los pueblos del norte, generalmente en aquellas zonas que sólo puede rentabilizar la economía forestal. A finales del siglo XIX, apenas se consideraba la creación de un derecho forestal para mantener la característica de dependencia del lugar de sus especies y su fuerza. Era una inversión a bajo interés. Esta era la forma de pensar de la época, y se acababa con un bosque a la ligera, a menudo para reinvertir los beneficios en otras explotaciones. De este modo, grandes extensiones de tierra perdieron sus bosques para siempre, incluida su fertilidad y, en última instancia, también la posibilidad de vida para grandes asentamientos humanos.

Arriba, "El bosque", del P. Karl.

Enfrente, "Escherndorf en el Meno", de Bodo Zimmermann.

"Primavera alemana", grabado de Hennemann.

La posición profundamente ecologista de la Alemania nacionalsocialista pone todo en juego para permitir el mantenimiento de un bosque sano. En la época anterior, las medidas para la creación y renovación de los bosques sólo se consideraban a efectos de la producción maderera, según las expectativas de estas zonas, y sólo se tenían en cuenta los beneficios de las inversiones forestales. Aunque la producción de madera también es esencial para nuestra economía y especialmente para la economía de guerra, sólo es una manifestación secundaria en la vida del bosque. En el sistema natural, el bosque no sólo tiene la tarea de proporcionar madera a los seres humanos. Lo necesitamos mucho más para desarrollar y mantener una vida rica y sana. Un bosque que sólo cubre parcialmente el país cumple este propósito en nuestras latitudes. Todo lo que se necesita es una extensa red de zonas con bosques bien distribuidos. Entonces el bosque y su riqueza persistirán, seguirán siendo fértiles y densos. Con una amplia red de zonas boscosas, como las que hay actualmente en la zona centroeuropea, el país tiene también el carácter de un paisaje forestal y armoniza así con la naturaleza del hombre nórdico.

Folleto Nº 5 de las SS. 1938.

Ciclo eterno

Nos paramos en la orilla de un río y contemplamos el juego de los remolinos, regocijándonos en el azul del cielo reflejado en el agua. Nos sentimos orgullosos de que el hombre haya reconocido la grandeza de la naturaleza, de que sea capaz de conducir barcos sobre los anchos lomos de las olas, de que su fuerza impulse molinos. Pensemos en los lejanos tiempos en que nuestros antepasados se asomaban a la orilla de este río en el que pescaban y navegaban río arriba en sus barcas.

Durante siglos, durante milenios, esta corriente se extiende por su valle, llevándose un trozo de tierra aquí, otro allá, y cambiando su faz casi de segundo en segundo.

¿Un río eterno? - Sí, en la medida en que podemos hablar de eternidad, es un río eterno. Vierte su agua río abajo, en el mar, y allí se pierde. Pero el mar devuelve el agua al aire, que, saturado, se eleva de nuevo sobre los mares. A esto se le llama nubes en el cielo. Llevan el aire lleno de agua por encima de nosotros y se desplazan tierra adentro, produciendo niebla.

Y entonces, en algún lugar por encima de la tierra, las nubes encuentran capas de aire más frío, o chocan con las cimas de las montañas cubiertas de nieve. Ya no pueden transportar su carga de agua y la dejan atrás. Y nieva cuando en invierno el aire es frío, o llueve en verano.

El agua que se abría paso desde las altas cumbres de las montañas, primero como un pequeño arroyo, luego como riachuelos, ríos y mares, y finalmente como el mar, volvía a su punto de partida.

Este *es uno de los* ciclos del agua.

Otra es más modesta, pero igual de importante.

Cuando llueve, la tierra sedienta bebe con avidez el agua y la almacena en su seno. Las plantas absorben lo que necesitan para vivir, y lo mismo hace el hombre a través de un manantial. El agua se difunde entonces en el cuerpo del animal, del hombre o de la planta. Aporta nutrientes a las hojas de la planta y luego se evapora y vuelve a la atmósfera, elevándose en el aire caliente o cayendo en forma de rocío.

Sale constantemente de todos los poros de animales y plantas y vuelve a la tierra. No podríamos vivir sin agua. Sin el ciclo perpetuo del agua, pronto no habría más que un gran océano y tierras estériles e infértiles como el Sahara u otros lugares del mundo donde llueve tan poco que ningún ser vivo sobreviviría.

Cuando el hombre perturba tontamente este orden terrenal, sólo pueden ocurrir catástrofes que destruyan inevitablemente toda vida. Quien tala las montañas cuyos árboles contienen el agua no debe sorprenderse si los manantiales dejan de fluir. La vida se extingue porque el agua arrastra la tierra que antes contenía el bosque y deja las rocas desnudas. Cuando la nieve se derrite, las inundaciones arrasan la llanura. La montaña ha desaparecido del ciclo del agua. Ya no almacena agua, ya no la libera lentamente; ahora es sólo una zona de precipitaciones.

Así que protegemos el bosque de montaña porque no queremos seguir el camino que han seguido otros pueblos. Sus tierras se han vuelto estériles, destruidas por la estúpida intrusión en el ciclo de la vida (de la naturaleza).

Quien perturba imprudentemente el orden natural perece por el poder original de la naturaleza.

SS-Staf. Dr. César

CUADERNO SS Nº 1. 1943.

LOS LÍMITES DE LA VIDA

Hasta hace poco, las bacterias se consideraban los seres vivos más pequeños conocidos. Formadas por una sola célula, crecen hasta tamaños que las hacen invisibles a simple vista. Sólo el mundo del microscopio nos permite vislumbrar los procesos vitales de estos microorganismos. Los descubrimientos pioneros de un Pasteur y un Robert Koch demostraron que un inmenso número de estos pequeños seres vivos son la causa de terribles epidemias y graves enfermedades. Pero hoy sabemos que también hay muchas bacterias útiles sin que su existencia perjudique el proceso necesario para la conservación de la vida.

Según los resultados de las últimas investigaciones, parece haber formas de vida aún más pequeñas paralelamente a estas bacterias. La conclusión es que, a pesar del gran éxito de la investigación bacteriológica, casi todas las enfermedades humanas, animales y vegetales están causadas por estos "microbios". En muchos casos, sin embargo, no se obtuvieron resultados positivos, aunque el carácter contagioso de la enfermedad era innegable. Así, se reforzó aún más la suposición de que sólo la increíble pequeñez de estos seres vivos obstaculizaba la investigación.

Sólo en los últimos años se ha arrojado algo de luz sobre esta oscuridad. La "enfermedad del mosaico" se convirtió en una enfermedad temida por los agricultores, ya que ataca a muchas plantas como patatas, nabos, tomates, tabaco, etc. Además de la enorme reducción del rendimiento, las hojas de las plantas atacadas se colorean como un mosaico y se cubren de manchas blancas y amarillas. Los pulgones resultaron ser los vehículos de esta enfermedad. Al succionar el microbio con la savia de la planta, lo transportan a otra planta sana. El microbio de esta enfermedad permanece invisible. La ciencia le dio el nombre de "virus ultravisible", que significa "veneno más allá de los límites de la visibilidad".

Entretanto, en pocas décadas, la investigación sobre los virus se ha convertido en una ciencia muy amplia. Hoy se conocen más de doscientas especies de virus.

Pero es sobre todo conociendo la naturaleza del microbio como el investigador adquiere la posibilidad de descubrir los medios y métodos de combatir su acción destructora actuando en un organismo vivo. Así, la temida poliomielitis, la viruela, la rabia, el sarampión, la lorosis y muchas otras enfermedades muy graves están causadas por especies de virus, y la lucha contra ellas gana terreno cada año.

En algunos casos se ha resuelto el misterio de la invisibilidad de los virus. El investigador alemán Paschen consiguió descubrir el microbio de la viruela, que es uno de los mayores de su especie y alcanza un tamaño de unas ciento cincuenta millonésimas de milímetro. Las bacterias nos parecen gigantescas, mientras que hasta ahora parecían ser las unidades de vida más pequeñas conocidas y, por poner sólo un ejemplo, el microbio de la tuberculosis alcanza de 1,3 a 3,5 milésimas de milímetro. A modo de comparación, la diferencia de tamaño entre virus y bacterias es la misma que entre una pulga y un elefante.

Las especies de virus sólo parasitan células vivas. Se multiplican enormemente y destruyen ciertos tejidos o provocan inflamaciones. Es muy difícil desarrollar un suero para las enfermedades víricas humanas. Por ejemplo, el tratamiento de la poliomielitis tiene éxito con un suero extraído de sangre humana que venció a la enfermedad y, por tanto, tenía el "anticuerpo" adecuado.

La investigación vírica no sólo ha sacado a la luz consideraciones completamente nuevas en la lucha contra ciertas enfermedades, sino que está ampliando profundamente nuestra visión de la naturaleza de la vida. Un investigador ha logrado incluso conservar en forma de cristal el microbio de la enfermedad monárquica. Otros resultados demuestran que en más de una especie de virus estamos ante formas miles de veces más pequeñas que las bacterias. El viejo concepto de la célula como el componente más pequeño de la vida está, por tanto, desfasado.

Como ocurre con tantas otras cosas, el hombre se encuentra especialmente desconcertado cuando se sitúa en el umbral entre lo inanimado y lo animado. Pasar del estudio de un conjunto de las partículas más pequeñas, las moléculas, al estudio del organismo completo depara muchas sorpresas. Nos muestra el metabolismo y el desarrollo de formas de vida que los humanos apenas podemos sospechar. La mente humana logrará ampliar y profundizar su descubrimiento de los misterios de la naturaleza. Pero cuando, a través de su comprensión de la vida, logra sorprender una de sus leyes eternas, siente aún más respeto por la grandeza de la creación.

Karl WeiB

CUADERNO SS Nº 11A/B. 1941.

LA VIDA EN CIERNES

Un capítulo dedicado al comienzo de la primavera

Cada año, sería imposible predecir la llegada de la primavera según el calendario si fuera tan rara como un eclipse de Sol o la aparición de un gran cometa. La gente se reuniría y se maravillaría ante esta maravilla.

¿No es un milagro? A través del blanco de la nieve y el negro de la tierra descongelada crecen espigas verdes que esparcen capullos de flores hacia la luz. De la corteza inerte de las ramas, bolas aparentemente sin vida que llamamos capullos apuntan hacia la luz tras muchos meses pasados en la calma invernal bajo la dura escarcha y el viento helado. Florecen verdes tiernos y varias hojas llenas de flores. Pero ¿de dónde viene este verdor, dónde se forma, cómo puede crecer tan deprisa, de dónde vienen los colores y -una pregunta difícil- cómo sabe el árbol que el invierno ha terminado, cuando el aguanieve de marzo hace estragos?

Para aquellos de ustedes que son cartesianos y no se dan cuenta de lo asombroso que es este proceso, permítannos citar algunas cifras establecidas por nuestros científicos sobre los cerezos en flor. Un cerezo de tamaño medio tiene entre 40.000 y 50.000 brotes en sus ramas, algunos para flores y otros para hojas. El cerezo florece antes de que se desarrollen las hojas, por lo que podemos contar entre 20.000 y 30.000 flores. El tiempo de maduración desde el capullo en su cápsula cerrada hasta la flor resplandeciente dura una media de tres a cuatro días. En términos de tiempo de crecimiento, esto significa un segmento de unos 2 cm por día, es decir, el crecimiento de miles de millones de células, que también deben dividirse en células madre, sépalos, pétalos: estambres. Y aunque a estos cartesianos no les convenciera la espléndida blancura de los cerezos en flor, al menos admirarán la cantidad de estas flores nacidas en tres días en treinta mil lugares a la vez: ¡son casi 50 kilos, medio quintal de flores!

¿Cómo lo consigue el árbol? La naturaleza utiliza para las plantas los mismos procesos que para los animales y los seres humanos, que también repercuten en el ámbito espiritual: los procesos de selección por valor y evolución. Las yemas que el árbol crea lenta y cuidadosamente durante el verano anterior no son bolas muertas, sino un conjunto de células que inicialmente no tienen ningún propósito, pero que están estructuradas de acuerdo con la naturaleza de la especie madre. Es este minúsculo conjunto el que constituye la yema. En primavera, una ley natural hace subir la savia en todas las yemas, que entonces experimentan su desarrollo: las células se multiplican gracias a la savia nutritiva almacenada que fluye hacia ellas.

La planta ha superado así el difícil periodo de nuestro clima hibernando las yemas, pero no ha perdido nada de su fuerza y vitalidad durante el invierno. Esto también nos enseña que a menudo debemos "poner en reposo" nuestros deseos y nuestra necesidad de acción para que puedan florecer con fuerza en épocas más favorables.

Cuaderno SS nº 1. 1944.

La tierra contiene las fuerzas de la salvación y de la muerte

Los campesinos de las pequeñas aldeas del Alb suabo siempre habían pensado que una picadura de abeja era algo inofensivo. Un maestro que tenía dos colmenas en su jardín sufría a menudo picaduras sin que le pasara nada. Pero estaba la historia del joven Stiegele: un enjambre de abejas había atacado su coche y enfermado tanto a los caballos que uno de ellos murió. Algunas abejas le picaron a él también, y fue encontrado jadeando y convulsionando junto al carruaje volcado, tendido en el borde de un campo. Cuando llegó el médico, comprobó que estaba muerto. Una parálisis respiratoria había acabado con su vida. -

Los agricultores locales asintieron con la cabeza. Si las abejas pueden matar a las personas, hay que protegerlas de su veneno. ¿El hecho de que el heredero de la hacienda Stiegele hubiera perdido la vida podía compensarse con la utilidad de fertilizar las flores y recoger el néctar? Lo que es venenoso debe ser eliminado, decían los campesinos. Y el accidente del día anterior les había demostrado que las abejas son a veces diabólicamente venenosas.

*

Merece la pena mencionar otra historia de los países suabos. En largas filas, las jóvenes se sientan frente a colmenas especialmente construidas, cogen a las abejas con pinzas y las pican con un papel especialmente preparado. Ellas toman el veneno - el mismo veneno que mató al joven campesino en el Alb de Suabia. Con este veneno se trata a la gente, sobre todo a los enfermos reumáticos. Es beneficioso y perjudicial a la vez.

Paracelso decía que el veneno en sí no existe, que sólo la dosis es peligrosa. ¿No ocurre lo mismo con las abejas? El maestro de este pueblo de Suabia tenía reumatismo antes de comprar una colmena y ser picado. Ahora han desaparecido: una "dosis" de picaduras ocasionales de abejas había demostrado su efecto benigno. Sin embargo, dos abejas habían picado al agricultor Stiegele directamente en las arterias, siendo el veneno transportado por el torrente sanguíneo hasta los nervios. La dosis había sido demasiado fuerte.

Las cosas no son peligrosas en sí mismas. Dos eruditos alemanes, Arndt y Schultz, establecieron hace muchos años una ley que aclara la fórmula de Paracelso. Dicen que todas las irritaciones, y por tanto también los venenos, estimulan las actividades vitales, en cantidades medias las promueven, en grandes cantidades las paralizan y las más fuertes las interrumpen. En cuanto a los venenos, hay que decir que la palabra veneno en sentido estricto sólo debe utilizarse a partir de cierta dosis.

*

De hecho, esta dosis suele ser pequeña. Sin embargo, el veneno que la cobra inyecta en una mordedura a través de sus colmillos es suficiente para matar a un hombre. De forma indirecta, el veneno de la serpiente puede utilizarse para el bien del hombre. Los leprosos sufren a menudo dolores atroces que sólo pueden aliviarse con morfina. Hace unos quince años, un leproso fue mordido por una araña tropical, la araña minera. El resultado notable fue que los fuertes dolores nerviosos del paciente cesaron rápidamente y durante mucho tiempo. Los médicos que descubrieron este caso hicieron un seguimiento del mismo y llevaron a cabo ensayos. Se sabía que el veneno de la cobra y de la serpiente de cascabel debía producir el mismo efecto que el de la araña minera. Como las serpientes eran más fáciles de conseguir, se preferían a las arañas.

Entretanto, se ha recogido veneno de serpiente en muchas partes del mundo. También en Alemania hubo un interés especialmente intenso por ello. El veneno de serpiente se utilizaba en cantidades muy pequeñas principalmente para aliviar el dolor y no directamente como remedio. No obstante, recientemente se ha informado de mejoras en determinadas afecciones, aunque no se pueden extraer conclusiones definitivas. El mayor éxito se ha logrado hasta ahora en la lucha contra afecciones dolorosas, como el mal de Pott -conocido como "tabes"- y ciertos casos cancerosos.

Sin embargo, podemos ver con mucho más interés que el veneno de la ominosa serpiente espectáculo puede ser una bendición para algunos pacientes. En un laboratorio se coloca una serpiente de anteojos, que muerde furiosamente un vaso cubierto de muselina en lugar de la carne de la víctima, y se deja gotear el jugo mortal durante mucho tiempo. Se aflojan cuidadosamente las mandíbulas del animal para no romper los colmillos del veneno y, para deleite del martirizado reptil, se le deja en paz durante un periodo de dos semanas para que reconstituya su veneno.

*

Las farmacias de los tiempos antiguos y modernos están llenas de estos venenos que se han transformado en beneficios mediante una sabia restricción de la dosis. El gran jardín medicinal de la naturaleza es rico en venenos curativos: belladona, lirio de los valles, dedalera, beleño y muchos otros. Entre ellos, las sustancias curativas para el corazón que se encuentran en la dedalera, el lirio de los valles, las rosas de Adonis, la adelfa, la cebolla gigante africana y muchas otras han aportado nuevos conocimientos. Se las debemos a un cardiólogo, IY Karl Fahrenkamp. Sus pacientes le permitieron descubrir un tipo de solución completamente nuevo.

Tras miles de experimentos, supo, como todos los cardiólogos, qué beneficios puede aportar la dedalera para prevenir un peligroso ataque de debilidad cardíaca. El pulso vuelve a su ritmo natural, la fuerza de los latidos responde de nuevo a las exigencias del organismo. Se dice que el corazón está "compensado". Se trata de una antigua experiencia clínica que constituye la base de todos nuestros conocimientos sobre la dedalera y sus variantes de acción comparable, como el lirio de los valles, la cebolla gigante africana y las especies tropicales de strophantus. El strophantus o dedalera se ha convertido en una herramienta indispensable para el médico moderno, que le permite evitar temporalmente un peligro que amenaza la vida de innumerables personas. Pero la duración de esta compensación, y por tanto del equilibrio entre fuerza y esfuerzo cardíacos, sigue siendo incierta. Lo único que se podía hacer era volver a tomar dedalera cuando se producía un nuevo infarto. ¿No sería posible prevenir el ataque? Karl Fahrenkamp siguió este camino y abordó un vasto y fundamental problema biológico. Descubrió que existen diferencias fundamentales entre las soluciones producidas a partir de la planta entera o de su parte activa y el "veneno" purificado y cristalino. En algunos casos, el veneno era más eficaz, en otros casos de cardiopatía volvía a ser la solución.

Por ello, administró a sus pacientes ya compensados algunas soluciones en dosis bajas como medida preventiva. Obtuvo buenos resultados y llegó a la conclusión de que, evidentemente, se trataba de una carencia que podía remediarse del mismo modo que la falta de vitaminas u hormonas. Sus resultados no fueron creídos, así que buscó un test, una prueba. La investigación con animales, como se había intentado hasta ahora con sustancias activas sobre el corazón, no tuvo éxito. Fahrenkamp comenzó entonces a experimentar con plantas. Los resultados, que ahora se han obtenido tras muchos años de tenaz trabajo, son tan importantes que se extenderán hasta límites insospechados. Su importancia real se revela especialmente desde que los experimentos se han llevado a cabo a gran escala durante los últimos cuatro años. Radica en lo siguiente:

Cuando, en otoño, innumerables dedaleras, lirios del valle y rosas de Adonis, lavados por la lluvia, devuelven a la tierra sus sustancias cardiosaludables, su carrera no ha terminado. Al contrario, no ha hecho más que empezar. Las plantas restantes, afectadas por el flujo de sustancias, reciben parte de ellas y se activan. Si se activan artificialmente verduras, flores, cereales con estos jugos vegetales, simplemente se puede observar la diferencia. Lo hemos visto cientos de veces en campos y bancos de pruebas: en pocas palabras, las plantas se vuelven más sanas. Soportan mejor el viento y la intemperie, se conservan más tiempo, se mantienen -como las patatas y las zanahorias- más frescas. Muchas son más suculentas, otras son más fuertes. En resumen, la impresión que se desprende de esta investigación es que la sustancia producida por estas plantas cardioactivas refuerza el estado de salud. Algunos experimentos con animales también llegaron a la misma conclusión.

Fahrenkamp llamó a esta sustancia la función. Tenía razón al pensar que en ella se encuentran auténticas sustancias vitales que desempeñan un papel decisivo en el desarrollo de la vida. El ser humano también las necesita, como demuestran sus pacientes, para prevenir trastornos circulatorios. Sin embargo, como estas plantas no crecen en zonas de cultivo intensivo, deben clasificarse como plantas medicinales. Estas sustancias también tienen la particularidad de ralentizar el proceso de envejecimiento. Aún no se sabe hasta qué punto esto puede tener consecuencias importantes para la conservación de la frescura de las verduras y la carne. Nuestro intenso trabajo científico demuestra que este vasto problema será estudiado con mayor intensidad y agudeza en plena guerra. Pero lo más importante es proceder con cautela en el campo de la salud nacional, es decir, de las sustancias alimenticias, hasta que se completen todos los trabajos prácticos y teóricos preliminares. Entonces los venenos se convertirán en beneficios.

*

Dominar un veneno no significa extrapolarlo directamente a la salud. Los cálices púrpuras del colchicum también pueden realizar tareas inesperadas a nivel científico. El veneno se ha probado en plantas y los resultados son notables y prometedores.

Como es bien sabido, cada célula de un organismo tiene un núcleo que contiene cromosomas que están constantemente presentes en un número determinado, específico de las especies animales y vegetales. En el ser humano hay 48 cromosomas, en el jején 8. Con la ayuda de la colchicina, el veneno extraído del colchicum, se puede duplicar el número de cromosomas en las plantas. Esto también va acompañado de un aumento del crecimiento, que a menudo puede dar lugar a una forma gigante. Esto significa que, en caso necesario, podemos obtener nuevas plantas más grandes y también de mayor rendimiento a partir de plantas medicinales. Los ensayos prácticos, especialmente en árboles, parecen muy prometedores.

Pero la colchicina también ha adquirido otra importancia, ciertamente provisional y aún teórica. Estamos en deuda con el oncólogo de Gotinga Lettré por esta investigación. A determinadas dosis, la colchicina ralentiza la división celular que la ciencia denomina mitosis. Este proceso de retardo de la división celular está claramente demostrado en cultivos de tejidos animales. Se ha descubierto un gran número de tales venenos de la mitosis a partir de sustancias químicas afines, y se ha buscado el que impide de forma única la división de las células cancerosas. La importancia universal de tal descubrimiento -que sigue siendo hipotético- es evidente para todos.

En presencia de estas aclaraciones que podríamos hacer sobre el papel de los venenos y sus variantes en la naturaleza, es evidente que lo que dice Paracelso, que nada es un veneno en sí mismo, parece adquirir un gran significado para las nuevas investigaciones que son de la mayor importancia para el destino de la raza humana. La guerra no debe obligarnos a cerrar los laboratorios y esperar los días de paz. La salud general, que es el objeto de la mayor parte de estas investigaciones, también exige, por tanto, que el investigador trabaje duro en medio de un conflicto internacional.

Heinz Graupner

Cuaderno SS No. 8. 1944.

El origen de todas las cosas

Bajo el cielo se extiende la cordillera azul. Los rostros de la juventud la miran, emana de la corteza de las orillas.

Las estrellas se elevan sobre los campos, en la espesura de los bosques aún respira la leyenda, de la boca de las fuentes hablan los espíritus: el camino termina en un antiguo encantamiento.

Las ciudades se densifican, pero sobre las montañas truenan las olas de las tormentas, las llanuras yacen ricas en ríos rezagados.

El hombre canta a sus raíces en todas partes, pero la patria es su bien más preciado. Es el cáliz de los siglos y el origen de todas las cosas.

Kurt Heynicke

Capítulo III

I. Biografías

Revista "Historia del Reich".

Carlomagno, fundador del Imperio

En el caos de las grandes migraciones, sólo una tribu germánica occidental, los *francos,* había podido desarrollar su propia estructura estatal. Los francos no habían emigrado muy lejos y recibían constantemente refuerzos de la madre patria. Bajo *Carlos Martel,* el Imperio franco seguía teniendo una fuerte influencia septentrional y había alcanzado los principales centros culturales del Rin y sus afluentes. Protegió Occidente de los ataques *moros* en la batalla de *Poitiers* en 732. *La* donación de su hijo *Pepino* al Papa, por la que confirmó la posesión de las regiones de Roma, Rávena y Ancona, estableció los *Estados eclesiásticos y* justificó así la reivindicación secular del Papa, y tuvo las consecuencias más nefastas para la política religiosa alemana.

El reino franco alcanzó el apogeo de su poder bajo *Carlos I*, nieto de Carlos Martel. Consiguió unificar a las tribus germanas de Baviera, Sajonia, Turingia y los alamanni, uniéndolas en el reino franco y creando así una gran potencia. Pero su imperio no logró la unidad entre pueblo y territorio. En esencia, ya no gobernaba un reino franco, sino un Imperio franco-alemán, como demostró su residencia en Aquisgrán.

Charles y Widukind

Sin embargo, este gran Imperio iba a adquirir rasgos germánicos principalmente por voluntad de Carlos, y de hecho Carlomagno fue por primera vez el amo de un gran Imperio de tipo germánico. También organizó las primeras medidas de expansión hacia el este.

En la prosecución de sus planes políticos imperialistas, no se privó de obligar a las tribus inquietas a reunirse. Y el duque sajón Widukind, el mayor adversario de Carlos, tuvo que someterse a este duro destino. Por mucho que desaprobemos sus métodos violentos, debemos reconocer que Carlomagno hizo de Europa una poderosa unidad. *Widukind,* el defensor del alma germánica, y Carlos, el gran creador de Estados, son testigos de la grandeza y la atrocidad de la historia germánica y germánica primitiva.

Todas las regiones del Imperio carolingio, unidas y dirigidas centralmente, prosperaron. Gracias a su eminente personalidad, Carlos mantuvo unido el Imperio y dictó a la Iglesia. Bajo sus sucesores, sin embargo, los poderes que tendían a dividir el Imperio se hicieron cada vez más dominantes. La Iglesia subordinada al Estado dio paso a la Iglesia romana política, y el hijo de Carlos, Luis el Piadoso, se convirtió en el dócil instrumento de este nuevo poder. Con el tiempo, las partes romanas del Imperio se fueron separando cada vez más de las regiones germánicas. Los incompetentes herederos al trono siguieron la peor política y el Imperio se dividió en los tratados de Verdún en 843 y de Mersen en 870.

En Niedersachsenhain, cerca de Verden, monumento erigido por las SS en memoria de los 4.500 sajones decapitados por orden de Carlomagno.

SS de guardia en la tumba del rey Heinrich I.

El Reichsführer Himmler deposita una corona de flores en la tumba de la reina Matilde para la ceremonia en honor de Heinrich I.

DISCURSO DEL REICHSFÜHRER SS HIMMLER EN LA CATEDRAL DE QUEDLINBURG, 2 DE JULIO DE 1936.

HEINRICH I

A menudo se dice en la historia de los pueblos que hay que honrar a los antepasados, a los grandes hombres, y no olvidar nunca su legado, pero esta sabiduría se respeta demasiado poco. Hoy, 2 de julio de 1936, estamos ante la tumba del rey alemán Heinrich I, que murió hace exactamente mil años. Podemos decir de antemano que fue uno de los más grandes fundadores del Imperio alemán y, al mismo tiempo, uno de los más olvidados.

Cuando Heinrich, de 43 años, duque de los sajones del campesinado de Ludolfinger, se convirtió en rey en el año 919, recibió la herencia más terrible de todas. Se convirtió en rey de un Imperio alemán sólo de nombre. Durante los últimos tres siglos, y en particular durante la década del débil sucesor de Carlomagno, toda la Alemania oriental había sido abandonada a los eslavos. Los antiguos asentamientos germánicos en los que habían vivido durante siglos las mayores tribus germánicas fueron ocupados por pueblos eslavos que luchaban contra el Imperio Germánico y desafiaban su autoridad. El norte fue tomado por los daneses. En el oeste, Alsacia-Lorena se separó del Imperio y pasó a formar parte del Imperio franco occidental. Durante una generación, los ducados de Suabia y Baviera lucharon y desafiaron a los perezosos reyes alemanes, especialmente a Luis el Puerile y a Conrado Ide Franconia.

Las heridas causadas por la brutal y sangrienta introducción del cristianismo seguían abiertas en todas partes. El Imperio estaba debilitado desde dentro por las perennes reivindicaciones de los príncipes-obispos y la injerencia de la Iglesia en los asuntos internacionales.

El acontecimiento histórico de la creación por Carlomagno de un poder imperial que uniera a tribus germánicas rivales estuvo a punto de fracasar totalmente, y ello por su propia culpa, ya que el sistema de este poder central puramente administrativo y no germánico ya no se basaba ni moral ni biológicamente en los campesinos germánicos de Sajonia, Baviera, Suabia, Turingia y el Imperio franco.

Esta era la situación cuando Heinrich I recibió la pesada carga de convertirse en rey. Heinrich era el verdadero hijo de su patria campesina sajona.

Como duque, ya había mostrado un carácter tenaz y enérgico, pero no fue hasta que se convirtió en rey cuando esto se confirmó.

En su investidura real en Fritzlar, en mayo de 919, se negó -aunque sin utilizar palabras ofensivas- a ser ungido por la Iglesia y demostró así a todos los alemanes que tenía una percepción correcta de la situación política del momento y que no toleraría ninguna injerencia de la Iglesia en los asuntos políticos alemanes durante su reinado.

En el año 919, el duque suabo Burkhart se sometió al rey Heinrich, que unió Suabia al Imperio alemán.

En el año 921 se dirigió a Baviera con un ejército, y tampoco allí se impuso por el poder de las armas, sino por la fuerza persuasiva de su personalidad, y el duque Heinrich de Baviera lo reconoció como rey de los germanos. Baviera y Suabia, que en aquel momento corrían peligro de perderse, fueron así anexionadas al Imperio alemán por el rey Heinrich y allí han permanecido hasta hoy y, estamos seguros, permanecerán en el futuro.

El año 921 trajo a Heinrich, político experimentado, prudente y tenaz, el reconocimiento del ahora Imperio franco occidental francés, aún gobernado por un carolingio. Alsacia-Lorena volvió al Imperio en los años 923 y 925.

Pero no imaginemos que esta reconstrucción de Alemania se hizo fácilmente y sin obstáculos del exterior. Cada año, durante una generación, la hasta entonces débil nación alemana fue constantemente víctima de las incursiones casi siempre exitosas y victoriosas de *los húngaros. En* toda Alemania, yo diría en toda Europa, regiones y pueblos fueron objeto de robos por parte de estas hordas y ejércitos de jinetes notablemente dirigidos política y estratégicamente. Los anales y crónicas de la época nos hablan del ataque a Venecia y del saqueo de la Alta Italia, del ataque a Cambrai, del incendio de Bremen y de la repetida destrucción de las regiones bávaras, francas, turingias y sajonas. Como militar clarividente, Heinrich se dio cuenta de que el tipo de ejército que existía entre las tribus y ducados germano-alemanes, así como las tácticas empleadas en la época, no eran adecuados para defenderse de estos enemigos o incluso para destruirlos. La suerte vino en su ayuda. En el año 924, logró capturar a un importante jefe del ejército húngaro durante una invasión húngara de las zonas sajonas alrededor de Werla, cerca de Goslar. Los húngaros ofrecieron fabulosas sumas de oro y tesoros para redimir a su líder. A pesar de las opiniones de los estúpidos y estrechos de miras contemporáneos, que ya entonces eran numerosos, el orgulloso rey canjeó al líder del ejército húngaro por un armisticio de nueve años por parte de los húngaros, primero para Sajonia y después para todo el Imperio, y se comprometió a pagar modestos tributos a los húngaros durante esos nueve años.

Tuvo el valor de adoptar una política impopular, disponiendo del prestigio y el poder para hacerlo. Comenzó entonces su gran obra creadora, que consistió en levantar un ejército y permitir que el país se defendiera creando fortalezas y ciudades para arriesgarse a una batalla definitiva con el hasta entonces invencible adversario.

En aquella época existían dos tipos de unidades militares: por un lado, la ban germánica de los ducados tribales, a la que se recurría en tiempos de crisis, y por otro, la primera unidad militar alemana formada por guerreros profesionales y hombres movilizados, que había sido creada por los carolingios. Heinrich I unió estas dos unidades en una organización militar alemana. También decidió que uno de cada nueve hombres fuera enviado a las fortalezas para formar parte de una guarnición de los hombres movilizados de las cortes real y ducal. Por primera vez en Germania, entrenó realmente a sus unidades movilizadas e hizo que los guerreros perdieran la costumbre de luchar aislados. Organizó la caballería de forma táctica y las tropas se estructuraron y disciplinaron.

En menos de un año surgieron infinidad de pequeñas y grandes fortalezas rodeadas de murallas y fosos, en parte con muros de piedra y en parte con empalizadas, en la frontera oriental alemana de la época, a lo largo de la línea del Elba y en particular en toda la región del Harz. Contenían arsenales y casas de aprovisionamiento en las que debía almacenarse un tercio de la cosecha del país según una orden real. Ya en tiempos de Heinrich I, estas fortalezas dieron origen a las *posteriormente famosas ciudades alemanas* de Merseburg, Hersfeld, Brunswick, Gandersheim, Halle, Nordhausen, etc.

Tras estos preparativos, Heinrich I comenzó a crear las condiciones para una batalla final contra los húngaros. De 928 a 929, emprendió *grandes expediciones contra los eslavos.* Por un lado, quería entrenar a su joven ejército y endurecerlo para la gran batalla, y por otro, quería arrebatar a los húngaros sus aliados y los recursos bélicos movilizados contra Alemania para destruirlos.

Durante estos dos años de guerra, que le permitieron someter a su joven ejército a las pruebas más difíciles, derrotó a los havoleses, los redarianos, los abodritas, los daleminzes, los milzes y los wilzes. En pleno invierno conquistó la aparentemente inexpugnable ciudad de Brennabor, actual Brandeburgo; tras un asedio invernal de tres semanas, conquistó la fortaleza de Gana y ese mismo año construyó la ciudad de Meissen, que siguió teniendo una gran importancia estratégica en los años siguientes.

En el año 932, cuando el rey, persiguiendo inflexiblemente su objetivo, consideró que se habían cumplido todas las condiciones, convocó a los *príncipes-obispos a* un *sínodo* en Erfurt, y al pueblo a una asamblea nacional, en la que les instó en un discurso persuasivo a negarse a pagar tributo a los húngaros de ahora en adelante y a aceptar la guerra nacional para liberarse de una vez por todas del peligro húngaro.

En el año 933, los *húngaros atacaron* y sufrieron una aplastante derrota en Riade, en el Unstrut, debido a una contraofensiva alemana estratégicamente magistral.

En el año 934, Heinrich emprendió una campaña contra Dinamarca para defender la frontera septentrional de los ataques daneses y eslavos y reincorporar al Imperio los territorios septentrionales perdidos en el pasado por culpa de sus predecesores. La entonces importante ciudad comercial de Haitabu, en la antigua Schleswig, fue anexionada al Imperio.

Entre 935 y 936, Heinrich I, que era un gobernante europeo famoso y muy apreciado, especialmente en su *patria sajona,* fiel a su naturaleza campesina y sintiendo que su fin estaba cerca, escribió su testamento y recomendó a su hijo Otto a los duques y señores del Imperio como su sucesor en la Dieta de Erfurt.

El 2 de julio murió a la edad de 60 años en su castillo imperial de Memleben, en el valle de Unstrut. Fue enterrado en Quedlinburg, en esta cripta de la actual catedral.

Esta ajetreada vida está llena de lecciones. Muchos otros han reinado durante más tiempo y no pueden presumir de haber realizado una obra tan grande para su país como la de Heinrich I. Y ahora nosotros, los hombres del siglo XX, que vivimos en la época de la gran reconstrucción alemana dirigida por Adolf Hitler tras un período de terrible colapso, quisiéramos saber qué hizo posible que Heinrich I lograra lo que hizo La respuesta se nos da si tratamos de conocer a Heinrich I como personalidad germánica. Como relataron sus contemporáneos, fue un gobernante que superó a su corte en fuerza, grandeza y sabiduría. Gobernaba gracias al poder de su corazón fuerte y generoso y la obediencia que recibía era absolutamente sincera. Reintrodujo el antiguo pero eterno principio germánico de lealtad entre duque y soldado, en violenta oposición a los métodos religiosos cristianos de gobierno de los carolingios. Fue tan intratable con sus enemigos como fiel y agradecido con sus camaradas y amigos.

Fue uno de los más grandes líderes de la historia alemana y sabía perfectamente que, a pesar de la fuerza y el filo de la espada, la victoria es mayor y más duradera cuando se integra a otros alemanes en la comunidad mediante una discusión franca y no mediante prejuicios mezquinos y el asesinato de hombres valiosos para el conjunto de la germanidad.

Para él, la palabra dada y el apretón de manos eran sagrados. Cumplió fielmente los tratados que había hecho y gozó de la respetuosa lealtad de sus agradecidos seguidores durante los largos años de su vida. Respetaba todo lo que es sagrado para los demás hombres, y conocía tan bien los principios de la Iglesia, recurriendo incluso al asesinato, que por ello se negó despectivamente a inmiscuirse en los asuntos del Imperio y no intervino en cuestiones religiosas. Frenó la tendencia devota de su amada esposa que le acompañó durante toda su vida, la reina Matilde, bisnieta de Widukind. En ningún momento de su vida olvidó que la fuerza del pueblo alemán depende de la pureza de su sangre y que el campesinado odálico está ligado a la libertad de la tierra. Sabía que el pueblo alemán, si quería vivir, debía mantenerse fiel a sus orígenes y ampliar su espacio vital. Sin embargo, conocía las leyes de la vida y sabía que no se podía esperar que el gobernante de un ducado repeliera los ataques a las fronteras del Imperio, por un lado, si por otro se le privaba de todos sus derechos y soberanía, como quería la administración carolingia. Pensó a lo grande, construyó el Imperio y nunca olvidó que las grandes tribus germánicas tenían una fuerza basada en una tradición milenaria.

Ejerció su autoridad con tanta sabiduría que las cualidades naturales de las tribus y regiones se convirtieron en fieles y dóciles ayudantes en la unificación del Imperio. Creó un poderoso poder imperial y salvaguardó con inteligencia la independencia de las provincias.

Debemos estarle profundamente agradecidos por no haber cometido nunca el error que los estadistas alemanes y también europeos han cometido a lo largo de los siglos hasta nuestros días: considerar el destino de su pueblo fuera de su espacio vital - hoy decimos el espacio geopolítico. Nunca ha sucumbido a la tentación de traspasar los límites marcados por el destino de las zonas de vida y de expansión del Mar Báltico al este, del Mediterráneo al sur y de cruzar los Alpes. Como bien podemos imaginar, renunció así conscientemente al sonoro título de "Emperador del Sacro Imperio Romano Germánico".

Era un noble campesino del pueblo. Siempre fue recibido libremente en su casa y vio las medidas de la administración estatal con él en persona.

Fue el primero entre sus semejantes y se le mostró mayor respeto humano y sincero que a los emperadores, príncipes y otros reyes que requerían ceremonias bizantinas extranjeras. Se hacía llamar duque y rey y era un líder milenario.

Ahora debo revelar un hecho humillante y profundamente triste para nuestro pueblo: los huesos del gran líder alemán ya no reposan en su lugar de enterramiento. No sabemos dónde están. Sólo podemos hacer conjeturas. Puede ser que los partisanos leales enterraran su cuerpo, que consideraban sagrado, en un lugar seguro, de forma digna pero secreta; puede ser que, impulsado por un odio resentido, un dignatario enemigo esparciera sus cenizas a los vientos. Del mismo modo, los miserables huesos de los hombres más fieles torturados hasta la muerte fueron enterrados justo fuera de esta cripta, como prueban las excavaciones delante de la catedral, y que nosotros nos obligamos a enterrar dignamente. Hoy, ante la tumba vacía, representamos a todo el pueblo alemán, al Movimiento y al Estado, por delegación de nuestro Führer Adolf Hitler, y hemos traído coronas de flores como símbolos de respeto y recuerdo. También depositamos una corona en la tumba de la reina Matilde, la noble compañera del gran rey que fue enterrada junto a su esposo hace más de nueve siglos y medio. Creemos que también honramos al gran rey pensando en la reina Matilde, ese gran ejemplo de dignidad femenina alemana.

Situada en la colina habitada durante milenios por hombres de nuestra sangre, esta antigua tumba con su espléndida sala religiosa de estilo germánico debería ser un lugar de recuerdo al que los alemanes acudiéramos en peregrinación para recordar al Rey Heinrich, honrar su memoria y comprometernos en este lugar sagrado a seguir las virtudes humanas y de liderazgo con las que hizo feliz a nuestro pueblo hace mil años; Y a comprometernos de nuevo a honrar así hasta el extremo, a servir fielmente de pensamiento, palabra y obra, por Alemania y Germania, al hombre que, después de mil años, ha tomado el relevo del legado humano y político del Rey Heinrich, nuestro Führer Adolf Hitler.

El que quiere salvar a su pueblo
sólo puede tener una mentalidad heroica.

Adolf Hitler

FOLLETO Nº 4 DE LAS SS. 1938.

JOHANN GUTENBERG

La era de gran agitación en la que vivimos difícilmente sería posible sin el funcionamiento de la radiodifusión. Ha permitido a un hombre hablar a millones de otros y compartir los grandes acontecimientos que constituyen su destino. Sin la radio, seguramente no habríamos tomado conciencia *en tan pocos años* de ser un pueblo, y nuestro pueblo seguramente no habría madurado tan rápidamente. Por otra parte, la radio habría seguido siendo un juguete para los ricos si no se hubiera desarrollado en un momento en que la gente quería convertirse en verdaderas comunidades.

El progreso de la mente humana no es producto de la casualidad. La *necesidad* siempre le precede. Es entonces cuando sentimos, consciente o inconscientemente, la necesidad de progresar, de inventar, y entonces un hombre dotado -un inventor- sale de nuestro pueblo y satisface nuestros deseos.

"Arte negro" Taller de imprenta en el siglo XVII.
(Grabado en madera de Abraham von Werbt, 1676).

Benz y Daimler inventaron el automóvil cuando los medios de transporte existentes *ya no bastaban* para satisfacer nuestro deseo de viajar. *Lilienthal* se lanzó al aire cuando generaciones enteras ya habían *intentado el* vuelo humano. *Marconi* creó los principios de la radio cuando ya estaba claro que el método de transmisión de noticias por cables telegráficos ya no *satisfacía* las exigencias. Hoy *necesitamos* un coche accesible para todos, y el fabricante *Porsche ha* conseguido lo que ayer era imposible. El genio humano es la mejor motivación para quienes se dicen a sí mismos: *"Debo crear esto porque mi pueblo me lo exige"*.

Por tanto, debemos ver en todo inventor a un *ejecutor de la voluntad de sus contemporáneos*. Sólo así podemos comprenderle, su lucha, sus sacrificios sobrehumanos y la obsesión con que persigue su objetivo.

Johann Gutenberg. Tiza negra, siglo XVI.

Se trata de *Johann* Gensfleisch *zu Gutenberg, o* Johann Gutenberg a secas, el inventor de *la imprenta*. También vivió en una época de gran agitación y tuvo que hacer frente a sus exigencias. El siglo XV, durante el cual vivió en Maguncia (nació en 1400 y murió en 1468), vio desaparecer rápidamente la "oscura" Edad Media, ya que la Iglesia veía con recelo la vida espiritual como su monopolio e intentaba impedir que la gente tuviera su propia espiritualidad, identidad popular y cultura.

En el siglo XV, audaces *navegantes* descubrieron el Nuevo Mundo, derribando así el dogma de la ciencia bíblica. En Oriente, el Islam llamó a la puerta del cristianismo autocrático. La gente cuestionaba la omnipotencia del Papa, las doctrinas morales absolutas y las visiones científicas de las iglesias. En todas partes había un deseo de saber y *de intercambio de noticias y conocimientos.* La transmisión oral hacía tiempo que había dejado de ser suficiente. La gente tenía que tener acceso al saber, algo que hasta ahora había estado reservado a unos pocos monjes y grandes clérigos. Pero, ¿qué clase de hombre recurrirá a la lectura si *no hay nada que leer* y si Fon sólo dispone de unos pocos ejemplares manuscritos de libros y folletos, naturalmente caros?

Johann Fust, que tomó de Gutenberg los frutos de su genial invento.

Gutenberg, un pequeño artesano al que hoy llamaríamos técnico, vivió en esta época y en el mundo de sus necesidades. Se preguntaba cómo desarrollar un proceso de impresión que satisficiera el anhelo de los alemanes que salían del sueño de la Baja Edad Media. Quería imprimir *libros y folletos, tantos* como fuera *posible* y lo más *rápidamente posible.*

El concepto de imprenta ya existía. Las ilustraciones se tallaban en tablas de madera, se recubrían de color y se imprimían (prensaban) en papel. Letras, palabras, frases, páginas enteras de libros también se hacían de madera y se producían libros enteros, ¡pero qué largos y qué caros! Un hábil tallador de madera necesitaba dos semanas para hacer una sola página. Era un arte del que sólo podían disfrutar unos pocos privilegiados.

Gutenberg tenía dos tareas que cumplir - hoy diríamos: dos problemas técnicos que resolver. En primer lugar, en lugar de páginas enteras de libros, tenía que utilizar pequeños bloques formados *por una sola letra* que luego podían ensamblarse a su antojo. Luego, hacer que estos pequeños bloques fueran tan resistentes que pudieran reutilizarse. Encontró la solución a ambos problemas. Desarrolló un proceso para fundir letras de *plomo* y una imprenta con todas las herramientas necesarias de forma tan perfecta que los principios de su "arte negro" han permanecido inalterados a lo largo de los siglos, e incluso hoy pueden verse bajo el manto mágico de la tecnología moderna.

Taller de imprenta de 1440.

Se podría pensar que todo esto es muy sencillo. Y, sin embargo, este invento exigió de Gutenberg una abnegación sin límites, todo su trabajo, su alegría de vivir y sus esperanzas. Como todos los grandes hombres, y como la mayoría de los inventores, se encontró con la incomprensión, la estupidez y la malicia de sus semejantes. Un miserable comerciante llamado Fust, que le había "financiado", le frustró con el fruto de su trabajo, se coronó con la gloria usurpada y obligó al hombre que había forjado *el arma de la liberación espiritual* para las generaciones venideras a llevar una vida pobre y miserable hasta su muerte; una vida que, sin embargo, dedicó al perfeccionamiento de su arte hasta el último día.

La verdadera grandeza de los inventores importantes se revela en su destino, en su tenacidad inquebrantable, su fe en su vocación, su desprecio por todo lo material.

Una página de la Biblia de Gutenberg con 42 líneas.

Se nos lleva fácilmente a juzgarlos sólo por sus inventos y por las cosas buenas y útiles que nos han transmitido. Pero no es sólo esto lo que constituye su genio, y los subestimaríamos si sólo viéramos este aspecto. Porque es seguro que un progreso que -como suele decirse- "está en el aire" será alcanzado en todos los casos, si no por uno de ellos, por otro. En el siglo XV se inventó la imprenta porque un pueblo quería ver las palabras reproducidas en forma escrita. Y si Gutenberg no lo hubiera hecho, dos décadas más tarde habría aparecido un hombre con otro nombre. También conduciríamos sin Benz y Daimler, volaríamos sin Lilienthal. Y si nos limitáramos al resultado estricto, podríamos decir con razón: ¡Un Gutenberg, un Benz, un Lilienthal sólo hicieron lo que otros habrían hecho en su lugar si ellos no hubieran estado allí!

Pero estos hombres son superiores a sus acciones, porque tuvieron el valor de ser los *primeros.* Fueron más visionarios que otros. Tenían una vocación más elevada que otros. No siguieron caminos ya trazados, sino que se adentraron en *tierra de nadie. Lucharon en condiciones tan difíciles que la mayoría tuvo que sacrificarse por su trabajo.* Sacrificaron su felicidad y su tranquila existencia a su fe para que las generaciones futuras pudieran vivir de su trabajo. Así, no se hicieron inmortales sólo por sus obras, sino a un nivel superior por el reconocimiento que el pueblo les debe desde toda la eternidad.

Cuaderno SS Nº 7b. 1941.

Alberto Durero, "corresponsal deportivo

O cómo el gran artista valoraba la ley del combate

Alberto Durero, ¡un genio que eclipsa a la masa de artistas alemanes! La mención de su nombre evoca ante nuestros ojos soberbias pinturas de formas nobles y sublimes, en alabanza de la Virgen, los santos u otras figuras religiosas. Nosotros, los hombres de hoy, que ya no somos sensibles al cristianismo y a la doctrina del más allá, admiramos sin embargo los rasgos nobles de las obras de Durero, expresados intencionadamente por este hombre del Renacimiento que ya estaba alejado de la religión. Pero en el pasado, todo el arte tenía que ver con la Iglesia o con Dios, y también aquí Alberto Durero creó figuras de una grandeza inolvidable.

Si imagináramos la vida del hombre Alberto Durero en términos de sus "obras oficiales", entonces, como enseñan los libros, lo veríamos como el genio victorioso, el aspirante a la trascendencia, el príncipe mimado, el pintor que, ignorando las miserias y sufrimientos de su pueblo, vive y crea en un círculo ilustre de emperadores, príncipes, caballeros y obispos, con el fin de perpetuar su fama.

Sin embargo, algunas obras sencillas y modestas de Durero, que no encajan del todo en este marco, a menudo nos conmueven más que las creaciones monumentales. Se trata de acuarelas que representan la patria de Durero, los alrededores de Núremberg y los apacibles valles de Franconia. Son dibujos como la "brizna de hierba", la "liebre" y el "ramo de violetas". En el pasado, se desestimaron como "estudios" del pintor y nunca se consideraron representativos de su personalidad.

Se descubre un nuevo Durero en Viena

Así pasaron los años y los siglos. Durero, que había nacido en 1471, siguió presente en el corazón de los alemanes como un genio que dominaba el arte religioso y cortesano, pero nada sabían de la verdadera naturaleza de aquel hombre. Sin embargo, algo sucedió a principios de 1800, trescientos años después de la época de Durero. Los archivos de las bibliotecas y oficinas se pusieron patas arriba en el curso de exposiciones y reformas para glorificar a los Habsburgo. En la biblioteca de la administración fiduciaria, el polvo se levanta en espesas nubes, y entre los tesoros y pandectas amontonados, los asesores del archivo austriaco extraen fichas llenas de extraños dibujos antiguos: ilustraciones y series de dibujos de hombres luchando y combatiendo con diferentes tipos de armas, y también textos manuscritos escritos en los característicos caracteres curvos del estilo gótico tardío, de la época de Durero.

Esto ha causado cierto asombro en Viena, pero aún más entre los científicos y especialistas en arte que examinan estas cartas del patrimonio de los Habsburgo con ojos expertos. El significado de este conjunto de dibujos de esgrimistas y luchadores, así como la identidad de los comisarios y del creador, están siendo largamente cuestionados. Incluso los ligeros bocetos de estas láminas, que representan cientos de figuras y posturas, llevan la huella de la mano de un maestro, él mismo experto en esgrima y lucha.

Alberto Durero - ¡Imposible! ¡Y sin embargo!

Surgió un murmullo en la masa de las revistas de crítica de arte. Asumían esto o aquello, repasaban a todos los artistas que vivieron antes y después de 1500, y también se detenían en Alberto Durero. La fecha y el genio del trazo de su lápiz podían delatarlo. Pero ¿era posible atribuir esas imágenes cotidianas, vulgares, con olor a sudor y a polvo de armería, al ascético creador, amante de las Madonnas y del pequeño Jesús? No, ni siquiera imaginarlo parecía degradante para los críticos de arte vivos hace tres, cuatro, cinco décadas. Ciertamente, Durero no tenía nada en común con "el pueblo", ¡y menos con un pueblo tan pendenciero, peleón y pegón!

Y, sin embargo, los expertos e investigadores que trajeron otros libros de armas de una época ligeramente posterior demostraron que malos dibujantes e imitadores se habían inspirado en estos dibujos vieneses. Los historiadores también establecieron que en 1500 el gran mecenas de Durero, el "último caballero", el emperador Maximiliano I"', encargó a Alberto Durero una serie de xilografías sobre las artes caballerescas, que el maestro realizó hacia 1502 en el tratado "Freydal". ¿Era inconcebible que este emperador, último vástago de una gran época civilizada, quisiera también la mano de un maestro para representar las artes caballerescas de la esgrima y la lucha? Durero llevó a cabo esta tarea, pero la obra no causó gran impresión, por lo que los dibujos del maestro quedaron en los archivos, y algunas de las hojas parecen haber sido copiadas en otros libros.

Pero, ¿cómo -y ésta era la cuestión importante- pudo Durero producir estas "ilustraciones evidentemente deportivas"? Muestra a personas de su propia época, aunque las figuras de la Biblia fueron pintadas en su día con trajes de época, y sólo los modelos vivos podían proporcionarle ejemplos de posturas precisas de lucha. ¿Existían en aquella época esgrima y lucha tan perfectas?

También en esta cuestión hemos estado totalmente equivocados durante mucho tiempo y hasta los tiempos más recientes. La Edad Media fue vista como una época oscura de guerras religiosas, de persecución de todo lo secular y, sobre todo, de todo lo físico. El crepúsculo de las ventanas góticas parecía cubrir aquellos siglos y a todos los pueblos de la Edad Media. Sólo recientemente sabemos que el cristianismo y la Iglesia, desde los albores de los tiempos germánicos hasta la época de las Guerras de Religión, sólo fueron una cubierta superficial para un estilo de vida nacional libre profundamente influido por el alma germano-nórdica. La hostilidad de la Iglesia hacia el cuerpo nunca pudo imponerse, no sólo a los esforzados campesinos, sino tampoco a los caballeros que tenían que luchar físicamente en las batallas. Así, por ejemplo, los juegos, el baile, el baño y el ejercicio físico siempre tuvieron su lugar en la sociedad alemana medieval, incluso en tiempos de Durero.

Es bastante concebible que el emperador Maximiliano quisiera elaborar un manual sobre estas artes caballerescas porque consideraba que los tiempos amenazadores de las Guerras de Religión estaban resultando peligrosos.

Pero es posible que el propio Alberto Durero observara en la nueva ciudad de Núremberg y en la burguesía emergente la práctica de estas artes caballerescas que utilizaban para defender sus ciudades. En todas las ciudades alemanas de la época había escuelas de esgrima, maestros de esgrima, palmeras y baños. Alberto Durero no tuvo que ir muy lejos para encontrar modelos adecuados para sus dibujos. Hoy en día, otras fuentes también han confirmado que fue Alberto Durero quien creó estos "dibujos de deportistas".

JIU-JITSU: ¡NO ES SÓLO UN INVENTO JAPONÉS!

Estamos muy contentos de poder hojear este libro sobre esgrima y lucha del gran maestro. Pero también hay sorpresas.

En el campo de la esgrima, los grandes estramaçons y las espadas curvas, el pequeño escudo que vemos en muchos dibujos, han desaparecido sin duda. Pero estas ilustraciones nos muestran muchas cosas que siempre se han conservado en nuestras escuelas de esgrima. Lo que solíamos llamar las ilustraciones de los luchadores son, sin embargo, las más sorprendentes para nosotros.

Esto no es la lucha libre tal y como la conocemos. Los agarres de nuestro deporte proceden de la escuela grecorromana de lucha, basada en ejemplos clásicos. En ella sólo se utiliza la parte superior del cuerpo como punto de ataque y se rechazan las presas "vulgares", como el bloqueo de brazos y el bloqueo de piernas.

Estas últimas son precisamente muy abundantes en los dibujos de Durero. Se agarra, se invierte, se interpone la pierna y se engaña al adversario, como en todas las agarres que conocemos en el jiujitsu. Un dibujo con la descripción de la agarrada de la propia mano de Durero es ejemplar en este sentido. "Item so du mit einem ringst, so prich aus mit der rechten hant und far zu stunt damit deinen arm in sein rechten elpogen und fas im den arm starck in dein peid hend und flaipf an seinen arm pis an das gelenk und zuck in starck an dich und ker den dein lingke seiten gegen im an sein rechte seite, als hie stett, und prich im dem arm..." En nuestro idioma significa algo así como:

"Cuando luches con alguien, lanza tu mano derecha violentamente y lánzate sobre él poniendo tu brazo en su codo derecho. Agarra fuertemente su brazo con ambas manos y tira de él hasta la articulación del hombro, gira tu lado izquierdo contra su lado derecho de la manera aquí indicada y rómpele el brazo."

Se trata sin duda de jiu-jitsu, utilizado para defenderse de un ataque peligroso. Para utilizar un lenguaje moderno, ¡es un deporte defensivo que se utiliza en caso de última necesidad!

Estas artes defensivas se introdujeron hace sólo unas décadas en Europa a través de las artes defensivas japonesas del judo y el jiu-jitsu. Lo increíble es que fueron descritas por un alemán que vivió hace 400 años, y por un artista alemán que hasta ahora ha sido considerado un poeta y pintor de Madonnas.

Este descubrimiento en un almacén vienés tuvo así una consecuencia doblemente positiva: se descubrió que Alberto Durero era un tipo robusto que vivía entre la comunidad de su tiempo, y se reveló que nuestro "reciente" arte de la defensa es un viejo deporte germano-alemán que no concierne al "vulgum pecus" porque enseña cosas importantes.

El antiguo arte alemán de la defensa según el manual de Alberto Durero

N°19

Alberto Durero escribe: Si alguien te ha agarrado, se ha dado la vuelta y te ha agarrado por el hombro, inclínate con fuerza hacia delante, agárralo con la mano izquierda por detrás de la pierna y levántalo como se muestra en el dibujo. Tíralo boca abajo o dale una patada con las rodillas.

N°20

Durero escribe: Cuando luches con alguien, lanza tu mano derecha violentamente y lánzate sobre él, poniendo tu brazo a la altura de su codo derecho. Agarra fuertemente su brazo con ambas manos y tira de él hasta la articulación del hombro, gira tu lado izquierdo contra su lado derecho de la manera aquí indicada y rómpele el brazo.

N°21

Durero describe este agarre de la siguiente manera: Si quieres luchar con alguien que es muy fuerte, agárralo audazmente como si quisieras luchar con él con todas tus fuerzas. Pero cuando te presione con su fuerza, pon tu pie sobre su estómago, déjate caer de espaldas y arrójalo sobre ti, sujetándolo firmemente por las manos. Entonces caerá boca abajo al suelo.

Esto es lo que nos enseña el libro de esgrima de Durero. Pero Durero también confirma que las personas físicamente sanas son las poseedoras de una buena raza y de una sangre pura, aunque las profesiones y las vocaciones lleven en otra dirección, al reino del espíritu y del arte. El hombre no es sólo lo que su profesión hace de él: debe tratar de llegar a ser lo que la raza y el pueblo le han transmitido y lo que la raza, el clan y el pueblo le exigen.

FOLLETO N° 2 DE LAS SS. 1939.

LA OBRA DE LOS HERMANOS GRIMM

"Los cuentos infantiles y las leyendas de los hermanos Grimm": una fórmula mágica para todo alemán cuya infancia vincule a este nombre las primeras nociones puras de narración y experiencia.

En las diversas regiones de nuestra patria y en todas partes del vasto mundo donde vive un hombre de nuestra sangre y lengua, el nombre de los hermanos Grimm es respetado, y el libro de cuentos que expresa la nostalgia y los sueños del alma alemana es considerado generalmente como una obra nacional. Es característico y al mismo tiempo significativo que "su fama internacional y el interés de muchas generaciones no estén ligados al mero producto artístico o intelectual, sino al amor puesto en la meticulosa recopilación y conservación de un patrimonio popular anónimo, discreto y casi despreciado". Porque la obra de los hermanos Jacob y Wilhelm Grimm es algo más que una ferviente recopilación de viejos cuentos populares alemanes: con diligencia de abejas, fueron en busca de los tesoros olvidados y en gran parte desatendidos de los cuentos y leyendas populares, los juegos infantiles, las canciones populares, las creencias y el derecho nacional, porque veían en ellos la prueba viva y rigurosa de un mundo desaparecido. Estas formas, que nacieron hace siglos, son productos puros de la cultura y el arte populares alemanes, y son para ellos las fuentes auténticas de la historia de este pueblo, pero sobre todo dan testimonio de la evolución de nuestra querida lengua materna alemana.

Jacob Grimm nació el 4 de enero de 1785, y un año más tarde, el 24 de febrero de 1786, Wilhelm Grimm en Hanau. En un discurso que pronunció poco después de la muerte de Wilhelm, en 1859, Jacob habló del estrecho, fiel, ferviente y fecundo entendimiento entre los dos hermanos, que terminó con la muerte de uno de ellos: "Después de los años escolares, nos mudamos a una pequeña habitación con una cama, trabajando a menudo en la misma mesa. Después, todavía con dos mesas de trabajo, vivíamos en dos habitaciones una al lado de la otra, compartiendo fielmente nuestras posesiones y libros, excepto sólo cuando teníamos que tener a mano el mismo trabajo, que era por tanto por duplicado. Seguramente nuestras camas para el último viaje también estarán una al lado de la otra. Cuatro años más tarde también se cumplió este melancólico deseo.

Los dos hermanos se dedicaron al principio al estudio del derecho, por respeto a su padre, que había ejercido esa profesión. Savigny fue su profesor de derecho en Marburgo, y en 1805 Jacob colaboró en la gran tarea de *escribir la historia del derecho romano de* la que Savigny se había ocupado anteriormente. El propio Jacob Grimm cuenta su interés por el estudio del Derecho romano: "Estudié Derecho en una época en que el monótono gris del oprobio y la humillación se cernía pesadamente sobre el cielo alemán. A pesar de toda su riqueza, el Derecho romano dejó un vacío notable en mis expectativas y lamenté que el Derecho alemán no se enseñara tanto como me hubiera gustado. La riqueza que contenía (el Derecho romano) no era lo suficientemente estimulante y atractiva como para enseñarme. Así que busqué compensación y consuelo en la historia de la literatura y la lengua alemanas. El hecho de que las cosas simples pero inalterables contuvieran cualidades y sabiduría que nuestra conciencia podía redescubrir era un arma invencible que nos protegía del orgullo enemigo. Abandonando la gramática y sus pobres frutos, estudié a fondo la *poesía, las leyendas y las costumbres del país;* ¡sólo podían conducirme a la *ley nacional!* Todas las cosas están unidas por hilos visibles o invisibles que nos permiten explicarlas o comprenderlas. *La antigüedad del derecho y de la religión* está aún impregnada de los vestigios del paganismo; la *lengua* tiene un aspecto pagano aún más pronunciado que no puede comprenderse sin su intermediario. A partir de estas líneas, ya podemos percibir cuál era el objetivo de los hermanos Grimm y también el rasgo esencial de su método de trabajo.

En 1812 se publicó el primer volumen de los "Cuentos infantiles", que los hermanos Grimm habían recopilado durante trece años de investigación de las transmisiones orales de las regiones del Meno y Kinzig, antiguo condado de Hanau. El segundo volumen se publicó en 1815 y contenía todos los cuentos regionales de Hesse. En un principio, los investigadores no se propusieron transcribir conversaciones sentidas para hacerlas comprensibles a adultos y niños. Su intención era más elevada y consistía, en efecto, en sacar el alma de los cuentos y leyendas populares aún vivos pero que amenazan con extinguirse, a fin de percibir las leyes que rigen la evolución de nuestro pueblo.

De hecho, la etnología nacional actual ya no tiene en cuenta la opinión de Wilhelm Grimm de que en los cuentos de hadas (en los que también clasificó sagas, chistes, historias de animales y leyendas en 1812 y 1815) "se perciben mitos alemanes originales, que se creían muertos pero que aún sobreviven en esta forma". Como ha demostrado la ciencia, la narración de cuentos que se ha transmitido a nuestro pueblo alemán durante siglos es "seguramente un resto de lo que han creado o heredado de su pasado germánico o indogermánico". El patrimonio narrativo alemán es un conjunto de historias a las que -especialmente durante las cruzadas de la Alta Edad Media- se han añadido historias de todo el mundo" (Friedrich Ranke). Y sin embargo "Aunque siempre nos han llegado del extranjero, en Alemania hace tiempo que perdieron su carácter extranjero: nuestro pueblo los ha asimilado a lo largo de los siglos mediante múltiples transmisiones y los ha adaptado a su propia forma de ver y entender. Porque cuando antes decíamos que los mismos cuentos se transmiten entre los pueblos más diferentes, el psicólogo sabe que un cuento alemán es diferente de un cuento francés, ruso o incluso turco. *Cada pueblo tiene su propia manera de contar las leyendas.* Pero incluso teniendo en cuenta este reajuste de la ciencia y de su escala de valores, el trabajo realizado por los hermanos Grimm para recopilar cuentos y leyendas conserva un valor de una importancia sin precedentes para el futuro.

Los cuentos del primer volumen (de 1812) proceden principalmente de la tradición oral de la patria de los hermanos Grimm, Hesse. Sus narradores eran miembros de la burguesía - por ejemplo, un cuento de Dortchen Wild: "La gente lista" y de Marie (Müller) de la casa Wildschen: "Caperucita roja", "El rey sapo", "Hermanito y hermanita", "Blancanieves", "La bella durmiente", "Pulgarcito", "La niña sin manos", "El novio ladrón", "La ondina en el estanque", "El pájaro de oro" (Wilhelm Schoof). Sin embargo, en el segundo volumen (de 1815) nos encontramos por primera vez con una "auténtica" cuentacuentos de pueblo, la señora "Viehmannin" de Zwehren, cerca de Cassel. En el prefacio de sus "Cuentos infantiles", Wilhelm Grimm dice de ella: "Pero fue una de esas afortunadas coincidencias que conociéramos a una campesina en el pueblo de Niederzwehrn, cerca de Kassel, que nos contó la mayoría de los cuentos del segundo volumen, y también los más hermosos. Recordaba las viejas leyendas y ella misma decía que no era la suerte de todo el mundo. Hablaba en un tono tranquilo y seguro, utilizando un lenguaje despierto, y era evidente que disfrutaba con ello. Al principio dejaba hablar a su espontaneidad y luego, cuando se le pedía, repetía más despacio, de modo que con un poco de práctica era posible escribir al dictado. Muchos cuentos se conservaron así literalmente y no perdieron nada de su autenticidad. Entre los diecinueve cuentos citados por el "Viehmannin" se encuentran algunos de los más conocidos y hermosos de todo el conjunto, por ejemplo, "El fiel Juan", "Los doce hermanos", "El diablo de los tres pelos de oro", "Los seis que todo lo pueden", "El guardián de la oca", "El médico que todo lo sabe", "El hermano del diablo cubierto de hollín", "Hans, mi erizo".

Los hermanos Grimm trabajaron en sus memorias con atención constante. "En la forma en que hemos procedido a reunir estos cuentos, nos hemos guiado ante todo por los criterios de fidelidad y verdad. No hemos añadido nada de nuestra invención, ni hemos embellecido ninguna circunstancia o rasgo de la leyenda; nos hemos limitado a reproducir su contenido tal como nos fue comunicado. Es evidente que el estilo y el tratamiento de los detalles se deben en su mayor parte a nuestra intervención, pero nos hemos esforzado por conservar todos los detalles encontrados para mantener la riqueza natural de la historia. Los cuentos de la edición sencilla se transcribieron de forma cada vez más intuitiva y sencilla. Los cuentos de la edición sencilla se transcribieron siempre de forma más intuitiva y sencilla, pero reflejaban el alma del pueblo, porque los hermanos Grimm eran depositarios de un saber nacional.

En la época de las Guerras de Independencia de Hesse, el código legal napoleónico se convirtió en la norma absoluta, lo que significaba que la jurisprudencia ya no tenía ninguna relación con la práctica jurídica tradicional. Este cambio ajeno a la vida jurídica llevó a los hermanos Grimm a abandonar definitivamente su carrera de juristas y a volcarse con mayor entusiasmo en el estudio de la sabiduría antigua que aún albergaba valores populares nacionales. Jacob Grimm escribió *La antigüedad del derecho alemán*, distanciándose de la erudición libresca habitual, interesándose por todo lo que es noble y grande, y comprendiendo las relaciones orgánicas del derecho germánico. Demostró que la poesía está presente en el derecho, consideró lo "maravilloso" y lo "fidedigno" como sus fundamentos.

Mientras que el trabajo de Jacob se refería al estudio del derecho, la energía de Wilhelm se dedicaba a la recopilación y selección de cuentos y leyendas; pero *la* misión de ambos hermanos era *explorar la lengua alemana*. En un solo artículo es imposible evaluar su brillante e incansable labor en este campo. Limitémonos a mencionar que su principal resultado fue la "gramática alemana", "en la que se recoge toda la cultura del pueblo y su milenario desarrollo en todas sus diversas manifestaciones", y el "diccionario alemán", en el que se sigue trabajando hoy en día. Sin embargo, la lengua alemana no era algo inanimado regido por teorías y reglas muertas, sino una "naturaleza viva en la que se imprimen los movimientos y vibraciones más sutiles de la vida popular alemana histórica y moral de los siglos pasados". Jacob Grimm también interrogó al lenguaje en su "mitología alemana". Los nombres de los días de la semana, las plantas, los animales, las montañas, los lugares, los dichos y leyendas, así como las costumbres y supersticiones -pero sobre todo a nivel gramatical- eran los portadores de la mitología del pueblo alemán. Lo que la poesía nórdica ha conservado como un tesoro de conocimientos sobre la religión germánica se unió a algunos bellos hallazgos de la literatura y las leyendas alemanas para crear la "mitología".

Jacob Grimm se convirtió así en el padre de esas ciencias que hoy llamamos "germanística", "etnología nacional". También fueron un brillante ejemplo: los hermanos Grimm pertenecían a los intrépidos y leales "Siete de Gotinga", es decir, aquellos profesores universitarios que se opusieron valientemente a la reaccionaria acción constitucional del rey de Hannover.

"Todos los alemanes son libres y el suelo alemán no tolera la esclavitud" (Jacob Grimm).

Will Erich Peuckert ha definido perfectamente la importancia de los hermanos Grimm para nosotros, los alemanes del siglo XX: "En una época silenciosa -y cien años antes que la nuestra- fueron los primeros en hablar del pueblo alemán. Describieron la grandeza pasada de este pueblo y vieron la grandeza presente que exigía la liberación del país. No impusieron nada. Por primera vez, redescubrieron la belleza de las cosas producidas por los viejos tiempos. *La Alemania del futuro es la Alemania de los hermanos Grimm.*

Walther Ohlgart

Cuaderno SS n° 11a/b.1941.

La boda del príncipe Bismarck

El "Canciller de Hierro" también es un ejemplo de ello

No ven lo que esta mujer me ha hecho.

Otto von Bismarck

Bismarck simboliza para todos nosotros al "Canciller de Hierro". Férreo en su trabajo, férreo en su determinación, férreo en sus acciones, era sobre todo férreo en su creencia en el Reich.

Sabemos mucho de este gran hombre, pero muy poco de su personalidad íntima.

Bismarck construyó su vida en torno a un eje, quizá el más inesperado, que nos permitió juzgar sus actos: ¡su matrimonio!

El propio Bismarck escribió a su joven esposa Johanna: "Me casé contigo para amarte en Dios, por necesidad emocional y para que mi corazón pudiera encontrar un lugar en este mundo extranjero. Encuentro en ti el calor de una chimenea, junto a la que me quedo cuando fuera sopla y hiela. Quiero cuidar mi chimenea, ponerle leña, soplar el fuego y protegerla de los malos y de los extraños, porque no hay cosas más cercanas, más queridas, más agradables y más necesarias para mí, después de la misericordia de Dios, que tu amor y el hogar donde nací." Con estas palabras dignas de un gran poeta, Bismarck demuestra que su naturaleza genial buscaba su complemento auténticamente femenino.

Nuestro Führer y el Reichsführer SS nos enseñaron a pensar racialmente. No sólo a nivel político, sino también en nuestra vida personal, en la elección del matrimonio. En este contexto, estudiar la naturaleza del matrimonio bismarckiano es típico y esclarecedor para nosotros.

¿Cuáles son las razones que contribuyeron a la felicidad de este matrimonio, a su armonía, a su estabilidad, que triunfó sobre todas las pruebas?

Bismarck y Johanna pertenecían a la misma clase: la nobleza prusiana. Su modo de vida encajaba a la perfección. Aunque sus vidas dieron un gran giro a raíz de la actividad política de él, siempre siguieron siendo lo que eran: gente sencilla y natural de su patria rural, que vivía en un ambiente ligeramente teñido de modales cortesanos. Incluso cuando era canciller, Bismarck prefería hablar en bajo alemán siempre que se sentía entre la gente de su círculo. Adolf Willbrandt declaró durante una visita a la finca de Friedrichsruhr: "Todo aquí es maravillosamente prusiano. Nada ostentoso, nada recargado". Y otro, un hombre de la corte, se quejó con un suspiro: "¡Los Bismarck nunca se librarán del aspecto de nobles provincianos de poca fortuna!".

Es admirable lo bien que Johanna se adaptó a las circunstancias cambiantes de su marido. Cuando Bismarck se convirtió en ministro y representante prusiano en Fráncfort en 1851, tuvo que enfrentarse por primera vez a estas necesidades. Mientras aún permanecía con sus hijos en casa de sus padres, advirtió por carta a Johanna de sus futuras obligaciones. "Mi pobre niña tendrá ahora que sentarse rígida y respetablemente en el salón, decir "excelencia", ser sabia y prudente con las excelencias. Al principio Johanna se sintió desconcertada por estas obligaciones. Sin embargo, su natural adaptabilidad de mujer cariñosa volvió a aflorar. Sin embargo, había otra cuestión más difícil de resolver que la actitud externa. Bismarck conocía el horror de su esposa hacia el francés y lo difícil que le resultaba aprender idiomas. Pero tuvo que rogarle que aprendiera francés. La calidez de su naturaleza se expresa en la forma que adoptó su intento: "En primer lugar, tú eres mi esposa y no la de otros diplomáticos que pueden aprender alemán tan bien como tú francés. Sólo que, si tienes tiempo libre o quieres leer, coge una novela francesa. Pero si no encuentras placer en ello, olvídalo. ¿Podría Johanna rechazar una petición tan afectuosa?

"Mi marido está ciertamente en Bohemia... pero..."

He aquí otra anécdota típica: En Petersburgo, Bismarck estaba contando una historia y, como en sus discursos ante el Parlamento, hizo una pausa deliberada y meditada. Johanna, que siempre estaba de guardia, estaba preocupada. Por la mañana, su marido había sufrido dolores en los pies y pensó que la pausa se debía a ello. "Pero, Otto, ¿por qué llevas tus botas de charol, estamos en privado? Bismarck se dio cuenta de que Johanna no le había entendido. Sin embargo, su rostro se iluminó con un brillo sereno. Con calma dijo: "Tienes razón, mi amor, otros zapatos habrían sido mejores. Y continuó. Cuando se piensa en esas discusiones entre cónyuges provocadas por palabras mordaces o alusiones, se demuestra la gran unidad interior de la pareja.

Johanna se fue acostumbrando cada vez más al papel que el destino le había asignado: ser la esposa del gran estadista, no tener ambiciones propias, sino hacerlo todo en consonancia con su grandeza. Bismarck disfrutaba de la serena vida familiar, amaba la sociabilidad de su pequeño círculo más que nada. Johanna también disfrutaba mucho, pero su actividad sólo se extendía a las tareas puramente domésticas. Tenía que mantener un firme control sobre el hogar y todo lo que dependía de él. Por eso, a pesar de su modestia, no pensaba en otra cosa que en la vida social con Bismarck.

Gracias a estas cualidades naturales, el hombre y la mujer se complementaban tanto en su matrimonio como en sus personalidades. La gran previsión de Bismarck, su dignidad, su inclinación a la independencia iban de la mano de la bondad y el amor de su esposa. La frescura y franqueza de su naturaleza, su total falta de sentimentalismo, eran una compensación para él, el hombre fuerte, ya que tan a menudo tenía que sufrir de debilidad sentimental, y como él decía, estaba inmerso en un "mar de lágrimas". Así, durante los años de la guerra, la esposa del Primer Ministro, la mujer "sin hombre" y extremadamente delicada, nunca fue débil. Una conmovedora aventura es prueba de ello: una tarde se sentó sola en un banco del jardín. Una tarde estaba sentada sola en un banco del jardín y de repente vio a un hombre de aspecto oscuro que saltaba el muro del parque. Poco después cogió resueltamente una pala del parterre y puso en fuga al intruso con esta "arma" levantada, diciendo: "Mi marido está sin duda en Bohemia, pero...". Una mujer de verdad no tiene motivos para tener miedo.

El vínculo más profundo: Los hijos de Bismarck

Pero uno de los sentimientos más fuertes que unía a la pareja era el amor por sus hijos. La relación con los tres niños, Maria, Herbert y Wilhelm, fue puramente afectuosa, sobre todo a medida que crecían. El propio Bismarck, que tras la prematura muerte de su madre había tenido una infancia triste y una educación en un internado, opinaba que sus hijos nunca recibían suficiente amor y afecto. Así que, desde el principio, decidió adoptar un tono de camaradería más que de autoridad. No se le ocurría mayor alegría que hacer de su hijo mayor su colaborador. Johanna estaba agotada en su maternidad. Veía en sus hijos el sentido de su vida y de su trabajo, en los que redescubría la naturaleza de su marido. Su fuerza maternal natural era tan fuerte que superaba fácilmente el durísimo esfuerzo físico de un hijo. Su hija María era su "amiga más sincera" y su alegría al casarse se vio seriamente empañada cuando María se trasladó a Italia.

Los dos cónyuges sólo se sentían especialmente cómodos cuando toda la familia se reunía a su alrededor. Sufrían aún más las obligadas separaciones en su seno. Por ello, los hijos se convirtieron en el vínculo natural más fuerte. En su vida privada, el Gran Canciller fue un padre cariñoso y ejemplar. Siempre sintió muy cruelmente las separaciones en su familia. Escribió conmovedoras cartas a su familia entre sesiones del Parlamento, entre informes importantes y en el campo de batalla. Cuando, durante la campaña militar de 1870n1, cuidó a uno de sus hijos heridos, un visitante lo describió así: "La condesa Bismarck hablaba como podían hablar las esposas de los dioses cuando sonaba el cuerno de guerra contra el enemigo; junto al lecho de su hijo me pareció encarnar la vieja leyenda: Krimilda en el campo de sus héroes.

Pero en este contexto no podía ignorarse una de sus relaciones: la que mantenía con Dios y la religión. Bismarck tenía una fe profunda y natural, pero se interesaba poco por la Iglesia y su función. Johanna, en cambio, procedía de una familia muy religiosa. Así que Bismarck empezó a guiar a su futura esposa en su dirección nada más comprometerse. Lo hizo con humor, conocimiento y habilidad, sin olvidar nunca respetar su fe y sin ofender nunca su piedad. Realmente la consoló "diplomáticamente" con la sensación de que ella le había transformado a él, el chatarrero extravagante y despreocupado, cuando en realidad la estaba educando según sus deseos.

Hubo un intercambio constante entre ellos a lo largo de sus vidas. Sus instintos morales se expresaban en un estilo de vida armonioso debido a su origen común. Esta es una de las causas de la "felicidad" de este matrimonio. Por otra parte, sus cualidades espirituales y psíquicas se complementaban tanto, tanto en las cosas pequeñas como en las grandes, que lograron una armonía perfecta entre ellos sin saberlo.

Bismarck lo sintió perfectamente.

CUADERNO SS Nº 7. 1943.

"TODO TIENE UN ORDEN".

Sobre la obra y la vida del médico y místico Paracelso

Paracelso fue uno de los guías más ardientes y geniales del pueblo alemán, y por eso nos conmueve tanto. Siguió su destino, experimentando a su vez vicisitudes y grandezas, alegrías y penas, afrentas, difamaciones y miserias, pero también poder y fama. Sin embargo, permaneció solitario. En ninguna parte pudo encontrar un hogar, comenzando a viajar a una edad temprana y cumpliendo así su destino.

Como vagabundo, recorre el mundo y casi toda Europa, buscando con corazón valiente los últimos secretos de la naturaleza. Confía en los consejos de la gente sencilla: espía los conocimientos del campesino del bosque, del carbonero y de la anciana. Se sienta con los pastores y el huesero que tanto le enseñan. Elabora sus ideas bajo la tormenta y el granizo. Cruzó la campiña alemana bajo la lluvia y la nieve, un viajero inquieto acompañado únicamente por su arte, la medicina. Pero éste era a la vez su destino y su misión. Sólo en la muerte encontró descanso este "viajero rural y errante", como él mismo se llamaba. Murió en 1541 en Salzburgo a la edad de 48 años, demasiado pronto. Los ciudadanos no querían aceptar que este gran médico ya no vivía, que ya no podían acudir a él en busca de ayuda en sus angustias y enfermedades. Sin embargo, su pensamiento y sus ideas han sobrevivido a los siglos y ahora están más vivos que nunca.

Los conocimientos adquiridos por Paracelso, médico y místico suabo, son múltiples. Su principio decisivo es que sólo la naturaleza puede dar respuesta a las múltiples preguntas del corazón humano. Despreciaba a los pequeños burgueses y a los "médicos infatuados" que buscaban su sabiduría en los libros cubiertos por el polvo de los siglos. "Las criaturas son como las letras, y quien desee explorar la naturaleza debe leer sus libros mientras camina. Uno estudia la escritura a través del alfabeto, pero la naturaleza de región en región. Sus ojos claros son sus armas más poderosas.

Paracelso rompió con los viejos métodos de la ciencia. Su enfoque de la ciencia natural era completamente nuevo. Hasta entonces, Dios había sido el origen de todas las creaciones; ahora era la naturaleza y, con ella, el hombre. Está lleno de respeto por esta última, que es el sostén de toda vida. Se le manifiesta por doquier en forma de medida, orden y ley, y descubre que la misma fuerza divina vive y actúa en las piedras del arroyo que en las estrellas del cielo, en la planta del prado que en el hombre. Pero el hombre no es otra cosa que el mundo en una forma más pequeña, el microcosmos. Por tanto, también está sujeto a las mismas leyes divinas y eternas que la naturaleza. Las mismas leyes que rigen el curso de los astros, que hacen crecer las plantas y luchar por la vida a los animales, rigen también al hombre. Todo hombre está, pues, sometido a las analogías y leyes inexorables de la vida. Las leyes humanas y naturales son idénticas. Pero quien se desvía de estas reglas eternas de la vida perece, como perece el árbol que el hombre arranca de raíz. A menudo Paracelso, lleno de dolor y esperanza, miraba a las estrellas en busca de respuestas a sus preguntas. La grandeza y la eternidad de Dios se expresan tan claramente en ellas, solitarias viajeras alejadas de toda humanidad. Se siente ligado a las estrellas por el destino. Para el hombre microcósmico, el destino de los mundos también se convierte en el suyo. Las leyes del universo se convierten en las leyes del yo.

Esta nueva actitud hacia la naturaleza y el cosmos condiciona también su relación con la religión y con Dios. La vida está llena de sorpresas para la mente. Todo está en movimiento, todo es un eterno cambio porque todo está vivo. Pero la vida es la actividad creadora de Dios. Así que el mundo es el gran regalo de Dios, y esta tierra también está animada por Dios. Adora a su Creador en la belleza y el esplendor de la naturaleza. Realiza el servicio divino comprendiendo su significado más profundo a través de esta fidelidad a la naturaleza. La naturaleza se expresa de forma sagrada y con ella el hombre. Para Paracelso la naturaleza es la regla absoluta y profunda. La ley que Dios ha puesto en la naturaleza, también la ha puesto en el hombre, y quien vive según estas leyes naturales vive moralmente. Así pues, ser fiel es para nosotros una exigencia y un deber sagrados. Significa comprender la riqueza de la propia esencia interior. Quien permanece fiel a sí mismo no fracasa". Esta es la gran ley moral que nos dio Paracelso. Tenía la certeza instintiva de que la voz del corazón es la de Dios. Se sentía inscrito en el universo, en Dios y uno con la naturaleza.

En esencia, Paracelso vivía su cosmovisión como un arrebato heroico y positivo de la realidad divina que llevaba dentro y que está presente en la naturaleza e incluso en el mundo entero. Dios no es sólo el creador del mundo, es también el origen de la esencia del mundo, el poder que insufla vida y estructura. "Todas las cosas tienen un orden. Por tanto, el mundo es bueno, como lo es el hombre, y "salimos puros y castos del cuerpo de la madre. La tierra no merece ser despreciada, precisamente porque todo es divino. Por eso se opone constantemente al cristianismo de su tiempo.

Paracelso sigue las leyes de la vida, pero también reconoce que la lucha refleja el egoísmo de la vida que hay en todas partes. Lo que se opone a la vida no merece vivir y debe ser eliminado constantemente. Por ello, lanza un ataque contra la debilidad y la decadencia. Fue el primero en cuestionar el desprecio cristiano por el cuerpo, y ya llamaba la atención sobre el peligro de las enfermedades hereditarias.

Pero, ¿en qué reside para Paracelso el sentido de la vida y cuál es la vocación del hombre? Nadie está exento de trabajar, nadie se ennoblece con la ociosidad". "Las manos fueron creadas para trabajar, no para bendecir". Por eso desaprueba a los sacerdotes y a los monjes. "Predican por dinero, ayunan por dinero". "La casa de oración está en los corazones". Quiere que el trabajo productivo se haga al servicio del pueblo y del Estado. Paracelso ve el trabajo como el sentido de la vida y busca un socialismo concreto, no palabras vacías.

Paracelso se interesaba por casi todos los ámbitos de la vida humana. Reclamaba el establecimiento de una ley enraizada en el pueblo y derivada del orden viviente.

Se posicionó en contra del celibato en términos enérgicos y duros. El matrimonio también es una ley natural; también forma parte del orden divino del mundo. "Se bendice el fruto de tu cuerpo, no tu virginidad. El matrimonio permite cumplir el deseo de la comunidad. Debemos inclinarnos con respeto ante la maternidad.

Se enfrentó al judaísmo, sabiendo muy bien que una cultura y un espíritu ajenos son perjudiciales para el pueblo, argumentando que sólo la conexión con la tierra es fértil. Pero, ¿cuál es la patria del judío?

Lo que ayudó a Paracelso a realizar sus grandes descubrimientos médicos fue la constatación de la estrecha y especial relación entre el hombre y la naturaleza y el cosmos. El ritmo vital del universo y el del hombre siguen el mismo curso. Al igual que la naturaleza, el hombre también tiene ritmos estacionales, también tiene sus estaciones en el sentido literal de la palabra. Por lo tanto, cada enfermedad debe ser tratada por sí misma porque tiene un carácter único. El gran médico rechazaba cualquier generalización en el tratamiento de los pacientes. Las fuerzas psíquicas, la relación humana entre médico y paciente y la voluntad de recuperación tienen una influencia decisiva. El conocimiento de la enfermedad y el tipo de tratamiento están estrechamente relacionados no sólo con la estructura del cuerpo, con su forma y apariencia, sino también con el entorno -y no sólo el terrenal, sino también el cósmico- en el que vive el paciente. Paracelso llegó a buscar el origen de la enfermedad en el carácter espiritual-psíquico. Pero el amor se había convertido para él en la mejor forma de comunicarse con el paciente y, por tanto, de curarle.

Paracelso permaneció solitario hasta su muerte. Siempre creyó que las mentes mezquinas podían ser superadas por la generosidad y la benevolencia, pero sólo era una creencia. Guardó en silencio su dolor. Se entregó a su destino voluntaria y humildemente. Sí, lo amaba porque estaba en armonía con las leyes de la vida, pues el nacimiento y la muerte también forman la gran ley natural a la que está sujeto el hombre. Estaba en armonía con el orden cósmico eterno, queriendo que todos los seres tuvieran su cosecha y su otoño. El hombre se despide de la vida sólo cuando ha terminado su trabajo. "Nada muere hasta que da fruto. Esta era su convicción.

Y sin embargo, aunque su vida fue de soledad, lucha y esperanza, Paracelso amó la vida con toda la fuerza de su gran corazón. Estaba en el corazón de la vida. Se reconocía en esta tierra hermosa y floreciente, y la aceptaba a pesar de todas las dificultades.

También Paracelso fue hijo de su tiempo: no pudo librarse de las numerosas supersticiones. También integró la magia y la cábala, la astrología y la alquimia en su gran sistema ordenado. Paracelso siempre fue íntegro, incluso en sus contradicciones. Vivió y sufrió por su ciencia y con la gente de su siglo.

No era un espectador de su tiempo; era un luchador y un creador, y era alemán. También en esto fue íntegro y directo. Fue el primer profesor que enseñó en alemán en 1525 en una universidad. Confesó con orgullo: "Soy un filósofo alemán con una mente alemana". Pero su profesión de fe no era sólo alemana, sino también la inclinación fáustica hacia la verdad, la profunda sed de conocimiento del mundo, el deseo y la aspiración de comprender el infinito y la pasión con que explora las profundidades del ser. Su vida y su obra eran alemanas, alemán era el espíritu insaciable que viajaba constantemente para recoger nuevas experiencias, alemana era su actitud luchadora. Era de los que navegan en medio de la tormenta y se dejan perturbar por la calma.

Las fuerzas motrices de su fecunda creación fueron el respeto a las leyes eternas de la vida, el amor a la naturaleza y al hombre.

Cuando Paracelso haya caído en el olvido durante mucho tiempo, nos preguntaremos por qué este solitario "predicador de la existencia" llevó una vida rica y nostálgica de lucha constante. Nos queda su llamada a permanecer fiel a uno mismo y a reconocer la verdad del orden natural. Este conocimiento se expresa mejor en sus palabras: "Todo tiene un orden.

Friedrich Oesterle

Pensamientos de Paracelso

¿Existe mayor alegría que sentirse viviendo en armonía con el conocimiento de la naturaleza? ¿Existe otra desgracia que una intrusión contra el orden natural? Tenemos nuestro lugar en la naturaleza.

Hipócrates dio dos ejemplos que nos permiten comprender lo que son las desarmonías, a saber: demasiado y demasiado poco, excederse de la naturaleza en exceso o excederse de la naturaleza en defecto. Esto no es bueno, porque hay que guardar la medida en todo; el vacío debe ser equivalente a la abundancia. Cuando se rompe el equilibrio, la naturaleza se ve perjudicada, y no lo tolerará. Pues cuando consideramos la naturaleza tal como es en su esencia, entonces debemos ordenar todas las cosas, en número, peso, medida, circunferencia, etc., y nada fuera de eso, ni menos ni más. Todo es vano si no tenemos esto en cuenta.

Feliz y más es aquel que tiene la justa medida y no necesita la ayuda de los hombres sino que sigue el camino que Dios le muestra.

La historia de la humanidad es la historia de unos pocos hombres.
Los demás no tenían más parte en ello que los peces en el mar.

René Quinton

CUADERNO SS Nº 5. 1942.

NIETZSCHE, EL PROFETA

Nacido en Röcken, cerca de Leipzig, el 15 de octubre de 1844, Friedrich Nietzsche pertenecía a esa generación para la que el estallido de las guerras de independencia era ya sólo un recuerdo de infancia. Pero la muerte de su padre empujó al niño de cinco años de la rectoría del pueblo a la ciudad, y al de catorce de la casa de su madre y su hermana al círculo de amigos de la escuela del pueblo de Pforta. Sus años universitarios transcurrieron principalmente en el ambiente cultural de Leipzig y en el círculo de amigos de allí. A los veinticuatro años fue aceptado como profesor de filología clásica en la Universidad de Basilea, y Suiza se convirtió así en su hogar profesional durante diez años. Sólo pudo participar en la guerra franco-prusiana como enfermero voluntario, sobre todo porque una herida había puesto fin prematuramente a su primer año de servicio.

En medio del espíritu competitivo y la valorización del éxito industrial por parte de sus contemporáneos, el joven de veintiocho años comenzó a luchar despiadadamente por el derecho a la vida del alma alemana durante quince años en creciente soledad. Al cabo de diez años, el frente común de la burguesía atrasada y del materialismo liberal, opuesto a su doctrina de la vida orgullosa y peligrosa, venció finalmente su resistencia física. En los Alpes y en Italia, el solitario meditó, en lucha constante con el dolor que triunfó en 1889. El 25 de agosto de 1900, fue liberado tras años de locura, cuidado por su madre y su hermana.

Forastero en un siglo del que renegaba, enemigo de quienes le rodeaban, que le despreciaban porque veían su falta de valor y lo expresaban sin rodeos, Nietzsche vivió la vida de un proscrito voluntario, oteando el horizonte en busca de tiempos mejores en el aislamiento de la alta montaña. Desde las rocas de la Engadina, donde se había retirado, observaba con preocupación el huracán de civilización, democracia y conquistas materiales en el que Europa amenazaba con hundirse. Lo que sus contemporáneos tomaban por una expansión perpetua, él discernía en ella una decadencia creciente que empezaba a disolver todas las existencias nobles en el materialismo más nocivo. Más cerca de las estrellas que del bullicio de la ciudad, el habitante de Sils Maria dirigió su mirada visionaria hacia un futuro con un tipo superior de hombre, hacia una época dominada por un nuevo ideal y nuevos valores, que sólo podrían alcanzarse mediante un desprendimiento voluntario de los excesos del siglo XIX. Nietzsche vio el signo más fatal en la falta general de motivación, en la creciente desidia, en la inercia del alma, de la mente y de la voluntad, en la felicidad gregaria de la holgura burguesa.

"¡Aplaudo todos los signos del comienzo de una era viril y guerrera que restaurará el honor de la valentía! Pues debe allanar el camino a una edad aún mayor y cosechar la fuerza que necesitará: esa edad que expresa el heroísmo e incita a la guerra por su ideal y su lógica guerreros. Hombres que, en silencio, solitarios, resueltos, comprenden que deben realizarse trabajando en silencio. Hombres que, por naturaleza, aspiran a todo lo que constituye una prueba. Hombres que animan con su espíritu las fiestas, el trabajo y los días de luto, siendo líderes sólidos y dispuestos cuando es necesario a obedecer, orgullosos en un caso como en el otro, iguales a sí mismos: hombres peligrosos, productivos, felices. Porque, ¡créanme! ¡El secreto de una vida verdaderamente rica y provechosa es vivir peligrosamente!

Crítico y profeta al mismo tiempo, Nietzsche muestra la decadencia amenazadora a sus contemporáneos embargados por la embriaguez del progreso, pero al mismo tiempo reprende a los pesimistas que se permiten desesperadamente creer en la decadencia, a causa de su resignación abrumada, mientras les presenta su brillante visión del futuro. No somos víctimas de un destino inevitable, sino que sólo la voluntad decide sobre la recuperación o la decadencia. "Querer es liberar, porque querer es crear. La creación de una gran cultura y la realización de las aspiraciones de la humanidad son la misión de los alemanes. Hacia este objetivo, nuestro empeño debe ser "restaurar la unidad suprema entre la naturaleza y el alma de nuestro pueblo". Es esta unidad alemana por la que luchamos, incluso más ardientemente que por la reunificación política: la unidad del espíritu y la vida alemanes." Nietzsche observó las lagunas de la obra de Bismarck. Había que volver a encontrar la unidad interior del pueblo, la armonía entre sus pensamientos y sus actos. "Formad en vosotros mismos una imagen que corresponda al futuro y dejad de ser seres supersticiosos, epígonos". Nietzsche pronunció la palabra decisiva. Invita a la gente a deshacerse del miedo, ya que sólo son epígonos, débiles descendientes de un gran pasado que oscurece todo el futuro porque es un ejemplo inalcanzable. No debemos vivir como epígonos cuya existencia sirve de medida, sino como precursores cuya grandeza está aún por llegar. Comenzar una nueva era, una era de grandeza y soberanía, sin mirar al pasado, es valentía. Para ello, Nietzsche privilegia el valor como fuente de todas las virtudes.

"El valor y la aventura, el deseo de lo incierto, del riesgo... el valor me parece la prehistoria del hombre". La guerra también cuenta con el respaldo de Nietzsche. "La guerra y el valor han hecho cosas más grandes que el amor al prójimo. No fue su compasión, sino su valentía lo que salvó a las víctimas". ¿Qué es el bien? Ser valiente es bueno... Debes salir al encuentro de tus enemigos, ¡debes librar tu guerra por tus ideas! ¡Así que vive tu vida en obediencia y guerra! ¡Qué importa una larga vida! ¿Qué guerrero quiere ser perdonado? Yo no os perdono. ¡Os quiero mucho, mis hermanos de guerra!

El líder se pone a la cabeza de sus guerreros en una renuncia heroica, sacrificada a sí mismo. "¿Qué importa lo que sacrifique el señor, el príncipe, el individualista? No es el peligro sino aquello por lo que luchamos lo que debe unirnos como pueblo guerrero que lucha hasta la muerte por su ideal. "¡Debemos tener una meta, y a través de ella amarnos! ¡Todas las demás metas son buenas sólo para ser abandonadas! El espíritu del soldado debe penetrar en todas las clases trabajadoras, en todas las profesiones, pues es este espíritu el que suprime las diferencias de clase y basa la acción política en la actitud. "Los trabajadores deben aprender a sentir las cosas como soldados. Una retribución, un salario, pero ninguna recompensa. Ninguna relación entre pago y resultado. Sólo valorar al individuo según lo que más pueda conseguir en su campo. Un día los obreros vivirán como los burgueses; pero por encima de ellos, señalados por su falta de necesidad; la casta superior: por tanto más pobres y más simples, pero detentadores del poder."

Nietzsche se presenta como el mensajero de la vida con un entusiasmo por todo aquello que hace al hombre digno de vivir, que lo hace fuerte y orgulloso, es decir, que lo hace aristocrático. En manos de la naturaleza, la guerra es un medio de preservar el orden vital aristocrático.

"Una sociedad que rechaza en última instancia su instinto de guerra y de conquista está en decadencia: está madura para la democracia y el poder de los tenderos". También por esta razón sentía una aversión fanática por la democracia expresada en el parlamentarismo de Europa Occidental. "La democracia europea no es un desencadenamiento de fuerzas. Es sobre todo un estallido de pereza, de cansancio, de debilidad. La democracia siempre ha sido la forma decadente de organizar la fuerza. Nietzsche expresa así la finalidad de la existencia: el hombre no busca en absoluto su propia felicidad, quiere algo totalmente distinto. "Sólo se puede ser inglés para creer que el hombre busca siempre una ventaja. No es el liberalismo -el atontamiento masivo alemán, como decía Nietzsche- sino la guerra lo que hace libre al hombre. "Porque, ¿qué es la libertad?

Es tener la voluntad de ser responsables. Que mantengamos la distancia que nos separa. Que nos volvamos indiferentes a la fatiga, a la dureza, a la privación misma de la vida. Que uno esté dispuesto a sacrificar a los hombres por su ideal, incluido uno mismo. La libertad significa que los instintos viriles, guerreros y victoriosos tienen supremacía sobre otros instintos, por ejemplo, el instinto de buscar la felicidad. El hombre que se ha hecho libre, y más aún el espíritu que se ha hecho libre, pisotea al tipo despreciable soñado por tenderos, cristianos, ovejas, mujeres, ingleses y otros demócratas. El hombre libre es un guerrero. ¿Por qué se mide la libertad tanto en los individuos como en los pueblos? Por la prueba que hay que superar, por el esfuerzo necesario para seguir adelante. Hay que buscar el tipo superior del hombre libre allí donde se presenta el mayor desafío. Nietzsche habla de filosofía como ningún otro pensador antes que él, y sabe por qué. Dice proféticamente en uno de sus últimos aforismos: "La guerra actual se ha convertido en una guerra de ideologías. Nuestra superioridad no sólo se basa en las armas alemanas, sino también en el espíritu alemán.

Claus Schrempf

Cuaderno SS N° 3. 1942.

Richard Wagner

La relación del Führer con el Gran Maestre

No es casualidad ni capricho que, de todos los grandes maestros de la música alemana, Hitler sintiera un especial respeto y admiración por Richard Wagner. También tenía una consideración principesca por la joya cultural alemana de Bayreuth. El Maestro fue privado de ella en vida por los gobernantes del Reich alemán, bajo el dominio prusiano de la época.

Desde el principio, los miembros de la familia del Maestro de Bayreuth han mostrado la comprensión más profunda y la esperanza más fiel.

Los hermanos Grimm supieron revivir el espíritu de las viejas leyendas de nuestros antepasados. "Cuento", xilografía de Switbert Zobisser.

En una carta abierta fechada el 1 de enero de 1924, en los tiempos más oscuros, el yerno de Richard Wagner, H.-St. Chamberlain, marido de su hija menor Eva, recientemente fallecida, elogió la personalidad y la obra de Adolf

Hitler de la forma más profética y para gran consuelo de miles de alemanes. Se basó en el fuerte parentesco de los grandes hombres, Wagner y Hitler, cuando dijo en esta carta que el corazón es el foco del entusiasmo que forja los pensamientos de Hitler, y que el líder alemán ama a su pueblo con ardiente pasión. También Wagner amaba apasionadamente al pueblo alemán y no pedía nada más que su "amor sincero" por lo que le daba. Fue recompensado a cambio, pero quizá no de un modo tan extremo y abrumador como el Führer. El pueblo sólo podía agradecerle su amor constante y apasionado.

Encuentro de dos grandes artistas: Richard Wagner por Arno Breker.

Pero el hecho de que el Führer recuerde la simpatía y lealtad mostradas por la Casa de Wahnfried mucho antes de 1933 no explica aún su pasión y respeto por el Maestro de Bayreuth: del mismo modo que mantiene Bayreuth, el Führer quiere permitir que miles de sus compatriotas disfruten de los mayores bienes culturales de la humanidad no pagando grandes sumas de dinero, sino gratuitamente, como Richard Wagner quiso hacer desde el principio. De este modo, Adolf Hitler también está pagando esta vieja deuda con el Maestro de la música alemana, ya que ninguno de los grandes compositores alemanes ha mostrado tanta preocupación por Alemania. Ninguno luchó tan incansablemente con sus obras durante toda su vida por el dominio de Alemania, y ninguno vio tan clara y llanamente como Richard Wagner "dónde se esconden los verdaderos enemigos de la germanidad".

El Führer sabe que el magnífico y profundo arte de Richard Wagner significa ante todo para el visitante del Festival de Bayreuth un aumento de dinamismo, una elevación de la vitalidad que le es necesaria y que le proporciona una alegría de vivir, un "entretenimiento de la existencia basado siempre en las bellas ilustraciones de las fuerzas ideales de la naturaleza humana". El Führer era un visitante fiel y entusiasta del Festival de Bayreuth, admirando la pureza y la libertad de este arte ideal. En el tercer año de esta terrible lucha por la libertad de Alemania y del mundo entero, el gran arte solemne de Richard Wagner llena de esperanza creadora a miles de personas, ese hijo del amor eterno que da fuerza a los hombres que luchan.

Se puede comparar la accidentada experiencia de la primera representación de Lohengrin a la que asistió el Adolf Hitler de doce años en Linz con el día en que el Canciller, ahora líder de todos los alemanes, levanta su mano protectora sobre la obra del Maestro de Bayreuth. La descripción en *Mein Kampf* muestra el impacto que esta representación de Lohengrin tuvo en Hitler. El Führer recuerda las elogiosas evocaciones con estas palabras: "Quedé hechizado por esta canción. Mi entusiasmo juvenil por el maestro de Bayreuth no tenía límites. Sus obras eran para mí la referencia absoluta, y considero una oportunidad especial haber podido mantener una pasión creciente por la sencillez de la representación local. La acción de fuerzas misteriosas se hace patente cuando pensamos en la predicción hecha al rey Heinrich y puesta en boca de Lohengrin por el poeta Richard Wagner:

> "A ti, la Pura, se te concede una gran victoria. A Alemania en los días distantes las tropas orientales nunca irán victoriosas.

Ahora nuestros tiempos difíciles profesan esta grandiosa confesión: *¡El* poderoso *luchador* que de niño guardaba estos versos en su corazón caminará por este planeta mientras exista!

Hans Gansser

FOLLETO Nº 7 DE LAS SS. 1938.

GUSTAVE KOSSINNA

El viejo maestro de la investigación prehistórica alemana

La prehistoria alemana, vista desde el punto de vista de la raza, constituye hoy la piedra angular de nuestra ideología nacionalsocialista, y tenemos el deber de conocer el nivel cultural alcanzado por nuestros antepasados germánicos. Aprendemos sobre nuestro pasado racial no sólo en todas las escuelas, sino también a través de la educación de todos nuestros ciudadanos por el Partido y sus organizaciones. Mientras que otros pueblos llevan mucho tiempo enseñando a sus jóvenes su pasado más antiguo, bajo la influencia de un "ideal cultural humanista unilateral", en Alemania se ha desarrollado una preferencia por el estudio de pueblos y culturas extranjeras, especialmente las culturas clásicas de los países mediterráneos. Esta visión estrecha ha llevado a nuestros libros de texto a descuidar nuestro propio pasado.

Se privilegia la cultura de los antiguos egipcios, griegos y romanos, y nuestro pasado germánico se presenta como el de una civilización tosca y bárbara. Los germanos sólo se liberaron de su barbarie y alcanzaron un mayor nivel de civilización gracias al contacto con las corrientes procedentes del sur; esto fue especialmente marcado en el oeste de nuestra patria en la época de la conquista y dominación romanas.

Mientras que cada año se destinaban recursos considerables al estudio de culturas extranjeras, sólo se disponía de presupuestos muy modestos para el estudio de la prehistoria alemana. Esto arroja luz sobre el significado de las palabras que nos legó un poeta: "En Roma y entre los lapones escarban en todos los rincones, mientras que nosotros andamos a tientas por la casa de nuestros propios padres".

Debemos exclusivamente a Gustav Kossinna, el viejo maestro de la prehistoria alemana, el hecho de que se haya alcanzado un punto de inflexión a este respecto y de que se haya sacado a la luz el verdadero valor de nuestro pasado. Kossinna nos enseñó: "No seríamos nada de lo que somos hoy si no contáramos con la inmensa herencia de nuestros antepasados".

Gustav Kossinna nació el 28 de septiembre de 1858 en Tilsitt, en la Marca de Alemania Oriental. Al igual que sus antepasados, que también procedían de Prusia Oriental, mantuvo profundas raíces en su tierra natal durante toda su vida. Su amor por su patria se manifiesta constantemente en una serie de grandes obras que le dedicó en exclusiva. Sus padres eran estrictamente conservadores; de ahí su fuerte sentimiento nacionalista desde su temprana juventud.

De 1876 a 1881 se dedicó a la filología en Gotinga, Leipzig y Estrasburgo y más tarde, de forma más general, al estudio de la antigüedad alemana.

En Berlín, su profesor, el célebre Müllenhoff, ejerció sobre él una influencia decisiva y orientó sus estudios en una nueva dirección. Partiendo de su trabajo de fin de máster, Kossinna pronto se dio cuenta de que la ciencia lingüística tenía mucho menos que aportar a la sociología, la antropología y la historia de la colonización alemana que la exploración del patrimonio cultural concreto de su pasado.

Tras completar sus estudios en Estrasburgo, se doctoró en filología en 1881 y se dedicó a la profesión de bibliotecario para ganarse la vida rápidamente. Una larga carrera como bibliotecario le llevó de Halle a Bonn y Berlín. Durante todos estos años se dedicó ardientemente al estudio de la prehistoria alemana, adquiriendo a través de innumerables visitas a museos todos los conocimientos necesarios para abordar con notable facilidad las cuestiones raciales de la antigüedad. Sabemos que a menudo escapaba del estrecho ámbito de su profesión para dedicarse a sus investigaciones científicas. Prueba de ello es que sus superiores le acusaban de abandonar su labor profesional por sus estudios científicos.

Cuando adquirió notoriedad en una reunión de antropólogos celebrada en Kassel en 1895 con un tratado sobre la "Expansión prehistórica de los pueblos germánicos en Alemania", la dirección de sus futuros trabajos estaba bien establecida. En este tratado, que marcó un hito en su carrera investigadora, Kossinna presentó su nuevo método de asentamiento arqueológico, que iba a ser la clave para comprender la expansión de las tribus prehistóricas.

Debemos recordar rápidamente el momento en que nació la investigación prehistórica nacional, anunciadora de una ciencia revolucionaria.

Para mostrar la importancia de esta convulsión, hay que describir la situación de la prehistoria en aquella época. No estaba representada en la enseñanza superior y sólo era una ciencia accesoria en todas las ramas. Historiadores, arqueólogos, antropólogos y etnólogos la adoptaron en su ámbito de trabajo. Sólo muchas sociedades locales tiránicas se interesaban por ella, y la Antigüedad alemana había sido tachada de ciencia de segunda categoría. Sólo la Sociedad Antropológica, como gran asociación científica, hizo un esfuerzo notable por estudiar el pasado. Además, toda la investigación estaba influida por el espíritu del "romanismo", una visión unilateral desde el Sur que no dejaba espacio a las ideas del Norte.

En aquel momento resonaron las palabras de Kossinna: "Si me atrevo a relacionar la arqueología de la patria con la historia y considero la falta de informe de los ricos hallazgos recogidos por nuestro trabajo actual en el suelo nativo..." palabras que abrieron su declaración en Cassel y sonaron como una trompeta revolucionaria que anunciaba un estudio demoledor de la investigación prehistórica nacional.

El profundo amor del ardiente y patriótico precursor de la antigüedad germánica se expresa en su conclusión de entonces: "El carácter nacionalista alemán y la civilización alemana, en su vigorosa supremacía, no tienen necesidad, para sostener su futura expansión o incluso para la seguridad de su existencia, de referirse a títulos de propiedad de milenios pasados, como han hecho otras naciones no sin hacer violencia a los hechos históricos.

Nosotros, los alemanes, y con nosotros todos los demás miembros de las familias germánicas, no podemos sino sentirnos orgullosos y admirar la fuerza del pequeño pueblo nórdico, viendo cómo sus hijos conquistaron, en la prehistoria y la antigüedad, toda Escandinavia y Alemania, se extendieron en la Edad Media por toda Europa y, en nuestra propia época, hasta las partes más distantes del globo."

En este tratado fue decisivo el uso de un nuevo método de investigación inventado por él, "el método de colonización arqueológica", que abrió el camino a nuevos descubrimientos. Más tarde resumió este método de trabajo en una frase: "Las regiones arqueológicas estrictamente limitadas siempre han correspondido a pueblos o grupos étnicos bien definidos.

Aunque este nuevo método de investigación suscitó muchas hostilidades, su exactitud fue haciéndose cada vez más patente, de modo que hoy en día sigue constituyendo la base del estudio de nuestra prehistoria.

Tras muchos esfuerzos, en 1902, gracias al apoyo de muchos amigos que habían reconocido claramente en Kossinna a un investigador excepcional, pudo obtener la primera cátedra de arqueología en la Universidad de Berlín, donde pudo desarrollar una amplia actividad docente durante veintitrés años.

No entendemos que tuviera que trabajar toda su vida como profesor, ciertamente notable, y que nunca pudiera obtener una cátedra universitaria adecuada. Esto sólo puede explicarse por las grandes dificultades que encontró durante su carrera. La fuerte connotación "nacionalista" de toda su obra le granjeó muchos enemigos, pero le granjeó muchos amigos entusiastas. Por otra parte, se opuso a cierta ciencia "objetiva" al subrayar en todas sus investigaciones el poder de imposición de las razas en el pasado.

Sólo quienes conocen los obstáculos a los que se enfrentó, quienes se dan cuenta de cómo este investigador, lleno de ardiente sentimiento nacionalista, uno de los más grandes de nuestro pueblo, luchó por el desarrollo de su ciencia, pueden comprender plenamente la obra de su vida.

No se trataba sólo de acabar con la mentira sobre la barbarie de nuestros antepasados, sino ante todo de exorcizar la óptica que, al amparo de la palabra fetiche "ex oriente lux" (la luz viene de Oriente) buscaba el punto de partida de cualquier desarrollo cultural. Además, la prueba estaba ahí: estas culturas orientales se habían inspirado a menudo en el Norte. Además, para que esta rama innovadora pudiera desarrollarse, debía liberarse de las garras perniciosas de las disciplinas vecinas.

Kossinna condujo conscientemente esta lucha a buen puerto, una lucha en la que se encontró muchas veces solo contra muchos adversarios. Es comprensible que se haya granjeado muchos enemigos en todos los bandos. Nos asombra ver a un solo individuo, carente de los grandes medios de que disponían sus oponentes, en medio de las peores pruebas de la guerra y la decadencia nacional, llevar a buen término su trabajo y, al mismo tiempo, fundar la sociedad para la prehistoria alemana que está vinculada a él.

Tenía claro que, además de enseñar a sus alumnos, que luego lucharían por el verdadero valor de su propio pasado, debía liderar una importante sociedad que difundiera los descubrimientos realizados sobre el pasado alemán a las más amplias esferas populares.

Por este motivo fundó en 1909 la "Sociedad para la Prehistoria Alemana", cuyo órgano de prensa era la revista Mannus. Hasta su muerte pudo publicar veintitrés volúmenes de esta revista. Esta sociedad es ahora el núcleo de la "Reichsbund für deutsche Vorgeschichte" (Liga para la Prehistoria Alemana) nacionalsocialista.

Sus adversarios han reprochado a menudo a Kossinna que presentara el aspecto germánico de sus descubrimientos de forma demasiado unilateral y que, por tanto, se extralimitara en su objetivo. A esto debemos responder que el viejo maestro fue el primero en permitirnos apreciar nuestra propia cultura frente a las culturas europeas extranjeras. La conciencia alemana de los logros y realizaciones de sus propios antepasados puede atribuirse únicamente a la lucha constante de Kossinna contra la vieja rutina científica alemana, entusiasta de los "pueblos clásicos del Sur" e incomprensiblemente opuesta a la "barbarie" de nuestros propios antepasados.

Sus numerosos escritos, publicados en artículos de revistas, en su publicación periódica *Mannus* y en su colección, la "Biblioteca Mannus", tuvieron los efectos más exitosos. Los cincuenta y un volúmenes de la colección publicados antes de la muerte del autor dan testimonio elocuente del espíritu creativo de Kossinna.

Sus libros: La *prehistoria alemana, una asombrosa ciencia nacional* (1ère ed. en 1912), *La edad de oro germánica en la Edad de Bronce* (1913), *Los indogermanos* (1921), *La alta civilización germánica* (1927), *Auge y expansión de los germanos* (1928), La *cultura germánica del siglo I d.C.*

Cuando Kossinna murió tras una corta enfermedad a la edad de setenta y tres años el 20 de diciembre de 1931, la Alemania nacionalista perdió en este hombre notable a un pionero en la exploración de la antigüedad alemana que nunca, ni siquiera en los días más oscuros de nuestra patria, ocultó sus convicciones.

Su vida fue pobre en honores; su cátedra fue rechazada y a menudo se intentó silenciarle. Su obra no fue honrada hasta poco antes de su muerte, cuando una nutrida delegación de la Universidad de Berlín, encabezada por el Rector, acudió a felicitarle por las bodas de oro de su doctorado.

Si se hubiera reconocido antes el valor de su trabajo y el Estado le hubiera prestado la ayuda necesaria, el descubrimiento de la antigüedad alemana podría haberse desarrollado en un marco completamente distinto. Sólo podemos agradecerle su magnífica labor continuando el trabajo que inició en la dirección que él deseaba.

(Véase también R. StampfuB: *Gustave Kossinna, une vie consacrée à la préhistoire allemande*. Kurt Kabitsch, Leipzig 1935, y el catálogo *L'antiquité vue sous l'optique nationaliste*, publicado por el mismo editor).

II. GEOPOLÍTICA

SS TROOP HOUSE NO. 3 ESPECIAL. 1940.

SS-USTUF. DR JULIUS SCHMIDT, PARÍS: FRANCIA

Cuando Laval conoció al Feldmarschall General von Brauchitsch, hizo la comparación con el General Gamelin; *entonces comprendió, como él dice, por qué Francia había perdido la guerra.*

Laval demostró así que había discernido las causas del monstruoso hundimiento militar y moral de Francia: *En la hora decisiva, el país no poseía hombres con una personalidad y una idea, una concepción bien definida del orden.*

El intelecto francés sólo estuvo dispuesto a aceptar esta verdad en los primeros días del colapso. Hoy no lo está. En aquel momento, cuando los ejércitos alemanes se precipitaban en una carrera victoriosa desde el Mosela hasta más allá del Garona, cuando en Burdeos los políticos preparaban febrilmente su huida, cuando los cadetes de la escuela de caballería de Saumur se lanzaban desesperadamente contra los alemanes a lo largo del Loira, el intelecto francés, bajo la presión de los acontecimientos, estaba dispuesto a admitir el fracaso de las cualidades humanas de Francia. Pero ahora que las carreteras vuelven a estar vacías de miles de refugiados sudorosos, de madres y niños errantes, de caballos agotados en sus camillas, que en París uno puede volver a tomar su consabido aperitivo y que puede volver a sumergir su caña de pescar durante horas y horas en los ríos sin ser molestado, uno ya no quiere creerlo. *Desde que la vida ha vuelto a la normalidad, hemos encontrado tiempo para estudiar el problema desde otro ángulo.*

Ahora juzgamos los acontecimientos racionalmente, como corresponde a un francés. Si preguntas a un oficial las razones de la derrota, te responderá: no estábamos suficientemente motorizados. Si preguntas a un civil, te dirá que los políticos habían subestimado hacía tiempo las fabricaciones de la guerra. Si le preguntas a un hombre inteligente, te responde: nuestros políticos eran *estúpidos.*

Esta es la característica de la opinión actual en el bando francés. Se cree que en el bando alemán, el buen equipo y la inteligencia pura ganaron la partida, pero se olvida que el equipo sigue siendo una cosa muerta si no es utilizado por hombres de corazón, y también que donde falla el intelecto, sólo la fe puede forzar el destino. *Si los franceses hubieran sido conscientes de esta verdad, no se preguntarían hoy por qué sus tanques de 32 toneladas, esos monstruos de acero en los que el mando francés había depositado sus esperanzas decisivas, no pudieron contener el avance de Arras.*

Se recupera la importancia del *sentimiento* y la *tradición franceses*. Los intelectuales buscan nuevas fuerzas en una historia glorificada por sus monumentos a orillas del Sena, pero olvidan lo que podrían aprender de ella. Muchos franceses leen hoy los nombres cincelados en piedra en el Arco del Triunfo en memoria del ejército del gran corso y hacen tristes comparaciones con la época actual. *En sus comentarios, sin embargo, olvidan que ese ejército llevaba su ideología en las cantimploras, que Napoleón no emprendió su marcha por Europa sólo con su equipo y su nueva línea de fusileros voltigeurs,* sino que sus soldados -se puede discutir sobre la siguiente puesta en práctica- tenían fe. Pasan por alto el hecho de que, para este ejército, "Viva el Emperador" y "Guerra a los palacios, paz a las cabañas" eran algo más que palabras de boquilla.

El francés que esboza un retrato de Francia se niega a aceptar esta evidencia. El nacionalsocialismo está más allá de su pensamiento cartesiano. No quiere comprender que entró en esta guerra sin ideas y se vio arrollado por una nueva ideología.

Con este trasfondo espiritual, comenzó el anuncio de una colaboración franco-alemana. Los franceses lo aceptaron en su propio beneficio. El pueblo, cuyos dirigentes eran en su mayoría abogados y cuya política de los años anteriores había estado marcada por el "contrato colectivo", empezó inmediatamente a pensar como los abogados: un contrato de trabajo con párrafos precisos iba a nacer en un futuro próximo. El mariscal Pétain se pronunció recientemente en contra de la opinión de sus compatriotas cuando señaló que la era de los abogados había terminado y que la "colaboración" debía considerarse en vías de desarrollo.

Se abandonan las viejas ideas y las opiniones caóticas en busca de una nueva dirección. Los grupos que basan su programa en el ejemplo nacionalsocialista o fascista creen que la revolución nacional se consigue sólo mediante la uniformidad. Los líderes de estos grupos acuden a las oficinas alemanas para recibir literatura nacionalsocialista y luego la utilizan con fines de formación. *En su afán olvidan una cosa: las revoluciones están estrechamente relacionadas con la raza y el tipo de vida del pueblo.*

Así, hay partidos como el "Parti Français National Collectiviste" que han creado una "Garde Française", una "Garde Spéciale" y un "Jeune Front" en el espíritu de las SA, SS o HJ. Hay un "Parti Français National-Socialiste" que ha creado "Troupes d'Assaut" y un "État-Major". Estos grupos vuelven a tener en sus filas a una oposición que afirma haber comprendido el nacionalsocialismo en su forma más pura.

Doriot escribe en *Le cri du peuple*. Antiguo comunista, se ha pasado al campo nacionalista. Afirma que, como en el pasado en Alemania, hay que convertir a los comunistas al nacionalismo. Se adhiere a la política del mariscal Pétain, el "Grand Vieux". Es digno de mención lo mucho que le gustaría establecer un paralelismo entre su posición y la del anciano, por un lado, y el acontecimiento del 30 de enero de 1933 en Alemania, por otro.

Las potencias se proponen reconstruir Francia, que difícilmente desempeñará su antiguo papel en las próximas revoluciones. Los *monárquicos* anunciaron sus pretensiones y creyeron poder acceder al nuevo orden europeo a través de una Restauración. Habían colocado en Vichy a sus hombres de confianza, que debían preparar el terreno para el futuro reino de Francia, para el conde de París. La "alta sociedad" de los castillos del Loira, en la zona ocupada, parecía exteriormente apolítica. *En realidad, la idea de la Restauración era tan fuerte que los políticos debían tenerla en cuenta y así lo hicieron.*

La Iglesia ofrecía sus servicios, cuyo desarrollo mantenía a raya al laicismo y a la masonería. En Vichy, tenía una influencia dominante y esperaba una protección especial del Mariscal. Nunca había esperado reforzar su posición como hoy. Los *comunistas* también tuvieron su lugar en esta lucha. Es cierto que actúan ilegalmente, pero saben bien quiénes son sus aliados: *la tensa situación social que sigue a una guerra perdida.* Su llamamiento se dirige a las masas, que son las que más sufren las restricciones cotidianas. Se preguntan por el *campesino.* La respuesta se encuentra cuando vemos que la mayoría de los *maestros tampoco* han aprendido ni olvidado nada.

Más allá del curso aparentemente normal de los acontecimientos cotidianos, muchas personas obtienen su información de una supuesta "fuente fiable" y la venden en sus discusiones familiares, oficinas o salones parisinos. El tema de estas informaciones es siempre el mismo: *Roosevelt y Estados Unidos.* Trataban de levantar su moral, ya que no se había asestado el golpe final contra Inglaterra. En estos salones circulan ideas que eran igualmente válidas en 1900 y en 1918. El análisis del carácter alemán se limita a los "cuentos de invierno" de Björn o Heine, un análisis que ni siquiera se molesta en distinguir entre "prusianos" y "alemanes" en el año 1940. El gastado eslogan de Daladier de que no luchábamos contra la Alemania de Goethe, sino contra la Alemania de Hitler, sigue rondando por las mentes de la gente. A esto se le llama tener "espíritu".

El viejo *amor propio* está incrustado en las combinaciones políticas. No se quiere reconocer que la falta de hombres, en el verdadero sentido de la palabra, de hombres de calidad, fue la causa esencial de la derrota. *Así, por ejemplo, se tendió a interpretar los coloquios franco-alemanes como una petición de apoyo francés.*

Francia siempre ha sido conocida como una vieja nación de rentistas y no ha perdido, ni siquiera hoy en tiempos de angustia, esta mentalidad de tranquilidad burguesa y confort cotidiano. Por supuesto, estamos dispuestos a aprender las lecciones de la guerra, pero no a pagar su precio. Así, se creyó que tras el primer contacto entre el Führer del Reich y Pétain, una masa de beneficios afluiría a Francia. Como esto no ocurrió, sobrevino la decepción. La gente sólo quiere ver la recuperación de Alemania en su punto culminante, pero no quiere considerar que esta recuperación se logró mediante la ocupación del Ruhr, mediante la miseria de los desempleados y mediante enormes sacrificios personales y políticos. *Francia cree que el destino hará una excepción con ella; no quiere creer, en sus horas de dolor, que su renacimiento sólo se logrará a través del dolor.*

Quizá esto cambie algo cuando la vida de Francia ya no esté influida por los intelectuales "ocultos", sino cuando hayan regresado de sus acantonamientos los mejores de sus hijos que hace poco defendieron con obstinado valor la Línea Weygand en el Aisne y en el Somme. Sin embargo, las pérdidas humanas no pueden compensarse, lo que es muy preocupante para Francia, un país falto de niños.

El intento de encontrar una nueva relación franco-alemana basada en la generación de veteranos del 14-18 fracasó. El símbolo de este trágico fracaso fue la muerte del profesor von Arnim, presidente de la Sociedad Franco-Alemana, que había dedicado muchos años a la reconciliación franco-alemana; cayó al frente de su regimiento en junio de 1940.

Uno se pregunta qué será de los jóvenes de 39-40 años que empuñaron de nuevo un arma. Hoy no se puede decir nada.

La tumba del mariscal Foch se encuentra en Les Invalides de París. Los poilus llevan a su comandante en jefe en una camilla. La tumba es tratada con el respeto que un soldado debe a su adversario. Pero uno se pregunta si los alemanes debemos considerar este monumento como un símbolo: ¿enterramos ciertos principios con Foch?

Un folleto da la respuesta: distribuido recientemente en París, evoca el proceso Riom. En un dibujo, el viejo Clemenceau avanza hacia la mesa del juez y, señalándose a sí mismo, dice: "¿y yo?

El espíritu que se desprende de este folleto nos enseña que debemos mantener los ojos abiertos. Detrás del rostro cortés que los franceses nos muestran cada día, puede esconderse la crueldad que vivimos el Viernes Santo en Essen en 1923.

Esto nos enseña a no adoptar una visión sentimental del problema franco-alemán; debemos mantener la calma, seguir siendo *totalmente objetivos, ¡puramente políticos!*

Servicio político para las SS y la policía.

Orientaciones para la educación ideológica de los alsacianos

Historia de Alsacia
en el contexto de la historia del Reich y de Europa

a) El paisaje de Alsacia, ese bendito jardín entre el Rin y los Vosgos, se corresponde en todos los aspectos con el paisaje de Baden. La naturaleza ha creado dos regiones absolutamente similares a ambos lados del Alto Rin.

El carácter de este paisaje de ríos y montañas transformados por el hombre en campos y viñedos, ciudades y pueblos, es idéntico en ambas regiones.

Es cierto que Alsacia y sus ciudades siguen más impregnadas de sueños históricos, más cerca de la Edad Media y de su soberanía que Baden, más abierta al tráfico y a la industria. Sin embargo, la unidad de la región se mantiene. Por ello, los esfuerzos seculares de los franceses por anexionarse esta región rural y "geopolítica" fueron claramente antinaturales. Testimonios memorables del Reich y de su cultura, en el sur de Baden la magnífica catedral de Friburgo, en el norte de Alsacia la obra maestra única de Erwin von Steinbach, la catedral de Estrasburgo, se encuentran frente a frente.

En Alsacia nacieron grandes obras del arte alemán (Mathias Grünewald, Martin Schongauer, Baldung Grien).

b) Los habitantes de Alsacia, al igual que los de Baden, son de la misma estirpe germánica. Los alsacianos hablan uno de los dialectos alemanes más antiguos, el "Elslisser Ditsch". Por otra parte, no hay que pasar por alto el hecho de que el carácter alsaciano ha sido moldeado por la historia, por las tormentas seculares de su destino verdaderamente europeo, de forma diferente al de los badeneses. El destino ha sido más indulgente con este último; es más tranquilo, más seguro de sí mismo que el alsaciano más original, a menudo más descontento y chovinista, que ha sabido conservar su particularismo durante siglos pero que también ha desarrollado una contradicción natural rayana en la *oposición de principio.* Así es como hay que entender, al menos en parte, los contrastes con sus primos de Baden que siguen vivos hoy en día. Es comprensible que el alsaciano esté orgulloso y ame su hermosa patria y sus ricas tradiciones culturales. Alsacia pertenece a la esfera germánica desde hace 2000 años. En el año 58 a.C., el fértil país ya fue reclamado por los suevos, cuyo notable general *Ariovistus* fue derrotado por *César* frente a Mulhouse. Más tarde, Alsacia pasó a formar parte de la provincia romana de *Germania Superior.* En la época de las grandes invasiones, Alsacia estuvo casi continuamente ocupada por los alamanni.

Tras la victoria de *Clodoveo* sobre los alamanes en Tolbiac en 496, Alsacia se convirtió en un centro regional del Imperio franco. Tras el colapso del Imperio de Carlomagno, el país se unió primero al reino de *Lotaringia* en 843, con motivo de la división de Verdún, y después, en 870, al Imperio franco-alemán del Este, en el *tratado de Mersen.*

Desde que Heinrich I, el verdadero fundador del Imperio Germánico, y su poderoso hijo Otón I el Grande, convirtieron el Imperio en una potencia europea, Francia se vio relegada a la frontera de los cuatro ríos, el Escalda, el Mosa, el Saona y el Ródano. Alsacia vivió su auge cultural y religioso ya antes del año 900. Después de los emperadores sajones, la nueva fusión de los alamanes con el linaje de los duques de Suabia y Alsacia y el ascenso de los Hohenstaufen suevos a la dignidad imperial fueron el comienzo de una época brillante para el país. Federico Barbarroja residía en su castillo imperial de *Haguenau* y su brillante nieto Federico II consideraba Alsacia como su "posesión hereditaria más preciada".

Ahora, situada casi en el centro del Imperio, Alsacia representa en él el eje de una Europa unida. Aquí nacieron grandes historiadores y poetas (Gottfried de Estrasburgo, el autor de "Tristán e Yseult", Reimar von Haguenau).

Tras la caída de los Staufen, la región fronteriza pasó en 1268 a manos de los condes Habsburgo de la siguiente generación de emperadores. Sin embargo, poco después, en el transcurso de los siglos siguientes, comenzó a ejercerse una creciente presión desde Francia sobre las fronteras occidentales del Reich. Cuanto más declinaba la unidad alemana en el transcurso de estos siglos, más se fragmentaba Alsacia, que carecía de una dinastía matriz, en un mosaico de pequeños principados. El laberinto de pequeñas ciudades libres, principados, ciudades imperiales, capítulos y monasterios se asemeja en menor medida a la decadencia del propio Imperio.

En el siglo XV, un primer ataque francés fue valientemente rechazado. Un siglo más tarde, en 1552, la traición del elector *Moritz de Sajonia*, que entregó los *obispados de* Metz, Toul y Verdún al rey de Francia, anunció los mayores peligros para la región, mientras que a partir del siglo XV toda la vida espiritual de Alsacia alcanzó su apogeo. (1439, finalización de la catedral de Estrasburgo, 1440, invención de la imprenta de letras móviles por el maya *Gutenberg,* en Estrasburgo).

El país vive la Reforma cuando aún se encuentra bajo soberanía alemana y, al mismo tiempo, una poderosa revolución científica (humanismo del Alto Rin) y literaria. (Butzer y Jacob Sturm, reformadores de Estrasburgo, se enfrentan al gran poeta satírico católico Thomas Murner). Los esfuerzos reformistas imperiales y social-revolucionarios del movimiento campesino, que comenzó en Alsacia con una fuerte tendencia antijudía, incendiaron el país; también en Alsacia, el particularismo espiritual y mundano de los príncipes seculares y religiosos venció a los caballeros leales al imperio campesino y de la ciudad. La situación estaba madura para Francia, y Alsacia se convirtió en el hervidero de la política europea.

El siglo XVI fue testigo de la extrema pobreza que afectó al Reich y al pueblo alemán. La Guerra de los Treinta Años selló el triunfo del feudalismo y las divisiones religiosas y locales. La dinastía católica de los Habsburgo, cada vez más alejada de Alemania, tuvo que librar una guerra en dos frentes, en el oeste y en el este (Turquía, Hungría, Bohemia) y se empantanó con España en una desafortunada política supranacional. Pero Francia, cuyo régimen real controló las tensiones partidistas y fundó el Estado administrativo absolutista, utilizó la oposición política y religiosa en el Imperio, y en el siglo XVIII el dualismo Prusia-Austria, para lograr su objetivo: *la hegemonía en Europa*. Alsacia, en el punto central, será la posición clave de todos sus esfuerzos.

En 1629, el gran cardenal de Richelieu redacta su famoso programa que, a pesar de las formas cambiantes de los regímenes políticos, sigue siendo el fundamento de la política exterior francesa hasta 1940. Richelieu aprecia con agudeza la posición crucial de Alsacia "... para conquistar con Estrasburgo una ruta de invasión hacia Alemania, lenta, discreta, prudentemente".

Francia ya había conseguido afianzarse en Alsacia durante la Guerra de los Treinta Años. *El Tratado de Westfalia de 1648,* que sigue siendo para los historiadores franceses del siglo XX la gran carta de la política exterior francesa, transfiere a Francia (en una terminología jurídica muy ambigua) las posesiones y derechos de la Casa de Habsburgo.

Luis XIV, el "Rey Sol", se anexionó la tierra alemana de Alsacia pedazo a pedazo mediante los edictos de sus famosos "parlamentos", bajo la apariencia de un descarado procedimiento legal.

El Imperio consiguió reunir un ejército en la orilla izquierda del Rin contra el bandolerismo de Luis XIV, con la ayuda del *Gran Elector* de Brandeburgo. La superior diplomacia francesa jugó sus cartas contra los Habsburgo y la Austria de Brandeburgo en Suecia y Polonia (y más tarde con los turcos contra Viena) para proteger su política ladrona. El Gran Elector abandonó Alsacia a finales de 1674. En 1675 se obtuvo una brillante victoria en Fehrbellin contra los suecos, pero Francia había logrado su objetivo: en 1681, en plena paz, un fuerte ejército francés capturó la ciudad alemana libre de Estrasburgo. La pérdida de Alsacia quedaba así sellada durante 189 años. De nada sirvió la gran indignación que sintió el pueblo alemán ante esta infamia, aunque el *Gran Elector* y otras importantes personalidades alemanas, como el margrave Luis de Baden, se pronunciaron contra el ultraje al Reich. En 1684, el Reich tuvo que concluir en Ratisbona un armisticio de veinte años con Luis XIV, según el cual conservaba todas las regiones que había poseído hasta el 1 de agosto de 1681, incluida Estrasburgo (robada el 30 de septiembre).

Por cierto, *el obispo* local, *Franz Egon von Fürstenberg,* desempeñó el lamentable papel de traidor en la toma de Estrasburgo. El golpe de fuerza se preparó y llevó a cabo de acuerdo con él, y cuando Luis XIV hizo su entrada solemne en la antigua ciudad imperial, el príncipe de la Iglesia, nacido en Alemania, le saludó con una blasfemia repulsiva y comenzó su discurso con las palabras bíblicas: "Señor, deja ahora que tu siervo se vaya en paz, porque mis ojos han visto a tu ungido".

Hacia finales de siglo, Prusia también traicionó egoístamente los intereses superiores del Imperio en el Tratado de Basilea (1795) y entregó Alsacia a Francia. Bajo la monarquía borbónica, no hubo romanización hasta la gran Revolución. Políticamente, es efectivamente propiedad de Francia, pero se la trata como una provincia extranjera. En cualquier caso, culturalmente, se mantuvo el vínculo con el germanismo. Cuando Goethe estudió en Estrasburgo, seguía siendo una ciudad fundamentalmente alemana.

Pero la Revolución Francesa manifestó directamente en Alsacia, como en el resto de Europa, su fuerza centralizadora sobre el pueblo en el sentido de un afrancesamiento total. Las olas de la mayor convulsión de la historia europea inundaron también Alsacia, y la propaganda revolucionaria se llevó a cabo con gran insistencia no sólo en la esfera política y social, sino también en el plano cultural. Desde entonces, la influencia cultural francesa en Alsacia ha sido ejemplar, ya que el himno de la nueva Francia, la Marsellesa, fue cantado por primera vez por su entusiasta poeta, *Dietrich,* en el salón del burgomaestre de Estrasburgo (el hecho de que Dietrich tuviera que ir al cadalso un año después no dañó este recuerdo). Así pues, el hecho de que los alemanes alsacianos llegaran a los puestos más altos en las guerras revolucionarias y en las campañas de Napoleón contribuyó a la francistización.

Durante el periodo revolucionario y la era napoleónica, se produjo una completa remodelación política en el nuevo sistema centralizado de Francia.

Cultural y políticamente, la burguesía alsaciana se estableció cada vez más en París, y esta evolución fue constante hasta 1870. De este modo, la clase dirigente se romanizó en gran medida, mientras que el campesinado y las clases medias permanecieron fieles a su lengua y costumbres bajo la influencia de valientes líderes.

Después de 1870, cuando Bismarck cumplió el viejo sueño de la mayoría de los alemanes y restableció Alsacia-Lorena como "provincia imperial" en el nuevo Imperio, esta clase alta emigró a Francia o siguió la problemática vía de los "protestantes".

El periodo de 1870 a 1918 revela desgraciadamente, aparte de los brillantes resultados obtenidos en la administración y la gestión económica, una serie de errores políticos. Ya la creación de una región imperial, vinculada a Lorena, fue considerada una mala solución por los alsacianos, que la veían como una especie de estatuto colonial. Los altos funcionarios prusianos no siempre mostraron las aptitudes psicológicas necesarias, lo que también se aplicó a la educación de los alsacianos en el ejército. No hubo propuestas culturales y políticas alemanas de gran alcance; la ciudad universitaria imperial de Estrasburgo fue la fuente de algunos trabajos científicos notables, pero tuvo poco efecto en profundidad. Uno de los mayores peligros residía en el hecho de que la administración alemana se apoyaba generalmente en esta clase alta francófila de notables, en lugar de arraigar en las amplias capas populares, ganadas en gran parte a la conciencia alemana.

A veces se es demasiado débil frente a los enemigos y los traidores públicos, mientras que se carece del tacto necesario cuando se está frente al hombre sencillo, con sus cualidades originales, su chovinismo.

Desgraciadamente, estos errores y estos conceptos erróneos, a menudo simples, desacreditan en la conciencia popular el gran resultado alcanzado por el Imperio en la esfera política y económica, siendo' la causa de una expansión insospechada del país.

Cuando en 1918 el ejército alemán, agotado pero invicto, tuvo que evacuar el país, los franceses fueron recibidos al principio con gritos de alegría como "libertadores". Sin embargo, esta actitud no duró mucho y pronto la lealtad a la patria y a la conciencia alemana volvió a oírse entre el campesinado. El malestar causado por la mala gestión administrativa y política de la Tercera República se extendió. Los "autonomistas" aspiraban al menos -y ésta es otra prueba de su falta de cultura política- a una especie de estatuto independiente en la administración, la jurisprudencia y la cultura. Más de un alsaciano habría aprobado una independencia estatal plena como la de Suiza.

Los campeones de la libertad fueron condenados en los grandes juicios (en el invierno de 1939, el anciano Karl Roos fue martirizado en Nanzig (Nancy) por su lealtad a la sangre alemana).

A pesar de ello, no se puede negar que la influencia francesa era fuerte en gran parte de las clases dirigentes intelectuales y económicas. Sin embargo, en 1940, tras el colapso total de la Tercera República judía, llegó el momento en que gran parte de los grupos alsacianos volvieron a tomar conciencia de su identidad. Mientras tanto, la administración y la autoridad alemanas habían establecido el orden en la región. Es muy comprensible que ahora, en las pruebas de la guerra, el "parroquialismo" de los alsacianos vuelva a hacerse sentir. Esto se explica por la peculiaridad de su carácter que, como en 1870, vuelve a mostrar simpatía por Francia. Es la oposición de principio, ¡siempre contra la potencia dominante! También se pueden citar errores psicológicos en las relaciones humanas. Pero Alsacia pertenece de nuevo -y esta vez definitivamente- al Imperio. Debe convertirse en un miembro consciente de la comunidad del pueblo alemán y del orden de la nueva Europa.

Alsacia y el Imperio

El esbozo histórico anterior contiene elementos suficientes para reforzar y provocar en los alsacianos el despertar tanto del sentimiento alemán como de la conciencia europea. El llamamiento al orgullo nacional será el prólogo de la nueva Europa.

Alsacia ha sido más de una vez el centro de la gran política europea, y en el apogeo del Imperio, el país formó el centro de la unidad europea en el Sacro Imperio Romano Germánico, con sus fortalezas, sus castillos imperiales, sus ciudades, su espíritu de lealtad al emperador y su mentalidad tan occidental. De su historia futura se desprende claramente que la desintegración del Imperio es comparable a la de un organismo que pierde la cabeza y las extremidades. El periodo de dominación extranjera francesa demuestra la imposibilidad de hegemonía por parte del extremo continental. El periodo que sigue a la Revolución Francesa conduce a la gran fragmentación de la unidad económica y política, por mediación de la ideología gran burguesa y de la idea del Estado nacionalista, cada vez más extendida. Hay que señalar que la "civilización" francesa, a pesar de un barniz exterior de "sociedad europea", no era una idea verdaderamente unificadora, ni suficiente para constituir la base de la reunificación europea.

El Imperio bismarckiano, como gran potencia en el corazón del continente, debe verse también como el primer paso hacia un nuevo orden, lo que queda demostrado por la política de paz y alianzas de Bismarck después de 1870. Inglaterra debía ser vista como el enemigo de una sociedad europea estable, Francia como el arma continental que amenazaba al Imperio y su misión europea.

La Primera y la Segunda Guerras Mundiales deben considerarse como un todo, el intento de lograr la liberación definitiva y la independencia de una Europa amenazada por potencias superpobladas. La nueva Europa nació en medio de las tormentas de la Segunda Guerra Mundial y encontró su primera expresión en la camaradería de combate de las Waffen SS.

Es precisamente entre los alsacianos donde debe nacer y fortalecerse el orgullo de la fraternidad en armas con la mejor juventud de Europa. Las Waffen SS, vanguardia de los pueblos libres contra el bolchevismo (véase también el libro "Europa y el bolchevismo"), luchan por el centro vital del continente, el Imperio, pero también por la vida de todos los pueblos europeos. La nueva Europa preservará y reforzará la rica cultura de sus pueblos y razas, sus tradiciones milenarias, su diversidad e individualidad, mientras sean fuertes y vivas, para un futuro mejor. El alsaciano no debe ser herido en su amor por su patria, su conciencia étnica y su orgullo de vivir. No debe ser "normalizado", sino que debe comprender que esta lucha internacional no se libra para preservar ciertas tradiciones o para recuperar la holgura material y espiritual, sino por la existencia misma de Europa. Esta existencia sólo puede prolongarse en un nuevo y mejor orden de vida, una verdadera y fuerte comunidad de pueblos bajo la dirección del Imperio. La originalidad y el particularismo provinciano a cualquier precio serían grotescos ante la terrible realidad de las potencias mundiales extranjeras, del bolchevismo y del americanismo, de la esclavitud de la humanidad bajo el feroz dominio del poder judío mundial.

La vida común de los hombres y de los pueblos deberá asentarse sobre nuevas bases. La nueva Europa se forjará bajo la bandera del socialismo revolucionario. La importancia del socialismo alemán en su extensión europea se comprenderá leyendo la literatura contemporánea. Habrá que examinar más detenidamente nuestra posición sobre la propiedad privada. Las líneas básicas para la futura organización del continente en el ámbito social fueron proporcionadas por los grandes logros socialistas del nacionalsocialismo entre 1933 y 1939.

Además, hay que subrayar que la alianza entre la plutocracia y el bolchevismo y el judaísmo subyacente se produjo como consecuencia del miedo provocado por la voluntad revolucionaria de la nueva Europa y el *verdadero socialismo* de Adolf Hitler (compárese con la primera edición de "Servicio político para oficiales de las SS", pp. 13, 21 y el libro "Europa y el bolchevismo").

También hay que explicar a los alsacianos el concepto de Sangre y Suelo, el alto valor de la vida campesina y de la agricultura como fuente de vida biológica de las personas, concepto defendido por el nacionalsocialismo.

El concepto de Imperio y la idea de identidad europea deben tratarse desde el principio hasta el final de la instrucción con un espíritu tanto de práctica como de conocimiento y formación de la voluntad.

ANALES Nº 2. 1944.
EDICIÓN DE LA BRIGADA SS VALONIA.

ALEMANES Y ALEMANES

Entre los historiadores alemanes contemporáneos existe una clara tendencia a ampliar la visión histórica.

Y esta tendencia no es en absoluto lo que podría llamarse una tendencia "anexionista" basada en un estrecho sentimiento nacionalista alemán.

En el pasado, los historiadores alemanes han tendido a confundir la historia de los alemanes con la de los alemanes.

Ahora se hacen algunas aclaraciones muy útiles, ya que aportan mucha claridad a las intenciones alemanas desde el punto de vista de la política europea.

En su notable libro Las *grandes épocas de la historia alemana,* el historiador alemán Johannes Haller hace los siguientes curiosos comentarios al respecto

"Tal es la fuerza de la costumbre, incluso entre los eruditos, que no prestan atención a esta confusión de términos: equiparan alemanes con alemanes. ¿Con qué derecho? Incuestionablemente, los pueblos escandinavos son germanos, y a nadie se le ha ocurrido incorporar su historia a la nuestra. Los ingleses también son germánicos, lo quieran o no -en los tiempos modernos no quieren serlo, pero eso da lo mismo-. Para ser sinceros, incluso habría que decir que, en la historia, los representantes más influyentes del germanismo han sido los ingleses...".

Alemanes y alemanes no son sinónimos. Todos los alemanes son alemanes, pero no todos los alemanes son alemanes. Entre los pueblos germánicos, los alemanes forman un grupo especial y, lo que es de crucial importancia, un grupo originalmente fragmentado. Originalmente no vivían juntos, en absoluto, y sólo con el paso del tiempo se unieron y desarrollaron juntos. En resumen: el pueblo alemán no es el resultado de una unión natural, sino que su unidad ha sido forjada por la historia. Se han tomado muchas molestias para determinar el grado de parentesco entre los diversos pueblos germánicos, con la esperanza de demostrar que algunos de ellos eran, por naturaleza, próximos entre sí; en particular, se ha intentado probar que las tribus cuya unión posterior formó el pueblo alemán constituían, precisamente por naturaleza, un grupo coherente, una familia especial entre las tribus.

Estos esfuerzos están condenados al fracaso. Si existía un mayor o menor grado de parentesco entre las tribus germánicas, no puede decirse lo mismo de las tribus germánicas posteriores, tal como aparecen en la historia: no existe una comunidad natural entre ellas. Esto puede comprenderse fácilmente mediante una observación muy sencilla. Todos los que han tenido ocasión de comparar a los hannoverianos, hamburgueses o bretones con los ingleses, saben que son muy parecidos, extraordinariamente similares en muchos aspectos, en resumen, casi iguales. ¿Es posible discernir el mismo grado de parentesco natural entre un hamburgués y un suabo, entre un oldenburgués y un bávaro, cuando uno los ve y los oye hablar su dialecto?

Tengo mis dudas.

Por lo tanto, podemos establecer lo siguiente: las tribus alemanas no se convirtieron en un pueblo alemán porque estuvieran unidas por lazos naturales, sino que fueron reunidas por el destino, es decir, por la historia.

Conocemos estas tribus; aún existen hoy, están vivas y son reconocibles: francos, suevos, bávaros, turingios, sajones, frisones. Su destino común y sus hazañas constituyen la historia alemana. Por consiguiente, la historia alemana sólo puede comenzar cuando las seis tribus se unen.

Esto ocurrió relativamente tarde y por etapas. Esta reunión fue obra de uno de estos pueblos, los francos. Los reyes francos sometieron a los demás pueblos, uno tras otro. Clodoveo y sus hijos, en la primera mitad del siglo VI, sometieron a los suevos, que entonces se llamaban alamanni, turingios y bávaros. Después de eso, todo se acabó. Hubo incluso una regresión en el siglo VII: los vencidos recuperaron su independencia. No fue hasta el siglo VIII cuando una nueva dinastía franca logró completar la obra interrumpida. Carlos Martel derrotó a los turingios y frisones; sus hijos vencieron a los suevos; Carlomagno derrotó a los bávaros (788) y finalmente a los sajones tras una lucha de treinta años. En 804, el proceso había concluido. Aproximadamente un siglo después, comenzó la historia alemana propiamente dicha. Y toda esta historia, a lo largo de mil años, será un largo proceso de unificación nacional, con alternancias de progreso, retroceso, integración y desintegración.

Correspondió a Adolf Hitler coronar este gran logro histórico estableciendo el Gran Reich alemán.

Pero debemos mirar ya más alto y más lejos. Esta unificación alemana, que no fue fruto del determinismo histórico sino de la voluntad histórica, es en cierto modo la prefiguración de la gran unificación germánica y europea.

Lo que los francos hicieron en los siglos VI y VIII, porque eran portadores de una voluntad histórica, los alemanes pueden hacerlo en el siglo XX porque también son portadores de una voluntad histórica y porque son el pueblo germánico más fuerte y poderoso.

El ritmo de la historia se acelera y ya no se trata de establecer la supremacía del Imperio alemán, sino de construir un nuevo Imperio alemán que reúna a todos los pueblos de sangre germánica.

El Imperio alemán no es sólo una extensión del Imperio alemán. Es algo más que se está estableciendo en un plano superior. Lo que será este gran Imperio alemán de la nueva era, nadie, ni siquiera en Alemania, puede decirlo aún con precisión, pues no se trata aquí de una construcción arquitectónica según planes teóricamente predeterminados. Se trata del desarrollo de un organismo vivo impulsado por la voluntad común de todos los pueblos de sangre germánica.

Sin embargo, el hecho de que la distinción entre alemanes y germanos se haga ya hoy tan claramente es una valiosa guía de lo que no será el nuevo Imperio germánico.

Así podemos ver ya que, en este gran Imperio, todos los alemanes podrán entrar no como conquistadores, sino como hombres libres.

FOLLETO Nº 3 DE LAS SS. 1938.

SS-USTUF. DR KARL VIERERBL: CHECOSLOVAQUIA

Resumen histórico del país y su estructura política

Más de 2.000 kilómetros de frontera alemana, desde el Oder por los Sudetes, los Erzgebirge y la Selva de Bohemia hasta el Danubio cerca de Preburgo, separan los Estados alemán y checo. La *frontera estatal* no es *la frontera del pueblo, sino que* atraviesa la carne viva del pueblo alemán y convierte a tres millones y medio de alemanes en ciudadanos checos.

La historia de los Sudetes, la parte occidental del Estado checo, demuestra que este país ha estado habitado durante siglos por alemanes.

Sin embargo, *la política de Checoslovaquia* indica que fue creada *para cumplir una misión antialemana.*

Viel lieber gestritten
und ehrlich gestorben,
als Freiheit verloren
und Seele verdorben.

BANNERSPRUCH DER FREIEN REICHSSTADT STRASSBURG

Más bien luchar
Y morir honorablemente,
Que perder la libertad
Y corromper su alma.

Lema de la Ciudad Libre de Estrasburgo

El Castillo de Praga, testimonio de la ingeniería alemana.

Tumba vikinga hallada en la zona.
Los vikingos fueron los fundadores de la ciudad de Praga

Historia de los Sudetes

Los Sudetes formaron parte de la esfera de influencia de la cultura nórdica. La primera población conocida, los celtas *boios,* dio nombre a Bohemia.

Las ramas germánicas de los *marcomanos* y los *cuádridas* emigraron a los Sudetes en el siglo pasado antes de Cristo. Bajo el reinado de *Marbod,* nació un gran Imperio Germánico que desafió el poder de Roma. Tras su marcha a las montañas entre los ríos Lech y Enns, otras ramas germánicas les siguieron en la zona de asentamientos abandonados, como los *lombardos, los hermunduros, los ruges, los turingios y otros.*

Sólo a principios del siglo VII tenemos noticia del asentamiento de las ramas eslavas en los Sudetes. No eran hombres libres, sino que estaban *sometidos a los ávaros,* de los que fueron liberados por el mercader franco *Samo, que hizo suya* su causa y les apoyó en su lucha. Al final de la guerra lo eligieron rey, pero tras su muerte, el Imperio volvió a disolverse y los *ávaros* reanudaron su dominio sobre las ramas eslavas.

Por segunda vez, fueron los *francos* quienes liberaron a los eslavos de su sometimiento por los *ávaros.* Fue bajo Carlomagno cuando los Sudetes se incorporaron a la esfera alemana como país vasallo. La unificación de las ramas eslavas y el nacimiento del pueblo checo en territorio alemán tuvieron lugar bajo el gobierno de la familia *Przemysl.* Al igual que el país y su pueblo habían florecido en tiempos de Samo, vivieron una época inesperada de estrecha unión con el Imperio Alemán.

La llegada de princesas alemanas a la corte de Przemysl atrajo al país a nobles, monjes, burgueses y campesinos alemanes, y con ellos *el arte alemán.* La inmigración alemana no sólo reavivó el fuego de la tradición alemana en Bohemia y Moravia, que había estado ardiendo ininterrumpidamente desde la época germánica, sino que también influyó en el comportamiento del pueblo checo con su *modelo* y *ejemplo* y redujo la brecha entre alemanes y checos.

Los primeros obispos de Praga eran alemanes. Los monjes y monjas alemanes de los monasterios no sólo fueron embajadores de la nueva fe, sino también heraldos de la cultura técnica alemana. Talaron bosques, drenaron pantanos y fundaron granjas. Los monasterios se convirtieron también en centros de cultura espiritual y política, y los castillos locales competían con ellos. Los trovadores alemanes cantaban aquí sus canciones. La corte de Przemysl se inspiró en la alemana y el propio rey Wenceslao tocaba la lira.

Sin embargo, en las ciudades que surgieron en el país, todas inspiradas en el modelo alemán, floreció la artesanía. Se introdujo el *derecho de Nuremberg* y *Magdeburgo.* La tradición y el carácter nacional alemanes pronto ejercieron una gran influencia en el país y en el pueblo checo. Así lo reconocieron los duques y reyes de Bohemia, que concedieron a los alemanes grandes privilegios en el país. En el revelador documento histórico en el que el duque *Vratislas* (1061-1062) concedía a los alemanes ciertos privilegios en el país en general y en Praga en particular, documento renovado cien años más tarde por el duque *Sobieslas,* se lee textualmente

"Tomo a los alemanes... bajo mi gracia y protección y, como son diferentes como pueblo de los checos, quiero que sean diferentes también en sus derechos y costumbres. Por lo tanto, les concedo que vivan según la ley y el derecho de los alemanes, que han sido los suyos desde la época de mi abuelo. Sepan que los alemanes son gente libre.

El flujo de inmigrantes alemanes llamados al país por reyes y nobles aumentó a principios del siglo XII y durante el XIII. En esa época se fundaron más de 700 pueblos.

La línea de Przemysl se extinguió en 1306. La personalidad más enérgica fue Ottokar II que, en una ceguera desmedida, atacó la corona real alemana. La corona y el país cayeron entonces en manos de la dinastía germano-luxemburguesa. En 1310, *Juan de Luxemburgo subió* al trono de Bohemia. Su hijo *Carlos IV* cumplió el sueño de Ottokar I Przemysl e hizo de *Praga* el centro del gran Imperio alemán. Los emblemas del Imperio se conservaron durante décadas en la ciudad de Karlsburgo, que Carlos IV había fundado.

Bajo este rey, Praga experimentó su *mayor desarrollo* y, aún hoy, los edificios de este periodo dan testimonio de la prosperidad del país en aquella época. Arquitectos y artesanos alemanes dieron forma al aspecto de la ciudad. En 1348 se fundó en Praga la *primera universidad alemana.*

El interior del país también es testigo de la prosperidad de este periodo. Carlos IV, que había dedicado todo su amor a Bohemia, fue llamado con razón el "padre fundador" del Reich.

Tras este periodo, el país entró en una época turbulenta. Las fuerzas checas se alzaron en el país y resistieron la influencia alemana. Bajo el débil rey Wenceslao IV, que también perdió el trono alemán, recuperaron el dominio. Su portavoz fue el profesor universitario praguense *Juan Hus,* que abrazó las tendencias religiosas nacionales y sociales de la época y, siguiendo el ejemplo del inglés *Wycliffe,* comenzó a predicar su propio evangelio.

Cuando, en 1415, fue condenado a muerte y quemado vivo como hereje por el Concilio de Constanza, el pueblo checo tuvo su mártir. La tormenta se desató entonces durante las guerras husitas contra todo lo alemán del país, que se identificaba con el catolicismo. Al final de las guerras, la prosperidad del país había desaparecido, los pueblos y ciudades estaban empobrecidos, los campos y pastos desiertos, y la industria y el comercio destruidos. Esto supuso una gran pérdida para los alemanes.

Pero fueron estos últimos quienes devolvieron la vida y la prosperidad al país en el siglo XVI y curaron las heridas causadas por las guerras husitas. Tras las guerras husitas, los checos colocaron en el trono de Bohemia al caballero bohemio más poderoso, *Jorge de Podiébrad,* fundando así un reino nacional. Sin embargo, la esperada recuperación del país no se produjo.

En 1526, los Sudetes, tras un periodo de desastre económico y cultural, volvieron a manos de los Habsburgo. En los años siguientes, su desarrollo se vio frenado por los disturbios religiosos de la época, pero gracias a la influencia alemana se desarrolló con fuerza y se convirtió en un Estado independiente.

Los estados checos reservaron las más terribles dificultades al gobierno de los Habsburgo. Las relaciones entre los *Hradcany* y los *Hofburg se* tensaron aún más por la oposición religiosa. Cuando la nobleza bohemia, tras la muerte del emperador Matías, declaró a los Habsburgo privados del trono de los Estados de Bohemia, se produjo una batalla campal. El 6 de noviembre de 1620, en Weillen Berg, cerca de Praga, los imperiales derrotaron a los protestantes. Los checos, a la vista de las secuelas de esta batalla, consideraron esta derrota como una victoria de los alemanes contra los checos. En realidad, fue una victoria del poder central imperial contra la dominación de clase en Bohemia y, si se quiere, una victoria de Roma sobre Wittenberg. Los bienes de los insurgentes fueron confiscados; toda la población tuvo que hacerse católica. Quien no quisiera retractarse perdía todas sus propiedades. Los bienes confiscados a la nobleza alemana y checa se entregaron a la nobleza católica fiel a la Iglesia. Su nacionalidad no jugó ningún papel. Los nuevos terratenientes eran italianos, españoles, franceses, alemanes o checos, porque, como hemos dicho, los criterios para la asignación de tierras eran la fe católica y la lealtad a los Habsburgo.

Tras la batalla de Weillen Berg, la nobleza bohemia cambió de actitud. Los rebeldes se convirtieron en cortesanos que trasladaron su residencia a la corte imperial y llevaron una vida brillante, que la masa del pueblo checo tuvo que pagar con trabajos penosos y servidumbre. Los nobles bohemios se convirtieron así en los opresores del pueblo checo, que fue liberado por el príncipe alemán *José II* y el campesino alemán Hans *Kudlich* mediante la abolición de la servidumbre. Los checos no quieren admitir esta realidad. No encaja con su mito histórico de la opresión de los checos por los alemanes y, sin embargo, es la verdad histórica.

La lucha por la independencia del Estado checo

El despertar de los checos a la conciencia nacional a finales del siglo XVIII les llevó a aspirar a un Estado independiente. Cuando *Napoleón* entró en Viena, una delegación checa le rindió homenaje y le entregó un *memorándum* que demostraba que la creación de un Estado checo independiente en el corazón de Europa sería *la mejor garantía para su soberanía en Europa Central.*

Las conversaciones del primer Congreso de los Paneslavos en Praga, que tuvo lugar al mismo tiempo que la reentrada del Parlamento alemán en Fráncfort, anunciaron la realidad política de la lucha checa por la independencia. En política interior, se trataba de una lucha contra la centralización del Estado sobre una base federal, que debía dar a *los checos autonomía en su propio territorio. Al mismo tiempo, los checos* establecieron lazos con *París* y *San Petersburgo. Sin* embargo, aún no imaginaban la destrucción de la antigua monarquía del Danubio, sino que contaban con su debilitamiento, a partir del cual esperaban hacer realidad sus esperanzas en política interior. Sus cálculos en política exterior eran los siguientes: la alianza de Austria-Hungría con el Imperio Alemán significaba un fortalecimiento del gobierno de Viena y su centralización. Cualquier debilitamiento del poder alemán significaría también un debilitamiento de la política de los Habsburgo. Así, acogieron con satisfacción el acercamiento franco-ruso contra Alemania, que desembocó en una alianza militar, porque esperaban que debilitara al Imperio alemán y, en consecuencia, a Austria-Hungría. Al final de una guerra perdida, se llegaría a una revolución social o nacional. En un caso el resultado sería una reorganización federal de Austria-Hungría, en el otro el nacimiento de un Estado checo independiente.

La Gran Guerra estalló para el Reich en dos frentes, contra Francia y Rusia; los checos vieron que había llegado su hora. La política interior checa comenzó su labor *de sabotaje* y trabajó para debilitar a la monarquía del Danubio. Los políticos checos en el extranjero, especialmente *Masaryk* y *Benès,* intentaron persuadir al mundo de que la liberación de los pueblos más pequeños y, por tanto, la solución del problema de las nacionalidades en Europa *debía ser el objetivo de la Gran Guerra.* Sin embargo, esto no sería posible sin la destrucción del Imperio de los Habsburgo. La Guerra Mundial sería la gran guerra de desmoralización de Europa, la guerra de la libertad contra la opresión de los Habsburgo, los Hohenzollern y los Romanov. Estos eran los argumentos de los checos.

Cuando a principios de 1918 el presidente estadounidense publicó sus famosos 14 puntos, en los que construía la futura Europa sobre la base del derecho de los pueblos y grupos étnicos a determinar su propio destino político, el destino de Austria-Hungría estaba decidido.

Los checos dieron a conocer sus designios sobre los Sudetes, Bohemia, Moravia, Silesia, los Cárpatos, Eslovaquia y Rutenia. Explicaron que sólo así podrían cumplir su función antialemana: el muro contra el "Drang nach Osten". El derecho a la autodeterminación no se concede a todo el mundo. Además, sería "*injusto que unos cientos de miles de checos fueran sacrificados al pangermanismo*", escribió Masaryk en su libro presentado en la Conferencia de Paz: *La nueva Europa,* en el que daba las razones para construir un nuevo Estado checo independiente. Que más de tres millones de alemanes fueran sacrificados a los checos no le parecía injusto al filósofo humanitario Masaryk. Como compensación por su privación de la autodeterminación, los grupos étnicos incorporados *contra su voluntad* debían gozar de la mayor *autonomía administrativa posible.* Incluso debía nacer una "*nueva Gran Suiza*", en la que se garantizaría la especificidad de los grupos étnicos.

Los checos y los eslovacos, que ya habían decidido en *París en* 1915 y más tarde en *Moscú* y *Cleveland* formar un Estado juntos, firmaron un tratado en *Pittsburgh* el 30 de mayo de 1918 en el que reafirmaban su deseo de fundar un Estado. Este tratado prometía a los eslovacos *plena autonomía y un parlamento independiente.*

El Estado checoslovaco independiente

El 28 de octubre de 1918 se proclama en *Praga* la República Checoslovaca. La antigua monarquía del Danubio agonizaba. El Imperio de los Habsburgo, sobre el que nunca se ponía el sol, se desmoronaba. El frente austriaco cedía. Dos días después, los diputados de la antigua monarquía del Danubio se reunieron y proclamaron la República Austro-Alemana, a la que se unió la región alemana de los Sudetes. Pocos días después, tomaron la decisión definitiva: la *Austria alemana pasa a formar parte del Imperio alemán.*

En Praga no se reconoció la declaración de intenciones de los alemanes y los sudetes. Las hordas militares checas invadieron Eslovaquia y la región de los Sudetes y ocuparon el territorio. Cuando los alemanes de los Sudetes volvieron a manifestarse el 4 de marzo de 1919 por su derecho a la autodeterminación, los soldados checos mataron a los manifestantes desarmados.

En París, la gente hizo oídos sordos a los disparos y a los gritos de las víctimas. Sólo eran alemanes. La creación del Estado checoslovaco se ratificó el 10 de septiembre de 1919 en Versalles. Tomado del rico patrimonio de la antigua monarquía del Danubio, se le concedió un territorio de 140.493 kilómetros cuadrados, que incluía la rica región de la Selva de Bohemia hasta la zona de los manantiales de Theiss, bosques entremezclados con tierras cerealistas, incluso yacimientos de carbón y minerales, la cadena de montañas metalíferas, las mundialmente famosas fuentes termales, Karlsbad, Frauzenbad, Klösterle, Giesshuebel, etc.

Dentro de las fronteras del Estado checoslovaco, viven:

3 235 000	Alemanes
7 406 000	Checos
2 230 000	Eslovacos
700 000	Húngaro
550 000	Ucranianos
82 000	Polaco
187 000	Judíos
50 000	varios

Mientras los alemanes de los Sudetes ocupaban las regiones fronterizas de los Sudetes, los checos habitaban *el interior* del país. Exactamente 27.000 kilómetros cuadrados de superficie habitada por alemanes se concentran en Checoslovaquia. Eslovacos, húngaros, ucranianos y polacos habitan la región de los Cárpatos y sus fronteras norte y sur. Los judíos viven principalmente en las grandes ciudades y están repartidos por todo el país. En la parte oriental del Estado, incluso constituyen la mayoría de la población. Es en estas zonas más monolíticas donde el bolchevismo recibe más votos.

Las fronteras actuales del Estado checo no satisfacían los deseos de los checos. Presentaron a la Conferencia de Paz un mapa de un oficial llamado Hanush *Kuffer* que ampliaba las fronteras del Estado checo hasta las *puertas de Berlín, Núremberg* y el *Danubio.* Este mapa refleja una vez más las aspiraciones del imperialismo checo, que siguen vivas hasta nuestros días.

La Constitución

Checoslovaquia es una república democrática basada en el más alto grado de centralización. Las promesas de autonomía hechas a los eslovacos, los alemanes de los Sudetes y los húngaros *no se han cumplido.* Sí prevé una solución autónoma de administración estatal para los *ucranianos,* pero aún no se han promulgado decretos al respecto. La Constitución se creó sin la participación de los eslovacos y otros nacionales y se les concedió a ellos.

Según la Constitución, todo el poder está en manos del "pueblo checoslovaco", que ejerce su soberanía a través de los diputados elegidos en la Cámara de Diputados y el Senado. Las elecciones parlamentarias se celebran cada seis años. La Cámara de Diputados tiene 300 miembros, el Senado 150. Ambas cámaras eligen al Presidente. Ambas cámaras eligen al Presidente, que ocupa el cargo durante siete años.

Política interior checa

La política interior se basa en la ficción de un Estado nacional checo. No reconoce los derechos de los grupos étnicos a la identidad nacional e intenta, por todos los medios a disposición del gobierno, desnacionalizarlos de diversas formas, por ejemplo

Mediante una "reforma agraria", los Sudetes alemanes *fueron despojados de un tercio de sus bosques y tierras cultivables.* La gran propiedad *alemana fue* desmembrada y repartida entre colonos checos. Pero los bosques quedaron bajo gestión estatal y los trabajadores forestales y leñadores fueron despedidos de sus puestos de trabajo y sustituidos por checos.

Una ley sobre funcionarios sustituyó a más de *40.000 funcionarios alemanes* por otros tantos checos. Los funcionarios restantes son trasladados constantemente por la región, de modo que sus hijos se ven obligados a asistir a una escuela checa.

La industria alemana de los Sudetes se vio obligada por una serie de medidas a invertir en capital *checo. Las* administraciones fiduciarias aprovecharon su situación para colocar a funcionarios y trabajadores checos en la industria privada alemana. Así, las empresas alemanas tenían que dar prioridad a los *checos a la hora de contratar* y a *los alemanes cuando tenían* que *despedir trabajadores.*

Mediante las medidas mencionadas, la región de los Sudetes se nucleó con elementos checos. Al mismo tiempo, sin embargo, la masa de desempleados en los Sudetes creció hasta alcanzar proporciones gigantescas como consecuencia de la crisis comercial.

Al mismo tiempo que la desnacionalización del territorio, se produjo *la desnacionalización de las personas.* Se cerraron las escuelas alemanas. *Más de 19.000 escolares alemanes tuvieron que asistir a escuelas checas.* Pero en estas escuelas, donde la lengua de enseñanza era el alemán, la educación se llevaba a cabo con un espíritu checo. A los jóvenes alemanes se les debía mostrar una historia desfigurada del pueblo alemán. En cambio, había que mostrarles los colores más brillantes de la historia checa. El rasgo más llamativo de la educación checa en las escuelas alemanas es la desaparición de los libros de las imágenes del castillo de Sans-Souci y del monumento a la Batalla de las Naciones en Leipzig.

Como resultado de estos intentos de desnacionalización, en los últimos años *se prohibió* la importación de *libros y periódicos alemanes del Reich. De* este modo, los alemanes de los Sudetes debían ser aislados espiritualmente del pueblo alemán y preparados para la "checoslovización".

Política exterior checa

Al igual que los checos esperaban de la alianza franco-rusa la creación de un Estado independiente, veían en esta alianza la garantía de su independencia. La conclusión de un *pacto militar con Francia* fue el primer resultado de esta política. El entonces Ministro de Asuntos Exteriores Beneš habría concluido al mismo tiempo un tratado con los soviéticos, de no habérselo impedido la oposición de una mayoría parlamentaria, pero persistió en este objetivo y lo logró en 1935, entregando así Checoslovaquia al bolchevismo. La Pequeña Entente era la esperanza de los checos para impedir el *fortalecimiento de Hungría y la unión de Austria al Reich alemán.*

La lucha de las nacionalidades contra la centralización de Praga

Los alemanes de los Sudetes respondieron a la constitución otorgada desde Praga con la más enérgica obstrucción, pero la mayoría del parlamento de Praga pudo anular todas las protestas de los partidos alemanes de los Sudetes e ignorarlas. Todas estas *medidas legales encaminadas a la desnacionalización del territorio y del pueblo se sucedieron* en aquella época. Estos graves prejuicios provocaron cierto nerviosismo en la política de los alemanes de los Sudetes y les hicieron ceder a las engañosas propuestas de Praga. A los partidos alemanes se les dijo que la orientación de línea dura del gobierno de Praga cambiaría si los partidos alemanes de los Sudetes ponían fin a su obstrucción. Pronto se produjo un conflicto de opiniones en el seno del alemanismo sudetes sobre la futura actitud ante el gobierno. Algunos estaban dispuestos a unirse al gobierno de Praga para repeler los ataques planeados. Los demás seguían desconfiando y recelaban de dar este paso sin garantías por parte del gobierno, ya que la experiencia había demostrado que no se podía confiar en las promesas checas.

A pesar de ello, en 1926 entraron en el gobierno de Praga la *Liga de Agricultores* y el representante del *catolicismo político.* La participación gubernamental de los partidos alemanes duró hasta marzo de 1938. La entrada alemana en Austria en primavera barrió a Schu8nig y provocó así el fracaso de esta acción alemana en el gobierno checo. Incluso los marxistas alemanes de los Sudetes se vieron obligados a retirar a sus representantes del gobierno al que habían vuelto en 1929.

Durante los días de la lucha por la opinión pública entre la oposición de los alemanes de los Sudetes y los partidos del gobierno, los nacionalsocialistas de los Sudetes desplegaron las banderas del movimiento de autonomía de los Sudetes y enarbolaron el lema: "La región de los Sudetes para los alemanes de los Sudetes" hasta en el último pueblo y la última fábrica. Bajo estas banderas comenzó la unificación del germanismo de los Sudetes. Cuando las elecciones a delegados municipales de 1931 demostraron que el Partido Nacionalsocialista Obrero de los Sudetes se estaba convirtiendo en un movimiento popular, los checos pensaron que podían detener el desarrollo disolviendo el partido. Las medidas tomadas en otoño de 1933, en las que el espíritu policial de Metternich celebró una alegre resurrección, dejaron claro a los alemanes de los Sudetes que no darían marcha atrás ante una persecución mayor. El pesimismo y la desesperación amenazaban ya con introducirse en sus filas cuando uno de sus miembros se salió de la línea y volvió a izar la vacilante bandera: *Konrad Henlein.*

Llamó a la formación de un frente patriótico sudeto, que pronto se llamaría Partido Alemán de los Sudetes. Bajo su liderazgo se llevó a cabo la labor de unificación del germanismo sudeto, que se confirmó en las elecciones municipales de mayo y junio de ese año. Konrad Henlein fue legitimado como portavoz del germanismo de los Sudetes y planteó su reivindicación de igualdad de derechos y autonomía. El gobierno de Praga pensó que intimidaría a los grupos populares alemanes con *una ocupación militar de las zonas de los Sudetes* y les haría retirar sus reivindicaciones. Ocurrió todo lo contrario. La unidad se fortaleció precisamente en esos días.

Los *eslovacos* siguieron el mismo camino. Los checos tampoco creían que pudieran cumplir las promesas hechas en el Tratado de Pittsburgh y concederles la autonomía. También ellos intentaron, primero con obstrucciones y luego con la participación del gobierno, inducir a los checos a cumplir sus promesas y obligarles a transformar Checoslovaquia en una federación. Los acontecimientos de los últimos meses han conmocionado al pueblo eslovaco, que ahora exige enérgicamente el cumplimiento del Tratado de Pittsburgh.

La misma suerte corrieron otros grupos populares del Estado que hoy adoptan frente al gobierno de Praga la misma actitud que los alemanes y eslovacos de los Sudetes.

*

El frente unido de los nacionalistas frente al gobierno de Praga demuestra que es el único responsable de las tensiones que hoy existen en el Estado y que preocupan a toda Europa. La actitud dividida de la política checa, anunciando los principios que pensaba no respetar en la realidad, caracteriza al pueblo checo, que no ha mostrado a lo largo de su historia ni sentido jurídico ni de Estado.

El vigésimo aniversario de la fundación del Estado, que los checos querían conmemorar este año, estuvo marcado por una *crisis de Estado.* Un periódico húngaro escribió entonces que "ha sonado el toque de difuntos para el gran pecador europeo". En Praga, parece que nadie quiere oírlo.

El Presidente de la República Checa ha dicho que las democracias tienden a la anarquía y a la decadencia si su burguesía no está madura para ello. Los informes de su propio Estado le demuestran cuánta razón tiene. Y, sin embargo, todas las condiciones para un florecimiento dentro del Estado existían precisamente en Checoslovaquia. Pues un *filósofo había estado a* su cabeza durante más de 17 años. Un filósofo griego como Platón era partidario de un Estado dirigido por un filósofo.

Las realidades de Checoslovaquia desmienten a los antiguos griegos.

CUADERNO SS NO. 5. 1944.

SAJONIA, TIERRA DE TRABAJO Y ARTE

El espíritu de Sajonia es perfectamente comprensible si se considera esta región como un punto de intersección de las corrientes culturales alemanas y si se le atribuye una posición intermedia.

Sajonia expresa ante todo una sorprendente diversidad y una importante variedad. El paisaje sajón se asemeja a un animado y expresivo juego de mímicas. Sajonia se parece a Vogtland, Erz o Lausitz, según las partes de estas regiones montañosas y accidentadas que abarque dentro de sus fronteras. Es el mundo agrícola con sus vastas llanuras, la región comercial y económica a lo largo de las vías fluviales, en los puertos del Elba y las bulliciosas ferias de Leipzig. Es la tierra de la artesanía casera, donde desde hace siglos las manos de mujeres y niñas producen flores artificiales o encajes de bolillos. Los juguetes de madera se fabrican gracias al genio creativo y juguetón de la gente, las grandes dotes musicales y otros factores externos favorables han permitido la producción de instrumentos musicales locales. En los centros ruidosos se extrae carbón y lignito, se procesan textiles y metales; la ingeniería mecánica, las industrias de confección y cientos de otras ramas de la industria proporcionan pan y trabajo a la gran masa de ciudadanos cerca de las grandes ciudades como Chemnitz,

Zwickau, Plauen y en los pueblos remotos de Erzgebirge, Vogtland y Alta Luzace. Esta variedad fisonómica del paisaje sajón se corresponde con la variedad con la que Sajonia participa en la historia de la nación y en el desarrollo del espíritu alemán. En innumerables casos se aprecia una combinación de múltiples fuerzas y una amplia gama de influencias.

Cuando aún existían zonas de asentamiento prehistórico, la batalla por la supremacía en Germania entre Hermann el Querusco, y Marbod el Marcoman, se libró probablemente en una de sus llanuras o cerca de uno de sus ríos. Los campesinos germánicos occidentales, los hermundures, que vivían en la zona sajona, estaban del lado de Marbod. Tras su derrota, construyeron un poderoso reino. La batalla entre Hermann y Marbod decidió el destino de las innumerables luchas armadas, batallas, encuentros, ataques por sorpresa y combates que tuvieron lugar en el corazón del territorio sajón y que fueron de gran importancia para una parte o la totalidad de la nación. Más tarde, la otra batalla de este tipo, la Batalla de los Magiares en 933, en la que el rey Heinrich I derrotó a bandas de jinetes húngaros que habían sido asaltantes tras fundar la Marcha de MeiBen cuatro años antes, permitió que la política de colonización alemana continuara hacia el este durante años. Los húngaros habían sido llamados en su ayuda por una tribu de eslavos que se había adentrado en la desolada patria alemana, los daleminzes, que querían liberarse del dominio germánico. En los siglos siguientes, la joven Marca Oriental tuvo que luchar con estos eslavos del este -sorbios, polacos o checos-. Su germanización hacia 1089, provocada por el nombramiento del Wettin Heinrich von Eilenburg como margrave por el emperador Heinrich N, que duró hasta 1423, cuando la Marca de MeiBen fue anexionada al electorado de Sajonia, fue un acto importante por parte de los regentes de linaje Wettin. En el período siguiente, el país se convirtió en un baluarte contra la turbulenta y rapaz vecindad checa y superó con tenacidad ejemplar la miseria causada por las expediciones husitas. Antes de que los hermanos electores Ernst y Albrecht, muy conocidos por el "secuestro" del caballero Kunz von Kaufungen, cometieran el error de dividir sus propiedades en 1485, toda Alemania central estaba dominada directa o indirectamente por el Electorado de Sajonia. Sin embargo, a pesar de la división de Leipzig, la región de Erz vivió su gran destino histórico en la época de la Reforma. Durante la agitación de las Guerras de Religión, la figura del príncipe elector Moritz quedó claramente de manifiesto, pues fue un hombre previsor que, con las fuerzas de su país, resistió al voraz dominador católico Carlos V y salvó así la causa del protestantismo. Bajo el "Padre Augusto", Sajonia se convirtió en el protectorado del luteranismo ortodoxo, posición que pronto perdió en la Guerra de los Treinta Años debido al egoísmo y la estrechez política de sus príncipes. Perdió su posición de liderazgo en el corazón del Imperio de Brandeburgo porque se volvió intransigente en materia religiosa. Esta desventaja fue compensada por la política polaca de Augusto el Fuerte. En el pasado, esta política y los medios utilizados por Augusto el Fuerte fueron fuertemente criticados, pero el sentido político actual percibe que la elección del Elector sajón como rey polaco significó una victoria polaca del germanismo sobre la política oriental de intriga de Francia. El Imperio se vio reforzado por la deseable expansión del espacio económico alemán.

La Guerra de los Siete Años causó a Sajonia una desgracia que se repitió en las Guerras Napoleónicas. Se convirtió en un centro de despliegue regular y en la base de operaciones preferida de los ejércitos enemigos. Pero en aquella época las regiones alemanas demostraron una gran tenacidad y una asombrosa vitalidad, y lo que había perdido como gran potencia política trató de recuperarlo en todos los ámbitos de la vida cultural. Se convirtió así en un campo de experimentación y aplicación principalmente en el ámbito de la industria. Su contribución al desarrollo del Segundo Reich fue esencial. Aquí, como en todas partes, no pudo evitarse que el aumento de la población y de la industria en un espacio muy limitado, la concentración de trabajadores manuales en las ciudades y el consiguiente desarraigo de sus raíces, constituyeran un peligroso caldo de cultivo para ideas corruptoras, antipopulares y antiestatales. Pero ésta fue también la razón principal por la que Sajonia desarrolló la gran idea del nacionalsocialismo antes que muchas otras regiones alemanas y se convirtió en una baza importante para las fuerzas de Adolf Hitler.

Si se considera el papel de Sajonia como punto de intersección en el desarrollo de la civilización alemana, al florecimiento de la poesía trovadoresca en la corte de MeiBner siguió el desarrollo de la región como consecuencia de la creación de la Universidad de Leipzig en 1409. El margrave Federico el Beligerante fue lo suficientemente previsor como para ofrecer protección y seguridad en su país a la espiritualidad amenazada en Praga por los checos. Por ello fundó la Universidad de Leipzig, que, junto con el Instituto de Viena, se convirtió en un vivero de la cultura alemana en el Este y en un instituto que sigue trabajando con seriedad científica y celo objetivo en el campo del germanismo y en muchos otros campos.

Ya se ha mencionado que Sajonia adquirió una importancia histórica sin parangón para todo Occidente como centro de la Reforma y escenario de una revolución espiritual. En el transcurso de esta misión político-cultural, adquirió una fuerza y un significado inusuales: el aspecto poético del luteranismo se vio enriquecido por el primer toque artístico procedente de la magia de los Erzgebirge. En las ciudades de Zwickau y Joachimstahl, encrucijadas de intercambios, floreció un misticismo unido a aspiraciones sociales que fue fructífero en muchos aspectos. Georg Agricola, el rector de Zwickau nacido en Glauchau, se convirtió en el primer ingeniero de minas escritor de Occidente. La nacionalización de todos los bienes clericales por el elector Moritz tuvo la notable consecuencia de fundar las más tarde famosas escuelas principescas Schulpforta, Grimma y MeiBen. ¡Muchos pioneros germánicos fueron enviados a los cuatro puntos cardinales durante la actividad de estas tres escuelas! Lo mismo puede decirse (además de las universidades de la región de la Alta Sajonia que se construyeron paralelamente a Leipzig, como Wittenberg, Jena, Halle) de la Escuela Estatal de Minas y de la Escuela Forestal de Tharandt, y demuestran que el país se convirtió en una "región pedagógica" especialmente en esta época. Se sabe que la lengua de las cancillerías de MeiBen floreció gracias a la traducción de la Biblia al alemán académico por parte de Lutero; como resultado de la línea recibida, la región se convirtió en un centro de educación lingüística y alemana.

Una influencia similar ejerció sobre toda la civilización alemana el segundo auge del espíritu sajón, el periodo asociado al exuberante barroco de Augusto el Fuerte y el periodo inmediatamente posterior a la Ilustración. Bajo Augusto, que amaba la pompa, Böttger de MeiBen descubrió la porcelana, Bach de Leipzig nos encantó con sus maravillosos oratorios, pasiones y cantatas. El insólito príncipe, que comprendió la importancia de imprimir el sello barroco de su mente no sólo en su capital sajona sino también en su residencia polaca, permitió que floreciera el talento de escultores y decoradores como Permoser y Pöppelmann. Silbermann de Erz encontró iglesias dignas de sus órganos. La torre del homenaje, la Hofkirche católica de Chaiveri y una incomparable colección de porcelanas raras fueron creadas por este príncipe, y la magnífica pinacoteca por su hijo. Se completaron las carreteras; las de Sajonia ya eran bien conocidas en aquella época.

Durante la Ilustración surgieron varias grandes figuras intelectuales sajonas: Leibniz, que definió toda la investigación científica de una época como una filosofía e ideó nada menos que una fusión de los movimientos religiosos católico y protestante; Thomasius, el primer profesor de instituto que impartía sus clases en alemán; Lessing, el gran poeta, animador, crítico, investigador y defensor de la verdad que encendió nuevas y brillantes antorchas ante el altar de la humanidad. Éstas eran algunas de las figuras espirituales que procedían únicamente de las ciudades de Dresde y Leipzig. La pintura barroca, que llenó las galerías de Augusto y sus sucesores y se basaba sobre todo en la expresión intensa de sentimientos ardientes, experimentó en Sajonia una nueva prosperidad gracias al Romanticismo y, sobre todo, una transformación interna; está ligada a los nombres de Philipp Otto Runge, Caspar David Friedrich, Carl Carus, Ludwig Richter y aparece inseparablemente unida a ciertas partes del paisaje del valle del Elba. Además de Dresde, el casco antiguo de MeiBen y sus alrededores no se quedan atrás en cuanto a la influencia de acontecimientos espirituales de fondo. Los barones de Miltitz auf Siebeneiche y Schafenberg desempeñaron un papel importante. El primero de ellos hizo del pobre hijo de un jornalero, Fichte, un estudiante de la aldea de Rammenau, en la Alta Luzace, que más tarde tendría un profundo efecto en la conciencia de la nación; el mismo Miltitz fue amigo del poeta Friedrich von Hardenberg (Novalis), que fue estudiante de las minas de Freiberg (al igual que el héroe nacionalista Theodor Korner) y que más tarde revelaría como poeta los últimos misterios de la mística alemana.

Aún hoy se puede escuchar un romántico eco inconformista en más de un barranco salvaje de las montañas de arenisca del Elba. En muchos lugares de Sajonia se siguieron celebrando extraordinarios acontecimientos musicales. La memorable primera representación de "Rienzi" tuvo lugar en la ópera de Dresde y duró hasta medianoche. Siguieron muchas representaciones de obras importantes. Y ¡qué mérito tiene la Casa de Tapices de Leipzig en el campo de la música nacional! Leipzig, ciudad de música, ciudad de librerías, ciudad de exposiciones nacionales, ¡es un capítulo de la historia de las corrientes culturales alemanas! Esta ciudad inspiró al prusiano oriental Gottsched en sus inquietudes estéticas. El arte teatral de la Neuberïn, la primera gran actriz alemana, le dio un impulso impetuoso y rico en perspectivas. Libreros, impresores y editores como Johann Gottlob Immanuel Breitkopf, Karl Christoph Traugott Tauchnitz, Benedictus Gotthelf Teubner, Anton Philipp Reclam, crearon los núcleos de sus firmas internacionales.

La Batalla de las Naciones de 1813, que condujo a la derrota de Napoleón y arrastró a la ciudad en su vórtice, no pudo impedir el poderoso desarrollo de todas las fuerzas espirituales y económicas concentradas aquí; pero, por primera vez, reveló al mundo alemán una comunidad de lucha y destino formada por la mayoría de las etnias alemanas. Desde 1833, Friedrich List vive en Leipzig y esboza una red ferroviaria a gran escala con PleiBestadt como centro. Aquí comenzó la primera gran ruta ferroviaria de Alemania; dos años más tarde se abrió al público la línea Leipzig-Dresde. Se dio otro paso decisivo para conectar las regiones alemanas.

"La educación te hace libre. El espíritu da la vida". Estos lemas iluminan y embellecen todo el país con una franqueza tanto más importante cuanto que puede reivindicar una tradición venerable.

Kurt Arnold Findeisen

Sólo los pueblos valientes tienen una existencia segura, un futuro, una evolución. Los pueblos débiles perecen, y con razón.

Heinrich von Treitschke

LA CASA DE LA TROPA SS NÚMERO ESPECIAL. 1940.

NORUEGA

Alemania carece en parte de la claridad deseable sobre las relaciones reales en el Norte; en su lugar, a menudo prevalecen concepciones idealizadas y una ilusión optimista sobre la victoria de la idea nórdica en los demás pueblos germánicos tan estrechamente emparentados con nosotros. La fuerte expresión de este ideal condujo muy involuntariamente al error de creer que las relaciones en el Norte son mejores y más sanas que las nuestras y que estos países están simplemente maduros para un nuevo orden. Se creyó que el mismo sentimiento que nos animaba a nosotros debía dominar también a los demás.

Por primera vez desde la época de la Liga Hanseática, la ocupación alemana puso en estrecho contacto a alemanes y noruegos. Las opiniones preconcebidas que tenían los alemanes eran bastante amistosas. Sin embargo, como no se correspondían con la realidad, la decepción no tardó en llegar.

El hecho de que pudiera surgir un conflicto entre los dos países era ya un indicio de que en la parte noruega faltaba bastante la base espiritual para el trabajo conjunto. La segunda decepción, que cada alemán debió sentir personalmente y que tuvo el efecto de apagar sus sentimientos, fue causada por el estado de ánimo hostil de la población hacia él. Sólo recientemente ha mejorado. La tercera decepción, y quizá la mayor, fue que no se cumplieron las exageradas esperanzas que los alemanes habían llevado consigo a Noruega. Los noruegos no correspondían a las representaciones ideales imaginadas. Además, eran hombres con grandes defectos, cuya apariencia externa sólo se correspondía parcialmente con el ideal nórdico. Incluso cuando la imagen externa parecía corresponder a las expectativas, volvían a faltar la actitud espiritual y la expresión clara de las buenas características propias de la raza nórdica.

Los prejuicios del lado noruego eran totalmente distintos. En primer lugar hay que tener en cuenta el carácter geográfico perdido y décadas de aislamiento del resto de Europa. Llegamos a un país donde el liberalismo estaba en pleno apogeo, donde la larga paz y la dependencia de la economía mundial habían convertido el pacifismo en una opinión básica casi natural. No había problemas agudos que requirieran una solución inmediata, salvo quizá el problema social. No había miseria económica crítica ni desempleo, ni amenaza política directa del exterior, ni cuestión racial propia, ni problema religioso. A diferencia de Alemania, Noruega es un "país sin pueblo". Todos los elementos externos que podrían haber provocado un cambio en el espíritu del nacionalsocialismo estaban más o menos ausentes; por esta razón, no hubo inteligencia de los procesos alemanes. En realidad, esto es ciertamente una farsa, pues muchos de los problemas mencionados existen. Pero como no se manifiestan tan abiertamente, se han podido pasar por alto hasta ahora. A todo esto se añadía la impresión del poderío alemán en constante aumento y la excitación sistemática de la población hecha en casa y en el extranjero. El pueblo noruego, al que conocimos en abril de este año, tenía objetivos y también formas de vida totalmente diferentes de los nuestros; nadie podrá exigir a un alemán que considere correctos el desarrollo y la actitud noruegos, pero al menos hay que comprender las condiciones que los originaron.

Para nosotros, los alemanes, Noruega no es directamente un problema económico o una cuestión de espacio, sino sobre todo una cuestión del valor racial de sus hombres. Sería extraordinariamente deplorable que, a través de falsas visiones de este punto elemental, la mayor parte de los alemanes que ahora se dedican a Noruega se desilusionaran y prejuzgaran. La imagen que se formará en el Reich sobre Noruega no vendrá marcada tanto por ninguna publicación, sino por los informes de quienes regresen de ella. Si surgen malentendidos, la comprensión de la legitimidad interna de nuestro trabajo y también de la futura creación del Imperio se verá muy perjudicada. Por otra parte, la realidad de tales malentendidos es también una prueba de la claridad ideológica que a menudo sigue faltando.

Basta con tomar algunos puntos de la doctrina racial nacionalsocialista para llegar inmediatamente a juicios esencialmente diferentes sobre los informes noruegos.

1. El Führer también mencionó la gran importancia de la diversa composición de las razas emparentadas de nuestro pueblo y habló de una feliz mezcla. Sin duda, la variedad de los logros de nuestro pueblo en todos los campos debe atribuirse a esta influencia. La reivindicación de la raza nórdica al liderazgo político permaneció intacta.

2. En la doctrina racial se señala constantemente la diferencia entre la apariencia y la propia imagen. Esto se refiere no sólo a las diferentes características externas, sino sobre todo a aquellas peculiaridades que tienen su origen en transformaciones puramente espirituales y, en este sentido, también en determinadas manifestaciones relacionadas con cada generación.

3. Estrechamente relacionada con lo anterior está la relación entre herencia y educación. No se puede ignorar la realidad de que una generación que vive actualmente no es sólo el resultado del carácter hereditario existente, sino que su actitud y todas sus maneras están también muy esencialmente determinadas por factores educativos, factores educativos que pueden cambiar con el paso del tiempo. Pero la herencia no se ve afectada.

4. Como es bien sabido, toda raza tiene características tanto buenas como malas. A lo largo de la historia, la raza nórdica ha demostrado sistemáticamente que sólo demuestra sus características más valiosas

cuando se enfrenta a condiciones difíciles o tareas duras. Por otro lado, tiene la desafortunada característica de volverse lánguida en tiempos tranquilos. No sólo Noruega, sino todo el norte germánico atraviesa actualmente un periodo de languidez de este tipo.

5. Según la concepción nacionalsocialista, la sustancia racial de un pueblo es el único factor decisivo para juzgar su valor. Pero esta sustancia racial demuestra, después de todos los minuciosos exámenes sobre ella, ser absolutamente sólida en Noruega. La proporción de sangre nórdica es extraordinariamente alta en el pueblo noruego. Si la generación actual tiene una actitud que sólo en parte corresponde a la imagen del hombre nórdico, la próxima generación ya puede tener una apariencia totalmente diferente.

Para apreciar la actual situación política del país, hay que recordar también las condiciones que han influido en su desarrollo hasta ahora. El fuerte alineamiento con Inglaterra, que ni siquiera comenzó ayer, ha sido el resultado de una serie de factores. La situación geográfica, las tradiciones históricas que se remontan a mucho tiempo atrás y, por último, las experiencias políticas arraigadas durante generaciones, han desempeñado un gran papel. Sobre este último punto, mencionemos que varias veces en la historia, terribles hambrunas asolaron Noruega a causa del bloqueo inglés. Por ejemplo, el bloqueo durante las guerras napoleónicas tuvo consecuencias tan devastadoras que ha permanecido en la conciencia popular incluso hoy en día. El bloqueo de la Gran Guerra no fue tan grave, pero tuvo consecuencias bastante desafortunadas. Otros hechos que contribuyeron a seguir favoreciendo la política anglófila fueron las numerosas afinidades, relaciones personales y métodos de propaganda ingleses que se adaptaron al entorno. Además, después de todos los cálculos de estimación militar, una intervención alemana en Noruega parecía tan impensable, pero una intervención británica tan concebible, que las correspondientes decisiones políticas se tomaron con mayor facilidad.

La cuestión relativa a la forma futura de las relaciones germano-noruegas, que los noruegos plantean constantemente a medida que empiezan a comprender el desarrollo, es la cuestión relativa al principio de creación o a la idea del orden del futuro Imperio: ¿imperialismo o asociación racial? Desde el punto de vista alemán, está claro que no existe un problema noruego en particular, sino que Noruega sólo puede considerarse como una parte del conjunto nórdico, el punto de partida del nuevo orden político y espiritual también en esta parte de Europa. Desde estos puntos de vista, la misión alemana en Noruega adquiere su verdadero significado. El hecho más decisivo es si los noruegos se dan cuenta de que Alemania no quiere oprimirlos ni explotarlos económicamente, sino que hay que animarlos a cooperar responsablemente para construir la nueva Europa. Con la instalación del nuevo gobierno y el traspaso de la dirección política del país al movimiento Quisling, Alemania intentó dar a Noruega las posibilidades necesarias para ello. Aún es demasiado pronto para evaluar el resultado de esta evolución.

A través de lo que se ha dicho, se ha esbozado brevemente la situación política de Noruega y la situación espiritual en la actualidad. No se han tocado los numerosos problemas internos de Noruega ni las inmensas tareas a las que se enfrenta el nuevo gobierno. Por último, sólo pueden mencionarse brevemente. En el sector cultural, se reducen a rehabilitación y renovación. Me gustaría tomar aquí la palabra cultura en un sentido amplio y referirme a los principios ideológicos y al sentimiento general de la vida, así como al arte y la ciencia. Me gustaría elegir sólo tres cuestiones especialmente destacadas: La creación de condiciones espirituales sanas para una nueva política demográfica, la reforma de la ciencia incluyendo el uso planificado del gran excedente de estudiantes y, por primera vez, la adopción de un estilo arquitectónico claro y adaptado al paisaje. En el ámbito social, las tareas consisten en equilibrar los contrastes existentes. En el ámbito económico, es necesaria una reorganización total. Es posible que las principales industrias del pasado, la navegación y la pesca, pierdan su importancia, pero de todos modos habrá que revisarlas por completo. El desarrollo del país está condicionado por la colonización y la resolución del problema del tráfico. Noruega tiene tres fuentes de riqueza que hasta ahora apenas ha explotado y que prometen una nueva prosperidad: la electricidad, el bosque y sus riquezas subterráneas.

Sin embargo, el camino hacia una mayor expansión política y el aprovechamiento de las oportunidades económicas existentes, y por tanto hacia la participación de Noruega en la construcción de la nueva Europa, sólo puede seguirse en estrecha colaboración con Alemania.

H.H.

Folleto Nº 8 de las SS. 1938.

Inglaterra - Irlanda

El interés internacional se ha centrado recientemente en la cuestión checoslovaca y, en particular, en el envío del inglés Lord *Runciman* a Praga. Sería interesante, sin embargo, considerar un problema interno del Imperio Británico que tiene cierta analogía con lo que está ocurriendo en Checoslovaquia. Cuando pensamos en la Gran Bretaña europea, nos inclinamos a pensar en ella como una entidad unificada. Olvidamos con demasiada facilidad que existe un problema de nacionalidades para Inglaterra en suelo europeo, particularmente en Irlanda, que ha sido objeto de constantes luchas y derramamientos de sangre durante cuatrocientos años.

Aparte de los intereses económicos, es la comunidad de sangre lo que mantiene unida a la alianza británica, la Mancomunidad Británica de Naciones. La administración de los Dominios está en manos de inmigrantes ingleses que han sabido imponerse en todas partes y anglicizar al máximo a los inmigrantes de otras naciones. De este modo, a lo largo de los siglos se forjó una especie de comunidad de destino que se extendió a todo el mundo y que, basada en la comunidad de sangre y estilo de vida, constituyó la base de la dominación inglesa en el mundo.

Sólo el Estado Libre Irlandés ocupa una posición especial a este respecto. Los irlandeses son la única verdadera nación, aparte de los ingleses, dentro del Imperio Británico. Su demanda de independencia es claramente diferente de las aspiraciones de los demás Dominios. Australia, por ejemplo, rechazó cada vez más el paternalismo demasiado insistente de Londres y, sintiéndose una nación importante, exigió el derecho a la autonomía, naturalmente dentro del marco constitucional del Imperio Británico. Irlanda, por su parte, se apoyó en la conciencia de su fuerte originalidad nacional para exigir la independencia absoluta. Las declaraciones de sus dirigentes políticos demuestran que están dispuestos a mantener esta reivindicación de independencia incluso a costa de los intereses del Imperio Británico.

Para entender la profunda oposición entre ingleses e irlandeses, hay que tener en cuenta tres cosas: primero, la fuerte diferencia étnica; segundo, la diferencia confesional; y tercero, el diferente desarrollo histórico de las dos naciones. A pesar de los intereses económicos generales comunes, estas diferencias nunca han conducido a la unificación de las dos islas.

En los primeros tiempos de la historia, Inglaterra e Irlanda estaban pobladas por celtas. Con la invasión de las legiones romanas comenzó el desarrollo separado de las dos islas. Mientras Irlanda permaneció sin invadir hasta mediados de la Edad Media, los celtas ingleses se mezclaron a lo largo de los siglos con legionarios romanos, sajones, anglos y normandos latinizados. La posterior conquista inglesa de Irlanda fue un mero acontecimiento militar. Al principio, los contrastes eran tan grandes que no se podía hacer ninguna amalgama.

La diferencia religiosa fue el segundo factor que impidió el desarrollo conjunto de las dos islas8. Debido a su fuerte predisposición al misticismo, que debe atribuirse a su origen celta, desde el principio se mostraron muy abiertas al catolicismo. Desde las primeras décadas, los monasterios florecieron en Irlanda con gran variedad. Los monjes irlandeses desempeñaron un papel importante en la cristianización de Europa. En la época de la Reforma, los ingleses intentaron en varias ocasiones apartar a los irlandeses de su fe católica. Éstos se opusieron con sangrientas revueltas. La cuestión religiosa sigue separando hoy a ingleses e irlandeses, y no es ésta la menor razón por la que no es posible un compromiso definitivo entre ambos países.

El dominio de Inglaterra sobre Irlanda se remonta al siglo XII, pero la primera invasión fracasó, ya que los pocos señores ingleses fueron absorbidos por la comunidad irlandesa. Inglaterra no se tomó en serio la conquista de Irlanda hasta que se convirtió en una potencia marítima. En su afán por convertirse en potencia mundial y primera potencia marítima, ya no podía permitirse el lujo de descuidar esta isla de gran importancia geográfica.

Irlanda era una cabeza de puente para todas las rutas marítimas hacia las posesiones de ultramar y protegía la costa occidental de Inglaterra de las empresas enemigas. En posesión del enemigo, en cambio, Irlanda amenazaría la línea vital inglesa y sería una base excepcional para una invasión de Inglaterra. El apoyo que recibieron los irlandeses, directa o indirectamente de España, y más tarde de Francia, provocó duras medidas bélicas por parte de los ingleses, y más tarde, cuando finalmente ganaron, Irlanda tuvo que pagar todos los platos rotos.

Estas duras acciones de Inglaterra, especialmente en su afán por arrancar la fe católica a los irlandeses, hicieron imposible la unión de ambos pueblos. El mayor defecto de Inglaterra fue castigar muy severamente cualquier matrimonio entre ingleses e irlandeses y tratar a estos últimos como ciudadanos de segunda clase. Esta perniciosa política y la presión religiosa fueron la causa de que los católicos irlandeses no pudieran fusionarse con la comunidad inglesa, a pesar de las grandes ventajas que podrían haber obtenido de la unificación.

La colonización inglesa de la Isla Verde siguió siendo, salvo en el Ulster, obra de una delgada capa de nobles, terratenientes agrícolas, que siempre impusieron su dominio a los irlandeses. Esta colonización continuó hasta el punto de que el suelo y la tierra fueron confiscados por el rey inglés y entregados en pago a los funcionarios jubilados del Estado. Los criados jubilados arrendaban sus honorarios a los verdaderos propietarios, los campesinos irlandeses. De este modo, estos últimos se vieron sometidos económicamente a sus nuevos señores.

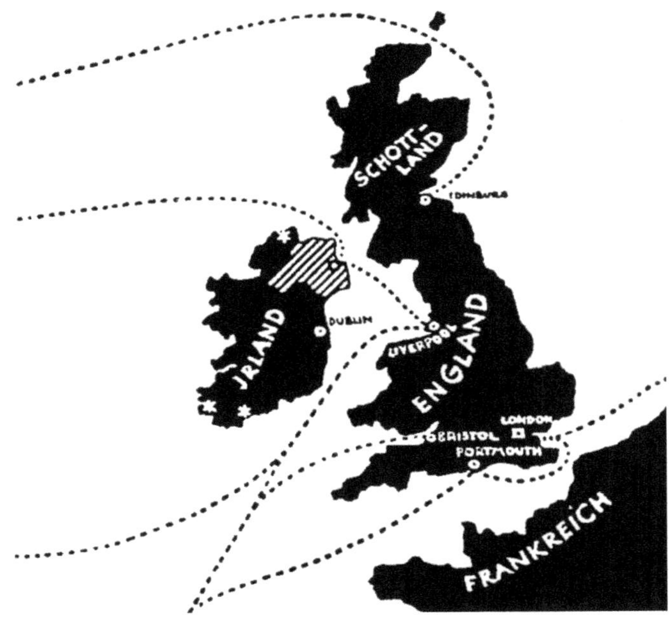

La incapacidad y falta de voluntad de esta clase alta inglesa para comprender al pueblo irlandés llegó tan lejos en los siglos XVIII y XIX que no sólo no se aliviaron en modo alguno los arrendamientos a pesar de las catastróficas cosechas, sino que no se permitió la entrada de suministros en Irlanda, por lo que los irlandeses se vieron obligados a abandonar su patria. Este fue el comienzo de la gran oleada de emigración irlandesa. En 1846-51 la población cayó de 8,5 millones a 6,5 millones. La mayoría emigró a los Estados Unidos de América. En 1846, una grave hambruna provocó la muerte de cerca de medio millón de irlandeses por inanición o malnutrición. A partir de entonces, la población no dejó de disminuir hasta 1871, cuando alcanzó su nivel más bajo, 4 millones, cifra que ahora vuelve a aumentar lentamente.

Gran Bretaña reconoció la injusticia de acabar con la economía irlandesa e intentó compensarla. Fomentó la redención de tierras mediante la concesión de créditos, de modo que en 1914 los irlandeses habían recuperado dos tercios de sus antiguas propiedades, aún hipotecadas. La economía irlandesa tardó todo este tiempo en reconstruirse, al menos en lo que respecta a la economía agrícola complementaria.

Inglaterra había logrado su objetivo tras sus largos años de guerra: asignar a Irlanda el papel exclusivo de país ganadero en el mercado inglés y situar su considerable autarquía anterior dentro de los límites del programa general.

Aparte de la oposición Inglaterra-Irlanda, el comportamiento Irlanda del Sur-Ulster agrava aún más la historia de Eire. El origen del agravamiento de esta vieja oposición fue la creación de los "Voluntarios del Ulster" en 1912, una tropa de combate de la población evangélica del Ulster contra los irlandeses del sur. Estos últimos fundaron los "Voluntarios irlandeses" en represalia, y sólo el estallido de la guerra en 1914 impidió un sangriento enfrentamiento.

No fue hasta 1916 cuando se produjo el infame Alzamiento de Pascua de los nacionalistas irlandeses, que costó a los irlandeses 450 muertos y 2.600 heridos. Obviamente, el gobierno británico aprovechó la oportunidad: fusiló a 15 líderes irlandeses, pero los británicos no pudieron controlar la situación.

La guerra de guerrillas duró hasta 1921. Aunque Inglaterra consiguió reducir militarmente a los irlandeses, la presión santurrona de Estados Unidos se dejó sentir. El derecho a la autodeterminación de los pueblos pequeños se había proclamado alto y claro para doblegar a las potencias de Europa Central, y los varios millones de irlandeses-estadounidenses volvieron a la opinión pública estadounidense en contra de Inglaterra. Finalmente, Gran Bretaña cedió y los irlandeses obtuvieron en 1921 un tratado un tanto aceptable que les otorgaba el estatuto de "dominio autónomo" dentro del Imperio Británico, con exclusión de las seis provincias septentrionales en torno al Ulster.

El Sinn-Fein, el partido nacionalista irlandés que había dirigido en solitario la lucha de liberación, cayó en este obstáculo. *Cosgrave,* su líder, se mostró satisfecho con el compromiso de 1921, mientras que *de Valera,* segundo al mando del partido, pasó a la oposición. La lucha se reanudó inmediatamente. Su objetivo era -y sigue siendo- una Irlanda libre y unida (incluido el Ulster), en igualdad de condiciones con Inglaterra y libremente unida a ella. Consiguió derrocar a Cosgrave en el Parlamento en 1932, y desde entonces dirigió la política irlandesa en la dirección de su principal objetivo, y su logro se refleja claramente en la nueva Constitución y en el Tratado con Inglaterra.

El principal problema político actual para de Valera es la gestión del Ulster, que aún no ha podido resolver en el nuevo tratado angloirlandés. Su objetivo es la reunificación de toda la isla bajo un solo gobierno. Los habitantes del Ulster, al igual que el gobierno inglés, se oponen a ello. Las seis provincias septentrionales del Ulster son el único territorio de Irlanda en el que se ha establecido firmemente el asentamiento anglo-escocés. Sin embargo, este asentamiento no ha sido lo suficientemente profundo como para que la clase alta de la nobleza inglesa haya conseguido eliminar a los trabajadores irlandeses.

Esta zona de población dispar siempre ha sido una región difícil, y hasta hoy los antagonismos confesionales chocan fuertemente: por ejemplo, en el verano de 1935, el día en que se conmemoraba la batalla del río Boyne, murieron ocho personas y 75 resultaron heridas. Los unionistas del Ulster conmemoraban la batalla de julio de 1680, en la que Guillermo de Orange derrotó a Jaime II y salvó la colonia del Ulster.

Sin embargo, el antagonismo no es sólo histórico y confesional. Ahora existen principalmente razones económicas para que los angloirlandeses rechacen la unificación irlandesa.

Los nobles terratenientes, comerciantes e industriales de Belfast defendieron su seguridad religiosa, su independencia comercial y su libertad política junto con la nacionalidad de sus seis provincias. La secesión de Irlanda del Norte en el momento de la fundación del Estado Libre era la única forma que tenía el Norte protestante de protegerse frente a la mayoría católica del Sur. Al menos en el Norte, donde la población total es protestante en dos tercios (frente al 8% en el conjunto de Irlanda), conservaron la preeminencia social y el dominio político que habían ejercido anteriormente en toda la isla.

En una Irlanda reunificada, los unionistas del Ulster ya no serían el pueblo gobernante, sino una minoría confesional popular a la que la pequeña isla no puede ofrecer ni remotamente los beneficios del gran Imperio en el que se les ofrecen carreras en el Ejército, la administración y el gobierno, como ciudadanos de ese Imperio. El apego a Inglaterra también fue beneficioso para el comercio norirlandés. La industria de Belfast perdió su hinterland con la secesión, por supuesto, pero se vio compensada por el hecho de que todo el mercado británico permaneció abierto a ella sin aranceles. Su industria era esencial para complementar su economía agraria, y tuvo que luchar duramente en competencia con Inglaterra de 1932 a 1937.

Poco después de entrar en el gobierno, De Valéra había suspendido el pago de las llamadas anualidades agrícolas.[4] Inglaterra tomó represalias con una guerra económica apoyada por todos los medios modernos. Esta guerra económica y el subsiguiente nacionalismo económico de De Valera se convirtieron en una razón más para que los unionistas del Ulster protestaran por puro egoísmo para proteger su bienestar comercial contra la reunificación. En esta lucha económica angloirlandesa de los últimos años, Irlanda habría salido ganando a la larga. Por eso, en el acuerdo alcanzado en mayo de este año, De Valera dejó de lado su exigencia de reunificación de Irlanda del Norte con Eire y se conformó con el retorno de la paz comercial y la plena independencia nacional para Irlanda del Sur. Terminaba así la guerra económica entre Inglaterra e Irlanda. La gran disputa sobre las anualidades agrícolas terminó cuando de Valera cortó las demandas inglesas con un pago único de 10 millones de libras. La causa de la guerra económica desde 1932 desaparecía. Surgió una reactivación del comercio irlandés, que complementó libremente al comercio inglés.

---

[4] Pago a los terratenientes ingleses desposeídos.

Irlanda también obtuvo plena soberanía militar. Las anteriores bases de la flota británica fueron cedidas a cambio de una garantía de que la flota británica no sería considerada una amenaza para Irlanda. De este modo, la cooperación militar y política es obligatoria entre Irlanda e Inglaterra. Inglaterra ha añadido así un elemento al equipo diplomático-militar global que ha ido acumulando por todos los medios desde la derrota en el conflicto de Abisinia.

Pero es fácil ver cómo la cuestión no resuelta del Ulster volverá a dañar la unión angloirlandesa. De Valera volvió a declarar a su regreso de Londres a Dublín que nunca abandonaría la lucha por el Ulster. La prensa irlandesa, a pesar de la declaración de De Valera sobre una defensa conjunta angloirlandesa, llegó a exigir el reconocimiento de Irlanda como estado neutral como siguiente paso. Por otro lado, el Primer Ministro norirlandés, Lord Craigavon, declaró con motivo del Día Nacional en julio de este año que el Ulster nunca se doblegará ante el Parlamento de Dublín ni traicionará a Inglaterra. El Ulster no quiere nada más de Irlanda que que le dejen en paz. Estas palabras de los dos estadistas y los repetidos disturbios del día nacional de este año demuestran hasta qué punto opera la oposición entre el pueblo después como antes a pesar de los tratados.

El problema angloirlandés demuestra una vez más que los viejos tratados no son más que papeles inútiles y vacíos si no expresan la voluntad de los pueblos afectados.

FOLLETO Nº 1 DE LAS SS. 1939.

ALEMANES EN EL SUROESTE DE ÁFRICA

En la historia alemana hay innumerables ejemplos de alemanes que abandonan las regiones boscosas de Alemania por las tierras secas y calurosas del Sur. Como el agua que se evapora al sol, los alemanes fueron perdiendo su identidad en los países cálidos. Este fue ya el destino de las tribus germánicas que, en la época de las grandes invasiones, se lanzaron a construir nuevas ciudades en las regiones meridionales. Tras un breve periodo de prosperidad, estas creaciones desaparecieron y poco después el germanismo se diluyó en la sangre oscura del Sur. Esto ha sucedido de muchas maneras en los últimos 1500 años. Los descendientes de los emigrantes alemanes fueron a menudo los soldados más valientes en la lucha contra Alemania y obstaculizaron así su lucha por la vida.

Sabiendo que en el pasado los alemanes habían perdido su carácter nacional con bastante facilidad, la Unión Sudafricana se había abstenido, a diferencia de otros conquistadores de colonias alemanas, de expulsar completamente a los residentes alemanes en el suroeste de África. 7.000 de los 13.000 residentes fueron expulsados en 1919-1920. De los 6.000

restantes a los que se permitió "generosamente" permanecer en este pedazo de tierra arrancado al desierto a costa de su sangre y sudor, se esperaba que fueran asimilados gradualmente por los bóers. Esta esperanza se creía tanto más justificada cuanto que los propios bóers eran en su mayoría de origen bajo alemán. En Sudáfrica, como en otras partes del mundo, era costumbre compensar la insuficiente demografía local con la inmigración de buenos alemanes. Un político sudafricano declaró en una ocasión que la población blanca de Sudáfrica no podría mantenerse sin la inmigración permanente de europeos. En el otoño de 1932 aún se estaba negociando el asentamiento de más residentes alemanes.

¿Cómo surgieron las esperanzas sudafricanas de germanidad en el Suroeste? La primera generación de sudafricanos, es decir, los soldados y colonos que se establecieron allí durante el periodo alemán y, en algunos casos, incluso después, defendieron resueltamente su germanidad, aunque no siempre de forma adecuada. Mientras en Alemania arreciaba la pugna partidista, en el Suroeste unían sus fuerzas y no permitían que nadie se afiliara a uno de los muchos partidos alemanes. La opinión seguía siendo conservadora como lo había sido en la época alemana, es decir, la mayoría de los alemanes esperaban una restauración de la monarquía en Alemania y, en consecuencia, una "vuelta a la Alemania colonial". En Sudáfrica no hubo mucho regocijo por esta postura de la población alemana, pero se creía que la juventud alemana, que había crecido entretanto, era más proclive a la mezcla racial con los bóers. Se pensaba que, en vista de las contradicciones que habían surgido durante la Gran Guerra, la desaparición de la germanidad en el suroeste sólo se produciría gradualmente. Esta era la opinión de la comunidad bóer, que entonces estaba en el poder en Sudáfrica. Para los círculos anglicanos y liberales, en cambio, esta lenta evolución llegaría en el momento oportuno, ya que no habría que temer un despertar demasiado rápido de la comunidad nacional bóer por la afluencia de valiosos grupos de población alemana. Sin embargo, fue una gran decepción para ambas partes cuando quedó claro, sobre todo después de que los nacionalsocialistas tomaran el poder, que la generación más joven de alemanes estaba aún más apegada a su germanidad que sus padres y profesaba con entusiasmo su nacionalsocialismo. Las consecuencias de ello se vieron en el hecho de que se impidió la llegada de nuevos inmigrantes alemanes mediante decretos que prohibían la inmigración.

Khorab - África Sudoccidental - Julio de 1915

Las tropas sudafricanas "ganaron". 70 000 hombres conquistaron el país defendido por 5 000 alemanes. La paz se concluyó después de que los alemanes hubieran disparado sus últimos tiros. 3 000 reservistas, agricultores, comerciantes o artesanos volvieron a sus ocupaciones y 2 000 soldados profesionales fueron internados. La guerra había terminado, comenzaba la resistencia.

WINDHURK 1924

La comunidad alemana del suroeste de África protesta contra la violencia de los vencedores y la falta de principios de los monjes alemanes. Protesta contra el hecho de haber sido vendida. En 1923, el gobierno sudafricano representado por el general Smits había concluido el "Tratado de Londres", en virtud del cual los alemanes del suroeste debían ser naturalizados, es decir, convertirse en sudafricanos (bóers). Para que este trago fuera menos amargo para los alemanes, se les concedió la opción de conservar su ciudadanía alemana además de la sudafricana. Esto era degradante y humillante.

1932

La invasión bóer había terminado. Habían llegado tantos bóers de Sudáfrica y Angola que la inmigración procedente de Alemania, que aumentó la comunidad alemana de 7.000 a 13.000, no podía competir con la comunidad bóer: entre 17.000 y 18.000 bóers vivían junto a 13.000 alemanes del Reich en el suroeste de África.

El año 1932 fue un año de desesperación absoluta para la comunidad alemana. La crisis económica mundial, un periodo de sequía que duró varios años y las catastróficas consecuencias de la política colonial sudafricana llevaron al suroeste de África al borde de la ruina. En el momento de mayor angustia, la comunidad bóer se declaró dispuesta a actuar junto con los alemanes sobre el gobierno sudafricano para que el destino de África Sudoccidental pasara a manos de los blancos de ese país en mayor medida que antes. También se convertiría el alemán en lengua oficial y se buscaría la ciudadanía automática para los emigrantes alemanes de la posguerra.

El germanismo se volvió angustiosamente hacia Alemania; ya no entendía el proceso político de su patria. Elecciones parciales, Hitler contra Hindenburg, el nacionalismo alemán contra el nacionalsocialismo. Ya no se entiende nada. Sólo una cosa está clara: se está gestando un acontecimiento sin precedentes. 1932, el año de la tormenta sofocante.

PRIMAVERA DE 1933

Tercer año de sequía en el suroeste de África. La juventud del país se une a la bandera de Adolf Hitler. En Windhuk nace una célula regional del NSDAP que crece rápidamente; la organización juvenil alemana, al igual que los scouts alemanes, pasa a estar bajo el control de la Hitlerjugend.

1934

Las Hitlerjugend y el NSDAP son prohibidos en Sudáfrica. Los jóvenes alemanes comienzan a emigrar a Alemania, movimiento que continúa hasta 1937.

Al mismo tiempo, los africanos del Consejo General del Suroeste aprueban una moción en la que proponen que la Unión Sudafricana administre el Suroeste de África como una quinta provincia. Sin embargo, la Unión Sudafricana no modificó los términos de su mandato.

1935

En Alemania, 600 jóvenes alemanes del Sudoeste se fusionan en la Tropa Nacional del Sudoeste de África. Esta tropa sudoesteafricana puso rápidamente orden y disciplina en las filas de la juventud sudoeste y la dirigió ideológicamente.

1936-1937

En diciembre de 1936, el gobierno de la Unión anunció duras medidas contra la población del suroeste de África. En una declaración, la Unión anunció que esperaba que, tras la concesión de la ciudadanía a los alemanes en 1925, éstos prosperaran en la comunidad, es decir, se convirtieran en bóers. Otras medidas del agente obligaron a los alemanes de Sudáfrica Occidental a disolver su organización única, la "Alianza Alemana".

PRIMAVERA DE 1939

Hace unos años se creó en el Suroeste una nueva organización de scouts, cuyas actividades están restringidas por decretos muy estrictos. Además, un nuevo partido, la "Alianza del Suroeste", al que sólo pueden pertenecer los alemanes naturalizados, ha tomado las riendas del destino político de la comunidad alemana del Suroeste. Desde hace aproximadamente un año, los jóvenes alemanes que se habían alistado en la Tropa Nacional Alemana del Sudoeste se han ido retirando al Sudoeste, individualmente o en pequeños grupos. Tras haberse formado ideológica y profesionalmente, vienen a hacerse cargo de la defensa de la etnia alemana en el suroeste de África. Quieren afirmarse a pesar de todas las influencias extranjeras. A todos les mueve la esperanza de que el suroeste de África vuelva a Alemania.

***

La comunidad alemana ha alcanzado ahora esa unidad interna necesaria para no verse abatida por las represalias políticas y económicas del Gobierno del Mandato. Es un hecho bien conocido que los grupos populares alemanes que han alcanzado tal estado de unidad y armonía interna no pueden sino fortalecerse frente a cualquier intento externo de ejercer presión sobre ellos. Mirando retrospectivamente el desarrollo del pueblo alemán en su conjunto, se puede hablar de un enorme cambio, es decir, el nacimiento de una nueva clase dirigente con la juventud de la nación detrás, ha borrado el pasado y ha creado nuevos tiempos. Este desarrollo de la nación alemana en su conjunto puede encontrarse en menor medida en los grupos nacionales del Suroeste. De las filas de la generación más joven surgieron una serie de hombres capaces que, junto con los líderes de la primera generación, asumieron el liderazgo de toda la comunidad alemana del suroeste. Desde entonces, la comunidad ha superado su desunión interna y ahora está preparada para desafiar cualquier ataque.

SS-Uscha. Kurt P. Klein

Paisaje sajón.

El Gran Muftí de Jerusalén pasa revista a los voluntarios bosnios de las Waffen-SS.

FOLLETO Nº 2 DE LAS SS. 1939.

EL ISLAM, LA GRAN POTENCIA DEL MAÑANA

La repentina muerte del joven rey Ghazi I de Irak, que hace aproximadamente un mes estrelló su coche contra un árbol y murió a las pocas horas a causa de las graves heridas sufridas, volvió a unir a todo el mundo árabe en un espíritu de comunidad y solidaridad. La primera respuesta espontánea a este acontecimiento fue el asesinato del cónsul británico en Mosul, apedreado por los árabes. La razón: en los círculos árabes, cuyos instintos habían sido afinados por años de lucha defensiva, no se creía que el joven rey fuera un accidente, sino que se le consideraba una nueva víctima del servicio secreto británico, responsable también de la muerte del padre de Ghazi, el rey Feyçal I. El rey Feyçal murió repentina e inesperadamente en 1933 en Berna. Al principio, su muerte se atribuyó a unos magnates del petróleo. Hoy se sabe con certeza que Feyçal fue envenenado por los británicos.

Pero la muerte de Ghazi vuelve a llamar la atención sobre el telón de fondo en el que se han desarrollado en los últimos años acontecimientos de gran importancia en el mundo árabe. Por ello, el observador político atento se planteará inevitablemente la siguiente pregunta: ¿Qué conexiones existen aquí y hasta qué punto es posible vincular un fenómeno político, religioso o ideológico con estos acontecimientos? Sin embargo, hay que evitar el error de considerar las nociones del "mundo árabe" como algo completamente homogéneo en sí mismo, porque el arabismo en el norte de África francés obedece a leyes completamente diferentes de las de Egipto, y las formas de expresión religiosa entre los wahabitas de Ibn Saud divergen completamente de las de los árabes de Transjordania. Las exigencias nacionalistas determinadas por la tribu, así como las diferencias culturales y religiosas, crean un panorama tan complejo y turbulento, los intereses dinásticos y los vínculos políticos con algunas grandes potencias europeas tienen repercusiones tan diferentes que resulta difícil hablar simplemente de un estilo de vida único y organizado, basado en leyes establecidas. Y, sin embargo, ese modo de vida existe. No en un sentido estatal. No en el sentido de una similitud total de creencias religiosas -basta pensar en las numerosas sectas dentro del Islam-, sino que esta alta comunidad se basa en una realidad muy difícil de comprender para el europeo.

Lo que une en cierta medida a los árabes en su lucha por liberarse de la dominación extranjera británica es el ardiente nacionalismo y el deseo de libertad y de un Estado independiente. En la raíz de todo ello está la religión que, como doctrina del Profeta Mahoma, se ha convertido en una potencia internacional de primer orden, que desea manifestarse en condiciones completamente nuevas y que actualmente está demostrando ser una potencia política mundial, aunque difiera de tribu a tribu, pero que en última instancia forma una unidad. Sin embargo, al considerar la naturaleza de lo que constituye estas fuerzas que extraen su vitalidad de esta fuente inagotable, hay que remontarse a la época en que el Islam entró en contacto por primera vez con el mundo occidental. En estos enfrentamientos entre el mundo occidental-cristiano y el oriental-islámico, que han tenido una influencia decisiva en toda la evolución del Islam, Oriente fue el elemento activo hasta finales del siglo XVII. Entonces se produjo una pausa temporal en la lucha hasta que Napoleón, por su parte, extendió el ardor guerrero de Occidente a Oriente y puso así en marcha una evolución caracterizada por una lucha constante entre Oriente y Occidente que culminó en la Gran Guerra con la decadencia del Imperio turco de Osmán. Por primera vez en la historia de la comunidad árabe, los años que siguieron tal vez hayan enfocado tanto el problema que ahora es posible definir de forma más realista la naturaleza de las múltiples fuerzas de este movimiento y sus dinámicas emanaciones.

Es un hecho constatado que el Islam ha dejado de ser una mera doctrina religiosa para representar un enlace entre el nacionalismo puro y el fanatismo religioso. Pero hoy en día, el universo común del Islam está conformado más vívidamente que nunca por el sentido de una comunidad de destino islámico-oriental naturalmente hostil a todo lo que es occidental. Encuentra su expresión más fuerte y poderosa en esta oposición a Occidente y al cristianismo. Sin embargo, debemos hacer un paréntesis: esta comunidad de destino del mundo árabe con un trasfondo islámico no tiene nada que ver con la llamada idea panislámica, tal como fue propagada en el pasado por los califas turcos y que pretendía la creación de un gran Imperio islámico unido. Especialmente en el periodo anterior a la guerra, este movimiento era un elemento a tener en cuenta políticamente, ya que era el resultado de una necesidad política. Pero se desmoronó con la caída del Imperio Osmán, cuando se reavivaron entre los árabes las reivindicaciones tribales y los múltiples movimientos nacionales, con musulmanes que luchaban entre sí cuando les servía para sus fines políticos. El recuerdo de la "guerra santa", a la que el penúltimo sultán convocó a los creyentes en Mahoma contra los aliados, sigue vivo en todas partes y fue un pobre testimonio de una idea panislámica. Hoy sería mucho mejor, en lugar de un movimiento panislámico en el espíritu del del Sultán, hablar de un nacionalismo islámico que, ciertamente, tiene orígenes tan diferentes como los de cada tribu, pero que en todas partes -y en esto radica su importancia decisiva- representa la misma alianza entre fuerzas nacionales y religiosas. Pero esta correlación se expresa probablemente mejor en aquella parte del mundo islámico que también se convirtió en el punto de partida de la doctrina de Mahoma: en el espacio vital árabe de Oriente Próximo. (En este contexto, no hay que olvidar que los seguidores del Islam no son sólo árabes, sino también en la India, Japón, las Indias Orientales Holandesas, los Balcanes, etc.), Y aquí, en el mundo exclusivamente árabe, el Islam creó un movimiento vinculado a las ideas nacionales, que se denominó panarabismo, y en el que se expresó el frente defensivo más fuerte o, más exactamente, la hostilidad más violenta hacia Europa y la Cristiandad que se había lanzado en este territorio desde el avance de los moros hacia España. (Para el caso, comparemos los admirables monumentos culturales y tesoros artísticos que los moriscos produjeron en España con las miserables huellas dejadas por el cristianismo, ¡fruto de una voluntad artístico-cultural de mentes y sensibilidades totalmente trastornadas!) Esta oposición es particularmente evidente allí donde las formas de la vida política siguen visiblemente impregnadas del espíritu de combate, como en Palestina, Argelia y otros centros de lucha por el poder. Y aquí, en el corazón de esta zona de combate, se encuentra también el lugar que es la fuerza motriz del movimiento panárabe y representa a la vez el corazón espiritual y religioso de esta gigantesca lucha, es decir, la famosa y centenaria Universidad de El Cairo El-Ashar. Desde este punto de enorme concentración de energía religiosa y política, innumerables profesores y líderes se desplazan anualmente a todas las partes del mundo árabe para predicar el odio a toda dominación extranjera. Los restantes institutos musulmanes de Damasco o Fez son también puntos de reunión de la élite gobernante islámica, desde donde los profesores musulmanes, llamados "ulama", van al frente de batalla y crean un nuevo impulso guerrero en pequeñas mezquitas y remotas aldeas beduinas.

En relación con los esfuerzos panislámicos del califato turco, es importante mencionar lo siguiente: La abolición del califato por Kemal Ataturk, el creador de la nueva Turquía, fallecido hace unos meses, no iba dirigida en modo alguno contra el Islam como tal. En esencia, era imperativo apartar a la joven Turquía de los problemas de los restantes Estados árabes que habían abandonado el antiguo Imperio de Osman, garantizando así la construcción segura del joven Estado turco que duros sacrificios habían hecho posible. Esto es lo que determinó la separación del sultanato y el califato, que fue seguida más tarde en el curso de la evolución por la abolición completa pero no totalmente definitiva del califato (y por tanto de la autoridad religiosa de todos los mahometanos). El hecho de que el propio califato fuera abolido a continuación no debe atribuirse a determinadas personalidades árabes que querían destruir definitivamente en su origen todas las esperanzas reaccionarias de un renacimiento del antiguo Imperio Osmánico. Como resultado de acontecimientos particulares, sobre los que no es posible profundizar, el desarrollo posterior de Turquía condujo a una separación definitiva entre el Estado y el Islam, de modo que Turquía ocupa hoy una especie de posición especial en relación con los restantes Estados árabes.

Pero además, la enorme fuerza de atracción que el lugar santo del Islam, la ciudad de peregrinación de La Meca, ejerce sobre todos los creyentes hoy, como lo hizo en el pasado, demuestra la fuerza del sentimiento de pertenencia común de todos los musulmanes. Cada año se reúnen aquí peregrinos de todas las partes del mundo. Reciben nuevas fuerzas para su lucha religiosa y política, y los musulmanes, que suman unos 250 millones en todo el mundo, sienten constantemente el profundo sentimiento de una comunidad indisoluble. Se trata, sin duda, de una comunidad religiosa con evidentes rasgos antioccidentales y, por tanto, la base de una lucha política.

Una de las diferencias de naturaleza más notables entre el cristianismo y el islam también es evidente aquí. En todos los sueños de poder y, sobre todo, en las ansias imperialistas expresadas constantemente, por ejemplo, por la Iglesia católica a lo largo de la historia, el cristianismo ha quedado excluido en gran medida de las últimas decisiones políticas en todos los países occidentales. Esto no quiere decir que no participara en los conflictos del pasado: pero cuando se tomaron decisiones e imperativos, actuó contra el Estado y, por tanto, contra el desarrollo político de Occidente. Por otra parte, el islam pudo motivar e influir en gran medida en las decisiones políticas desde un punto de vista religioso, de nuevo en contraste con el cristianismo; esto se debe a que, tanto para los árabes como para los musulmanes, la religión es simplemente la expresión de su forma de vida natural, de modo que no podría producirse un enfrentamiento de los dos poderes comparable al enfrentamiento del emperador y el papa en el mundo occidental. Pero en el mundo árabe, como ya hemos visto, también existen oposiciones que hoy son explotadas principalmente por los británicos para impedir una fusión de todos los árabes. Pero todas estas divisiones son secundarias, aunque persistan, mientras el Islam se una al nacionalismo en esa síntesis que hemos llamado panarabismo y que, como futura gran potencia, se enfrentará a las potencias europeas todavía incapaces de adoptar una postura clara.

En este contexto, un hombre merece especial atención. Uno de los líderes árabes que desempeñará un papel decisivo es Ibn Saud, el rey de Arabia Saudí, el mayor Estado árabe en la actualidad. Este intrépido guerrero y diplomático, de apenas 20 años y originario de la ciudad portuaria de Kuwait, en el Golfo Pérsico, entró por la fuerza en Er Riad, la capital del Imperio Árabe, en 1901 con un puñado de temerarios beduinos y reconquistó así la tierra de sus padres. En 1924, expulsó al rey Hussein del Hiyaz cuando éste quiso nombrarse califa, conquistó rápidamente todo el Hiyaz con sus soldados bien equipados y lo anexionó a sus dominios, que hoy incluyen indirectamente Yemen, tras obligar al imán de Yemen a someterse. Este árabe ortodoxo de la secta wahabí es hoy una de las figuras del tablero árabe en la que muchos musulmanes esperan una restauración del califato. La secta wahabí se diferencia del resto de las sectas islámicas en que purifica la fe mahometana de todo añadido y la expresa mediante una regla de vida casi puritana. La liberación del dogmatismo teológico y el retorno a la doctrina tal y como la anunció el Profeta son las principales características de esta comunidad de wahabitas extraordinariamente morales.

Aún no se sabe si Ibn Seoub abordará el problema del califato. Pues la lucha política sigue estando demasiado a la cabeza de las necesidades como para que esta cuestión más religiosa se haya resuelto todavía. Pero cuando haya que tomar la decisión, Ibn Saud pondrá en cualquier caso el peso de su fuerte personalidad y el poder de su Estado en la balanza si se trata también de coronar la nueva creación del mundo árabe desde un punto de vista puramente religioso.

Quizás entonces este nuevo líder árabe personifique, en el sentido de un panarabismo reforzado, esa alianza entre nacionalismo e islam que es característica de la evolución que se ha producido. La "guerra santa" del pasado era una bella fórmula, pero en realidad carecía totalmente de sentido. La "guerra santa" de mañana se situará bajo la bandera verde del

Profeta y el estandarte del panarabismo, pero también del mundo occidental, obligando así al mundo árabe a definir claramente sus esferas de interés.

Alfred Pilllmann

FOLLETO Nº 1 DE LAS SS. 1939.

EL IMPERIO DE ATATURK

Es una curiosa coincidencia que el destino haga que personas completamente ajenas entre sí y que viven en zonas muy diferentes sigan evoluciones paralelas y, además, exactamente al mismo tiempo y en las mismas condiciones.

También podemos ver esta evolución en la historia de Italia y Alemania, dos países que, tras un gran pasado, cayeron en la impotencia política y nacional debido a su desunión interna. Pero en la segunda mitad del siglo XIX, gracias a estadistas de genio (Bismarck, Cavour), dieron el primer paso hacia la unidad y la recuperación y luego se convirtieron en grandes potencias dirigidas por soldados del frente después de la guerra. Todos tenemos la inesperada oportunidad de vivir y ver que nuestros países se han convertido en potencias mundiales.

Turquía ha experimentado una evolución similar. El antiguo pueblo nómada turco apareció más o menos al mismo tiempo que el pueblo alemán en la historia internacional. Hacia principios de la era cristiana, en época de sequías, los pueblos asiáticos de la estepa se desplazaban cada año a las regiones más fértiles, a veces como invasores, como los hunos de Atila o los mongoles de Tamerlán y Gengis Kan. Las tribus túrquicas se dirigían cada año a las regiones situadas entre el mar Negro y el mar Mediterráneo, principalmente Anatolia, Mesopotamia, Siria e Irán.

El gran milagro del Islam fue que fue aceptado voluntariamente por los turcos, que hasta entonces habían practicado el culto a las estrellas del que aún deriva su actual escudo de armas: la media luna y la estrella. Los turcos, que ahora se habían hecho sedentarios, eran tan importantes que en el siglo VIII se convirtieron en la fuerza motriz en todos los ámbitos de la vida y en el siglo IX dominaban prácticamente todo el mundo musulmán, aunque los reyes y califas eran árabes. Se convirtieron en la élite del ejército mahometano, pero permanecieron fieles a su carácter y lengua nacionales: ésta es una de las razones de su fuerza invencible y de su fe en sí mismos a pesar de las largas y sangrientas guerras.

En estas circunstancias, no es de extrañar que poco a poco se hicieran con el liderazgo del mundo musulmán, lo que de hecho ocurrió a finales del siglo XIII. Fue un jefe tribal selyúcida, Osman, gran caudillo de la época, quien dio su nombre a la dinastía "Osmanli".

Sus sucesores gobernaron Turquía hasta 1924.

El poder de los gobernantes osmanlíes residía en el hecho de que, a diferencia de la mayoría de los potentados de Europa y Asia, tenían un objetivo bien definido, evidente para la nación, que les permitía alcanzar la meta suprema1: la unificación y reunión de todas las tribus túrquicas en un Imperio central de tipo turco. Éste debía ser un Imperio de señores y amos natos que forjaran la unidad del mundo islámico, un mundo totalmente dividido y unido únicamente por las enseñanzas del Profeta, claramente consciente del peligro que un día llegaría de Occidente.

La debilidad de los osmaníes residía en su establecimiento en la vieja Europa, aunque el motivo fue la petición de ayuda de un emperador griego para resolver una disputa interna. Aunque los turcos eran un estado racialmente puro en el siglo XIV capaz de competir con cualquier nación del mundo, poseyendo uno de los primeros ejércitos regulares, agotaron sus fuerzas nacionales por toda Europa desde entonces hasta el siglo XVII. Sólo gracias a los ejércitos alemanes y a sus líderes -en particular el príncipe Eugenio- se detuvieron frente a Viena y abandonaron gradualmente Europa.

Selim I, que gobernó de 1512 a 1520, fue uno de los príncipes más sabios que jamás reinaron. Sus colaboradores más cercanos no eran representantes de la nobleza ni de las clases sociales más altas, sino a menudo hijos de campesinos y vaqueros, y estaban orgullosos de este hecho. Los escritores de la época mencionan este hecho como algo inaudito y desconocido en Europa. Selim sólo reconocía la capacidad y el valor. Le era indiferente la extracción y el origen. Tras la conquista de Irán, Egipto, Arabia y Siria, fue, desde 1517, no sólo sultán, sino también califa, es decir, era a la vez gobernante temporal y religioso, y sus sucesores siguieron siéndolo hasta que Atatürk, antes del derrocamiento total de los sultanes, separó el poder temporal del religioso.

El sucesor e hijo de Selim I, Suleimán II, fue el más brillante de los gobernantes Osman, pero también el último de estos grandes gobernantes.

Sus sucesores degeneraron cada vez más, provocaron peleas e intrigas, desorden y descontento. Era la época en que Europa despertaba gracias a la iniciativa de Alemania, a pesar de las intrigas de Francia contra la estabilidad europea, y esto supuso el fin del poder del Imperio Osmanlí. El príncipe Eugenio expulsó a los turcos hacia el este, pero permanecieron en los Balcanes durante mucho tiempo. Napoleón les infligió duras derrotas en Egipto, y el dominio turco habría terminado mucho antes si las potencias europeas no hubieran estado desunidas como lo estuvieron Inglaterra y Francia durante la campaña egipcia.

Sin embargo, Napoleón provocó el despertar de los serbios, búlgaros y griegos que seguían bajo dominio turco. Estos últimos declararon su independencia en 1829 en la Paz de Andrinopla y, poco después, los rusos empezaron a interesarse por los Balcanes, el Bósforo y los Dardanelos. Su paneslavismo les convirtió en opositores declarados de los turcos. Sin embargo, no pudieron acercarse a sus objetivos en la guerra ruso-turca de Crimea.

Debemos dar las gracias a Bismarck por haber traído finalmente la paz y la tranquilidad tras estas interminables disputas: fue él quien, en 1878, en el Congreso de Berlín, consiguió que se aboliera la soberanía de los turcos sobre la mayoría de los estados balcánicos pero que, por otra parte, se mantuviera intacta la estabilidad del Imperio Osmanlí, lo que, como todos sabemos, provocó el resentimiento ruso.

En 1908 nació la revolución turca, liderada por Enver Pada, que quería convertir el "Estado enfermo del Bósforo" en un Estado estructurado, lo que requería, sobre todo, amplias reformas. Turquía seguía siendo medieval, y los crueles y despóticos sultanes se oponían firmemente a cualquier desarrollo.

Sin embargo, los jóvenes turcos fracasaron porque tampoco ellos procedían del pueblo, sino que eran reclutados entre la intelectualidad y la burguesía del país y, por tanto, no tenían ninguna influencia sobre las masas campesinas. El declive se acentuó. Bulgaria declaró su independencia, Italia se apoderó de Libia y Atatürk obtuvo casi la única victoria de la guerra en la batalla de Tobruk.

Los pueblos balcánicos declararon una guerra a Turquía que se saldó con importantes pérdidas de territorio, pero que podría haber terminado aún peor, incluso con el fin del Imperio turco, si el valor de los soldados de Anatolia no hubiera interrumpido el asalto enemigo a Andrinopla. 1913 vio el final de la Segunda Guerra de los Balcanes tras dos años de sangrientos combates; la paz de Constantinopla expulsó a Turquía casi por completo de Europa.

Cuando estalló la Primera Guerra Mundial, estaba claro para todos que Rusia veía su oportunidad de acabar finalmente con Turquía. Como resultado, Turquía se vio obligada a tomar partido contra Rusia y, por tanto, contra Alemania y las potencias centrales. Cuando más tarde se examinaron los archivos de guerra rusos, quedó claro que las intenciones de Rusia habían quedado debidamente registradas.

Una de las mayores hazañas bélicas de los turcos fue la defensa del estrecho, a la que contribuyeron oficiales alemanes. Aquí debemos mencionar al general von der Goltz, el renovador y reorganizador del ejército turco. Durante la Gran Guerra, von der Goltz fue primero ayudante de campo general del Sultán y más tarde comandante en jefe del Primer Ejército Turco. El Grupo de Ejércitos Anafarta se llevó la peor parte de la batalla; su jefe, Mustafá Kemal Pachá, se cubrió de gloria por segunda vez en su vida y contribuyó en última instancia a la retirada de los Aliados. También comandó el Séptimo Ejército, que cubrió la retirada de los turcos en la retaguardia y se ganó así la estima de todos sus enemigos.

Sin embargo, para una Turquía incruenta, la guerra no terminó con el armisticio del 18 de octubre de 1918. A instancias de Francia y Gran Bretaña, las tropas griegas desembarcaron en Esmirna y comenzaron una cruel guerra que duró tres años y que habría supuesto rápidamente el fin de Turquía de no haber sido por la intervención de Atatürk.

Los verdaderos instigadores de estas batallas mortales no fueron los griegos, que pensaban que estaban haciendo un gran servicio a Occidente y a la cultura cristiana, sino los dos eternos tontos, Lloyd George y Winston Churchill, que querían anexionarse una ruta terrestre a la India reduciendo Turquía a un conglomerado de pequeños Estados en miniatura que habrían puesto bajo tutela griega, inglesa y francesa. Los griegos, por su parte, iban a llevarse la mayor parte del mérito.

Gran parte de Turquía estaba ocupada por los armenios, los británicos, los franceses, los griegos y los italianos en virtud del armisticio en cuestión. Cuando los griegos, bajo la protección de las flotas británica y francesa, pasaron al ataque, la situación de los turcos era desesperada. La nación, completamente agotada por ocho años de guerra, estaba desmoralizada. El sultán estaba complaciendo a las potencias occidentales; resultó ser un político ordenado, del tipo que conocimos en Alemania en la misma época.

Entonces apareció Mustafá Kemal. No se preocupó del sultán ni de las instituciones, reunió a los ejércitos turcos, los reorganizó y los armó con ayuda rusa. Los soviéticos lo hicieron encantados, pues sabían que las potencias occidentales no se detendrían ante Turquía. Cerca de la frontera estaban Bakú y Batum, Tiflis, los pozos de petróleo cuyas acciones ya había comprado cautelosamente Sir Henry Deterding, cometiendo así el mayor error de su vida.

Sin embargo, Kemal Pasha fue lo bastante astuto como para liberarse del lazo en el que los soviéticos intentaban enredar poco a poco a Turquía. Aunque más tarde su política exterior cultivó ante todo la amistad con la Rusia soviética, reprimió sin piedad a todos los comunistas del país. Mientras tanto necesitaba ayuda. Con escasos medios y en circunstancias lamentables, empezó a luchar contra un adversario tres veces mayor que él, perdió algunas batallas y luego, como genio militar nato, hizo retroceder a los griegos, batalla tras batalla. Cuando los Aliados vieron que el plan fracasaba por la inesperada resistencia turca, invitaron a los turcos a una conferencia en 1921 en Londres, aunque Lloyd George calificó a las fuerzas turcas de banda de saqueadores y a Kemal de general rebelde, como había hecho recientemente el general Franco.

Esta conferencia no produjo ningún resultado. La batalla continuó. En agosto y septiembre de 1921, Kemal coronó su gloria guerrera conduciendo a sus pobres tropas a la victoria tras largos y duros combates con numerosas maniobras tácticas, pero sobre todo con un impulso apasionado contra un enemigo muy superior en número y armamento. La asamblea nacional le concedió el título de "El Gasi", el victorioso.

En pocos meses, el enemigo fue definitivamente derrotado, especialmente en las memorables batallas de Afion, Karahissar e Inonu. El vencedor en Inonu fue el jefe de gabinete de Kemal y su sucesor como presidente. El sultán tuvo que exiliarse, acusado de alta traición y Lloyd George tuvo que dimitir. Esta vez se había equivocado totalmente. El rey Constantino de Grecia abdicó y Kemal empezó a educar a su pueblo, no sin dificultades, para convertirse lenta pero inexorablemente en una gran potencia moderna. El 24 de julio de 1923, tras unos doce años de guerra, se alcanzó la paz en el Tratado de Lausana. Los griegos tuvieron que entregar la parte europea de Turquía y Tracia oriental: el país estaba salvado.

Tras la separación de los poderes espiritual y temporal, el heredero al trono fue proclamado califa. Cuando más tarde el clero demostró ser totalmente reaccionario y conspirador, Kemal abolió el califato y todo lo que conllevaba sin más. El pueblo tenía poco apego a su iglesia y no se movió cuando llegó la abolición. Sin embargo, la prohibición del fez y la introducción del sombrero causaron malestar.

Aparte de que el pueblo, completamente agotado, tenía que recuperar sus fuerzas, Kemal tenía mucho que hacer debido al analfabetismo del 90% de la población y a todas las instituciones anticuadas. Dio ejemplo, introdujo la escritura latina en la lengua hablada, abolió el velo y el fez, recorrió el país y enseñó a los campesinos a leer y escribir.

La riqueza natural del país le ayudó en su empresa. Para una superficie que duplica aproximadamente la de Alemania, Turquía sólo cuenta con 16 millones de habitantes, de los cuales nueve décimas partes son de raza turca y dos tercios campesinos. La tasa de fecundidad es notable: 23 nacimientos por cada 1.000 habitantes. Esta tendencia se ve reforzada por el retorno de los emigrantes turcos que viven en el extranjero y vienen a instalarse por iniciativa del Estado.

La nueva Turquía ya es autosuficiente desde hace diez años. Ya no depende de suministros extranjeros, ni siquiera en años de malas cosechas. El país se está recuperando visiblemente del estado de Imperio medieval de las Mil y Una Noches al de Estado moderno en un periodo de tiempo hasta ahora desconocido en Oriente. Los alemanes han contribuido en gran medida a todas estas transformaciones y logros. Una vez más, resulta que aquí, como en todas partes, los alemanes son el único pueblo civilizado de la tierra capaz de ayudar a otros pueblos en desarrollo sin explotarlos.

Nuestra simpatía se dirigió a los turcos y a los japoneses porque en ambos casos se trataba de personas caballerosas, trabajadoras y valientes que, además, como nosotros, experimentan una comunión nacional de la que extraen su fuerza. Al igual que Adolf Hitler, Kemal Pasha, que tras la creación de su apellido pasó a llamarse Kemal Atatürk, abolió las clases sociales en su país y llevó al más alto grado la soberanía del pueblo en la persona del líder elegido.

A partir de entonces, Alemania se convirtió en el socio comercial más importante de Turquía. En 1937, Turquía compró a Alemania mercancías por valor de 48.132.000 liras turcas y exportó 50.412.000 liras turcas a Alemania. Estados Unidos le seguía en un distante tercer lugar, Inglaterra en un sexto y Francia en un décimo. La exportación turca más importante es el tabaco. Las principales importaciones son tejidos, acero y maquinaria.

Políticamente, con Ataturk, Turquía se convirtió en una potencia líder y dueña del paso del Mar Negro al Mediterráneo, posesión que le fue confirmada soberanamente en el Tratado de Montreux de 1936. Este paso siempre ha tenido una gran importancia como vínculo entre Occidente y Oriente, entre Europa y Asia.

Durante siglos, Constantinopla ha sido el principal punto de transbordo del tráfico de mercancías entre Asia y Europa. Con esta idea, Alemania quiso construir antes de la guerra la línea férrea Berlín-Bagdad, proyecto frustrado por Inglaterra, hasta hoy, cuando el viejo sueño se ha hecho realidad: pronto será posible viajar en ferrocarril de Berlín a Bagdad y Teherán.

En Turquía existe un sentimiento muy fuerte de tutela y una gran aversión a ella. No había ni rastro de esto con respecto a Alemania. Alemania siempre ha cooperado desinteresadamente en el desarrollo del país. Los alemanes llevan muchos años trabajando en Turquía como soldados, técnicos, arquitectos y profesores, los únicos extranjeros a los que se apoya allí e incluso se busca.

En los últimos años se han descubierto enormes yacimientos de mineral y petróleo. Turquía es inmensamente rica. Alemania sólo quiere comercio entre amigos. Prueba de ello son los 150 millones de marcos de crédito en mercancías que el Ministro de Comercio del Reich, Funk, ha concedido a Turquía. Si ahora, de repente, Inglaterra se interesa comercialmente por Turquía, hasta la última persona de ese país sabe lo que eso significa: precaución contra la creciente influencia alemana en Oriente Próximo.

Y todo turco sabe también que Inglaterra no cambiará nada, que Turquía ya no aceptará órdenes de nadie; así lo declaró en Montreux. Los soviéticos estaban furiosos porque habían creído que Turquía navegaría tras ellos.

Estratégicamente, este país no teme nada. Un ejército poderoso, una buena flota de guerra y 4.000 kilómetros de costa para 6.000 kilómetros de frontera, aparte de que los "estrechos" son inexpugnables.

Los turcos son un pueblo con el que el mundo debe contar. Nosotros, los alemanes, tenemos la ventaja de la vieja amistad, la camaradería de armas y la franca simpatía. Ahora que Alemania se ha convertido en la mayor potencia del Danubio, no tardará en establecerse un intenso comercio fluvial entre nuestros dos estados. Exportamos telas y maquinaria. Nos necesitamos mutuamente y permaneceremos unidos a pesar de los golpes bajos de terceros.

SS-Ustuf. Lorenz

III. ADVERSARIOS

FOLLETO Nº 3 DE LAS SS. 1936.

SS-OSTUF. HEINRICH BAUER: EL ANTIGUO TESTAMENTO, AUTORRETRATO DE LOS JUDÍOS

La historia de los patriarcas y reyes del Antiguo Testamento es ciertamente una mala fuente histórica, pues está llena de relatos, leyendas y falsificaciones; la verdad y la poesía, la riqueza del espíritu de los pueblos arios, las distorsiones y añadidos judíos se suceden en un revoltijo. Pero para nosotros, el Antiguo Testamento tiene un valor fundamental porque es el autorretrato de los judíos. Un cerebro ario no podría imaginar historias comparables a las de Abraham, Isaac, Jacob y José.

Las figuras de Abraham y José son imaginarias, pero el viaje de Abraham y la vida de José se basan en hechos históricos.

Los judíos eran una ínfima minoría dentro de la población de Palestina. En este territorio de paso, de combate y de colonización de tribus de los tipos más diversos, reinaba el caos racial, marcado primero por una influencia negra, luego por una influencia oriental procedente de Asia Menor. Los judíos asimilaron la sangre de los más diferentes pueblos africanos, asiáticos y europeos.

Entre 450 y 400 a.C., los profetas Esdras y Nehemías establecieron estrictas leyes raciales que prohibían cualquier otro mestizaje con tribus extranjeras. Es significativo que estas leyes raciales de los judíos orientales se hayan conservado hasta nuestros días y que el deseo de separación persista en la judería auténtica. Gracias a esta separación, presente desde hace unos 2.000 años y fijada por la ley religiosa, el pueblo judío ha creado una comunidad más o menos homogénea en sí misma.

El mestizaje y la ausencia de una patria ancestral han hecho que el judío se extienda por todo el mundo a lo largo de la historia, pero siempre ha conservado su característica étnica.

A partir de Esdras, la judería se construyó gradualmente a partir de la población restante de Palestina y creció constantemente. Como una tela de araña, se extendió por todo el Viejo Mundo. Los judíos se asentaron en las principales ciudades de la zona mediterránea y formaron asentamientos aislados que se reforzaron permanentemente con la emigración masiva y voluntaria desde Palestina.

A continuación, se produjo el mismo proceso en todos los países:

Al principio, los judíos eran tolerados por la población, luego incluso favorecidos por los gobernantes, hasta que la repugnancia y el odio de la población hacia ellos llegaron a su punto de ebullición debido a su arrogancia, pretensión y usura, y los judíos fueron expulsados o se aprobaron leyes protectoras contra ellos. Esto sucedió en Egipto, Babilonia y Persia, en Grecia e Italia, en España e Inglaterra. Lo mismo ocurrió en Alemania.

Al igual que las figuras de Abraham y José, la de Ester también es legendaria. Pero la historia de Ester también tiene un trasfondo histórico. El mismo principio ha regido la política judía desde los tiempos más remotos: La mujer sensual sirve de arma en la lucha por la vida de individuos y pueblos. Desde tiempos inmemoriales, la política de Ester desempeñó un gran papel en la aspiración del pueblo judío al dominio del mundo: mujeres judías bellas e inteligentes se convirtieron en las amantes de reyes, príncipes y hombres influyentes; los encadenaron a sí mismas con su encanto sensual y los utilizaron en beneficio de su pueblo. De este modo, obtenían ventajas para sus compatriotas, se enteraban de los planes más secretos, etc.

La "judía de Toledo", amante del rey español Alfonso I, es conocida por haber concedido a los judíos favores tan inauditos que el pueblo recurrió a la violencia.

En los salones, o más bien en los burdeles de la alta sociedad, las bellas judías Henriette Herz, Dorothea Veit (más tarde casada con Friedrich Schlegel) y Rachel Varnhagen agasajaban a finales del siglo XVIII a estadistas y príncipes, poetas y eruditos.

Durante el Congreso de Viena de 1814/15, las hijas del acaudalado judío berlinés Itzig, que se había casado en Viena con los banqueros von Arnstein y Eskeles, se encargaron de defender los intereses judíos tras la Guerra de la Independencia contra Napoleón: políticos como Hardenberg y Wilhelm von Humboldt discutían en sus salones las cuestiones políticas más secretas.

El canciller Caprivi era un invitado frecuente en el salón político de la judía von Lebbin, y la más tarde encarcelada condesa Fischler-Treubner de Berlín, miembro de la familia Kaufmann-Asser, era lugar de encuentro de personalidades del Ministerio de Asuntos Exteriores, la política y la economía, así como de Erzberger, Maximilian Harden, Georg Bernhard, Friedrich Stampfer y otras destacadas figuras judías.

Esta presentación del Génesis, escrito por historiadores judíos, y del Libro de Ester, también escrito por un cronista judío, debería mostrar la insalvable oposición entre las ideas, los sentimientos y las acciones de alemanes y judíos.

La historia de los judíos comienza con la llamada del dios nacional judío Yahvé a Abram, el antepasado del pueblo judío: "Deja tu país, tu parentela y la casa de tu padre, por la tierra que te mostraré. Haré de ti un pueblo grande, te bendeciré, engrandeceré tu nombre; ¡sé una bendición! Bendeciré a los que te bendigan, reprenderé a los que te maldigan. En ti serán bendecidos todos los clanes de la tierra" (Génesis, cap. 12, v. 1-3).

La salida de Abram y su familia de Caldea, entre los ríos Tigris y Éufrates, hacia la fértil tierra del Jordán, Canaán, situada al oeste del Mediterráneo, llamada más tarde Palestina, es decir, la tierra de los filisteos, fue el comienzo de la ofensiva del pueblo judío, viajero y ocioso, hacia los países que rodeaban Asia Menor y, más tarde, hacia los demás países del mundo. En este convoy domina la palabra de Yahvé que justificó la reivindicación y la exigencia de los judíos hasta nuestros días: "¡Bendeciré a los que os bendigan, reprenderé a los que os maldigan!

Una hambruna empujó a Abram de Canaán a Egipto (otro rasgo típico judío: ¡donde me siento bien está mi hogar!). Pero para que los egipcios no lo mataran a traición a causa de su bella esposa Sarai, a la que querían mantener con vida, ordena a su mujer (v. 13): "Te ruego que digas que eres mi hermana, para que me traten bien por ti y me dejen con vida por ti". En consecuencia, el rey egipcio acoge en su casa y en su lecho a la esposa prostituta físicamente deseable y llena al supuesto hermano Abram de rebaños y esclavos, además de todo lo demás, gracias a su bondad. Pero esta Sarai está precisamente en el origen de las plagas que Yahvé inflige al faraón de forma asombrosa hasta que éste reconoce el estado de cosas. Éste reprocha severamente a Abram: "¿Qué me has hecho? ¿Por qué no me dijiste que era tu mujer? ¿Por qué dijiste: 'Es mi hermana', para que yo la tomara por esposa? Con incomprensible indulgencia, el rey deja que Abram, el engañador y casamentero, abandone Egipto pacíficamente con su esposa Sarai y todas las riquezas que ha obtenido.

Así que renovó sus malos tratos con Sarai, burlándose de las cosas más sagradas e inviolables. Cuando Sarai se enteró de que era estéril, ofreció a su propia sirvienta egipcia Agar para que le diera un hijo, como si los niños fueran una mercancía que comprar, una ganga que adquirir. Pero cuando la sirvienta se quedó embarazada, estalló el odio de la mujer estéril y Abram se desquitó de su acusación abandonando a la sirvienta embarazada en ese momento crítico: "Bien, tu sirvienta está en tus manos, haz con ella lo que te parezca bien. (Sarai) queriendo ahora humillar a Agar, la abandonó (cap. 16, v. 6). Desde el primer asunto de Agar, el judío ha sacrificado constantemente al goy impuro, especialmente a un miembro de las razas más nobles, sin escrúpulos, cuando había logrado su objetivo.

Poco después, Abram, el pastor y comerciante judío, fue a Gerar con sus rebaños (Génesis, cap. 20). Una vez más, hizo pasar a Sarai por su hermana para que Abimelec, el jefe de Gerar, acogiera en su casa a la todavía bella y sensual mujer como a todos sus conciudadanos, sin saber de su matrimonio. Pero Yahvé le llama de nuevo en sueños y le ordena: "Devuélvele ahora la mujer a este hombre: es profeta e intercederá por ti para que vivas". Mediante su desenfrenado engaño inmoral, Abram se convierte en el salvador de Abimelec y se disculpa ante el crédulo Abimelec con la cobardía y el descaro característicos de los judíos (v. 11): "Me dije: 'Ciertamente no hay temor de Dios en este lugar, y me matarán por causa de mi mujer'". A continuación, con indulgencia y filantropía suicidas, Abimelec responde al judío: "Mira mi tierra que está abierta ante ti. Instálate donde quieras.

Hijo del abuelo Jacob, José, el intrigante y divisor odiado por sus hermanos, fue vendido a Egipto. Interpretando sueños y haciendo cálculos prodigiosos, ascendió a administrador general y visir del faraón de la época y se hizo indispensable por su astuta política económica y fiscal. Cuando la pobreza asoló la tierra de Canaán, los judíos de entre los hermanos de José -unos setenta hombres- partieron hacia el rico Egipto y encontraron un hogar hospitalario con el faraón a través de José. A medida que crecían en número y riqueza, José puso al pueblo egipcio, hasta entonces libre, completamente a merced del faraón y facilitó que el gobierno se hiciera con la propiedad de las tierras egipcias. Así, se aprovechó de la pobreza de Egipto, reunió mucho grano en los graneros estatales y cambió todo su ganado por grano (Génesis 47, v. 15 y ss.). Pero el hambre persistía y los egipcios, que estaban totalmente a merced del cruel visir José, acudieron de nuevo a él, suplicándole (vv. 19-20): "¿Por qué hemos de morir ante tus ojos, nosotros y nuestra tierra? Compra, pues, nuestro pueblo y nuestra tierra a cambio de pan, y seremos siervos del faraón con nuestra tierra. Pero danos algo que sembrar, para que sigamos vivos y no muramos y nuestra tierra quede desolada".

Entonces José compró todo Egipto para el faraón. Pues los egipcios vendieron todos sus campos ya que la hambruna era demasiado para ellos. De este modo, el país pasó a ser propiedad exclusiva del faraón. Sólo la tierra de los poderosos sacerdotes se salvó de la liquidación forzosa del astuto José. Pero... La historia apenas habla de esta explotación del pueblo egipcio. Cuando los egipcios volvieron al trabajo, reducidos al rango de siervos que realizan tareas, les exigió (vv. 23-24): "Así que ahora os he comprado para el Faraón, con vuestras tierras. Pero de la cosecha debéis dar una quinta parte al Faraón, y las otras cuatro partes son vuestras, para la semilla del campo, para vuestro alimento y el de vuestra familia, para el alimento de vuestros dependientes." De este modo, una quinta parte de todos los ingresos arrebatados al pueblo despojado de sus tierras es asegurada al rey gracias a José, que con su cargo de gran visir y su fama, adquiere un poder y una riqueza inmensos. Pero tras siglos de explotación, el pueblo egipcio se subleva contra estas huestes parasitarias judías que se habían hecho ricas y poderosas en número, las derroca y finalmente las reduce a la servidumbre hasta que abandonan Egipto definitivamente.

Lo mismo ocurrió en Babilonia. Bajo Nabucodonosor, los judíos fueron privilegiados y recibieron, como siempre, riquezas y altos cargos entre el pueblo que los acogió. Pero también aquí, con su egoísmo desenfrenado otorgado por Yahvé, explotaron tanto al pueblo que éste se levantó contra ellos y los oprimió. Cuando el victorioso rey persa Ciro marchó contra la capital de Babilonia en venganza, los judíos traicionaron y abrieron en secreto las puertas al sitiador para que la ciudad cayera.

Los judíos obtuvieron grandes privilegios del Estado en el nuevo Imperio persa. Supieron hacerse útiles al rey, como José lo había hecho con el faraón. Los príncipes se pusieron del lado del explotador inmigrante, mientras que el pueblo, al principio indefenso, tuvo que sufrir su poder.

El libro de Ester (I, v. I) nos cuenta que Asuero - históricamente Jerjes - era el rey de Persia, que comprendía las fronteras desde la India hasta África - era la época en que el Imperio Persa estaba en su apogeo. Quiso mostrar la belleza de su esposa Vasti a los grandes hombres de su imperio con un festival que duró 180 días en Susa, su capital. Sin embargo, la princesa, una mujer aria, se negó a revelarse, considerando que se ultrajaría su castidad. El rey la repudió entonces, víctima de la intoxicación de poder y posesión. Y cuando se buscaban muchachas jóvenes para el harén de Jerjes, el judío Mardoqueo vio el momento de ganar influencia sobre el poderoso rey persa a través de su bella pupila Ester. Ella fue a la casa del rey, el guardián de las mujeres le dio el baño más hermoso y se colocó a sí misma y a algunas otras en el mejor lugar de la casa de las mujeres - el lugar donde el rey la vería primero. Dice además: "Ester no había revelado ni su parentela ni su pueblo, como le había ordenado Mardoqueo, cuyas instrucciones siguió observando como en los días en que estaba bajo su tutela." La castidad no juega ningún papel para los judíos (Judit también se infiltró en el campamento del general Holofernes como prostituta para asesinarlo en su lecho por la noche, en lugar de que los hombres judíos lo atacaran en la batalla), pero no podía revelar su origen si quería ganar la partida de forma encubierta. Pronto Ester, la bella prostituta, se presentó ante el rey, que sucumbió a su sensualidad y la prefirió a la casta Vasti, que había sido repudiada. Poco después comenzó el juego de la intriga: dos chambelanes del rey fueron ejecutados, porque Mardoqueo había informado al rey, a través de su pronto poderoso instrumento Ester, de que habían planeado un atentado contra él. Jerjes se vio así obligado con los judíos y se deshizo de dos oponentes incómodos. En la época de esta expansión de los judíos, su arrogancia se había vuelto intolerable y su influencia un peligro para el estado. Jerjes no se dio cuenta de esto, pero su fiel ministro Aman sí. Aman vio que el judío Mardoqueo, que merodeaba a diario por el castillo real de Susa, y sus compañeros judíos que vivían en el Imperio persa no obedecían al rey y sus órdenes. También sabía cuánta ira había entre el pueblo contra el explotador. Se hizo ejecutor de la voluntad popular y explicó a Jerjes lo siguiente (cap. 3, v. 8-9): "Aman dijo al rey Asuero: 'En medio del pueblo, en todas las provincias de tu reino, hay disperso un pueblo aparte. Sus leyes no se parecen a las de ningún otro, y las leyes reales son letra muerta para ellos. Los intereses del rey no permiten que se les deje en paz. Por tanto, que se firme su sentencia, si el rey lo cree conveniente, y yo pagaré a sus funcionarios, a cuenta del tesoro real, diez mil talentos de plata."

"El rey se quitó el anillo de la mano y se lo dio a Aman, hijo de Hamdata el agagueo, perseguidor de los judíos. Le dijo: "Quédate con tu dinero. En cuanto a este pueblo, te lo doy, haz con él lo que quieras"... (v. 13) y se enviaron cartas a todas las provincias del reino con la orden de destruir, matar y exterminar a todos los judíos, desde el más joven hasta el más viejo, incluidos niños y mujeres, el mismo día, es decir, el trece del duodécimo mes, que es Adar, y saquear sus bienes" (obtenidos mediante usura y fraude).

Mardoqueo y Ester prepararon inmediatamente una respuesta para que el inminente exterminio se convirtiera en una victoria completa de los judíos sobre los odiados persas (Ester, cap. 5). Ester suplicó al rey y a Aman que fueran a comer y el rey borracho le concedió todo lo que quería. Entretanto, Aman hizo instalar en su casa una horca de la que colgarían al molesto Mardoqueo. Poco antes de la comida, Jerjes recordó que había sido salvado de los conspiradores por Mardoqueo. Cuando Ester le dijo en la comida que Aman había planeado la muerte de todos los judíos, Jerjes se marchó disgustado al jardín y Aman, viendo venir la catástrofe, rezó de rodillas a Ester por su vida. Jerjes regresó y malinterpretó esta actitud. En un ataque de celos furiosos, perturbado como estaba por el vino y la mujer, hizo colgar a su fiel ministra del árbol de su casa.

Los judíos se vengaron de los persas de un modo terrible. Jerjes entregó a Mardoqueo la casa y el anillo de Amán, y con ello todo el poder. Inmediatamente se dieron nuevas órdenes a las 127 provincias de Persia en los siguientes términos (v. 10-17): "Estas cartas, escritas en nombre del rey Asuero y selladas con su sello, fueron llevadas por correos montados en caballos de los sementales del rey. El rey concedía a los judíos, en cualquier ciudad en que se encontraran, el derecho de reunirse por seguridad, con permiso para exterminar, masacrar y destruir a toda la gente armada de los pueblos o provincias que quisieran atacarlos, con sus mujeres e hijos, así como para saquear sus bienes. Esto debía hacerse el mismo día en todas las provincias del rey Asuero, el decimotercer día del duodécimo mes, que es Adar.

"La copia de este edicto, destinada a ser promulgada como ley en todas las provincias, fue publicada entre todo el pueblo para que los judíos estuvieran preparados el día en cuestión para vengarse de sus enemigos. Los correos, montados en caballos reales, se pusieron en marcha con gran prisa y diligencia por orden del rey. El decreto se publicó también en la ciudadela de Susa. Mardoqueo salió de la casa del rey vestido con un traje principesco de púrpura y lino blanco, coronado con una gran diadema de oro y con un manto de biso y púrpura roja. Toda la ciudad de Susa resonó de alegría. Era un día de luz, alegría, exultación y triunfo para los judíos. En todas las provincias, en todas las ciudades, en todas partes donde llegaban las órdenes del decreto real, sólo había para los judíos alegría, júbilo, banquetes y fiestas. Entre la población del país mucha gente se hizo judía, porque el miedo a los judíos cayó sobre ellos.

El día señalado, se llevó a cabo la sangrienta tragedia (cap. 9, v. 5): "Entonces los judíos hirieron a espada a todos sus enemigos". Fue una masacre, un exterminio, e hicieron lo que quisieron con sus adversarios (v. 16). Por su parte, los judíos de las provincias reales también se reunieron para poner a salvo sus vidas. Se deshicieron de sus enemigos masacrando a setenta y cinco mil de sus adversarios, sin saquearlos". Por deseo especial de Ester, Jerjes hizo colgar en el mismo árbol a los diez hijos de Aman, y los judíos hicieron de ese día "un día de fiesta y regocijo. Y en recuerdo del día de la venganza, establecieron el festival de Purim, que todavía celebran hoy.

FOLLETO Nº 3 DE LAS SS. 1936.

E. BRANDT: ASESINATO RITUAL JUDÍO

El asesinato o sacrificio ritual es un aspecto muy especial de la cuestión judía en general. La mayoría de los hombres cultos no quieren creer tales "historias". La ciencia oficial consideró indigno de sí misma examinar el asunto a fondo y se limitó a declarar fundamentales y autorizados los "informes" del judío Chwolson y, especialmente, del infame profesor berlinés Hermann Strack, a pesar de que estos exámenes no tenían nada que ver con una investigación científica digna de tal nombre y no son más que escritos apologéticos engañosos y tendenciosos de la judería. Para la mayoría de los científicos, por lo tanto, el caso del asesinato ritual debe considerarse cerrado; en su opinión, es sólo el producto de los cerebros enfermos de los antisemitas.

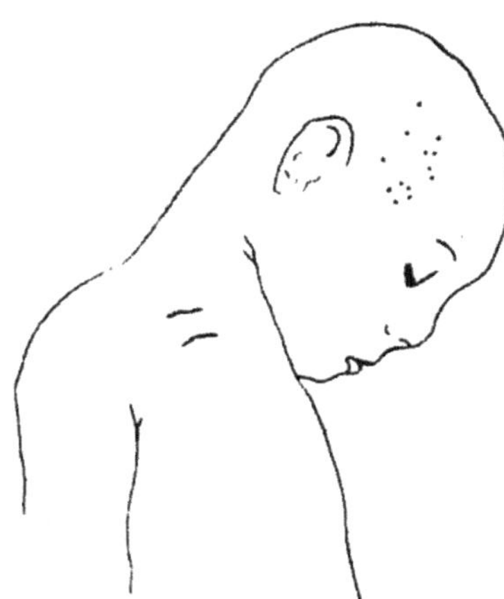

Escolar Andrej Juchchinskij asesinado mediante trece cuchilladas rituales mientras dormía en 1911 en Kiev (juicio Beili).

Pero la realidad es muy distinta.

Hay muchos asesinatos rituales judíos en la historia, a partir del siglo V de la era cristiana. En mi libro en ruso, examiné trescientos veinte casos y cuatrocientos veinte en el manuscrito alemán existente. La Iglesia católica también cuenta entre sus mártires, santos y beatos, a muchas víctimas de asesinatos rituales judíos, entre ellos San Werner, que todavía hoy es venerado por la población católica de Oberwesel, a orillas del Rin, y es el patrón de la ciudad. Mencionemos sólo tres asesinatos rituales:

1. 1475, en Trento. El asesinato ritual, el 28 del mismo mes, del niño Simón Gerber, que fue beatificado por la Iglesia católica; las actas del proceso existen aún hoy, incluso en Trento, en el Vaticano y en copias en Viena.
2. 1840, en Damasco, sobre el padre católico capuchino Thomas y su criado Ibrahim Amarah.
3. 1852/53, en Saratov, sobre Theophan Scherstobitov, de 10 años, y sobre Michael Maslov, de 12 años.

En el primero y el último de estos casos, las víctimas habían sido circuncidadas antes de la extracción de sangre.

Estos tres casos están indiscutiblemente probados a nivel legal. En los dos primeros juicios los judíos también hicieron confesiones completas. Esto les molesta, pero sus defensores no tienen reparos en afirmar que se trata, como en todos los demás casos similares, de la condena de un inocente. Cuando uno lee las actas de los alegatos en estos juicios, puede legítimamente sorprenderse: actas, deposiciones, incluso documentos y piezas históricas como bulas papales son falsificadas de manera muy hábil. En muchos documentos, ciertas cosas se distorsionan o simplemente se omiten. Así, los hechos adquieren un cariz completamente distinto. Esta demostración sólo demuestra que la afirmación de que no hubo asesinatos rituales no se sostiene; porque para demostrar la verdad no se utilizan mentiras. También es sorprendente ver cómo los judíos hacen todo lo posible para que se desestimen los casos en todos los juicios relativos a asesinatos rituales. Se compra a los testigos falsos, a las autoridades judiciales y a la policía. En vano, porque se agita a la opinión pública de todo el mundo; en el Parlamento, varias regiones han hecho propuestas. Finalmente, incluso se hicieron gestiones diplomáticas. Pero también fue en vano porque los judíos amenazaron con represalias, como hicieron en 1882 en el juicio de Tsza-Eszlar. El parisino Rothschild tuvo la osadía de enviar un telegrama al gobierno de Austria-Hungría con el siguiente postfacio

"Si el gobierno no acata mi requerimiento (de detener el juicio y liberar a todos los judíos), haré todo lo posible para arruinar el crédito de Hungría.

No es de extrañar que, en tales condiciones, la mayoría de los juicios por asesinatos rituales fueran enterrados...

Mencionemos sólo uno de los muchos asesinatos rituales legalmente indiscutibles: 1840, en Damasco.

El miércoles 5 de febrero de 1840, el padre capuchino Thomas y su criado Ibrahim Amarah fueron víctimas de un asesinato ritual en el barrio judío de Damasco.

Todas las actas del examen y los procedimientos se publicaron en 1846 en un libro escrito por un miembro de la "Sociedad Oriental", Achille Laurant. Huelga decir que este libro es una de las mayores rarezas bibliográficas y que sólo puede encontrarse en muy pocas bibliotecas. Los expedientes originales del proceso se encuentran en los archivos del Ministerio de Asuntos Exteriores en París. El especialista francés en asesinatos rituales, el abate Henri Desportes, afirmó que todos estos documentos desaparecieron bajo el ministerio del judío Crémieux en 1870, mientras que el defensor de los judíos, el abate Vacandard, asegura que el Ministerio de Asuntos Exteriores francés debió certificar oficialmente el 5 de agosto de 1892 que todos los documentos se encuentran en perfecto estado en el Ministerio. Cuál de los dos tiene razón, no se puede decir con certeza, al parecer Desportes, porque el Ministro del Exterior de la época, Pichon, negó un nuevo examen de los documentos originales, el 6 de junio de 1913, ¡al redactor de la "Libre Parole", Albert Monniot!

O bien estos documentos fueron destruidos por Crémieux, o bien contienen detalles tan condenatorios para los judíos que el Hermano Pichon pensó que era mejor mantenerlos en secreto. Sin embargo, es obvio que si los documentos pudieran demostrar la inocencia de los judíos, como siempre afirman, ya habrían sido publicados oficialmente hace mucho tiempo, y por el propio judío Crémieux.

¿Qué reveló este juicio? Con el pretexto de que tenía que vacunar a un niño judío contra la viruela, el padre Thomas fue encerrado en una casa judía, agredido, desnudado y degollado por ocho judíos, entre ellos dos rabinos. Su sangre se recogió en una jofaina, se embotelló y se entregó al Chacham (rabino) Abu-el-Afiè. Tras el asesinato, se quemaron las ropas del padre y se cortó el cuerpo en trozos, cuyos huesos se machacaron con un mortero. Los metieron en un saco de café y los arrojaron a una alcantarilla, que estaba bastante lejos de la casa.

Las autoridades obtuvieron estas confesiones de dos judíos, el barbero Soliman y el criado Marad-el-Fattal, con la promesa de perdonarles si decían toda la verdad. Los dos judíos fueron interrogados por separado. Sus declaraciones coincidieron en todos los detalles. Todo fue comprobado in situ. A pesar de que ya había pasado un mes desde el asesinato, se podían ver claros rastros de sangre en las paredes de la habitación donde habían degollado al padre. Y en el lugar indicado por los judíos donde los huesos y el cráneo habían sido aplastados, se podían ver evidentes huecos en el suelo. En la abertura de la alcantarilla se encontraron restos de sangre y trozos de carne. En el propio canal se encontraron las siguientes partes del cuerpo: huesos del pie con articulaciones, una rótula, partes de un cráneo, una parte del corazón, una vértebra, un trozo de nervio, un trozo de la piel del cráneo en el que se podía ver parte de la tonsura (la superficie restante estaba cubierta de pelo) y, por último, dos jirones de un gorro de lana negra.

Todos los objetos encontrados fueron enviados al cónsul francés Ratti Menton (el padre Thomas estaba bajo protección francesa) con la intención de realizar un examen médico. El cónsul francés hizo examinar los restos por dos comisiones e incluso por cuatro médicos europeos y seis franceses. Las conclusiones de ambas comisiones demostraron que los restos presentados eran de origen humano. El cónsul austriaco G. G. Merlato también asistió a los médicos mahometanos en su trabajo. Por su parte, presentó un certificado en el que constaba que había tenido conocimiento de que los médicos certificaban el origen humano de los restos citados. Además, Ratti Menton consiguió que el peluquero del padre Yussuf declarara que los trozos de casquete encontrados sólo podían ser los del casquete del padre.

Cuando se conocieron los resultados del interrogatorio de los demás acusados, éstos se dieron cuenta de que negarlo insistentemente era inútil y todos confesaron.

El criado del padre, Ibrahim Amarah, que buscaba al padre desaparecido en el barrio judío, fue encerrado en otra casa por los judíos y degollado del mismo modo que el padre. En su asesinato participaron también ocho judíos.

De los dieciséis judíos acusados, cuatro fueron amnistiados contra la promesa del Cherif-Pacha de que confesaran plenamente, dos murieron durante la vista y los otros seis fueron condenados a muerte.

Pero la ejecución de la sentencia de muerte no tuvo lugar porque los judíos de Europa acudieron al rescate de sus hermanos. El famoso fundador de la "Alliance Israélite Universelle", el futuro Primer Ministro francés Crémieux, viajó a Egipto con su compatriota londinense Moses Montéfiore (Blumberg) para pedir al Khediv egipcio Mehemet-Ali que indultara a los asesinos. El Khediv publicó un firmàn en el que escribía que indultaba a los judíos condenados a petición de Crémieux y Montéfiore, representantes de todo el pueblo judío. La palabra "indulto" disgustó a los judíos, porque confirmaba su culpabilidad. Crémieux y Montéfiore exigieron que el Khediv cambiara el término. A pesar del descontento de los judíos, Mehemet-Ali suprimió la palabra y la sustituyó por "liberados", que tiene el mismo significado.

También en este caso, como en todos los juicios por asesinato ritual, los judíos hicieron todo lo posible para obtener la absolución. Sobornaron a los testigos y a las autoridades, pero fue en vano; los intentos de los judíos por impedir el juicio fueron respondidos con la integridad de Ratti Menton. El juicio siguió adelante hasta el final. No es de extrañar, pues, que el

Los judíos no escatimaron medios para desacreditar al honesto, valiente y odiado cónsul francés. El cónsul austriaco Merlato les ayudó en esto. Los judios consiguieron comprarle. De repente cambió de opinión y afirmó (en contradicción con su declaración cristiana del 3 de marzo de 1840) que los trozos de carne y huesos encontrados en el canal ¡eran los de un perro! Y el gobierno austriaco se dirigió al rey Luis Felipe para quejarse de las acciones "ilegales" de Ratti Menton. Esto llegó hasta la Cámara de Diputados, donde el Primer Ministro declaró que creía que las acciones de Ratti Menton estaban justificadas, corroboradas por el cónsul inglés, lo que fue confirmado en Londres, y que no tenía intención de sacrificar a los dos cónsules franceses en Damasco y Egipto basándose únicamente en una reclamación del cónsul austriaco. Dijo entre otras cosas:

"Creo que sé más que ustedes (los diputados) en este asunto..... He estudiado detenidamente todos los expedientes sobre este caso -fue transcrito- y permítanme decirles que ellos (los judíos) son mucho más poderosos en todo el mundo de lo que ustedes quieren admitir; en este momento han emitido protestas en todos los estados... El Ministro debe tener el valor de proteger a sus funcionarios de tales ataques.... Un funcionario francés que esté en su derecho será siempre protegido de este tipo de protestas, vengan de donde vengan" (Monit. Univ. 3 junio 1840p. 1258).

Podemos concluir sobre el asesinato ritual en Damasco con las palabras del antiguo rabino Drach:

"Los asesinos del padre Thomas, convencidos de su crimen, sólo pudieron escapar al rigor de la ley gracias a los esfuerzos conjuntos de los judíos de todos los países... El dinero desempeñó un papel fundamental. (Drach, *Harmonie entre l'Église et la Synagogue*, vol.1, p. 79, París 1844).

¿Qué llevaba a los judíos a realizar asesinatos rituales? La ley de expiación del Antiguo Testamento: Según las creencias judías, la expiación sólo puede hacerse con sangre. Así, se dice en el Antiguo Testamento, Levítico 17:11: "Es la sangre la que expía una vida". Y el Talmud, Joma 5a, dice aún con más precisión: "La expiación sólo resulta de la sangre".

La Iglesia cristiana, que se basa en el Antiguo Testamento, ha aceptado esta regla. El Apóstol Pablo dijo en su *Carta a los Hebreos* 9:22:

"Además, según la Ley, casi todo se limpia con sangre, y sin derramamiento de sangre no hay remisión. Pero la Iglesia cristiana enseña que Jesucristo abolió este mandamiento con su sacrificio. Por lo tanto, la Iglesia introdujo el sacrificio incruento mediante la doctrina del sacramento de la transubstanciación de la sangre de Cristo en el vino.

¿Y el judío? Sin derramamiento de sangre, sin sacrificio sangriento, no hay expiación para él: desde la destrucción del templo de Jerusalén, no hay lugar para el sacrificio. No hay sacrificio incruento como el de Cristo. ¿Qué debe hacer? ¿Cómo pueden ayudarle todas sus oraciones y cuidadosas prescripciones para la vida diaria si no puede seguir el mandamiento principal de su religión? Observamos que el Talmud dice: "La expiación sólo proviene de la sangre". Para un judío ortodoxo, sin embargo, esto es espantoso. Este pavor está expresado en el discurso de un viejo judío en

San Francisco en 1922, que fue publicado en Los Amigos de Israel. Su conclusión dice:

"Y me quedó claro que había quebrantado la Ley. Tenía que expiar, pero eso sólo podía hacerse con sangre, y no había sangre. Sólo la sangre puede purificar el alma. En mi dolor, acudí a los rabinos. Sólo tenía una pregunta: "¿Dónde puedo encontrar sangre para la expiación?".

Así que estas no son las cavilaciones de un loco, sino las palabras de un verdadero judío creyente. A ningún judío se le habría ocurrido llamar loco a este hombre. Sin embargo, si hubiera actuado como el candidato al rabinato, Max Bernstein, en 1888 en Breslau (efectivamente había procurado sangre) y este acto hubiera llegado a conocimiento de los no judíos como ocurrió en el caso de Bernstein, entonces los judíos y su prensa habrían gritado locura. En su confesión voluntaria en su juicio en Breslau en 1888, el candidato al rabinato, Max Bernstein, declaró:

"La realización de los actos de expiación alivió mi pesado corazón y decidí librarme del pecado. Puesto que, según la doctrina bíblica, el alma reside en la sangre del hombre, y puesto que mi alma pecadora *sólo podía encontrar expiación a través de un hombre inocente, tuve que obtener sangre utilizable de un hombre que aún fuera inocente.* Como sabía que el niño Hacke era apto, que su alma aún era pura, decidí tomar un poco de su sangre... *Con la sangre logré mi expiación.* Él mismo se convirtió en pecador al tomar mis pecados.

Por tanto, la locura no reside tanto en las representaciones religiosas de los dos judíos mencionados, sino en las propias leyes religiosas.

El sacrificio de Kapores (el sacrificio de un gallo o una gallina) se realiza como expiación la víspera de la fiesta de coronación.

FOLLETO Nº 3 DE LAS SS. 1936.

LO QUE DICEN LOS JUDÍOS SOBRE LOS JUDÍOS

Benjamin Disraeli (Lord Beaconsfield):

> *"Nadie puede tratar el principio racial con indiferencia: es la clave de la historia del mundo. La lengua y la religión no son el origen de ninguna raza: ¡lo es la sangre!*

Dr. Jakob Klatzkin:

> *"No somos alemanes, franceses, etc., y encima judíos, nuestra judeidad no es la superestructura de una germanidad, ni su infraestructura. Somos simplemente de naturaleza extranjera; debemos repetir constantemente*

que somos un pueblo extranjero en medio de ellos y que queremos seguir siéndolo. Entre nosotros y ellos se abre un abismo insalvable.

Sir Alfred Mond:

"Un japonés nacido en Alemania no se convierte en alemán. Y un judío nacido en Alemania tampoco se convierte en alemán. Así son las cuestiones de sangre y raza.

Prof. Eduard Gans:

"El bautismo e incluso el mestizaje no sirven para nada. - Incluso en la centésima generación, seguimos siendo judíos como lo éramos hace 3.000 años. No perdemos la fragancia de nuestra raza, ni siquiera después de docenas de mestizajes. Nuestra raza es dominante en cualquier trato sexual con mujeres; los jóvenes judíos nacen de ella."

Walter Rathenau:

"¡Una visión bizarra! En el corazón de la vida alemana hay una tribu extranjera, aparte, brillante y singularmente dotada de una actitud móvil y vivaz. Una horda asiática sobre la arena de Brandeburgo... De estrecha cohesión entre ellos, de estricta desconfianza hacia los forasteros: viven así en un gueto semivoluntario, no como un miembro vivo del pueblo, sino como un organismo extraño en su cuerpo..."

Arnold Zweig:

"El hijo de madre judía es judío, no importa quién sea el padre.

Dr. Bernhard Cohn:

"Cuando vemos que se multiplican las alianzas de casas nobles con ricas familias judías, entonces, a pesar de nuestras concepciones liberales, debemos considerar esto como el comienzo de una decadencia moral de la nobleza..."

Dr. Kurt Münzer:

"Hemos corrompido la sangre de todas las razas de Europa. En general, hoy en día, todo está rejuvenecido. Nuestros pensamientos viven en todo, nuestras mentes gobiernan el mundo. Somos los amos. Ya no nos

persiguen. Nos hemos implantado en los pueblos, impregnado, profanado las razas, roto las fuerzas, todo ha sido estropeado y podrido por nuestra cultura viciada. Nuestro espíritu ya no puede ser extirpado.

Jakob Wasserman:

"Los conocemos y los soportamos, esos miles de judíos modernos que roen todos los cimientos porque ellos mismos carecen de ellos; que repudian hoy lo que ayer valoraban; que mancillan lo que ayer amaban; cuya traición es un placer, cuya falta de dignidad un ornamento y cuya negación una meta.

Dr. Arthur Brünn:

"Por conciencia nacional judía entiendo la conciencia viva de un origen común, el sentimiento de solidaridad de los judíos de todos los países y la firme voluntad de vivir un futuro común.

Chaim Weitzmann:

"Cada país tiene un punto de saturación en lo que respecta a los judíos; sólo puede soportar un cierto número de judíos si no quiere indigestarse. Alemania ya tiene demasiados judíos... Los judíos no conocen fronteras políticas ni geográficas.

Baruj Levi:

"El pueblo judío será su propio mesías. Su dominación del mundo se logrará mediante la unión de las restantes razas humanas, la abolición de fronteras y monarquías... y el establecimiento de una república mundial que dará a los judíos el derecho de ciudadanía en todas partes. En esta nueva organización de la humanidad, los hijos de Israel, que ahora están dispersos sobre la faz de la tierra, serán incuestionablemente el elemento dirigente, sobre todo si consiguen colocar a las masas de trabajadores bajo la firme autoridad de algunos de ellos."

Karl Marx:

"El intercambio es el verdadero dios de los judíos...

Moritz Rappaport:

"El judío es el representante de la visión materialista del mundo. No admiten decisiones que provengan del corazón, destruyen en sí mismos y en los demás las creencias en el sentido sobrenatural de la vida, socavan la religión y se convierten así en... extraños para todos los pueblos entre los que viven."

Moritz Goldstein (marzo de 1912):

"Los judíos se encuentran de repente en posiciones de las que no han sido violentamente apartados. Cada vez es más evidente que es como si la vida cultural alemana hubiera caído en manos judías. Los judíos estamos gestionando la propiedad espiritual de un pueblo que impugna nuestro derecho y nuestra capacidad para hacerlo.

Konrad Alberti Sittenfeld:

"Por desgracia, no se puede negar que el arte moderno, especialmente el teatro, sólo ha sido corrompido por los judíos.

El judío es el demonio que materializa la caída de la humanidad.

Richard Wagner

Folleto SS Nº 10. 1937.

Datos importantes sobre la masonería

(Datos complementarios para una conferencia con proyección sobre la masonería)

El rito de la sangre

En la recepción solemne en el grado 9 en el sistema sueco, se vierte sangre en una copa de una pequeña botella en la que, desde los tiempos de la fundación de la logia, se ha contenido sangre mezclada con vino. La botella contiene así la sangre de los hermanos -también judíos- hasta el más anciano.

El Gran Maestro Nacional Müllendorf de la Gran Logia Nacional de la Francmasonería Alemana confirmó el rito de la sangre durante el juicio contra el abogado Schneider el 15 de marzo de 1932:

"Es cierto que al recibir el rango de Gran Elegido, el impetrante bebe la sangre de aquellos hermanos que han sido aceptados antes que él a ese rango. También es cierto que unas gotas de la sangre del impetrante se recogen en la botella y se guardan con las de los FF, que hasta ahora han sido miembros de este capítulo."

Texto del juramento de aprendizaje:

"Yo, N. R., juro solemne y sinceramente en presencia de Dios Todopoderoso y de esta venerable logia dedicada a San Juan que preservaré y ocultaré los usos secretos de la Francmasonería y que nunca revelaré lo que se me confíe ahora o en lo sucesivo, excepto a los auténticos y autorizados hermanos y en una auténtica y legítima logia de FF, y compañeros a los que reconoceré tras el debido y severo examen. Juro además que yo mismo no escribiré, imprimiré, esculpiré, pintaré, dibujaré, ocultaré o grabaré nada en nada mueble o inmueble bajo el cielo que sea legible o comprensible, o que tenga la más mínima semejanza con una letra o signo de modo que el arte secreto sea por ello ilícitamente percibido. Juro todo esto con la firme e inquebrantable resolución de cumplirlo, sin reserva secreta ni vacilación interior, so pena de que me corten el cuello, me arranquen la lengua y me entierren en la arena lejos de la orilla cuando la marea baja cambie dos veces en 24 horas. Que Dios me asista y me sostenga en mis compromisos como aprendiz aceptado".

(FF. Fischer *Explicaciones del Catecismo de la Francmasonería Johannita* I. Catecismo, p. 38).

Los juramentos de oficiales y maestros dicen lo mismo.

En el *Manual para los Hermanos de la Gran Logia Nacional de la Francmasonería en Alemania,* 6ª ed. Berlín 1912, p. 82, está escrito sobre la separación de un hermano de la logia:

" § 171. Cada hermano es libre de abandonar su logia; esto se llama "cubrir la logia". La explicación de la cobertura de las logias debe hacerse por escrito. Al cubrirse, el hermano no pierde el carácter de francmasón, se convierte en un hermano separado; pero pierde el derecho a participar en las funciones de la logia de cualquier tipo.

Los derechos que el hermano ha adquirido como miembro efectivo, honorario o visitante de logias inferiores no se pierden por cubrir una logia de rango superior. Pero sus derechos en los grados superiores quedan latentes.

El deber de silencio de los hermanos:

" § 306. El deber de discreción exige el máximo cuidado para que no sólo los conocimientos, técnicas y debates masónicos permanezcan ocultos a los no iniciados, sino también lo que es más elevado para los hermanos de rango inferior. (Estatuto de la Gran Logia Madre de Kurhessen en la reunión amistosa con la Real Gran Logia Madre de York en Berlín en 1815).

Camuflar la masonería como organización benéfica:

"Si una logia practica alguna vez la caridad, no es por piedad hacia los necesitados, sino como medio utilitario temporal o forma de legitimación". (*Bauhütte*, 1872, p. 140).

Del mismo modo, la revista masónica *Latomia* escribió en julio de 1865: "El pretexto de la caridad utilizado por los masones sólo sirve para ocultar otro.

La "Liga Alemana de Grandes Logias", que une a todas las Grandes Logias alemanas en una obra común y mantiene la alianza con las logias extraalemanas, tuvo una importancia particular, como se desprende de las palabras del masón *Kneifner* en la "Comunicación de la Asociación de la Masonería Alemana", 1917/18, p. 54:

"La Liga Alemana de Grandes Logias garantizó que ninguna de las ocho grandes logias dominara a las demás. Su ley impide la arbitrariedad y la posible ambición de dominio de cada gran logia".

Las Viejas Logias Prusianas abandonaron la Liga de Grandes Logias en 1922, pero volvieron a afiliarse en 1927.

La posición de la masonería sobre la nación y la raza:

"No existe una Masonería nacionalista o de orientación religiosa, sino una Masonería pura e indivisible. Quien predica lo contrario está en un error total. Seamos una liga humana y no una secta". (El periódico francmasón *Auf der Worte* del 1. 03. 1925).

Del mismo modo, el masón Neumann (Asociación de masones alemanes) dice al masón Eskau en una carta del 31 de marzo de 24:

"Cuando se niega la masonería con su mensaje de igualdad de todo lo que tiene rostro humano, no se es -perdón- masón".

El masón Horneffer escribe en *National Freemasonry Education in* 1919/20, p. 66:

"La lucha de los partidarios de la idea del humanismo (es decir, de la masonería) debe ser una lucha contra todo nacionalismo.

En *las leyes de la Liga de la Gran Logia Alemana* (publicadas tras la creación de la nueva legislación el 01.08. 1911, p. 16), se indica:

"La Liga Alemana de Grandes Logias declara que las diferencias de color de piel y de raza no son obstáculo para el reconocimiento de una Gran Logia o de una Logia.

Posición de las antiguas Grandes Logias prusianas ante el judaísmo:

"Se nos ha acusado de ser antisemitas y de no aceptar a los judíos por odio racial. Esta es la mayor afrenta que se nos ha hecho jamás. El maestro nos enseñó a amar a todos los hombres como hermanos, y el judío es tan hijo del Dios eterno que nos creó como nosotros lo somos de todos los hombres. Si no permitimos que los judíos, así como los miembros de otras sociedades religiosas no cristianas, formen parte de nuestra comunidad, no significa que los odiemos. También se nos podría decir con razón que odiamos a las mujeres y a los niños, así como a las personas de bajo nivel educativo, porque no los aceptamos. Pero cuando un miembro judío desea ser admitido como invitado a nuestro trabajo, entonces le damos la bienvenida a nuestra casa si pertenece a una logia reconocida; le acogemos cordialmente y nos alegramos de que no tenga prejuicios de que pueda haber alguna barrera entre él y nosotros. Sabemos que le debemos, y le deberemos, actuar constantemente de esta manera hacia él como hermano. *(Manual sobre la "Doctrina de la Orden de la Gran Logia Nacional de la Masonería en Alemania").*

Constitución internacional de las tres grandes logias prusianas antiguas

Estructura de la Gran Logia Nacional de Alemania. La circunscripción de la gran logia nacional forma la séptima provincia de la orden en el sistema sueco, al igual que Dinamarca representa la octava y Suecia es la novena provincia de la orden. Al frente de cada provincia hay un vicario salomonis, un regente. El regente de la provincia alemana de la orden era, por ejemplo, el infame Friedrich Leopold de Prusia, que el 9 de noviembre de 1918 fue el primero en izar la bandera roja en su castillo de Klein-Glienicke, cerca de Potsdam. El príncipe Friedrich Leopold era miembro honorario de todas las Grandes Logias alemanas y patrón de las tres Antiguas Grandes Logias prusianas.

Desde Federico el Grande, los reyes prusianos se convirtieron en los protectores de las grandes logias de la Vieja Prusia, excepto Guillermo II. Las palabras del francmasón Dr. Schletter en *Latomia,* 1865, p. 65 explican los objetivos de la francmasonería de la siguiente manera:

"Sólo en apariencia se daba a los príncipes la dirección de los asuntos de la logia y los "delegados" cubrían sus propias acciones con el nombre principesco".

Los príncipes tenían un ritual especial para que no conocieran la indignidad del ritual masónico.

La masonería fue el motor de la Revolución Francesa de 1789

Este hecho queda confirmado por el informe de la sesión plenaria de las logias concernidas, "Paix et Union" y "La libre Conscience" en el Orient de Nantes del 23 de abril de 1883, p.8:

"De 1772 a 1789, la masonería puso en marcha la gran revolución que iba a dar al mundo un rostro diferente. Después, los francmasones difundieron entre las masas populares las ideas rectoras que habían propugnado.

GERMANIC SS BOOKLET N° 1 Y 2. 1943.

1789

Los Estados Unidos de América se enfrentan a un peligro mucho mayor que el que oculta la Iglesia romana...

¡Ese peligro, caballeros, es el judío!

En todos los países donde los judíos se asentaron en gran número, degradaron constantemente su grandeza moral y depreciaron su integridad comercial. Se han mantenido al margen pero nunca se han asimilado. Se han burlado de la religión cristiana sobre la que se construye la nación y han intentado socavarla oponiéndose a sus prescripciones. Construyeron un Estado dentro del Estado. Pero cuando se vieron frustrados, utilizaron todos los medios posibles para estrangular financieramente a este país, como hicieron en el caso de España y Portugal.

Durante más de diecisiete siglos, los judíos han llorado su triste destino por haber sido expulsados de su patria, a la que llamaban Palestina. Pero les aseguro, señores, que si hoy el mundo civilizado les devolviera Palestina como su propiedad, encontrarían de inmediato una razón apremiante para no regresar allí. ¿Por qué lo harían? Porque son vampiros y los vampiros no pueden vivir a costa de otros vampiros. No pueden existir por sí mismos, deben vegetar aprovechándose de los cristianos y de otras personas que no son de su raza.

Si no se excluye a esta gente de los Estados Unidos utilizando la Constitución vigente, en menos de doscientos años se habrán multiplicado tanto que dominarán y devorarán el país y cambiarán incluso nuestra forma de gobierno por la que los estadounidenses hemos derramado nuestra sangre, dado nuestras vidas, dado lo mejor de nosotros mismos, apostado nuestra libertad y sacrificado nuestras mejores ideas.

Si no excluyes a estas personas, serán tus descendientes los que tendrán que trabajar en el campo para dar los beneficios a otros, mientras estos otros se sentarán detrás de los pupitres y se frotarán las manos alegremente.

Les advierto, señores: si no excluyen a los judíos para siempre, cuando sea posible hacerlo, nunca cambiarán, a pesar de las generaciones. Sus ideas nunca coincidirán con las de un estadounidense, aunque hayan vivido entre nosotros durante diez generaciones. Un leopardo no puede cambiar sus manchas. Los judíos suponen una amenaza para este país si se les permite entrar, y deben ser excluidos por nuestra Constitución."

El estadista estadounidense Benjamin Franklin en 1789 ante el Congreso de Estados Unidos.

**WAKE UP AMERICANS!
DO YOU WANT THIS?**

Clean up America! Break the Red Plague!

BOYCOTT the JEW!

CUADERNO SS Nº 1A/B. 1941.

"AMÉRICA" EN EUROPA

Un frente que atraviesa corazones y mentes...

Se encontró un mapamundi de 1551 artísticamente dibujado, que muestra todo lo que se sabía del mundo en aquella época gracias a los grandes viajes de descubrimiento. En el nuevo país de América del Norte - no de América del Sur- está escrita la palabra "caníbales". Esto significa: ¡comehombres!

Luego llegaron los primeros inmigrantes blancos. Eran los "Padres Peregrinos", huidos de Europa, en su mayoría de Inglaterra, que abandonaron su patria a causa de su religión puritana. Estos puritanos eran un tipo especial de santos que veían la gracia y el favor divino en el hecho de que Dios tuviera que llenar sus carteras si encontraba ventajas en sus negocios. En la lógica de esta fe, los buenos peregrinos estaban dispuestos a estafar y, sobre todo, a renunciar a todos los bienes y placeres de esta vida. Por eso no llevaron consigo a América más libros que la Biblia y el libro de oraciones, dejando los cancioneros, textos, ilustraciones, danzas y todas las demás cosas bellas que tenía Europa. Lo que distinguía a estos puritanos era la ley que regía sus acciones, la cultura que trajeron consigo. No era una cultura real, sino una barbarie religiosa. El libro de oraciones y la bolsa eran la base de todos sus pensamientos y aspiraciones. Los verdaderos yanquis siguen pensando así hoy en día.

Hay que decir que el debilitamiento de la fe condujo a una disminución de la importancia del libro de oraciones. La bolsa se hizo cada vez más pesada, se privilegió y el libro de oraciones se adelgazó, volviéndose más superficial -en jerga luterana-, una tapa de cubo de basura para ocultar multitud de infamias.

La tercera oleada de inmigrantes fueron los negros. Llegaron de África encadenados, llevados como esclavos en barcos ingleses. Llegaron como pobres diablos y siguieron siéndolo. Pero al menos, como criaturas naturales de su selva y su sabana, trajeron consigo una especie de cultura, obras de canto, danza, alegría y sufrimiento marcadas por su propia sangre, aunque sólo fuera sangre negra. Pero esta sensibilidad pronto se desnaturalizó en las plantaciones bajo el látigo de los capataces, en el frío del Norte y en los barrios bajos de Nueva York.

Los judíos desarrollan la "cultura cosmopolita" de EE.UU. para exportarla

Pero fue esta forma la que interesó a la última oleada de inmigrantes que aún faltaba en este país cosmopolita: los judíos. Oían los ritmos extraños y excitantes de los negros, veían los celos secretos de los puritanos por la exuberancia desenfadada de estos niños del bosque, e intuían la ganga y la posibilidad de paralizar la resistencia racial de estos "bárbaros voluntariosos" utilizando esta magia extranjera.

Así nació a principios de nuestro siglo y año tras año lo que se llama "americanismo". Es una alegría disparatada de excitación primitiva de los sentidos, ya se trate de sonidos y colores estridentes, películas e historias sangrientas, tiroteos tensos, asesinatos, secuestros, hazañas deportivas, maratones de baile, natación, poesía u oración, "récords mundiales" en todos los campos, o los acontecimientos más importantes del mundo, la natación, la poesía o la oración, los "récords mundiales" en todos los campos, la adoración del gigantismo y de los "más grandes del mundo", la valoración de las mujeres según "cánones de belleza" o la arrogancia infantil.

Cuando este país de viejos puritanos, que se había enriquecido y, por tanto, estaba sediento de alegría de vivir, se hundió en esta decadencia, la vida comunitaria se transformó en "negocio", los festivales en ferias: este americanismo se convirtió en un artículo de exportación. La broma se convirtió en realidad: los incultos inmigrantes de antaño querían competir con el viejo y civilizado país europeo demostrándole que sus creaciones eran más bellas y nuevas. Habría que decir oferta, porque era una transacción en metálico para los judíos de la industria cinematográfica, los judíos de la industria discográfica, los cantantes y bailarines de jazz judeo-negros, los editores de periódicos y empresarios de nariz ganchuda.

Fue realmente un buen negocio y un éxito. Porque en aquel momento, la Europa de 1918 estaba desangrada, hambrienta, agotada psíquicamente por cuatro años de guerra y sacrificio en todos los países. Europa se había hundido principalmente en sí misma, como individuo y como nación. La gente ya no estaba segura de nada, ni del Estado ni de su bienestar. Todos querían sobre todo un mundo sencillo, natural, y a falta de algo mejor, lo superficial, el entretenimiento y la evasión de la miseria emergente.

El director judío se aprovecha de la debilidad de Alemania y Europa

Fue entonces cuando el judío y el negro abandonaron América.

En ese momento precario, los pueblos del viejo continente civilizado se agarraban a cualquier boya, por agujereada que estuviera, lanzada por un nuevo mundo atractivo para no ahogarse psíquicamente. La nueva música era tan fácil de entender, los nuevos movimientos, llamados bailes, tan fáciles de aprender. La vida era tan sencilla en las películas: el héroe, el canalla, la chica dulce, el padrastro rico, ¡y siempre el final feliz! Y luego están los grandes concursos de belleza. A muchas chicas se les pide que se desnuden, naturalmente con el único fin de medirlas, pesarlas, fotografiarlas... Rugen entre la multitud, determinan un tipo "ideal", reparten papeletas (muy democráticamente) y eligen a Miss Europa, Miss Berlín, Miss Petawank... etc.

El veneno elaborado en la tienda judía, la sensibilidad negroide y la anticultura colonial acabaron filtrándose en los corazones crédulos e indefensos de los europeos y también de muchos alemanes. Es una ley moral que los hábitos de un hombre que le hacen actuar "sin pensar en ello" se le adhieren muy fuertemente, de modo que sólo puede deshacerse de ellos con la mayor maldad. Por eso el "placer del pueblo" encontró tan poca resistencia, así como esa vulgaridad en los bailes, las canciones, las películas, los deportes y el amor, y por eso rara vez hubo algún intento de oponer algo personal, algo mejor, a este espíritu extranjero.

Realmente no era fácil reavivar viejos sentimientos en una Alemania moralmente descompuesta, nacionalmente rota y económicamente decadente. Las oportunidades que surgieron se desaprovecharon, porque la masa del pueblo no supo aprovecharlas. Sólo cuando el Partido pudo llegar a los corazones de los alemanes después de 1933 se eliminó la amenaza que pesaba sobre nuestro patrimonio cultural y se sentaron unas bases firmes. Las películas nacionales y el estricto control de las importaciones de películas mejoraron la situación del cine alemán. Aparecieron poetas alemanes en los escenarios alemanes, así como muchos jóvenes cuyas primeras obras aún necesitaban ser aceptadas. Se creó una prensa alemana, dirigida por editores alemanes que sabían distinguir entre novedad y sensación. El deporte alemán se purificó, nuestro entretenimiento se vio influido por nuestro humor y alegría, de acuerdo con las leyes de nuestra sangre.

LA MÚSICA EXPRESA EL ALMA DE UN PUEBLO...

Las únicas excepciones son el baile y la música ligera. Hay que decir abiertamente aquí que cualquier sentimiento no alemán puede ser objeto de una prohibición. Pero ¿de qué serviría eso si provocara un vacío que muchos de los compatriotas no pudieran entender? Muchos de ellos probablemente ya no serían capaces de distinguir lo que hay de malo y pernicioso en esta música prohibida.

Schopenhauer y Richard Wagner dijeron una vez lo siguiente sobre el espíritu de la música: "La música expresa lo esencial", es decir, el alma de los hombres, de los pueblos y de una época.

Sólo se puede comprender este punto de vista esencial si uno mismo es musicólogo y creador. Si no lo es, no puede concebir la música auténtica. Por supuesto, el ritmo también es un componente importante de la música porque está fundamentalmente presente, sobre todo en nuestra vida contemporánea. El tráfico ruidoso de las máquinas, la marcha de las botas de miles de soldados han dejado su huella en nuestra carne y nuestra sangre. Por eso las marchas y las canciones de soldados de esta gran época bélica nos las traen de vuelta. Una cosa es cierta: Beethoven y Brahms, Bach y Reger, Mozart y Bruckner han creado una música que seguirá deleitando y satisfaciendo nuestros sentidos musicales durante siglos. Cuando nos hayamos recuperado de la abrumadora experiencia de esta guerra, llegará el día en que los compositores alemanes sigan un nuevo camino.

La victoria de nuestras armas implicará también la irrupción victoriosa de una nueva cultura impulsada por la voluntad cultural alemana. Norteamérica también debe ser derrotada en este frente, y ello mediante una pequeña, tenaz y cotidiana guerra interna. ¡También debemos salir victoriosos en el frente cultural que atraviesa los corazones y las mentes!

Folleto SS Nº 10. 1938.

¿"Leninismo" y "estalinismo"?

"Si los judíos estuvieran solos en este mundo, se asfixiarían tanto en el fango y la inmundicia que intentarían explotarse y exterminarse unos a otros en odiosas luchas; siempre que la lucha no se convierta en un teatro por la falta de todo espíritu de sacrificio expresado en su cobardía". Estas palabras de Hitler no son recientes, sino que fueron escritas catorce años antes en *Mein Kampf*. Aun así, esta simple frase nos permite apreciar y juzgar con precisión esta jurisdicción criminal que opera actualmente en Moscú. Cualquier observador que crea detectar en esta masacre una lucha por la influencia entre diversas ideologías, aunque sea sangrienta, verá condenados al fracaso sus intentos de esclarecimiento sin más. No se trata de ideas o ideologías, sino de la consolidación y salvaguardia sangrienta del régimen personal de Stalin y su grupo de Kaganovich. De todos los comentaristas de la prensa, el conde Reventlov es quizá quien mejor ha captado la situación tal como es, cuando dice en su "Observación del Imperio": "Estamos lo suficientemente lejos como para observar y considerar con ecuanimidad los juicios de Moscú pasados, presentes y futuros. No es la inocencia, no es un divino condenador del mal y protector del bien quien se sienta con sus ángeles en el tribunal. Tampoco los acusados son víctimas inocentes y mártires de una convicción noble, idealistas dispuestos a morir voluntariamente por su pueblo y su ideal. Un criminal en el poder quiere deshacerse de otras dos docenas de criminales que han sido sus cómplices hasta ahora. Eso es todo. El conjunto de acusaciones formuladas por el fiscal Vychinsky es monstruoso y tan insensato que se refuta a sí mismo por su propia falta de lógica.

El tribunal penal acusó a los veintiún procesados de espionaje, sabotaje y comisión de actos terroristas. Debían, "por orden de potencias extranjeras, haber intentado provocar levantamientos en la Unión Soviética para separar de la URSS a Ucrania, la Rusia Blanca, las provincias costeras del Extremo Oriente, Georgia, Armenia y Azerbaiyán". Las potencias extranjeras debían esperar a que los acusados y sus cómplices les apoyaran para acabar con el sistema comunista en la Unión Soviética y reintroducir el capitalismo y la burguesía. Para ello, debían unirse a los trotskistas (Trotsky, "que se escondió en las perreras de los capitalistas", como se dice en la jerga de la prensa soviética, es también el gran villano de este juicio porque cuando era comisario debió de mantener relaciones con agentes de potencias extranjeras), además de los zinovievistas, menchevistas, socialrevolucionarios y nacionalistas burgueses de Ucrania, Rusia Blanca, Georgia, Armenia y Azerbaiyán. Se acusa a Bujarin de conspirar con Trotsky para frustrar las negociaciones de paz de Brest-Litovsk, con el objetivo de derrocar al gobierno soviético y detener y asesinar a Lenin, Stalin y Sverdlov, los últimos presidentes de la Unión Soviética. Además, nos enteramos con sorpresa de que el escritor Máximo Gorki no murió de muerte natural, como se ha admitido generalmente hasta ahora, sino que fue suprimido por los profesores Pletnov, Levin y algunos otros médicos con la participación de lagoda.

Pero los horrores de esta acusación sólo son sacados a la luz por las personas en cuestión y que suelen ser los viejos bolcheviques célebres y enfáticamente celebrados durante años por la prensa soviética. Primero es Bujarin, el antiguo presidente de la Comintern, luego lagoda, el antiguo jefe de la GPU y en su día el hombre más poderoso de la Unión Soviética después de Stalin, Rakovsky, el antiguo presidente del Consejo de Comisarios del Pueblo de Ucrania, por tanto el jefe del gobierno ucraniano, luego Rosenholtz, también conocido en Berlín, ministro de Comercio Exterior, para hablar en nuestra terminología, Grinko, ministro de Finanzas, Kreskinski, en representación del ministro de Asuntos Exteriores, Chernov, ministro de Economía, Rykov, ministro de Transportes, Mendechinsky, antiguo jefe de la policía secreta, además, entre los médicos, el profesor Pletnov, el especialista del corazón y Levin.

Este supuesto proceso hizo que el mundo, hastiado en extremo de que las noticias sangrientas se repitieran durante veinte años, volviera su atención hacia Moscú con consternación y expresara su disgusto y repugnancia incluso en las filas de los amigos de la Unión Soviética. Léon Blum y Reynaud se disgustaron, muchos periódicos socialdemócratas se llenaron de gritos de indignación; Inglaterra y Francia protestaron contra las acusaciones que implicaban a estos dos países en las dudosas relaciones mantenidas por los acusados. Cuando en Francia lloraron a Chukachevsky, dedujimos que este dolor era perfectamente egoísta, incluso cuando se habla de humanitarismo, tanto más cuanto que Francia está en contacto con el Ejército Rojo. Y este último, creemos también, no se verá fortalecido por ejecuciones de este tipo en sus más altos rangos.

El nacionalsocialismo consideraba al judeobolchevismo el enemigo absoluto de la civilización. Arriba, para estos soldados soviéticos de rostro mongoloide, la lucha ha terminado. Abajo, un pequeño grupo de partisanos, sucios y harapientos, fueron hechos prisioneros. Entre ellos hay dos rabinos (los dos barbudos del centro).

"Aquí están de nuevo, los hunos, caricaturas de rostros humanos; la realidad convertida en pesadilla, un puñetazo en la cara de todos los hombres de bien...". Ilustración tomada de una revista de propaganda.

La presentación de la situación en el proceso de Moscú era necesaria para poner de relieve la problemática política e ideológica de este teatro momentáneo. Comenzaban a oírse las voces iniciales que creían que estas cuestiones se resolverían como "política revolucionaria mundial" o "política nacional", "marxismo internacional" o "marxismo nacional", "marxismo integral" o "marxismo moderado". Ante tal confusión de ideas con respecto a los hechos, desgraciadamente no se está suficientemente prevenido. Así llegamos a la exposición adecuada de nuestro tema. Ya se han mencionado diversas nociones como "leninismo" y "estalinismo". Esta división abstracta del bolchevismo debe dar lugar a la suposición de que el bolchevismo estalinista es diferente del leninismo. También debe dar lugar a la ilusión de que el bolchevismo ha cambiado, e incluso oímos a algunos decir que el "estalinismo" es una transformación en nacionalismo, en nacionalismo social, en nacionalsocialismo. "¿No llamamos también a Stalin el guía?", se preguntan estos ideólogos. Algunos llegan incluso a la conclusión de que en el bolchevismo judío hay "un nacionalsocialismo desde las profundidades del alma rusa", ¡y por eso hay motivos de sobra para tocar el hombro de esta rama victoriosa del Tercer Reich e intercambiar un amistoso apretón de manos! Ya vemos hasta dónde puede llegar este tipo de confusión. Gracias a Dios, el propio "Padrecito Stalin" se esforzaba de vez en cuando por levantar el velo y revelar la verdadera naturaleza del bolchevismo. Como dijo el Führer en su último discurso en el Reichstag, en estos asuntos no debemos preocuparnos por un ministro de Asuntos Exteriores, por tratados ultrainteligentes o por estrategias ideológicas orientales, sino sólo por el héroe moscovita del bigote. Así, Stalin respondía personalmente a la carta abierta publicada en "Pravda" el 14 de febrero de 1938 de un joven komsomol que preguntaba por el destino de la revolución internacional. He aquí el breve significado del larguísimo discurso de su también carta abierta: La revolución mundial crece, se expande y prospera. La revista "Contra Komintern" resume el contenido de la carta de la siguiente manera:

"Mientras haya Estados no bolchevistas en el mundo, Stalin aún no ha logrado su objetivo". Stalin declara públicamente que la victoria de los trabajadores, al menos en algunos países, es decir, la revolución y las guerras civiles como en España, son necesarias. Esta carta es una prueba evidente de la actitud agresiva del comunismo.

Esta es la estricta realidad, y cualquier política realista, si quiere tener éxito, debe ver que la revolución mundial es la única y sine qua non del bolchevismo. Es el giro que el bolchevismo debe tomar y que tomará si ninguna potencia comparable se interpone en su camino. Según su propia definición, la Unión Soviética es sólo el núcleo que se convertirá en el "estado" que represente a la unión mundial de las repúblicas socialistas soviéticas sólo mediante la destrucción e incorporación de los estados existentes. Los órganos de este "Estado" son las secciones de la Comintern, mucho más importantes para la Unión Soviética que el gobierno inmediato de la propia Unión, es decir, el Consejo de Comisarios del Pueblo. Como se ha demostrado con suficiente claridad, el Consejo de Comisarios del Pueblo está dirigido únicamente por el Partido, y éste, a su vez, representa la sección dirigente y determinante de la Comintern.

Nace así un nuevo "derecho" de los pueblos, que no es nada de eso, sino una destrucción voluntaria del derecho. El emblema nacional fijado en las embajadas de la URSS lleva la inscripción: "¡Proletarios de todos los países, uníos!". ¡Esto es un ataque flagrante a nuestros intereses políticos nacionales! Porque esto significa que se incita a todos los trabajadores a cometer acciones ilegales de alta traición, sabotaje, deserción, etc. Todo individuo que se afilia al Partido Comunista niega la soberanía de su país y se coloca bajo la soberanía exclusiva de Moscú. Este llamamiento, escudándose en la protección extraterritorial de las representaciones diplomáticas soviéticas, se considera ya una declaración oficial de guerra a todos los países. En sus planes de acción, el Ejército Rojo considera las secciones comunistas de otros países como bases estables, pontones, sus secciones auxiliares. Se hace necesario, pues, a la vista de tales indicios, revisar el derecho liberal de gentes y adaptarlo a la situación internacional para que el bolchevismo judeo-internacional pueda ser combatido con los medios que su táctica criminal requiere.

¿"Leninismo"? ¿"estalinismo"? ¡Sólo existe el bolchevismo judeo-internacional!

Wolfgang Fehrmann

SERVICIO POLÍTICO PARA LAS SS Y LA POLICÍA.

LA IMPORTANCIA POLÍTICA ACTUAL DE LAS SECTAS

Todas las religiones evolucionan, se desarrollan y alcanzan gradualmente estadios característicos de expresión y estilo de vida. Que las religiones evolucionan y deben evolucionar es un hecho científicamente aceptado, pero rebatido por todas las ortodoxias que luchan por la primacía de una "revelación absoluta", es decir, que reclaman una legitimidad inmutable "desde el principio". Este punto de vista también puede defenderse en teoría y teología, pero las características de todas las religiones nos dicen algo más.

Antes de definir la noción de evolución sólo parcial o constante, es necesario hacer una breve observación sobre la "función biológica" de la religión. Debe establecerse como cuestión de principio que no hay más "religión per se" de lo que hay "hombre per se", sino sólo una manifestación concreta que ha surgido y se ha desarrollado bajo la influencia de datos raciales, étnicos e históricos. Toda religión tiene, por su propia naturaleza, posibilidades imprevisibles de desarrollo, comparables a las de los organismos biológicos. Por lo tanto, las religiones deben considerarse deliberadamente como unidades susceptibles de evolucionar mal y degenerar.

La propia evolución puede considerarse en un doble sentido y aplicarse a las religiones históricas. En primer lugar, debe entenderse simplemente como una manifestación sucesiva o periódica de transformaciones históricas en el curso de las cuales son posibles intercambios de influencias recíprocas. Por tanto, debe definirse como una evolución superior en el espíritu de una experiencia de valores históricamente condicionada; sin duda, la unidad histórico-religiosa nunca puede "progresar", sino sólo degenerar. En segundo lugar, la evolución puede verse como la manifestación de las disposiciones y posibilidades existentes en la unidad; manifestación entendida aquí en un doble sentido: como la continua transformación dinámica de una fe determinada o como la acentuación de los rasgos esenciales de carácter existentes que alcanzan el estadio de la rigidez dogmática.

La investigación histórico-religiosa ya ha constatado la existencia de varias etapas de evolución generalmente comunes a la mayoría de las religiones. Se trata sobre todo de las diversas formas de protesta (ya sea mediante un profetismo activo y agresivo o mediante la "protesta silenciosa" de un misticismo alejado del mundo), el protestantismo y la Reforma. Es como si existiera una ley de paralelismo en la historia de las religiones, que demuestra un desarrollo comparable, independiente *del* tiempo y del espacio, de las diferentes religiones (se puede ver de forma ejemplar la asombrosa similitud existente entre los temas religiosos de fondo de los grandes reformadores japoneses Honen - Shonin y Shinran - Shonin y la Reforma de Martín Lutero que existió casi al mismo tiempo).

Si el protestantismo y otras protestas religiosas deben considerarse desarrollos de un mismo origen, por otra parte, muchas religiones han visto nacer *sectas* completamente ajenas a su religión original.

Mientras que el acontecimiento evolutivo citado en primer lugar depende del punto de partida religioso original, la secta en sí es siempre el producto de una manifestación secundaria. (La evolución particular del budismo en Japón y China, que conduce a la fusión de varias concepciones religiosas, es una forma excepcional en sí misma).

En toda religión hay grados de piedad "primaria" y "secundaria". La piedad primaria es dinámica, original, se refiere al contenido de la fe y se opone constantemente a la abstracción, a la rigidez religiosa y a todas las formas de dogmatismo que caracterizan a la piedad secundaria. Y está claro que la protesta sectaria procede casi exclusivamente de un trasfondo de piedad secundaria, es decir, que se ha encontrado una forma de especialización última que determina la degeneración religiosa. En otras palabras, no son las épocas fundamentales de protesta religiosa las que conducen a la formación de una secta (como la protesta de Lutero y Honen y la de Shinran-Shonin contra las buenas obras en favor de "sólo la fe" - sola fide), sino que casi sin excepción los objetos de la piedad secundaria se pelean.

La observación del inmenso número de sectas nos proporciona una prueba de ello. Es el aumento del número de aceptaciones y rechazos de bautismos, el rechazo del voto, la negación de la guerra, el rechazo del Estado, etc., cosas que ya no tienen ninguna relación causal con la fe exigida. Por un lado, se espera el regreso de Cristo, por otro, se rechaza el sacerdocio y el ceremonial, otros vuelven a predicar la abstinencia, exigen un modo de vida vegetariano, restablecen el antiguo diezmo judío o consideran que mostrar preocupación cristiana por los elementos antisociales es una obra saludable. ¿Quién es la persona que puede encontrar su camino entre los bautistas, los metodistas, los sabatarios, los adventistas, los menonitas, el Ejército de Salvación, los unitarios, los chilenos, los testigos de Jehová, que son todos prácticamente iguales?

El fenómeno de las sectas no es una novedad ni una reacción a la desesperada situación religiosa de nuestro siglo. Las luchas fanáticas del espíritu husita, la mojigatería imperante de las "hermanas piadosas", los begines y beghardes, las ruidosas reuniones penitenciales de los "flagelantes" abrumando Europa y azotándose unos a otros hasta la sangre son los testimonios estremecedores de un extravío humano que viene de antiguo pero que, desgraciadamente, no ha terminado del todo en nuestros días.

Las revoluciones político-ideológicas traen consigo directamente cambios esenciales en el ámbito religioso y moral. Cuando los grandes sistemas religiosos y sus iglesias no son capaces de seguir el ritmo del proceso de evolución política, surgen inmediatamente intentos sectarios de amalgama y síntesis. Sin duda, los esfuerzos de este tipo perjudican sobre todo al nuevo orden político y, o bien fracasan ante una nueva voluntad política global, o bien son víctimas de compromisos.

También en este aspecto Alemania no ha dejado de ser un escenario singular en el que se manifiestan las *aberraciones más salvajes*. La constante lucha interna permitió al pueblo madurar y adquirir una voluntad exclusivamente política, es decir, tomar conciencia, a través de la experiencia concreta, de los peligros que transmiten las sectas de mentalidad extranjera. Estas últimas no atacan en primer lugar las tradiciones religiosas, sino la vida social de la comunidad que ponen en peligro, independientemente de sus intenciones y tipos de marginación.

Quien escriba la historia de nuestro siglo y saque a la luz los elementos más profundos de la crisis más grave de todos los tiempos, deberá revelar también cuál ha sido la nada desdeñable contribución a esta catástrofe mundial, que se está produciendo en beneficio de una aberración de la mentalidad judeo-oriental-cristiana que sobrepasa los límites de lo tolerable. Tal vez fuera providencia que en el curso de la historia el proceso evolutivo nacional en Alemania tuviera que pasar por todas las purificaciones espirituales y morales imaginables a causa de la situación política, para que en el momento decisivo el pueblo pudiera sostener la antorcha de un nuevo orden de ideas en la lucha moral del mundo. Los fundamentos de este orden son la expresión viva de una comunidad que conoce las leyes eternas que rigen los acontecimientos naturales. En nuestro ámbito, esto significa que la fe auténtica y el pensamiento religioso fundamental siempre serán dignos de respeto y comprensión. Los principios religiosos de este orden de pensamiento esbozan incluso los contornos de una conciencia profundamente penetrada por la dinámica eterna que surge de la fe divina específica de nuestro pueblo. Pero el rechazo de toda esclerosis o extrañeza, de toda aberración, es tanto más enérgico cuando estas apariciones patológicas amenazan los fundamentos de nuestro nuevo orden.

La guerra actual contribuye aún más que muchas guerras anteriores a diferenciar entre lo esencial y lo accesorio. Esto explica también por qué tiene un carácter totalitario en el conflicto ideológico. El *abismo insalvable* entre nuestros valores religiosos y los de nuestros enemigos se hace evidente cuando éstos siempre hacen hincapié en el aspecto religioso. El bando enemigo cree que gana batallas propagandísticas acusándonos gratuitamente de profanaciones y crímenes religiosos. Actúan con un espíritu de complacencia que está destinado a seguir siéndolo, ya que ignoran *cualquier otra* escala de valores. Lo que resulta muy interesante y notable de este tipo de propaganda enemiga es que es extremadamente versátil y permite al observador juicioso comprender que falta una actitud religiosa característica y verdaderamente piadosa. Sobre la fuerza de una supuesta fe, de la conciencia de ser elegidos por Dios, se intenta desencadenar una guerra santa con el lema: *"Adelante, soldados de Cristo". Se* comprenden así todas las motivaciones religiosas que subyacen a la propaganda enemiga presentada en la prensa y la radio internacionales, y que siempre se utilizará.

La auténtica mentalidad británica se expresa abiertamente en la predicación de la oficina protestante alemana en la radio londinense. En las emisiones religiosas británicas, el rabioso mensaje de fe da tal giro para implorar la bendición de Dios "y aplastar a nuestros enemigos en todo el mundo" que no se toma en absoluto a broma, aunque una voz melosa e intolerante ahorre a los posibles oyentes alemanes la petición del perdón de los pecados, la redención y la obtención de la gracia. La impresión resulta más clara cuando se realiza un servicio equivalente en alemán. Este estado de ánimo explica estas intenciones de pacificar el mundo. Cuando los capellanes bautistas estadounidenses declaran que los actos sobrehumanos de los aviadores estadounidenses no podrían haberse realizado sin la ayuda divina, reconocen la legitimidad del soldado estadounidense para determinar la vida cristiana en Estados Unidos a través de sus experiencias bélicas. Esto es típico de una mentalidad religiosa con las mismas raíces. *Pero si aún se pudiera dudar de la verdadera naturaleza de la actitud religiosa americano-británica, se gana en certeza cuando se constata que confraterniza con el bolchevismo,* el tercer enemigo que representa la verdadera personificación *del Anticristo* constantemente profetizado en la historia del Occidente europeo. A priori, no entra en el ámbito de nuestra consideración, ya que se manifiesta, al fin y al cabo, como el producto y el enano último de una anarquía religiosa.

Hoy en día, puede verse que el puritanismo y el cuaquerismo son componentes fundamentales de la mentalidad estadounidense-británica y, por tanto, también influyen en ambas guerras mundiales. Ambas sectas son, en su apogeo, ejemplos típicos de un desarrollo particular. Esto se debe principalmente al desarrollo del puritanismo, la "asociación de lucha por la pureza evangélica". Se trata de acontecimientos políticos y económicos de gran importancia. Este precedente muestra la interacción entre los intereses políticos, económicos e imperialistas, por un lado, y los temas religiosos, por otro. Además, las reformas religiosas no se emprendieron en Inglaterra ni en el "Nuevo Mundo", y los debates espirituales se limitaron a Europa.

No es difícil para un observador ilustrado reconocer la huella del intelecto judío, acostumbrado a las querellas teológicas, en la formación de esa mentalidad sectaria que impregnó los siglos siguientes. Faltan los grandes impulsos creativos y fecundos, mientras que precisamente en aquella época Europa era particularmente pródiga en creaciones en todos los campos, ya fuera el arte o la ciencia. El puritanismo y el cuaquerismo, sin embargo, fueron la raíz de un proceso entre sus pueblos que representó una síntesis única de obsesión religiosa y esfuerzo económico e imperialista. *La lógica sustituye así al pensamiento genuinamente religioso y a la fe dinámica.* Toda la estructura de pensamiento, voluntad y sentimiento está impregnada por las influencias ideológicas del puritanismo y el cuaquerismo. El europeo tiene grandes dificultades para comprender el estilo de vida farisaico, arrogante, intransigente, cagón, supersticioso y burlón que caracteriza a la mente británico-estadounidense. En este sentido, el fanatismo y la hipocresía son los rasgos distintivos más significativos y constantes de la actitud británica, que se expresan en la noción de "cant". La educación metódica llevada a cabo con este espíritu ha forjado sin duda el tipo inglés y americano, mucho más de lo que ha actuado sobre el conjunto de los pueblos europeos. En cualquier caso, este factor conservador es también testimonio del desarrollo de una existencia fracasada. *Intelectualizado y especializado hasta el extremo, el modo de vida inglés y americano ya no es capaz de producir impulsos creativos, orgánicos y dinámicos; está totalmente esclerotizado porque ya no está vinculado a un organismo vivo y no puede enfrentarse a Europa, que entretanto ha evolucionado positivamente, sin provocar catástrofes. Los angloamericanos deben seguir a su manera el camino evolutivo de Europa si no quieren ser víctimas de una esterilidad permanente.* Incluso ahora, puede verse que un factor dramático en la historia internacional es inherente a este proceso. Definir la naturaleza y el curso de este proceso no es en absoluto una especulación ociosa o prematura. Más bien, la historia de los movimientos u organizaciones religiosas nos enseña que siempre se han evitado desarrollos o desviaciones perjudiciales, si no mediante un replanteamiento, sí tras seguir una dirección catastrófica. La profunda implantación religiosa que es el resultado de este desarrollo particular en Inglaterra y en los Estados Unidos, demuestra ya que sin un trabajo de reorganización extremadamente estricto que no sea sólo el resultado de una acción interna, es y será imposible recuperar los fundamentos comunes generales de la evolución europea. También es una ley elemental que nadie en el mundo se beneficia de los logros obtenidos a costa de la sangre y las lágrimas de otros. En tales casos, la propia naturaleza rectifica el asunto de un modo infinitamente duro pero justo, y en esos momentos no hace sino aplicar sus leyes más simples, que son a la vez una advertencia y una precaución para todas las generaciones futuras.

Esta guerra actual es el choque definitivo entre un modo de vida desintegrado, decadente y prácticamente congelado y un modo de vida que es el producto de los tormentos espirituales y las tormentas morales del Occidente europeo. El proceso que condujo al nacimiento de Europa es lento pero orgánico, corrigiéndose constantemente a sí mismo, actuando a través y dentro de sí mismo. Sin embargo, el carácter común de la lucha europea permitió la manifestación de muchos desarrollos particulares y se cometieron errores, algunos de los cuales se pagaron con ríos de sangre. Pero los hombres se levantaron y salieron de las filas para demostrar que siempre se puede encontrar una solución. Se alcanzó una nueva etapa, se dio un nuevo paso que condujo a la creación de la Comunidad Europea como tal. Las convulsiones del continente europeo no pudieron, sin embargo, frustrar este desarrollo perseguido de forma independiente, que un día desembocaría en enfrentamientos necesarios y decisivos con el continente.

Es totalmente erróneo decir que la constelación de fuerzas que se expresa en la actual lucha de los pueblos es producto del destino. Debemos convencernos, aunque sea doloroso pero absolutamente correcto, de que la guerra actual es el acontecimiento más natural y lógico de la historia. A Nietzsche le dieron otros cincuenta años de retraso y "llegará el momento en que tendremos que *pagar* por haber sido cristianos durante dos mil años. Perderemos la carga que ha pesado sobre nuestras vidas y ha influido en ellas: durante un tiempo estaremos desorientados. De repente adoptaremos juicios de valor *opuestos* con el mismo grado de energía que produjo esta sobrevaloración del hombre por el hombre. La noción de política ha pasado así a un segundo plano en esta guerra espiritual. Todos los conceptos de poder de la vieja sociedad han estallado - todos estaban basados en mentiras: *habrá guerras como nunca las ha habido antes en la Tierra.* Sólo que esta vez será el comienzo de una gran política en esta Tierra.

Hoy en día, la historia se corrige a sí misma. Insta a los titulares del nuevo orden nacido ante sus ojos a que demuestren su valía de forma varonil. En los campos de batalla de Europa, son ellos quienes defienden tanto la herencia de Pericles y Augusto como la de Goethe, Bach y Beethoven; quienes incluso incluyen el testimonio cultural de Sh*akespeare* en lo que se llama Europa, y luchan así contra un mundo que no tiene nada que oponerles salvo un odio muy judío y una diabólica voluntad de destrucción, último síntoma de una anarquía sin salida.

IV. EL ARTE DE LA GUERRA

LA CASA DE LA TROPA SS Nº 4. 1939.

CIENCIA MILITAR

Tölz, un ejemplo práctico

Los signos políticos apuntaban a grandes acontecimientos cuando nos separamos esta vez. Habíamos leído las últimas noticias en la estación de Munich, que era ahora nuestra última parada. Esto, junto con el relato de la experiencia de un camarada de Eslovaquia, sugería que el Reich estaba decidido a dar los pasos necesarios.

Como políticos, nos enfrentamos directamente a estos acontecimientos. No podíamos limitarnos a tomar nota de ellos y, tras nuestro curso de formación, volver a nuestra rutina diaria.

Fue entonces cuando sentimos las primeras dudas. Ya muchos camaradas de camino a casa se preguntaban durante la noche, al son monótono de las ruedas sobre los raíles: ¿son nuestra actividad, nuestra misión, tan fundamentales que pueden sobrevivir a la importancia de los tiempos actuales? No era un escepticismo enfermizo el que inspiraba estos pensamientos, ninguna aprensión sobre la misión asignada. Es esta duda generosa, creadora de progreso y evolución, la que te espolea y no te deja en la estacada, sino que te impide sacar conclusiones demasiado precipitadas y seguir el camino equivocado. Algunos han guardado sus dudas para sí mismos, otros han abordado la cuestión de dos en dos o de tres en tres.

¿Realmente estábamos sólo al filo de los acontecimientos? ¿Tenía sentido, en una época que te da tanto si sabes aprovecharlo? ¿Era razonable sentarse detrás de los libros cuando las palancas de la historia estaban en otra parte?

Estaba claro que cada estudio era un paso en el camino hacia una lenta madurez; pero ¿seguirían siendo buenos sus frutos? A la vista de los resultados, ¿podríamos decir que habíamos seguido el mejor camino?

Estas preguntas nos rondaban la cabeza como jóvenes intelectuales y queríamos encontrar una respuesta. Porque, como científicos, estábamos en un campo en el que, según mucha gente, los conceptos seguían siendo especialmente confusos. Mucha gente no cree que la actividad política e intelectual pueda resolver estas cuestiones, o ni siquiera se las plantea.

Cuanto más nos hacíamos esta pregunta, más podíamos decirnos a nosotros mismos que creíamos haber encontrado la respuesta, porque la experiencia de la práctica había forjado nuestra convicción. Volviendo la vista atrás a Tölz, que había seguido progresando este año, sentíamos que nuestro camino había sido el correcto hasta entonces y seguiría siéndolo en el futuro.

SER SOLDADO, UNA CONDICIÓN

¿Cómo debemos entender nuestra historia?

Si se hubieran esperado los resultados de las largas discusiones en el ámbito científico, donde tanto se ha debatido, la generación actual aún no habría progresado. Se agotaría en debates estériles y no estaría convencida del valor de toda su actividad. Por tanto, sólo había una solución para el grupo joven: la iniciativa individual.

Había soldados en este campo intelectual. Como llevaban la profesión en la sangre, sintieron muy pronto el carácter bélico de esta época y crecieron en ella. Sin preocuparse por las escaramuzas, se fijaron una serie de hitos que les parecían correctos. El lema que se dieron a sí mismos fue: *Ciencia Militar.*

Bajo este lema, reunieron a quienes pensaban como ellos. Esbozaron una ciencia y la asociaron a una nueva forma de educación. No hace falta subrayar que no se referían al tipo de educación que se lleva a cabo en el patio del cuartel, y que *debería* serlo, sino a una educación que se ajusta a una determinada actitud generalmente adoptada en el trabajo y en la vida. En efecto, es evidente que los límites de las libertades de un soldado no son los de un hombre en un equipo intelectual.

Nuestro equipo también adoptó este punto de vista. Como la educación guerrera no puede llevarse a cabo en forma de discusiones pedagógicas, la *aplicación práctica se hizo* en nuestra tropa a través de las virtudes guerreras como el *rigor, la franqueza, el espíritu de equipo, la caballerosidad, la honradez, la obediencia* y, lo más importante, *la dignidad del hombre sano.* Estas cualidades se han demostrado en conjunción con los componentes políticos y científicos, tanto para la tropa en su conjunto como para cada individuo.

Basándonos en esta experiencia, fuimos por cuarta vez a la SS Junkerschule de Tölz. Por cuarta vez pusimos en *práctica* el lema "arte de la guerra".

La condición necesaria para enseñar una ciencia verdaderamente bélica no es sólo estar sano, sino también pertenecer a una raza valerosa. Ambas condiciones están presentes en los hombres de las SS. Pues el arte de la guerra da prioridad al hombre; es esencial. La forma de abordar el conocimiento también depende del tipo de hombre que uno quiera ser. La forma de ver la ciencia es una cuestión fundamental para nosotros. Ésta era la premisa clara del equipo de Tölz: *reunir a guerreros*, porque sabemos que éste es el punto débil de nuestra universidad. Al fin y al cabo, los programas sólo tienen sentido si hay personas que los encarnen. *Es la preciosa humanidad guerrera y racial la que realizará' y hará necesaria la unión del arte de la guerra y el conocimiento.*

Pedimos entrenamiento militar durante estos días de campamento precisamente porque la forma física ayuda a fortalecer la actitud espiritual. No era sólo una necesidad derivada de nuestra estancia en una Junkerschule de las SS, sino la prueba voluntaria de que uno puede de vez en cuando comportarse de otra manera, no como un fin en sí mismo, sino como un ejercicio.

El rigor y el coraje se expresaron en las hermosas competiciones entre los cadetes de la escuela. Los cadetes ganaron en atletismo y balonmano, las casas de tropa en natación. Fueron batallas caballerescas.

Los hombres de verdad siempre engendran a sus semejantes

Estos ejercicios permitían el contacto con personalidades militares. Quizá no haya frase más acertada que ésta: los hombres de verdad siempre engendran a sus semejantes. La impresión que causan significa mucho para un equipo joven que aún tiene que cuidar su actitud. Así oímos al Dr. SS-Untersturmführer v. *Kraus* hablar de la expedición Nanga-Parbat. Sentimos la fuerza de una personalidad guerrera que no teme a ningún obstáculo y ve un problema sin resolver como un reto que hay que superar. A continuación, el coronel *Rommel,* soldado de infantería condecorado con la Cruz del Mérito, nos habló de la prueba de selección más dura a la que puede enfrentarse un soldado, la guerra durante el avance en Tolmein y Karfreit, en la que desempeñó un papel decisivo. ¡Qué bien lo pasamos con el SS-Brigadeführer *Börger!* Tenía una forma de pensar varonil y sencilla, pero tenía la capacidad de conmovernos con su profundidad y su poder de persuasión. ¿No percibimos en él la vieja fuerza revolucionaria, algo de la fe de la época de la lucha por el poder y el realismo de la batalla del Saale? Es bueno de vez en cuando sentir este aliento, pues los tiempos de victoria a veces nos hacen olvidarlo. ¿No nos entusiasmó también de nuevo el viejo amigo de las casas de tropas, que desgraciadamente tuvo que abandonar la guardia del Führer hace poco tiempo, el Reichsamtsleiter Bernhard *Kohler?* Nos acordamos de Austria cuando el SS-Obergruppenführer *Heifmeyer* volvió a nuestras filas y participó con nosotros en la vigilia por los caídos en la guerra. Con la misma seriedad llamó nuestra atención sobre las cuestiones relativas a la continuidad del pueblo. Ya no éramos extraños para él.

Discusiones sin peleas

También en esta ocasión, la atención se centró en el seminario, ya que había que demostrar el *carácter* bélico del equipo. Hubo muchas discusiones, sobre todo acerca de los problemas de la ciencia exacta. El entusiasmo provocado por las animadas y contradictorias discusiones al final de las conferencias -libertad de investigación, educación técnica e intelectual, intuición y ciencia- fue enriquecedor para el trabajo posterior. ¿Qué nos llevamos del espíritu guerrero del seminario? También aquí el rigor y la valentía en la discusión, nunca la evasión, fueron el sello *del espíritu caballeresco.* Este es el criterio más importante para el guerrero intelectual, porque aprecia la discusión franca, nunca la riña. Respeta la personalidad del otro y no lo considera un adversario personal. Discute cortésmente con el otro cuando la disputa les separaría. ¿Qué son las discusiones académicas y las peleas en la facultad? Si un equipo sabe marcar las diferencias, es que ha ganado mucho en su trabajo intelectual.

La disciplina es también un componente del espíritu caballeresco, que no convierte un seminario en un club de debate. También está la lealtad que prohíbe "pavonearse" para adornarse con el prestigio de un erudito, que hace que uno reconozca sus errores si el otro tiene razón. Renegamos del principio de "ganar a toda costa" en la discusión científica. Experimentamos el ambiente de una competición deportiva. Perdemos y tendemos la mano al adversario. Aquí se aplica el lema del Obersturmbannführer *Ellersieck,* que tantas veces nos repitió: *¡Saber perder riendo!*

Pero nuestra mayor alegría residía en el hecho de que todos teníamos un denominador común, por diferentes que fueran nuestros gustos, por diferentes que fueran nuestras opiniones sobre tal o cual punto, por amarga que fuera la discusión intelectual: ser *un hombre de las SS.* Este es y seguirá siendo para cada uno de nosotros el punto principal, el epicentro. Es con fidelidad y sin reservas, con rigor y fuerza, con consecuencia en la concepción, como lo expresan los SS, como estos hombres abordan su trabajo científico, hoy al principio de su carrera y más tarde en su profesión y en su vida.

En este seminario, los especialistas también ampliaron nuestros conocimientos. El profesor Karl *Vogt,* de la Universidad de Múnich, nos acercó a su campo de trabajo: la embriología. El profesor *Esau,* de Jena, nos mostró los problemas a los que se enfrentan los físicos en la actualidad. El viejo precursor del pensamiento racial, el profesor *H. F. K. Günther,* de la Universidad de Berlín, nos explicó la necesidad de crear una nueva nobleza de dirigentes. Como criterio de esta nobleza nos dio: la *distinción heroica.*

Por supuesto, nuestra troupe se interesaba por todos los aspectos de la vida. El arte musical está muy presente en todas las casas. Tampoco podía ser de otro modo en este campamento. Nos encantó volver a ver al conocido poeta Hans Friedrich *Blunck.* Una noche tuvimos a Gottfried *Rothacker* y al profesor *Lampe,* de Múnich, para compartir con nosotros el placer de la música.

Formar a los hombres. Todas las películas valiosas demuestran cuán cierto es esto. Expresan el carácter del pueblo y su espíritu. "El soberano" mostró un tipo de hombre de acción que puede revelar la mayor violencia y, sin embargo, permanecer fiel a sí mismo. "El rey" brillaba con el "espíritu" francés. "L'escadron blanc" expresaba el impulso colonizador de un joven Imperio, "La fleur écarlate" el ideal de caballero inglés... The Way of Life" describía al proletario ruso y su creencia en la igualdad de todos los hombres. Quizá lo más instructivo fue la película judía "Tibuck". Los actores, el escenario y el tema eran judíos. Para nosotros, la mejor propaganda. Los personajes barbudos en caftán monologaban y la acción mostraba estados de ánimo que rozaban lo patológico.

*

Cuando, tras un discurso del SS-Obersturmführer *Ellersieck* y la canción de lealtad, terminó el ciclo de estudios, volvimos a tener la sensación de haber vivido algo excepcional. La recompensa a un año de trabajo. Pues este ejemplo práctico de ciencia militar nunca se hubiera podido conseguir si no hubiera sido por el trabajo anual de cada casa de tropa. Al final, Tölz muestra con gran aumento lo que ocurría en estas casas. El verdadero significado de este campo de entrenamiento es éste: la eliminación de imperfecciones, el progreso del trabajo científico, la mejora de la actitud del soldado. Y tanto más cuanto que nuestras relaciones con los cadetes y su escuela, cuyo comandante nos había recibido tan bien, nos permitieron reflexionar más profundamente. Estos informes no hacían sino reforzar nuestra certeza de que, en última instancia, teníamos el mismo objetivo y que sólo diferían los medios para alcanzarlo.

Conocimos a muchas personas que, en general, estaban de acuerdo, pero preguntaban: "¿Dónde está su libertad? La libertad es el distintivo del conocimiento, de lo contrario su sistema es defectuoso. Es precisamente en la ciencia *exacta* donde reside la importancia decisiva de esta libertad.

¿QUÉ TIENEN QUE VER LAS FÓRMULAS QUÍMICAS CON LA VISIÓN DEL MUNDO?

Siempre hemos dicho que consideramos que el factor esencial es *el hombre*, no la ciencia. ¿No lo confirma la historia intelectual de los pueblos? Aunque los objetos y los resultados de los experimentos llevados a cabo por las ciencias naturales fueron una vez los mismos, algunos de ellos se volvieron materialistas y mecánicos, otros por el contrario adquirieron en las mismas condiciones una fe en el poder divino. Dependía de cómo los científicos, en tanto que hombres, contemplaban el curso de las cosas y qué consecuencias espirituales e ideológicas extraían de ello.

Ser científico significa sentir que tienes una misión, sentir que no trabajas en un espacio vacío sino en una comunidad. Aparte de electrones y átomos, también hay personas vivas que son algo más que un agregado de aparatos de física.

Queremos que los guerreros sientan que tienen una misión como científicos. Se lo deben a sí mismos. Pero ante ellos está el campo *abierto de la* ciencia.

Julius Schmidt

(Nota del autor: las "casas de tropa de las SS" eran una rama de las SS que reunía a estudiantes universitarios que deseaban dedicarse a profesiones liberales, científicas, jurídicas, etc., es decir, no policiales, administrativas o militares).

La lucha está en todas partes; sin lucha, no hay vida. Y si queremos sobrevivir, también debemos esperar nuevas batallas.

Otto von Bismarck

FOLLETO Nº 3 DE LAS SS. 1938.

Se reproduce aquí intencionadamente un pasaje del libro de un combatiente de primera línea, el francés René Quinton, para mostrar hasta qué punto nuestra actitud nacionalsocialista es la del hombre nórdico. La sangre nórdica corre tanto por las venas de los combatientes de Alemania como de Francia, de los Estados nórdicos como Inglaterra y de otros países; algunos países tienen muchos de estos combatientes, otros sólo unos pocos.

MÁXIMAS SOBRE LA GUERRA

La idea guerrera es siempre la característica de los mejores elementos de un pueblo. La idea guerrera y la acción que implica, *la actitud*, no son en absoluto nociones arbitrarias y tienen la misma base ética en todas las razas fuertes.

René *Quinton*, biólogo y médico francés de guerra, dejó notas que no se publicaron hasta después de su muerte. El propio Quinton, en las horas en que puso por escrito sus observaciones, no pensó que ganaría notoriedad con ellas. Anotaciones de diario brevemente escritas bajo el fuego; dibujos que esbozan los sedimentos de la laminación esperando en posiciones de reserva. Un hombre que se hizo *soldado* y *guerrero* con todas las fibras de su corazón, un *pensador* cuya profesión de médico agudizó su ojo y su don para la observación, toca con sus *Máximas sobre la guerra* las cosas últimas del ser o del no ser, reconoce las relaciones más íntimas de la guerra como una ley natural, y nos enseña cuál es el origen del valor y del heroísmo, esbozando la estatura del líder con una penetración sin igual.

René Quinton no es el primer francés que también tiene algo que decirnos a los nacionalsocialistas. Pensemos en el conde Arthur *Gobineau,* a quien también contamos entre los precursores de una ciencia racial de las leyes biológicas relacionadas con la tierra.

Nos complace tanto más tener este pequeño libro entre las manos cuanto que su autor era un francés comprometido, un nacionalista que escribía con su espíritu de soldado y de guerrero y que tuvo que hacer estas observaciones que también son decisivas para nosotros.

El líder nos honra mostrando al adversario y al soldado René Quinton ese respeto mutuo que sienten los guerreros. Porque la guerra es algo más que una sucesión de batallas, sino, más allá, el fundamento que permite a los mejores hombres de un pueblo poner a prueba sus virtudes heroicas.

*

El líder natural es el más valiente.

Es un error reprochar a un líder su heroísmo, cuando sólo le implica a él. Es porque hay líderes que se exponen por lo que hay hombres que mueren.

Un líder que no es exaltado por los valientes que comanda está maduro para la retaguardia.

La audacia de los líderes se compone de la alegría de la obediencia de las tropas.

El líder sin coraje aniquila una tropa, intimida a los subordinados valientes, crea una masonería, una capilla de cobardes. Se burla de todo lo que es heroico, audaz, difícil, alaba la prudencia, la ausencia de alegría, recibe a sus mejores oficiales con la cara helada, empuja a los malos, retuerce el ascenso mediante notas secretas e incorregibles que él mismo da.

El líder heroico ama y recompensa a los valientes, se alegra de un acto valeroso como si fuera un regalo y crea a su alrededor el verdadero espíritu de guerra, hecho de empuje, iniciativa, alegría, abnegación, audacia y sacrificio.

En la guerra no existe el cansancio. Los recursos del hombre son infinitos. La fatiga es una debilidad del alma.

Un cuerpo sin alma, una tropa sin líder, siempre necesita descanso.

Hay tropas sin líder, no hay tropas cansadas.

Las tropas cansadas son patrimonio de los líderes inertes.

La fatiga comienza cuando la pasión decae.
Excite a sus hombres, nunca necesitarán descansar.

El valiente no es el que no teme nada, sino el que ha superado su miedo.

Viejo dicho

CUADERNO SS Nº 12. 1943.

LA GUERRA SIN PIEDAD

Hemos entrado en la arena de una batalla despiadada. Los hombres que luchan aquí son de dos tipos, formando enemigos mortales. En un nivel superior, la guerra que aquí se libra es verdaderamente la madre de todas las cosas. Su resultado decidirá la faz del mundo futuro, que debe surgir transformado por el fervor de esta batalla. Las huellas del odio y de la barbarie satánica, que no tienen cabida en el nuevo mundo, deben desaparecer. Sólo la espada es decisiva en esta lucha que ha destruido todos los intercambios.

Durante la campaña militar, el soldado del Frente Oriental se encontró muchas veces frente a frente con este adversario. Incluso en el calor y la furia de la batalla moderna, el momento en que los hombres se enfrentan, arma en mano, la rabia brillando en sus ojos, la voluntad de destruir en sus corazones, siempre será el más importante y el más duro. Uno debe caer para dejar paso al otro en una nueva batalla. Siempre será así. ¡El combate cuerpo a cuerpo es despiadado! Tú o yo, nada más existe en el mundo. Quien no ha sentido el aliento ardiente del enemigo en su rostro, quien no ha visto la mirada asesina en sus ojos, no conoce el misterio más profundo de la guerra que se manifiesta en este momento. El hombre domina las cosas por su voluntad. Sus manos contienen el poder del mundo. Sólo quien lo ha vivido, quien ha soportado y se ha purificado con esta lucha despiadada, aún más endurecida, conociendo su propia fuerza y lo ilimitado de la voluntad humana, ha atravesado mil muertes por la puerta de la vida.

Desde hace mucho tiempo, no luchamos por la victoria y el éxito como en otras batallas. Todo Occidente está librando su última y decisiva batalla a través de nosotros, en cada individuo. Dos mundos están en conflicto, uno de los cuales debe vencer y vencerá, de lo contrario la historia habría perdido su sentido. Cada individuo siente, con plena conciencia, el poder de esta lucha como una batalla en la que se expresa todo lo que mil años de historia nos han legado. El buen espíritu de nuestros camaradas de la tierra rusa vive en nosotros día tras día y nos exhorta a no caer en la complacencia. El bolchevismo nos ha enseñado que en este conflicto no debe prevalecer ninguna debilidad de carácter. Nos hemos vuelto duros como el acero gracias a nuestra voluntad y determinación. Sabemos que somos dueños del destino y que lo forzaremos.

Nunca más tendrá el hombre la oportunidad de vivir y ver lo que soportaremos en esta terrible prueba hasta la victoria final. En esta guerra ha nacido un ejército de soldados en el que cada uno lucha con la conciencia tranquila, con una fe profunda y un espíritu de sacrificio absoluto. Todos hemos pasado por todos los desafíos cientos de veces y hemos comprendido su mensaje.

La fe y el conocimiento han dado vida al verdadero soldado revolucionario. Lucha por todo lo que era sagrado para las generaciones pasadas, por la protección de su hogar defendiendo a la nación, por la vida de sus hijos en un mundo que se vislumbra en el horizonte de Occidente. La muerte, el calor, el frío y todas las penurias de una lucha difícil no cuentan contra la fuerza y la confianza que el soldado obtiene de su experiencia diaria y de su convicción de que esta batalla es de absoluta necesidad. Sus antepasados y padres luchan a través de él como heredero consciente de una historia milenaria. Sus virtudes son las suyas. Añade nuevas fuerzas al poder creador de su tiempo. Los poderes destructivos de la guerra son sólo un medio necesario para que, en esta lucha internacional, manifieste su significado más profundo en la creación de un futuro Imperio. Junto con sus aliados, el soldado alemán obtendrá la victoria que le corresponde por su fe y su fuerza, pues ha reconocido el sentido más profundo de su lucha. El día de la victoria será su triunfo porque sabe que así comienza una nueva era.

Se desatarán nuevas batallas. Cientos de kilómetros de carreteras rusas lastimarán nuestros pies. Ya lo hemos visto y experimentado todo. Ya no iremos a la batalla con el ardiente entusiasmo de los adolescentes que éramos cuando nos enfrentamos a este gran reto. Nos hemos convertido en sabios: tranquilos, reservados y serios.

Todos los fuegos del infierno nos han consumido, el sol abrasador y el aliento helado de las estepas nevadas nos han quemado. Las imágenes de una existencia bajo la ilusión de la idea más diabólica que jamás haya tenido la humanidad, viven en nosotros, al igual que somos conscientes de que esta lucha terminará como empezó, es decir, con dureza y falta de piedad.

La rueda del sol rueda sobre la Unión Soviética. Entre llamas y sangre, nace un mundo que dará a nuestros hijos espacio y paz para un futuro feliz. Nosotros seremos sus constructores. Hemos pasado por el infierno y nos hemos quemado hasta la conciencia aguda y la dureza extrema. Nuestra fe es más sólida y fuerte que nunca. La muerte y el demonio ya han quedado atrás: una nueva muerte y nuevos infiernos no pueden aterrorizarnos. ¡La victoria es nuestra!

Horst Slesina

¡La celebración del hombre auténtico está en acción!

Goethe

En la escuela de oficiales de las SS de Bad Tölz se formó una nueva élite guerrera.

Juramento de los nuevos reclutas.

SENNHEIM, ESCUELA EUROPEA DE ENTRENAMIENTO DE LAS SS.

SENNHEIM

A Fleming escribe:

"Vivo en una comunidad de hombres que exteriormente aspiran a la misma meta, soportan las mismas penurias y tienen un deber que cumplir. Aquí no hay lugar para las intrigas ni para la primacía del dinero. En principio, todos somos iguales. Quién fui y qué fui pertenece al pasado y no importa. No importa si fui un canalla o un santo; aquí todos estamos naciendo de nuevo, desde el principio.

LA ERA

El siglo XX estuvo marcado por el rechazo de lo ajeno y el retorno a uno mismo; en definitiva, por la conciencia germánica, el deseo de vivir en la patria de los antepasados, de luchar con los semejantes para reconstruir el mundo y, por último, de buscarse y descubrirse. Los hombres de una misma raza quieren seguir el mismo camino que, a través de la lucha y la defensa, conduce a la reunión de todos los pueblos germánicos en el Imperio. Para algunos, este camino pasa por Sennheim.

EL PAISAJE

Parece hecho para el trabajo duro. Al norte está el "Hartsmannsweiler". Todavía lleva las marcas de la Gran Guerra. Es un auténtico ejemplo de lealtad y sacrificio inmutables. La línea de búnkeres de 1916/18 se extiende a lo largo del borde de la escuela. Al este fluye el Rin, que es, hoy como ayer, el río que influye en el destino de Germania. Y al sur se extiende la fértil Borgoña, a veces escala de expediciones guerreras, otras patria de las tribus germánicas, que se extinguieron o se fundieron con el mundo romano. El eco de sus victorias sobre los romanos y los hunos resuena tan orgulloso en nuestros oídos; las figuras de la leyenda de los nibelungos son tan magníficas.

LA MISIÓN

Como primera escuela de formación alemana, el campo de Sennheim tiene la tarea de impartir al joven voluntario los principios que constituyen el espíritu militar y político; hacer de él un hombre en el espíritu de lo que hace a la personalidad del voluntario nacionalsocialista.

Esta misión se lleva a cabo con la conciencia de que son sobre todo las leyes morales no escritas las que distinguen el valor de cada soldado y, por tanto, el del ejército combatiente. Se da prioridad al valor absoluto y al rigor personal del voluntario, así como a la observación de una disciplina incondicional. Pero la base debe ser la lealtad al jefe, a la raza y a la patria, virtud que consolida la comunidad.

El voluntario

Los voluntarios muestran de forma más o menos visible los rasgos de la especie germánica; a pesar de la interferencia de un espíritu extranjero, el carácter natural y la voluntad de lucha son los más fuertes. Una sana y discreta confianza interior en sí mismos, animada por el espíritu de la competición caballeresca, se combina armoniosamente con una sinceridad espontánea hacia los demás.

El idealismo, es decir, en este caso estar dispuesto en espíritu y obra a luchar por el Reich hasta el final, se combina a menudo con una viva originalidad, una aptitud para el entusiasmo, y se contrarresta con una sana inclinación a la reflexión.

La "espontaneidad sagrada" -como la llama Ludendorff-, unida a la característica antes mencionada, permite adquirir un estado de ánimo heroico, convertirse en un líder de gran talla dentro del ejército y del Estado.

La autoridad

La razón es que el deber religioso del líder germánico era actuar con fidelidad y circunspección. Lo que caracteriza toda la vida del líder es el ideal. Todas las grandes acciones, todas las formas de grandeza, se basan en el altruismo total. Seguir un gran ejemplo conduce a la victoria.

El ejercicio constante y el estudio de materias históricas, culturales y literarias mantienen un buen estado general. El trabajo psicológico sostenido, una verdadera ciencia del carácter y del alma, combinados con el conocimiento del hombre y las cualidades del corazón, son condiciones necesarias para una vida fructífera. Todo dirigente debe tener amplitud de miras en el buen sentido de la palabra, debido a su seguridad personal.

La máxima franqueza entre líderes y tropas es un principio básico. Ninguna barrera debe aprisionar la mente. La obediencia resulta más de una predisposición interior que de un temor servil. La comunidad de combate y la camaradería deben irradiar por doquier su rigor. Pero la base del campamento está determinada por la atmósfera de confianza entre el jefe y la tropa.

Curso de raciología en Sennheim.

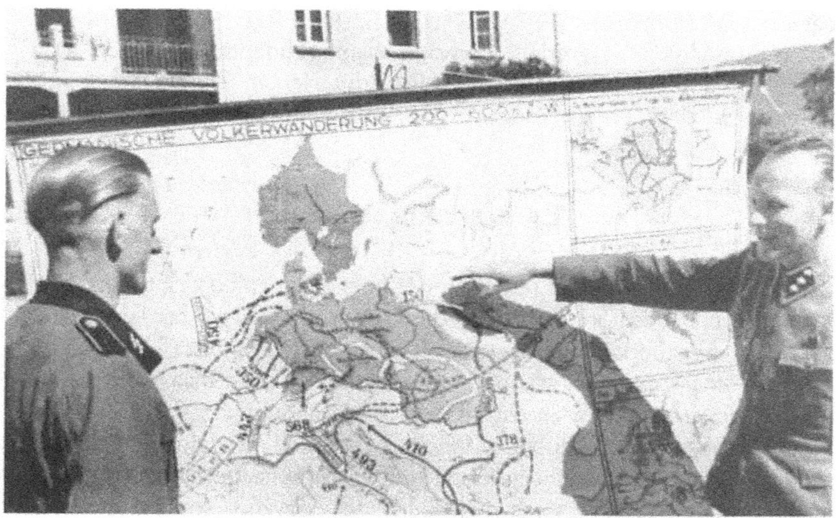

Clases de historia en la misma escuela.

Diversos cursos de formación sobre armas.
Arriba, práctica de tiro.

Arriba, el uso de mortero.

El futuro

La naturaleza del soldado es de un frugal rigor prusiano y del deber, que culmina en la gloriosa actitud del líder que se ha distinguido en la batalla. Su fuerza titánica, combinada con una voluntad de hierro y un gran valor, triunfa sobre las enormes dificultades de la guerra. La fuerza de carácter y de alma son la causa. Pero hay que haber pasado por las pruebas del esfuerzo físico, la disciplina, el autocontrol y el arduo combate espiritual.

La educación constante de la voluntad reduce las inhibiciones internas y, junto con el control físico total, transforma el coraje en valor, la fuerza interior en dureza y constancia. En la tropa, el entusiasmo y la camaradería se transforman en espíritu guerrero. La exigencia del buen nombre y del honor conduce a una raza dura de hombres a una concepción estricta del deber; la fuerza de voluntad se transforma en heroísmo por la conciencia de cumplir con el deber y por la fuerza de la determinación.

La historia de sus antepasados enseña a los voluntarios a comprender el significado de su tiempo y su misión.

La fe en las propias fuerzas, en el espíritu de cuerpo y en la certeza de la invencibilidad del mundo germánico constituyen la base de una línea general de conducta.

El futuro

Las leyes de la especie y de la vida previstas por Dios no pueden restringirse durante mucho tiempo. Un déspota ilusorio que distorsiona el sentido y la finalidad de la existencia está siempre en fuga.

Quien quiera establecer el orden debe servir a la vida si quiere mantener sanas las relaciones entre los pueblos germánicos.

"Reconocer que cada persona es un fin en sí mismo nos pone en consonancia con las leyes de la vida". (Dr. Best). Un orden futuro debe establecerse según este principio. Permite a cada pueblo, así como al conjunto de Europa, seguir su evolución.

Sabemos que un sembrador obtiene una buena cosecha si tiene en cuenta la naturaleza de la semilla, el suelo y la estación de crecimiento. Lo mismo ocurre con las personas.

Si hoy, siguiendo las verdades eternas, sembramos los campos del destino, la cosecha de las generaciones futuras será rica. Pero, como dice Fichte, esta cosecha será la del mundo entero.

Cuaderno SS n° 4. 1943.

El deber prevalece sobre la vida y la muerte

El crepitante fuego frente a nosotros dibujaba luces y sombras esquivas en los rostros de nuestro pequeño círculo. Su cálido color reflejaba nuestra ardiente (entusiasta) vida y se reflejaba en los ojos de los hombres. Alrededor de las paredes de madera de nuestro refugio, la tormenta de nieve se arremolina ya en la oscura noche y borra camino y sendero. Al ritmo monótono de los disparos y las explosiones de impacto, el cristal de la pequeña ventana vibra como si el carillón de hierro del reloj de guerra quisiera impedirnos olvidar en qué tiempo vivíamos en aquel momento.

Sin embargo, la noción del tiempo es variable para todos aquellos que, fuera de Oriente, no viven el invierno como una estación, sino como un acontecimiento decisivo. Desde el comienzo de la guerra contra el bolchevismo, las grandes batallas se han convertido en el medio de poner a prueba una existencia viril que nunca ha sido sometida a una prueba más difícil. Mientras tanto llegan los permisos, como una pausa silenciosa en la respiración, esos días de los que todo el mundo habla como algo muy singular y especial, para dar al camarada un pedazo de alegría desconocida, inimaginable. Bajo el fuego mortífero de esta batalla invernal, la misión del soldado no conoce límites, ni siquiera los del sacrificio supremo.

Estos hombres parecen haber olvidado lo que es la paz y todo lo que conlleva. El futuro sólo tiene sentido en la misión que se les ha encomendado y que llevarán a cabo, mientras sus corazones sigan latiendo.

Son conscientes de las penurias impuestas por este deber inflexible, por esta comunidad de combate. Algunos hablan de los combates cerca de Luga, en Volchov o ahora al sur del lago Ladoga.

Esta imagen nos trae a la memoria los momentos de la batalla. Vuelven a nuestra mente recuerdos de grandes acontecimientos, pero también de aquellos que ya no están con nosotros.

Hablamos con nuestro invitado, el Hauptsturmführer O., sobre el heroico combate de su batallón, que hace unos días estaba todavía en el fragor de la lucha, teniendo que mantener un punto importante frente a la abrumadora superioridad bolchevique. Fue rodeado y de nuevo rompió las líneas enemigas.

En el pasado, cuando la guerra aún era algo nuevo para todos nosotros, hacíamos preguntas y sabíamos dar respuestas; la experiencia podía expresarse con palabras, pero hoy ya no necesitamos expresar nuestra experiencia. Es como un acuerdo secreto entre quienes han vivido esos momentos. Se entienden con unas pocas palabras que dejan brotar una alegría febril.

"Ni siquiera necesito describir la llegada de los tanques, ya sabes que....

- ¡Y cómo el movimiento logró su objetivo!

Entonces se hace de nuevo el silencio. Piensan en los momentos en que estaban contando y distribuyendo las últimas municiones, cuando se cortó la conexión por radio con las tropas. Piensan en la orden que recibieron de reincorporarse a su línea.

Pero ahora les asaltó un nuevo pensamiento, que no habían tenido la noche anterior: que ésta podría haber sido su última batalla. Lo pensaron, pero no hablaron de ello. Porque el sentido del deber es más fuerte que ellos.

Ser soldado significa saber aceptar la muerte, pero ser soldado también significa no preguntarse nunca cuándo llegará. De repente, la discusión gira en torno a esta pregunta. Sólo el diablo sabe cómo apareció, impulsado por el calor moribundo del fuego, el efecto de la noche o la breve pausa tras la batalla. ¿Presagio, suerte, destino? Dejemos estas preguntas a los filósofos de tiempos más tranquilos.

El Hauptsturmführer los barre con una palabra.

"¡Debo cumplir con mi deber! Todo razonamiento, toda especulación es vana y errónea. El azar y la premonición no cuestan mucho. Pero es necesario mantener una voluntad de acero para cumplir con el deber.

Entrenamiento deportivo como parte de la formación militar.

Un camino de lucha.

Clases de boxeo.

"¡Debo cumplir con mi deber! Esta llamada interior es más fuerte que todas las demás, pues supera cualquier espíritu de renuncia fatalista. Implica la voluntad y la fuerza de afrontarlo todo y de ser dueño de uno mismo.

Sólo el soldado es capaz de experimentar el sentido de la vida que está en el origen de todas las cosas. Es la marca de una juventud que quiere afirmarse, que de repente estalla en risas, que florece en una canción, que reconoce, ¡debe reconocer su destino en el corazón de esta batalla por la vida o la muerte!

Los troncos del fuego se han apagado. La conversación ha cesado. La mañana se vuelve gris tras la nieve que cae.

Corresponsal del Ejército, SS Dr. Walter Best

La guerra y el coraje han conseguido cosas mayores que el amor al prójimo.

Nietzsche

Cuaderno SS Nº 3. 1943.

Una experiencia de guerra en casa

En el centro de partos del hospital de las SS mi mujer dio a luz a gemelos, el tercer y cuarto hijo nacidos durante la guerra. Hoy ha llegado nuestra abuela en tren. Así que puedo dejar a los dos "grandes" para visitar a la buena madre. Mi mujer está en una bonita y limpia habitación con otras tres parturientas. Los minutos pasan demasiado deprisa y la hermana, señalando la puerta, ya indica que se ha acabado el tiempo de visita de la tarde. Decidimos irnos cuando suena la sirena: ¡Alerta antiaérea!

En estos momentos, hay mucha agitación en la sala, pero ninguna prisa. La sala de maternidad y todo el hospital se enfrentaron repetidamente a la necesidad de bajar a todos al sótano. Las monjas, los siempre presentes visitantes y los hombres de guardia de las SS cogieron las cestas que contenían a los frágiles bebés y las bajaron en el ascensor. Pronto el precioso tesoro quedó asegurado en los bien equipados refugios. Entonces llegan las madres. Dos de ellas, visiblemente felices en su dicha maternal, son colocadas en camas que, una tras otra, se deslizan sobre ruedas de goma hasta el refugio. En las habitaciones desiertas, las luces se apagan, pero la vida se concentra en el sótano, en un espacio estrecho, que se contempla con mayor placer. El personal de la estación, experto en defensa antiaérea, se encarga de que siempre haya pasos libres y de que el café, el pan y la leche estén listos para saciar un hambre repentina. Los médicos están allí e intercambian palabras cordiales y tranquilizadoras con las mujeres. La alerta ha preocupado a su departamento.

Ya se oyen los primeros disparos antiaéreos. El Tommy está aquí. El enemigo se encuentra en las inmediaciones del edificio que se ha convertido en el símbolo de la vitalidad y la confianza de nuestro pueblo. Está rodeado de casas en las que nuestros camaradas SS convalecientes se recuperan de sus heridas y esperan su restablecimiento. Este momento nos hace comprender una vez más que esta guerra es una guerra total.

Las mujeres están tranquilas y confiadas. Mi mujer me dice, señalando al jefe del departamento con su casco de acero, que ahora camina por las habitaciones del sótano: "Es tan agradable saber que estás cerca de la protección militar de nuestros hombres". Una mujer puede sentir lo que significa pertenecer a las SS a través de su marido. Nunca he experimentado el espíritu de la comunidad SS tan intensamente como aquí en esta casa.

En las inmediaciones se escuchan regularmente fuertes disparos, con breves pausas. Sin embargo, el intento de irrupción se revierte sin causar daños.

Pero algo ocurre en el sótano. La hermana pide a los hombres que se aparten en un rincón. Sin preguntar durante mucho tiempo, obedecen y, mientras caminan, ya comprenden. Algún tiempo después, se restablece la calma. Las hermanas llevan a los bebés envueltos en pañales a su madre. Están todos revueltos y a menudo es difícil distinguirlos. Pronto todos están satisfechos. Los llantos, antes limitados a una habitación, se han extendido por todas partes y expresan una poderosa voluntad de vivir. Su intensidad me sobrecoge, sobre todo en estas circunstancias. Ahora oigo dos tipos de sonidos diferentes: por un lado, dentro, las voces pequeñas y penetrantes de los niños, y fuera, el estruendo cercano y lejano de la D.C.A. Estoy junto a mi mujer, que lleva a sus gemelos en brazos y les da lo mejor de sí misma.

Por la noche tuve otra experiencia interesante con todo el personal, que pude ver de un vistazo. Me llamó la atención el hecho de que este grupo de mujeres también constituía una auténtica élite, que demostraba visiblemente los requisitos establecidos por las SS para poder casarse. Los pensamientos no dejaban de rondar por mi mente. Nuestro pueblo gozará de buena salud cuando esta selección se generalice.

La D.C.A. me saca de mi miseria. A los bebés hambrientos, en cambio, les da igual. No saben que sus vidas ya están amenazadas en este momento, aunque sólo tengan una o dos semanas. Fuera, cuatro reflectores brillantes escudriñan el cielo. Se espera un ataque cada segundo. Entonces se oye un fuerte estruendo que sacude toda la casa. La puerta, apenas empujada, es arrancada de cuajo, y desde fuera se oye el tintineo de los cristales rotos. Una bomba había caído a unos cien metros de nosotros. La D.C.A. dispara frenéticamente.

Las mujeres, por muy felices que sean, tienen que hacer un esfuerzo interior, pero ninguna traiciona el menor rastro de la angustia que puede provocar una situación así. A todas nos sostiene el espíritu de la comunidad que formamos en este momento y de la que somos conscientes.

Este terrible temor termina al caer la tarde. El ataque aéreo enemigo disminuye gradualmente. Una vez finalizada la alerta, ayudamos a llevar a nuestras posesiones más preciadas, nuestras esposas e hijos, de vuelta a sus habitaciones para pasar la noche.

Hacía tiempo que no vivía una noche tan *bonita*.

M.

Cuaderno SS nº 3. 1942.

Yamato

Yamato es el nombre de una región japonesa que dio origen a grandes soldados japoneses. El nombre Yamato se ha convertido en un símbolo de valentía y deber. No hay rastro del espíritu de un pueblo extranjero. El ejemplo japonés nos enseña que la valentía y el coraje se basan en el espíritu religioso.

En el año 1932 de la cronología occidental, un comandante en jefe que había sido gravemente herido en los combates por Shanghai perdió el conocimiento y tuvo la desgracia de caer en manos del enemigo. Más tarde fue liberado de nuevo y traído de vuelta por las tropas japonesas que avanzaban. Un día, la prensa informó de que este comandante se había suicidado en el mismo lugar de los combates durante los cuales había sido hecho prisionero.

¿Qué nos enseña este suceso? El oficial fue hecho prisionero sólo porque yacía herido e inconsciente; ¿era esto una vergüenza para un guerrero? ¿Por qué acabó con su vida en lugar de servir a su país con sus conocimientos, experiencia, valor e inteligencia? Su actitud sólo puede explicarse por el espíritu Yamato, el espíritu de los hombres japoneses.

La tradición del valeroso espíritu caballeresco ha permanecido particularmente viva en las leyendas del Japón occidental; los principios de la educación espiritual del legendario caballero están recogidos en el libro "Hagakure", una obra sobre la moral caballeresca en la que está escrito: "Si tienes que elegir entre dos caminos -la vida o la muerte-, elige este último". El Comandante en Jefe, profundamente influido por esta enseñanza, siguió el camino de la muerte. Sin embargo, ¿por qué hay que buscarla?:

Se dice en el código caballeresco de los guerreros japoneses actuales, el "Senjinkun" o enseñanza en el campo guerrero: "No debes sufrir el deshonor de los prisioneros; después de la muerte, no debes dejar tras de ti una mala reputación de culpa y desgracia". En Japón, siempre se ha considerado una gran deshonra sobrevivir al cautiverio; es mejor morir.

En la guerra actual -a diferencia de la antigüedad- uno no puede evitar ser hecho prisionero en algunos casos; uno puede pensar que no es absolutamente necesario morir tan pronto como ha cumplido con su deber con las armas más modernas y que es mucho más útil a su país permaneciendo vivo y cumpliendo con su vocación, ya sea en la guerra o en la paz. Si sobrevive en la vergüenza del cautiverio, significa que no luchó hasta la muerte, que no tuvo la oportunidad de continuar la lucha y lamenta profundamente no haber luchado hasta la muerte por el Tenno, la patria y el pueblo.

Que sea en el mar donde el agua bautice mi cuerpo,
Ya sea en el campo donde mis huesos
están cubiertas por el musgo de las montañas -
Sólo quiero luchar por el gran señor.
Sin pensar nunca en mí.

Esta antigua canción, que aún cantamos, expresa que la supervivencia del soldado es sencillamente inconcebible. Lord Nelson dijo justo antes de morir: "Gracias a Dios cumplí con mi deber". Los japoneses, en cambio, no luchan por deber, sino para sacrificar su vida. Erwin Bälz, uno de los mayores expertos en Japón, relata una experiencia personal que tuvo durante la guerra ruso-japonesa:

"Una vez que el joven se hubo despedido, el Dr. Bälz habló con el japonés sobre la guerra; el anciano le contó que había perdido a su hijo mayor cuatro años antes en el levantamiento de los bóxers y que ahora enviaba al segundo hijo a la guerra. Continuó diciendo que el escudo de armas de su familia, llevado con honor, ahora no tendría representante al no tener más hijos. Bälz le dijo consolador: "No todos los que van al frente están destinados a caer; creo que su hijo volverá con una gran reputación militar". El anciano padre sacudió la cabeza y replicó: "No, mi hijo va a la batalla para encontrar una muerte heroica, no para volver vivo". Erwin Bälz concluyó que se trataba de una sabia declaración, digna de un filósofo.

Esta actitud explica por sí sola por qué Japón no ha perdido ni una sola guerra hasta ahora y ha logrado un éxito prodigioso en la actual Guerra de la Gran Asia Oriental. Acercarse a la flota de Estados Unidos en diminutos submarinos de guerra y hundir sus barcos es un acto de desprecio a la muerte. Mediante la autodestrucción, los aviadores japoneses se ven a sí mismos como parte de su carga y se lanzan al enemigo para ser fieles a su vocación. Es este espíritu el que protege al Imperio japonés. Ya en 1274 y 1281, este espíritu heroico permitió al ejército japonés de sólo 50.000 hombres derrotar a los mongoles, muy superiores, que contaban con 150.000 hombres. También fue el espíritu que condujo a asombrosas victorias en la guerra ruso-japonesa. Los soldados que luchan hoy en el gran Pacífico, en tierra, mar y aire, están dominados por la idea de sacrificarse por la patria y unirse a las filas de los dioses.

Quienes llaman a este espíritu "fatalismo" y ven en él un desprecio inconsciente por la preciosa vida humana están muy lejos de comprender el espíritu militar japonés. Los audaces actos de los soldados japoneses son precisamente manifestaciones de este enérgico espíritu que lucha por la existencia y el honor del Imperio, por la justicia y la verdadera paz.

También sería un error imperdonable verlo como una marca de brutalidad original. Conocemos el amor de los japoneses por las flores; su sentido estético no le hace fijarse sólo en la flor, sino que la aprecia mucho más en su relación orgánica con las hojas y las ramas. Por eso, nunca la corta, sino que la deja en su rama. La civilización japonesa ha desarrollado en su pueblo no sólo un elevado espíritu de sacrificio, sino también un sentimiento compasivo. Este último se manifiesta en la actitud de los soldados japoneses hacia el enemigo, especialmente hacia los prisioneros. Demos un testimonio significativo de la Edad Media: en 1184, durante una feroz guerra civil, el famoso guerrero Kumagai derrotó a un caballero del bando enemigo, Atsumori, y le cortó la cabeza de acuerdo con las antiguas costumbres de la guerra. Atsumori aún no tenía veinte años y, afectado por su temprana muerte, Kumagai dejó la espada, abandonó la caballería y se hizo sacerdote para pasar su vida rezando por la salvación del alma del difunto.

Durante la Gran Guerra, voluntarios japoneses que servían en el ejército canadiense consiguieron llegar al Frente Occidental; entre ellos se encontraba el voluntario Isomura, que se topó con un alemán herido durante un ataque. El herido hizo saber a Isomura con débiles movimientos que sufría una sed atroz e Isomura le dio rápidamente de beber de su cantimplora en la que aún quedaba algo de preciada agua. Mientras tanto, un soldado británico se acercó y atacó al alemán con una bayoneta; Isomura se opuso y le gritó: "¿No ve que este hombre está malherido? - "Pues bien", replicó el británico, "herido o no: cada enemigo extra muerto es una ventaja para nosotros". "¿Dónde está tu amor cristiano por el prójimo? "Lo dejé en casa cuando fui a la guerra", respondió el británico.

Del mismo modo, el voluntario japonés Morooka, que estaba atacando a bayonetazos a un adversario muy joven, le oyó gritar "mamá". En ese momento, al reconocer la palabra que conocía, le fue imposible atacar al enemigo por segunda vez y éste, aunque herido, se salvó y fue llevado de vuelta a su patria.

Los japoneses consideraban una indignidad ser hecho prisionero; sin embargo, sienten una profunda compasión por los prisioneros que ellos mismos toman. Durante la guerra ruso-japonesa, muchos prisioneros rusos fueron enviados a Japón y todos recordaban con gratitud el generoso trato que les dispensaron. En Japón, siempre se ha considerado una virtud adoptar esta actitud hacia el enemigo herido. La historia nos cuenta que los coreanos enemigos que participaron en la invasión mongola cayeron en manos japonesas y no merecieron ningún trato especial. Sin embargo, fueron bien recibidos; el emperador coreano incluso se vio obligado a expresar su agradecimiento por esta conducta en una carta. Además, hay que considerar que este ataque mongol representaba un gran peligro para Japón y su pueblo. En la guerra ruso-japonesa, la Primera División y el Segundo Ejército japoneses tuvieron que hacerse cargo de los primeros prisioneros rusos; se ordenó a los soldados japoneses que visitaran a los prisioneros para que se familiarizaran con los uniformes, las insignias y las características del enemigo. Sin embargo, algunos hombres de una determinada compañía no se presentaron a la inspección, por la siguiente razón: Es una vergüenza ser hecho prisionero como soldado y es insoportable tener que mostrarse así al enemigo. El samurái comprende el sentimiento de otro samurái y le evita esta humillación. Por esta razón, los soldados no participaron en la inspección de los prisioneros rusos. Los oficiales enemigos que dieron la orden de matar a todos los japoneses, incluso a los prisioneros, no podían entender la actitud de los soldados japoneses.

En uno de los escenarios de la actual Guerra de la Gran Asia Oriental, Filipinas, a principios de enero, varios civiles japoneses fueron masacrados por tropas estadounidenses; tales atrocidades no existen en la historia de Japón.

Los japoneses luchan hoy por su patria y por todos los pueblos de la Gran Asia Oriental. Están librando una dura y sacrificada batalla, exigiéndose el máximo a sí mismos. Sin embargo, sienten una profunda compasión por sus semejantes y esta actitud en la batalla dará lugar a muchos acontecimientos bélicos característicos e impactantes que pasarán a la historia de la guerra, dando testimonio del espíritu de Japón, el Yamato Tamashii.

Kazuichi Miura

En todas partes y siempre, el ejemplo vivo será la mejor educación.

Adolf Hitler

La casa de la Tropa SS Nº 4. 1939.

¡Nuestra vida!

Vivir significa luchar. Nos enfrentamos a este principio inexorable y duramente; como una orden militar, breve y concisa, de la que nadie puede escapar. O se acepta esta orden, mejorándose a través de ella hasta alcanzar lo mejor, o se deserta -se perece- de forma vil y lamentable. No hay otro camino.

Vivir significa luchar. Este orden que la Providencia nos ha dado, diferencia al señor del esclavo, al héroe del cobarde, al hombre de acción del hablador, al carácter de la debilidad - define al bueno y al malo, al justo y al injusto, y nos permite medir nuestro trabajo diario.

Siempre ha habido momentos en la historia en los que la gente pensó que podía evadir este mandamiento; en los que se adormecieron en la suposición de que luchar es una abominación y que la vida es un estado perpetuo de paz; en que se intentó trasladar la lucha de este mundo a otro; en que se midió el bien por el grado de bajeza, cobardía, servilismo, y el mal por el grado de heroísmo; en que se propugnó por todos los medios la traición y la mentira como medio de presión ante la lucha.

Y también hubo momentos en los que el espíritu heroico celebró su mayor triunfo; en los que la fuerza creadora señaló a los hombres nuevas metas y nuevos caminos; en los que la lucha tuvo el mayor impacto debido a la fuerza original de la voluntad de vivir, y en los que el hombre, con su fuerza divina, dio a la vida su sentido propio.

Nos encontramos en esta época de energías reunidas, de espíritu combativo y creativo, y de ganas de vivir sin precedentes.

Aprobamos la vida porque amamos la lucha y aprobamos la lucha porque amamos la vida. Para nosotros, la vida no es un valle de lágrimas sobre el que se yerguen dioses desconocidos que se regocijan al vernos arrastrarnos de rodillas con humildad. Para nosotros, la vida es un campo de batalla que la Providencia nos ha dado y que queremos conquistar luchando. Nuestra oración es la lucha, y nuestra vida es la oración. La Providencia nos ha dado la vida en la lucha y nosotros queremos dominar la vida en la lucha.

Luchamos y somos un eslabón fuerte de la cadena formada por nuestros antepasados y nuestros descendientes. A través de nosotros, la vida de los primeros tiempos debe transmitirse en lucha al futuro.

Así lo quiere la Providencia, así lo queremos nosotros. La voluntad de la Providencia y la nuestra configurarán la época de hoy, de mañana y de pasado mañana, como configuraron la época de ayer y de anteayer.

Una mente sana en un cuerpo sano.

Vivir significa luchar. A través de siglos de lucha, nuestros antepasados nos han formado, han permitido a nuestro pueblo y a nuestros clanes triunfar sobre la cobardía y la bajeza, el servilismo y la negación del mundo hasta nuestros días. Es un monumento a la lucha heroica y a la inquebrantable voluntad de vivir.

No quedaría nada de nosotros, del pueblo y de los clanes, de las tribus y de la sangre, si nuestros antepasados no hubieran amado la lucha como nosotros.

No habría cultura, ni monumentos imperecederos de literatura, música, pintura, arquitectura, si no hubieran aprobado la vida y, por tanto, la lucha.

A nuestro pueblo no le quedaría nada de la sagrada tierra de Alemania si millones de nuestros antepasados no se hubieran arriesgado a luchar con risa victoriosa para asegurar la vida de sus descendientes. La sangre y la raza de nuestro pueblo se habrían secado si nuestras madres no nos hubieran parido en la batalla.

Nuestra existencia -nuestra gente- nos dio la voluntad de vivir y, por tanto, de luchar.

Vivir significa luchar.

La lucha de los ejércitos grises en la Gran Guerra, la muerte heroica de dos millones de soldados, aseguraron por sí solas el amanecer de nuestro pueblo. No son la cobardía y la bajeza, ni los gemidos serviles, los que asegurarán la existencia y el renacimiento del Reich alemán.

El bombardeo golpeó las trincheras hora tras hora. El fuego de grueso calibre estalló contra las trincheras con un estruendo infernal y el ataque se llevó a cabo entre humo y gas bajo el fuego de las ametralladoras. De entre la niebla del amanecer, los monstruosos tanques corrían a aplastarlo todo a su paso. No fue por una humildad lastimera por lo que se mantuvieron las posiciones, sino por la voluntad desenfrenada de vivir y el deseo imperioso de vencer en la batalla y superar todas las dificultades.

El buen camarada desapareció de las filas y el amigo cayó muerto.

Los terrores de la guerra amenazaban con imponerse. Pero fue también la lucha por la vida la que, más allá de lo trágico y horrible de los destinos, triunfó sobre todas las demás motivaciones. Sólo quien lucha puede triunfar y comprender la dicha de la victoria o el final heroico. Pero quien se niega a luchar y, por tanto, a vivir, no comprende su espíritu. Nunca comprenderá la dicha que la Providencia otorga al luchador que domina la vida: la rendición es cobardía y Dios sólo ayuda a los valientes.

Así comprendemos la grandeza de la lucha de los soldados en la Gran Guerra, y saludamos a los hombres que, persistiendo en la lucha, reorientaron el destino de nuestro pueblo. El espíritu de combate auspició el nacimiento de nuestro nuevo mundo de ideas -el nacionalsocialismo- y venció durante cuatro años los terrores de la mayor de las guerras. Sólo este espíritu de lucha preserva la vida de nuestra nación.

Vivir significa luchar.

Bajo el silbido y las salpicaduras, el acero se vierte en los moldes. Bajo el sonido de los martillos, en un estruendo constante, el hierro toma forma para ser utilizado por los hombres. En oscuros pozos llenos de aire polvoriento y bajo constante amenaza, el carbón es aspirado y destapado. En los altos andamios, entre el cielo y la tierra, los hombres se juegan la vida en un trabajo creativo. En el mar embravecido, la lucha con el elemento original se convierte en la expresión visible de la vida. Bajo un sol abrasador, el trigo naciente se dobla bajo la guadaña. En hospitales y laboratorios, el espíritu humano lucha con la muerte. Todo esto no es la expresión de una necesidad fatalista y superflua impresa por dioses ajenos, sino que constituye una vida luchadora, una dura voluntad de seleccionar y vencer. En cada lugar se libra una batalla decisiva que determina la posición del hombre en relación con Dios. El hombre creador concibe su relación con su dios en combate, en batalla. No ve su lucha como una vergüenza, como una condena, como un pecado, sino que se ve a sí mismo como un señor, demostrando vivamente la orden dada por la Providencia: "Vivir significa luchar". Para él, el sudor no es el salario de una acción pecaminosa, sino la recompensa de su magistral poder creador y de su alegría.

Vivir significa luchar.

En miles de mítines y batallas callejeras, el soldado político impone su impronta a sus contemporáneos. A pesar de montones de basura, ataques insidiosos y calumnias, el Movimiento logró la victoria. A pesar del terror físico y espiritual, el nacionalsocialismo enarbola hoy su bandera victoriosa sobre Alemania. Fue la manifestación del valor de vivir desafiando a la muerte, de la sagrada alegría de la batalla que triunfó sobre todo. Fue la corriente de la sangre sana e ininterrumpida de nuestro pueblo la que puso fin a las acciones de una hipocresía pacifista internacional con los colores negro, rojo y oro, para despejar el camino a una nueva generación heroica. Sólo así se comprende la grandeza de los mártires del Movimiento. Ellos son el símbolo de la vida de nuestro pueblo; los hijos más dignos de los antepasados, que aparecen en el futuro más lejano como los sacerdotes vivos de una concepción heroica y del civismo.

Vivir significa luchar.

En la vida cotidiana, el espíritu mercantil se apodera de uno como una serpiente venenosa. El trabajo del día pesa sobre el cuerpo y la mente como una carga casi insuperable. La locura y la falta de carácter compiten entre sí. La vanidad y el placer celebran aparentemente su triunfo y se alaban las debilidades humanas. Nunca es la mentalidad servil de los truhanes la que pone fin a todo esto, sino siempre y sólo el hombre luchador que se siente solidario como un soldado en el campo de batalla de la vida, ignorando la clase y el nacimiento, la riqueza y la pobreza - sólo responsable ante su pueblo y su noble sangre, de los antepasados, a los que los descendientes pedirán cuentas.

Estamos en medio de la lucha y ante nuestro dios, sabiendo que todo el poder creador reside en nosotros, y que de nosotros depende dominar la vida. Las tareas cotidianas -los pequeños deberes diarios- son aparentemente una carga, pero aun así, no queremos prescindir de ellas. Porque la grandeza que distingue a la obra dentro de la masa, que sobrevive a los siglos, está hecha ante todo de detalles. Del mismo modo que el mecanismo del reloj se compone de ruedas grandes y pequeñas, del mismo modo que la orquesta se compone de instrumentos, y del mismo modo que los pasos rítmicos de cientos de personas hacen temblar la tierra, también nosotros, cada uno en su lugar, como ruedas, como instrumentos y como caminantes, tenemos que llevar a cabo nuestros deberes y nuestra lucha para que la obra pueda realizarse.

Monumento en memoria de los mártires del golpe de 1923.

"Tener fe es la mayor fortaleza que existe."
Adolf Hitler

Es la obra que revelará la grandeza de una generación incluso después de siglos y que debe mostrar el camino a los descendientes después de milenios como una epopeya heroica.

Tenemos la voluntad de grabarnos a nosotros mismos y nuestras acciones en la historia con estiletes de latón. Tenemos la voluntad de medir nuestras fuerzas en cada momento, y aparte de la voluntad, tenemos el poder de superarnos a nosotros mismos, como memorial de actitud de lucha.

¿No es deplorable confundir los errores de carácter con una actitud descaradamente servil, en lugar de contrarrestarlos victoriosamente en una lucha cotidiana? ¿No es repugnante cuando hombres con rostros de sufrimiento melodramático intentan definir la vida como una negra infamia porque no tienen el valor de sacar la consecuencia del mandato de la Providencia y admitir la lucha?

¿No es una burla a Dios cuando, por culpa de criaturas quejumbrosas, se le hace responsable de su fracaso en la vida por falta de espíritu de lucha? ¿No es un pernicioso espíritu mercantil cuando, a causa de este gemido, niegan la sentencia de Dios que premia su deserción de la vida que Dios les confió para dominar?

No comprendemos un acto tan estúpido.

Hasta ahora, esas criaturas nunca han sido guías para los hombres que, como piedras angulares de granito, sobreviven a los milenios.

Por eso, no queremos pasar nuestra vida, que la Providencia nos ha dado, en la condenación, contemplándola como un lodazal del que nadie escapa; porque nuestra vida no es pecado, ya que nos viene de Dios, y nuestra lucha no es condenación, ya que es una oración heroica.

Dejamos que los cobardes y los miserables se arrastren de rodillas, que los pusilánimes giman desesperados; porque Dios está con nosotros, porque Dios está con los creyentes.

Saludamos a los espíritus heroicos del pasado lejano como compañeros de armas de nuestras vidas porque sabemos que una verdad eterna sale de la boca de Nietzsche cuando dice:

"La guerra y el valor han hecho cosas más grandes que el amor al prójimo. No es tu piedad sino tu valentía lo que hasta ahora ha salvado a los desafortunados."

Kurt Ellersieck

Debemos llevar una fe nueva y más honesta, no sólo a Alemania sino al mundo; no sólo por el bien de Alemania sino también por el bien del mundo, que perecerá autoenvenenado si no supera su actual opinión sobre Alemania.

Adolf Hitler

BIBLIOGRAFÍA

Las traducciones de los poemas nórdicos *de la* Edda proceden de la obra de Régis Boyer *Les religions de l'Europe du Nord,* publicada por Fayard-Denoël, 1974.
Los textos de Tácito proceden del libro *La Germanie,* de Tácito, traducido por Jacques Perret, publicado por *Les belles lettres,* 1983.

Fuentes publicadas antes de 1945:
Publicaciones RuSHA y SS-Hauptamt:
SS-Leithefte
SS-Leithefte alemanas
Anales
La SS-Mannschaftshaus
Departamento Político para las SS y la Policía
El camino hacia el Reich
Glauben und Kämpfen.

De la editorial SS *Nordland*:
Discurso del Reichsführer SS en la catedral de Quedlinburg el 6 de julio de 1936.

Otros:
Auf Hieb und Stich, colección de editoriales de Gunther d'Alquen aparecidos en el periódico de las SS *Das Schwarze Korps* entre 1935 y 1937.
Organisationsbuchder NSDAP, 1938.
Die SS, Geschichte und Aufgabe, de Gunther d'Alquen, 1939.
Die Gestaltung der Feste im Jahres- und Lebenslauf in der SS-Familie, SS-Oberabschnitt West.
Prüfungsfragen für SS-Führer und SS-Unterführer, SS-Abschnitt VIII, 1 Noviembre 1938.
Aux armes pour l'Europe, texto del discurso pronunciado por Léon Degrelle en el Palais de Chaillot en 1944.
Almanaque SS 1944, última edición.
Devenir, periódico de las SS francesas.

Obras publicadas después de 1945 no traducidas al francés:
Ackermann Josef, *Himmler als Ideologe,* Müsterschmidt, Göttingen, 1970.
Hausser Paul, *Soldaten wie andere auch,* Munin Verlag, Osnabrück, 1966.
Wegner Bemdt, *Hitlers politischen Soldaten: Die Waffen-SS 1933-1945*, Schöningh, 1988.

Estos libros figuran entre las obras más importantes y bien documentadas publicadas sobre este tema en Alemania.

Las fotografías e ilustraciones proceden de la colección personal del autor.

YA PUBLICADO

OMNIA VERITAS
OMNIA VERITAS LTD PRESENTA:
LA DICTADURA del ORDEN MUNDIAL SOCIALISTA
Todos estos años, mientras nuestra atención se centraba en los males del comunismo en Moscú, los socialistas de Washington estaban ocupados robando a Estados Unidos...
POR JOHN COLEMAN
"Hay que temer más al enemigo de Washington que al de Moscú"

OMNIA VERITAS
OMNIA VERITAS LTD PRESENTA:
La GUERRA de las DROGAS contra AMÉRICA
El narcotráfico no puede ser erradicado porque sus gestores no permitirán que se les arrebate el mercado más lucrativo del mundo...
POR JOHN COLEMAN
Los verdaderos promotores de este maldito comercio son las "élites" de este mundo

OMNIA VERITAS
OMNIA VERITAS LTD PRESENTA:
LAS GUERRAS DEL PETRÓLEO
POR JOHN COLEMAN
El relato histórico de la industria petrolera nos lleva por los vericuetos de la "diplomacia"
La lucha por monopolizar el recurso codiciado por todas las naciones

OMNIA VERITAS
OMNIA VERITAS LTD PRESENTA:
Más allá de la CONSPIRACIÓN
DESENMASCARANDO AL GOBIERNO MUNDIAL INVISIBLE
por John Coleman
Todos los grandes acontecimientos históricos son planeados en secreto por hombres que se rodean de total discreción
JOHN COLEMAN
MÁS ALLÁ de la CONSPIRACIÓN
Los grupos altamente organizados siempre tienen ventaja sobre los ciudadanos

OMNIA VERITAS
OMNIA VERITAS LTD PRESENTA:
LA MASONERÍA
de la A a la Z
por John Coleman
En el siglo XXI, la masonería se ha convertido menos en una sociedad secreta que en una "sociedad de secretos".
JOHN COLEMAN
LA MASONERÍA
de la A a la Z
Este libro explica qué es la masonería

OMNIA VERITAS
OMNIA VERITAS LTD PRESENTA:
LA DINASTÍA ROTHSCHILD
por John Coleman
JOHN COLEMAN
LA DINASTÍA ROTHSCHILD
Los acontecimientos históricos suelen ser causados por una "mano oculta"...

OMNIA VERITAS
OMNIA VERITAS LTD PRESENTA:
EL INSTITUTO TAVISTOCK
de RELACIONES HUMANAS
La formación de la decadencia moral, espiritual, cultural, política y económica de los Estados Unidos de América
por John Coleman
Sin Tavistock no habrían existido la Primera y la Segunda Guerra Mundial
Los secretos del Tavistock Institute for Human Relations

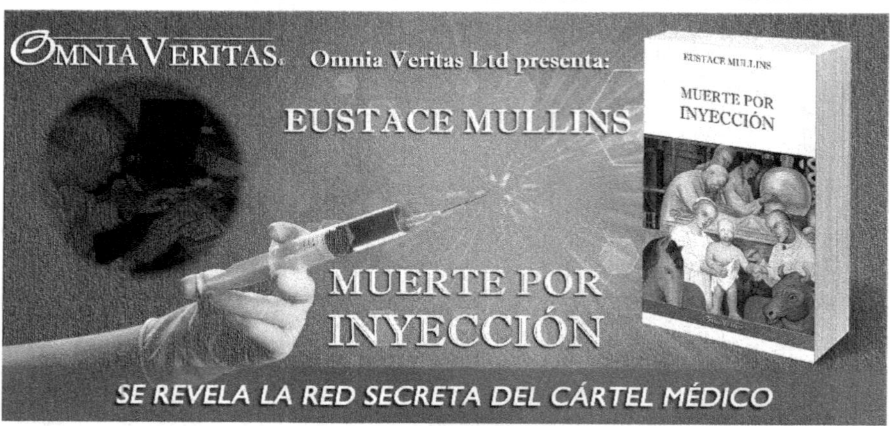
OMNIA VERITAS
Omnia Veritas Ltd presenta:
EUSTACE MULLINS
MUERTE POR INYECCIÓN
SE REVELA LA RED SECRETA DEL CÁRTEL MÉDICO

OMNIA VERITAS
Omnia Veritas Ltd presenta:
EUSTACE MULLINS
EL ORDEN MUNDIAL
NUESTROS GOBERNANTES SECRETOS
Un estudio sobre la hegemonía del parasitismo
LA AGENDA DEL ORDEN MUNDIAL: DIVIDE Y VENCERÁS

OMNIA VERITAS
Omnia Veritas Ltd presenta:
HERVÉ RYSSEN
La mafia judía es sin embargo, y sin lugar a duda, la más poderosa del mundo. La más peligrosa, también. Algunos periodistas demasiado curiosos ya han sido asesinados.
La Mafia Judía
La "mafia judía", esa, no existe; los medios de comunicación occidentales no hablan de ella.

OMNIA VERITAS
Omnia Veritas Ltd presenta:
HERVÉ RYSSEN
Las Esperanzas PLANETARIANAS
El triunfo de la democracia sobre el comunismo parecía haber abierto la puerta a una nueva era, a un "Nuevo Orden mundial", y preparar la totalidad de las naciones a una fusión planetaria ineluctable.
La idea de un mundo sin fronteras y de una humanidad por fin unificada no es ciertamente nueva...

OMNIA VERITAS
www.omnia-veritas.com

www.ingramcontent.com/pod-product-compliance
Lightning Source LLC
Chambersburg PA
CBHW060320100426
42812CB00003B/827

* 9 7 8 1 8 0 5 4 0 0 9 2 9 *